Alain REYNIER

Ingeniero Agrónomo
Enólogo

MANUAL
DE
VITICULTURA

Guía técnica de Viticultura

6.ª edición
revisada y ampliada

Reimpresión

Equipo de traducción dirigido y coordinado por:
V. SOTÉS RUIZ y J. A. DE LA IGLESIA GONZÁLEZ

P. BAEZA TRUJILLO, P. DEL ESTAL PADILLO, C. GARCÍA GARCÍA, V. GÓMEZ MIGUEL,
C. RUIZ GARCÍA y J. YUSTE BOMBIN

Ediciones Mundi-Prensa

Madrid • Barcelona • México

2005

Grupo Mundi-Prensa

• **Mundi-Prensa Libros, s. a.**
Castelló, 37 - 28001 Madrid
Tel. 914 36 37 00 - Fax 915 75 39 98
E-mail: libreria@mundiprensa.es
Internet: www.mundiprensa.com

• **Mundi-Prensa Barcelona**
• **Editorial Aedos, s. a.**
Consell de Cent, 391 - 08009 Barcelona
Tel. 934 88 34 92 - Fax 934 87 76 59
E-mail: barcelona@mundiprensa.es

• **Mundi-Prensa México, s. a. de C. V.**
Río Pánuco, 141 - Col. Cuauhtémoc
06500 México, D. F.
Tel. 00 525 55 533 56 58 - Fax 00 525 55 514 67 99
E-mail: mundiprensa@mundiprensa.com.mx

La edición original de esta obra ha sido publicada en francés con el título:

MANUEL DE VITICULTURE

8ème édition
por Technique & Documentation, 11, rue Lavoisier, Paris.

© Technique & Documentation, 2001. *Edición francesa*
© Ediciones Mundi-Prensa, 2001. *Edición española*
  Depósito Legal: M. 9.789-2002
  ISBN: 84-7114-946-X

IMPRESO EN ESPAÑA - PRINTED IN SPAIN

Imprime: Artes Gráficas Cuesta, S. A. Seseña, 13. 28024 Madrid

PRÓLOGO

Esta obra no es ni un tratado ni un compendio de Viticultura, es un manual técnico que presenta las nociones esenciales del cultivo de la vid. Concebido en este espíritu, he querido que sea una verdadera guía profesional para el uso de viticultores y técnicos vitícolas en el ejercicio de su oficicio.

El *Manual de viticultura* tiene esta ambición de responder a las necesidades de conocimiento e información de los profesionales de la viticultura. En efecto, los viticultores y los técnicos del sector, enfrentados a las variaciones climáticas, al comportamiento específico de las variedades, a las agresiones fluctuantes de plagas y enfermedades, a las dificultades humanas y económicas, deben, a lo largo del año, elegir y tomar las decisiones más apropiadas a la gestión del viñedo. Para esto, necesitan estar informados en áreas muy variadas que sean objeto de especialidades diferentes.

Estableciendo lazos de unión entre ciencia, técnica y práctica, este manual profesional reúne en una misma obra los elementos del saber para hacer elecciones razonadas y, al mismo tiempo, proporciona las informaciones prácticas del saber hacer, tan útiles para la realización de los trabajos de plantación, de conducción del viñedo o de protección fitosanitaria. Este manual responde también a las exigencias del curriculum profesional elaborado para la obtención del diploma del título de técnico superior en Viticultura-Enología. Como consejero técnico de la comisión de renovación de este título, he querido que la obra siga fielmente el espíritu y desarrollo pedagógico del programa de esta formación.

La primera parte es una presentación de las *vides cultivadas:* calendario de los trabajos anuales del viñedo, funcionamiento biológico de la vid, estudio de las variedades, de los patrones y de las formas de multiplicación de la vid. La segunda parte es una *guía de la plantación* de una parcela de vid: métodos de diagnóstico del terreno, razonamiento de las elecciones técnicas que conciernen a la variedad, al patrón, al sistema de conducción y a la realización de la plantación. La tercera parte es una *guía de las intervenciones* realizadas en las viñas en producción, a nivel del suelo (mantenimiento y fertilización) y a nivel de la parte aérea (poda, operaciones en verde, vendimias). La cuarta parte es una *guía de la protección razonada* del viñedo con un deseo de eficacia para llevar a buen término la cosecha, respetando los equilibrios biológicos y el medio natural.

En el año 1997 se hizo una revisión total de la 7.ª edición. En esta nueva edición, cada uno de los capítulos se ha actualizado y he completado la cuarta parte con el estudio de la podredumbre ácida y de la *«cicadela» pruinosa,* temas de actualidad a los que se enfrentan ciertos viñedos. He intentado conservar el espíritu del libro para que el *Manual de Viticultura* pueda prestar a los viticultores y estudiantes los mismos servicios que en el pasado.

Alain Reynier

PRÓLOGO A LA EDICIÓN ESPAÑOLA

El cultivo de la vid es, junto con el trigo, uno de los más antiguos realizados por el hombre. La Biblia ya hace alusión a ello «...Noé, agricultor, comenzó a labrar la tierra y plantó una viña. Bebió de su vino y se embriagó...» (Génesis, 9).

A partir de ahí y en el curso de los siglos, la viticultura, más que otras actividades agrícolas, se ha ido impregnando de tradición para poner a disposición de los hombres las variedades cuyos nobles productos han alegrado el corazón y abierto su espíritu.

Sin embargo, en el curso de los últimos decenios, el cultivo de la vid ha evolucionado fuertemente y las técnicas modernas se han ido desarrollando para facilitar el trabajo del viticultor y permiten responder a las exigencias de una producción ligadas a las leyes de la economía y sometidas a los gustos cambiantes de los consumidores.

Para saber y saber hacer estas modernas técnicas el viticultor debe estar formado y tener perfectamente asimilado el conocimiento fundamental de dichas técnicas y su evolución tecnológica.

Es por eso que la Viticultura necesita obras de calidad contrastada que presenten en sus páginas todo el abanico de las técnicas vitícolas. Esta 8.ª edición francesa, 6.ª española, de Alain Reynier, agrónomo, enólogo y profesor de la Facultad de Enología de Burdeos, es una de esas. Y aunque el autor modestamente la titula *Manual de Viticultura,* podemos decir de ella que se ha convertido ya en una obra maestra en el ámbito de la Viticultura.

El profesor A. Reynier va desgranando de una forma sencilla, clara y pedagógica, desde el conocimiento de las variedades, pasando por su obtención, multiplicación, plantación, técnicas de cultivo, protección integral del viñedo, hasta la recolección y vendimia de sus cosechas, con una puesta al día puntual. Esta sencillez aparente hace asequible y necesario este libro para técnicos, estudiantes y para cualquier aficionado y amante del cultivo de la vid y el vino.

Una vez más, Mundi-Prensa demuestra que quiere seguir siendo puntera en todos estos temas relacionados con la agricultura, al hacer esta versión en lengua española que posibilite llegar a todos los hispano-parlantes los últimos conocimientos y avances del cultivo de la vid.

Nuestra felicitación por su magnífica presentación, que hará que su acogida esté en la medida del entusiasmo que el autor ha puesto en su redacción, y que será además una contribución al mantenimiento de su renombre como Editorial.

Finalmente, nuestro agradecimiento nuevamente a Mundi-Prensa por habernos confiado la traducción de esta 8.ª edición francesa, 6.ª española, del *Manual de Viticultura* de A. Reynier, que hemos intentado hacer tal y como se merece la obra.

Los traductores

ÍNDICE

  • Carencias
  • Accidentes fisiológicos
  • Accidentes climáticos
  • Clorosis
  • Filoxera y virus
  • Decaimientos
  • Enfermedades de las hojas y de los racimos
  • Plagas y enfermedades

Las vides cultivadas

CAPÍTULO 1

CALENDARIO DE TRABAJOS
Y CICLO BIOLÓGICO
DE LA VID

Como planta perenne, la vid ocupa el suelo durante treinta a cuarenta años y no entra en producción hasta el tercero o cuarto año después de la plantación. Su vida es una sucesión de ciclos anuales interdependientes, pues las condiciones de vegetación a lo largo de un ciclo debidas al medio y al hombre, tienen influencias en los ciclos vegetativos siguientes.

A lo largo de cada ciclo anual, la vid asegura:

– el crecimiento y desarrollo de los órganos vegetativos (pámpanos, hojas, zarcillos y raíces), su perennidad mediante el almacenamiento de reservas (agostamiento) y la adquisición de endolatencia de las yemas: es el ciclo vegetativo;

– el crecimiento y desarrollo de los órganos reproductores (inflorescencias, flores y bayas) y su maduración: es el ciclo reproductor.

1. LA VID, LAS ESTACIONES Y LOS TRABAJOS

La actividad del viticultor en el viñedo sigue unos ritmos marcados por las estaciones y la evolución de la viña. Los trabajos de una campaña vitícola comienzan mucho antes del despertar de la vegetación en primavera, en marzo o abril, se aceleran a lo largo de la primavera y llegan a ser particularmente intensos desde mitad de mayo a mitad de julio, durante el crecimiento activo de la vegetación, la floración y crecimiento de los racimos. El período de las vendimias, tan intenso y exaltante, marca el fin de los trabajos de la campaña mientras que la vid continúa su ciclo biológico.

Tras la vendimia, la vid adquiere, progresivamente, un color otoñal, pierde las hojas y entra en una fase de reposo. Para el viticultor, la actividad de la campaña se termina con la vendimia y los trabajos de vinificación, pero comienza otra. De esta forma los trabajos se suceden siguiendo unos itinerarios técnicos diferentes según los viticultores y las explotaciones y variables en función de las condiciones climáticas, de la naturaleza del suelo y de las vides.

Justo antes de la caída de la hoja o inmediatamente después, el viticultor aprovecha un período sin lluvia para efectuar el aporte de enmiendas orgánicas y minerales y realizar los trabajos de mantenimiento del suelo. Es también, el momento de realizar o preparar el arranque de las vides *descabezándolas,* bajando los alambres y arrancando los postes y las cepas. En este mismo período se retiran *las ataduras* del emparrado.

Una vez que han caído las hojas comienza la poda que se extiende desde noviembre a marzo, siempre con interrupciones para realizar otros trabajos en la vid o en la bodega. En las explotaciones pequeñas y cuando es posible podar en un lapso de tiempo bastante corto, el viticultor puede seguir el viejo refrán «podar pronto, podar tarde, nadie quiere la poda en marzo»; pero cuando cada viticultor ha de podar 30.000, 40.000 cepas o más, comienza en noviembre o diciembre las operaciones de poda.

Es un período en el que los días son cortos y no siempre las condiciones climáticas hacen agradable el trabajo. La poda es la intervención humana más importante en el manejo del viñedo; generalmente realizada por hombres, mientras que las mujeres realizan arranque de los sarmientos.

Durante el período invernal se procede a la retirada y quema de la madera de poda, a menos que sea triturada directamente en las calles. Al terminar los trabajos de la poda o a medida que van finalizando en cada parcela, el viticultor realiza el mantenimiento del emparrado, cambiando los postes y alambres estropeados y manteniendo los otros. Después, se atan las cepas y varas a los tutores y alambres respectivamente. Según los itinerarios técnicos elegidos, la prepoda precede las operaciones de poda y suprime todo o parte del arranque y triturado de la madera de poda.

Si se realiza el mantenimiento del suelo mediante escarda química, las pulverizaciones de herbicidas se hacen, generalmente, un poco antes del desborre. Durante este período se hacen, a veces, *tratamientos de invierno* a las cepas para proteger las heridas de poda de los ataques de ciertos hongos. Por último, se extienden en el suelo el abonado de primavera y eventualmente se entierra mediante una labor de descalce.

En marzo o abril, la salida de la vegetación marca el comienzo de un nuevo ciclo de la vid y de los trabajos que deben, en lo sucesivo, adaptarse a la evolución de ésta y a las condiciones climáticas. La vid pasa por sucesivas etapas que son especialmente determinantes de su desarrollo a lo largo de la campaña y para la elaboración del mosto:

  – con el desborre aparecen los *riesgos de heladas* primaverales que pueden destruir todo o parte de la cosecha y comprometer la perennidad de las cepas; este riesgo preocupa hasta principio del mes de mayo; el viticultor

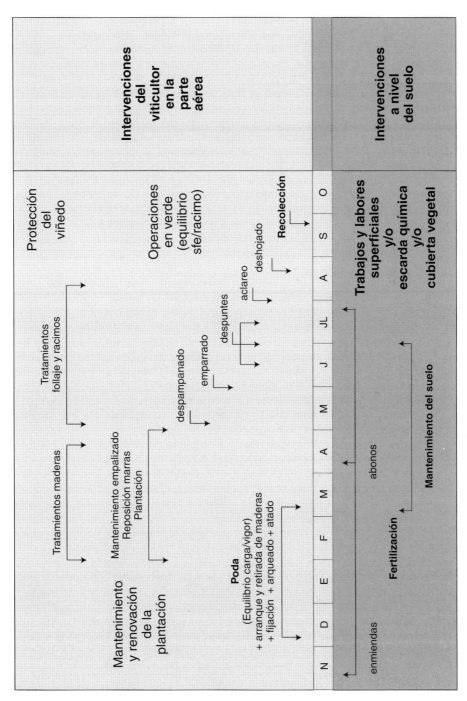

Figura 1
Calendario de operaciones técnicas en el viñedo.

está desarmado contra este riesgo climático, a excepción de viñedos donde se toman medidas concretas de protección (Chablis, Champagne);

– desde el desborre a la floración, se desarrollan los brotes sobre la madera podada y el esqueleto de la cepa; el viticultor interviene para suprimir aquellos que no presentan interés, es la operación de *desyemado o despampanado;* es, a lo largo de este período cuando se toman las decisiones de comenzar los *tratamientos* a fin de proteger a los pámpanos jóvenes y a los racimos *contra enfermedades y plagas* (excoriosis, black rot, oídio, mildiu, ácaros y gusanos del racimo); hacia la floración se procede a la *subida de los pámpanos* y su *colocación* entre los alambres, y unos días más tarde a su *despunte;*

– la precocidad de la cosecha y el potencial de producción se juegan en el momento de la floración; la duración del período floración-vendimia es una constante para cada variedad en una región determinada (100 días para Pinot noir en Borgoña ó 110 días para Merlot en Burdeos); condiciones climáticas poco favorables en el momento de la floración (lluvia o frío) implican un accidente fisiológico llamado corrimiento que se traduce en una reducción del número de bayas por racimo;

– a partir de la floración y durante 5 a 6 semanas, los racimos están especialmente expuestos a los ataques de numerosos hongos y plagas, razón por la que el viticultor asegura una protección fitosanitaria rigurosa. Las operaciones de emparrado y despunte se repiten con el fin de controlar y ordenar el crecimiento de los pámpanos. Según la reserva hídrica del suelo y la pluviometría del año, la parada de crecimiento vegetativo tiene lugar antes o después durante el verano. Cuando el viticultor considera que algunas parcelas tienen sobrecarga de racimos, practica el *aclareo de racimos* (vendimia verde); a lo largo de todo el período de crecimiento, controla el desarrollo de las malas hierbas por vía mecánica o química;

– después viene el envero que marca el inicio de la maduración de los racimos; las condiciones climáticas y en particular, la lluvia, son determinantes para la calidad de ese año; durante el período de maduración, el viticultor está prácticamente desarmado; aparte de un último tratamiento contra la podredumbre gris y el deshojado a nivel de racimos, no es absolutamente controlable lo que pase en el viñedo.

Después de haber combatido las enfermedades y plagas y de haber preparado y mantenido las cepas desde el otoño anterior, el viticultor se prepara para la vendimia; su preocupación principal es elegir la fecha adecuada de las vendimias para recolectar los racimos maduros, pero también sanos, sin podredumbre gris; es una decisión que no es fácil de tomar pues las condiciones de maduración no son nunca iguales de un año a otro; después tiene lugar la vendimia que se desarrolla durante una a tres semanas según la importancia del viñedo y la urgencia de entrar a recolectar. Con las vendimias terminan los trabajos de la campaña vitícola.

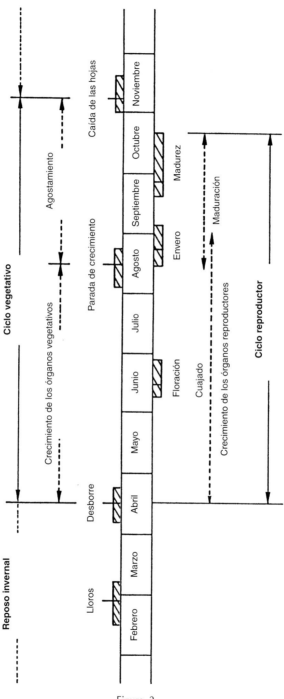

Figura 2
Ciclo vegetativo y reproductor de la vid.

A. Reynier

2. CICLO VEGETATIVO

2.1. Los lloros

2.1.1. Observaciones

Antes de la entrada en vegetación, se observa, al final del invierno, una exudación a nivel de las heridas de poda, que comienza por un simple rezumo para hacerse más intenso y detenerse. La duración de los lloros es generalmente de varios días, pero alcanza hasta tres o cuatro semanas.

2.1.2. Mecanismo

Los lloros corresponden a la entrada en actividad del sistema radicular por acción de la elevación de la *temperatura del suelo*. Se produce una activación de la respiración celular, una recuperación de la absorción de agua y de elementos minerales, así como una movilización de las reservas. La conducción se reemprende bajo la acción de los fenómenos osmóticos y provoca un movimiento ascendente de savia, llamada presión radicular. En ausencia de vegetación, esta savia se derrama a nivel de las heridas de poda. La cantidad de líquido que se derrama es generalmente poca y a veces importante (de 0,2 a 3 litros por cepa), depende del patrón, la edad de la cepa, (más en cepas jóvenes) y la velocidad de recalentamiento.

El cese de los lloros está provocado por el desarrollo de bacterias que forman, en el líquido, una masa viscosa que lleva consigo la obturación de los vasos leñosos.

Los lloros tienen una composición diferente de la savia bruta que circula durante la vegetación. Son más ricos en compuestos orgánicos (azúcares, ácidos), lo que prueba la movilización de reservas, y menos ricos en materias minerales.

Los lloros no parecen jugar un papel fisiológico. Incluso cuando son abundantes, no parece provocar un debilitamiento de la cepa. Pueden, sin embargo causar inconvenientes:

– aumentando la sensibilidad a las heladas primaverales de las yemas rehidratadas por su exudación; por ello se aconseja, en la poda, realizar un corte oblicuo opuesto a la yema;
– dificultando la formación del tejido de soldadura en el caso del injerto de campo; por ello se aconseja descabezar el patrón varios días antes de la operación del injerto.

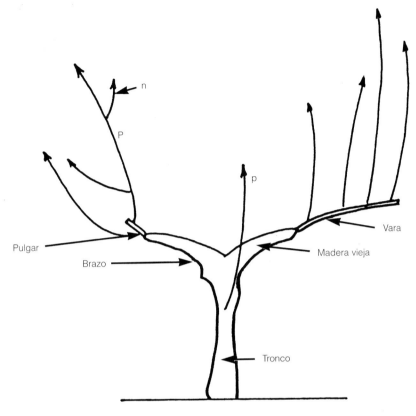

Figura 3
Morfología de una cepa de vid.

El tronco se divide en brazos (madera vieja) que portan la madera de poda (pulgar y vara) sobre los que se desarrollan los pámpanos (P) que a su vez se ramifican en nietos (n); los chupones (p) se desarrollan a partir de yemas de madera vieja.

2.2. El desborre

2.2.1. Observaciones

Cuando en primavera las yemas comienzan a hincharse, las escamas protectoras que las recubren se abren y la borra que se ve al principio aparece al exterior; por ello recibe el nombre de desborre esta primera manifestación del crecimiento.

La fecha de desborre es un estado fenológico importante a determinar; se hace referencia para ello a los **estados de referencia de Baggiolini** y cada vez más, a los **estados de referencia de Eichhorn y Lorenz.** La escala de Baggiolini, más antigua (1952) y caracterizada por letras, hace referencia a 16 estados fenológicos bien definidos. En 1977, Eichhorn y Lorenz, de la estación de Neustadt, propusieron una escala caracterizada por una cronología discontinua de cifras de 01 hasta 50 que permiten precisar ciertos estados fenológicos intermedios:

– *yema de invierno* (estado A ó 01) que caracteriza la vid en su estado de latencia invernal recubierta por dos escamas pardas;
– *yema de algodón* (estado B ó 03), la yema está hinchada, es visible la borra algodonosa y parda, las escamas están separadas;
– *punta verde* (estado C ó 05), cuando la yema está alargada e hinchada, este estado caracteriza el momento en que la punta del joven brote atraviesa la borra y se hace visible.

El estado que mejor responde a la definición de desborre es el estado B de Baggiolini o el estado 03 de Eichhorn y Lorenz, sin embargo hay quienes prefieren el estado C ó 05. El estado B ó 03 es el empleado habitualmente por los viticultores y experimentadores. No todas las yemas de una cepa desborran al mismo tiempo. Se fija, generalmente, la fecha de desborre en el momento en que el 50% de las yemas han pasado por el estado B.

Observando el desborre en una vara o asta no arqueada, se aprecia que las yemas de la extremidad desborran las primeras; ésta es una característica del crecimiento que se llama **acrotonía.** Esta precocidad en el desborre de las yemas de la extremidad tiene como consecuencia retrasar o impedir el desborre de las yemas de rango inferior por *inhibición por correlación.* Este fenómeno de correlación entre yemas se manifiesta:
– cualquiera que sea la longitud del sarmiento con más de dos yemas;
– de forma independiente en cada lado del sarmiento (ortóstico).

Se constata que no todas las yemas dejadas en la poda desborran. El porcentaje de desborre es un criterio técnico importante, pues condiciona el potencial de cosecha. Las yemas que no arrancan pueden encontrarse en la base de la madera de poda o a mitad de la madera larga; se habla de la presencia de «ventanas». Esta ausencia de desborre tiene diversas causas: acrotonía, carga excesiva con relación al vigor de la cepa, alteraciones de las yemas por granizo, heladas, hongos (excoriosis) o parásitos animales (pulguilla).

2.2.2. Mecanismo del desborre

Durante el invierno y el comienzo de la primavera, la actividad celular de la yema se manifiesta desde que la temperatura supera un cierto umbral, llamado **umbral de crecimiento o cero de vegetación,** que se sitúa alrededor de 10° C. Al principio, esta actividad es de corta duración y de poca intensidad pues crece con la subida de las temperaturas, las acciones diarias de la temperatura son acumulativas.

2.2.3. Condiciones de desborre

2.2.3.1. *Factores climáticos*

La temperatura del aire es el principal factor desencadenante del inicio de la actividad biológica de las yemas y actúa muy pronto durante el invierno. En efecto, el desborre es la consecuencia de los efectos acumulados de las acciones diarias de la temperatura durante el invierno y comienzo de la primavera. Un invierno suave implica un desborre precoz y viceversa. Por otra parte, el tipo de clima interviene modificando el efecto térmico; el desborre es más tardío y

A Yema de invierno 01	B Yema de algodón 03	C Punta verde 05	D Salida de hojas 06
E Hojas extendidas 09	F Racimos visibles 12	G Racimos separados 15	H Botones florales separados 17
I Plena floración 23	J Cuajado 27	K Tamaño guisante 31	L Racimo cerrado 33
M Envero 36	N Madurez 38	O Agostamiento 41	P Caída de hojas 43-47

Figura 4
Estados fenológicos de la viña según Baggiolini (letras) y Eichhorn y Lorenz (cifras).

homogéneo en zonas septentrionales o continentales que en zonas meridionales o templadas.

2.2.3.2. *Influencia de la variedad*

No todas las variedades desborran al mismo tiempo. Las variedades de desborre precoz (Chasselas doré, Aramon) pueden desborrar casi tres semanas antes que las más tardías (Cariñena, Riesling, Ugni blanc, Olivette noir). Es curioso constatar que la mayoría de las variedades de desborre precoz también maduran antes, aunque no siempre es el caso ya que, por ejemplo, Aramon y Garnacha (variedades de vinificación) y el Müsküle (variedad oriental de mesa) tienen un desborre precoz y madurez tardía.

2.2.3.3. *Factores biológicos*

El *vigor:* las cepas que hubieran adquirido a lo largo del ciclo anterior un exceso de vigor o no hubieran acumulado suficientes reservas (débiles por enfermedades o accidentes climáticos) tienen un desborre más tardío.

La *posición de la yema en el sarmiento y en la cepa:* el desborre comienza por la extremidad de los sarmientos podados, después, progresa hacia la base; a continuación, pueden desborrar ciertas yemas de la corona y de madera vieja.

2.2.3.4. *Factores culturales*

El viticultor influye voluntariamente o involuntariamente en la fecha de desborre:

- – *actuando* sobre la temperatura a nivel de las yemas por la elección de las parcelas y altura de formación de las cepas;
- – *modificando* las condiciones de circulación de la savia en el sarmiento y limitando los efectos de la inhibición por correlación por la poda y el arqueado;
- – *retrasando* la salida de las yemas de la base por una poda tardía; esta práctica se utiliza a veces en parcelas con riesgo de heladas.

2.3. El crecimiento

2.3.1. Manifestaciones del crecimiento

2.3.1.1. *Crecimiento del pámpano*

Tomando como referencia los estados de Baggiolini, se pasa sucesivamente de yema en reposo (estado A), a los estados: yema de algodón (estado B), punta verde (estado C), salida de hojas (estado D), hojas extendidas (estado E), racimos visibles (estado F) y racimos separados (estado G). Los otros estados caracterizan, esencialmente, la evolución del aparato reproductor.

El crecimiento de un pámpano procedente de una yema latente comprende tres fases:

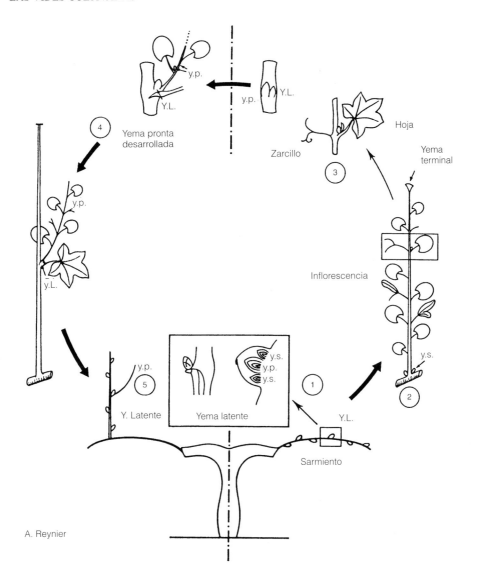

Figura 5
Dinámica del crecimiento de las yemas de la cepa.

Y.L. (yema latente) y.p. (yema pronta) y.s. (yema secundaria).

1. La yema latente (Y.L.) compuesta de la yema principal (y.p.) y de las yemas secundarias (y.s.), está en estado de dormición en el sarmiento.
2. En primavera, la yema principal se desarrolla dando un ramo foliado, las yemas secundarias permanecen dormidas.
3. A nivel de un nudo y en la axila de las hojas se encuentra una yema pronta (y.p.) y una yema latente (Y.L.).
4. La y.p. se desarrolla y la Y.L. entra en dormición durante el verano.
5. En el otoño, la dormición de las yemas latentes va desapareciendo progresivamente hasta la primavera siguiente.

- al principio, un período de aceleración lenta del crecimiento a lo largo del cual las variaciones diarias son todavía débiles;
- a continuación, un período de crecimiento diario rápido con una parada momentánea en la floración;
- por último, un período de crecimiento ralentizado que termina en la parada de crecimiento.

La parada de crecimiento que se manifiesta por un enderezamiento de la yema terminal que se deseca y cae, sucede normalmente a final de julio, principio de agosto, es decir, unos 100 a 120 días después del desborre, aunque hay una gran variabilidad según las condiciones climáticas de la primavera y el vigor de las cepas.

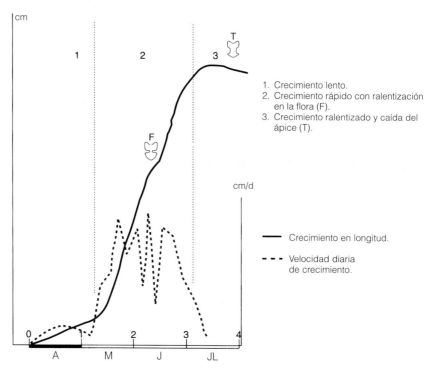

Figura 6
Crecimiento en longitud del pámpano.

2.3.1.2. *Crecimiento de los órganos axilares del pámpano*

El crecimiento de las hojas, zarcillos y ramos anticipados (nietos) se realiza al mismo tiempo que el de los entrenudos subyacentes.

El crecimiento de los ramos anticipados nacidos de las yemas prontas no empieza hasta que existe una cierta distancia al ápice del pámpano. Su longitud depende:

- de la posición de la yema pronta en el pámpano: son más largos en la zona media del pámpano;
- de los fenómenos rítmicos: al igual que los entrenudos, los nietos son generalmente más largos a nivel de los nudos sin zarcillo (figura 7);
- del vigor, que aumenta el número, la velocidad de crecimiento, el diámetro y la longitud de los nietos.

Después de un despunte se constata que los nietos adquieren un crecimiento mucho más activo. Esta activación del crecimiento es debida a la supresión de la yema terminal que ejerce un efecto inhibidor, llamado *dominancia apical*. Esta inhibición, ejercida por la yema terminal, es parcial para las yemas prontas, mientras que es total para las yemas latentes. Por ello, un cierto número de yemas prontas y ninguna yema latente entra en crecimiento.

Figura 7
Expresión de la acrotonía sobre el desborre de las yemas latentes del sarmiento.

2.3.1.3. *Crecimiento en la cepa*

El crecimiento de los pámpanos de un sarmiento no es el mismo y se corresponde con el de su rango en este sarmiento (figura 8). Se constata, en efecto, que la longitud de los pámpanos de una vara disminuye de la extremidad hacia la base.

Esta diferencia de crecimiento de los ramos nacidos de un mismo sarmiento es otra manifestación de la acrotonía o de los fenómenos de correlación del crecimiento. Las yemas que desborran primero ejercen un efecto inhibidor en los ramos situados debajo.

2.3.2. **Mecanismo del crecimiento**

El crecimiento es el resultado del aumento de tamaño de las células preexistentes (aurexis) y de la multiplicación celular (meresis). Se sabe que la yema latente está formada de meristemos primarios o puntos vegetativos y de esbozos de hojas, de zarcillos y de entrenudos. El crecimiento del ramo es el resultado de la suma de los crecimientos de cada uno de estos órganos y de la actividad del meristemo ter-

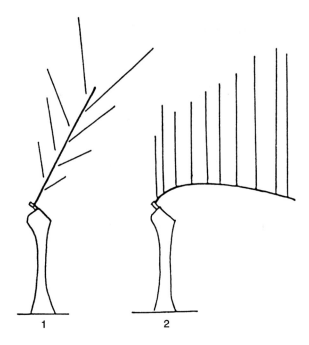

Figura 8

Expresión de la acrotonía en el desborre, el crecimiento y la longitud de los sarmientos en varas oblicua (1) u horizontal (2).

minal. Cada entrenudo tiene un crecimiento propio y los entrenudos sucesivos participan en cadena en la elongación del pámpano.

El crecimiento está necesariamente asociado a la actividad fisiológica de los diferentes órganos de la planta entera que aseguran:

– la absorción de agua y elementos minerales a nivel de las raíces y su conducción hacia los pámpanos;

– la fotosíntesis a nivel de las hojas, que permite la síntesis de azúcares;

– la respiración que, por degradación de los azúcares principalmente, proporciona la energía necesaria a la planta, permitiendo la multiplicación celular, los fenómenos de absorción y de migración, la síntesis de otras sustancias orgánicas;

– la conducción de metabolitos, es decir, el transporte de sustancias elaboradas (azúcares, ácidos orgánicos, sustancias de crecimiento, etc.);

– la transpiración que permite la elevación de la savia, la refrigeración de los órganos y el intercambio gaseoso, necesarios a la fotosíntesis y a la respiración, manteniendo abiertos los estomas.

La alimentación hídrica y mineral es indispensable para las diferentes funciones de los órganos de la cepa. Además, es necesario que el órgano en crecimiento encuentre a su alcance azúcares en cantidad suficiente para satisfacer las intensas necesidades de la respiración y de la biosíntesis. Estos azúcares son suministrados bien por la fotosíntesis local, es decir, a nivel del órgano (caso de las hojas y bayas

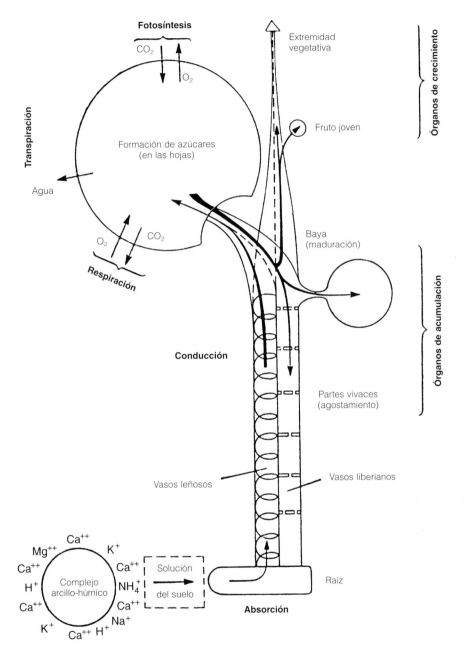

Figura 9
Fisiología de los órganos de la vid.

Absorción por las raíces; migración de savia bruta; fotosíntesis, respiración y transpiración por las hojas; migración de la savia elaborada por las hojas primero hacia los órganos en crecimiento y después hacia los órganos de acumulación.

jóvenes), bien por la fotosíntesis de hojas adultas que producen más de lo que consumen para satisfacer sus propias necesidades, o bien, por la movilización de reservas almacenadas en las partes vivaces. Así, las migraciones de asimilados (azúcares, ácidos orgánicos, etc.) se efectúan entre los diferentes órganos de la planta por los vasos conductores.

En un pámpano en crecimiento se pueden distinguir tres zonas cuyas actividades metabólicas son diferentes:

– el *ápice vegetativo* que comprende la yema terminal y las hojas jóvenes que no han alcanzado la mitad de su tamaño normal; está compuesta por órganos jóvenes en crecimiento caracterizados por una producción de azúcares inferior a sus necesidades de respiración y de biosíntesis, una presión osmótica débil y una respiración fuerte;

– la *zona intermedia* está compuesta de hojas adultas cuya producción de azúcares por fotosíntesis es superior a las necesidades; estas hojas son exportadoras de azúcares hacia los órganos en crecimiento (extremidades vegetativas de los pámpanos, radicelas e inflorescencias) y, más tarde, hacia los órganos de almacenamiento (partes vivaces y bayas del racimo);

– la *zona basal* o de hojas adultas envejecidas, cuya actividad se ralentiza; sin embargo, participan en el metabolismo general de la planta y pueden, a veces, jugar de nuevo un papel principal si el estado fisiológico de la planta entera lo permite (como en el caso, por ejemplo, de un despunte demasiado severo).

El sentido de las migraciones evoluciona a lo largo del crecimiento como se indica en la figura 10.

2.3.3. Condiciones del crecimiento

2.3.3.1. *Factores climáticos*

Entre 10 °C, umbral de crecimiento aparente, y 30 °C, el crecimiento aumenta con la temperatura. El óptimo se sitúa alrededor de 25-30 °C. Por encima de 30-32 °C el crecimiento se ralentiza y se detiene hacia 38 °C.

La luz actúa sobre todo por la duración de la iluminación: la vid es una planta de día largo, de modo que el crecimiento es más activo en junio y principio de julio.

La *pluviometría,* actuando en la alimentación de agua, es también un factor del crecimiento, sobre todo al final del mismo.

2.3.3.2. *Influencia de la variedad y del portainjerto*

La intensidad del crecimiento depende:

– *de la variedad:* Cariñena, Garnacha Ugni blanc, son generalmente vigorosas;

– *del portainjerto:* el crecimiento de los brotes de una variedad depende del vigor que le confiere el portainjerto que le sirve de sistema radicular; en efecto, cuando el portainjerto Riparia Gloria de Montpellier en suelo poco fértil, confiere una débil capacidad de crecimiento al injerto, los brotes de la cepa tienen un crecimiento débil; por el contrario, cuando el portainjerto es vigoroso o, si el suelo es fértil, la cepa desarrolla un número importante de brotes vigorosos.

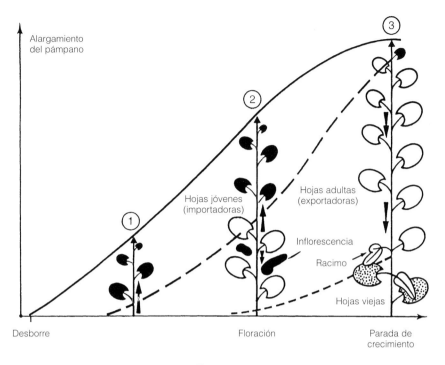

Figura 10
Evolución de los flujos de savia durante el crecimiento.

1. Al principio, el crecimiento del pámpano joven se hace a expensas de las reservas.
2. Las hojas adultas exportan azúcares hacia los órganos consumidores: hojas jóvenes e inflorescencias.
3. Después de la parada de crecimiento, el sarmiento tiene hojas adultas que exportan azúcares hacia las partes vivaces, los racimos y las hojas viejas.

2.3.3.3. *Influencia de las técnicas de conducción y de mantenimiento de la vid*

La capacidad de crecimiento de la cepa depende, de manera general, de la expansión y actividad de su sistema radicular y también del estado de los vasos conductores (pocos obstáculos a las migraciones internas) y de las reservas acumuladas en las partes vivaces. Para cepas que hayan alcanzado un desarrollo similar al final del invierno, el vigor puede variar dependiendo de las condiciones ambientales, ya sean favorables (exposición, naturaleza del suelo...) o limitantes (heladas, enfermedades). El viticultor interviene directa o indirectamente en los fenómenos de crecimiento, determinando la carga de yemas en la poda, actuando sobre el microclima de la vegetación, en la posición, el número y la longitud de la madera de poda en la fertilidad del suelo o bien, mediante el despunte se interrumpe el crecimiento del pámpano y favorece el de los nietos.

2.4. Evolución de los sarmientos y de las yemas latentes después de la parada de crecimiento

2.4.1. El agostamiento

Mientras los racimos maduran, se asiste a un cambio de aspecto de los pámpanos: el color verde desaparece al mismo tiempo que se diferencia netamente la corteza que encontraremos en invierno en el sarmiento. El pámpano se hace más duro impregnándose de lignina y acumulando sustancias de reserva, en particular almidón; el agostamiento comienza durante la maduración de los frutos, prosigue tras la madurez, mientras las hojas vivas no estén vacías de la mayor parte de las sustancias que han elaborado. De este agostamiento depende la resistencia a las heladas invernales, el vigor de los pámpanos en la primavera siguiente y, para las operaciones de multiplicación vegetativa, la reanudación del estaquillado y del injerto. El agostamiento asegura, pues, la perennidad de la planta y permite su multiplicación. Todo aquello que contribuye a la destrucción prematura del follaje (heladas precoces, enfermedades criptogámicas, deshojado excesivo) compromete el agostamiento. Es preciso esforzarse en proteger el follaje hasta el final del período normal de vida activa; éste es, por ejemplo, el principio de los tratamientos efectuados contra los ataques de mildiu de otoño.

2.4.2. Caída de las hojas o defoliación

Hacia el final del agostamiento, las hojas adquieren los colores otoñales y caen, la planta entra en fase de reposo vegetativo.

2.4.3. Dormición de las yemas

Las yemas latentes, formadas en la axila de las hojas, no se desarrollan el año de su formación. Quedan en estado de latencia hasta la primavera siguiente pasando por cinco fases:
- *fase de paralatencia:* las yemas tienen la facultad potencial de desarrollarse, pero quedan en reposo en el pámpano en crecimiento, sufriendo la influencia inhibidora de la yema terminal y de la anticipada. Es durante esta fase cuando la yema se organiza, formando los esbozos de las hojas, de los zarcillos y de las inflorescencias. El vigor del pámpano y las condiciones climáticas durante esta fase influyen en el grado de organización de las yemas;
- *fase de entrada en endolatencia:* las yemas pierden en dos o tres semanas la facultad de desborrar. Esta entrada en dormición sucede con la parada de crecimiento de los pámpanos y el comienzo del agostamiento. Estaría bajo el control de una hormona vegetal (el ácido abcísico) emitida por las hojas adultas. La entrada en dormición empieza por las yemas de la base del pámpano y alcanza progresivamente a las del ápice;
- *fase de endolatencia:* las yemas quedan dormidas de agosto a noviembre sin sufrir modificaciones profundas;
- *fase de salida de endolatencia:* bajo la acción de los primeros fríos de otoño las yemas recuperan progresivamente la aptitud al desborre. El fenómeno se

produce a la caída de las hojas y de forma progresiva, de la base hacia la extremidad del sarmiento;
– *fase de ecolatencia:* las yemas han recuperado entonces su facultad de desborrar, pero permanecen en reposo, pues las condiciones climáticas exteriores no son favorables al crecimiento. Sin embargo, reemprenden una actividad interna cada vez que hay días soleados y bastante cálidos a partir de enero-febrero. Esta actividad pasa desapercibida a nuestros ojos, pero la suma de estas actividades diarias conduce progresivamente a su manifestación visible que es el desborre.

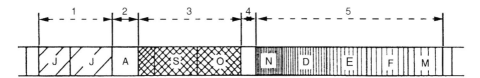

Figura 11
Fases de la dormición de las yemas latentes.

1. Predormición.
2. Entrada en dormición.
3. Dormición.
4. Salida de dormición.
5. Postdormición.

3. CICLO REPRODUCTOR

El desarrollo de los órganos reproductores empieza con la iniciación de las inflorescencias en las yemas latentes el año precedente y la diferenciación de las flores en primavera; después se desarrollan sucesivamente la floración, el cuajado, el crecimiento y la maduración de las bayas del racimo.

3.1. La iniciación floral

La fertilidad de las yemas representa la exteriorización de su iniciación floral, resultado de la acción de factores externos y factores ligados a la planta. Es el resultado de dos fenómenos distintos:
– **la inducción floral,** que es el fenómeno fisiológico de la percepción de estímulos que determinan la diferenciación de un meristemo hacia la constitución de una inflorescencia;
– **la iniciación floral,** propiamente dicha, que es el fenómeno morfológico de la diferenciación de la inflorescencia y de las flores.

3.1.1. Mecanismo de la iniciación floral

La iniciación de las inflorescencias (iniciación inflorescential) comienza el año anterior a la aparición de las inflorescencias, en las yemas de la base y progresando gradualmente hacia la extremidad. Al principio se produce la iniciación de tres a cinco esbozos de hojas, después sucede la de las inflorescencias y la de sus hojas opuestas. La *iniciación de las flores* comienza en la primavera siguiente, algunos días antes del desborre, formando las ramificaciones del racimo de orden 2 y 3 y prosigue hasta la floración diferenciando los órganos de los botones florales.

3.1.2. Noción de fertilidad de las yemas

Se mide ya sea en número de inflorescencias, ya sea en número de flores, a partir de medidas efectuadas en el pámpano:
- el número de inflorescencias es cuantificable en invierno mediante cortes de yemas o, mejor, después del desborre, es lo que el viticultor llama *salida* cuando cuenta el número de racimos;
- el número de flores se determina algunos días antes de la floración, sabiendo que hay muy buena correlación entre la longitud de la inflorescencia y el número de flores.

La *fertilidad potencial* expresa el número de inflorescencias o de flores por yema desborrada, y la *fertilidad práctica* el número de inflorescencias o de flores por yema dejada en la poda.

3.1.3. Condiciones de la iniciación floral o factores de variación de la fertilidad de las yemas

3.1.3.1. *Factores climáticos*

En junio y comienzos de julio, la iluminación es el factor principal de la iniciación de las inflorescencias. La temperatura tiene una influencia cuantitativa en la iniciación de las inflorescencias, favoreciendo el metabolismo general de la cepa, el crecimiento de los pámpanos y la organogénesis de las yemas.

En la primavera siguiente la acción de la temperatura juega un papel importante a lo largo de la diferenciación de los órganos florales; a baja temperatura, el número de flores es más elevado, pero el de las inflorescencias es más bajo que a temperatura elevada; por el contrario, cuando el desborre se retrasa, por una poda tardía, por ejemplo, se constata un aumento del número de inflorescencias.

3.1.3.2. *Factores biológicos*

La fertilidad de las yemas aumenta con el vigor de la madera en la que se encuentran, aunque a veces las maderas excesivamente vigorosas son menos fértiles. Todos los factores que actúan sobre el vigor, como la poda, los abonados, el portainjerto, influyen en la fertilidad de las yemas.

Las distintas yemas de una cepa tienen fertilidades distintas que dependen de su grado de organización:
- las yemas principales de las yemas latentes son las más fértiles;
- las yemas secundarias son poco fértiles o estériles;
- las yemas prontas son poco fértiles generalmente, aunque ciertas variedades presentan habitualmente racimos en los brotes anticipados nacidos de estas yemas prontas;
- las yemas de la corona o de la madera vieja presentan una fertilidad débil o nula.

La fertilidad varía en función del rango que ocupen las yemas latentes en el sarmiento: la fertilidad es más elevada en las yemas situadas en la mitad del sarmiento y más débil en las yemas de la base. Este gradiente de fertilidad está en relación con la complejidad de las yemas, que es mayor en aquellas que se han formado durante el período de crecimiento más intenso.

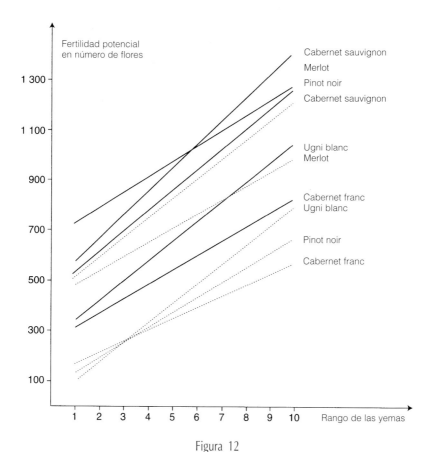

Figura 12
Fertilidad de las yemas expresada en número de flores según el rango de las yemas en la madera de poda para diferentes variedades (trazo continuo) y para las yemas de los chupones (punteado) (según Casteran, Reynier y Rivet).

3.1.3.3. *Factores culturales*

El viticultor puede modificar la fertilidad de una cepa y la fertilidad global de la parcela mediante las técnicas de cultivo que influyen en el vigor (abonados, carga en la poda), en el porcentaje de desborre por la poda (carga débil y poda corta), sobre la fecha de desborre (poda tardía) y en el microclima inducido por la elección del sistema de conducción.

3.2. Floración, polinización, fecundación

3.2.1. La floración

La floración corresponde a la expansión de la flor por la apertura (dehiscencia) de la corola, que se deseca y cae. Se produce generalmente en junio, pero la fecha varía con la variedad y las condiciones climáticas del año.

No todas las flores de un racimo y, en consecuencia, de una parcela, se abren al mismo tiempo, la floración se escalona de diez a quince días. La dehiscencia del capuchón y su caída están favorecidas por la insolación y el calor (mínimo 15 °C). A veces el capuchón no cae a causa de la lluvia o, de vigor insuficiente, las flores quedan encapuchadas. Después de la caída del capuchón, los estambres se separan del gineceo, y efectuando una rotación de 180° liberan el polen.

Figura 13
Mecanismo de la floración (antesis).

3.2.2. Polinización

La polinización es la liberación y transporte del polen. Puede ser indirecta (alógama) o directa (autogamia). La alogamia es obligatoria para las variedades femeninas (Ohanes, Magdalena, Angevine, Olivette blanche) que deben de estar asociadas en cultivos mixtos con variedades hermafroditas cuya floración se produzca en el mismo período. En las variedades hermafroditas, la alogamia permite una mejor fecundación.

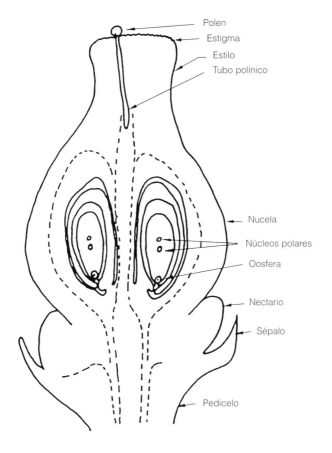

Figura 14
Polinización de la flor y germinación del grano de polen.

3.2.3. Fecundación

Se trata de una doble fecundación, la de la oosfera y la de los núcleos polares.

A menudo no se completa la fecundación de los cuatro óvulos, pudiendo existir varios tipos de semillas:

– *pepita normal;*
– *pepita vacía,* formada por los tegumentos pero sin embrión;
– *pepita estenospérmica,* formada por un embrión pero sin tegumentos; es blanda rudimentaria y no viable;
– *sin pepitas.*

A estos tipos de pepitas corresponden los tipos de bayas:

– *baya con semillas,* que contiene una o varias pepitas duras y completas, mientras que las otras están vacías, es el caso general;
– *baya apirena de tipo Sultanina,* que contiene pepitas estenospérmicas; esta apirenidad sultaniana es permanente en algunas variedades (Sultanina, Perlette) o accidental en variedades pirenas;

– *baya apirena de tipo Corinto,* no contiene pepitas y es el resultado de la polinización sin fecundación; esta apirenidad corintiana es permanente en la Corinto negra y accidental en otras variedades; la baya queda pequeña; es el caso de «millerandage» en las variedades con semillas;
– *baya verde,* no contiene pepitas y corresponde a un ovario no polinizado y, en consecuencia, no fecundado; la baya es muy pequeña y queda verde.

3.2.4. Cuajado y alteraciones de la floración

El número de frutos maduros es siempre inferior al número de flores que están diferenciadas. Un cierto número de flores fecundadas evolucionan a frutos, se dice que *cuajan,* mientras que un cierto número de flores no polinizadas y de ovarios fecundados caen, se dice que se *corren.* El término corrimiento corresponde a la caída de flores y de ovarios.

La tasa de cuajado es un término que corresponde al número de bayas que quedan en el racimo en relación al número de flores de la inflorescencia. La tasa de cuajado es relativamente baja, incluso en ausencia de corrimiento. Es inversamente proporcional al número de flores por inflorescencia. Es más elevado en variedades de racimos pequeños (variedades alsacianas), que en variedades con grandes inflorescencias (Cariñena y Aramon). La tasa de cuajado de las inflorescencias de un mismo pámpano decrece desde la base hacia la extremidad.

3.3. Desarrollo de las bayas

El desarrollo de las bayas empieza con la polinización y continúa hasta el estado de madurez. Se traduce en un crecimiento en volumen de las bayas acompañado de una evolución de las características físicas (color, firmeza) y de la composición química de las uvas (azúcares, ácidos, compuestos fenólicos). Se distinguen generalmente tres períodos a lo largo del desarrollo del fruto:
– un *período herbáceo,* durante el cual la baya, verde y dura, engorda y se comporta como un órgano clorofílico en crecimiento;
– un *período de maduración,* durante el cual la baya cambia de color, engorda de nuevo y se comporta como un órgano de transformación y, sobre todo, de almacenamiento. Comienza con un período de evolución rápida de las características físicas y bioquímicas de la uva, el envero, y termina con el estado de madurez;
– un *período de sobremaduración,* durante el cual la uva se pasifica, mientras que su composición química evoluciona y puede sufrir ataques de hongos *(Botrytis cinerea).*

3.3.1. Crecimiento de las bayas

El crecimiento en volumen de las bayas, desde el cuajado hasta la maduración de la uva, se efectúa en tres fases:
– *fase 1 o de crecimiento rápido:* dura de cinco a siete semanas y se realiza en principio (hasta los 20-25 días después de la antesis) por proliferación y agrandamiento celular;

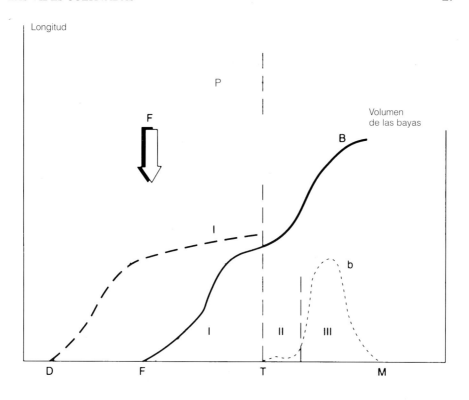

Figura 15

Crecimiento de la baya de uva (B) desde la floración (F) al estado de madurez (M);
crecimiento de la inflorescencia (I) y del pámpano (P);
crecimiento diario (b) y fases del crecimiento de las bayas (I, II, III). (Alain Reynier).

– *fase II o de crecimiento ralentizado:* dura solamente algunos días para las variedades precoces y a veces hasta cuatro semanas para las variedades tardías. Es una fase de transición que tiene lugar alrededor del envero y durante la misma se alcanza la madurez fisiológica de las semillas.
– *fase III o de crecimiento rápido:* realizada únicamente por agrandamiento celular.

El tamaño final de la baya depende de la variedad y de los efectos del clima, de la alimentación hídrica, de las prácticas de cultivo y de la cantidad de uva por cepa.

3.3.1.1. *Factores climáticos*

La acción combinada de la temperatura e iluminación favorecen el crecimiento de las bayas, su volumen final parece estar influido, principalmente, por las condiciones de alimentación hídrica entre la floración y el envero. Una buena alimentación en agua durante este período es un factor que favorece el rendimiento mientras que un período de sequía lo limita.

3.3.1.2. *Factores biológicos*

La variedad: la forma y la dimensión de la baya son caracteres específicos; existen variedades con bayas pequeñas (la mayoría de las variedades de vinificación) y variedades con bayas grandes (muchas de las variedades de mesa). Por otra parte, la estructura de la pulpa varía con las variedades: durante la fase III las células de las variedades de vinificación se laceran y la pulpa se hace jugosa; por el contrario, en las variedades de mesa las membranas celulares de la pulpa quedan intactas y la baya es carnosa.

La superficie foliar: el crecimiento de las bayas y el rendimiento dependen de la productividad del follaje y de la relación volumen global de las bayas/productividad del follaje. Si la superficie foliar es insuficiente para asegurar la alimentación de un número grande de racimos, el volumen de cada uno de ellos queda pequeño. Los factores culturales que influyen en el desarrollo de la vegetación (densidad, sistema de empalizamiento, despunte) o en la cantidad de racimos (carga de yemas por cepa) tendrán influencia en el crecimiento, volumen de las bayas y su estado de madurez y, en consecuencia, en el rendimiento y calidad.

El número de pepitas: la flor polinizada puede dar una baya aunque no haya fecundación, el tamaño de la baya quedará, en este caso, pequeño; en general, el tamaño de la baya aumenta con el número de pepitas.

3.3.1.3. *Factores culturales*

El control de las malas hierbas mediante laboreo o escarda química, el vigor que le confiere el portainjerto, los abonados y la carga, influyen en el tamaño de las bayas.

Figura 16
Morfología del racimo y corte de una baya.

1. Racimos antes de la vendimia.
2. En la baya se distingue el hollejo (p), la pulpa (P), las pepitas (p') y el pincel (p'').

3.3.2. Metabolismo durante el período herbáceo

El crecimiento herbáceo de la baya se produce simultáneamente al crecimiento del pámpano y del raspón. Finaliza antes, al mismo tiempo o más tarde según los años. En el curso de este período herbáceo, las bayas se comportan como órganos clorofílicos en crecimiento. Su respiración es activa, con un máximo al cabo de cuatro semanas después de la antesis, y su fotosíntesis, intensa al principio, disminuye progresivamente hasta el final del período.

3.3.2.1. *Las bayas herbáceas son órganos consumidores*

Las bayas verdes son centro de demanda de sustancias elaboradas por las hojas. Están en competencia con las hojas de la extremidad del pámpano y con los nietos. Son principalmente los azúcares los que migran hacia las bayas verdes. Transportados en estado de sacarosa, se hidrolizan en fructosa y glucosa. Estos son exportados al principio de forma intensa por las hojas situadas a nivel de los racimos, y después por las de la parte media del pámpano.

Las bayas verdes reciben también *ácido málico* proveniente de las hojas y de las raíces. Una cierta cantidad de *ácido tartárico* producido por las hojas jóvenes migra, también hacia los frutos jóvenes. Los azúcares y ácidos orgánicos se utilizan en parte durante la respiración (ciclo de Krebs) para producir energía almacenada en forma de ATP (adenosín trifosfato), que se utiliza después en los procesos de crecimiento y de biosíntesis.

3.3.2.2. *Las bayas verdes son órganos productores*

Durante este período herbáceo las bayas verdes tienen actividad fotosintética. La producción de azúcares es, sin embargo, insuficiente para satisfacer las necesidades de las bayas. No obstante, no es despreciable y participa, con los azúcares importados, en las modificaciones bioquímicas de los frutos jóvenes. Las bayas verdes sintetizan también ácidos orgánicos, principalmente ácido málico y ácido tartárico.

En las bayas verdes, la producción de ácido málico es superior a su degradación, se almacenará y será utilizado más adelante durante su maduración. La síntesis de ácido tartárico se realiza simultáneamente en las hojas jóvenes y en las bayas verdes. Al final del período herbáceo, el contenido de las bayas en azúcares es bajo (10 a 20 g/kg de racimo verde) mientras que el de ácido málico y ácido tartárico son elevados.

3.3.2.3. *Regulación hormonal*

Las auxinas sintetizadas en los órganos jóvenes en crecimiento estimulan las divisiones celulares y el agrandamiento de las células. Las giberelinas favorecen la elongación. Las citoquininas, las divisiones celulares y la síntesis de aminoácidos. En la uva verde estas tres sustancias de crecimiento se encuentran en contenidos que pasan sucesivamente por un máximo para las auxinas, las giberelinas y las citoquininas, mientras que aparecen el ácido abscísico y el etileno que participan en la maduración de los frutos.

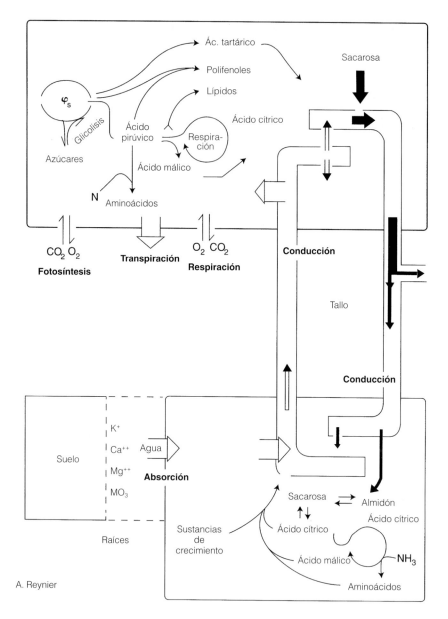

Figura 17
Esquema del metabolismo de la vid.

A nivel de las hojas, los azúcares formados por fotosíntesis son almacenados en las partes vivaces (madera y raíces) y en los frutos o bien utilizados en la respiración y síntesis de ácidos orgánicos (ácido tartárico, málico y cítrico), de aminoácidos, con el nitrógeno absorbido por las raíces, polifenoles (materias colorantes y taninos) y de lípidos y sustancias del crecimiento.

A nivel de raíces, el agua y los elementos minerales absorbidos migran hacia las partes aéreas; las reservas de almidón acumuladas son utilizadas para la respiración de las raíces, en la fabricación de ácido cítrico y citoquininas, de las que una gran parte migra hacia los pámpanos en crecimiento.

3.3.3. Metabolismo durante el período de maduración

El período de maduración se manifiesta por una modificación física y bioquímica del racimo:

- *modificación física:* la baya verde se colorea, se ablanda, engorda de nuevo; las células de la pulpa de las variedades de vinificación se rompen, las bayas son jugosas en la madurez;
- *modificación bioquímica:* la acidez disminuye mientras que el contenido en azúcares, compuestos fenólicos (taninos y materia colorante) y en compuestos aromáticos aumenta; esta evolución comienza por una fase de transición, el *envero,* de corta duración (ocho a doce días, generalmente), y continúa por una fase de *maduración.* Si los racimos no se recolectan, evolucionan aún durante una fase posterior llamada fase de *sobremaduración.*

3.3.3.1. *Enriquecimiento en azúcares*

El principio de la maduración sucede normalmente después de la parada de crecimiento de los pámpanos. El metabolismo de la planta se caracteriza por:

- una *fotosíntesis intensa,* ya que la superficie foliar es importante y las condiciones climáticas son favorables (luz, temperatura) en el supuesto que la transpiración no esté limitada (sequía, por ejemplo);
- una *respiración moderada,* pero menos intensa que en los órganos jóvenes, de manera que la parte de azúcares degradados por respiración es más reducida que durante el período de crecimiento de los pámpanos y de las bayas verdes;
- una *conducción (o migración) importante* de azúcares hacia los órganos que tienen función de almacenamiento de reservas: los racimos y las partes vivaces (sarmientos, partes aéreas del tronco y sistema radical).

El *envero* corresponde a una acumulación brusca e importante de azúcares en las bayas. Está acompañada de una modificación del color de las uvas, se dice que *enveran.* Este enriquecimiento rápido es el resultado de una modificación del sentido de las migraciones:

- por una parte, *los productos de la fotosíntesis* cesan temporalmente su circulación descendente hacia las partes vivaces y se *dirigen únicamente hacia los racimos,* todos los sarmientos participan en esta migración, los azúcares de los sarmientos no fructíferos (principalmente nietos) se dirigen hacia los sarmientos que tienen racimos;
- por otra parte, *las reservas en azúcares (sacarosa y principalmente almidón) de la madera y del sistema radicular* son movilizadas repentinamente y en proporción más o menos importante en beneficio de los racimos; el nivel de estas reservas es importante para asegurar un buen comienzo de la maduración; cuando las reservas de las partes vivaces han disminuido a lo largo de ciclos vegetativos anteriores y la fotosíntesis actual es insuficiente para satisfacer las exigencias de volumen importante de los racimos, en ese caso podemos observar una maduración insuficiente; la historia del viñedo, la edad, el mantenimiento, el control permanente de los rendimientos y la buena actividad de las hojas, son otros factores que condicionan la evolución de la maduración.

Durante la maduración el crecimiento del contenido en azúcares de la uva obedece a tres procesos:

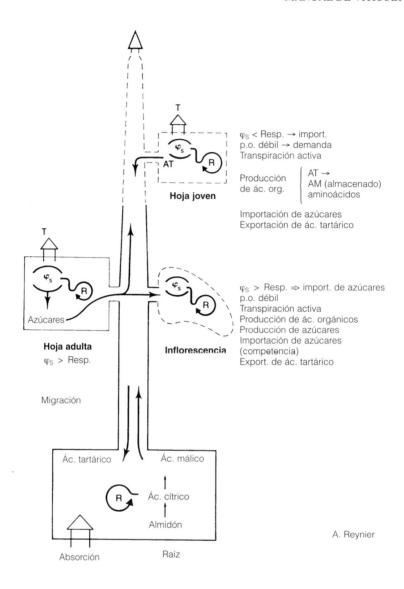

φ_S < Resp. → import.
p.o. débil → demanda
Transpiración activa

Producción
de ác. org. $\left\{\begin{array}{l}\text{AT} \rightarrow \\ \text{AM (almacenado)} \\ \text{aminoácidos}\end{array}\right.$

Importación de azúcares
Exportación de ác. tartárico

Hoja joven

φ_S > Resp. ⇒ import. de azúcares
p.o. débil
Transpiración activa
Producción de ác. orgánicos
Producción de azúcares
Importación de azúcares
(competencia)
Export. de ác. tartárico

Inflorescencia

Azúcares

Hoja adulta
φ_S > Resp.

Migración

Ác. tartárico   Ác. málico

R   Ác. cítrico

Almidón

Absorción   Raíz

A. Reynier

Figura 18
Síntesis y migración de los metabolitos durante el crecimiento de los pámpanos y de las uvas verdes.

Las hojas adultas producen por fotosíntesis (φ_S) azúcares de los que una parte es utilizada para la respiración (R) y otra fracción migra hacia los órganos en crecimiento (hojas jóvenes, inflorescencias y uvas verdes).
A nivel de estos *órganos en crecimiento* hay un consumo de azúcares por respiración superior a la producción por fotosíntesis, los tejidos son ricos en agua y tienen una débil presión osmótica (p. o.), por lo que se produce una migración de los azúcares de los órganos productores (hojas) o de los órganos de almacenamiento (partes vivaces); estos órganos jóvenes elaboran ácido málico (AM), que permanece en el mismo lugar y especialmente en las uvas verdes, y ácido tartárico (AT), que migra hacia las raíces; finalmente, ácido cítrico, que es sintetizado a nivel de las raíces.

– esencialmente por migración de azúcares producidos por fotosíntesis;
– por movilización eventual de reservas;
– por transformación de ácido málico en azúcares, cantidad que no es importante.

Glucosa y fructosa se acumulan en la baya. Mientras que la uva verde contiene sobre todo glucosa, al final del envero el contenido en fructosa aumenta y en algunas variedades puede ser superior al de glucosa. La riqueza en azúcares de las bayas en la madurez, depende de la variedad, del clima del año, del terreno, del régimen hídrico, del patrón y del conjunto de técnicas de cultivo del viñedo;

– en un mismo viñedo se observa una gran variabilidad del contenido de azúcares entre las bayas de distintas variedades en un momento determinado; esto depende de su genotipo que condiciona la duración del su ciclo biológico y de su período de maduración, así como de su rendimiento fotosintético; también se han observado diferencias entre clones de una misma variedad;
– la influencia del efecto variedad-portainjerto es muy importante para determinar el nivel del contenido de azúcares en las bayas; para una variedad determinada, la elección del portainjerto interviene modificando el vigor de la planta, el rendimiento, la duración del ciclo vegetativo, la fecha de madurez y el contenido de azúcares en las bayas. El retraso de la maduración provocado por ciertos portainjertos es particularmente perjudicial en variedades tardías; en un medio dado, un portainjerto que confiera vigor a la cepa induce una mayor masa vegetativa pero también un rendimiento superior con la consecuencia, a menudo, de una disminución del contenido de azúcares y de la calidad de las bayas. Análogamente, es conocido que un portainjerto que confiere un vigor insuficiente, por falta de adaptación al medio, y en particular a la naturaleza, la fertilidad o la reserva hídrica del suelo, produce viñas con vegetación insuficiente y por tanto la maduración de los racimos es incompleta; por ejemplo, Riparia Gloria de Montpellier que confiere, normalmente, a la variedad un ciclo vegetativo corto, una maduración precoz y una producción de calidad, puede, en situaciones de sequía y poco fértiles ser muy débil y no permitir una maduración suficiente de las bayas;
– el efecto del *año* en el contenido de azúcares es bien conocido; en una región determinada, la maduración de las variedades depende de la influencia de las condiciones climáticas del año, este efecto está particularmente marcado en las regiones vitícolas septentrionales; si las condiciones térmicas tienen una influencia importante durante la fase de crecimiento de los órganos en primavera, son las condiciones de iluminación y el balance hídrico durante el verano las que tienen una influencia primordial en la evolución del contenido en azúcares en las bayas y en la calidad de la vendimia en general;
– el efecto del *terroir*, definido como el medio en el que se encuentra el viñedo, es decir, el clima local y el suelo, influye en la fisiología de la viña y en el contenido de azúcares de los racimos y también influye claramente en el contenido de compuestos fenólicos y en la calidad sensorial de los vinos;
– el rendimiento de las viñas ejerce una influencia en el contenido de azúcares de las bayas: las viñas con escaso rendimiento no son siempre de buena calidad y hemos demostrado que una mejora del vigor y de la producción favorece la evolución de la maduración; sin embargo, a partir de un cierto nivel de rendimiento, variable según la variedad, los años, el terroir y los tipos de vino a producir (40 a 50 hl/ha para vinos de calidad en zonas septentriona-

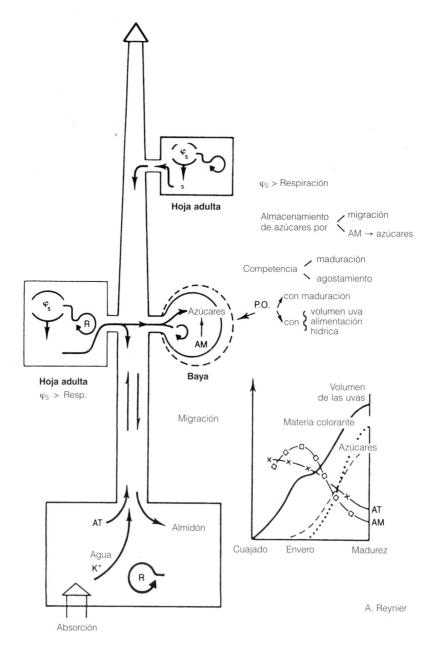

Figura 19
Síntesis y migración de los metabolitos durante la maduración.

El contenido en azúcares de la uva aumenta por migración procedente de las hojas adultas y por transformación del ácido málico (AM). La acidez disminuye por dilución debida a la llegada de agua, por transformación del ácido málico en azúcares y por combustión respiratoria (R); el porcentaje de ácido tartárico (AT) permanece casi estable con aumento después de las lluvias y disminución durante los períodos secos.

les), el contenido de azúcares de las bayas y la calidad de los vinos disminuyen; esta relación inversa rendimiento/contenido en azúcares, es la justificación de la limitación de los rendimientos en las zonas VQPRD o de los vinos de la tierra; sin embargo, no hay siempre un antagonismo absoluto entre rendimiento y calidad ya que a menudo los años de calidad corresponden a años de rendimiento superior a la media; esto se produce cuando las condiciones climáticas del año, y a menudo, indirectamente, la de años anteriores, permiten un buen desarrollo de los procesos de elaboración de la cosecha (en cantidad) y una fotosíntesis activa y adaptada a estos niveles de rendimiento (fertilidad de las yemas, buen nivel de reservas en almidón en las partes vivaces, crecimiento favorable a la edificación de una superficie foliar suficiente sin amontonamiento de la vegetación, desarrollo correcto de la floración sin corrimiento ni millerandage, balance hídrico favorable durante la primera fase de desarrollo siguiendo una disminución progresiva y por último una insolación máxima a partir de la floración); a veces cuando el aumento del rendimiento es causado por factores naturales muy generosos (suelo fértil, reserva hídrica no limitante) o por la intervención del viticultor sin previa reflexión (elección de un portainjerto muy vigoroso, fertilización excesiva) entonces, los rendimientos elevados no permiten la acumulación de cantidades excesivas de azúcares en las bayas.

3.3.3.2. *Disminución de la acidez*

En el curso del crecimiento vegetativo las hojas y las bayas verdes son la sede de síntesis de ácidos orgánicos, cuyos contenidos disminuyen a lo largo de la maduración. Esta disminución de la acidez tiene diversas causas:

– *degradación respiratoria:* los ácidos orgánicos sirven de sustrato a la respiración. La degradación aumenta con la temperatura (la acidez de las uvas maduras es más reducida los años de verano cálido) esta degradación afecta sobre todo al ácido málico hasta 30 °C, al ácido málico y al ácido tartárico por debajo de 30 °C;

– *transformación de ácido málico en azúcares:* la síntesis de azúcar a partir de ácido málico, participa en la disminución de la acidez y en el enriquecimiento en azúcares. Parece que la producción de azúcares por esta vía es limitada;

– *fenómenos de dilución:* durante la maduración la uva engorda por aporte de agua procedente de las raíces, lo que contribuye a disminuir la concentración en ácidos;

– *migración de bases* procedentes de las raíces, que se traduce en un aumento de la alcalinidad de las cenizas.

La disminución de la acidez durante la fase de maduración se debe a la contribución de estos cuatro fenómenos. El contenido de cada uno de los ácidos orgánicos es el resultado del equilibrio entre los recursos y las pérdidas por combustión respiratoria o transformación. Así, el contenido en ácido málico disminuye porque las degradaciones son importantes, mientras que las migraciones hacia los racimos son reducidas. El contenido en ácido tartárico expresado en miliequivalentes por cien bayas permanece sensiblemente constante, ya que las síntesis y las migraciones equilibran las pérdidas por respiración. El equilibrio ácido-base de los racimos depende del contenido relativo de ácidos orgánicos y de potasio.

La acidez final del racimo varía en función de la interacción variedad-portainjerto, de las características del medio y de las prácticas culturales:

- la *variedad y el portainjerto:* las variedades de mesa y algunas de vinificación, como el Pinot noir, Syrah y la Garnacha, dan vinos poco ácidos al contrario que Gamay o Manseng; el portainjerto interviene actuando sobre el vigor, pues éste influye en el metabolismo de los ácidos (crecimiento más activo, retraso fisiológico, retraso de la maduración y degradación más lenta) y en la absorción de cationes, potasio, en particular (el SO4 absorbe mejor el potasio que gran parte de otros portainjertos);
- la adaptación de las variedades a *condiciones climáticas locales:* razón por la que una variedad de madurez tardía en una zona geográfica con limitación climática (zona septentrional para una variedad mediterránea, por ejemplo) no permitirá la maduración completa de los racimos, y conservarán contenidos elevados de ácidos (caso del Ugni blanc en Charentes); al contrario, una variedad precoz en zona mediterránea dará vinos de baja acidez;
- efecto del *año:* un verano cálido actúa en el contenido de ácido tartárico y en la degradación del málico;
- el *microclima de racimos:* los racimos a la sombra y los que están amontonados son siempre más ácidos que los que están bien iluminados; el ácido málico es el que es sensible a los efectos térmicos a nivel de los racimos mientras que el ácido tartárico resiste de manera discreta e inconstante a la iluminación y temperatura;
- el *vigor de las cepas:* el vigor favorece la producción de ácidos orgánicos durante el período de crecimiento y reduce las posibilidades de degradación a lo largo de la maduración, principalmente a causa del amontonamiento de la vegetación y escasa exposición de los racimos a la luz; a lo largo de veranos lluviosos, cuando la parada del crecimiento no está bien marcada o se produce una foliación tardía de los nietos durante la maduración, la acidez de las bayas permanece alta; entonces, se constata que las bayas grandes de viñas vigorosas están menos maduras que las bayas pequeñas, son más pobres en ácido tartárico y más ricas en málico;
- la *alimentación hídrica* excesiva, natural procedente de las precipitaciones o provocada por riegos excesivos al final de la maduración, implica una disminución de la acidez al aumentar el volumen de las bayas, por dilución del contenido de la pulpa y por una gran absorción de potasio;
- la *escarda química:* implica, a menudo, una disminución de la acidez de los mostos que se puede explicar, en parte, por la presencia de un sistema radicular superficial muy favorable a absorber agua y potasio tras una precipitación durante la fase de maduración.

3.3.3.3. *Evolución de los compuestos fenólicos*

Los compuestos fenólicos son sustancias orgánicas cuya estructura química comprende una o varias funciones «fenol». Los compuestos fenólicos participan en la coloración de la uva y en las propiedades visuales y gustativas del vino. Se distinguen:

- ácidos fenólicos;
- antocianos, principales constituyentes de los pigmentos rojos;
- flavonoides, principales constituyentes de los pigmentos amarillos;

– taninos, constituyentes del color, de la estructura y de la astringencia de los vinos.

En el momento del envero, las bayas verdes pierden la clorofila y evolucionan a rojas o más o menos amarillas. Esta evolución que prosigue durante la maduración permite distinguir las variedades tintas de las blancas. Esta coloración debida a la materia colorante, antocianos (rojos) y flavonoides (amarillos) no afecta más que al hollejo; sin embargo, la pulpa de algunas variedades, llamadas tintoreras, acumulan antocianos. Al mismo tiempo, otras sustancias orgánicas, los taninos, sufren unas modificaciones cuantitativas y cualitativas en los hollejos y pepitas. Tras la vinificación, los compuestos fenólicos se encuentran en el vino y participan en sus características organolépticas.

Los constituyentes más importantes son los antocianos y los taninos. Su evolución durante la maduración es uno de los factores determinantes de la calidad de las uvas:

– *en los hollejos,* los antocianos aparecen en el envero, y su concentración aumenta más o menos regularmente para ralentizarse en la proximidad de la madurez; el hollejo contiene también ácidos fenólicos, taninos y un poco de flavonoles; el aumento del contenido de taninos (procianidinas) está ligado al de los antocianos y a los azúcares, una variedad tinta, rica en azúcares está bien provista, generalmente, de antocianos y taninos;

– *en la pulpa* se encuentran los ácidos fenólicos, algunos taninos y, excepcionalmente, antocianos *(variedades tintoreras);*

– *en las pepitas,* la concentración en taninos extraíbles disminuye a lo largo de la maduración o a veces durante el envero; las pepitas también contienen ácidos fenólicos; los taninos de las pepitas (procianidinas más o menos polimerizadas) son distintos a los de los hollejos y dan astringencia y amargor;

– *en los raspones* aumenta la concentración de taninos débilmente y también su amargor.

Un racimo maduro es rico en antocianos y taninos fácilmente extraíbles, mientras que la extracción de los taninos de las pepitas es relativamente moderada. Por el contrario, cuando un racimo no está completamente maduro, el contenido de antocianos y taninos de los hollejos es bajo y son más difícilmente extraíbles. Los compuestos fenólicos participan de manera importante en la calidad visual y organoléptica de los vinos (cuerpo, armazón, estructura, espeso y carnoso) y también en sus defectos (amargor, dureza, falta de cuerpo). Las características de los vinos tintos dependen de la naturaleza, estructura y concentración de compuestos fenólicos del racimo en el momento de la cosecha y de su evolución a lo largo de la vinificación y de la crianza del vino:

– los antocianos del vino evolucionan a lo largo de la vinificación, de la crianza y de la conservación; una parte se degrada por oxidación y por efecto térmico, otra se combina de diversas formas con los taninos dando complejos antocianos-taninos bastante estables; al mismo tiempo, ciertos azúcares del mosto *(antocianósidos)* se pueden combinar con sustancias producidas por las levaduras para dar polifenoles específicos del vino, los *castavinoles,* incoloros pero considerados precursores del color, de un rojo más intenso y más estable;

– los taninos de los hollejos y de las pepitas, y a veces de los raspones, son extraídos en diverso grado según el estado de madurez, la variedad y la naturaleza de estos taninos; sufren a lo largo de la vinificación y de la crianza del vino numerosas reacciones de polimerización: en presencia de oxígeno a lo largo de la crianza, los taninos se polimerizan dando grandes moléculas y produciendo un suavizamiento organoléptico del vino; en ausencia de oxígeno y en presencia de temperatura relativamente alta (> 20 °C) el vino se despoja a lo largo de la conservación y pierde una parte de su cuerpo.

La coloración y la tipicidad fenólica de los mostos dependen del genotipo de la viña cultivada, del medio y de las técnicas de cultivo:

– la *coloración de las bayas* se favorece por la iluminación directa de los racimos; el exceso de agua o la sequía y las temperaturas excesivas tienen un efecto negativo;

– la *concentración de compuestos fenólicos* es muy diferente de una variedad a otra; es alta en la Garnacha tintorera y Abouriou (4 a 5 g/kg), media en Cabernet-Sauvignon, Syrah, Cariñena (2 g/kg), baja en Cinsaut, Cabernet-franc, Aramon, Pinot noir (menos de 1 g/kg);

– el *terroir* es un elemento determinante de la tipicidad fenólica de los mostos y los vinos: el contenido en antocianos en bayas de una misma variedad puede variar más del 60% según el *terroir* (90 a 160 mg por 100 g de bayas de la variedad Cabernet franc en el Valle del Loira); los vinos de calidad proceden de cepas cultivadas en *terroirs* que favorecen la síntesis de azúcares y compuestos fenólicos, pero también, variaciones en la naturaleza y contenidos relativos de los diferentes compuestos, dan tipos de vinos sensiblemente diferentes;

– el *rol de los azúcares* en la síntesis de antocianos ha sido probado hace mucho tiempo; en el envero, la coloración de las bayas acompaña al enriquecimiento en azúcares, cualquier bloqueo en la migración de los azúcares favorece la coloración de los hollejos.

La síntesis de compuestos fenólicos está ligada al metabolismo general de la planta; los sistemas de conducción que aseguran una buena productividad de la vegetación, una buena iluminación y una temperatura moderada a nivel de los racimos, favorecen la acumulación de compuestos fenólicos; por el contrario, un rendimiento excesivo, una superficie foliar insuficiente o escasa iluminación debido a una estructura inadecuada, tienen un efecto negativo.

3.3.3.4. *Evolución de los componentes aromáticos*

En general, las bayas son poco aromáticas mientras que los vinos de la mayoría de las variedades nobles expresan características aromáticas específicas más o menos marcadas. Así, Syrah da vinos muy aromáticos muy característicos mientras que el racimo no se diferencia apenas de otras variedades. El potencial aromático de una variedad depende de sustancias que están:

– bajo forma libre y por tanto perceptibles a nivel de racimo, están constituidas por terpenos o alcoholes terpénicos que juegan un papel en la tipicidad de la variedad, como es el caso de los moscateles;

– en forma combinada, constituyendo los precursores de aromas en el racimo, constituidos por politerpenos, monoterpenos, carotenoides, heterósidos y ácidos fenólicos; su potencial aromático no se manifiesta más que a lo largo de la vinificación o envejecimiento del vino.

CAPÍTULO 2

AMPELOGRAFÍA Y MEJORA VARIETAL

1. **Familia de las Vitáceas**
2. **Nociones de variedad y de encepamiento**
3. **Variedades**
4. **Portainjertos**
5. **Mejora varietal**
6. **Ampelografía práctica o cómo reconocer las variedades y los portainjertos**

La ampelografía, que etimológicamente significa «descripción de la vid», abarca tres aspectos complementarios:

– la *descripción* de las variedades y de las especies de vid persiguiendo su identificación por medio de la utilización de caracteres morfológicos o de caracteres internos revelados a partir de marcadores bioquímicos y moleculares;

– el *estudio* de la evolución y de las relaciones entre variedades;

– la *valoración* de las aptitudes y la potencialidad de las variedades, de los portainjertos y de las especies de las que provienen.

1. FAMILIA DE LAS VITÁCEAS

La vid pertenece a la **familia de las Vitáceas**. Las plantas de esta familia son arbustos trepadores, a modo de lianas, de tallo frecuentemente sarmentoso, aunque a veces herbáceo, que presentan zarcillos opuestos a las hojas.

La familia comprende diecinueve géneros, entre los que citaremos el **género** *Parthenocissus* al que pertenecen las viñas vírgenes (*P. tricuspidata* y *P. quinquefolia*), originarias de Asia y de América del Norte, y el **género** *Vitis*, originario de las zonas cálidas o templadas del hemisferio Norte (América, Europa y Asia).

El género *Vitis*, al cual pertenecen las vides cultivadas, está dividido en dos secciones o subgéneros: *Euvitis* y *Muscadinia*. Todas las especies del género son plantas de tallos sarmentosos, provistos de zarcillos o de inflorescencias opuestas a las hojas. Las especies de las dos secciones se distinguen por los caracteres principales siguientes:

Tabla 1
Características de Euvitis y de Muscadinia

	Euvitis	*Muscadinia*
zarcillos	bifurcados	simples
corteza del sarmiento	no adherente	adherente, con lenticelas
diafragma del nudo	presente	ausente
número cromosómico	2n = 38	2n = 40

El subgénero *Muscadinia* comprende tres especies originarias del Sur-Este de los Estados Unidos y de México. Solamente la especie *Vitis rotundifolia* es cultivada en estas regiones. Diversas variedades tintas, rojas y blancas, de racimos pequeños y bayas madurando separadamente sirven, en los estados del Sur de los Estados Unidos, para el consumo de uvas frescas, para la fabricación de mermeladas y helados y para la elaboración de vinos cuyo gusto, muy particular, es poco apreciado por los europeos. Esta especie, resistente a la mayor parte de las enfermedades criptogámicas, presenta interés para la mejora varietal.

El subgénero *Euvitis* comprende las verdaderas vides que pueden ser clasificadas según su distribución geográfica natural:

– en *América del Norte* varias especies, que presentan pocas aptitudes uvíferas, a excepción de *V. labrusca*, resistentes a la filoxera, han sido utilizadas como portainjertos o para la obtención de portainjertos y de híbridos productores directos. Entre las más importantes, se citan: *Vitis riparia, Vitis rupestris, Vitis berlandieri, Vitis cordifolia, Vitis labrusca, Vitis candicans, Vitis cinerea. Vitis labrusca* presenta aptitudes bastante próximas a *Vitis vinifera*: sensibilidad a filoxera, aunque menos que la especie europea, buena respuesta al estaquillado y al injerto, buena adaptación a condiciones climáticas templadas; pero se distingue por una mayor resistencia al frío, una buena resistencia a las enfermedades de la parte vegetativa (mildiu, oidio), una resistencia muy grande a la podredumbre gris, una sensibilidad a la clorosis y por el gusto muy aframbuesado y soso de sus bayas (gusto a zorro), apreciado por los americanos en los zumos, las mermeladas y los vinos obtenidos con las uvas;

– en *Europa y en Asia occidental*, una sola especie, *V. vinifera*, presenta grandes cualidades para la producción de vinos, de uvas de mesa y de uvas pasas. Las vides cultivadas tienen flores hermafroditas (a veces femeninas) mientras que las vides salvajes son dioicas. Esta especie es cultivada en las zonas templadas, se multiplica bien por vía vegetativa pero presenta una gran sensibilidad a la filoxera y a las enfermedades criptogámicas;

– en *Asia oriental*, más de veinte especies, sensibles a la filoxera, a la clorosis y en general a las enfermedades criptogámicas, no presentan apenas aptitudes para la producción de uvas. Entre estas especies, *V. amurensis* ha sido utilizada en ciertos países como genitor para la obtención de nuevas variedades debido a su resistencia al frío invernal.

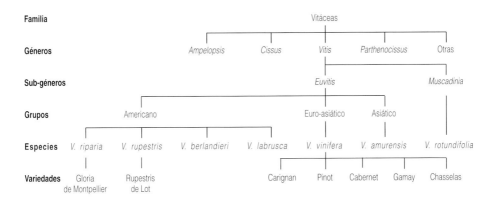

Figura 1
Familia de las Vitáceas.

2. NOCIONES DE VARIEDAD Y DE ENCEPAMIENTO

La **variedad** es el término utilizado por el viticultor para designar un cultivar de vid. Sin embargo no se trata de variedades puras, en el sentido botánico de la palabra (salvo las obtenciones recientes). Hasta los últimos años, se consideraba la variedad como un cultivar, en el sentido que se le daba entonces, es decir una variedad cultivada constituida por un conjunto de individuos que tienen en común caracteres morfológicos y tecnológicos bastante parecidos como para designarlos bajo el mismo nombre.

Actualmente se considera que el término **cultivar** ha tomado un sentido más restringido: es el conjunto de individuos obtenidos por vía vegetativa de una planta de semilla, que corresponde a un clon proviniente de una pepita. Las variedades provinientes de cruzamientos, como Danlas, Carla, Alicante Bouschet, son los cultivares.

La variedad cultivada es en general **una población de clones** (variedad policlonal), en la que el clon designa el conjunto de copias exactas de la descendencia por vía vegetativa de una cepa madre. Si antaño se multiplicaban y se cultivaban los clones juntos sin distinción, actualmente el viticultor planta separadamente uno o varios clones de la variedad que él ha elegido. En efecto, los trabajos de selección clonal han permitido identificar, dentro de la población de vides de una variedad, los individuos más aptos para satisfacer los objetivos de producción, de manera que cada una de las yemas han sido multiplicadas separadamente por estaquillado o por injerto constituyendo así una población homogénea (variedad monoclonal) de plantas de vid del mismo clon.

2.1. Origen de las variedades

Ciertos indicios (presencia de polen, de semillas y de hojas fosilizadas) permiten decir que la vid existía en la era terciaria en Asia menor, Europa oriental y en América. A lo largo del cuaternario, ciertas especies han sobrevivido a las agresiones sucesivas de las glaciaciones en refugios preservados por el frío. Se encuentran *Vitis silvestris*, reagrupando las formas salvajes, o **lambruscas**, de *Vitis vinifera*, en la flora espontánea en Transcaucasia, en Grecia, en Italia, en Francia, en Alemania y en España en el curso del cuaternario.

Pero el cultivo de la vid se ha iniciado a partir del refugio de Transcaucasia donde los hombres se han sedentarizado y han descubierto el interés alimenticio de esta planta. Las lambruscas son plantas dioicas cuyos frutos ácidos y poco azucarados sólo se producen en las plantas femeninas. El número y la diversidad de formas, las semillas y las mutaciones han debido favorecer la aparición de formas hermafroditas más interesantes para el cultivo. Los hombres de estas regiones las han multiplicado por estaquillado, y después han domesticado con la poda.

Las variedades provienen así de la selección hecha en estas poblaciones de lambruscas. Las migraciones del hombre hacia el Sur (Palestina, Egipto) y después hacia el Oeste (Grecia y el imperio romano) han asegurado el transporte de estas primeras variedades hacia otras regiones. Estas variedades han continuado evolucionando a lo largo de milenios y han podido cruzarse con las lambruscas indígenas. Al mismo tiempo, estas lambruscas indígenas eran puestas en cultivo por los pueblos invasores. De este modo las variedades actuales provienen de la evolución y de la selección de las lambruscas indígenas así como del cruzamiento natural de estas formas con las variedades importadas en diferentes épocas.

Las variedades orientales, que han sufrido la selección dirigida por el hombre desde hace más de seis milenios, están mucho más alejadas de las lambruscas que las variedades de nuestras regiones, cuya evolución no tiene más de dos milenios. Algunas variedades propias están bastante próximas a las formas salvajes, como por ejemplo: Petit verdot (sin. Lambrusquet), Riesling, Fer Servadou, Pinot.

2.1.1. Los grupos de variedades en Europa y en Asia

En las diferentes áreas de cultivo de la vid de la cuenca mediterránea, el profesor ruso Negrul ha distinguido diferentes grupos ecogeográficos, llamados *Proles:*
- la *Proles pontica*, agrupa las variedades de Grecia, Rumanía, Hungría, Georgia y Asia menor, surgidas de las lambruscas de Transcaucasia y caracterizadas por racimos medianos, con bayas generalmente redondas y aptas para la producción de vinos o de uva de mesa: Furmint, Vermentino, Clairette, Corinto, Chaouch, Saperavi;
- la *Proles orientalis*, agrupa las variedades de Armenia, Azerbayán, Irán, Afganistán, con grandes racimos y con bayas gruesas, de forma a menudo oval, utilizadas generalmente como uva de mesa o pasa: Dattier de Beyrouth (Rosaki o Hafiz ali), Ohanes, Sultanina (Tcherkirdeksiz o Kishmish), Moscatel de Alejandría, Cinsaut, Cornichon;

Figura 2
Zonas de origen o de expansión de los principales grupos ampelográficos franceses
(según Bisson).

– la *Proles occidentalis* agrupa variedades de Europa occidental (Francia, Alemania, España, Portugal, Italia). Fue con los griegos y después con los romanos cuando el cultivo de la vid se desarrolló en estos países a partir de variedades de la *Proles pontica* y de la *Proles orientalis* y de la domesticación de las variedades autóctonas. Las variedades de la *Proles occidentalis* están caracterizadas por racimos medianos, de bayas redondas, pequeñas y jugosas, aptas para la producción de vinos: Pinot, Gamay, Chardonnay, Aligoté, Aleático, Albillo, Monastrell, Sémillon, Sauvignon, Cabernets, Riesling...

2.1.2. Familias y grupos de variedades en Francia

El conde Odart, en el siglo xix, y además Levadoux, a partir de 1950, han intentado agrupar las variedades francesas por familias o grupos. Una familia de variedades es, para el conde Odart, «la reunión de varias variedades de una misma especie de vid que tienen todas uno o varios caracteres comunes».

Los grupos o familias de variedades de Levadoux corresponden a los sortotipos de Negrul. Engloban un conjunto de variedades del mismo origen geográfico que presentan en común caracteres ampelográficos y agronómicos similares. Ciertas familias tienen un área de cultivo muy limitada y presentan una débil variabilidad, como es el caso de la *familia de los Mansiens*, que comprende el Petit Manseng, el Gros Manseng, el Tannat, cultivados cerca de los Pirineos, así como la *familia de los Noiriens* (Pinot noir, Chardonnay, Melon, Tintorera de Cher, Gamay, etc.). Por el contrario, otras familias presentan una menor homogeneidad, como la *familia de los Carmenets*, que comprende el Merlot, el Cabernet franc, el Cabernet sauvignon, el Petit verdot, el Fer servadou, o la *familia de los Cots*, con el Malbec, la Negrette, el Valdiguié, la Mérille, el Tannat.

Entre las otras familias, citemos la *familia de las Folles* (Folle blanche, Jurançon, Ondenc), la *familia de los Messiles* (Chenin, Meslier, Sauvignon, Pineau de Aunis, Béquignol), la *familia de los Gouais* (Aligoté), la *familia de los Sérines* (Syrah, Marsanne, Roussanne, Viognier), la *familia de las variedades Rhénans* (Sylvaner, Riesling...).

Actualmente, las variedades de una región de producción vitícola provienen de una o varias familias de variedades autóctonas así como de importaciones procedentes de otras regiones o de otros países.

2.2. Noción de encepamiento

El **encepamiento** es el conjunto de variedades que son utilizadas para la producción de un tipo de vino o de producto (vino, uva de mesa) o cultivadas en un área de producción.

2.2.1. Encepamiento mono o plurivarietal por tipo de producción

Ciertos vinos deben su originalidad a una sola variedad:
– Es el caso de varios vinos de calidad producidos en regiones determinadas (VQPRD):
  • en ciertas regiones, los vinos llevan los nombres de las variedades a partir de las cuales son obtenidos: por ejemplo en Alsacia (Chasselas, Sylvaner, Riesling, Pinot gris, Gewurztraminer, etc.) o en el País nantais con el Muscadet (Muscadet) y el Gros Plant (Gros plant o Folle blanche);
  • en otras regiones de denominación, los vinos producidos a partir de una sola variedad llevan los nombres del área de producción, como el Beaujolais (Gamay), los grandes crus de Borgoña (Pinot noir en tinto y Chardonnay en blanco), el Condrieu (Viognier), el Cornas y el Hermitage (Syrah), el Vouvray (Chenin), el Sancerre (Sauvignon), el Coñac (Ugni blanc);

- otros vinos llevan el nombre de la variedad principal y de la región de producción: Clairette de Die, Muscat de Rivesaltes, Muscat de Frontignan;
- el caso también de los *vinos varietales*, producidos y comercializados con éxito en numerosos países extranjeros: California, Chile, África del Sur, Australia. Se trata muy a menudo de variedades de calidad originarias de Europa como Chardonnay, Sauvignon, Chenin, Colombard, Merlot, Cabernet sauvignon, Malbec, Pinot noir, Syrah (Shiraz), Tempranillo. En Francia, esta producción de vinos de variedades se desarrolla en la región meridional a partir de las variedades precedentes y de algunas otras variedades de gran calidad; los vinos son comercializados dentro de la categoría de vinos de mesa o de vinos del país.

Pero lo más frecuente es la asociación de diversas variedades, lo que permite la obtención de un vino equilibrado y de una feliz armonía entre los caracteres específicos de las variedades (azúcares, acidez, aromas, taninos, materias colorantes):

- en la zona meridional de Côtes-du-Rhône, Châteauneuf-du-Pape por ejemplo, el encepamiento comprende varias variedades: Garnacha, Mazuelo, Syrah, Cinsaut...;
- en la región de Burdeos, las diversas denominaciones comprenden también varias variedades; para los vinos tintos: Merlot, Cabernet sauvignon, Cabernet franc y en escasa proporción Côt y Petit verdot; para los vinos blancos: Sémillon, Sauvignon y a veces Muscadelle;
- en Champagne, al lado de los vinos blancos de blancos, provinientes exclusivamente de Chardonnay, los vinos de Champagne resultan a menudo de la mezcla de Pinot noir, Chardonnay y Meunier;
- en Alsacia, junto a los vinos varietales, la asociación de variedades como Chasselas, Sylvaner, Pinot blanc y Auxerrois produce el edelzwicker;
- en el valle del Duero, se cultiva para la producción de Oporto una multitud de variedades blancas (Codega, Gouveio, Malvasia fina, Malvasia rei...) y de variedades tintas (Malvasia preta, Mourisco tinto, Tinta amarela, Tinta barroca).

Para la producción de uva de mesa, el encepamiento comprende un conjunto varietal caracterizado por el color, la forma de los racimos y el periodo de maduración. Estas variedades son cultivadas en Francia en el Midi mediterráneo, el valle del Ródano: Chasselas, Italia, Cardinal, Dattier de Beyrouth, Muscat de Hamburgo, Alphonse Lavallée...

2.2.2. Reglamentación del encepamiento por área de producción

El encepamiento es también el término utilizado para designar la lista de las variedades de una zona geográfica, de una zona administrativa o simplemente de una explotación vitícola, incluso si este encepamiento en un lugar dado puede tener varias finalidades de producción.

El legislador ha fijado al cabo de un largo tiempo la lista de variedades que son cultivables en una zona de producción:

- todas las variedades cultivadas son clasificadas por unidad administrativa de los países de la Unión Europea (departamento en Francia, *Land* en Alemania, provincia en Italia) en variedades recomendadas y en variedades autorizadas. Las variedades recomendadas proporcionan vinos cuya calidad está reconocida; pueden ser cultivadas y replantadas, en una superficie equivalente, mientras que las plantaciones de variedades autorizadas sufren una reducción del 30% de los derechos de plantación con el fin de no alentar su cultivo (con la excepción de las nuevas obtenciones);

– las listas más restrictivas de variedades son fijadas por decretos para la producción de vinos de calidad producidos en regiones determinadas (VQPRD) y vinos del país; estas listas comprenden variedades principales y variedades complementarias, como por ejemplo:

- en el viñedo meridional de Francia, las denominaciones de vinos tintos de la zona del Rosellón, Corbières, Minervois, incluyen varias variedades: Garnacha tinta (al menos el 50%), Syrah y Monastrell (al menos el 10%), Cariñena, Cinsaut;
- en el viñedo de Cahors, complementando al Auxerrois (o Côt) que debe representar al menos el 70% del encepamiento de la explotación vitícola, otras variedades tienen cabida: Tannat, Merlot, Jurançon tinta...

2.2.3. Evolución del encepamiento

El encepamiento de las regiones vitícolas evoluciona bajo el efecto de imperativos, el más frecuente socioeconómico (reducción del consumo de vinos de mesa e interés creciente por los vinos de calidad), pero también a causa de cambios de situación política (ampliación de la Unión Europea y etapas sucesivas de la construcción del mercado común del vino). Otras razones, como los ataques devastadores (filoxera) o de enfermedades a las cuales ciertas variedades son sensibles (flavescencia dorada) pueden entrañar una modificación radical o progresiva del encepamiento.

Desde hace tres decenios el encepamiento del viñedo francés está en plena evolución con la marginalización o la desaparición de variedades híbridos productores directos o de variedades productivas plantadas después de la invasión de la filoxera. La renovación del encepamiento, acompañando a la reducción de las superficies plantadas de viñedo y la reestructuración del viñedo, tiene esencialmente en cuenta la adaptación de la variedad al terroir con el fin de producir vinos de calidad teniendo en la mayoría de casos una tipicidad. Desde 1979 a 1988, fecha del último censo SCEES-Insee, la evolución de las superficies ha sido la siguiente: Syrah (+120%), Monastrell (+78,3%), Cabernet sauvignon (+58,8%), Merlot (+56,3%), Cabernet franc (+33,8%), para las variedades tintas, y Sauvignon (+71,2%), Chardonnay (+52,1%), Riesling (+32,9%), Moscatel de grano menudo (+24,7%) para las variedades blancas. En el mismo período las superficies han sido reducidas para Aramon, Cariñena, Alicante bouschet Grolleau, Aubun, Jurançon noir, Ugni blanc, Sémillon, Garnacha blanca, Terret blanc, Baco blanc...

Las principales variedades cultivadas en el viñedo francés en orden decreciente por superficies:

- para las variedades tintas de vino: Cariñena, Garnacha, Merlot, Cinsaut, Cabernet sauvignon, Aramon, Gamay, Cabernet franc, Syrah, Pinot...
- para las variedades blancas de vino: Ugni blanc, Chardonnay, Sémillon, Garnacha, Sauvignon, Melon, Chenin...
- para las variedades tintas de mesa: Moscatel de Hamburgo, Alphonse Lavallée, Cardinal, Valensi...
- para las variedades blancas de mesa: Chasselas, Gros vert, Servant, Italia, Clairettes, Dattier de Beyrouth, Danlas.

3. VARIEDADES

No todas las variedades tienen la misma vocación vitícola. Como consecuencia de las características morfológicas de los racimos y de las bayas, como por ejemplo la compacidad, el grosor y la forma de las bayas, el espesor del hollejo, la consistencia de la pulpa, el número de pepitas, y en función del destino de las uvas, se distinguen varias categorías de variedades:

- *las variedades de vino*, de bayas jugosas que se prestan al prensado: Garnacha, Merlot, Syrah, Cariñena, Cabernet sauvignon, Melon, Gamay, Chardonnay...
- *las variedades de mesa*, de racimos sueltos, con bayas bastante gruesas, con pulpa crujiente y de piel resistente: Dattier de Beyrouth, Italia, Cardinal...
- *las variedades destinadas al secado*, de bayas generalmente apirenas (sin pepita) y pulpa bastante consistente: Sultanina (B), Corinto (N), Perlette, aunque a veces de bayas con semillas como el Moscatel de Alejandría y el Rosaki.

Sin embargo, ciertas variedades tienen varios usos. Es el caso del Moscatel de Alejandría que es utilizado a la vez como uva de mesa, uva pasa, uva de vino para la producción de vino moscatel y de vino para destilar y producir alcohol. La Sultanina permite la producción en el mismo viñedo de uva de mesa, uva pasa y vino blanco seco de sabor bastante neutro, siendo en parte estos dos últimos tipos de producción destilados para la producción de Rakki (en Turquía), del Ouzo (en Grecia) o del Arak (en Oriente Medio).

3.1. Variedades de vinificación: encepamiento de los viñedos de Francia

3.1.1. Encepamiento de Alsacia

Caracterizados por su frescura, su frutosidad delicada y su bouquet sutil, los vinos de Alsacia llevan generalmente el nombre de las variedades de donde proceden; con la excepción del Pinot noir, que es vinificado en rosado, las variedades son todas vinificadas en blanco.

Sylvaner: bayas esféricas verdes, punteadas con puntos pardos que toman un color amarillo dorado con buena exposición; vigorosa, medianamente resistente a las heladas de primavera y de invierno, desborra algunos días antes que el Riesling; maduración de segunda época temprana, regularmente productiva, produce un vino de una destacable frescura, bastante ácido, dotado de un fruto discreto pero seguro.

Gewürztraminer: bayas de color rosa a rojo claro, es una forma amoscatelada de una familia de variedades conocidas con el nombre de Traminer o de Savagnin que incluyen tipos no aromáticos como el Klevner cultivado en el Bajo Rin o como el Savagnin blanco del Jura; desborre precoz, sensible a las heladas, maduración de segunda época tardía, vigorosa pero poco productiva, sensible al oidio, produce un vino muy estructurado, de aroma especiado (gewürz = especiado) que envuelve la nariz y llena la boca.

Riesling: variedad renana por excelencia, de bayas pequeñas, esféricas, de color verde claro a amarillo dorado, con manchas pardas en plena madurez; desborre tardío, maduración de segunda época pero más tardía que Sylvaner; muy cultivada también en Alemania y en Europa central; sensible al oidio y a la podredumbre gris, capaz de madurar con baja temperatura; cultivada en las mejores situaciones (laderas bien expuestas en suelos de pizarrosos o arcillosos), produce un vino fino y con clase que da un bouquet agradable de frutosidad delicada, un cuerpo y una acidez bastante pronunciada pero extremadamente fino.

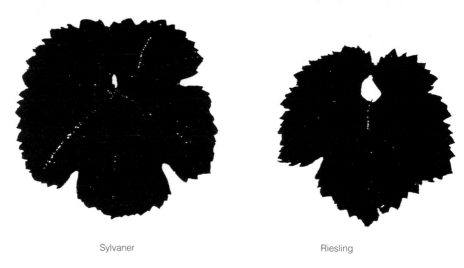

Sylvaner   Riesling

Figura 3
Variedades alsacianas.

Pinot blanc: forma blanca del Pinot noir, capaz de dar resultados destacables en situaciones medias, su vino asocia frescura, finura, cuerpo y suavidad; el Pinot blanc está a menudo asociado al Auxerrois; estas dos variedades forman la parte más importante de los vinos de base de la D.O. Crémant de Alsacia.

Pinot gris o Tokay Pinot gris es una forma gris del Pinot noir, no es originario de Tokay (Hungría), produce uno de los mejores vinos de Alsacia, el aroma puede ser floral, acercándose a la violeta, de fruto seco o de avellana; este vino se convierte en espirituoso cuando proviene de uvas muy maduras.

Moscatel blanco de grano menudo: o Moscatel de Alsacia, es la misma variedad que la que se encuentra en la región meridional (en Frontignan o en Rivesaltes) para la producción de vinos dulces naturales; en Alsacia es generalmente demasiado tardía; produce un vino blanco seco afrutado y amoscatelado, pero lo más frecuente es que esta variedad esté reemplazada por el Muscat Ottonel de maduración más precoz pero de producción muy caprichosa.

Pinot noir: produce un vino tinto agradable capaz de envejecer y sobre todo un rosado afrutado agradable.

3.1.2. Encepamiento de Champaña

El encepamiento ha estado reglamentado por la ley de 1927 que estableció la lista de variedades que pueden beneficiarse de la denominación Champaña: Pinot noir, Chardonnay y Meunier se reparten aproximadamente cada una un tercio sobre el conjunto de las superficies en producción, y dos viejas variedades locales que no existen más que en cantidades insignificantes: Arbanne y Petit meslier.

Pinot noir: ha sido cultivada desde siempre en Champaña, es la misma variedad que la que permite la producción de los grandes vinos de Borgoña; será estudiada en esta región; maduración de primera época, podada en cordón Royat, se encuentra sobre todo en los mejores pagos de la montaña de Reims, aportando al champán cuerpo, vigor y presentación.

Meunier o Pinot meunier: brote y hojas jóvenes algodonosas, de hojas rasgadas profundamente por senos laterales cóncavos, de racimos pequeños a medios, de bayas esféricas negroazuladas con zumo blanco; desborre tardío, menos sensible a las heladas que el Pinot noir; maduración de primera época, se poda en 3-9-6 (poda del valle de la Marne), sensible al oidio y a la podredumbre gris; productiva, vinificada en blanco, produce un vino menos fino, menos ácido y envejece más rápido; cultivada sobre todo en el valle de la Marne y en situaciones de mala exposición y en las zonas bajas.

Chardonnay: variedad blanca, llamada a veces Pinot blanc (pero no es un Pinot), Pinot blanc Chardonnay o incluso Blanc de Cramant, del nombre del viñedo considerado como el mejor pago de la ladera de las uvas blancas; racimos pequeños, compactos, de bayas esféricas o ligeramente oblongas, de color amarillo ambarino al sol; maduración de primera época tardía, un poco después que el Pinot noir; poco fértil, se poda largo (poda de Chablis); sensible a mildiu, a oidio y a millerandage; domina en la ladera de los blancos donde está expuesta al Este pues teme los vientos que vienen del Oeste, productiva o medianamente productiva según la carga y el vigor de las viñas, aporta al champán finura y elegancia.

3.1.3. Encepamiento de Borgoña

El viñedo de Borgoña se extiende de Norte a Sur sobre los departamentos de Yonne (Chablis), de la Côte d'Or (Côte de Nuits y Côte de Beaune), del Saona y Loira (regiones de Mercurey y Mâconnais), y del distrito de Villefranche-sur-Saône en el Ródano (Beaujolais).

La unidad ampelográfica de esta vasta región es notable:
- el encepamiento tinto comprende el Pinot noir para todos los grandes vinos tintos y rosados de la Côte de Nuits y de la Côte de Beaune y el Gamay noir de zumo blanco para el Beaujolais, el Mâcon tinto, el Borgoña corriente y el Borgoña de gran calidad,
- el encepamiento blanco comprende el Chardonnay para los grandes vinos de Chablis, de la Côte Beaune y del Mâconnais, y el Aligoté para el Borgoña Aligoté.

Pinot noir o **Pinot negruzco**, llamado *Burgunder* en Alemania: desborre precoz, lo que le hace sensible a las heladas de primavera, maduración de primera época; bastante vigorosa y poco fértil, conducida con poda corta (vaso) o con poda larga (Guyot simple), con densidad de plantación elevada, sensible a la podredumbre gris; una de las variedades más polimorfas, siendo las cualidades enológicas

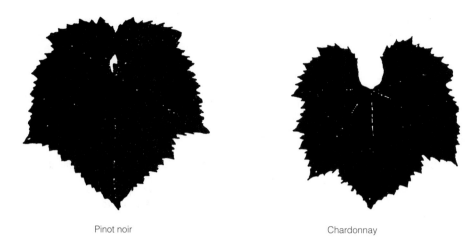

Pinot noir   Chardonnay

Figura 4
Variedades de Champaña y de Borgoña.

muy variables según el tipo; la selección clonal ha permitido conservar únicamente los mejores clones adaptados a los diferentes terrenos; produce un vino tinto
de gran calidad, destacable por su bouquet que adquiere todo su valor en los terrenos calcáreos suficientemente arcillosos de las laderas bien expuestas de Borgoña;
sus productos pierden su distinción en los climas más cálidos pero guardan su
finura en las situaciones menos soleadas como en Champaña, en Alsacia, sobre las
orillas alemanas del Rhin, en Suiza.

Gamay noir de zumo blanco: variedad típica del Beaujolais; desborre precoz y
por tanto sensible a las heladas de primavera, y maduración de primera época tardía; vigor medio, fértil, conducida en poda corta (preferentemente vaso), con una
densidad alta; los Gamays constituyen una población muy polimorfa , que incluye
variedades con pulpa coloreada, denominadas Gamays tintoreras (Gamay fréau,
Gamay castille) o semitintoreras (Gamay de Bouze, Gamay de Chaudenay); el
Gamay noir de zumo blanco es el único que da un vino de calidad, con tal que el
rendimiento no sea excesivo; contrariamente al Pinot, sus mejores productos se
obtienen en suelos graníticos del Norte del Beaujolais donde produce vinos ligeros
afrutados, finos, fáciles de beber; variedad muy cultivada fuera del Beaujolais, se la
encuentra en Borgoña, donde su calidad es muy inferior al Pinot, en el valle del
Loira para la elaboración de vinos tintos y de vinos rosados, en el Jura y en Saboya.

Chardonnay: llamada Beaunois en Chablis, Auvernat en el valle del Loira,
denominada sin razón Pinot blanc y Pinot Chardonnay a veces en Champaña; desborre precoz (antes que el Pinot noir), maduración de primera época tardía; vigorosa y poco fértil, conducida con alta densidad en poda larga (tipo Guyot simple,
Guyot doble o simple con arqueado muy pronunciado en Mâconnais o en abanico
múltiple llamado poda de Chablis); sensible al aborto de flores y al millerandage;
sensible a mildiu, oidio; prefiere las tierras margosas; produce los grandes vinos
blancos de la Côte d'Or (Montrachet, Meursault...), de los primeros grandes crus
blancos de la región de Mercurey (Rully) y del Mâconnais (Pouilly-Fuissé) y los
vinos de Chablis en Yonne.

Aligoté: variedad menos fina que el Chardonnay; desborre precoz y maduración de primera época; vigorosa y medianamente fértil, conducida en poda corta o larga; sensible al mildiu y a la podredumbre gris; produce los grandes vinos corrientes de Borgoña, solo o asociado al Chardonnay.

3.1.4. Encepamiento del Jura

El viñedo de Franche-Comté se localiza en el departamento del Jura alrededor de Château-Chalon, Arbois y Étoile. Cinco variedades se cultivan para la producción de vinos con D.O.

Entre las variedades tintas, **Poulsard** es la cepa noble del viñedo de Jura y la más importante en superficie; sensible a las heladas de primavera (por su desborre precoz), maduración de segunda época, sensible al corrimiento por el tiempo fresco y las lluvias en floración, prefiere las pendientes bien expuestas; poco productiva, produce vinos tintos delicados, alcohólicos, de un color de piel de cebolla, con un bouquet delicioso. Las otras dos variedades tintas son **Trousseau,** vigorosa y productiva, que da un vino rico en alcohol y de buena conservación pero menos fino que Poulsard, y el **Pinot noir,** llamado Pinot fino, vinificado en tinto o a veces en blanco para dar con el Poulsard un vino espumoso.

El encepamiento blanco comprende el **Savagnin blanc,** que produce los afamados vinos amarillos de Château-Chalon y de Arbois y cuyo espeso hollejo permite la sobremaduración en la cepa, y el **Chardonnay,** llamado Gamay blanc o Melon en el Jura, que produce, asociado al Savagnin, vinos sólidos, alcohólicos, de larga conservación, y con el Pinot noir vinos aptos para la formación de espuma.

3.1.5. Encepamiento de Saboya

Esta región montañosa produce vinos de D.O. plenos de personalidad (vinos de Saboya, roussette de Saboya, espumoso de Saboya, vino de Bugey, Crépy, Seyssel) a partir de un encepamiento muy variado:
- *Variedades blancas:*
  - **Jacquère** es la principal variedad de los vinos blancos secos de Saboya; su desborre es tardío y su maduración es de segunda época tardía; variedad productiva, que da vinos de aromas florales, ligeros, de consumo joven;
  - **Altesse o Roussette**, variedad de segunda época tardía, poco sensible a la podredumbre gris, permite vendimias tardías, produce, sola o asociada a Chardonnay o a Mondeuse blanca, bien vino blanco seco pleno de aromas, bien un vino blanco dulce, burbujeante o espumoso;
  - **Fendant**, nombre que se le da a Chasselas, es la variedad de la denominación Crépy, en la orilla del lago Lémant;
  - **Roussanne** o **Bergeron, Gringet** y **Molette blanca** completan el encepamiento de los vinos blancos.
- *Variedades tintas*: **Mondeuse** (todavía llamada Molette negra, Mouteuse, o Mondouze) es la variedad autóctona, de desborre tardío y maduración de segunda época, produce un vino ácido y de baja graduación ya que se cultiva en una situación poco favorable para la maduración de las uvas, pero puede dar un vino de calidad, apto para envejecimiento, si las cepas están bien

expuestas y tienen un rendimiento limitado. Gamay noir y Pinot noir completan actualmente el conjunto varietal tinto.

3.1.6. Encepamiento de la región del Ródano

Las variedades de esta región son numerosas, están relacionadas con la mayor parte del encepamiento del viñedo meridional.

No obstante, el encepamiento de Côtes-du-Rhône septentrional incluye una sola variedad para los vinos tintos de Côte-Rôtie, Hermitage, Crozes-Hermitage, Saint-Joseph, Cornas (Syrah) y como máximo dos variedades para los vinos blancos de Condrieu y Château-Grillet (Viognier), de Saint-Peray, Saint-Joseph y Hermitage (Roussanne y Marsanne), de Clairette de Die (Clairette y Moscatel blanco de grano menudo, todavía llamada Moscatel blanco de Frontignan).

Al contrario, el encepamiento de Côtes-du-Rhône meridional (Châteauneuf-du-Pape, Gigondas, Tavel, Lirac...), incluye una multitud de variedades para adaptarse a las diferentes condiciones pedoclimáticas y a las variaciones climáticas de las campañas, entre las cuales se distinguen:

– *las variedades tintas*: Garnacha tinta, Syrah, Monastrell, Cariñena, Counoise, Picapol negra, Terret noir, Cinsaut, Muscardin;
– *las variedades blancas*: Clairette, Roussanne, Marsanne, Bourboulenc, Viognier, Ugni blanc, Garnacha blanca.

Syrah: variedad tinta de calidad, tradicional en Côtes-du-Rhône y en expansión en el viñedo meridional para la producción de vinos monovarietales y VQPRD; desborre tardío, maduración de segunda época; conducida tradicionalmente en poda larga pero a veces en poda corta con los clones que son más productivos; produce vinos con cuerpo, ricos en color, con un bouquet complejo básicamente afrutado y floral (violeta, casis, frambuesa, especias); se cultiva sola en Côtes-du-Rhône septentrional para la producción de los grandes vinos de Côte-Rôtie, Hermitage, Cornas, Saint-Joseph..., o en Languedoc-Roussillon para la producción de vinos monovarietales; en otros casos, Syrah se asocia con otras variedades.

Figura 5
Syrah.

Viognier: variedad blanca de calidad, utilizada sola en las D.O. Condrieu y Château-Grillet; con problemas de corrimiento, poco fértil, podada en varas (arçon), empalizada sobre postes, cultivada en terrazas en las D.O. citadas anteriormente, produce vinos blancos muy finos, con cuerpo y dominancia de violeta. Está presente también en Côtes-du-Rhône meridional y tiende a extenderse en Languedoc para la producción de vinos monovarietales.

Marsanne: variedad blanca asociada a menudo a Roussanne en el encepamiento de Côtes-du-Rhône septentrional y de Saboya, base de las D.O. Saint-Péray, Saint-Joseph, Hermitage, Crozes-Hermitage; maduración de tercera época, vigorosa; conducida en poda corta; variedad más productiva que Roussanne, da vinos ligeramente perfumados que no son de tanta calidad (menos bouquet y finura, envejecimiento más rápido) que los de Roussanne; en la región meridional, en situación más cálida que en Côtes-du-Rhône septentrional, esta variedad carece a veces de acidez, y debe ser reservada preferentemente a suelos bastante bien alimentados en agua; con la excepción de ciertos pagos y de vinificación particular, Marsanne constituye más bien una base para mezclar.

Roussanne: ligeramente más precoz (maduración de segunda época) que Marsanne, es una variedad poco productiva, sensible a la sequía y a la podredumbre gris; produce vinos en general bien equilibrados, poderosos y generosos, de gran potencial aromático.

Las demás variedades son estudiadas con el encepamiento del viñedo mediterráneo.

3.1.7. Encepamiento del viñedo mediterráneo

El viñedo abarca los departamentos del litoral mediterráneo, formando de Oeste a Este, las zonas de Rosellón, Languedoc, Côtes-du-Rhône sur, Provenza y Córcega. Es un viñedo antiguo en que el encepamiento autóctono (Cinsaut, Clairette, Picapol, Aubun) ha sido dominado progresivamente a lo largo de los siglos por las variedades importadas de España (Cariñena, Garnacha tinta, Monastrell, Morrastel...) y de Italia (Ugni blanc). Este viñedo se beneficia de condiciones climáticas más favorables a la maduración de la uva que las otras regiones francesas. Allí se encuentran variedades de vinificación de maduración de segunda y tercera épocas y la mayoría del viñedo de producción de uva de mesa.

El encepamiento del Midi está en plena evolución para adaptarse a las consecuencias de los cambios políticos, económicos y de hábitos de consumo. El encepamiento no se orienta hacia la producción de vino de mezcla, sino al contrario, hacia vinos bebibles tal cual, de vinos personalizados por la variedad y el terroir (vinos del país) y hacia la producción creciente de vinos de D.O.

3.1.7.1. *Variedades tintas*

Cariñena: llamada madera dura, originaria de Cariñena en Aragón (España) donde se llama Mazuela de la Rioja; desborre tardío, maduración de tercera época tardía, vigorosa de porte erguido, se poda en pulgares y le va bien la poda en vaso; muy sensible al oidio, sensible al mildiu y a la podredumbre gris, productiva en llanura, medianamente productiva en laderas; produce un vino con cuerpo, rico en alcohol, coloreado, a veces demasiado tánico, astringente con cierto amargor a menudo, poco agradable; a menudo asociado al vino de otras variedades (Aramon,

Cinsaut, Garnacha) y a variedades mejorantes, originarias del Sur-Oeste (Merlot y Cabernet sauvignon) o del valle del Ródano (Syrah); variedad de calidad asociada a Garnacha en la D.O. Fitou, y a Garnacha, Syrah y Monastrell en la D.O. Côtes-du-Rhône (máximo 30%).

Garnacha tinta: variedad por excelencia de las regiones mediterráneas, existe bajo diversas formas (tinta, gris o blanca); originaria de Aragón donde lleva el nombre de *garnatxa*, convertido en *granaxa* en Cataluña, y después grenache en francés; desborra después de Aramon pero antes que Cariñena; a pesar de su porte erguido resiste bien la sequía; es una variedad sensible al corrimiento para establecer en terreno pobre; debe ser podada corta, pues es fructífera; es muy sensible a la yesca; maduración de tercera época, vigorosa, sensible al mildiu y a la podredumbre gris; da un vino con cuerpo, suave y alcohólico, sensible a la oxidación, que toma el gusto a rancio al envejecer. Cultivada sobre todo en el Rosellón y en Côtes-du-Rhône, se desarrolla en Languedoc en razón de sus cualidades organolépticas y de la selección de clones menos sensibles al corrimiento, asociada en el encepamiento de vinos VQPRD y vinos de mesa a Cariñena, Cinsaut, Aramon; la Garnacha tinta permite obtener vinos dulces naturales (Banyuls, Maury, etc.) y vinos tintos secos, ricos en alcohol, generosos (D.O. Châteauneuf-du-Pape y Côtes-du-Rhône) así como rosados (D.O. Tavel y Chusclan).

Cinsaut (o Cinsault): variedad con dos destinos, denominada guiñada para la producción de uva de mesa; variedad de desborre tardío, maduración de segunda época tardía, por lo tanto más precoz que Cariñena y Garnacha tinta; vigor medio, porte abierto, es podada en pulgares (en vaso o en cordón de Royat); sensible al mildiu, al oidio y a la podredumbre gris, muy sensible a las plagas; produce uva de mesa de calidad pero sensible al transporte; producción media en laderas donde da un vino fino, bastante alcohólico que aporta suavidad a Cariñena y a Garnacha a las que está asociado; producción elevada en llanura donde el vino es poco alcohólico y poco coloreado, sin carácter. Forma parte del encepamiento de numerosas D.O. meridionales (Coteaux du Languedoc, Châteauneuf-du-Pape, Côtes-du-Rhône...).

Aramon: variedad productiva muy cultivada en llanura, era la dominante en el Bajo Languedoc para la producción de vinos de mezcla; desborre precoz, maduración de tercera época, fértil, se conduce en vaso y en poda corta; sensible al mildiu y a la podredumbre gris; vigorosa, porte abierto, muy productiva, da un vino de consumo corriente de débil graduación en llanura, pero de mejor calidad en colinas. Su cultivo está en fuerte regresión, siendo reemplazada, según los sectores, por Garnacha y las variedades mejorantes.

Monastrell: variedad de origen español; desborre tardío, particularmente interesante en las situaciones problemáticas de heladas, maduración de tercera época; porte erguido, conducida en vaso, bastante sensible al mildiu y al oidio pero resiste bien la podredumbre gris; poco productiva, soporta los climas cálidos pero requiere suelos profundos; produce un vino de buena calidad, con cuerpo, aromático, coloreado, un poco duro al principio pero apto para envejecer; de cultivo limitado porque su injerto es difícil; variedad de calidad que se encuentra en las D.O. Bandol, Cassis, Côtes de Provence...

Aubun: variedad tinta, cultivada en el valle del Ródano, la Alta Provenza y el Languedoc, bastante próxima a Counoise, pero se distingue por un desborre y una maduración (tercera época) menos tardía; variedad vigorosa, bastante productiva, resistente a las heladas de primavera, al oidio, al mildiu y a la podredumre gris.

Terret noir: forma la más cultivada de las terret (terret gris, terret blanc, terret bourret), desborre tardío y maduración de tercera época; vigorosa y medianamente productiva, sensible al corrimiento, al oidio y al mildiu pero parece poco sensible a la podredumbre gris; produce un vino poco coloreado, fresco y ligero asociado a menudo con los de Garnacha y de Monastrell; forma parte del encepamiento de las D.O. Châteauneuf-du-Pape, Côtes-du-Rhône, Coteaux-du-Languedoc...

Otras variedades son cultivadas en la región meridional pero no cubren más que pequeñas superficies (Picapol negra, Tibouren).

En Córcega, junto a las variedades del Midi, se encuentran variedades locales, base de los vinos de D.O.:

Nielluccio: es la Sangiovese de Toscana cultivada en la región de Chianti en Italia, de desborre precoz y maduración de tercera época; variedad que domina la D.O. Patrimonio, vinificada en tinto o en rosado, a menudo asociada a un poco de Garnacha o de Cinsault; el vino posee una gran finura, un grado elevado pero conservando una buena acidez.

Sciaccarello: cuyo nombre significa «crujiente bajo el diente», es una variedad tinta de desborre tardío y maduración de tercera época; cultivada sobre todo en la región de Ajaccio y de Sartène, los vinos son medianamente coloreados, pero muy aromáticos, finos y distinguidos.

Vermentino: llamada Malvasía o Malvoisia, variedad que fue muy cultivada en los viñedos europeos que bordean el Mediterráneo; variedad blanca, de maduración de tercera época; recolectada un poco más tarde, el contenido en azúcares de las uvas aumenta tan deprisa como su acidez cae, lo que permite elaborar grandes vinos licorosos (Mavasía de Lipari) o vinos «passerillés» (Cap Corse).

Se está produciendo a partir de los años setenta una profunda evolución del encepamiento meridional con importantes plantaciones de Merlot, Cabernet sauvignon, Syrah, Chardonnay...

3.1.7.2. *Variedades blancas*

Garnacha blanca: forma blanca de la Garnacha tinta con las mismas exigencias ecológicas y aptitudes agronómicas; cultivada sobre millares de hectáreas, desde el Rosellón hasta el valle del Ródano; produce graduaciones elevadas y acideces generalmente débiles; el vino de Garnacha blanca es particularmente sensible a la oxidación; las precauciones en el momento de la recolección y durante el transporte de uva, el control de temperaturas (17-18° C) durante la fermentación y la protección del vino durante la conservación permiten mantener la estructura aromática, en verdad poco intensa pero de buena complejidad, compuesta de notas florales, afrutado de carne blanca. Esta variedad permite producir vinos blancos secos, finos y ligeros, ya que las uvas son recogidas precozmente (para conservar un buen nivel de acidez); recolectada más tardíamente, su vino aporta alcohol y estructura a los vinos blancos secos meridionales; pero esta variedad tradicionalmente se utiliza para la elaboración de vinos dulces naturales, sobre todo de tipo rancio (a causa de su aptitud hacia la oxidación).

Clairette: variedad blanca (a veces rosa), con dos destinos; llamada también Blanquette en Aude (no confundir con Blanquette de Limoux que es Mauzac); desborre bastante tardío, maduración de tercera época; vigorosa y de porte erguido, se debe cultivar con preferencia en los suelos pobres o secos, e injertar sobre portainjertos débiles por su sensibilidad al corrimiento, se poda en vaso a una o dos yemas, sensible al mildiu y a la polilla del racimo, poco sensible al oidio y a la excoriosis; produce un vino con cuerpo rico en alcohol si los rendimientos permanecen moderados; produce con el Moscatel blanco un vino espumoso especial, Clairette de Die, que recuerda al Asti espumante; variedad de los vinos blancos de D.O. Clairette-de-Bellegarde y Clairette-du-Languedoc; y finalmente entra en el encepamiento de los vinos de las D.O. Cassis y Bandol.

Moscatel blanco de grano menudo: variedad típicamente mediterránea, se encuentra sobre todo el litoral, en Turquía (bornova misketi), en Grecia (samos), en Italia (asti spumente), en Francia (VDN Frontignan, Rivesaltes, Lunel); desborre precoz y maduración de segunda época; vigor débil a medio, porte abierto, se poda en vaso; produce un vino amoscatelado y alcohólico; utilizada sola para la elaboración del VDN Muscat de Frontignan, está asociada al Moscatel de Alejandría para la producción de Muscat de Rivesaltes y a Clairette para la producción de D.O. Clairette-de-Die. Hay que destacar que el Moscatel de Alejandría es una variedad de maduración tardía, menos fina que el Moscatel de grano menudo y que se utiliza como uva de mesa y para pasas en otros países mediterráneos.

Bourboulenc: variedad de ciclo largo, que desborra pronto y madura tarde (tercera época); vigorosa y rústica, sensible al mildiu; de estado sanitario (virus) defectuoso por el momento; variedad productiva que debe ser cultivada en los pagos precoces para que sus uvas alcancen una buena maduración; se encuentra en Provenza (D.O. Bandol, Cassis, Côteaux d'Aix-en-Provence) así como en Languedoc (Corbières, Minervois, Clape).

Ugni blanc: variedad de origen italiano donde es llamada *Trebbiano toscano* o *Trebbiano fiorentino*, cultivada en Provenza (sin. Clairette de granos redondos); desborre tardío, lo que la preserva bastante a menudo de las heladas primaverales, aunque sensible a las heladas de invierno; maduración de tercera época, muy vigorosa, conducida en vaso en poda corta, los pámpanos son muy sensibles al viento; buena variedad de producción abundante y regular en el Midi donde da un vino de mesa alcohólico y poco ácido, de gusto neutro, mezclado a menudo con Clairette, Garnacha blanca o Moscatel. Entra en el encepamiento de las D.O. de Languedoc (Costières-du-Gard, Coteaux-du-Languedoc) y de Provenza (Bandol, Côtes de Provence, Cassis, Côtes-du-Ventoux).

Otras variedades blancas son cultivadas en el Midi mediterráneo: Garnacha blanca, Garnacha gris y Macabeo en el Rosellón para la producción de VDN, Vermentino o Malvasía de Córcega que da vinos blancos secos, muy equilibrados y finos.

3.1.8. Encepamiento del Bordelés

El viñedo de Burdeos se sitúa en el departamento de Gironde, en las proximidades de los cursos del Gironde, del Garona y del Dordoña.

El encepamiento del Bordelés incluye variedades autóctonas: Merlot, Cabernet franc, Cabernet sauvignon, Côt y Petit verdot entre las tintas; Sémillon, Sauvignon, Muscadelle entre las blancas.

Los vinos de Burdeos se obtienen de la mezcla de los vinos de diversas variedades. La proporción de variedades varía según las zonas de denominación y los crus; así, Cabernet sauvignon domina los grandes crus del Médoc y, por contra, Merlot es la principal variedad de los mejores crus de Saint-Émilion y del Pomerol.

Figura 6
Variedades del viñedo mediterráneo.

1. Aramon   4. Cinsaut
2. Cariñena   5. Clairette
3. Garnacha   6. Alicante-Bouschet

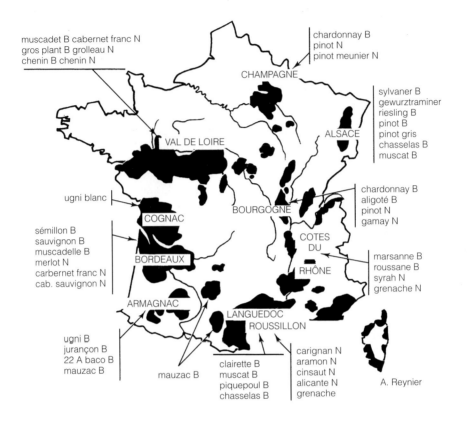

Figura 7
Encepamiento de las regiones vitícolas francesas.

3.1.8.1. *Variedades tintas*

Merlot: desborre precoz, sensible a las heladas de primavera, maduración de segunda época (antes que los Cabernet y después que Côt); vigorosa y productiva en ausencia de corrimiento, al que es muy sensible; sensible a la podredumbre gris; conducida en poda larga (poda Guyot); sus vinos son mezclados con los de Cabernet sauvignon y Cabernet franc, a los cuales aporta riqueza alcohólica, docilidad y suavidad; produce vinos más ligeros sobre aluviones, arenas o gravas filtrantes y vinos con cuerpo, coloreados y más tánicos sobre suelos arcillosos, argilocalcáreos o gravas arcillosas (Saint-Émilion, Pomerol).

Cabernet sauvignon: variedad noble del Bordelés que se extiende en los otros viñedos del Sur-Oeste del Midi; desborre y maduración más tardíos que Cabernet franc y sobre todo que Merlot; sensible a excoriosis, desecación del raspón, y oidio, poco sensible a la podredumbre gris; aporta al vino cuerpo, bouquet y longevidad; asociada a Merlot y a Cabernet franc en proporciones variables según las zonas de producción y los crus, domina en los crus más prestigiosos del Médoc;

variedad de producción regular y raramente excesiva; se adapta bien a los suelos
arenosos de gravas, que se secan rápidamente, y a ciertos suelos calcáreos superficiales donde las viñas encuentran condiciones propicias para un buen final de
maduración, lo que es indispensable para que pueda expresar sus cualidades y su
tipicidad; recolectada madura, con rendimiento moderado, el vino de Cabernet
sauvignon es muy aromático mientras es joven, rico en alcohol y buenos taninos,
que favorecen su mejora en barricas.

Cabernet franc: variedad que se encuentra en todo el Oeste vitícola, llamada
Bouchet en Saint-Émilion, Bouchy en los Pirineos atlánticos, Breton en el valle
del Loira; maduración de segunda época, entre Merlot y Cabernet sauvignon;
vigorosa y bastante productiva pero cuya producción en las viñas viejas es bastante irregular, inconveniente que desaparece con las plantas seleccionadas; sensible al oidio, poco sensible a la excoriosis y a la podredumbre gris; vinificada sola
produce, en el valle del Loira, un vino tinto suave, con cuerpo y con un bouquet
especial, liberando un aroma de frambuesa (Bourgueil, Saint-Nicolas de Bourgueil, Chinon); en el Bordelés está asociada a Merlot y a Cabernet sauvignon,
aportando finura y larga conservación; su producción en el encepamiento queda
siempre limitada al 20-25% como máximo en Saint-Émilion y Graves, donde se
cultiva fundamentalmente.

Côt: todavía denominada Malbec o Preyssac (en Saint-Émilion), variedad
menos cultivada que las precedentes en razón de la calidad media de sus vinos y de
su sensibilidad al corrimiento y a la podredumbre gris; por contra, es la principal
variedad del viñedo de Cahors donde es llamada Auxerrois; variedad de desborre
precoz y maduración más precoz que las anteriores.

Petit verdot: antigua variedad del Bordelés que madura muy tarde, manteniendo una elevada acidez, es utilizada en asociación con los Cabernet en Médoc;
se cultiva poco.

3.1.8.2. *Variedades blancas*

Sémillon: variedad blanca, menos cultivada que en otras épocas, típica del
Bordelés y viñedos limítrofes; maduración de segunda época (antes que las
variedades tintas), vigorosa, fértil, conducida en vaso (en Sauternes) o con poda
Guyot; sensible al mildiu al comienzo del crecimiento, desarrolla bien la podredumbre noble para la elaboración de vinos licorosos (Sauternes, Barsac, Mon-
bazillac...); mezclada con Sauvignon blanc sirve también para la elaboración de
vinos blancos secos (Entre-deux-Mers, Premières-côtes-de-Bordeaux, Graves,
etc.); siempre se asocia con otras variedades, pues sola carece de nervio y
carácter.

Sauvignon: variedad que se encuentra también en el valle alto y medio del
Loira (Sancerre, Pouilly-sur-Loire, Touraine); cultivada en el Bordelés, bien para
la elaboración de un vino basado en Sauvignon, o bien, más generalmente asociado con otras variedades (Sémillon y Muscadelle) para la elaboración de vinos
blancos frescos y secos (Entre-deux-Mers, Blayais...), o vinos blancos secos de
crianza (Graves) o vino licoroso (Sauternes, Loupiac, Barsac...); variedad de
maduración en segunda época, menos fértil que Sémillon, se poda larga; sensible
al corrimiento, al oidio y a la podredumbre gris; sometida a decadencia precoz por
eutipiosis y yesca; variedad poco productiva, difícil de cultivar pero que da vinos
de gran clase, con cuerpo y de color dorado.

Muscadelle: variedad de desborre tardío, maduración de segunda época precoz; poco vigorosa y conducida con poda larga; sensible al millerandage, a las polillas del racimo, al oidio y a la podredumbre gris; produce un vino poco ácido, ligeramente amoscatelado, raramente se emplea sola, entra en baja proporción en el encepamiento de los vinos blancos licorosos, de los vinos blancos dulces y de los vinos blancos secos.

También se encuentran en el Bordelés diversas variedades blancas de menos importancia: Colombard en el borde de Charentes, y Ugni blanc en Entre-Deux-Mers.

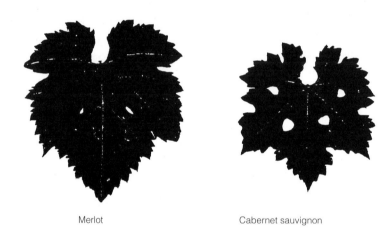

Merlot   Cabernet sauvignon

Figura 8
Variedades del Bordelés.

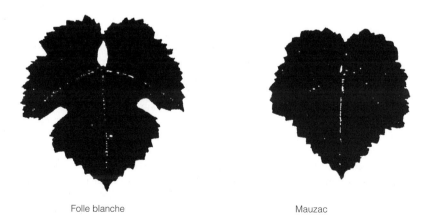

Folle blanche   Mauzac

Figura 9
Variedades blancas del Sur-Oeste.

3.1.9. Encepamiento del resto de viñedos del Sur-Oeste

Esta amplia región, con no menos de diez departamentos, entre el viñedo del Bordelés y el viñedo de Languedoc, incluye un mosaico de viñedos que se puede subdividir geográficamente en tres sectores: los viñedos del Garona y de sus afluentes o del Haut-Pays (Bergerac, Duras, Marmande, Buzet, Cahors, Fronton, Villaudric, Gaillac...), Armagnac y el viñedo pirenaico.

El encepamiento de tipo bordelés se encuentra casi de forma idéntica en los viñedos del Bergeracois, de Buzet, de Côtes du Marmandais y de Duras. En los otros viñedos, el encepamiento comprende principalmente variedades locales como: para los vinos tintos, Tannat en Madiran, Côtes de Saint-Mons y Tursan, Negrette en Côtes du Frontonnais, Auxerrois en Cahors, Duras y Fer servadou en Gaillac; para los blancos se encuentran Ugni blanc y Baco blanc en Armagnac, Baroque en Tursan, Manseng y Courbu en Jurançon y en Pacherenc-du-Vic-Bilh, Mauzac y Len de l'el (lejos del ojo) en Gaillac.

Auxerrois: nombre local de Côt o Malbec, principal variedad de las D.O. Cahors en Quercy en las pendientes que dominan el valle del Lot; encuentra en dicha zona las condiciones más favorables para la expresión de sus cualidades: color, frutosidad y suavidad.

Jurançon noir: llamado Dame noire en Quercy, o Folle noire, variedad de segunda época de maduración, vigorosa y fértil, sensible a la podredumbre, da un vino tinto corriente, de gusto franco y poco coloreado.

Mérille: también de la familia de los Côt, de segunda época de maduración, da un vino tinto ordinario.

Négrette: de la familia de los Côt, cultivada en el valle del Garona (Fronton, Villaudric); sensible a los parásitos; proporciona aromas muy característicos; su débil acidez exige que sea acompañada por variedades complementarias.

Valdiguié: de la familia de los Côt, llamada Aramon del Sur-Oeste o Gros Auxerrois, de tercera época de maduración; poco sensible al oidio, gran productor de vino tinto ordinario.

Tannat: variedad pirenaica de desborre tardío, maduración de tercera época, presente sobre todo en las zonas de producción de la D.O. Madiran, donde representa del 30 al 50% del encepamiento; sensible al oidio, al mildiu y a la podredumbre gris; se poda en largo; variedad productiva que da un vino muy coloreado con aromas primarios de frambuesa; cargado de taninos, el vino joven es áspero; se suaviza al cabo de varios años.

Gros manseng y **Petit manseng**: variedades blancas, cultivadas en el área de producción de la D.O. Jurançon; variedades de tercera época tardía, Petit manseng, poco productiva, da los vinos más destacados, se mantiene en la cepa para conseguir la sobremaduración de las uvas y la elaboración de vinos suaves con aroma típico de frutos exóticos; Gros manseng, más productiva, da más bien un vino seco de calidad.

Mauzac: llamada Blanquette en Aude, variedad cultivada en el Sur-Oeste y el Midi, de maduración en segunda época tardía, vigorosa y fértil, conducida con poda en pulgares; poco sensible al oidio; produce vinos blancos secos, grasos y afrutados poco ácidos o vinos blancos de base espumosos en Gaillac en Tarn, y en Limoux (Blanquette de Limoux) en Aude.

Ugni blanc y **22 A Baco** son las principales variedades blancas cultivadas en Gers para la producción de Armagnac.

3.1.10. Encepamiento del país de Cognac

El viñedo de Cognac está orientado casi únicamente hacia la producción de aguardientes de Cognac a partir de variedades blancas, de las cuales la principal es Ugni blanc que representa el 98% de las superficies destinadas a la producción de vinos blancos. Las otras variedades blancas son Colombard y accesoriamente Sauvignon, Folle blanche y Jurançon blanc. Sauvignon blanc ya no está autorizada desde 1985 para la producción de aguardientes pero subsiste para el Pineau de Charentes y el vino de mesa. Las variedades tintas no representan más que el 5% de las superficies de viñedo (Merlot, Cabernet sauvignon, Cabernet franc, Côt).

Ugni blanc: es una variedad de origen meridional; su desborre tardío no le protege siempre del riesgo de las heladas primaverales; maduración de tercera época, madurando difícilmente sus uvas en Charentes, pero es en dicha situación cuando da un vino poco alcohólico (7 a 9%), ácido, muy apropiado para la destilación. Variedad vigorosa y productiva (70 a 130 hl/ha de media regional según los años); podada con madera larga (Guyot simple, doble o con arqueado) o semilarga (cordones); conducido en viñas bajas estrechas o en viñas altas; muy sensible al mildiu pero bastante resistente al oidio y a la excoriosis, sus uvas no son atacadas más que muy tardíamente y muy débilmente por la podredumbre gris, lo que permite al viticultor prolongar las vendimias sin aumentar las pérdidas por *Botrytis cinerea*; excepcionalmente, ciertos años tardíos las uvas son tocadas por las heladas de otoño (1980). En Charentes, Ugni blanc sirve simultáneamente para la elaboración de vino destinado a la destilación para la elaboración de cognac, de vinos encabezados para la exportación, de vino blanco seco y de Pineau de Charentes.

Colombard: maduración de segunda época, sus uvas maduran mejor que las de Ugni blanc, produce un vino de mesa ordinario y un aguardiente de calidad, no obstante inferior al de Ugni blanc; sensible al corrimiento, y al oidio, pero bastante resistente a la podredumbre; vigor medio; conducida en poda larga.

3.1.11. Encepamiento del valle del Loira

El viñedo del valle del Loira abarca una quincena de departamentos a lo largo del río Loira y de sus afluentes, especialmente los de la margen izquierda. Presenta una gran diversidad desde la región de Saint-Pourçain (al sur de Nevers) hasta la región nantesa.

Este viñedo se encuentra en el límite septentrional para el cultivo de la vid, con una influencia oceánica cuya importancia disminuye de Oeste a Este. Sin embargo, los veranos demasiado brumosos e insuficientemente cálidos no permiten, cerca del océano, una completa maduración. La región más cálida se sitúa en Touraine (Bourgueil y Chinon), donde la influencia oceánica confluye con la influencia continental.

Esta vasta región produce a la vez vinos blancos, tintos o rosados, vinos secos, espumosos o licorosos, vinos tranquilos y vinos efervescentes. El encepamiento es muy variado y comprende variedades de orígenes muy diversos:

– variedades autóctonas de la *familia de las Messiles*: Chenin blanc (o Pineau del Loira), Chenin noir (o Pineau de Aunis), Grolleau, Béquignol, Arbois (o Petit Pineau), Sauvignon;
– variedades originarias del Sur-Oeste, de la *familia de los Carmenets* (Breton y Cabernet sauvignon) y de la familia de los Côts;

– variedades originarias del Este, de la *familia de los Noiriens* (Pinot noir y Melon);
– finalmente Sauvignon, que hace la transición entre los Chenins y los Cabernets del Oeste y Mesliers del Este.

3.1.11.1. *Variedades blancas*

Chenin: sinónimo de Pineau del Loira o Gros Pineau, muy cultivada en Anjou y en Touraine, está en el origen de numerosas denominaciones; vigorosa, de desborre bastante precoz, madura tardíamente (segunda época), se recolecta hacia la segunda quincena de octubre; la producción puede ser muy importante, racimos apretados y sensibles a la podredumbre gris, sin embargo, esta podredumbre puede ser noble y permitir la elaboración de vinos licorosos de gran calidad (Coteaux-du-Layon, Anjou, Coteaux-de-la-Loire); esta variedad puede ser vinificada, según los pagos y los años, como vino blanco seco, como vino espumoso o licoroso, como vino ligero; su vino, de larga conservación, es afrutado con mucho aroma; podada en vaso alargado o en pulgares.

Muscadet: llamada Melon en Borgoña; desborre precoz, maduración de segunda época, vigor medio; sensible a las enfermedades y sobre todo a la podredumbre gris; producción bastante importante de un vino blanco seco pero sin aspereza, de aroma alegre que lleva el nombre de la variedad (Muscadet).

Gros plant: o Folle blanche, maduración de segunda época tardía, muy vigorosa; muy sensible a la podredumbre gris, lo que ha hecho que se abandone en la región de Cognac después de la invasión filoxérica, sensible a black-rot y expuesto a las heladas primaverales; gran productora, da un vino de poco grado y muy ácido.

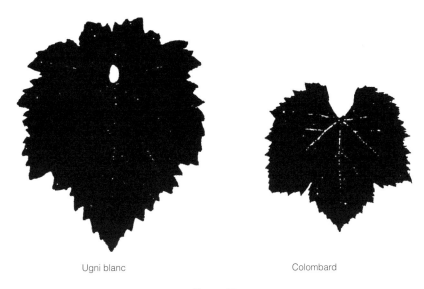

Ugni blanc   Colombard

Figura 10
Variedades de Charentes (Cognac).

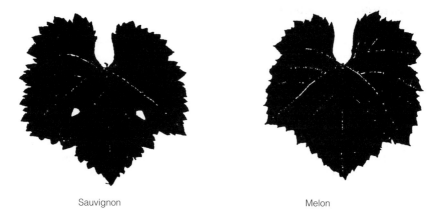

Sauvignon

Melon

Figura 11
Variedades del Valle del Loira.

Sauvignon: llamada Blanc-fumé en Pouilly-sur-Loire, Surin en Touraine, Fié en Poitou; desborre tardío y maduración de segunda época, muy vigorosa, teme al oidio, a la excoriosis, a la eutipiosis y a la podredumbre gris; poco productiva, da en el Centro un vino blanco seco, fresco (acidez: 5 a 5,5 g/l expresado en ácido tartárico) y afrutado, cuyo aroma, fuertemente pronunciado, recuerda a boj en los suelos calizos ligeros, a cassis en los suelos calcáreos más pedregosos, a la retama en las arenas y en las arcillas no calcáreas; da, en el Bordelés, generalmente en mezcla con Sémillon, un vino blanco seco fresco y afrutado (Entre-deux-Mers), un vino blanco afrutado y robusto de larga conservación (Graves), un vino blanco licoroso (Sauternes, Barsac, etc.).

Chardonnay: o Auvernat blanc, poco cultivada en el valle del Loira pues se adapta mal al clima oceánico; medianamente productiva, desborre precoz y maduración de primera época, es recolectada una quincena antes que Chenin.

3.1.11.2. *Variedades tintas*

Cabernet franc: o Breton, es la variedad tinta de calidad del valle del Loira y especialmente en Bourgueil y en Chinon.

Crolleau: todavía llamada Groslot de Cinq-Mars o Pineau de Saumur; maduración de segunda época, vigorosa y fértil, se conduce en poda corta; gran productora, da unos vinos de calidad media, frescos y ligeros, sobre todo rosados.

Cabernet sauvignon: a menudo asociado a Breton para dar vinos rosados.

Gamay noir: o Gamay negra de zumo blanco, desborre precoz, y por ello sensible a las heladas, maduración de primera época, gran productora; en mezcla con Cabernet, Grolleau o Côt da sobre todo vinos rosados agradables y afrutados; puede ser vinificada sola, como es el caso de los vinos tintos de la D.O. Anjou gamay.

Pineau de Aunis: llamada anteriormente Planta de Aunis, es Chenin noir; maduración de segunda época, vigorosa y productiva, da vinos rosados muy afrutados; poco cultivada.

3.2. Variedades de mesa

Las variedades para la producción de uva de mesa presentan características particulares:
- racimos generalmente bastante gruesos, poco compactos, que permiten coger los granos del racimo, y llevan bayas de dimensión homogénea;
- bayas de tamaño medio a grueso, de forma más fecuentemente oval (ovoide, obovoide, cilindroide, etc.) que redonda, de hollejo espeso y resistente, con pulpa carnosa (poco jugosa).

La producción de uva de mesa está actualmente en transformación para adaptarse a la demanda de los consumidores. Se aprecia una clara regresión de la demanda de variedades de granos pequeños, orientándose el consumidor hacia uvas de mesa de granos gruesos.

3.2.1. Criterios de elección de variedades de uva de mesa

Las variedades de mesa se caracterizan por el color de las bayas (amarillo, verde, negro, violeta), por la época de maduración que determina su distribución geográfica y su valor comercial, y finalmente por su sabor y su perfume (uvas amoscateladas o de sabor simple).

Según su época de maduración, las variedades se dividen en varios grupos con relación a Chasselas:
- *grupo de maduración 1*, que madura antes que Chasselas: Perla de Csaba (B), Madeleine angevine Oberlin (B), Cardinal, Prima (R), Isa (B), Jaoumet (B), Delhro (N), Ora (B), Perlaut (B);
- *grupo de maduración 2*, que madura de 0 a 2 semanas después de Chasselas: Panse precoz (B), Admirable de Courtiller (B), Chaouch (B), Lival (N), Jaoumet B, Exalta (B);
- *grupo de maduración 3*, que madura de 2 a 3 semanas después de Chasselas: Sultanina (B), Alphonse Lavallée (N), Moscatel de Hamburgo (N), Oeillade (N), Bicane (B), Listan (B), Danlas (B);
- *grupo de maduración 4*, que madura de 3 a 4 semanas después de Chasselas: Italia (B), Dattier de Beyrouth (B), Dabouki (B), Moscatel de Alejandría (B), Gros colman, Italia (B), Ribol (N), Sulima (B), Madina (B);
- *grupo de maduración 6*, que de 5 a 6 semanas después de Chasselas: Gros vert (B), Servant (B), Danugue (N), Ahmeur bon ahmeur (N);
- *grupo de maduración 7*, que madura de 6 a 7 semanas después de Chasselas: Aledo (B), Olivette noir, Ohanes (B).

La *calidad gustativa de las uvas* es un elemento esencial de éxito de una variedad de uva de mesa. Esta depende del nivel de maduración de las uvas (contenidos en azúcar y acidez), del sabor natural de la variedad que puede ser simple (Chasselas, Servant) o amoscatelado (muscats), de la presencia o ausencia de pepitas.

La *aptitud para el transporte* y la *aptitud para la conservación en frío* constituyen también criterios importantes de elección de una variedad según el modo y la época de comercialización.

Los *factores ecológicos y agronómicos* a tener en cuenta para la elección de variedades de uva de mesa a plantar en una explotación dada son de similar naturaleza que los vistos para las uvas de vinificación.

3.2.2. Variedades de granos pequeños

3.2.2.1. *Variedades blancas*

Chasselas dorada es la principal variedad cultivada en Francia; variedad blanca precoz (a partir de principios de agosto), se adapta bien a las regiones meridionales y produce, según las situaciones geográficas, desde agosto hasta principios de noviembre. El racimo es mediano a grande, alargado, las bayas son pequeñas y redondas. Vigor medio, fácil de conducir; soporta bien el transporte pero su comercialización es solamente nacional, es poco apreciada en el extranjero.

Exalta (Moscatel de Hamburgo N × Perlette B), es una variedad semiprecoz (+1,5 a +2), de fuerte vigor, con bayas de color verde-amarillo, con pepitas ausentes o pequeñas, que tienen una fuerte potencialidad gustativa (aroma de moscatel).

Danuta (Dattier de Beyrouth B × Sultana moscata B), variedad apirena de estación, con bayas de forma elíptica, vigorosa y productiva, buena aptitud para el transporte.

Madina (Cardinal R × Sultanina B), variedad apirena de estación, uvas esféricas a elípticas, verde-amarillo, vigorosa pero de potencial de rendimiento débil a medio, de gusto neutro.

Servant y **Gros vert** son dos variedades blancas tardías de granos pequeños o medios cuya venta está en regresión, porque en los mercados entran en competencia con variedades de granos gruesos, Aledo y Ohanes.

Las otras variedades blancas tienen menos importancia comercial: Admirable de Courtiller, Jaoumet, Madeleine angevine Oberlin.

3.2.2.2. *Variedades negras*

Moscatel de Hamburgo es una variedad de media estación, de racimos medianos, bayas elipsoidales, negras, jugosas, con sabor ligeramente amoscatelado; vigorosa y productiva, está bien adaptada a las colinas secas; se poda en varas, porque es poco fértil en las yemas de la base; variedad muy apreciada por su finura; se cultiva en Vaucluse, Var, Aude y también en el valle del Garona.

Oeillade, variedad con dos destinos, llamada también Cinsaut; maduración de media estación, vigorosa y productiva, está adaptada a la producción en colinas; se poda en pulgares, da racimos con bayas ovoides.

Alvina (Alphonse Lavallée N × Sultanina B), única variedad apirena de bayas negras, vigorosa y medianamente productiva, se poda en varas, debe ser cultivada en situaciones cálidas para favorecer la coloración de las bayas.

3.2.3. Variedades de granos gruesos

3.2.3.1. *Variedades blancas*

Dattier de Beyrouth ha sido importada al final del siglo pasado de Oriente Medio. Muy cultivada en la cuenca mediterránea bajo numerosos sinónimos: Hafiz ali y Razaki en Turquía, Bolgar en Bulgaria, Rosaki en Grecia, Régina en Italia. Esta variedad es muy heterogénea y comprende varias formas que todas tienen bayas gruesas pero que son más o menos alargadas (cilindroides u obovoides), crujientes; maduración de media estación; su cultivo necesita una poda larga y el empalizamiento de la vegetación.

Italia es una excelente uva de estación, apreciada por los consumidores por su carne ligeramente crujiente y su gusto amoscatelado; es una variedad obtenida por cruzamiento de Bicane con Moscatel de Hamburgo. Sus racimos son grandes, de granos ovoides; se poda en varas; se debe evitar cultivarla en situaciones de demasiada fertilidad, en las que los racimos se colorean mal y son sensibles a la podredumbre gris.

Danlas (Dabouki × Chasselas) y **Perlaut** (Cinsaut × Perle de Csaba) son dos variedades nuevas, más precoces que Chasselas, de racimos más gruesos, cuyo cultivo puede realizarse en Hérault, Gard, Vaucluse (y Var para Danlas); Perlaut se conduce en poda corta y Danlas en poda larga.

Danam (Dabouki × Moscatel de Hamburgo) y **Datal** (Dattier de Beyrouth × Moscatel de Alejandría) son también dos variedades de media estación, de granos gruesos.

Ora ([Cinsaut N × Perle Csaba B] × Cardinal), es una variedad muy precoz (maduración -1,5 a -2), poco sensible a la podredumbre gris, de bayas amarillo-doradas, de película fina y con sabor agradable.

Tabla 2
Otras variedades de mesa obtenidas por selección

Variedades	Color	Obtención	Regiones	Características
Mireille	Blanca	Italia × Perla de Csaba	Hérault, Gard	Uva amoscatelada, precoz.
Isa	Blanca	Gloria de Hungría × Cardinal	Midi, Sur-Oeste	Maduración como Chasselas o más precoz, racimo medio, baya esférica, dos veces más voluminosa que la de Chasselas, color dorado, con gusto moscatel.
Perlaut	Blanca	Cinsault × Perla de Csaba	Hérault, Gard, Vauduse	Precoz, fértil, en poda corta, tardía.

3.2.3.2. *Variedades rojas y negras*

Cardinal, obtenida por cruzamiento de Flame tokay (Ahmeur bou ahmeur) y de Ribier (Alphonse Lavallée), es una variedad precoz de granos gruesos (principios de agosto, principios de septiembre), su coloración roja es a veces imperfecta cerca del pedicelo; racimos largos, sueltos, con granos gruesos con mucha pruína apreciados por los consumidores.

Alphonse Lavallée, llamada Ribier en California, es una variedad de granos negros, firmes, de media estación (finales de agosto, principios de octubre en el Midi), resistentes al transporte; productiva, se conduce en vaso o en cordón.

Delhro (Alphonse Lavallée × Perle de Csaba) es una variedad precoz (-2) de sabor simple; Delhro debe ser conducida en cordón pues es sensible al millerandage cuando se conduce en poda larga.

Lival (Alphonse Lavallée × Lignan), es una variedad precoz, de granos negros más pequeños que Cardinal.

Ribol (Olivette blanca × Alphonse Lavallée N) es tardía (octubre a diciembre), de granos gruesos, pulpa carnosa y sabor neutro.

4. PORTAINJERTOS

Fue la invasión filoxérica lo que impuso a los viticultores el recurso al injerto de la vid, el mejor procedimiento que permite preservar las variedades de *V. vinifera* de los ataques de filoxera. El injerto ha llevado a los investigadores a crear numerosos portainjertos, entre los cuales debe escoger el viticultor.

4.1. Origen de los portainjertos

Los portainjertos pertenecen a especies de origen americano del género *Vitis* o resultan de cruzamientos entre estas especies (*V. riparia, V. rupestris, V. berlandieri...*).

Las soluciones que se buscaron para injertar la vid fueron, sucesivamente:
- las especies americanas *V. riparia* y *V. rupestris*, que permitieron poner en marcha la reconstitución del viñedo; pero su extensión fue limitada por la aparición en los suelos muy calcáreos de una afección del viñedo, de orden fisiológico: la clorosis (en Champagne y en Charentes en particular);
- los híbridos *V. riparia* × *V. rupestris*, para buscar aptitudes intermedias entre las especies parentales;
- la especie americana *V. berlandieri*, resistente a la caliza, pero difícil de estaquillar; fue hibridada con *V. vinifera, V. riparia* y *V. rupestris*;
- el *Solonis*, encontrado en América en los suelos salinos, muy húmedos;
- los híbridos complejos entre las especies ya citadas, como por ejemplo ([*vinifera* × *rupestris*] × *riparia*) o (*riparia* × [*cordifolia* × *rupestris*]).

Orientadas hacia objetivos precisos (resistencia a la filoxera y a la caliza en particular), que no fueron siempre perfectamente alcanzados, estas investigaciones condujeron a la obtención de patrones que presentan aptitudes muy diversas. Los principales caracteres, que serán otros tantos criterios a considerar en la elección del patrón, se refieren a:
- la resistencia a filoxera;
- el vigor conferido;
- la facilidad de estaquillado y de injerto;
- la resistencia a la caliza;
- la adaptación a las condiciones del medio: sequía, humedad, sal;
- la acción sobre el ciclo vegetativo del injerto y sobre la calidad de las uvas.

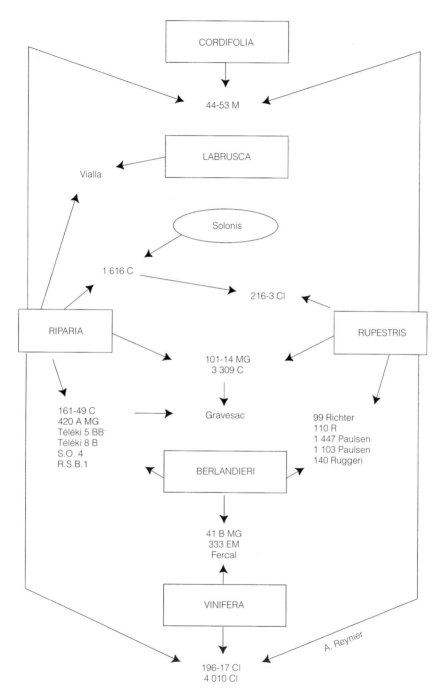

Figura 12
Genealogía de los diferentes portainjertos.

4.2. Características de los principales portainjertos

4.2.1. Riparia gloria de Montpellier

Confiere al injerto un vigor débil en los suelos pobres pero suficiente en los suelos arcillosos.

Buena respuesta al estaquillado y al injerto.

Muy sensible a la clorosis (6% de caliza activa o 5 de IPC).

Teme la sequía y los vientos cálidos, tolera bastante bien una cierta humedad, aguanta en terrenos salinos hasta 0,4 ppm de NaCl.

Favorece la fructificación y adelanta la maduración de la uva.

Adaptado en los buenos terrenos frescos y fértiles; puede ser considerado en la mayor parte de los suelos no calizos que presenten una buena estructura y un contenido correcto de materia orgánica y en ciertos terrenos argilo-calcáreos poco clorosantes en que la costra calcárea es compacta y bastante profunda.

Es aconsejable sobre todo para la producción de vinos de calidad y de uvas de mesa precoces.

4.2.2. Rupestris de Lot

Produce un gran vigor al principio del crecimiento vegetativo.

Buena respuesta al estaquillado y al injerto.

Poco resistente a la clorosis (14% de caliza activa o 20 de IPC).

Muy sensible a la sequía en terreno superficial, pero su sistema radicular profundo le permite explorar el suelo en profundidad, teme la humedad, se adapta bastante bien en terrenos salinos (menos de 0,8 ppm de NaCl).

Puede provocar corrimiento y retrasar la maduración.

Permite sacar provecho de suelos pedregosos, pobres, pero suficentemente profundos.

Es conveniente para la búsqueda de buenos rendimientos o para sacar provecho de terrenos poco fértiles. A utilizar en las zonas meridionales.

4.2.3. Híbridos de Riparia × Rupestris

Estos híbridos confieren un vigor medio y una precocidad favorable a la calidad pero son sensibles a la sequía y a la clorosis.

3309 C (Couderc): más próximo a *Rupestris* que a *Riparia* por sus caracteres ampelográficos y sus aptitudes.

Vigor y precocidad medianas.

Buena respuesta al estaquillado y al injerto.

Resistencia bastante débil a la clorosis (11% de caliza activa y 10 de IPC) pero superior a Riparia gloria, es conveniente generalmente en suelos profundos poco calcáreos, en arenas no calcáreas duras poco clorosantes; teme la sequía, sobre todo en clima meridional y tolera poco el exceso de humedad; es un portainjerto recomendable bajo un enfoque de calidad pero se comporta peor en suelo ácido que el 101-14 MG y el Gravesac.

101-14 MG (Millardet y Grasset) confiere un vigor más débil que el 3309 C y una mayor precocidad.

Sensible a la acidez de los suelos y a la presencia de caliza; no resiste la sequía, tolera el exceso de humedad; va bien en los terrenos arcillosos frescos, da buenos resultados en numerosos suelos con tal que no sean ni demasiado pobres ni demasiado secos.

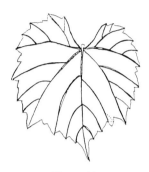

Figura 13
3309 Couderc.

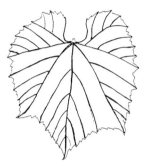

Figura 14
161-49 Couderc.

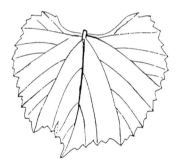

Figura 16
110 Richter.

Figura 15
Téléki 5 BB.

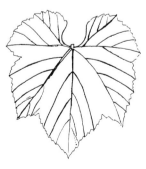

Figura 17
41 B Millardet y Grasset.

4.2.4. Híbridos de *Riparia* × *Berlandieri*

Estos portainjertos confieren al injerto un vigor de débil a medio en general, y a veces fuerte cuando los suelos son profundos con un balance hídrico no limitante. Son bastante resistentes a la caliza pero temen el exceso de humedad y son sensibles a la tilosis.

161-49 Couderc es de vigor medio; su respuesta al estaquillado es media; su respuesta al injerto en campo es mejor que al injerto en taller. Su resistencia a la caliza es muy buena (25% de caliza activa o 60 de IPC). Sensible a la sequía, es bastante tolerante a la humedad pero sensible a la tilosis (sobre todo en suelos arcillosos) y puede presentar una mortalidad importante los 15 primeros años después de la plantación. Prefiere los suelos sanos, bien drenados, profundos; confiere vigor y producción regulares pero sin exceso, dando vinos ricos en alcohol y bien coloreados.

Téléki 5 BB difiere del 161-49 C sobre todo por su menor resistencia a la clorosis (20% de caliza activa o 40 de IPC); manifiesta a menudo la tilosis y la asfixia radicular en tierra fuerte los primeros años; tiene el defecto, en el caso de injerto en campo, de inducir al franqueamiento de la variedad. Presenta a veces una falta de afinidad que conduce a una mortalidad escalonada de las cepas; poco resistente a la sequía; favorece el desecamiento del raspón; vigoroso en los suelos fértiles, las uvas carecen de azúcares y polifenoles; se acomoda bien en los suelos filtrantes (arenas incluso húmedas, tierras argilo-calcáreas o argilo-silíceas); presenta la mayoría de las veces los inconvenientes del SO4, pero es más caprichoso y más irregular.

SO4 (selección Oppenheim de Téléki nº 4), de origen alemán, presenta la misma resistencia a la clorosis que el Téléki 5 BB; responde mejor al estaquillado y al injerto que el 161-49 C y el Téléki 5 BB, teme menos la sequía y tolera los subsuelos húmedos. Confiere al injerto un desarrollo rápido, un gran vigor y una fuerte producción pero un retraso en la maduración, lo que es perjudicial para el buen fin de la maduración; el grado alcohólico de los vinos es a menudo insuficiente mientras que la acidez permanece elevada, con taninos duros y gustos herbáceos; este exceso de vigor en tierra de fertilidad media o alta favorece la podredumbre gris; es un portainjerto que manifiesta la asfixia radicular y la tilosis durante los primeros años en las tierras fuertes y a la salida de otoños e inviernos lluviosos; sensible a la carencia de magnesio y al desecamiento del raspón (dando vinos ácidos y delgados).

420 A-MG, responde bien al estaquillado pero algo peor al injerto, sobre todo en campo en primavera; resiste bien la clorosis (IPC 40); teme la sequía y se adapta mal a los terrenos húmedos en invierno y primavera, en particular en las tierras compactas o en suelos arcillosos; a veces sensible a la carencia en potasio; su vigor es medio, a veces débil, próximo al de *Riparia*; retrasa la maduración, sobre todo en terrenos fríos, por lo que no conviene a las variedades tardías en terrenos fríos; da excelentes resultados en las tierras argilo-calcáreas bastante profundas, en las gravas y los suelos argilo-gravosos donde el subsuelo es filtrante.

RSB1, obtenido por Rességuier y seleccionado por Birolleau en Charentes, homologado en 1971; buena respuesta al estaquillado y al injerto; resistente a la clorosis como el 161-49 C pero poco adaptado a los suelos de tiza en Champagne (mortalidad el primer año); resiste bien la sequía y no presenta la sensibilidad a la tilosis del 161-49 C; muy vigoroso, sobre todo los primeros años; productivo, da rendimientos y riquezas en azúcar superiores al 41 B; va bien en Champagne en los suelos argilo-calcáreos poco fértiles y, en Charentes, reemplaza en esos mismos suelos al 161-49 C y al 41 B.

4.2.5. Híbridos de *Rupestris* × *Berlandieri*

Estos portainjertos manifiestan una muy buena resistencia a la clorosis y una buena adaptación a déficits hídricos importantes. Confieren a la variedad un fuerte vigor, pudiendo ser excesivo en suelo profundo y con reserva hídrica suficiente; sin embargo son portainjertos adaptados a las zonas mediterráneas y para dar vigor en suelos superficiales, secos, calcáreos, donde favorecen la calidad.

110 Richter, presenta un gran vigor.

Su respuesta al estaquillado es a menudo mala (agostamiento difícil); su respuesta al injerto en campo es claramente mejor que al injerto de taller.

Resistencia a la clorosis suficiente (17% de caliza activa o 30 de IPC, hasta 85 en suelos arcillosos sobre calizas duras en Charentes).

Buena resistencia a la sequía en las tierras argilo-silíceas, pero teme la humedad permanente del subsuelo.

Confiere vigor, productividad y retrasa la maduración; sin embargo permite obtener vinos de buena calidad en la región meridional; permite a la vid desarrollarse normalmente en los suelos cálidos, secos y áridos (arenas, gravas o argilo-calizas en el Sur-Oeste) dando vinos de excelente calidad.

99 Richter, responde bien al estaquillado y muy bien al injerto en cabeza o en Cadillac, pero el injerto de taller es difícil.

Su vigor es ligeramente inferior al del 110R.

Resiste generalmente hasta un valor de 30 de IPC, a veces más (85 en Charentes en suelos arcillosos sobre caliza dura).

Resistencia media a la sequía; a veces sensible al desecamiento del raspón y a la carencia de magnesio.

Confiere vigor y productividad con menor calidad que el 110R y una sensibilidad mayor a la podredumbre gris.

1103 Paulsen, de origen siciliano, presenta respecto al 110R las ventajas de una mejor respuesta al estaquillado y al injerto, de un desarrollo precoz, de una menor sensibilidad a la humedad y se adapta mejor a contenidos elevados de arcilla. Vigoroso, parece interesante en los terrenos compactos.

140 Ruggeri es muy vigoroso y rústico; resiste bastante bien la sequía y se desarrolla bien en los suelos calcáreos, mejor que el 41B en los suelos superficiales y secos; teme la humedad, favorece el desecamiento del raspón; a partir de una cierta edad, se produce a veces una mortalidad importante de las cepas, en particular en los terrenos un poco demasiado compactos, húmedos en invierno; gran productor y retardador de la maduración, se debe desaconsejar para la producción de vinos de calidad; a utilizar en vez del 41B en los suelos calcáreos, secos, superficiales, se comporta bien en los suelos esquistosos del Secundario.

4.2.6. Híbridos de *Vinifera* × *Berlandieri*

Estos portainjertos presentan interés por su resistencia en los suelos muy calcáreos, pero manifiestan a veces sensibilidad a filoxera.

41B Millardet y de Grasset: obtenido por cruzamiento de Chasselas × berlandieri; respuesta al estaquillado y al injerto de taller a menudo mediocres; buena respuesta al injerto en campo; portainjerto usual en Charentes y en Champagne por su alta resistencia a la clorosis (40% de caliza activa y 60 de IPC); puede, sin embargo, manifestar la clorosis ciertas primaveras muy lluviosas en los suelos muy clorosantes con subsuelos margosos, húmedos y frescos, compactos, no penetrables por las raíces; medianamente resistente a la sequía; su resistencia a la filoxera es suficiente pero se han observado ataques en terrenos calcáreos, secos, superficiales; sensible a los nemátodos (meloïdogynes); sensible a la humedad sobre todo en subsuelo compacto, medianamente resistente a la sequía (en las tierras superficiales y margosas, las viñas demasiado cargadas sobre 41B sufren sequía); provoca en los primeros años que las viñas tengan un desarrollo un poco lento; por lo tanto, este portainjerto confiere un vigor medio pero no conviene en suelos margosos y poco profundos, retrasa el desborre, lo que es una ventaja en las situaciones gélidas; productivo y regular.

333 EM, obtenido por cruzamiento de Cabernet sauvignon con berlandieri; presenta grandes cualidades: es al menos tan resistente a la clorosis como el 41B, es más vigoroso y soporta mejor la sequía, tolerando la humedad. A veces puede provocar corrimiento en variedades finas; pero su cultivo muy reducido se explica sobre todo por su desarrollo muy lento y su débil producción de madera.

Fercal es resistente a la clorosis; obtenido por el Instituto Nacional de Investigación Agronómica, por cruzamiento de BC 1 (berlandieri × colombard) y 333 EM (Cabernet sauvignon × berlandieri); resistente a la filoxera, con mejor respuesta al estaquillado y al injerto que el 41B; muy resistente a la clorosis (IPC de 120); su resistencia a la sequía es mejor que la del 41B pero inferior a la del 140 Ruggeri; resiste bastante bien el exceso de humedad en primavera; confiere un vigor, inferior al del 140 Ru y sensiblemente parecido al del 41B; induce una maduración más precoz y, a igual rendimiento, una riqueza en azúcares ligeramente superior a la del 41B; sin embargo, manifiesta carencia en magnesio después de abonados potásicos excesivos; puede ser plantado en todos los suelos calcáreos, excepto en los demasiado superficiales, en lugar del 41B; por contra, en los suelos calcáreos, superficiales y secos, es preferible plantar el 140 Ru.

4.2.7. Otros portainjertos

44-43 Malègue (*Riparia* × [*Riparia* × *Cordifolia*]) tiene un vigor medio, se multiplica bien; pero es poco resistente a la clorosis, teme la humedad y sobre todo confiere al injerto la carencia magnésica.

Los híbridos complejos de *Riparia* × *Vinifera* × *Rupestris*: **196-17 Castel** y **4010 Castel** son sensibles a la clorosis (6% de caliza activa), poco multiplicados y prácticamente reservados al Sur-Oeste en los suelos pobres, húmedos en invierno y en primavera.

Gravesac, obtenido por el INRA mediante cruzamiento de 161-49 C con 3309 C; la cepa madre es vigorosa y buena productora de madera pero confiere un vigor medio al injerto; este portainjerto tiene una buena aptitud para el enraizamiento y el injerto, una buena afinidad con las principales variedades, una resistencia media a la caliza (IPC = 20); está aconsejado para suelos ácidos, arenosos o arenoso-gravosos, húmedos en primavera, para la producción de vino de calidad.

Vialla, híbrido de *Riparia × Labrusca*, sensible al 4% de caliza activa, de mala resistencia a los ataques de filoxera, no es utilizado más que en los suelos esquistosos del Beaujolais.

Finalmente, los híbridos derivados de Solonis, **1616 Couderc** y **216-3 Castel**, presentan como interés esencial su resistencia a la salinidad. En efecto, salvo el 1103 P y quizás el 196-17 Castel, todos los portainjertos citados anteriormente temen la presencia de sal. A esta resistencia, que alcanza el 0,1% en el caso del 216-3 Cl, se añade una tolerancia satisfactoria a la humedad. Estos portainjertos encuentran su utilización en los viñedos del litoral mediterráneo.

5. MEJORA VARIETAL

La vid salvaje es una planta dioica. Las variedades cultivadas han sido obtenidas por selección de individuos hermafroditas (monoicas) aparecidos en las poblaciones salvajes o ya cultivadas. Se han multiplicado por vía vegetativa (estaquillado, injerto) y no se diferencian demasiado de las formas de origen en cuanto a los otros caracteres. Las variedades son heterocigóticas y están, de hecho, constituidas por individuos cuyos fenotipos son parecidos, pero los genotipos son más o menos diferentes: se puede hablar de poblaciones de clones constituyendo variedades-población. La mejora varietal se puede hacer por vía vegetativa, seleccionando en las poblaciones existentes los individuos o las variedades que presenten los caracteres buscados, o por vía sexual, creando nuevas variedades.

5.1. Mejora del encepamiento por vía vegetativa

Las variedades utilizadas en una región de producción han sido progresivamente seleccionadas por los viticultores porque presentaban suficientes ventajas para poder tolerar sus eventuales defectos. La mejora de las variedades por vía vegetativa puede ser realizada modificando la proporción de variedades, introduciendo variedades extranjeras o seleccionando los individuos más interesantes dentro de las variedades-población.

5.1.1. Modificación de la relación de variedades

Entre las variedades de mesa, Chasselas es la más cultivada, las otras variedades están, o en progresión (Italia) o en regresión (Dattier de Beyrouth, Admirable de Courtiller, Jaoumet). En uva negra, Moscatel de Hamburgo y Alphonse Lavallée dominan la producción.

Entre las variedades de vinificación, la mejora del encepamiento se ha realizado a lo largo de los últimos veinte años por el abandono de los híbridos productores directos, por la regresión de las variedades autorizadas (Aramon, Bouchalès, Valdiguié) y, al contrario, por la progresión de variedades tales como Garnacha, Cinsault, Merlot, Cabernets, Pinot, Syrah.

5.1.2. Introducción de variedades «extranjeras»

Para la producción de vinos con denominación de origen controlada o VDQS, la introducción de variedades que no responden a los «usos antiguos, leales y constantes» no es teóricamente posible debido a la reglamentación muy estricta en la materia. Por el contrario, para mejorar la calidad de los vinos de mesa se ha recurrido, en el Midi y en muchos países, a la introducción de variedades llamadas mejorantes. Las variedades nobles de las regiones que producen los grandes vinos son introducidas con este fin, pero en estos intentos hay que tener siempre en mente los dos principios siguientes:

– una variedad trasladada a otra región geográfica no conserva sus cualidades más que si los rendimientos permanecen en un nivel razonable.

– las diferentes variedades tienen una mayor o menor adaptabilidad. Entre las variedades blancas, Chardonnay, Sauvignon, Riesling, pueden adaptarse a diversas situaciones, pero parece que Chenin tiene algunas dificultades. Entre las variedades tintas, los Cabernets y el Merlot del Bordelés, y Syrah de Côtes-du-Rhône tienen una gran facilidad de adaptación, mientras que Monastrell y Pinot noir tienen una débil adaptabilidad.

5.1.3. Selección dentro de las variedades existentes

Las variedades tradicionales están constituidas por un conjunto de individuos que no presentan caracteres idénticos en los aspectos morfológico, agronómico y organoléptico: son variedades-población.

5.1.3.1. *Causas de la heterogeneidad de las variedades*

El *origen policlonal*: las variedades resultan de cruzamientos naturales sucesivos y del mantenimiento de los individuos mejor adaptados al medio donde se desarrollan; estos individuos se parecen sin ser idénticos.

Las *mutaciones*: se trata de modificaciones que intervienen en la morfología o los caracteres de las variedades; pueden pasar desapercibidas o ser visibles; ciertos mutantes han sido multiplicados por vía vegetativa y constituyen una nueva variedad (Gewürztraminer).

La *infección por enfermedades viróticas* que modifican el aspecto y la fisiología de los individuos; estas enfermedades son infecciosas y se transmiten por estaquillado o injerto, así como por vectores para algunas de ellas.

5.1.3.2. *Métodos de selección*

5.1.3.2.1. *Selección masal*

Se basa en la observación en campo y consiste en escoger en una parcela las cepas que no presentan síntomas de enfermedades de virus y que tienen un desarrollo vegetativo y una producción tan satisfactorios como sea posible. La madera de las cepas retenidas es multiplicada de forma mezclada.

5.1.3.2.2. *Selección clonal*

Consiste en escoger las cepas que presentan resultados óptimos y están exentas de enfermedades viróticas. Después, las plantas seleccionadas son multiplicadas, sin mezclar, agrupando solamente la descendencia de una misma cepa-madre. El conjunto de estos individuos constituye un clon que se define como la descendencia vegetativa correspondiente de una cepa-madre elegida por su identidad indiscutible, sus caracteres fenotípicos y su estado sanitario.

Así, la selección clonal es, a la vez, sanitaria y genética:

– es *sanitaria* porque permite elegir los clones que no presentan virosis (entrenudo corto, enrollado, jaspeado, acanaladura del tronco, madera acorchada) por medio de observaciones en campo y mediante pruebas en invernadero y de laboratorio;

– es *genética* porque pretende también una mejora de la variedad, especialmente en lo referente a la calidad, la productividad, la resistencia a las enfermedades criptogámicas, la regularidad de producción. Esta elección se efectúa teniendo en cuenta numerosos criterios, unos culturales (fecha de desborre, fecha de maduración, importancia del corrimiento y del millerandage, resistencia a la podredumbre, vigor de la cepa, etc.), otros tecnológicos, tales como la concentración de azúcares, de ácidos, de polifenoles, el análisis y la degustación de vinos después de la vinificación.

El objetivo es poner a disposición de los viticultores plantas libres de virus, que presenten buenas características culturales y que proporcionen productos de calidad.

5.1.3.3. *Etapas de la selección clonal*

5.1.3.3.1. *Prospección*

La prospección, que constituye una preselección del viñedo, consiste en localizar en todo el área de cultivo de la variedad, parcelas de viñedo que parezcan particularmente interesantes en el aspecto sanitario y en el productivo; después de tres años, como mínimo, de observaciones sobre la morfología, el estado sanitario y el control de las producciones (peso de uva o número de racimos), ciertas cepas (50 a 200), cabezas de clon, son retenidas.

5.1.3.3.2. *Selección de clones para su homologación*

• **Selección sanitaria**

El objetivo consiste en obtener material libre de virus peligrosos. Sobre el material de los clones retenidos después de las prospecciones, el seguimiento de un cierto número de enfermedades viróticas permite no conservar más que las cepas sanas para someterlas a homologación. La selección sanitaria se aplica a las variedades y a los portainjertos.

Las virosis revisadas son actualmente el entrenudo corto bajo dos formas (grapevine fanleaf virus o GFLV y mosaico arábico o arabic mosaic virus ArMV), el enrollado o grapevine associated leafroll virus, GLRaV, el jaspeado o grapevine Fleck virus, GFLkV, la enfermedad de la madera rizada o acanaladura del tronco o legnio riccio bajo dos formas (grapevine stem pitting y grapevine stem growing), la enfermedad de la madera acorchada o corky bark; a estas cinco virosis estudiadas para las variedades viníferas se añaden para los portainjertos la necrosis de los nervios de la vid (grapevine vein necrosis) y el mosaico de los nervios (grapevine vein mosaic).

Dos técnicas de evaluación son utilizadas sucesivamente:

- una primera verificación es realizada mediante el *serológico ELISA* en contenedores, a razón de una o dos estacas por clon; este test, utilizado para el entrenudo corto (GFLV, ArMV), está basado en la reacción de anticuerpo (sérum) - antígeno (virus); la adhesión de una enzima a los anticuerpos provoca una reacción coloreada (si el virus está presente en la muestra) que es medida por un espectrofotómetro y comparada a la de una muestra testigo sana; si el test es negativo, la madera de esta cepa es introducida en uno de las instituciones de selección (1 clon / contenedor);
- el *indexage* es entonces aplicado: esta evaluación, que consiste en injertar el clon a testar sobre una variedad indicadora (index) elegida por su capacidad de exteriorizar rápidamente y de forma típica los síntomas de una virosis determinada, es aplicada según dos técnicas (parte 3, capítulo 3);
- el indexage sobre estacas-injerto leñosas (5 a 6 individuos conservados durante 3 años en viveros);
- el indexage sobre estacas-injerto herbáceas sobre las cuales la manifestación de síntomas se produce de 2 a 3 meses después del injerto (técnica más rápida pero que necesita del material creciendo todo el año, con una superficie de invernadero importante).

Después de una segunda verificación, los clones enfermos, pero que presenten calidades tecnológicas interesantes así como ciertas variedades monoclonales (portainjertos o variedades obtenidos por cruzamiento), pueden ser tratados por termoterapia (técnica cada vez menos utilizada) o por microinjerto del ápice (extremidad meristemática de la yema), normalmente exento de partículas virales.

- **Selección genética**

Sólo es posible para las variedades de población policlonal y es tanto más fácil de llevar a cabo cuanto más importante es la variabilidad de la población. Permite el control de los principales parámetros de calidad. Consiste en elegir en la población preseleccionada los clones que representan a un alto nivel la especificidad varietal.

Los clones exentos de virus peligrosos son puestos en una colección de estudio sobre el mismo portainjerto bajo el control de los «organismos de selección tipo A» (Inra y Entav) con el fin de compararlos en un mismo medio y en condiciones de cultivo idénticas. A partir del cuarto ciclo vegetativo y durante cinco años, son objeto de medidas con el fin de testar sus comportamientos en comparación con las de un clon añadido conocido (10 cepas/ clon) en alternancia con una fila testigo: observaciones en cultivo (estados fenológicos, corrimiento), control del vigor (peso de madera de poda) y de la cosecha (número y peso de los racimos, azúcares, acidez, contenido en polifenoles), microvinificación seguida de degustación triangular (2 clones y testigo); este estudio es realizado a la vez que los tests sanitarios. Los clones retenidos son presentados para su aprobación que es decidida por el ministerio de Agricultura previo informe de la sección «Viña» del Comité técnico permanente de selección (CTPS); son entonces registrados por Onivins y multiplicados bajo su control.

5.1.3.3.3. *Conservación de los clones seleccionados*

Las cepas-madres de los clones aprobados (material inicial) son conservados al abrigo de contaminaciones por enfermedades viróticas y otras transmisibles por el material vegetal, tales como las enfermedades bacterianas (verrugas, enfermedad de Pierce, necrosis bacteriana) y las enfermedades por fitoplasmas (flavescencia dorada). En Francia, la conservación ha sido establecida en las arenas de la Espiguette, en el campo del Organismo nacional para la mejora de la viticultura (Entav), donde los clones (material inicial), seleccionados por el Inra y por el Entav, encuentran condiciones poco favorables para la transmisión de enfermedades viróticas pues dichas arenas apenas podrían albergar muy pocos nemátodos vectores de virus. Esta conservación es objeto de un seguimiento sanitario riguroso: controles visuales regulares y tests virológicos.

5.1.3.3.4. *Experimentación de los clones seleccionados*

Las aptitudes de los clones aprobados deben ser valoradas en condiciones de cultivo. Se ponen campos de ensayo con el fin de precisar las características culturales, tecnológicas y organolépticas de los clones, y determinar su adaptación a diferentes situaciones (llanura, colina) de las regiones de producción.

Las parcelas de comportamiento tienen un número limitado de clones. Los clones aprobados son estudiados y comparados, entre ellos y con dos clones conocidos, según un dispositivo en bloques al azar con al menos ocho repeticiones. El control del comportamiento trata sobre la anotación de los estados fenológicos, el peso y la calidad de la cosecha con vinificación separada y degustación de los vinos.

5.1.3.3.5. *Producción del material*

Los clones así aprobados están representados por un pequeño número de cepas que hace falta multiplicar para poner este material seleccionado a disposición de los viticultores. Esta multiplicación del material seleccionado, llamado en este estado «material inicial», es realizado en dos etapas:

- la **premultiplicación:** a partir del material conservado en la Espiguette, el Entav produce material inicial en familias sanitarias destinado a los establecimientos de premultiplicación (establecimientos tipo B); antes de la distribución, las plantas son objeto de un control sanitario por test ELISA.
Se entiende por familia sanitaria, el conjunto de plantas obtenidas de un sólo pie de un mismo clon por multiplicación vegetativa en primer grado. En caso de injerto, la familia sanitaria es la descendencia de primer grado obtenida del conjunto de injertos de un solo pie de un mismo clon de vinífera sobre las estacas de un solo pie de un mismo clon de portainjerto.
En Francia, la premultiplicación es realizada por los organismos públicos (cámaras de agricultura, comités interprofesionales...) o privados (viveristas) de premultiplicación reunidos por el Ministerio de Agricultura y controlados por el Onivins. Ellos establecen vides madres de premultiplicación y producen plantas destinadas a los multiplicadores respetando reglas de implantación y de conducción rigurosas para evitar al máximo los riesgos de contaminación por entrenudo corto. Ellos producen material de base destinado a los organismos y viveristas multiplicadores;

– la **multiplicación** es realizada por organismos (sindicato, cooperativa, cámara de agricultura...), por viveristas privados o incluso por viticultores. Las vides madres de multiplicación clonal son instaladas en terrenos sanos, es decir que han tenido un reposo del suelo durante al menos 10 años sin viña, ni ninguna rebrotación de viñedo, sin desinfección, con la necesidad de presentar la parcela un año antes de plantar con el fin de asegurar su estado; los precedentes como eriales, huertos, son objeto de un examen estricto, y puede ser requerido un análisis nematológico y/o una desinfección del suelo en caso de duda. Ellos producen material certificado que será distribuido a los viticultores.

5.2. Mejora varietal por vía sexual para la creación de nuevas variedades

Las plantas nacidas de semillas de las bayas de una misma variedad son genéticamente diferentes unas de otras y distintas de la variedad parental por el hecho de la disyunción de caracteres, debido a la heterocigosis de las variedades parentales. Es posible, por tanto, realizar una selección en el interior de una descendencia manteniendo sólo los individuos que presentan unas características más favorables que los que existen en la variedad-población. También se pueden cruzar variedades diferentes con el fin de aumentar la heterogeneidad de los descendientes y obtener individuos que junten en su genoma características interesantes que hasta entonces existían en cada una de las variedades parentales.

5.2.1. Objetivos

5.2.1.1. *Portainjertos*

Aunque el conjunto actual de portainjertos sea bastante amplio, no siempre permite responder a las exigencias de las condiciones del medio o del cultivo. Los objetivos de selección de portainjertos deben permitir satisfacer a los diferentes productores involucrados en su cultivo:
– para el productor de estacas de vivero o de estacas injertables: calidad y regularidad de la producción de sarmientos;
– para el viverista: respuesta al estaquillado y al injerto;
– para el viticultor: afinidad con las variedades y los clones, adaptación de los portainjertos al terreno.
Las líneas de investigación van actualmente en tres direcciones:
– obtención de portainjertos que provoquen débil vigor y alta precocidad para las situaciones de balance hídrico ligeramente excedentario y medianamente clorosantes, juntando las calidades de riparia con la resistencia a la clorosis, para los suelos argilo-calcáreos en clima oceánico;
– obtención de portainjertos resistentes a la sequía para las situaciones de balance hídrico muy deficitario para los terrenos pobres de las laderas de zonas mediterráneas;
– obtención de portainjertos suficentemente resistentes al entrenudo corto y/o a *Xiphinema index*, y adaptados a las diferentes condiciones pedoclimáticas.

5.2.1.2. *Uvas de vinificación*

Las variedades actuales han sido seleccionadas empíricamente por sus cualidades tecnológicas y organolépticas pero presentan defectos, sobre todo en lo que se refiere a su sensibilidad al corrimiento y al «millerandage», a las enfermedades criptogámicas (mildiu, podredumbre gris, excoriosis, oidio) o a los ataques de plagas (ácaros, nematodos, cicadelas).

La mejora varietal de la uva de vinificación tiene como objetivo principal crear nuevas variedades que, manteniendo al menos las calidades uvíferas u organolépticas de las variedades tradicionales, presenten una resistencia al menos parcial a las alteraciones fisiológicas o a los ataques de hongos y plagas. Se conoce el fracaso de los híbridos productores directos en esta materia. Estos habían sido obtenidos por hibridación interespecífica. ¿Estará esta vía prohibida? No, puesto que con nuevos genitores y estrategias más elaboradas, la investigación ha lanzado programas de selección hace ya algunos años.

5.2.1.3. *Uvas de mesa*

Al nivel de resistencias fisiológicas o parasitarias, el objetivo es el mismo que para la uva de vinificación. Además, se buscan uvas muy precoces y más tardías, de racimos medios o gruesos y variedades sin pepitas.

5.2.2. Métodos

Los cruzamientos entre especies han sido el objeto de trabajos importantes después de la invasión filoxérica para obtener portainjertos resistentes a filoxera y adaptados a las diferentes condiciones culturales así como híbridos productores directos; estos últimos presentaban la ventaja de ser resistentes a filoxera, en parte resistentes a las enfermedades criptogámicas, y de tener aptitudes uvíferas. Desgraciadamente, no daban vinos de calidad y por ello su cultivo ha sido abandonado.

Los cruzamientos intraespecíficos entre variedades de *V. vinifera* han permitido en el pasado obtener nuevas variedades de uva de mesa (Italia, Cardinal) y variedades de vinificación (Alicante bouschet). Para completar bien la selección de nuevas variedades, es necesario pasar dos etapas, una que comienza en el cruzamiento, que incluye la selección y la experimentación, y otra que incluye la multiplicación.

5.2.2.1. *Selección y experimentación*

Después de la castración y de la polinización de las flores, las semillas obtenidas después del cruzamiento son puestas en invernadero y después en vivero. Cada una de estas plantas representa una nueva variedad potencial que es el objeto de una primera evaluación, durante 4 a 5 años (Etapa I de la selección) sobre la base de las características fenológicas, de las aptitudes culturales y de las características cualitativas.

Las plantas evaluadas como más interesantes son enviadas, por una parte bajo la forma de 5 cepas a un conservatorio (material inicial), y por otra parte bajo la forma de 12 cepas para una experimentación en pleno campo donde son objeto de

observaciones y medidas durante cinco años (Etapa II de la selección). Las variedades más prometedoras pasan enseguida a un ensayo en varias localidades (parcelas de 20 a 25 áreas) para estudiar su comportamiento cultural y comprobar las
cualidades de las uvas y de los vinos producidos. Finalmente se solicita la inscrip-
ción en el catálogo de variedades y especies de vid.

5.2.2.2. *Multiplicación*

El Entav es el multiplicador. Antes incluso del fin de la Etapa de selección y
experimentación puede efectuar tests sanitarios sobre las variedades más interesantes y proceder a una multiplicación rápida en invernadero. El material así producido sirve para instalar parcelas de premultiplicación en el Inra y el Entav. Una
vez que la variedad es inscrita en el catálogo, es posible proporcionar material de
base para el establecimiento de viñas madres de injertos.

Ampelografía

Riparia gloria:
1. RG-sumidad globulosa.
2. RG-hoja cuneiforme, 3 dientes angulosos.
3. RG-seno peciolar en lira.
4. RG-borra de pelos sedosos.
5. RG-pilosidad sedosa sobre los nervios.

101-14 MG:
6. 101-14 MG-seno peciolar en U. abierta.

Rupestris de Lot:
7. RL-Sumidad glabra, HJA acanalada.
8. RL-HA reniforme plegada en canal, glabra.
9. RL-SP en corchete.

1. **420 A** - S vellosa, blanca a ligeramente carminada. - **2. 420 A** - HJA arañosa, brillante, bronceada. - **3. 420 A** - HA cuneiforme poco cortada excepto en la base, SP en lira, nervios más claros que el limbo que es verde oscuro. - **4. 420 A** - P acostillado, glabro de nudos violetas hasta la extremidad. - **5. 3309 C** - SP de HJ en V. - **6. 3309 C** - SP de HA en U abierta de base a menudo desguarnecida. - **7. SO4** - sumidad vellosa blanca, zarcillos trifurcados. - **8. SO4** - HA cuneiforme, SP en U abierta. - **9. 5BB** - HA cuneiforme, redondeada, SP en lira, P rojo vinoso.

1. **161-49 C** - HA cuneiforme, +típica riparia, ligeramente ondulada, dientes L3 divergentes. -
2. **34 EM** - HA entera, trilobulada, ondulada, débilmente revoluta, SP en U. - **3. 41 B** - SP en lira. - **4. 41 B** - HA cuneiforme de bordes revolutos. - **5. 333 EM** - HJA vellosa, bronceada, rojiza. -
6. **333 EM** - HA orbicular, con SP en lira cerrada de base desguarnecida. - **7. 333 EM** - P acostillado, velloso en la extremidad. - **8. BC1** - HA cuneiforme, SP en lira. - **9. 99 R** - HA reniforme, pequeña y puntiaguda, en canal de bordes tomentosos, sin brillo, SP en V.

1. 196-17 Castel - HA cuneiforme, grande, SP en lira estrecha. - **2. 1616 C** - HA cuneiforme de dientes muy agudos, limbo verde claro. - **3. 216-3 Castel** - HA reniforme, de dientes angulosos, SP en corchete o en U de base ancha. - **4. Gewürztraminer** - aspecto de la vegetación en primavera. - **5. Gewürztraminer** - HA orbicular a pentagonal, limbo arañoso, SP de bordes superpuestos. - **6. Riesling** - HA orbicular de 3 o 5 lóbulos, SP de bordes superpuestos. - **7. Sylvaner** - HA orbicular, entera o trilobulada, glabra y fina. - **8. Pinot noir** - HA orbicular, entera, ampollada, en embudo. - **9. Pinot meunier** - HA orbicular de SL profundos, SP en lira cerrada.

1. Pinot meunier - Sumidad y HJ algodonosos blancos. - **2. Gamay** - HA orbicular, SP en V. - **3. Chenin** - HA orbicular, recortada, base de nervios roja. - **4. Chardonnay** - P pardo rojo. - **5. Chardonnay** - HA orbicular, SP en lira de base desguarnecida. - **6. Melon** - HA orbicular de bordes revolutos, SP en lira. - **7. Melon** - aspecto del follaje de perfil. - **8. Grolleau** - HA orbicular, SP en lira, base de nervios roja. - **9. Sauvignon** - HA orbicular trilobulada, SP en lira, órganos verdes.

1. Sauvignon - racimo pequeño, compacto, troncocónico. - **2. Colombard** - HA orbiculo-cuneiforme, de lóbulos involutos, SP en V. - **3. Colombard** - racimo cilíndrico, alado. - **4. Semillon** - HA orbicular primero involuta y después revoluta, SP en lira. - **5. Semillon** - racimo alado y hoja revoluta. - **6. Muscadelle** - HA orbiculo-reniforme de dientes angulosos, punto peciolar rosado. - **7. Merlot** - HA cuneiforme de lóbulo terminal en lengua de gato, SP en U, - **8. Merlot** - racimos. - **9. Cabernet franc** - HA orbicular, lóbulos inferiores en «cresta de gallo».

1   2   3

4   5   6

7   8   9

1. Cabernet sauvignon - HA orbicular, 5 lóbulos, 4 SL de fondo cóncavo y SP en lira de base desguarnecida (aspecto punzonado), dientes ojivales. - **2. Cabernet sauvignon** - racimos pequeños cilindro-cónicos. - **3. Malbec** - HA orbicular entera con SL a menudo en forma de dedo. - **4. Malbec** - racimos medios, alados. - **5. Petit verdot** - HA orbicular, larga, abarquillada de bordes revolutos. - **7. Ugni blanc** - HA grande, orbicular, festoneada, dientes grandes, ojivales en mucrón, de ligera amarillez, limbo jaspeado fuertemente abullonado, SP en lira. - **8. Ugni blanc** - racimos muy grandes, alados. - **9. Syrah** - HA orbiculo-troncada, 3 o 5 lóbulos, SP en lira estrecha.

1. Garnacha - HA cuneiforme, glabra, SP en lira, SLS rasgados. - **2. Cariñena** - HA muy grande, SP en U. - **3. Aramon** - HA cuneiforme, SP en V, dientes angulosos. - **4. Monastrell** - HA cuneotroncada, plana, SP en lira. - **5. Macabeo** - HA grande, tomentosa de limbo velloso-pubescente, SP en lira. - **6. Clairette** - HA orbicular, SLS de fondo agudo, SP cerrado de bordes superpuestos. - **7. Dattier de Beyrouth** - racimo. - **8. Merlot - 9. Sultanina** - racimo grande cilindrocónico de bayas pequeñas.

Fotos: Alain Reynier

Tabla 3
Nuevas variedades de vinificación obtenidas por selección

Nombre	Color	Origen genético	Región de producción	Características
Aranel	Blanca	Garnacha gris × Saint-Pierre doré	Midi	Maduración próxima a Merlot, se adapta bien a terrenos frescos y secos; buenos y regulares rendimientos, los vinos tienen un color pálido y aromas elegantes.
Arriloba	Blanca	Raffiat de Moncade × Sauvignon	Todos los depart. vitícolas	Maduración precoz, cercana a Sauvignon, vigor medio, vino fino, aromática.
Arinanoa	Tinta	Merlot × Petit verdot	Oeste y Suroeste	Productiva, poco sensible a podredumbre, vino coloreado afrutado.
Caladoc	Tinta	Garnacha N × Cot	Midi y Córcega	Rendimiento elevado, buen grado, color medio a fuerte.
Chasan	Blanca	Listan × Chardonnay	Todas las regiones	Maduración media precoz, vino poco ácido y aromático.
Chenançon	Tinta	Garnacha N × Jurançon N	Midi	Madur. anterior a Cariñena, vino de mesa, con personalidad, buena calidad.
Clarin	Blanca	Clairette × Ugni B	Idem.	Idem.
Egiodola	Tinta	Fer servadou × Abouriou	Midi y litoral atlántico	Maduración precoz, muy alto rendimiento si carga es alta, para vinos rosados o tempranos.
Ekigaina	Tinta	Tannat × Cabernet sauvignon	Midi y Suroeste	Precoz, poco sensible a la podredumbre, vino muy coloreado.
Ganson	Tinta	Garnacha N × Jurançon N	Oeste, Sur-Oeste, Midi	Conviene en zonas un poco tardías.
Gramon	Tinta	Garnacha N × Aramon N	Midi y Sur-Oeste	Maduración media, rendimiento bastante elevado, grado medio.

Tabla 3 *(continuación)*

Nombre	Color	Origen genético	Región de producción	Características
Marselan	Tinta	Cabernet sauvignon × Garnacha N	Midi	Maduración media, ligeramente más precoz que Garnacha tinta, vigor moderado, se adapta bien a los terrenos frescos a muy secos, rendimientos medios, poco sensible al corrimiento, da vinos equilibrados, muy coloreados de aromas bien tipificados, delicados y especiados.
Liliorila	Blanca	Baroque × Chardonnay	Oeste y Suroeste	Débil rendimiento, vino muy aromático, fuerte grado.
Monerac	Tinta	Garnacha N × Aramon N	Midi, Sur-Oeste	Adaptada a conducción en empalizada.
Perdea	Blanca	Raffiat de Moncade × Chardonnay	Oeste y Suroeste	Productiva, vino fino, aromática.
Portan	Tinta	Garnacha N × Portugués azul	Todas las regiones	Precoz para zonas tardías, vino con personalidad.
Semebat	Tinta	Baroque × Cot Suroeste	Oeste y costa atlántica	Maduración media, productividad media, vino coloreado, equilibrado.
Segalin	Tinta	Jurançon N × Portugués azul	Lot	Maduración media, producción media, vino coloreado, equilibrado.

6. AMPELOGRAFÍA PRÁCTICA O COMO RECONOCER LAS VARIEDADES Y LOS PORTAINJERTOS

El reconocimiento de las variedades y de los portainjertos es útil para el hombre del campo, es la ampelografía práctica que está basada en la observación de los caracteres morfológicos de las variedades. Los métodos descriptivos son utilizados también por los investigadores o los organismos oficiales para la identificación de plantas desconocidas. Pero las dificultades encontradas con estos métodos, sobre todo para la identificación de madera y de plantas de vid, y de diferentes clones de una misma variedad, han llevado a los investigadores a poner a punto nuevos métodos de identificación.

6.1. Métodos ampelográficos

6.1.1. Método de la ampelografía práctica

La ampelografía práctica tiene por objeto el reconocimiento de las variedades y los portainjertos más corrientes. Delante de una cepa, el ejercicio de reconocimiento consiste en detectar los rasgos descriptivos que permitan distinguir al individuo y reunir caracteres que identifiquen una variedad o un portainjerto. Esto supone el aprendizaje de un lenguaje relativo a la descripción de los caracteres, a la puesta a punto de un método y a la utilización de referencias ampelográficas.

El aprendizaje del reconocimiento de las variedades no puede hacerse más que contando con una colección, que sirva de referencia, donde las variedades a reconocer, reunidas y agrupadas según su origen geográfico o su pertenencia a familias de variedades, puedan ser comparadas.

En una primera fase, las variedades son descritas a partir de caracteres visuales cualitativos como la forma, el color, la vellosidad de los diferentes órganos. La observación se cuida mucho más sobre las características de las hojas, su forma, su contorno, su aspecto y sus hendiduras (senos). Las observaciones sobre los brotes, los pámpanos, los sarmientos, las bayas y los racimos completan esta caracterización. A la vez, las relaciones entre variedades (origen, evolución, parentesco) y sus aptitudes son estudiadas.

Es interesante proceder a una aproximación por grupo o familia. En efecto, los diferentes portainjertos y la diversidad de variedades pueden ser reunidas según su pertenencia a una familia o a un grupo: familia de los *noiriens, gamays, carmenets, folles, rhénans,...* para las variedades, híbridos entre especies de *Vitis* (*riparia × rupestris, riparia × berlandieri...*) para los portainjertos. Después de haber llegado al conocimiento de los caracteres comunes de cada grupo o familia, la identificación se hace dentro de un grupo detectando caracteres particulares. Es un método atractivo pues permite el acceso al reconocimiento de numerosas variedades a partir del conocimiento convertido en intuitivo de un número limitado de tipos familiares.

Es preciso comenzar por el reconocimiento de los portainjertos porque los caracteres entre familias de híbridos son tan diferentes que permiten establecer claves de determinación. La distancia genética de las especies que han servido para obtener los portainjertos hace que sus características morfológicas estén claramente diferenciadas y que se puedan encontrar en sus descendientes los rasgos descriptivos de las especies. Por contra, dentro de la especie *Vitis vinifera*, cuyo número de variedades es de varios millares, las diferencias entre tipos son menos marcadas y los límites entre dos grupos a veces imprecisos. No obstante, es una aproximación interesante y práctica de la ampelografía.

La repetición de las observaciones y el entrenamiento en diferentes colecciones permiten llegar al reconocimiento práctico de una serie de variedades y de portainjertos. Es esto lo que se pide a los alumnos de las clases para la titulación de técnico superior en viticultura y enología.

6.1.2. Métodos científicos

6.1.2.1. *Métodos descriptivos*

Los métodos utilizados a partir del siglo XIX son esencialmente descriptivos, utilizando caracteres morfológicos. Las variedades son descritas minuciosamente en colección, los caracteres visuales cualitativos como la forma, el color, la vellosidad, son codificados y se hacen medidas precisas sobre las hojas (longitud y ángulo de los nervios, longitud y anchura de las hojas), sobre las bayas y los racimos. Estas descripciones sirven de referencia y han sido reunidas en los libros de ampelografía: *Ampelografía* de P. Viala y V. Vermorel (1901-1909), *Registro ampelográfico* de la OIV (1963), *Variedades de uva de mesa* de J. Branas y P. Truel (1965-66), *Tratado de ampelografía práctica* (1985) y *Variedades y viñedos de Francia* (1988-1990) de P. Galet.

En los principales países vitícolas, se han realizado trabajos ampelográficos a partir de colecciones establecidas en fincas públicas de los centros de investigación. En Francia, la finca de Vassal del centro del Inra en Montpellier, reagrupa en 12 hectáreas más de 7.500 accesiones, provinientes de 35 países diferentes, que corresponden a más de 3.500 variedades. Cada accesión es objeto de una descripción con la ayuda de 75 caracteres ampelográficos. Se han establecido y conservado ficheros relativos a 5.500 identificaciones. En un primer momento, fueron objeto de tratamiento mecanográfico (fichas perforadas) pero los medios informáticos permiten actualmente un acceso más rápido a las informaciones así como tratamientos más eficaces y análisis estadísticos.

Los caracteres descritos constituyen datos cualitativos obtenidos por observación pero también datos cuantitativos medidos. Estos últimos, base de la **ampelometría** iniciada por Ravaz y afinada por Galet, han tratado sobre las medidas de longitudes y sobre las medidas de ángulos realizadas sobre las hojas y, accesoriamente, sobre otros órganos. Pero nuevos métodos, utilizando la informática, son puestos a punto por investigadores de diferentes países: utilización de tablas para digitalizar, sistemas informáticos que utilizan el ratón con imágenes de vídeo que permiten obtener las coordenadas de puntos específicos de las hojas, análisis de imágenes.

6.1.2.2. *Métodos que utilizan marcadores*

Para disponer de métodos más eficaces y fiables, los investigadores se orientan hacia técnicas de investigación mucho más generalizables como el análisis isoenzimático y las técnicas de análisis del ADN, que comienzan a aportar una ayuda a la ampelografía tradicional tanto a nivel de la identificación como a nivel del estudio de las relaciones entre genotipos.

6.2. Caracteres ampelográficos

Las variedades se distinguen por numerosos caracteres que se pueden observar o medir.

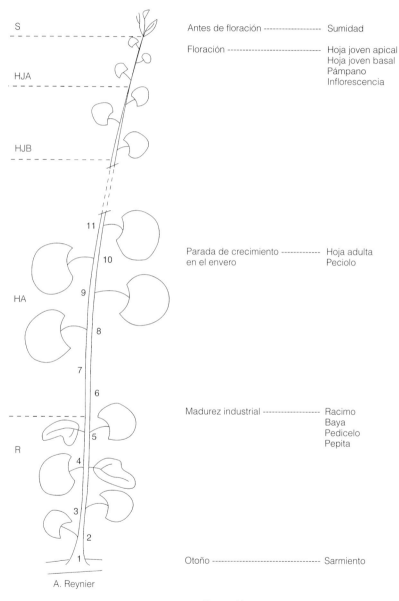

Antes de floración -------------------- Sumidad

Floración ------------------------------ Hoja joven apical
Hoja joven basal
Pámpano
Inflorescencia

Parada de crecimiento ------------- Hoja adulta
en el envero   Peciolo

Madurez industrial ------------------- Racimo
Baya
Pedicelo
Pepita

Otoño ----------------------------------- Sarmiento

A. Reynier

Figura 18
Investigación de caracteres ampelográficos:
órganos a observar y periodos de observaciones.

6.2.1. Tipos de caracteres ampelográficos

6.2.1.1. *La vellosidad*

Los órganos de la vid pueden ser glabros (sin pelos) o presentar vellosidad. Los diferentes tipos de vellosidad se distinguen:
- por la forma de los pelos:
  - lanosos (largos y flexuosos);
  - sedosos (cortos y rígidos como los de un cepillo);
- por la densidad de los pelos en orden creciente:
  - vellosidad lanosa: arañosa;
  - vellosa suave;
  - algodonosa;
  - vellosidad sedosa: pubescente;
  - aterciopelada.

6.2.1.2. *Color*

Es un carácter muy importante para los racimos, la sumidad y las hojas jóvenes; el color puede ser uniforme, en placas (marrón, cobrizo) o ribeteado (carminado).

6.2.1.3. *Forma*

Se observa a la vez la forma general, el contorno (forma de los dientes, del seno peciolar) y la superficie de las hojas (lisa, ondulada), el porte de los pámpanos, el aspecto de los racimos, su compacidad, etc... Estas observaciones son efectuadas en los periodos más favorables a la expresión de estos tipos de caracteres cuando los órganos han alcanzado un cierto desarrollo (figura 18).

6.2.2. Caracteres ampelográficos de la hoja

El tamaño de la hoja es apreciado por la superficie del limbo: grande (Cariñena, Ugni blanc, Riparia Gloria), media (Chenin blanc), pequeña (Garnacha tinta) o muy pequeña (Rupestris de Lot). Puede ser también apreciada por la longitud y la anchura del limbo (L y l). Una hoja está organizada alrededor de los nervios. Su forma está determinada por las longitudes de los nervios (L1, L2, L3, L4 y L'2, L'3, L'4) y por los ángulos entre los nervios (α, β, γ). La hoja está delimitada por el seno peciolar (SP), el seno lateral superior (SLS) e inferior (SLI) que separan los lóbulos (LT, LLS, LLI). Se distinguen cinco tipos principales de hojas: reniforme, cuneiforme, orbicular, troncada y cordiforme.

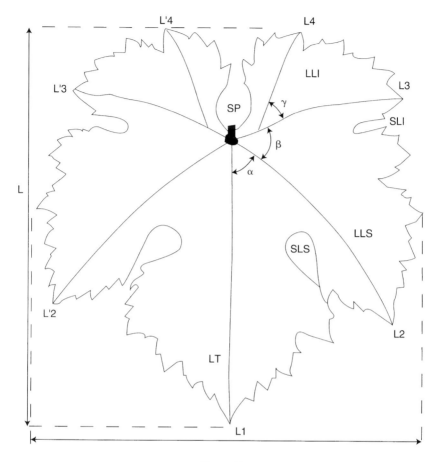

Figura 19
Caracteres ampelográficos de la hoja.

Hoja reniforme: hoja entera, en forma de riñón, más ancha que larga, caracterizada por:
– ángulos muy agudos;
– nervios cuya suma $\alpha + \beta < 90°$ y $\alpha + \beta + \gamma < 130°$;
– seno peciolar abierto y poco profundo;
– nervios cuyas longitudes respectivas son aproximadamente:
  L3 = 2/3 L1 y L4 = 1/2 L1;
– ángulo del lóbulo terminal obtuso $\geq 90°$.

Hoja cuneiforme: hoja que, sistemáticamente, se inscribe en un rectángulo terminado por un triángulo, caracterizada por:
– L > 1;
– suma de ángulos de los nervios $\alpha + \beta$ próxima a $90°$;
– suma de ángulos de los nervios $\alpha + \beta + \gamma = 120°$ a $140°$;
– L1 $\leq$ 2 L3 y L1 $\Leftarrow$ 3 L4.

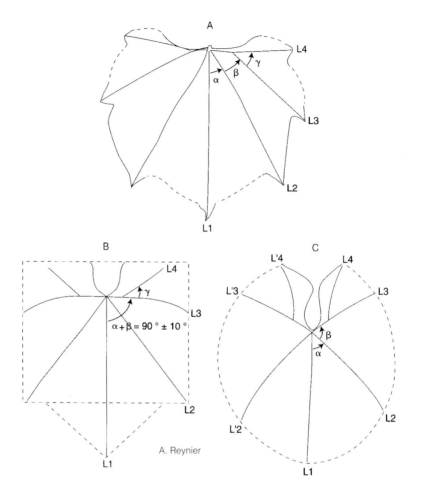

Figura 20
Formas de las hojas.

A. Reniforme.
B. Cuneiforme.
C. Orbicular.

Hoja orbicular: hoja que puede inscribirse en un círculo, tan larga como ancha (L = 1), carcterizada por:
– suma de ángulos (α + β) próxima a 120°,α + β = 60°;
– nervios L2 y L'3 en la prolongación como L3 y L'2;
– nervios L2 L'3 y L'2 L3 forman una X;
– seno peciolar muy profundo y cerrado.
Hoja troncada: hoja de tipo orbicular pero con los nervios L3 y L'3 más cortos.
Hoja cordiforme: hoja de tipo cuneiforme pero con L1 muy largo dando un aspecto general de la hoja en forma de corazón.

• **Forma del seno peciolar**

en llave   en U   en V   en lira   estrecho   de bordes superpuestos

• **Forma de los dientes**

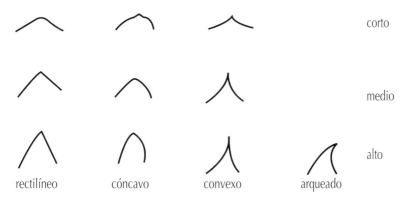

corto

medio

alto

rectilíneo   cóncavo   convexo   arqueado

• **Aspecto del limbo**

plano   acanalado   involuto   revoluto   tormentoso

6.2.3. Caracteres ampelográficos del sarmiento

Un sarmiento está constituido por una sucesión de entrenudos, separados por abultamientos, los nudos, al nivel de los cuales se insertan las hojas, las inflorescencias o los zarcillos, la yema pronta y la yema latente.

La longitud del sarmiento puede variar desde menos de un metro hasta varios metros. Esto depende del número y la longitud de los entrenudos y varía con:

– la especie y la variedad: *V. riparia, V. berlandieri* tienen entrenudos largos; *V. rupestris* y muchas variedades de *V. vinifera* tienen entrenudos y sarmientos más cortos;

– el vigor: expresa la intensidad de crecimiento y depende de las condiciones presentes a nivel del suelo (alimentación en agua y minerales, competencia de malas hierbas, portainjerto, estercolado) o sobre la parte aérea (temperatura e insolación a nivel del follaje, número de yemas dejadas en la poda, modo de empalizamiento). Una cepa vigorosa tiene sarmientos largos y gruesos;

– las enfermedades y los parásitos tienen generalmente un efecto negativo sobre el crecimiento reduciendo la actividad del follaje (mildiu, oidio, ácaros, clorosis) o la de las raíces (filoxera, podredumbre).

Se distinguen dos partes a lo largo del sarmiento:

– en la base una *parte preformada* que existía en el estado de esbozo de la yema, que dio lugar al nacimiento del sarmiento, y que comprende de cuatro a diez entrenudos según el vigor, la variedad, el rango de los sarmientos sobre la madera de dos años;

– a continuación, una *parte neoformada* que se ha desarrollado a lo largo de la primavera a partir de una yema terminal del pámpano herbáceo en crecimiento.

El porte de los sarmientos, que da el aspecto general de la madera del año en las cepas sin empalizar, es erguido en ciertas variedades como Cariñena y Jurançon blanc, caído en Aramon, extendido en *V. riparia* y sus descendientes y arbustivo en *V. rupestris*.

El sarmiento está constituido por una sucesión de entrenudos cuya sección es frecuentemente elíptica con una cara más redondeada bajo la yema latente y más plana en el lado opuesto.

6.2.4. Caracteres ampelográficos del pámpano

El pámpano herbáceo tiene la misma morfología general que el sarmiento observado después del agostamiento o a la caída de las hojas. No obstante, presenta algunas características particulares:

– el pámpano acaba en una yema terminal mientras que ésta no existe en el sarmiento; lleva inflorescencias, hojas y yemas prontas que están igualmente en crecimiento;

– el color del pámpano es generalmente verde, pero el dorso es a menudo más coloreado (rojizo) que el vientre; a veces, el nudo está coloreado de forma diferente que el entrenudo;

– la vellosidad, es decir la presencia de pelos, es un carácter útil para el reconocimiento de variedades.

La sumidad: es la parte del pámpano por encima de la primera hoja separada:

– forma: abierta (*Rupestris de Lot*), media, globulosa (*V. riparia*);

– vellosidad: los pelos pueden ser lanosos (largos y flexuosos) o sedosos (cortos y erguidos) o ausentes (glabros);

– color: la pigmentación antociánica (rojo) puede estar ausente o localizada (ribeteado) o concernir a toda la sumidad; a menudo la coloración viene dada por la de los pelos.

Las hojas jóvenes superiores:

– forma: abiertas, acanaladas (*Rupestris de Lot)*, otras;

– vellosidad y color.

El pámpano:

– contorno o sección: liso, anguloso, de canutillo (*berlandieri*);

– vellosidad: es a menudo débil pero puede ser característica, por ejemplo: algodonoso a sedoso (Macabeo, Meunier) o sedoso (3306 C):

– color: a menudo diferente en el vientre que en el dorso de los pámpanos; al nivel de los nudos; coloración uniforme o con ranuras coloreadas;

– porte del pámpano: erguido (Cariñena) o quilloso (Sauvignon), caído, flácido.

El zarcillo:
– distribución: discontinua (*V. vinifera*) o continua (*V. labrusca*);
– longitud: corta (Aramon noir); media (Pinot noir); larga (Chasselas blanc);
– forma: simple, sin ramificación (*Muscadinia*), bi o trifurcada.

6.2.5. Caracteres ampelográficos del racimo

La forma del racimo en maduración está determinada por la forma inicial de la inflorescencia así como por el número y el volumen de las bayas, lo que permite distinguir racimos cilíndricos, cónicos, piramidales, alados. Un carácter más interesante es la compacidad del racimo que puede ser suelto (Perla de Csaba), medio (Chasselas blanc) o compacto (Pinot noir). Para las variedades de vinificación, la compacidad es un factor de sensibilidad a la podredumbre gris. Para la producción de uva de mesa, se utilizan variedades de racimos sueltos.

6.2.6. Caracteres ampelográficos de la baya

El grosor de la baya es una característica varietal. Es expresada de diferentes maneras por los ampelógrafos, bien sea por la media de su longitud y de su anchura (pequeña: < 12 mm; media: 12 a 18 mm; gruesa: 18 a 24 mm, y muy gruesa: > 24 mm) o bien sea multiplicando estas dos medidas. La uniformidad del grosor es un carácter importante para las uvas de mesa.

La forma de la baya es variable según las variedades: aplanada (Nobling blanc), esférica (Chasselas blanc), elíptica, ovoide, obovoide, cilíndrica, fusiforme, arqueada (Cornichon blanc). Un mismo racimo puede tener bayas con formas sensiblemente diferentes (Dattier de Beyrouth).

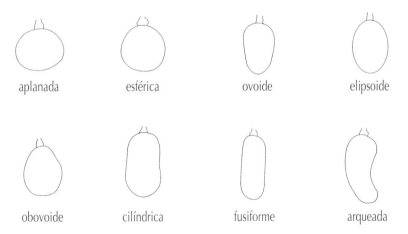

| aplanada | esférica | ovoide | elipsoide |
| obovoide | cilíndrica | fusiforme | arqueada |

El color de la baya es un carácter ampelográfico y tecnológico muy importante. Antes del envero, los granos son verdes, pero después de dicho estado fisiológico el color del hollejo depende de la variedad: verde-amarillo (Chasselas), rosa (Chasselas rose o Sultanina rosa), rojo, rojo-gris (Pinot gris), rojo oscuro-violeta, azul negro (Pinot noir), rojo negro. Dado que la pulpa no está generalmente coloreada, el color del vino es debido a los componentes fenólicos (antocianos, flavonas) contenidos en el hollejo. No osbtante, ciertas variedades, llamadas tintoreras, tienen además la pulpa coloreada, como es el caso de Alicante bouschet.

La consistencia de la baya es firme antes del envero y se ablanda después del envero. Las variedades de vinificación tienen bayas blandas y jugosas mientras que las variedades de mesa tienen frecuentemente bayas carnosas.

El sabor es un carácter tecnológico importante para las variedades de vinificación y las variedades de mesa: sabor neutro, débil, aromático, amoscatelado.

La separación del pedicelo es un carácter interesante para apreciar la resistencia al transporte de variedades de mesa y la aptitud para la recolección mecánica de variedades de vinificación.

Tabla 4
Principales caracteres ampelográficos de las especies del género Vitis

V. riparia (Riparia Gloria de Montpellier)	*V. rupestris* (Rupestris de Lot)	*V. berlandieri*
Sumidad		
Pubescente Globosa Verde pálida En curva	Glabra Brillante, aplanada Plegada en canutillo	Algodonosa blanca carminada
Hoja adulta		
Grande Cuneiforme (1)	Pequeña Reniforme (2)	Pequeña a media Cuneiforme, entera.
Dientes angulosos, 3 dientes terminales afilados.	Dientes ojivales medios.	Dientes ojivales, aplast., poco visibles.
SP (3) en lira.	SP muy abierto en llave	SP en lira.
Limbo delgado, liso, ondulado, suave, con nervios verdes.	Limbo denso, brillante, en canutillo con nervios rojizos.	Limbo denso, mate, bordes enrollados con nervios verdes.
Envés con nervios pubescentes con mata de pelos sedosos en las bifurcaciones.	Envés del limbo y nervios glabros.	Envés arañoso.
Pámpano		
Liso, verde claro glabro de sección lisa, entrenudos largos.	Rojizo, de sección lisa, ligeramente anguloso.	Acostillado, velloso en extremidad

1. Cuneiforme: en forma de pico.
2. Reniforme: en forma de riñón.
3. SP: Seno peciolar.

A. Reynier

Tabla 5

Clave de determinación de portainjertos clasificados por familias

Hoja adulta reniforme
Pámpano liso, ligeramente anguloso, glabro,
    rojizo con pruina, entrenudos cortos.
      SP abierto en llave   **Rupestris de Lot**

Pámpano acostillado, rojizo o violáceo   **Rupestris × berlandieri**
(salvo 1447 P de hoja
orbiculo-reniforme)

Hoja adulta cuneiforme
Pámpano de sección lisa, glabro, verde claro
    con largos entrenudos,
    sumidad globosa, verde pálido, en curva,
    grandes hojas de 3 dientes terminales
    afilados, envés con nervios pubescentes
    con mata de pelos en las bifurcaciones.
    SP en lira   **Riparia gloria de Montpellier**

Pámpano anguloso, glabro
    sumidad globosa en curva,
    hojas pequeñas   **Riparia × rupestris**

Pámpano acostillado con entrenudos largos,
    nudos violetas (salvo 34 EM),
    sumidad vellosa,
    blanca con borde carminado   **Riparia × berlandieri**

Pámpano muy acostillado
    sumidad algodonosa blanca
    con borde carminado,
    hoja adulta con bordes revolutos,
    seno peciolar en lira con fondo ensanchado   **41 B**

Hoja adulta orbicular
Pámpano muy acostillado
    sumidad algodonosa muy carminada,
    vellosa suave en la extremidad,
    seno peciolar en lira
    con bordes rectilíneos y de base desguarnecida   **333 EM**

A. Reynier

Tabla 6
Caracteres ampelográficos de los híbridos riparia × rupestris

	101-14 MG	3309 C
Tipo	+ *riparia*	+ *rupestris*
Sumidad	Globosa, brillante, pubescente en los nervios	Glabro, verde brillante
Hoja joven	Plegada	Brillante
Hoja adulta forma	Grande Cuneiforme, con bordes involutos formando embudo	Pequeña Cuneiforme de contormo redondeado
escotadura	3 dientes terminales	Entera, dientes ojivales
brillo del limbo	Apagado, transparente de reflejos rosas	Brillante
tacto	Suave	Satinado
seno peciolar	En U muy abierta	En V (hojas jóvenes) convertida en U abierta de bordes convexos y a menudo con base desguarnecida (hojas adultas)
vellosidad	Nervios pubescentes	Glabro

A. Reynier

Tabla 7

Caracteres ampelográficos de Rupestris de Lot y de los híbridos rupestris × berlandieri

Caracteres comunes	hojas reniformes y dientes ojivales pámpano acostillado		
Caracteres particulares **Limbo**	**Pámpano**	**Seno peciolar**	**Variedad**
Limbo brillante *plegado en canal glabro*			
– liso, verde azulado	Glabro HJ cobrizas, muy brillantes	en corchete	**Rupestris Lot**
– con ampollas finas acanaladas	Glabro, rojo en el extremo	en U muy abierta	**110 R**
	HJ muy bronceadas brillantes, con ampollas		
Limbo brillante *nervios de hojas* *pubescentes*	Ligeramente pubescente, violáceo HJ verde pálido, brillantes	en lira abierta, punto peciolar rojo	**140 Ru**
Limbo sin brillo			
– involuto con bordes tomentosos h. pubescentes por debajo	glabro, rojo en el ápice y con nudos violetas en la base. Sumidad arañosa, en curva	en V muy abierta	**99 R**
– tomentoso con bordes involutos, glabro con nervios pubescentes	sumidad arañosa Nudos violetas Sumidad arañosa, blanco rosado	en U abierta de base desguarnecida (W)	**1103 P**
	Sumidad vellosa de ribete rosa HJ arañosas cobrizas	en lira abierta	**1447 P**

A. Reynier

Tabla 8
Caracteres ampelográficos de los híbridos riparia × berlandieri

Caracteres comunes
* Hoja adulta cuneiforme, 3 dientes terminales puntiagudos,
   borra de pelos pubescentes en la axila de los nervios, dientes ojivales
* Pámpano acostillado

Pámpano	Nudos	Hoja	Variedad
Pubescente salvo la extremidad	Violetas salvo sumidad	Limbo de bordes revolutos, abarquillado en punto peciolar, SP en V HJ arañosas bronceadas	8 B
	Verdes	Entera de bordes revolutos, SP en U, a veces de base desguarnecida HJ arañosas verde pálido	34 EM
Semipubescente en los nudos	Violetas salvo la extremidad	Peciolo y envés de limbo pubescentes (hoja adulta tipo + riparia) SP abierto, casi en U y a menudo de base desguarnecida Limbo plano, con ampollas finas y ondulado entre los nervios, de bordes rectilíneos, con los dientes terminales de los nervios L2 y L'2 retorcidos en «bigote», HJ arañosas cobrizas	161-49 C
		Peciolo y limbo glabros o débilmente pubescentes, limbo de bordes involutos en copa y de contorno redondeado, SP en lira HJ arañosas, cobrizas	5 BB
		Limbo con ligeras ampollas, glabro SP en lira, base de los nervios rojos Nervios pubescentes HJ vellosas, débilmente bronceadas	RSB 1
		Nervios y peciolo pubescentes Limbo sin brillo, ondulado, de bordes involutos verde-amarillo, plegada en el punto peciolar SP en U abierta y zarcillos trifurcados Hojas jóvenes arañosas	SO4
Glabro	Violetas hasta la extremidad	Hoja adulta pequeña, gruesa, verde oscura de nervios más claros, limbo plano, con ampollas finas, hoja pubescente, SP en lira, algunas hojas de SLS profundo HJ muy brillantes, arañosas	420 A

A. Reynier

CAPÍTULO **3**

MULTIPLICACIÓN DE LA VID

1. **Producción del material de propagación**
2. **Bases fisiológicas del estaquillado y del injerto**
3. **Técnicas de estaquillado y de injerto**
4. **Técnicas de regeneración de viñas**

L a vid puede ser multiplicada por vía sexual (semilla) o por vía asexuada (estaquillado, acodo, injerto). La semilla no permite conservar los caracteres de la
planta que ha producido las pepitas; este procedimiento de multiplicación está
reservado a los seleccionadores y a los hibridadores para la creación de nuevas
variedades y patrones. El viticultor está interesado más directamente por los procedimientos de multiplicación vegetativa.

El **estaquillado** consiste en colocar en un medio favorable un fragmento de
sarmiento separado de la cepa, para que se desarrollen raíces y un sistema aéreo
idéntico a la planta-madre. Después de la invasión filoxérica este procedimiento ha perdido mucha importancia; prácticamente abandonado para las variedades de *V. vinifera,* se utiliza fundamentalmente para la producción de barbados
de patrones.

El **acodo** consiste en enterrar en el suelo un sarmiento que permanece unido a
la cepa hasta que haya reproducido una nueva planta, que después es separada de
la planta madre; este procedimiento es práctico para reemplazar en una viña las
plantas que faltan (marras); no puede ser utilizado, como el estaquillado, más que
cuando la filoxera no sea de temer; en presencia de riesgo de filoxera, que suele
ser el caso general, es preferible no separar el acodo.

En ciertos casos se entierra la cepa entera para que puedan enraizar los sarmientos que lleva. Es un procedimiento que se utilizó antes de la invasión filoxérica pero que después se ha abandonado.

El **injerto** consiste en fijar una porción de sarmiento, llamado variedad, púa o simplemente injerto, destinada a producir la parte aérea de la cepa, sobre otra fracción de vegetal, el patrón o porta-injerto, que produce el sistema radicular y sirve de soporte. Aunque origina gastos suplementarios para la implantación de un viñedo, este procedimiento es el que se utiliza con más frecuencia; es el que permite asociar la calidad de las variedades y la resistencia a la filoxera de los patrones.

1. PRODUCCIÓN DEL MATERIAL DE PROPAGACIÓN

1.1. Sector de las maderas y de las plantas de vid

Antes de la invasión filoxérica el viñedo se establecía franco de pie, sobre las propias raíces de las variedades. Su renovación se hacía por estaquillado o acodo. La filoxera, al atacar las raíces de las plantas de *V. vinifera* impuso y generalizó el uso del injerto. Para el establecimiento de las viñas, los viticultores recurrieron a plantas enraizadas de patrones (barbados) que injertaban en el campo un año más tarde y también a plantas enraizadas de *V. vinifera* y de híbridos productores directos. La producción comercial de material de propagación estaba lanzada y había nacido el oficio de viverista vitícola. Desde entonces la producción de barbados ha disminuido enormemente y ahora, en Francia, no representa más que el 4,7% de las estacas y **estacas-injertadas** plantadas. Actualmente la plantación de viñas es hace esencialmente con plantas-injerto producidas por los viveristas.

1.1.1. Profesionales del sector

Estos profesionales aseguran la producción y la comercialización del material de propagación (estaquillas, estacas, injertos), de los barbados y de las plantas-injerto. El número de productores y negociantes en madera y plantas de viña disminuye desde hace varios decenios: de 7.000 aproximadamente en 1970, son 1.536 en 1998, de los que 1.002 son productores de plantas. Se asiste a un fenómeno de concentración de la profesión en la región meridional y en Aquitania-Charentes.

Estos profesionales, diplomados con el título de una o varias actividades, están repartidos en cinco categorías no excluyentes las unas de las otras.

Categoría A   Cultivadores de viñas madres de patrones
Categoría B   Cultivadores de viñas madres de injertos
Categoría C   Establecimientos de premultiplicación
Categoría D   Productores de plantas (barbados, plantas-injerto, en viveros tradicionales o por forzado en invernadero)
Categoría E   Obtentores de nuevas variedades
Categoría F   Negociantes, cooperativas, agrupaciones de aprovisionamiento o toda empresa de distribución de material de multiplicación vegetativa de la vid
Categoría G   Corredores en material de propagación vegetativa de la vid.

La Onivins controla sus actividades, especialmente en lo referente al estado sanitario de las viñas, las condiciones de cultivo y de comercialización del material de multiplicación.

1.1.2. Viñas-madres de patrones

Aseguran la producción de estacas y de estaquillas. Las superficies de viñas-madres de patrones son de 1.905 ha en 1998, de los que 1.784 ha están en producción, repartidos principalmente en la región meridional (PACA 38%, Languedoc-Roussillon 22%).

Desde el final de la guerra hasta 1975, se han duplicado las superficies de pies madres (4.875 ha en 1975) para acometer la renovación del viñedo, la renovación del viñedo, la mejora del encepamiento (regresión de los híbridos productores directos y reconversión del viñedo), la extensión y la reestructuración en ciertas regiones de producción.

El viñedo de Cognac ha pasado de 62.500 ha en 1962, con un 1/4 de variedades tintas, a 94.000 ha en 1980 pero con un 96% de Ugni Blanc. Sin embargo durante el período 1976-78, se produce una caída brutal de las superficies de campos madres de patrones (-27%) por la influencia de dos medidas administrativas:

- la prohibición de establecer viñas madres con material estándar clase Elite y la obligación de utilizar material certificado,
- la utilización exclusiva de derechos de replantación para las nuevas plantaciones.

Después ha proseguido la reducción de las superficies, de una manera más lenta pero continua, en 17 años (de 1971 a 1998) la pérdida ha sido del 42%. Esta evolución acompaña a las políticas de restricción de plantaciones, de primas de arranque sin renovación, de contingentación de las nuevas plantaciones y de los transfers, de ayudas a la reestructuración del viñedo de vino de mesa y de uvas de mesa. Las superficies de viñas en producción han pasado de 1.310.000 ha en 1975 a 920.000 ha en 1996.

El reparto de superficies de los principales patrones es el siguiente: SO4 (349 ha), 110 R (344 ha), 3309 C (254 ha), 41 B (209 ha), 140 Ru (184 h), 101-14 MG (69 ha), 1103 P (62 ha), 5 BB (54 ha), 161-49 C (69 ha), Fercal (71 ha). La evolución varietal de los campos madres ha acompañado la reconversión del viñedo en Francia y en el extranjero con una regresión del Rupestris de Lot, 44-53, 333 EM, 99 R y el aumento del 3309 C, 140 Ru, Fercal, Gravesac, RSB1.

Desde 1991, la comercialización de madera de patrones de categoría estándar está prohibida. Actualmente las superficies en producción son el 97,5% en material certificado, el resto es material de base destinado a la premultiplicación.

1.1.3. Viñas-madres de injertos

Producen las púas que aseguran la producción de uvas. Son viñas establecidas con material de base, producido por los Establecimientos de selección y de premultiplicación, respetando las siguientes normas de implantación: terreno exento de cultivo de viña o de rebrotes desde al menos hace 12 años, aislado de escorrentías de aguas que pudieran contaminarlos y siendo eventualmente objeto de una desinfección controlada por la Onivins.

Las superficies de viñas madres de injertos representan 1.594 ha repartidas en las diferents regiones vitícolas con un predominio de las regiones Bordelais-Charentes (32%) y Midi (32%).

1.1.4. Producción de barbados y de plantas-injerto

Las plantas injerto representan aproximadamente un 95% de las colocadas en el campo, el estaquillado tradicional para la producción de barbados ahora es poco importante. Después del injerto en taller, y a la salida de la estratificación, las estacas injertadas son puestas a enraizar o bien en viveros tradicionales o bien en invernaderos para el forzado. A continuación se ofrecen los datos de las estacas plantadas en 1998 (fuente Onivins):

- estaquillas de patrones   9   millones
- estacas-injertadas   247,4   –
  - en viveros tradicionales   222,7   –
  - forzado en invernaderos   24,7   –
  - en replantación   4,3   –

La evolución de las cantidades usadas de las principales variedades da una idea de la política de mejora varietal, especialmente en el viñedo mediterráneo.

Tabla 1

Evolución de 1985 a 1998 de las cantidades de estacas-injerto plantadas en los viveros tradicionales

Variedad	1998	1996	1985
merlot N	43,9	28,2	15,5
grenache N	23,5	18,2	11,8
syrah N	20,5	14,8	12,3
cabernet sauvignon N	23,8	13,8	12,2
chardonnay B	24,3	12,2	13,02
ugni blanc	5,6	9,6	7,6
pinot N	13,3	9,1	14,9
gamay N	5,7	6,5	8,7
sauvignon B	5,9	6,5	3,9
cabernet franc N	8,5	5,1	6,3
meunier N	3,5	2,9	5,4
muscat à petits grains B	3,1	2,7	1,2
chenin B	1,8	2,2	1,6
viognier B	1,3	2,1	0,1
carignan N	1,9	1,8	11
caladoc N	2,3	1,1	–
melon B	1,2	1,6	3,6
grenache B	–	1,6	0,4
cinsaut N	1,2	1,6	8,9
tempranillo N	3,9	1,6	2,3
semillon B	–	1,3	0,8
mourvèdre N	1,9	1,2	2,3

1.1.5. Control del sector por la Onivins

La Oficina nacional interprofesional de los vinos (Onivins) asegura, por su servicio de control, la aplicación de la reglamentación en materia de selección, de producción de madera, de producción de plantas, de acondicionamiento y de comercialización de madera y de plantas de vid. Estos controles tienen por objeto la verificación de la buena conservación de la selección sanitaria efectuada respecto a las virosis. También tienen por objeto detectar otras enfermedades transmisibles que podrían atacar a las cepas madres, en particular la flavescencia dorada.

Los controles en la producción de las cepas madres, de las plantas cultivadas en vivero o forzadas en invernaderos dan lugar a tests sanitarios Elisa para detectar virus como el entrenudo corto, a notificaciones y operaciones de trabajo, como por ejemplo la depuración varietal en los viveros que implica una segunda revisión por los agentes de la Onivins para controlar su ejecución.

Los controles sobre el acondicionamiento y la comercialización de la madera y de las plantas de vid se realizan en los almacenes y locales de selección y de acondicionamiento de los productores y de los negociantes, en las mercancías que llegan al cliente, productor de plantas o viticultor, en las ferias y en los mercados. Estos controles, realizados por muestreo, llegan a sancionar diversas infracciones tales como el incumplimiento de las normas de comercialización, defectos de precintado sobre el material certificado, etiquetado o boletín de transporte no conformes con la reglamentación. Una etiqueta SRPV- Onivins, de color azul, acompaña al material certificado.

1.2. Producción de material injertable en pleno campo

Las condiciones de producción de púas necesarias para el injerto se han visto antes (1.1.3); aquí sólo se van a estudiar las técnicas de producción de material agostado de patrones.

1.2.1. Cultivo de pies madres de patrones

El cultivo de las viñas madres de patrones, también llamados pies madres, utiliza las técnicas particulares siguientes:
- débil densidad de plantación comprendida entre 1.000 y 3.000 pies/ha;
- las cepas son conducidas en cabeza de mimbrera sobre tronco corto;
- forma libre, sin empalizamiento, lo que simplifica la conducción y disminuye los gastos de cultivo; en las regiones más septentrionales que el Midi mediterráneo, la vegetación se conduce sobre un empalizamiento para favorecer el agostamiento de la madera, pero el cultivo es más caro;
- poda propiamente dicha realizada en febrero-marzo;
- mantenimiento del suelo con herbicidas y/o laboreo mecánico entre la recolección de la madera y el mes de mayo siguiente;
- sin tratamientos, porque los patrones son resistentes a las enfermedades criptogámicas, salvo algunos que pueden ser atacados por el mildiu (41B en años húmedos), la eutipiosis (Fercal), la flavescencia dorada o la filoxera gallícola (3309C, 99R); las heladas y el granizo pueden dañar la madera y reducir su calidad;

– recolección de la madera en otoño, preparación de haces y transporte rápido
hasta los locales de preparación de la madera.

Figura 1
Campos de pies madres de patrones en Italia y en Rumanía.

1.2.2. Preparación de las estacas y estaquillas

La preparación de la madera incluye tres fases:
– eliminación de los zarcillos lignificados, de los entrenudos y de las partes no
agostadas; este trabajo es más o menos largo según los patrones, por ejemplo es más rápido en el S04, poco ramificado, que en el 140 Ru;
– el desyemado, que es la supresión de las yemas en los sarmientos;
– el corte de los sarmientos en fragmentos, estacas o estaquillas, dejadas con
un talón, es decir seccionadas por debajo de un nudo.
El destino de las estacas varía con el diámetro de las maderas:
– los extremos y los nietos con diámetro inferior a 3,5 mm o las bases con diámetro superior a 14 mm son eliminados;
– las estaquillas para barbados deben tener como mínimo un diámetro de 3,5
mm y una longitud de 55 cm, son acondicionadas en paquetes de 200 ó 500;

– las estacas injertables deben tener un diámetro en el extremo más fino comprendido entre 6,5 y 12 mm y el diámetro más grueso inferior a 14 mm; son talonados a 2 cm de la base de la yema inferior y cortados en metros (1,05 m como mínimo) o en fracciones de 28 a 30 cm; las estacas-metros se acondicionan en paquetes de 200 y son etiquetados.

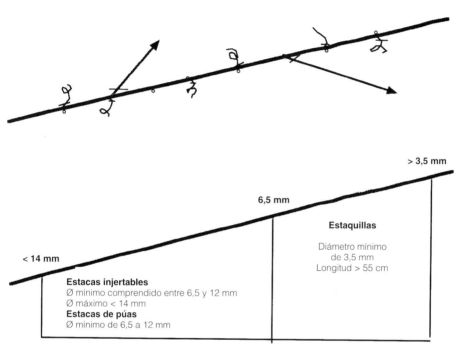

> 3,5 mm

6,5 mm

Estaquillas

Diámetro mínimo
de 3,5 mm
Longitud > 55 cm

< 14 mm

Estacas injertables
Ø mínimo comprendido entre 6,5 y 12 mm
Ø máximo < 14 mm
Estacas de púas
Ø mínimo de 6,5 a 12 mm

Figura 2
Preparación de las estacas y estaquillas y normas por tipo de estacas.

Estas operaciones son manuales o mecánicas. La máquina Menadier realiza una limpieza rápida y grosera de las maderas no conservando más que las que responden a las normas, lo que permite eliminar más del 40% del volumen recolectado. Otra máquina (Demoisy) permite el desyemado mecánico de las maderas ya limpias con ayuda de fresas. Una segunda generación de máquinas propone la realización de las dos operaciones simultáneamente por un sistema de cuchillas girando en sentido inverso (Menadier) o por un sistema de quemado de los órganos a eliminar. La máquina Vitinova permite efectuar las tres operaciones gracias a cuchillas rotativas tangenciales y a la transferencia de las maderas hacia un sistema de corte, y todo ello controlado por robótica. Esta última máquina permite una ganancia de tiempo de un 50% con relación al trabajo manual.

Figura 3
Fraccionado manual de los patrones (Viveros Gentié).

1.2.3. Conservación de la madera y de las plantas

La primera de las condiciones para tener buenos resultados en el estaquillado y en el injerto es disponer de material vegetal en perfecto estado de frescor, es decir que presente un color franco bajo la corteza y una médula acuosa. La segunda condición es tener maderas en perfecto estado sanitario; en efecto la vitalidad de las maderas se puede alterar en el transcurso de la conservación:

- por deshidratación: se ha demostrado que el enraizamiento es imposible si la pérdida de agua es superior al 20%;
- por disminución de las reservas en glúcidos indispensables para la respiración de los tejidos: la importancia de estas pérdidas es función de la temperatura, del grado de desecación, de la longitud de las estaquillas; en el caso de estaquillas sumergidas, las pérdidas en glúcidos son debidas a fermentaciones intracelulares;
- por la presencia de hongos, y particularmente de *Botrytis cinerea* y de la excoriosis *(Phomopsis viticola)* que se desarrollan a expensas de las reservas de las maderas.

En consecuencia, las condiciones de conservación (fuerte higrometría, baja temperatura y tratamientos antifúngicos) tendrán como objetivo evitar estas alteraciones:

- **conservación tradicional:** para las estacas y las púas se hace en un local fresco y húmedo (una bodega, una gruta o similar) en haces que son colocados horizontalmente; para las estaquillas se hace en el agua corriente de un arroyo o en un silo excavado en arena, turba o tierra, en paquetes colocados verticalmente;

– **conservación en cámara frigorífica** a temperatura de 1 °C (máximo 4 °C) e higrometría de 96 a 98%, metidas en sacos de plástico o de yute; es un procedimiento más costoso pero asegura una excelente conservación; es ampliamente utilizado por los viveristas importantes para el material de multiplicación: estaquillas, estacas metros, estacas, cajas de estacas-injertadas (en espera de forzado), plantas-injerto (en espera de venta); así las maderas pueden ser conservadas varios meses o incluso hasta el año siguiente en caso de mala venta.

Figura 4
Fraccionado y desyemado mecánico de los patrones (Viveros Gentié).

1.2.4. Desinfección de las estacas y de las púas

Las maderas que serán conservadas en cámara frigorífica pueden desinfectarse antes de su puesta en conservación o eventualmente después, sumergiéndolas en una solución de sulfato de quinoleina:
– las maderas o las estacas son, en primer lugar, sumergidas en agua durante 24 horas y después desinfectadas. Las púas son podadas en febrero, sumer-

gidas durante 24 horas en agua, recortadas, colocadas en sacos de yute y etiquetados;

– después, las estacas se sumergen en agua durante 3 horas en una solución de sulfato de quinoleína (agua a 10-12 °C), que se presenta como tres productos: Chinosol W®, Travacide® a la dosis de 0,25 a 0,5%, o ChinolinLG® a la dosis de 1 a 1,2% (dosis débil si las maderas están sanas al principio o dosis fuerte en el caso de maderas ya infectadas o que deban ser conservadas más de dos meses); el agua no debe ser calcárea, se verifica con un test colorimétrico (test Aquamerk®) y se corrige la dureza del agua añadiendo 10 cm³ de ácido sulfúrico concentrado por grado de dureza y por metro cúbico de agua; los recipientes de sumersión no serán ni de hormigón ni de metal, utilizando, por tanto, plástico o madera;

– después de escurrirlas bien se colocan las estacas en sacos de plástico que serán cerrados herméticamente y conservados en cámara fría.

Las maderas y las estacas conservadas en bodegas pueden ser desinfectadas antes del injerto; después de sumergirlas en agua durante 24 horas se desinfectan 3 horas en una solución de los fungicidas precedentes a dosis normal, se escurren y se injertan.

Las soluciones de desinfección se renuevan cada 3 sumersiones. Las aguas utilizadas deben ser imperativamente neutralizadas con 200 g de cal apagada y medio decilitro de agua oxigenada al 35% para 100 litros. Se forma un depósito en el fondo que se lleva al basurero y entonces el agua ya puede tirarse al desagüe.

1.3. Producción en invernadero del material injertable

La producción bajo invernadero de material injertable, y en particular las púas, se desarrolla por razones de seguridad sanitaria pero también por la necesidad de multiplicar rápidamente (en un ciclo vegetativo) y en cantidad (120 a 145 yemas por planta) material a partir de un número limitado de individuos (caso de nuevas variedades o nuevos clones). Esta técnica, llamada de **multiplicación rápida,** es utilizada por los establecimientos de selección, de premultiplicación y también por empresas privadas.

La técnica consiste en cultivar en invernadero, sin calefacción, plantas para la producción de púas. Plantas enraizadas de la variedad a multiplicar son instaladas en el invernadero en cuanto la temperatura ambiente no desciende por debajo de 10 °C, a una distancia de 15 cm unas de otras, sobre un sustrato que puede ser puzolana (granulometría de 6/10, material de origen volcánico, poroso y con buena capacidad de retención de agua) o lana de roca (manejable pero delicada desde el punto de vista de porosidad, difícil de rehidratar después de humectación seguida de una desecación en presencia de elementos nutritivos).

Las plantas son alimentadas, con ayuda de un sistema gota a gota o de tubos porosos, por una solución nutritiva comercial, del mismo tipo que las utilizadas para los cultivos hortícolas o florales, aplicadas en agua a un pH 6 a 6,5. Al desarrollarse las plantas los brotes son empalizados en un sistema monoplano vertical, suficientemente alto (2,5 m) para permitir una buena iluminación de las hojas y por tanto un agostamiento satisfactorio de las maderas. Las plantas son protegidas contra enfermedades y plagas (mildiu, oidio, podredumbre gris, ácaros, thrips, cochinillas) teniendo la precaución de limitar el empleo de los productos que desarrollan fenómenos de resistencias.

Después de la recolección de la madera, las plantas quedan en el mismo lugar (máximo 3 años). Reciben un riego regular y mínimo cada tres días en lana de roca y solamente uno por semana sobre puzolana, para mantener vivo el sistema radicular y la planta.

2. BASES FISIOLÓGICAS DEL ESTAQUILLADO Y DEL INJERTO

Los procesos fisiológicos desarrollados en la multiplicación vegetativa son la **rizogénesis,** correspondiente a la emisión de raíces, y la **callogénesis,** correspondiente a la emisión de callos y a la formación de un tejido de soldadura entre variedad y patrón.

2.1. Rizogénesis

2.1.1. Aspectos anatómicos

Las raíces que se desarrollan sobre un sarmiento son raíces adventicias que nacen en el cambium o en las células situadas en la proximidad de esta capa generatriz (líber, periciclo).

La rizogénesis se produce por etapas:
– primero una activación general que se manifiesta por modificaciones de las células de ciertos tejidos; el citoplasma se hace más denso, los núcleos y los nucleolos se dilatan de manera importante;
– después, una evolución diferencial que conduce solamente a ciertas células a constituir una zona meristemática primaria cuyo desarrollo futuro está determinado: el campo morfogenético de la raíz. Estas células meristemáticas se multiplican primero de una manera desordenada, después de una manera polarizada constituyendo progresivamente un esbozo de cilindro central, la aparición de la corteza y de la epidermis de la futura raíz y la edificación de la cofia. Este esbozo de raíz se alarga simultáneamente, atraviesa los tejidos que la separan del exterior y aparece en la superficie.

2.1.2. Aspectos morfológicos

Las raíces aparecen la mayoría de las veces cerca de la base de la estaquilla y preferentemente al nivel de los nudos, como por ejemplo en Rupestris de Lot. Pueden igualmente aparecer a lo largo del entrenudo, es el caso de las viníferas Merlot, Cabernet franc, Ugni blanc, por ejemplo.

2.1.3. Aspectos fisiológicos

El nacimiento de las raíces depende del medio en el que se encuentra la estaquilla y de las características propias de esta estaquilla.

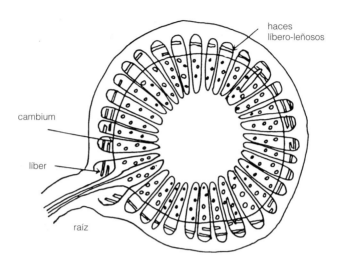

haces
líbero-leñosos

cambium

líber

raíz

Figura 5
Rizogénesis: formación de una raíz adventicia en un sarmiento.

2.1.3.1. *Influencia del medio*

La rizogénesis se realiza cuando se reúnen ciertas condiciones del medio: elevada humedad, buena oxigenación de los tejidos en vía de multiplicación activa y temperatura comprendida entre 24 y 30 °C; la humedad es un factor indispensable de la rizogénesis; temperatura, aireación y humedad deben reunirse simultáneamente para que se manifieste la rizogénesis.

2.1.3.2. *Influencia genética*

Todas las especies y variedades no tienen la misma aptitud para la rizogénesis. Algunas se estaquillan fácilmente, como *V. vinifera, V. riparia, V. rupestris.* Otras enraizan difícilmente, como *V. berlandieri,* lo que explica el porqué no existen patrones comerciales de esta especie. Finalmente, otras no emiten raíces, como *V. aestivalis, V. cordifolia,* etc., y todas las especies asiáticas.

2.1.3.3. *Papel de la yema*

La yema ejerce una acción generalmente estimulante sobre la rizogénesis: una estaquilla que lleva una yema enraiza mejor que las estaquillas desyemadas o que un trozo de entrenudo.
Esta acción estimuladora de la yema:
– es continua y se ejerce durante tres semanas;
– no es constante a lo largo del año: importante durante el período herbáceo del pámpano, disminuye durante la dormición de las yemas y se manifiesta de nuevo después de la ruptura de la dormición;
– es de naturaleza hormonal: la aplicación de auxinas sobre estaquillas desyemadas favorece la emisión de raíces; esta acción puede ser obtenida a lo

largo de todo el año, lo que prueba que la yema no emite auxina durante la dormición y que en ningún momento los tejidos en donde nacen las raíces tienen una dormición propia.

2.1.3.4. *Influencia de la calidad de las maderas*

La calidad de las maderas depende de las condiciones de cultivo de las cepas madres y de las condiciones de conservación de las maderas.

– el contenido en agua: los pámpanos en crecimiento están compuestos de un 80 a 90% de agua, mientras que después del agostamiento su contenido se reduce a 45-55% con variaciones del 10 al 15%; en el transcurso de su conservación las estaquillas pueden sufrir pérdidas en agua que, si son superiores al 20%, provocan daños irreversibles; incluso una rehidratación antes de la plantación en vivero no permite desbloquear la rizogénesis;

– el contenido en glúcidos: constituyen una fuente de energía, especialmente para la respiración de las estaquillas y para la neoformación de raíces; el contenido en almidón no es el buen criterio de apreciación de las reservas glucídicas de la madera pues los azúcares insolubles, acumulados durante el agostamiento se hidrolizan en parte durante el otoño y el invierno, de manera que es más significativo el contenido en glúcidos totales (el test de yodo es insuficiente); un defecto de agostamiento de las maderas en las cepas madres o una pérdida de glúcidos, por respiración o por fermentación intracelular en medio asfixiante durante la conservación, reduce la respuesta al estaquillado; la intensidad de la pérdida varía con la temperatura de conservación, el grado de hidratación de las maderas, la longitud de las estaquillas.

2.2. Callogénesis

2.2.1. Aparición del callo

Un fragmento de entrenudo, colocado en condiciones favorables (serrín húmedo a 25 °C por ejemplo), con o sin yema, es capaz de emitir una masa celular al nivel del corte, llamada callo. Este callo es una masa amamelonada blanco-amarillenta, más o menos voluminosa, formada por un tejido indiferenciado cuyas células son tanto más grandes y con paredes más delgadas cuanto más rápida es su formación. El callo resulta de la proliferación del cambium y de las células internas del floema, que reaccionan al nivel de los cortes produciendo un tejido cicatricial.

La localización del callo está en relación con la actividad del cambium:

– el callo es más abundante sobre el vientre y el dorso del sarmiento, pues la capa subero-felodérmica es allí más activa y más precoz;

– la aparición del callo puede ser polarizada, es decir, formarse preferentemente en uno de los extremos del fragmento de tallo:

– la polaridad es variable según las especies: fuerte en *V. vinifera*, por ejemplo, que no forma callo en la parte apical, es débil en las especies *V. riparia*, *V. berlandieri* y sus híbridos que forman callo en los dos extremos;

– la polaridad es variable según el momento del año;

– la yema ejerce un efecto estimulante sobre la formación del callo; este efecto es sectorial y polarizado hacia la parte morfológicamente inferior de la yema; este efecto decrece con el alejamiento;
– la formación del callo tiene lugar más rápida y más fácilmente sobre las puntas agudas de las secciones oblicuas.

2.2.2. Mecanismo de la soldadura

La soldadura se realiza por la proliferación de los callos al nivel de las secciones del patrón y de la variedad. Las dos zonas cambiales deben coincidir y las secciones deben ser preferentemente oblicuas, de manera que aumenten las superficies de contacto. Las células de los dos callos se entrelazan y después, en cada uno de ellos, se diferencia un cambium neoformado que origina haces liberiano-leñosos. La vasculación entre variedad y patrón se establece progresivamente (figura 6).

2.2.3. Factores que intervienen en la soldadura

2.2.3.1. *Condiciones del medio*

La humedad es indispensable: los tejidos deben ser ricos en agua (más del 90%) y el medio debe evitar la deshidratación de las células de los callos, de ahí el interés en mantener una fuerte humedad pero evitando el desarrollo de la podredumbre gris.

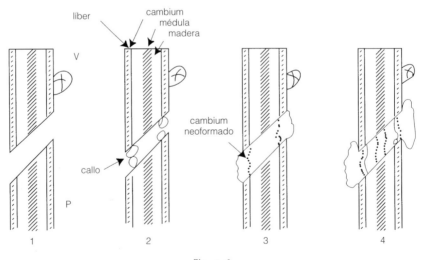

Figura 6
Mecanismo de la soldadura.

1. Puesta en contacto de la variedad (V) y del patrón (P).
2. Emisión del callo por la variedad y el patrón.
3. Unión de las células frontales de los callos y diferenciación de un cambium neoformado.
4. Diferenciación de vasos conductores de líber y de leño y conexión de los dos individuos.

La temperatura necesaria para la soldadura está comprendida entre 23 y 30 °C, por ello las estacas injertadas son colocadas en un local caliente en el caso de injertos de taller; por debajo de 15 °C la soldadura es lenta, por encima de 30 °C el tejido de soldadura es frágil y tierno.

La aireación del local debe permitir una respiración activa de las células en el curso de su multiplicación y de su diferenciación.

2.2.3.2. *Factores biológicos*

Para que la soldadura se realice en buenas condiciones es preciso que las maderas utilizadas sean:

– ricas en agua: el agua es necesaria para la turgescencia de las células en división, de ahí la conservación de las maderas evitando la deshidratación (local fresco y húmedo o cámara frigorífica) y remojo en agua durante 24 a 48 horas antes del injerto;
– ricas en almidón: la soldadura no se hace con maderas empobrecidas en sustancias orgánicas (glúcidos, lípidos, polifenoles), por ello es interesante tener maderas bien agostadas y conservadas a bajas temperaturas;
– aptas para emitir un tejido de soldadura: en efecto, un ritmo endógeno pone en marcha la emisión del callo que es más fácil de marzo a septiembre.

3. TÉCNICAS DE ESTAQUILLADO Y DE INJERTO

Las técnicas tradicionales de estaquillado y de injerto utilizan material de multiplicacion agostado que permite la producción de barbados, plantas-injerto, plantas en pot y plantas injertadas «in situ». Las necesidades de seguridad sanitaria y de multiplicación rápida de variedades y clones han favorecido el desarrollo de técnicas que utilizan material de multiplicación vegetativo herbáceo (cuadro 2).

3.1. Producción de barbados por estaquillado de madera agostada

El estaquillado de la vid consiste en provocar el desarrollo de raíces sobre un fragmento de sarmiento o de ramo, llamado estaquilla. En la práctica el estaquillado en viveros tradicionales en Francia y en España no se aplica más que a las estaquillas de patrones para la producción de barbados.

Sin embargo, el principio y las técnicas de estaquillado atañen también a las estacas-injertadas salidas de la estratificación (cámara cálida después de injertar) para la producción de plantas-injerto o plantas en pot. Su enraizamiento pone en práctica técnicas de cultivo en viveros o en invernaderos.

En primavera, en cuanto las temperaturas son favorables, las estaquillas se sacan de los lugares de conservación y se plantan en viveros desde finales de marzo hasta principios de mayo:

– el suelo de vivero debe ser ligero, fértil, regable y sano, es decir, que no haya tenido viña o que haya sido desinfectado contra los nematodos vectores de enfermedades de virus. Es desfondado a finales de verano y preparado en superficie a finales de invierno;

– las estaquillas comercializadas tienen una longitud mínima de 55 cm para los patrones y de 30 cm para las viníferas, con al menos cinco yemas utilizables;

– la plantación se hace en líneas espaciadas de 70 a 100 cm y a razón de treinta estaquillas por metro, a mano o con máquinas; después del riego y el asentamiento de la tierra contra la estaquilla, el aporcado asegura la protección contra la deshidratación y favorece el enraizamiento; una cubierta de plástico que cubra el caballón facilita el mantenimiento del vivero;

– el cuidado del vivero comprende riegos cuyo número es función de la pluviometría (3 a 4 como mínimo), un control de las malas hierbas y eventualmente uno o más tratamientos para los patrones más sensibles (híbridos de *vinifera* × *berlandieri*) y para los viveros de estaquillas de *V. vinifera;*

– la recolección de los barbados por arranque mecánico se hace en otoño; se seleccionan y se empaquetan en manojos de 50 y se etiquetan con una etiqueta azul para el material certificado y una etiqueta amarilla para el material stándar, sobre la que figura el nombre de la variedad, el nombre y dirección del vendedor.

Los viveros son controlados en Francia por los inspectores de la Onivins, que verifican el estado sanitario y la pureza varietal. Los barbados de patrones destinados a la comercialización deben tener una longitud mínima de 30 cm, medida entre el punto inferior de inserción de las raíces y el lugar de desarrollo del brote superior, y un diámetro mayor de 5 mm medido en el centro del entrenudo por debajo del brote superior.

El porcentaje de estaquillas enraizadas depende de la calidad de las maderas utilizadas (agostamiento, estado sanitario), de las condiciones de conservación de las estaquillas, del cuidado del vivero y, finalmente, de las variedades: muy buena respuesta (superior al 70%) para Riparia gloria, Rupestris de Lot, 3309C y 101-14 MG, pero mala (inferior al 35%) para 41 B y 110 R.

3.2. Producción de plantas-injerto por injerto de maderas agostadas

El injerto de las viñas es indispensable para el cultivo de *V. vinifera* a causa de la presencia de filoxera en la mayoría de los suelos. Unicamente las viñas cultivadas en arenas o sometidas a sumersión pueden ser cultivadas francas de pie, es decir sobre sus propias raíces. El injerto puede hacerse o bien «in situ» sobre barbados de plantones en el terreno, o en taller antes de la plantación. Se parte del fenómeno fisiológico de la callogénesis que permite la soldadura entre la púa y el patrón:

– la púa tiene como función emitir un tallo y por ello debe estar provista de una yema,

– el patrón tiene como cometido desarrollar el sistema radicular de la planta.

Tabla 2
Técnicas de multiplicación para la producción de plantas

Técnicas	Material vegetal agostado	Material vegetal herbáceo
Estaquillado	Estaquillas → Cultivo en vivero / Forzado en invernadero → Barbados / Plantas en pots	Estaquillas herbáceas → Forzado en invernadero → Barbados en pots
Injerto de taller	Púas sobre estacas injertables → Cultivo en vivero / Forzado en invernadero → Plantas-injerto / Plantas en pots	Púas herbáceas sobre estaquillas herbáceas → Forzado en cámara climatizada después en invernadero → Cultivo en vivero / Forzado en invernadero → Plantas-injerto / Plantas en pots
Injerto de asiento «in situ»	Injertos en el propio terreno → Plantas injertadas	Injertos herbáceos sobre barbados en viveros → Plantas-injerto

A. Reynier

3.2.1. Sistemas de injerto

Las diferentes posibilidades de conexión entre el patrón y la variedad son múltiples. La figura 7 presenta diferentes sistemas utilizables en injertos de taller, injertos «in situ» y en sobreinjerto.

3.2.1.1. *Injerto Omega*

Es el método de injerto más utilizado (90% aproximadamente de los injertos de taller); se practica únicamente con máquina. La púa lleva en su base una ranura en forma de rail cuya sección recuerda a la letra griega omega (Ω); el patrón presenta un ahuecamiento de la misma forma; los dos elementos del injerto así preparados son ensamblados automáticamente por la máquina; para conseguir una buena soldadura es aconsejable colocar la yema de la púa en el mismo plano que las del patrón, respetando la alternancia y parafinarlos inmediatamente; esta técnica es sencilla y se puede aprender rápidamente (figura 7o).

3.2.1.2. *Injerto inglés*

Es un injerto con cortes oblicuos (45°) con una lengüeta practicada lo más cerca posible bajo la yema de la púa y sobre el entrenudo superior de la madera del patrón; la sección es una elipse cuyo eje principal debe estar en el plano de las yemas. Para asegurar un mejor contacto de las zonas cambiales, se eligen maderas del mismo diámetro. Las lengüetas son practicadas en el tercio superior de la elipse, la de la púa se levanta para hacerla penetrar en la hendidura del patrón y recíprocamente, asegurando así la solidez de la ensambladura que no es necesario atar (figura 7b).

El injerto inglés se realiza a mano o con una máquina, de pedal o con sistema neumático. La máquina efectúa los cortes oblicuos y las hendiduras para las lengüetas. El operario realiza el ensamblaje con las manos. Los rendimientos horarios son del orden de 300 a 500 injertos.

También se utilizan variantes del sistema inglés:

– *injerto inglés simple,* que comprende cortes oblicuos pero sin lengüeta. Se utiliza para el injerto en verde a partir de pámpanos herbáceos. La unión es frágil y debe ser consolidado por una cinta adhesiva flexible y protegida de la deshidratación (figura 7a);

– *injerto en rayo de Júpiter,* que comprende cortes oblicuos y un corte vertical con eliminación de una parte de madera. No hay lengüeta y las secciones de los dos elementos se ajustan por contacto. Presenta la ventaja de facilitar la ensambladura con tal de que los cortes estén bien hechos; sin embargo, el corte vertical puede provocar grietas en las maderas y la solidez de la unión debe asegurarse con una atadura (figura 7c).

3.2.1.3. *Injertos de hendidura*

Consisten en rajar el patrón verticalmente según su diámetro mayor para introducir la púa cortada en forma de cuña. Se utilizan varios tipos de injertos de hendidura:

– *injerto de hendidura total:* se practican cortes oblicuos, en forma de cuña a ambos lados de la yema cuando la púa y el patrón son del mismo diáme-

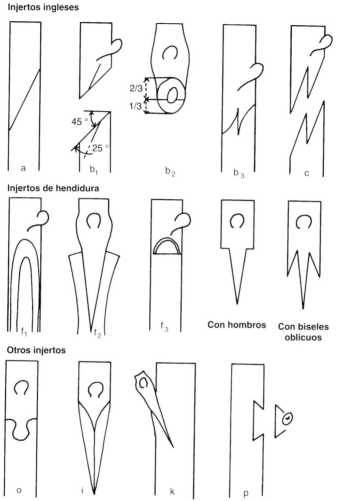

A. Reynier

Figura 7
Sistemas de injerto.

a. Injerto inglés simple.
b. Injerto inglés mostrando la preparación de los cortes (b$_1$), la situación de la lengüeta (b$_2$) y la ensambladura (b$_3$).
c. Injerto en rayo de Júpiter.
f. Injertos de hendidura mostrando la preparación de la púa (f$_1$), la ensambladura vista de frente (f$_2$) y de perfil (f$_3$) y dos variantes.
o. Injerto Omega.
i. Injerto de incrustación o de cuña.
k. Injerto Cadillac.
p. Injerto a la mallorquina o de escudete.

tro, estos cortes deben ser planos para evitar la desecación. La púa se introduce en el patrón; para mejorar la soldadura y reducir la anchura de la cuña, los injertos se pueden cortar con hombros o con biseles oblicuos (figura 7f);

– *injerto de hendidura simple:* la púa se corta en doble bisel, cuando el patrón es de un diámetro ligeramente superior a la variedad. Se coloca sobre la zona externa del patrón para que las zonas cambiales queden en contacto (figura 7i);

– *injerto de hendidura doble:* utilizado cuando el patrón es de diámetro grueso, consiste en colocar una púa cortada en cuña en cada extremo de la hendidura del patrón (figura 8).

3.2.1.4. *Injertos de costado*

El *injerto de Cadillac* puede sustituir al de hendidura total cuando se realiza el injerto tardío, llamado de otoño. Se practica a finales de agosto o principios de septiembre. En el patrón se da un corte a un lado, sin alcanzar la médula. La púa del injerto, en bisel, con una o dos yemas, es introducida en la incisión. El conjunto se ata. El patrón se decapita en la primavera siguiente. Las ventajas de este sistema residen en la época de injerto, en que la temperatura es favorable para la soldadura, y en la posibilidad de volver a injertar la hendidura en la primavera siguiente en caso de que no prenda (figura 7k).

3.2.1.5. *Injertos de escudete*

Se llama escudete a una yema acompañada de una lámina de corteza que le rodea. Si se coloca este escudete, que actúa como injerto, debajo de la corteza de un patrón o incrustado en el tronco, la soldadura del conjunto se realiza rápidamente si la operación se hace en buenas condiciones.

El *injerto a la mallorquina* es un injerto de escudete con yema dormida que se practica a finales de agosto sobre plantas *in situ.* El escudete tomado de un sarmiento bien agostado se introduce en el costado del patrón en una entalladura realizada previamente al nivel del suelo (figura 7p).

El injerto de escudete también se utiliza cuando se hace sobreinjerto aéreo en viñas de 2 a 15 años de edad. Los sistemas que más se recomiendan en la actualidad son:

– el *injerto en T leñoso,* llamado *T budding* (o *T bud*) en inglés y *T leñoso* en español, realizado en la floración colocando una placa del escudete bajo la corteza previamente hendida en forma de T o de T invertida (figura 12 a y b);

– el *injerto en escudete* en un cajetín preparado en el tronco, llamado *chip-budding* (o *chip-bud*), realizado al inicio de la vegetación (estados B y C) encajando el escudete en el tronco (figura 12 c).

3.2.2. Injerto de asiento

El injerto se realiza sobre plantas instaladas en el viñedo desde hace varios meses a varios años. Es una técnica que se utiliza sobre todo en las regiones meridionales, donde las condiciones climáticas favorecen la soldadura. Se puede realizar:

– en primavera: injerto a ojo velando;
– a finales de verano: injerto a ojo durmiendo;
– durante el crecimiento: injerto en verde (poco utilizado).

3.2.2.1. *Injerto a ojo velando (en primavera)*

El patrón, plantado uno o dos años antes, se decapita a ras del suelo varios días antes de que tenga lugar el injerto, en marzo-abril. En el momento del injerto, se refresca la herida y se prepara el patrón como para un injerto de hendidura. Las púas, conservadas en arena húmeda o en cámara fría, son lavadas y remojadas en agua para permitir su rehidratación. Se cortan con una o dos yemas y se preparan para los distintos tipos de injertos de hendidura, simple o doble.

Los injertos se atan con rafia o con plástico o cualquier otro material que asegure la solidez de la ensambladura. Se aporcan con tierra fina que recubra la púa dos o tres centímetros. El aporcado se cuida para que mantenga su papel protector y se eliminan las malas hierbas. Las plantas son desbarbadas dos veces (finales de junio y principios de agosto) eliminando las raíces que se desarrollan en la variedad.

3.2.2.2. *Injerto a ojo durmiendo (finales de verano)*

El patrón, plantado generalmente en la primavera anterior, sufre un despunte de los pámpanos para limitar su transpiración. Las púas se toman de viñas sanas, eligiendo maderas agostadas. Los sarmientos destinados a suministrar yemas se cortan por encima de los racimos, excepto en las variedades precoces en las que, si los racimos ya se han recolectado, se pueden seccionar desde la base. Las extremidades de los sarmientos insuficientemente agostadas no se guardan. Las púas se toman el mismo día, o como mucho antes la víspera, y se conservan hasta su empleo en un trapo húmedo. Hay que procurar coger pocos sarmientos de una misma cepa para no debilitarla.

Hay que injertar durante la savia de agosto, es decir a finales de agosto-principios de septiembre, después de las primeras lluvias de finales de agosto, o mejor un poco antes. El período favorable puede variar ligeramente con las regiones y también con las condiciones climáticas del año. El suelo debe estar mullido, con objeto de disponer de tierra fina para la confección de los aporcados. Se utiliza el injerto a la mallorquina o el *injerto Cadillac*.

Después de la ensambladura se realiza un aporcado cuidadoso para favorecer la soldadura y proteger la planta hasta la primavera siguiente. Se aconseja despuntar los pámpanos del patrón a la mitad de su longitud para favorecer la soldadura. Generalmente el desborre de la yema del injerto no tiene lugar hasta la primavera siguiente; sin embargo si el otoño es particularmente suave la yema desborra y da un pámpano que se helará, aunque el crecimiento de año siguiente estará asegurado por el desarrollo de las yemas secundarias.

Al inicio de la vegetación en el año siguiente:
– verificar si el injerto está vivo: en caso afirmativo rehacer el aporcado; en caso negativo reinjertar de hendidura;
– decapitar el patrón con la tijera, oblicuamente, evitando dejar un tocón excesivamente largo y tampoco cortar demasiado cerca del injerto;
– entutorar pronto los pámpanos jóvenes que son frágiles y demasiado sensibles al viento.

En el transcurso de la vegetación:
– atarlos a medida que van creciendo;
– suprimir periódicamente los rebrotes de los patrones con la tijera;
– desbarbar los pámpanos lo más rápidamente posible y en repetidos pases;
– dar los cuidados habituales de mantenimiento de un vivero (labores al suelo, tratamientos).

Figura 8
Injerto in situ (1) y sobreinjerto (2).

3.2.3. Injerto de taller en maderas agostadas

3.2.3.1. *Preparación de las estacas injertadas*

Las maderas de los patrones y de las variedades se sacan de los lugares de conservación y son rehidratadas por inmersión en agua durante un tiempo variable según las variedades (uno a cuatro días). Después, sufren sucesivamente las operaciones siguientes:
– las estacas de los patrones son divididas en fracciones de 24 a 30 cm de longitud, según la longitud de las plantas que se quieran obtener, y talonadas bajo una yema; se les eliminan las yemas y normalmente se desinfectan contra *Botrytis cinerea;*

– las púas se podan a una yema y se desinfectan;
– sobre las fracciones de los patrones y de las variedades se hacen cortes a mano o a máquina; se hace la unión entre ambos y se obtienen las estacas-injertadas [figura 9 (2)];
– eventualmente se efectúa una ligadura (injerto de hendidura);
– las estacas-injertadas se parafinan para evitar las pérdidas de agua al nivel de la soldadura; este parafinado es efectuado en caliente con parafina o cera que contienen productos antibotrytis.

3.2.3.2. *Estratificación de las estacas-injertadas*

Consiste en colocar las estacas-injertadas en un medio favorable a la formación del tejido de soldadura. Se ponen en cajas y se meten en un local caliente, donde sea posible regular la temperatura (24-30 °C), la humedad (estado higrométrico superior al 90%) y renovar el aire. Existen dos maneras de estratificación de las estacas-injertadas:
– **estratificación en serrín:** las estacas-injertadas se colocan en cajas de madera cuyas paredes están forradas con una tela de plástico y de una capa de serrín húmedo; las cajas están en posición oblicua para el llenado; las estacas-injertadas se colocan verticalmente en capas sucesivas, separadas por el serrín, teniendo cuidado en poner todos los puntos de injerto al mismo nivel y no poniendo serrín sobre las yemas;
– **estratificación en agua:** en cajas de poliestireno estancas, se coloca en el fondo una capa de agua de 10 cm aproximadamente adicionada con 3 g de sulfato de cobre por 100 l de agua y carbón de madera triturado; una lámina de plástico se pone en la parte superior de las estacas-injertadas para conservar la humedad; se quita después del desborre de las yemas para reemplazarla por otro film estanco suspendido por encima de las cajas.

Una vez llenas las cajas se colocan en la cámara caliente, donde la temperatura es mantenida a 24-28 °C durante 15-20 días; para las cajas cubiertas con una capa de serrín el calentamiento es forzado durante los primeros días (28-30 °C), después se mantiene a 26 °C y luego se reduce progresivamente,

El estado higrométrico debe ser siempre superior al 90%. En presencia de calor y de fuerte humedad, la *Botrytis cinerea* encuentra condiciones favorables para su desarrollo; conviene tratar con Sumisclex® durante la estratificación y detener el calentamiento en cuanto se ha formado el callo; en este momento se deja enfriar la cámara o se transfiere las cajas a otro local; después las estacas-injerto son parafinadas de nuevo tras haber recortado los brotes. Se conservan en cámara fría a 2 °C y se ponen en vivero o se fuerzan en invernadero. Se obtienen así, al cabo de tres semanas aproximadamente, estacas-injertadas que después tienen que emitir raíces.

3.2.3.3. *Enraizamiento de las estacas injertadas*

Después de la estratificación, el enraizamiento de las estacas injertadas puede hacerse o bien en vivero o con forzado en invernadero.

Figura 9
Técnicas de injerto de taller.

1 y 2. Ejecución del injerto inglés.
3. Estaca injertada después de la estratificación con su callo de soldadura.
4. Forzado de las estacas-injertadas en invernadero.
5. Franqueamiento de las estacas-injertadas en vivero.
6. Planta en pot después del forzado.

3.2.3.3.1. *Cultivo en vivero de las estacas-injertadas*

• **Elección y preparación del suelo**

El suelo del vivero debe:

– ser caliente y aireado y, por consiguiente, ligero y permeable, conservando todo el frescor; no contener caliza en proporción demasiado elevada para el o los patrones cultivados. Son los suelos silíceo-humíferos profundos los más convenientes;
– ser sano: no contener restos de raíces que agraven la transmisión de podredumbres o degeneración infecciosa a las plantas jóvenes;
– estar situado en la proximidad de un punto de agua que permita el riego.

Antes del invierno se debe hacer un desfonde que puede llegar hasta 0,50 m de profundidad, así como un abonado de fondo importante. Antes de plantar las estacas injertadas en primavera, unas labores superficiales permiten obtener en superficie una tierra muy dividida. Una desinfección del suelo puede ser necesaria para destruir los nematodos vectores de la degeneración infecciosa o larvas de otros parásitos.

• **Plantación de las estacas-injertadas**

Se hace cuando la temperatura del suelo y de la atmósfera es suficientemente elevada, entre abril y mayo según la región y el año, y cuando no son de temer los riesgos de heladas. La plantación puede hacerse en zanja o con plantador; la precaución esencial es alinear los injertos en altura, de tal manera que los puntos de soldadura estén todos a la misma altura, ligeramente por encima del nivel del suelo. Las líneas se espacian de 0,70 a 1 m; sobre cada línea se plantan 27 estacas-injertadas por metro. Sobre un área de vivero se ponen, por tanto, unos 3.300 injertos. Las plantas se aporcan ligeramente, de manera que estén recubiertas de una capa de 3 a 4 cm de tierra muy fina.

• **Mantenimiento del vivero**

– el suelo se conserva blando en superficie y exento de malas hierbas gracias a frecuentes binas o a una cubierta de plástico y al desyerbado químico;
– hasta finales de agosto se practican riegos en función de las necesidades; para completar el abonado de fondo se puede efectuar un abonado foliar con fosfato amónico y nitrato potásico;
– los tratamientos aseguran la protección fitosanitaria de las jóvenes plantas que son particularmente sensibles a las enfermedades criptogámicas, sobre todo mildiu y oidio, y contra los cicadélidos que transmiten la flavescencia dorada.
– el desbarbado de los injertos: en contacto con la tierra la variedad emite raíces; en agosto se destruyen los aporcados y las soldaduras quedan al aire, las raíces desarrolladas en la variedad se quitan con una navaja.

En noviembre las plantas-injerto son arrancadas, podadas, parafinadas, tratados con un antibotrytis y conservadas en cámara fría a 2 °C en cajas tapadas con plástico negro y servidas en la primavera en este embalaje o expedidos en cajas de cartón.

3.2.3.3.2. *Forzado en invernadero de las estacas-injertadas*

A la salida de la cámara caliente, las estacas-injertadas se parafinan y se colocan en recipientes de turba que contienen un medio de cultivo compuesto generalmente por turba, arena, mantillo y abonos de liberación lenta. Los potes se ponen unos contra otros sobre una capa blanda, de turba por ejemplo, conteniendo eventualmente resistencias eléctricas para calentar el fondo. El invernadero se calienta a 30 °C al principio, y después se mantiene si es posible a 25 °C; riegos frecuentes, bajo forma de niebla, mantienen un estado higrométrico elevado del 70 al 80%. Las plantas permanecen en el invernadero hasta que la soldadura del injerto sea muy sólida y el sistema radicular esté bien desarrollado, o sea, seis a siete semanas. Las plantas se aclimatan progresivamente a la temperatura exterior y están dispuestas para plantarse en el viñedo.

El forzado en invernadero presenta sobre el vivero las siguientes ventajas:
– para el viverista, el forzado permite una enorme economía de terrenos de vivero, un mayor porcentaje de enraizamiento (70% en lugar del 57%), una rotación más rápida de los capitales, una ganancia de tiempo porque las plantas son entregables al cabo de dos meses en lugar de un año y hay menos riesgos de contaminación por las virosis;
– para el viticultor, las plantas en potes o tiestos permiten efectuar plantaciones tardías de primavera o de otoño, reemplazar las marras poco tiempo después de hacer una plantación y escoger la combinación variedad-patrón el mismo año.

Sin embargo, las plantas en potes son frágiles y es necesario tomar precauciones particulares en la plantación: dejar las raíces largas, y por tanto plantar en un hoyo bastante ancho, dejar los brotes enteros y regar varias veces, si es necesario, para evitar el marchitamiento.

3.3. Injerto en verde de taller

El injerto herbáceo o injerto en verde, utilizado en trabajos científicos, ha encontrado actualmente un desarrollo industrial para la producción de plantas injertadas.

Las variedades y los patrones son multiplicados *in vitro* por microestaquillado. Las estacas herbáceas enraizadas son sacadas después de los tubos de vidrio y colocadas en invernadero húmedo en pequeños recipientes de turba. Después de la aclimatación de las plantas, el injerto en verde se realiza según uno de los métodos puestos a punto:
– **Injerto sobre estaquilla en pot** (método Moët y Chandon): este método consiste en tomar una púa herbácea con una yema de la estaquilla de la variedad y en injertarla con hendidura total sobre el patrón cultivado en pot, manteniendo la unión con un material autoadhesivo transparente. Cultivado en invernadero hasta el agostamiento de los brotes, estas plantas-injerto se ponen en vivero o se plantan directamente en el campo al final del invierno.
– **Injerto sobre estaquilla con una yema** (método Mumm): consiste en tomar una púa herbácea con una yema e injertarla con hendidura total sobre una estaquilla herbácea igualmente con una yema del patrón tomada de la estaquilla en pot. El injerto se realiza con una máquina. Las estacas-injertadas herbáceas, mantenidas unidas por una pequeña pinza, son colocadas en invernadero húmedo sobre lana de roca para permitir la soldadura, el desarrollo del injerto y el enraizamiento del patrón. Esta técnica ha sido desarrollada por varios viveristas.

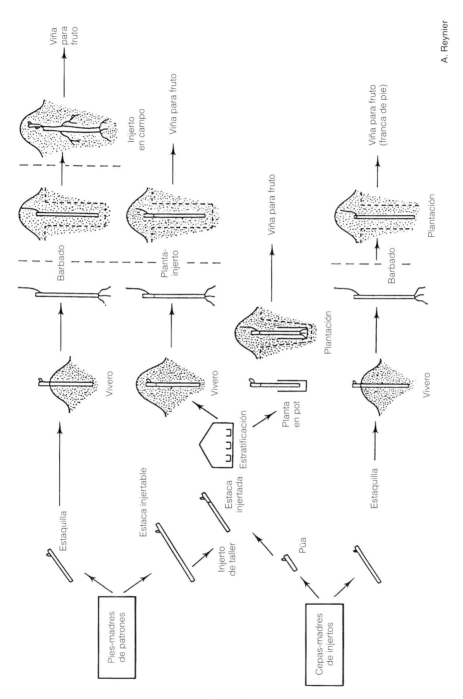

Figura 10
Diferentes vías de estaquillado y de injerto de material vegetal agostado.

3.4. Normas de comercialización de las maderas y de las plantas de vid

- Plantas-injerto:
    - tres raíces al menos bien desarrolladas y convenientemente repartidas, soldadura suficiente, regular y sólida;
    - longitud del tallo (patrón) de 20 cm mínimo;
    - brote agostado de al menos 8 cm (posibilidad de comercialización con brote recortado y parafinado);
    - acondicionamiento en paquetes de 25 (50 ó 100 en sacos de plástico).
- Barbados (de patrones):
    - tres raíces al menos bien desarrolladas y convenientemente repartidas;
    - brote agostado de al menos 10 cm (6 cm para los Vinifera × Berlandieri), distancia raíz-brote >30 cm, Ø >5 mm en medio del entrenudo.
- Plantas en pots: buen estado vegetativo, buen enraizamiento y brote bien desarrollado, soldadura consolidada y calo regularmente repartido.
- Estacas injertables y púas:
    - diámetro en el extremo más fino de 6,5 a 12 mm (6 a 12 mm para las estacas injertables de *V. rupestris*) con menos del 25% de sarmientos con Ø < 7,5 mm;
    - diámetro máximo en el extremo más grueso: 14 mm;
    - talonado a 2 cm como mínimo del la yema inferior;
    - longitud mínima de 50 cm para estacas de púas y de 105 para las estacas injertables;
    - acondicionamiento en paquetes de 100 ó 200 para las estacas de púas (varas con 5 yemas utilizables), de 500 para las púas de una yema, de 200 para las estacas injertables.
- Estaquillas:
    - diámetro en el extremo más fino: 3,5 mm;
    - longitud mínima de 55 cm;
    - acondicionamiento en paquetes de 200 ó 500.

4. TÉCNICAS DE REGENERACIÓN DE VIÑAS

Desde los primeros años de la plantación el viticultor está obligado a reemplazar las plantas que han fallado, es la reposición de marras o de replantes. También puede decidir modificar las variedades de su viña y practicar el sobreinjerto antes que arrancarlas. Además y conforme la viña va envejeciendo, el viticultor interviene para reemplazar las plantas que faltan mediante replantes o a veces por acodo de una planta próxima y, eventualmente, por rebaje para volver a realizar completamente la formación de una cepa. También se ha utilizado en California injertos de apuntalamiento para injertar un patrón nuevo sobre plantas in situ antes de que mueran por la filoxera plantando un barbado de patrón al lado del pie a proteger, injertando su tallo en la base de la cepa.

4.1. Reposición de marras

El fallo en el arraigo de las plantas después de la plantación es generalmente debido a una mala preparación de los suelos o a una colocación defectuosa de las plantas, y a veces a plantas de mala calidad. Se impone la sustitución de las plantas en el primer año y no plantea problemas particulares. La reposición es realizada a finales de invierno con plantas-injerto o con plantas en pot de uno, o mejor de dos años.

Figura 11
Reposición de marras.

Pero, en una viña en producción, al cabo de varios años se produce un decaimiento. La población de cepas se hace heterogénea, algunas se debilitan y mueren, y su proporción aumenta con el tiempo. No es raro encontrar parcelas con porcentajes de mortalidad del 5 al 15%, pero a veces puede subir hasta el 20, 30, 40 50 e incluso al 60% de cepas que faltan. Las causas de estos decaimientos son diversas:
- relacionadas con el suelo, de orden físico (compacidad, asfixia radicular) o química (clorosis, fitotoxicidad, carencias);
- causas climáticas: heladas, sequía;
- causas fitopatológicas: eutipiosis, yesca, podredumbres, agrobacterium, flavescencia dorada;
- malas prácticas culturales: mala elección de las técnicas o prácticas erróneas a nivel de poda, manejo del suelo, protección de heridas;

– mala eleccion de las plantas, inadaptación del patrón al suelo, al clima, a la variedad, o plantación defectuosa.

El mantenimiento del potencial de producción, desde un punto de vista cuantitativo pero sobre todo cualitativo, nos obliga a asegurar una reposición regular de las marras. El replante se hace cada año y en un viñedo en producción concierne a un 2 a 5% de la población global de cepas de la explotación. Con certeza es preferible realizar regularmente esta sustitución de plantas que hacerla de una manera episódica por oleadas.

Pero la colocación en el terreno de plantas jóvenes y nuevas en medio de una población adulta, en un agujero ocupado precedentemente por un pie que no ha podido vivir, presenta dificultades de implantación. En efecto se constata que, a veces, los dos o tres primeros años las plantas nuevas se desarrollan bien pero después, algunas decaen en su crecimiento. Pasados 10 años las cepas que han adquirido un buen vigor son plenamente productivas.

El replante debe hacerse utilizando un patrón que confiera un buen vigor a la planta joven, sobre todo los primeros años, y bien adaptado a las condiciones edáficas más apremiantes que las encontradas en el mismo suelo por las plantas iniciales. El suelo debe prepararse de manera que se mulla 30 a 40 cm si es posible; el trabajo se hace con azada o con ahoyador pero en este caso evitando el apelmazamiento de las paredes, sobre todo en suelos arcillosos. Los mejores resultados se obtienen, en zona atlántica, con plantas en pots de dos años. Las plantas-injerto con raíces largas (10 cm) puede ser utilizadas.

4.2. Sobreinjerto

El sobreinjerto permite modificar el encepamiento de un viñedo sin tener que recurrir a su arranque. Esta técnica se utiliza para adaptar la producción de los viñedos a la demanda del mercado, utilizando por ejemplo variedades mejorantes, nuevas variedades o variedades más apropiadas. El sobreinjerto puede realizarse sobre viñas de menos de quince años bien con hendidura al nivel del suelo, protegido con un aporcado, o bien a mayor altura, sobre el tronco o los brazos, pero asegurando la protección contra la desecación de los tejidos de soldadura por diferentes procedimientos.

4.2.1. Sobreinjerto al nivel del suelo en hendidura

La cepa se decapita en el mes de abril unos centímetros por encima del suelo con unas tijeras de podar o con una sierra procurando no desgarrar la corteza. La herida, plana y horizontal, se refresca con la ayuda de la navaja de injertar o la serpeta.

El tronco se hiende verticalmente por el centro con un cuchillo de buen tajo sobre 25-35 mm. Dos púas de 2 yemas, bien agostadas y conservadas frescas, cortadas en bisel, son colocadas en los bordes de la hendidura procurando que haya un buen contacto entre las cortezas. Después del atado con rafia, previamente sumergida en agua, se realiza un aporcado con tierra fina o arena para mantener fresca la zona próxima al punto de injerto. Este método tradicional es una solución de seguridad en las regiones donde la primavera no es cálida con regularidad.

Tabla 3
Técnicas de sobreinjerto

	De hendidura		En escudete	
	Al nivel del suelo	**Aéreo**	**T. leñoso (T-bud)**	**Chip-bud**
Época	Finales de marzo a principios de abril.	Inicio de crecimiento.	Floración (cuando la corteza del tronco se despega).	Inicio de vegetación (desde hinchamiento de las yemas a la floración).
Injertos	1 ó 2 púas con 2 yemas conservadas en frío y colocadas en los extremos de la hendidura.		Escudete con 1 yema preparado en el momento de injertar a partir de maderas conservadas en frío en cajas con arena húmeda y fondo agujereado.	
Protección	Aporcado con arena o tierra fina.	Pintura bituminosa (flintkote o musgo más arena).	Banda plástica o adhesiva aplicando el escudete sobre el tronco con protección de flintkote y desinfección con benlate.	
Decapitación del tronco	Antes del injerto (la víspera) efectuada bajo el nudo.		Inmediatamente después del injerto, después despampanar en la base y hacer incisión anular.	Después del injerto (cuando los brotes tienen 3 a 5 cm) sobre las maderas de poda de la cepa (20 cm por encima del injerto).

4.2.2. Sobreinjerto aéreo

En las regiones vitícolas bastante cálidas y secas, se puede practicar el injerto por encima del suelo a condición de tomar las precauciones necesarias para evitar la desecación de los tejidos en la proximidad del punto de injerto. Se puede, para un cierto número de métodos, no decapitar la cepa hasta el año siguiente pero el porcentaje de éxitos no es tan bueno.

4.2.2.1. *Sobreinjerto aéreo con hendidura sobre el tronco (figura 12d)*

La decapitación de la cepa es previa al injerto y se realiza al inicio de la vegetación (abril normalmente), por encima del suelo. Se procede de la misma manera que se describió antes, pero después del atado con rafia, no hay aporcado. La protección de la zona injertada contra la desecación puede asegurarse de dos maneras:

- bien sea con una pintura bituminosa (Flintkote®) aplicada en dos capas sucesivas separadas por una hoja de papel y renovada cuando esta protección se cuartea;
- o con una capa de musgo recién recogido y bien verde, mantenido en la zona de injerto con un cono de plástico que se puede preparar con bandas de 20 × 40 cm, recortadas de sacos de abono por ejemplo; el musgo se aprieta en el cono que después es rellenado de arena hasta la segunda yema de las púas. Este musgo y esta arena, mantenidos húmedos por riegos frecuentes (5 a 8 días de intervalo), favorecen la formación de la soldadura.

Los brotes jóvenes, salidos de las yemas de los injertos, son guiados, atados y protegidos contra enfermedades y se les eliminan las inflorescencias. El cono de plástico se mantiene durante un año. Durante el invierno se hace una poda con objeto de volver a formar la cepa.

4.2.2.2. *Sobreinjerto aéreo en hendidura sobre chupones*

Este método consiste en practicar el injerto sobre dos chupones conservados en la base de la cepa y podados como pulgares. El injerto se hace de hendidura total, hacia finales de marzo o principios de abril, con púas de dos yemas parafinadas previamente. Con vasos de injerto o con botellas de plástico, llenas de arena húmeda o de tuba, se consigue mantener fresca la zona del injerto. Los brotes y las yemas latentes situadas en los sarmientos son suprimidas; el tronco es decapitado.

Este método es válido para cepas de más de 15 años, o con troncos tortuosos o necrosados que no permiten encontrar sobre el tronco una zona de madera rectilínea.

4.2.2.3. *Sobreinjerto aéreo en escudete (figuras 12a y b)*

4.2.2.3.1. *Escudete en T leñoso en la floración (T-bud)*

El escudete se prepara en el momento del injerto a partir de madera conservada en cajas con arena húmeda guardadas en cámaras frigoríficas. Para ello se entalla el sarmiento comenzando 2 cm por encima de la yema y descendiendo después la hoja de la navaja hasta 2 cm por debajo de la yema; se hace una segunda entalladura, oblicua y en el mismo sentido que la precedente comenzando 1 cm por debajo de la yema.

En el tronco de la cepa se practican dos incisiones en forma de T, separando y levantando los bordes con la navaja de injertar para insertar inmediatamente el escudete. Se ata apretando con un hilo de nylón o con una cinta de plástico. Generalmente se colocan dos escudetes a una y a otra parte del tronco para evitar posteriores necrosis del tronco. El conjunto puede protegerse en Flintkote®.

El tronco es decapitado, según los operarios, antes o después del injerto y hay que eliminar todos los brotes que se desarrollen en el tronco en cuanto comiencen a crecer.

4.2.2.3.2. *Escudete al principio de la vegetación (chip-bud)*

El escudete se prepara, en el momento del injerto (entre el desborre y la floración), a partir de madera conservada en frío y humidificada. Una entalladura a 30°

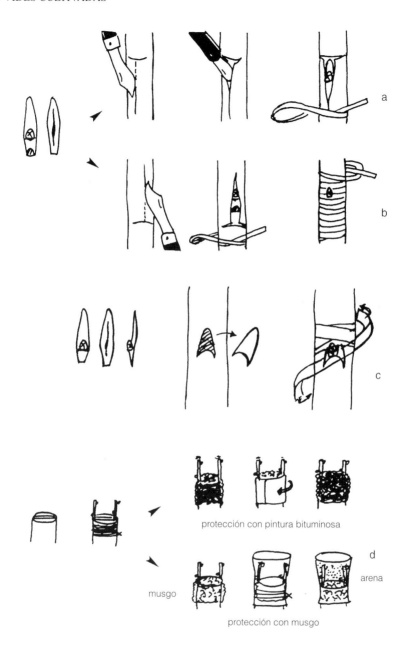

protección con pintura bituminosa

musgo

arena

protección con musgo

Figura 12
Técnicas de sobreinjerto.

a. Sobreinjerto en T leñoso (T-budding).
b. Sobreinjerto en T leñoso invertido.
c. Sobreinjerto con escudete (chip-budding).
d. Sobreinjerto aéreo con hendidura sobre el tronco.

se hace a 1 cm por debajo de la yema y una segunda, comenzando 2 a 3 cm por encima de ella y haciendo un ángulo gradual permite desprender el escudete.

En el tronco se eliminan las tiras de corteza vieja y se prepara un cajetín levantando una esquirla de madera con dos cortes de la navaja. El escudete se encaja en la cuña y se aprieta bien por un lado de manera que coincidan las zonas cambiales atando bien el conjunto con una cinta adhesiva de plástico, pero dejando libre la yema. Generalmente. se colocan dos escudetes a ambos lados del tronco. La decapitación del tronco se realiza cuando los brotes tienen 3 a 5 cm de longitud y se le da pendiente al corte para evitar que la savia caiga sobre las yemas. Se desinfecta esta herida del tronco con Benlate y se embadurna con Flintkote® una o dos semanas más tarde. Se puede dar un corte con una sierra en la base del tronco para frenar la subida de savia.

El porcentaje de éxitos puede ser del 90% y los fallos se pueden solucionar en junio por el sobreinjerto en T leñoso. Esta técnica es menos costosa que el T leñoso porque es más rápida (13 injertos a la hora en lugar de 11). Por el contrario los resultados son a veces peores si las condiciones climáticas son poco favorables en la primavera. Hay que tener en cuenta dos reglas principales:

– utilizar injertos bien frescos y en buen estado sanitario, recogidos, salvo en el caso del injerto de verano, con varios meses de antelación y conservarlos en las condiciones precisadas más arriba;
– decapitar la cepa lejos del punto de injerto, para evitar que la desecación del tronco se propague hasta el nivel del injerto; para facilitar las corrientes de savia se deja un tirasavias lo más cerca posible por encima del injerto.

4.2.2.4. *Cuidados posteriores al sobreinjerto*

Unos quince días después del sobreinjerto es preciso controlar el estado de la soldadura, verificar las ataduras y, si es necesario, rehacerlas. En el tronco se eliminarán regularmente los brotes que salgan y en el injerto no se conservará más que un solo pámpano que será convenientemente empalizado y recibirá los tratamientos fitosanitarios adecuados.

4.3. Rebaje

El rebaje consiste en podar la cepa en el tronco y reformar su esqueleto a partir de chupones. Esta técnica se hace excepcionalmente, bien después de las heladas de invierno, o cuando la cepa comienza a presentar síntomas de eutipiosis o si se va a hacer una modificación del sistema de conducción.

El nacimiento de chupones en el tronco de algunas variedades se produce bastante fácilmente, es el caso de la Ugni blanc en Charentes, pero mucho más difícilmente en otras, como la Cabernet sauvignon, por lo que antes de practicar esta mutilación de la cepa conviene asegurarse de la presencia de maderas de reemplazo.

4.3.1. Rebaje de vides heladas en invierno

El restablecimiento de las cepas afectadas, con o sin reposición de marras, se hace cuando no se impone un arranque de la viña.

Cuando la corona sólo está parcialmente destruida, si la poda ha sido anterior a la helada, no se procede inmediatamente al rebaje después del frío, siendo urgente esperar a ver si rebrotan chupones. Si la poda no se había hecho todavía en el momento de la helada, se procede simplemente a una poda preparatoria. En primavera un desbrotado tardío, severo si hay proliferación de chupones o limitado en algunas variedades como Meunier en Champagne, permite conservar en lo posible varios chupones sobre los brazos o el tronco; en las variedades en las que la inserción de los chupones es frágil, es aconsejable un pinzamiento precoz para favorecer un nacimiento vertical de las maderas de reemplazo: los brotes se empalizan para evitar que no se arrastren por el suelo y conseguir que se separen de la madera vieja.

La realización de la poda durante el invierno siguiente varía según la posición de los chupones en la cepas:

– en las cepas cuyo tronco está intacto y cuyos brazos, helados en parte, llevan chupones, se conserva y se poda en pulgares algunos chupones; se elige los que parecen mejores para reformar los brazos y, si la cepa es vigorosa, se puede dejar una vara para asegurar una producción, las partes heladas se suprimen y se queman;

– en las cepas cuyo tronco está helado pero que llevan varios chupones, se conserva un primer chupón, el mejor situado para formar un tronco (muy bajo, en el eje de la línea, vigoroso, bien agostado y sano).

Es empalizado verticalmente y cortado a la altura deseada; en cepas jóvenes y vigorosas se puede conservar otro chupón para que dé producción; se poda a la misma altura que el primero o acodado en «cola de vaca» sobre el alambre de sostén (en las viñas empalizadas); las partes heladas son suprimidas.

– en las cepas cuyo tronco no tiene más que un chupón, éste se poda a la altura deseada para el futuro tronco o, en las viñas empalizadas, acodado sobre el alambre dejando una carga moderada que permita una producción de uva; las viñas de 7-8 años pueden ser tratadas así.

La formación de los brazos es realizada al año siguiente. La supresión de las maderas muertas se hace preferentemente con tijeras eléctricas; las heridas son tratadas con Escudo®.

4.3.2. Rebaje de cepas atacadas de eutipiosis

Esta enfermedad, que produce el decaimiento progresivo de las plantas bajo el efecto del hongo que las carcome desde el interior, no puede curarse y solo es posible la lucha preventiva aunque es difícil de realizar. En las cepas que presentan los primeros síntomas es posible prolongar la vida de la planta practicando el rebaje.

La localización de las plantas enfermas se hace en mayo-principios de junio y las cepas se marcan con pintura o con una cinta de plástico. En el momento del espergurado se conserva al menos un chupón bien situado en el sentido de la línea, a ser posible, y es empalizado. En el invierno siguiente, la poda y el rebaje deben ser realizados por dos equipos distintos. En invierno o en primavera antes del desborre, se corta el tronco, preferentemente con una tijera eléctrica para realizar un corte limpio, encima del chupón y por debajo de la parte necrosada. El tronco nunca se conserva como tutor; la herida se protege con un recubrimiento de Escudo en invierno o naturalmente por los lloros si el corte se hace cuando ellos se manifiestan. El chupón se sostiene por un tutor y todas las maderas son sacadas y quemadas. En la primavera del año siguiente, la cepa está restaurada.

4.4. Acodo

El acodo consiste en hacer nacer raíces sobre un sarmiento antes de que haya sido separado de la cepa en que está inserto. Este procedimiento, normalmente utilizado para la multiplicación vegetativa antes de la llegada de la filoxera, se utiliza muy poco ahora. Sin embargo ciertos viticultores lo practican ahora para la sustitución de las plantas que faltan; en ciertos países este procedimiento se encuentra a veces para obtener plantas enraizadas de patrones y a veces de *V. vinifera*. Pero atención, los sarmientos de las variedades cultivadas son sensibles a las picaduras de filoxera y corren el peligro de ser destruidos originando un debilitamiento de las cepas y su mortalidad.

4.4.1. Acodo simple

Es realizable cuando los sarmientos son flexibles (en savia descendente o ascendente). Cuando se trata de producir plantas enraizadas, un sarmiento, todavía unido a la cepa, es enterrado, sobre una longitud corta, haciendo salir una porción del sarmiento de manera que emerjan una o dos yemas; todas las yemas entre la inserción del sarmiento y la entrada en tierra son eliminadas. En el otoño se pueden arrancar las plantas para transplantarlas no guardando más que uno o dos manojos de raíces bien constituidos.

Cuando el acodo simple es practicado para la sustitución de una planta que falta en una viña, el acodo enraizado que se quedan en el lugar, se procede de manera ligeramente distinta. En el emplazamiento de la cepa vieja se arrancan cuidadosamente los restos de las raíces y se excava una zanja desde la cepa vecina. Un sarmiento de longitud suficiente, elegido entre los que no se van a utilizar en la poda, se entierra en la zanja y se curva verticalmente haciendo emerger el extremo en el lugar deseado; se fija con un tutor; al nivel de esta curvatura es interesante hundir el sarmiento más profundamente para favorecer la emisión de raíces. La zanja se rellena con tierra blanda que se aprieta contra el sarmiento. La parte emergente del sarmiento es podada a dos yemas y se eliminan todas las yemas entre la cepa y la entrada en tierra. Es preferible no aportar abono en la zanja sino solamente a la planta-madre. Normalmente se realiza el corte (separación del acodo por sección del «cordón umbilical»), pero a causa de la filoxera, siempre presente en los suelos, es preferible no hacer la separación del acodo de la planta-madre. Esto permite a la nueva planta ser alimentada por sus propias raíces pero también por la planta-madre limitando su debilitamiento.

4.4.2. Acodo por Versadi o acodo Guyot

Un sarmiento, procedente de una cepa y de longitud suficiente, es dirigido hacia el punto en que debe ser instalada la nueva planta; curvado de una manera vertical descendente, hundido en la tierra a una profundidad de 20 a 25 cm en un agujero previamente preparado y abonado; todas las yemas entre la planta-madre y el suelo son eliminadas, salvo las dos situadas cerca del suelo. El corte puede tener lugar al invierno siguiente si se transplanta la nueva planta.

4.4.3. Otras técnicas de acodo

El *acodo chino* puede ser practicado si se quiere obtener varios acodos a partir de un sarmiento. Este es tendido horizontalmente, a una profundidad de 6 a 8 cm, en una fosa en donde es mantenido con ayuda de pequeños piquetes; se suprimen las yemas entre la cepa-madre y el lugar en donde el sarmiento penetra en tierra. En la primavera, en cuanto los brotes alcanzan 15 a 20 cm se llena la fosa con tierra mezclada con mantillo; es preciso mantener una humedad suficiente por riegos regulares, con o sin mulching según la capacidad de retención del suelo. El corte puede tener lugar en el invierno siguiente; los acodos más débiles se ponen en vivero.

El *acodo áereo* es una curiosidad, practicado a veces en ciertos países para obtener una nueva planta enraizada o por algunos aficionados para asegurar la conservación en potes durante el invierno. En el transcurso del crecimiento de un pámpano se aplica al nivel de los nudos una masa de tierra mantenida por una envoltura de tela o de musgo envuelta en plástico.

Establecimiento del viñedo

CAPÍTULO 1

OBSERVAR, EVALUAR Y ACONDICIONAR EL TERRENO

1. Observar y evaluar el terreno
2. Acondicionar y preparar el terreno

1. OBSERVAR Y EVALUAR EL TERRENO

El problema que se presenta al viticultor antes de la plantación es la elección de las técnicas mejor adaptadas a las deficiencias y cualidades del terreno. ¿Qué portainjerto, qué trabajos de acondicionamiento del terreno y de preparación del suelo, qué sistema de conducción? Esta elección exige un buen conocimiento del medio (pendiente, régimen de lluvias, riesgo de heladas) y del suelo (estabilidad estructural, fertilidad) que se obtiene mediante la observación del terreno, de la vegetación y tanto del perfil de los suelos como de los correspondientes análisis de tierras.

1.1. Determinar el estado general de la parcela a plantar

Para tener un conocimiento concreto de la parcela a plantar y tomar las decisiones oportunas, es aconsejable recoger las observaciones del terreno sobre un plano realizado de antemano.

1.1.1. Establecimiento del plano de la parcela o del viñedo

Si el establecimiento del plano de la parcela no se puede hacer a partir del plano parcelario de la explotación, es posible recurrir a un topógrafo o a la fotografía aérea del servicio regional del IGN (Instituto Geográfico Nacional); en efecto, este servicio puede reproducir mediante petición previa las fotografías aéreas de una zona determinada. El plano catastral es útil como elemento de referencia, pero sólo en raras ocasiones las parcelas de cultivo coinciden con las parcelas catastrales.

Este plano parcelario diseñado sobre soporte papel o sobre soporte electrónico (están disponibles muchos tipos de soportes para dibujar el plano y calcular automáticamente las superficies), es interesante completarlo con un levantamiento topográfico que puede ser obtenido fácilmente a partir de las curvas de nivel del mapa IGN a escala 1:25.000; se puede mejorar la precisión de este levantamiento con observaciones directas sobre el terreno sin utilizar medios profesionales, como los utilizados por los topógrafos, a no ser que sea necesario realizar un drenaje. Si se trata de acondicionar o plantar una gran superficie, es necesario comenzar trazando el sistema parcelario y determinar el posible emplazamiento de los caminos de acceso. Éstos deben estar previstos para ser utilizables en cualquier estación y permitir la recuperación de las aguas de escorrentía sin ocasionar excesivos ahondamientos.

1.1.2. Observaciones a efectuar

Es por la observación superficial, recorriendo la parcela, por la que se ponen en evidencia ciertas deficiencias del terreno. Conviene señalar las peculiaridades observadas que se refieren a los puntos siguientes:

– El sentido e importancia de las *pendientes dominantes*: estas informaciones son útiles para determinar la orientación de las filas, el acondicionamiento del terreno (nivelación, acondicionamiento de terrenos en pendiente), emplazamiento de las calles y zanjas.

– El sentido y la localización de la *circulación natural de las aguas de escorrentía*: permiten detectar las zonas susceptibles de sufrir erosión.

– Los *puntos de estancamiento de agua* y las *zonas húmedas* (encharcables), susceptibles de provocar fenómenos de asfixia radicular: se localizan por la observación directa de las aguas superficiales, de la vegetación natural, por la localización de zonas de marchitamiento (si existe asfixia de las raíces de la viña, las secciones de las raíces son rosadas en vez de color marfil); esto es útil para tomar decisiones sobre las obras de drenaje, la realización de zanjas, la preparación del terreno o la elección de portainjertos;

– La *exposición, la presencia de depresiones, la proximidad de bosques, la orientación y la intensidad de vientos dominantes*: permiten apreciar las ventajas (condiciones favorables para una buena maduración) y los inconvenientes del clima local de la parcela (riesgos de helada de primavera como factor limitante de la maduración);

– La *naturaleza y el estado de la vegetación in situ*: si se trata de viñas, se observa el vigor de las cepas, se investigan las zonas que presentan síntomas de carencias, de enfermedades, de marchitamiento identificando las causas de estas anomalías (podredumbre, yesca, eutipiosis, asfixia, clorosis, virus, flavescencia dorada, problemas agronómicos...); en ausencia de viñas, se señala la naturaleza y el vigor de la vegetación, que da indicaciones útiles sobre la naturaleza físico-química del suelo y sobre su régimen hídrico.

El conjunto de estas observaciones son de gran utilidad para el acondicionamiento del terreno, la preparación del suelo, la elección de portainjertos, la interpretación del análisis del suelo, la elección de la orientación de las filas...

1.2. Observar el suelo en profundidad y tomar las muestras de tierra para su análisis

Gracias a la toma de muestras de tierra obtenidas en los sondeos en distintos puntos prefijados en la parcela, es posible conocer los perfiles del suelo y del subsuelo. El *perfil edáfico* es la sucesión de capas u horizontes que explican la formación y evolución de los suelos. El *perfil cultural* permite descubrir el modo de colonización radicular y apreciar los efectos del cultivo sobre el suelo y los seres vivos que lo habitan.

1.2.1. Examen del perfil cultural

Se efectúa un agujero con la pala o, mejor aún, con la ayuda de una excavadora mecánica (retroexcavadora) que permita descender y auscultar las paredes. Los diferentes horizontes son observados comenzando por arriba y, raspando con un cuchillo, se detectan las diferencias de compactación, de estructura, de humedad y el modo de colonización de las raíces:

- El *espesor del suelo*: es necesaria una determinada profundidad para que el sistema radicular se desarrolle de forma suficiente y alimente a la viña de una manera regular; esta alimentación ha de ser suficiente pero sin exceso en primavera para asegurar el crecimiento, además de permitir un racionamiento moderado y progresivo desde la floración hasta la madurez de los racimos. Cuando la capa explotable por las raíces es superficial y poco espesa debido a la presencia de un horizonte que no permite la penetración de las raíces, la fisiología de la vid puede ser perturbada en primavera por un exceso de agua en el suelo y, en el verano, por la sequía.
- La *homogeneidad del perfil:* debajo de la capa arable, se encuentran frecuentemente los horizontes menos favorables tales como una capa arcillosa, un banco de caliza dura, *alios,* que necesitan la utilización de medios específicos de preparación del terreno.
- La *asfixia del suelo*: las condiciones de asfixia en el perfil dependen de la presencia de una capa impermeable a las infiltraciones (*alios,* arcilla, roca dura), de la impermeabilidad del suelo en sí mismo y es determinada por la textura y la estructura de las diferentes capas y, por último, del nivel de la capa freática en las diferentes estaciones.
- La *forma de distribución de las raíces*: un sistema radicular somero localizado esencialmente de manera horizontal debajo de un horizonte compactado, húmedo o duro (roca caliza en Saint-Émilion, zona compactada a causa de una capa arcillosa, de una suela de labor o de una zona apelmazada por el paso de ruedas de tractor por el mismo sitio, *alios*), puede perturbar el funcionamiento de la vid como lo hace un suelo superficial, a menos que algunas raíces puedan introducirse por determinadas fisuras de la roca compacta o del subsuelo arcilloso. Cuando el sistema radicular pre-

senta raíces que suben hacia la superficie o raíces que se distribuyen por muchos niveles a partir del eje principal del portainjerto, indica que algunos años la humedad del suelo llega a ser excesiva en los horizontes poco profundos. A veces se observa, por el contrario, un marchitamiento de las raíces profundas, están negras y en vías de descomposición; el conocimiento del perfil cultural permite preguntarse si han de ponerse en práctica eventuales mejoras.

A partir del reconocimiento de los horizontes, de los *perfiles culturales*, o igualmente de los *perfiles edáficos*, es posible establecer un mapa de suelos de la parcela o del viñedo.

1.2.2. Toma de muestras de tierra

Las muestras a analizar deben ser representativas de las parcelas. Para ello es necesario realizar una decena de extracciones por muestra en cada zona homogénea. Como el sistema radicular de la vid explora las capas profundas del suelo, es necesario tomar muestras separadas del suelo (de 0 a 30 cm) y del subsuelo (de 60 a 90 cm).

Las extracciones se efectúan con una pala o con la barrena poniendo la tierra del suelo en un cubo o en un recipiente de vendimiar y la del subsuelo en otro. En cada recipiente la tierra se mezcla, se eliminan las piedras y guijarros de un diámetro superior a 2 mm para que los análisis sólo se realicen sobre la tierra fina. Un kilogramo de tierra por muestra se mete en una bolsa de plástico procurando identificar la muestra de forma precisa (nombre del lugar, número o nombre de la parcela, de la zona en la parcela, suelo o subsuelo...).

Las extracciones se efectúan preferentemente en un suelo bien escurrido o seco; de hecho es difícil efectuar una extracción completa en un suelo muy seco y ligero o mezclar una tierra muy fuerte y húmeda. La toma de muestras se hará con tiempo suficiente antes de la plantación para disponer de información en el momento de elegir el portainjerto y pedir la planta al viverista. Es importante no esperar hasta el último momento (el tiempo necesario para obtener los resultados de los análisis después del envío de muestras al laboratorio es de 1 a 2 meses); parece razonable efectuar este trabajo antes o después de la vendimia del año que precede a la plantación.

Cada muestra se envía al laboratorio acompañada de una ficha que incluye su identificación y una serie de informaciones relativas a las observaciones efectuadas y a las referencias relativas a:

- la topografía (situación y pendiente), a la naturaleza del suelo y del subsuelo (naturaleza de la roca madre, presencia de caliza dura o friable, de arena, de *alios*);
- a las características hídricas del suelo (humedad del terreno o suelo filtrante y seco, presencia de zonas encharcables);
- a todo factor que pueda limitar el buen funcionamiento del sistema radicular.
- al precedente cultural (naturaleza y estado de la vegetación)

Estas informaciones son indispensables para la interpretación de los resultados analíticos, la elección de portainjerto y la determinación del abonado de fondo.

1.2.3. Análisis del suelo antes de la plantación

Los análisis de suelos permiten precisar las características físicas y químicas de los suelos y de los subsuelos.

1.2.3.1. *Análisis físicos*

La *granulometría* proporciona los porcentajes de partículas clasificados por categorías (arcilla, limo, arena fina, arena gruesa); las proporciones respectivas de estos elementos determinan la **textura** del suelo que es una de las características fundamentales del suelo y que influye sobre sus propiedades;

La *estabilidad estructural* es la aptitud del suelo para resistir a la degradación debida a los agentes de degradación. Mientras que la **estructura** de un suelo en un momento dado define el modo de agrupamiento de los constituyentes sólidos, y el estado de división y de agregación del suelo, la estabilidad estructural precisa la solidez de este estado, es decir, su resistencia a los agentes de degradación. En efecto, el estado del suelo evoluciona bajo la acción de las precipitaciones, de las heladas o de las intervenciones del viticultor (enmiendas, labores del suelo, paso de máquinas...).

1.2.3.2. *Análisis químicos*

- La apreciación del estado y de las características de *la materia orgánica* son útiles porque la materia orgánica participa junto con la arcilla en el comportamiento del terreno.
- El *pH* es un indicador de los riesgos de acidez, de la intensidad de la actividad biológica y de las disponibilidades potenciales de elementos fertilizantes.
- La *capacidad de intercambio catiónico* (CIC) determina la cantidad de cationes (bases) que el suelo es capaz de absorber y permite conocer la tasa de saturación del complejo arcillo-húmico; su conocimiento es sobre todo necesario en los suelos ácidos (pH < 6,5) para definir su estado cálcico y precisar la necesidad y la intensidad del encalado.
- La determinación del contenido en *caliza activa* de los suelos y del IPC (*índice de poder clorosante*) es necesaria para la elección del portainjerto y permite precisar el modo de intervención para prevenir los riesgos de clorosis férrica.
- La determinación de los contenidos de los principales *elementos fertilizantes* como el potasio, el magnesio, el fósforo y si se tiene un problema de carencia o de toxicidad, las dosis de oligoelementos o proporción de los elementos objetivos de la fertilización razonada antes de la plantación.

La interpretación de los resultados de los análisis es efectuado por el laboratorio local quien precisa el portainjerto que, según su opinión, mejor se adapta a esa parcela y las enmiendas y abonados a aportar en el momento de la plantación y a lo largo de los años siguientes. Es quizás útil, también, discutir esos resultados con un técnico local que constate las informaciones dadas relativas a la variedad y al objetivo de producción. Es el momento de hacer buenas elecciones que aseguren el futuro de la parcela en cuanto a su potencial cualitativo, su nivel de rendimiento y su sostenibilidad.

2. ACONDICIONAR Y PREPARAR EL TERRENO

La preparación del terreno constituye uno de los elementos esenciales de cara al resultado de la plantación, siendo a menudo necesario realizar trabajos relativamente importantes. Con ocasión de realizar una plantación o una replantación, el viticultor se enfrenta a condicionamientos del medio cuyos efectos debe limitar con la preparación del terreno tomando desde un principio todas las precauciones para decidir las intervenciones a realizar. De esta forma, el viticultor puede verse obligado:

- a eliminar la vegetación *in situ* por el *desbroce* de la maleza o el arranque de las viñas precedentes;
- a limitar la erosión del suelo y facilitar el trabajo de terrenos en pendiente por el *acondicionamiento de los terrenos aledaños;*
- a regular el régimen de aguas y la profundidad de suelo explotable ya sea con operaciones de *nivelación, subsolado* y *drenaje*, ya sea luchando contra la sequía con técnicas de economía de agua y con el *riego* siempre y cuando esté autorizado;
- a limitar los riesgos de heladas con el *drenaje del aire*;
- a mejorar el perfil cultural mediante *desfonde* o *subsolado*.
- a combatir los parásitos del suelo (podredumbre, nematodos) mediante el *descanso del suelo*, la desvitalización de *las cepas* y la *desinfección química*.
- a mejorar la estabilidad estructural, la estabilidad biológica y la fertilidad del suelo mediante *enmiendas* (orgánicas, calizas, etc.) y el *abonado de fondo*.

2.1. Desbrozado de la maleza o arranque de la viña preexistente

La vegetación existente es suprimida, el suelo es desprovisto de toda la vegetación visible pero también de raíces y restos vegetales que se encuentren enterrados. Es preciso considerar el caso en que el terreno esté cubierto de arbolado o maleza, es decir, ocupado por plantas no anuales, y el caso más frecuente en las explotaciones vitícolas donde la plantación sucede al arranque de una viña preexistente en la misma parcela.

2.1.1. Caso de tierras baldías o arboladas

El terreno debe ser desprovisto de la vegetación existente, los árboles son abatidos, la maleza y los tocones son retirados cuidando eliminar el máximo de raíces, particularmente si se trata de un desbroce de encinas o se constata la presencia frecuente de podredumbre. Todos los restos vegetales retirados son eliminado o quemados *in situ*. Las rocas son arrancadas, destruidas por medio de explosivos o extraídas con ayuda de palas excavadoras. El suelo se somete a varias labores profundas para extirpar en cada pasada el máximo de raíces, incluidas las más pequeñas; seguidamente, el suelo es dejado en reposo varios años.

Si se trata de una pradera o de un erial, conviene destruir la vegetación mediante las acciones culturales adecuadas: pasadas cruzadas de discos en el caso de una pradera o arados repetidos en el caso de un terreno invadido por malas hierbas; estas intervenciones son precedidas, si es necesario, por la aplicación de herbicidas sistémicos y no residuales como el glyphosato.

2.1.2. Caso de terrenos plantados de viña

La replantación de viña sobre viña es corriente siendo necesario tener en cuenta una serie de limitaciones agronómicas y sanitarias:

– *Limitaciones agronómicas*: la viña que ha ocupado un terreno durante 40 a 60 años ha agotado el suelo por disminución o por lavado de ciertos elementos esenciales para su estructura y su fertilidad (empobrecimiento de materia orgánica y en ciertos elementos fertilizantes, sobre todo en horizontes profundos y, en ocasiones, acidificación) o, por el contrario, ha provocado la acumulación de ciertos elementos fertilizantes aportados en exceso, poco asimilables o poco lavables tales como el P_2O_5 (anhídrido fosfórico) y el K_2O (potasa), o de ciertos oligoelementos aportados por los tratamientos o liberados por acidificación del suelo (cobre, aluminio, manganeso, etc.); por otra parte, la permanencia del cultivo, la dificultad de trabajar horizontes profundos y las pasadas repetidas de tractores y otros útiles de cultivo, provocan un apelmazamiento de los horizontes superficiales, una colmatación o encostramiento de horizontes profundos y una exploración preferencial de ciertas capas por parte de las raíces; esta situación a menudo reduce peligrosamente la vida biológica de los suelos que es preciso recuperar; en definitiva, la utilización de herbicidas de acción residual para el mantenimiento de la viña precedente ha podido provocar la acumulación de estos productos;

– *Limitaciones sanitarias*: la futura plantación puede ser contaminada por enfermedades víricas, el *entrenudo corto,* transmisibles por nematodos vectores que viven sobre los restos de las raíces de la vieja viña enferma, y por la *podredumbre,* hongo saprófito que vive bajo la corteza de las raíces; estos nematodos y estos hongos se mantienen vivos sobre los restos radiculares durante varios años después del arranque. La desinfección del suelo después del arranque de una viña con entrenudo corto no basta para proteger a la nueva viña de una contaminación si la plantación es realizada demasiado rápidamente, ya que el tratamiento no alcanza siempre una capa de suelo lo bastante espesa como para afectar a todas las raíces.

Por ello es importante esperar para replantar la viña después del arranque de la viña antigua. El *descanso del suelo* durante 6 ó 7 años como mínimo, con trabajo del suelo encaminado a extraer el máximo de raíces, practicando un barbecho desnudo o con cultivos anuales (cebada o avena), es la técnica a practicar porque permite, al mismo tiempo, la regeneración del suelo bajo el plano agronómico y el saneamiento contra pudriciones y vectores de entrenudo corto, todo ello preservando el medio.

A pesar de todo, a menudo el viticultor está obligado a replantar viña sobre viña. Después de realizar las enmiendas del terreno puede, llegado el caso, aplicar técnicas más rápidas como la desvitalización de cepas y la desinfección química del suelo.

2.1.2.1. *Desvitalización de cepas*

Se realiza por pulverización sobre el follaje de la viña de un herbicida sistémico (glifosato a 12-18 l/ha según la concentración del producto comercial en
300 l/ha de caldo) justo después de la última cosecha y mientras el follaje aún
es funcional. Es indispensable cuidar detalles a la hora de realizar esta operación, como elegir días sin viento o la utilización de paneles recuperadores para
evitar una eventual contaminación de viñas cercanas; el arranque de la viña se
lleva a cabo en abril-mayo del año siguiente. Esta desvitalización puede ser
interesante también en la lucha contra la flavescencia dorada y la necrosis bacteriana.

2.1.2.2. *Desinfección del suelo contra los nematodos vectores*

Es posible solicitar un análisis nematológico a un laboratorio para conocer la
presencia y la densidad de poblaciones de nematodos vectores de enfermedades
víricas. Cada muestra, efectuada en primavera o a finales del verano partiendo de
una cuarentena de tomas en las parcelas homogéneas o de una decena para cada
una de las zonas de parcelas heterogéneas, está constituida por 1 kg de tierra y 25 g
de raicillas; el conjunto se introduce en una bolsa de plástico sobre la que anotare-
mos las referencias de la muestra; esta última puede ser humidificada y conservada
en fresco esperando las sucesivas operaciones ya que los nematodos deben permanecer vivos.

La desinfección química, si se decide llevar a cabo, se realiza preferentemente
por fumigación o, en su defecto, por incorporación al suelo de gránulos:

– *Desinfección por fumigación*: Se realiza con fumigantes (dicloropropeno)
en un suelo seco y removido a una profundidad de 40 a 60 cm; el suelo
debe estar finamente desmenuzado en superficie, su temperatura a 30 cm
de profundidad debe situarse en torno a los 16 °C (entre 14 y 18 °C) con el
fin de permitir la difusión de los productos sin provocar su volatilización
fuera del suelo. El tratamiento de desinfección con fumigante conviene lle-
varlo a cabo preferentemente en primavera o en otoño, un año después del
arranque y, al menos, entre 3 y 6 meses antes de la plantación; la aplicación
del fumigante se realiza con la ayuda de un aparejo de rejas adecuado con
dos profundidades de inyección y en espacios de 30 cm; después de la aplicación es necesario pasar una grada con el fin de tapar las grietas abiertas
por la reja del arado y de asentar el suelo con la ayuda de un rodillo o un
crosskill para evitar el ascenso de vapores a la superficie del suelo. Se deja
reposar el suelo durante al menos tres meses y después se trabaja con el fin
de airear y de expulsar los vapores. Se podría también tratar en abril-mayo
(al mediodía si el suelo está suficientemente recalentado) y plantar en pot
en julio-agosto pero es técnicamente preferible esperar un año antes de
replantar;

– *Desinfección por incorporación de gránulos*: El tratamiento se realiza a
menudo con aldicarbe (Témik 10 G[(R)]) que se presenta en forma de micro-
gránulos. Este producto, poco influenciable por las condiciones climáticas,
se utiliza preferentemente en otoño pero su aplicación puede ser eventualmente retardada ya que no es fitotóxico. Su aplicación se ha de evitar después de la plantación y en las parcelas drenadas. Después de una prepara-

ción muy fina de la capa superficial, este producto se incorpora imperativamente al suelo con la ayuda de una sembradora de semillas de canalones. Todo la distribución en superficie está proscrita. Aunque destruye los nematodos, este producto no tiene ningún efecto sobre los restos de raíces, por lo que es importante poner especial cuidado en la extracción del máximo número de éstas.

Tabla 1
Productos nematicidas de desinfección de los suelos

Principio activo	Nombre comercial	Concentración del Principio activo	Dosis
Dicloropropeno	Dédisol B Télone 2.000 Dorlone 2.000 Anéma B Shell DD92	1.100 g/l	500 l/ha
Aldicarbe	Temik 10G	10%	200 kg/ha

Puede ser interesante combinar el descanso del suelo con la desvitalización de cepas y la desinfección del suelo. La desinfección es buena en suelos superficiales pero resulta a menudo insatisfactoria en suelos profundos donde las enfermedades víricas se manifiestan de nuevo varios años después de la plantación. Es posible hacer un doble desfonde con reposo del suelo de 1 a 3 años, efectuar posteriormente la desinfección después del segundo desfonde y aumentar las dosis indicadas en un 50%.

2.1.2.3. *Desinfección del suelo contra la podredumbre*

La desinfección de suelos contaminados por la podredumbre (Parte 3, capítulo 3) es ahora posible con una buena eficacia (del orden del 70%) con una técnica basada en metamsodio (Esaco), homologado en 1998. El suelo debe estar previamente preparado con esmero efectuando dos laboreos cruzados completados con labores superficiales para desmenuzar la tierra. La desinfección es realizada durante la fase activa del hongo (mayo o septiembre) con dosis de 2.000 l/ha de producto comercial inyectado a 40 cm de profundidad con la ayuda de aparatos clásicos de desinfección. Pueden utilizarse aparejos donde las boquillas estén separadas unos 30-40 cm aunque está comprobado que se obtienen buenos resultados con espaciamientos más grandes ya que el producto se difunde en vapor de sulfuro de carbono que se propaga fácilmente por el suelo. A título indicativo, el coste por hectárea de la desinfección (producto y aplicación) es del orden de 21.000 F_{HT}. La desinfección puede también hacerse con un producto a base de tetratiocarbonato, Enzone.

2.2. Manejo de terrenos de ladera

Los terrenos en pendiente tienen problemas de erosión, de condiciones de trabajo y de mecanización:

- *Problemas de erosión*: sobre un suelo llano, el agua de lluvia se infiltra y se estanca cuando se alcanza la capacidad de campo. Sobre un suelo en pendiente, el agua de lluvia se reparte en agua de infiltración y en agua de escorrentía. Hay escorrentía cuando la intensidad de las precipitaciones es superior a la capacidad de infiltración. La velocidad de este agua de escorrentía aumenta con la importancia de la pendiente y la distancia recorrida; además arrastra partículas de tierra produciendo la erosión del suelo. Esto trae como consecuencia la disminución de la profundidad del suelo en cotas altas, el desarraigo de las cepas y la acumulación de tierra, fertilizantes y eventualmente herbicidas en zonas deprimidas. Para paliar estos inconvenientes, es posible actuar aumentando la infiltración del agua y disminuyendo la intensidad de la escorrentía;
- *Las condiciones de trabajo a pie o con maquinaria*: si el terreno tiene una fuerte pendiente, la ejecución de trabajos manuales de mantenimiento del suelo, de tratamientos y de recolección es más difícil, más pesada y más peligrosa;

En función de la pendiente, se pueden considerar diferentes tipos de acondicionamiento:

- *Para pendientes inferiores al 10%*, la erosión es generalmente débil y el cultivo se pueden hacer en la dirección de la pendiente; es el caso más general; para reducir la erosión, la longitud de las filas será tanto menor cuanto mayor sea la pendiente, las avenidas de agua pueden ser reconducidas para evitar la entrada de agua proveniente de zonas altas (acondicionamiento de fosas y realización de surcos en V) y, en la parte inferior de las filas de viña, acondicionamiento de canales o caballones que sirvan de colectores.
- *Para pendientes del 10 al 20%*, comienza a ser necesario el cultivo según las curvas de nivel. La mecanización es más difícil aunque posible, especialmente con tractores con corrección de inclinación.
- *Para pendientes superiores al 20%*, es necesario fraccionar la pendiente y acondicionar terrazas o bancales cuya longitud disminuya con la importancia de la pendiente como, por ejemplo, en Côtes-du-Rhône septentrional, en el Jura o en Banyuls; las terrazas deben estar inclinadas hacia la parte superior para evitar el riesgo de abarrancamientos. La mecanización es más difícil que en llano, lo que explica la desaparición de numerosos viñedos en terrazas. Algunos de estos viñedos son mantenidos gracias a la calidad de sus productos, al desherbado químico y a la tenacidad de sus viticultores.

En los viñedos pedregosos, se pueden utilizar las piedras para la construcción de los muros de sujeción de las terrazas pero aquellas extraídas del interior del suelo a menudo se desmenuzan fácilmente y los muretes no resisten más allá de unas pocas décadas. Cuando las condiciones lo permiten, el establecimiento de taludes con vegetación herbácea es el sistema más ventajoso ya que las hierbas, una vez establecidos sus sistemas radiculares, mantienen el talud de forma duradera.

Estos acondicionamientos se completan con el establecimiento de una red de drenes y canalizaciones que capte las aguas de escorrentía y disipe su energía. Estas infraestructuras aterrazadas han sido generalmente efectuadas bajo el marco de programas colectivos de reestructuración como por ejemplo en el Jura o en Alemania.

Figura 1
Acondicionamiento de terrenos en pendiente en Banyuls (arriba),
en el valle del Duero en Portugal (en el centro y abajo).

2.3. Nivelación y aterrazamiento

La nivelación y el aterrazamiento del terreno, realizados con el material disponible o de forma mecanizada con máquinas de empuje (palas mecánicas, bulldozer, etc), consiste en reducir las irregularidades de la superficie y aumentar el volumen de suelo explotable. El terreno es acondicionado para permitir a las aguas de escorrentía su evacuación sin acumulación ni erosiones. Esto concierne a parcelas de pendientes más suaves aunque los terrenos con pendientes fuertes también presenten irregularidades en superficie. La nivelación debe, además de suprimir las irregularidades, dar un perfil al terreno de forma que las aguas de escorrentía se evacuen por las zonas de drenaje y que todas las zonas posibles dispongan de una profundidad suficiente de suelo.

Cuando se nivela no es recomendable colocar en la superficie las capas de subsuelo infértiles (arcilla, roca, capa caliza, etc.) y colmatar las depresiones con la tierra buena de cultivo pues lo que conseguimos es plantar en capas estériles, infértiles, asfixiantes o clorosantes. Para evitar esto, es necesario retirar la capa arable buena a un terreno cercano o a otra parte de la parcela, se procede a la nivelación del subsuelo y se recubre a continuación con la capa de tierra buena almacenada. Se pueden aprovechar estos trabajos para realizar aportes de tierra en zonas que lo necesiten como regueros de agua, en hondonadas o en la parte baja de la pendiente. Esta tierra se dispone, no sólo en las zonas donde el subsuelo es superficial (zonas altas), sino también en las zonas centrales de las parcelas para abombarlas y facilitar la evacuación de aguas hacia los extremos de las filas, sirviendo los regueros de colectores; un drenaje de estos regueros se puede realizar donde ocasionen una erosión demasiado importante.

Todos estos trabajos de nivelación, de aterrazamiento y, en general, de preparación del terreno, deben ser realizados con el suelo escurrido, es decir, no saturado de agua. Después de un periodo lluvioso no es suficiente con que el suelo se haya secado superficialmente para darle una buena prestancia y volverle apto para soportar sin daño el paso de máquinaria pesadas pues provocaremos su compactación en profundidad. Las plantaciones realizadas en suelos compactados presentan a menudo zonas donde el enraizamiento de las plantas es difícil ya que el sistema radicular del portainjerto se desarrolla mal; algunos años más tarde, se puede constatar la mortalidad de plantas por pie negro, enfermedad debida a un hongo (parte 4, capítulo 3, párrafo 4.4); en esas situaciones, las viñas adultas se debilitan normalmente con mayor rapidez por los efectos de la asfixia radicular o del folletaje.

2.4. Drenaje

El agua se encuentra entre los principales factores de la producción vitícola. Su contenido en el suelo debe oscilar normalmente entre dos límites: uno máximo, que corresponde al punto de escurrido por encima del cual las condiciones se vuelven asfixiantes para las raíces, y un mínimo que corresponde al punto de marchitamiento por debajo del cual las reservas de agua en el suelo no permiten una alimentación suficiente de la viña. A lo largo del año, el contenido de agua del suelo varía en relación con las precipitaciones y la evapotranspiración.

Para favorecer la implantación radicular y la alimentación hídrica de la viña en condiciones apropiadas a la calidad de los racimos, es necesario intervenir para regularizar el régimen de agua en el suelo, por regla general, eliminando el agua excedente, facilitando la escorrentía superficial por nivelación o favoreciendo la infiltración en profundidad por drenaje. En ciertas situaciones con poca reserva de agua y baja pluviometría durante el periodo vegetativo, es necesario contemplar la instalación de un sistema de riego cuando esta autorizado. El drenaje se hace necesario siempre que el nivel de agua subterránea se encuentre demasiado próximo a la superficie impidiendo un desarrollo y funcionamiento normal de las raíces. Permite poner a disposición de las raíces un gran volumen de tierra sin problemas. Se facilita las labores culturales y se dispone de mucho más tiempo para realizarlas. Las raíces penetran más profundamente y se realiza en mejores condiciones un racionamiento estival del agua, regular y progresivo necesario para asegurar una buena maduración de los racimos. Los trabajos de drenaje permiten la utilización de tierras poco favorables al desarrollo de raíces pero que presentan un potencial cualitativo interesante y, quizás, excepcional (Château Pétrus, por ejemplo, en Pomerol).

La necesidad de drenaje se aprecia por el aspecto de la vegetación tanto si comprende especies de zonas húmedas (cañas, colas de caballo, ranúnculos...) como por ciertos comportamientos del precedente cultural; las secciones de raíces de viña sometidas a asfixia tienen un color rosa, quizás marrón-rojizo más oscuro por el centro o así mismo de color azulado en lugar de marfil. El examen del perfil del suelo revela las capas impermeables que provocan el exceso de humedad y procura valiosas indicaciones para la ejecución de los trabajos. Antes de proceder al drenaje hace falta trazar un plano topográfico de la parcela, con su situación dentro de la cuenca vertiente y la red hidrográfica con el fin de elegir los emisarios y de evaluar, eventualmente, la entrada de aguas del exterior. Este plano es útilmente completado con un estudio de los perfiles culturales del terreno con el fin de comprender las causas de la hidromorfía, de apreciar la permeabilidad de los suelos y de evaluar los riesgos de colmatación mineral o bacteriana de los drenes. El saneamiento hídrico del suelo se puede efectuar mediante fosas abiertas pero esta técnica causa importantes pérdidas de la superficie del suelo, estorba el paso de tractores y necesita costosas labores de mantenimiento. Se mejora, quizás cubriendo las fosas después de haber acondicionado en el fondo un sistema de evacuación de las aguas. Sin embargo, como el precio de coste de estos trabajos excede el del drenaje propiamente dicho, se prefiere este último.

El drenaje consiste en evacuar el exceso de agua con la ayuda de canalizaciones enterradas, en mampostería o plástico, a las que se da la pendiente necesaria. Los inconvenientes señalados más arriba desaparecen, pero la colocación de los drenes debe ser efectuada de una manera muy cuidadosa, ya que si no, se producen obstrucciones y son necesarias costosas intervenciones para restaurar los tubos al estado funcional. El drenaje representa una inversión importante (20 a 55.000 francos/ha), variable según la topografía del terreno, la densidad de drenes, la naturaleza del suelo que necesita a veces que los drenes se recubran con gravilla, la importancia de las obras complementarias. A partir de los resultados del levantamiento topográfico e hidrológico y del estudio edafológico, el técnico fijará las características de la red de drenaje:

- emplazamiento y pendiente de los colectores principales y secundarios;
- sentido de los drenes, pendientes límites a respetar;
- profundidad y separación de los drenes;
- utilización o no de terraplenes porosos o de filtros anticolmataciones.

2.5. Acondicionamientos que limitan los efectos del viento y del aire frío

Las zonas expuestas al viento (mistral en las Côtes-du-Rhône, autan y tramontana en Corbières, vientos del Oeste sobre la fachada atlántica) y las situaciones sumisas al aire frío y húmedo pueden afectar a la viña y producir daños importantes (roturas, salinidad, folletaje, heladas, mildiu, podredumbre gris).

2.5.1. Drenaje del aire frío y del aire húmedo

El aire frío circula a lo largo de las pendientes como lo hace una masa de agua, puede ser bloqueado por un dique o un muro sobre el que se acumula, de otra manera desciende a cotas bajas donde puede estancarse en las hondonadas si no es movilizado por el viento. En invierno y sobre todo en primavera, la acumulación de aire frío aumenta los riesgos de helada. Por otra parte, un suelo cubierto de vegetación (pradera, seto, bosque, eriales) refresca el aire que se desplaza a parcelas vecinas, sobre todo si están situadas más abajo. Durante la temporada, la presencia de aire fresco y húmedo crea las condiciones favorables para las enfermedades criptogámicas (mildiu, podredumbre gris) y retrasa la maduración.

Para limitar estos efectos, hace falta favorecer la circulación de aire. En llano o en fondo de valle, es prácticamente imposible modificar el carácter gélido en invierno y primavera y mejorar el mesoclima para el periodo activo de la vegetación. Sobre las pendientes la evacuación del aire deberá buscarse interviniendo, en la medida de lo posible, con la supresión de setos en partes inferiores, desbroces y aclareos de bosques vecinos, plantaciones siguiendo el sentido de la pendiente o abombando el terreno a la hora de realizar la nivelación. Como sucede a menudo que las masas vegetales, en la parte superior o inferior de la parcela (bosques, sotobosques, setos) se encuentran próximas, no se plantara a menos de 15 a 30 metros según las situaciones.

2.5.2. Setos cortavientos

Las situaciones fuertemente expuestas al viento pueden ser, en ciertos momentos, nefastas para la viña y producir daños (ramas rajadas o arrancadas, vegetación «peinada» e inclinaciones en el sentido del viento a veces con desequilibrio estructural del porte, o las espalderas volcadas) favoreciendo la sequía, quizás la folletaje por aumento de la evapotranspiración, dificultando los tratamientos fitosanitarios y herbicidas, favoreciendo la salinización en los viñedos del litoral mediterráneo o del atlántico (Île-de-Ré por ejemplo).

Para limitar estos efectos, es necesario reducir la velocidad del viento con la ayuda de cortavientos que pueden ser permeables o impermeables:

– los *cortavientos permeables*: que dejan pasar una parte del aire (40% del total en la parte frontal) están constituidos por dos filas de árboles separadas entre 12 y 15 veces su altura (la protección pasa a 20 veces cuando el cortavientos está aislado en su entorno).
– los *cortavientos impermeables*: están constituídos por hileras de coníferas tupidas y separadas menos de 5 veces su altura, más allá de este máximo, el viento se revuelve y provoca turbulencias; se puede mejorar la dispersión del viento con la ayuda del seto cortaviento manteniendo permeable la base de la fila.

2.6. Desfonde y subsolado

Después del acondicionamiento del terreno, el viticultor debe preparar el suelo removiéndolo hasta una cierta profundidad. En efecto, las raíces de las plantas jóvenes deben encontrar las condiciones favorables para su desarrollo durante el trascurso de los primeros años. El sistema radicular de la vid está entonces en una fase de exploración y colonización donde la desarrollo condiciona el éxito de la plantación y la pujanza inicial de las plantas. Como consecuencia, los diferentes horizontes removidos y explorados en un principio de forma preferente por las raíces, van a recobrar una heterogeneidad bajo el efecto de la desaparición progresiva de los efectos del desfonde o del subsolado.

La remoción debe favorecer la exploración lateral y la penetración de las raíces en los horizontes profundos, igual que bajo la zona que será trabajada. Es deseable que el sistema radicular sea bastante denso en el horizonte trabajado (se constata que el máximo de raíces se encuentra entre 20 y 50-60 cm) pero también importa que una parte de las raíces se instalen más profundamente con el fin de favorecer la resistencia a la sequía de la vid y de permitir una alimentación de agua moderada durante la fase de maduración.

– *Cuando el sistema radicular de la vid es sólo superficial*, debido a una remoción inicial insuficiente o de condiciones limitantes a la penetración de las raíces (*alios*, capa freática, roca dura, arcilla compacta), la alimentación de agua de las plantas corre el riesgo de ser excesiva en primavera e inducir un vigor elevado y, quizás, condiciones de asfixia radicular; más tarde, a lo largo del verano, la sequía de la zona superficial explorada por las raíces corre el riesgo de producir un estrés hídrico que origine una maduración incompleta mientras que, al contrario, la rehumectación de esta zona por las lluvias antes de la cosecha tendrá un efecto inmediato sobre la turgencia de los racimos y ocasionará una pérdida de calidad por maduración insuficiente y por desarrollo de la podredumbre gris en los granos del racimo.
– *Cuando una parte del sistema radicular está instalado en profundidad*, la alimentación hídrica y mineral de la vid se realiza en primavera por las raíces superficiales, pero, en el futuro, y a medida que se produce la desecación vertical del suelo, la cabellera radicular sigue su crecimiento particularmente sobre las raíces más profundas; esta reactivación a finales de primavera de la absorción radicular en las capas profundas del suelo permite a estos viñedos resistir mejor la sequía y asegurar un racionamiento regular y progresivo, condición favorable para asegurar una buena maduración de los racimos y reducir los riesgos de podredumbre gris.

Figura 2
Desfonde.

La remoción del suelo antes de la plantación consiste entonces, en descompactar, en fragmentar el suelo y subsuelo hasta unos 40-70 cm de profundidad con el fin de crear las condiciones de aireación y fertilidad favorables para la implantación del sistema radicular en un gran volumen de suelo, pero también en agrietar el subsuelo en profundidad para facilitar la penetración de determinadas raíces. La elección de la técnica, del momento y de la profundidad de realización de las labores de remoción se determinan a partir del conocimiento del perfil del suelo. Es también la ocasión para extraer el máximo de raíces por razones de orden sanitario (entrenudo corto y podredumbre).

El desfonde (o desfondado) propiamente dicho, es una labor profunda realizada para toda la duración de la viña, las pasadas ulteriores del arado no excederán de 15-20 cm con la excepción de determinados subsolados. Es una labor muy importante que debe hacerse con mucho cuidado. El desfonde no está concebido más que para los suelos en los que la capa arable y la capa profunda son sensiblemente de la misma composición, o como mucho, cuando las cualidades de la tierra profunda pueden corregir ciertos defectos del suelo.

La profundidad deseable aumenta a la vez que los riesgos de sequía: de 0,4 a 0,5 metros en Bourgogne y Champagne, pasa a 0,6-0,7 en el Midi. En los terrenos profundos y homogéneos, sobre todo en el caso de arenas, no es necesario alcanzar grandes profundidades porque la modificación conseguida es de corta duración. Cuando tememos un exceso de agua, el trabajo se efectúa según la línea de máxima pendiente; al contrario, en las situaciones que hagan presagiar sequía, la labor es realizada en el sentido perpendicular a la pendiente; cuando se vaya a abombar la parcela en terreno llano para facilitar la evacuación del agua de escorrentía por los canales, se realizarán las labores vertiendo la tierra hacia centro de la parcela.

Esta labor profunda debe ser efectuada varios meses antes de la plantación, preferentemente en el transcurso del verano o a comienzos del otoño para los suelos de textura fuerte, con buena estabilidad estructural, porque la alternancia de periodos donde el suelo está seco, húmedo, helado facilita la separación de la tierra. En cambio cuando los contenidos en limos y arenas muy finos dan al suelo un carácter enfangante (*battant*) y asfixiante, el desfonde se efectúa cuando el suelo está escurrido (*ressuyé*) en invierno o al principio de la primavera, algún tiempo antes de la plantación. Es necesario evitar una labor de desfonde en terreno arcilloso cuando el suelo está muy húmedo, aún más si la labor entierra materia orgánica ya que se formará una suela de labor que podría limitar la profundidad de establecimiento de las raíces.

Sobre los desbroces de masas de encinas y en las parcelas en las que se han arrancado viñas atacadas de entrenudo corto o de podredumbre, es aconsejable esperar y realizar varios desfondes y extraigan cuidadosamente el máximo de raíces.

El *subsolado* por paso del subsolador o del ripper viene a complementar o reemplazar al desfonde, cuando el suelo no permite la labor profunda, por exceso de pedregosidad, caliza, arcillosa o con una excesiva concentración de sal. El subsolado permite fragmentar la tierra evitando la subida de partículas no deseables y pobres a la superficie. La preparación del suelo se puede hacer únicamente por pasadas sucesivas del subsolado o del ripper especialmente cuando el suelo es muy pedregoso con muy poca tierra fina (esquistos). Cuando el suelo es difícil de preparar, el subsolado puede preceder a un desfonde moderado (horizonte superficial compactado, difícilmente penetrable). En ningún caso, el subsolado permite extraer las raíces. El trabajo debe forzosamente ser realizado cuando el suelo esté seco o, al menos, bien escurrido de cara a facilitar la fragmentación y la formación de grietas; la mejor época se sitúa en pleno verano.

2.7. Abonado de fondo antes de la plantación

Las enmiendas y el abonado de fondo tienen por objeto la mejora conjunta de las propiedades del suelo (consultar el capítulo sobre la fertilización en la parte 3, capítulo 2):

- mejorar la estabilidad estructural, la permeabilidad, la profundidad explotable;
- favorecer la alimentación mineral de la viña joven durante el periodo de enraizamiento;
- corregir ciertos defectos del suelo: acidez o exceso de caliza, carencia o toxicidad de ciertos oligoelementos;
- almacenar en profundidad reservas de elementos poco movibles como el ácido fosfórico y la potasa en suelos arcillosos.

2.7.1. Enmiendas orgánicas

La materia orgánica es un elemento esencial de la fertilidad de los suelos. Ahora bien, muchos suelos vitícolas son pobres en humus (1 a 2%) y la simple compensación de pérdidas anuales (del orden del 2%) exige aportes masivos. La mejora de la reserva de humus no puede hacerse más que con un aporte importante de materia orgánica de origen vegetal. La naturaleza de las materias orgánicas utilizadas es muy variada: estiércol, compost urbano, restos de racimos tras la destilación, cortezas de resinosas, turbas... El tonelaje a aportar depende de la tasa de humus del suelo, de su textura, y de su estabilidad estructural, pero también de la naturaleza de la enmienda. Un aporte medio a base de estiércol de vaca, corresponde a 40-50 toneladas/ha.

Para evitar la formación de un horizonte asfixiante en profundidad, particularmente en suelos limosos, las enmiendas orgánicas han de ser enterradas con una labor de alzado de profundidad media. Pueden ser enterradas tras el desfonde, en particular si se ha practicado la desinfección del suelo. Cuando son necesarios aportes cálcicos y orgánicos no conviene ponerlos en contacto y, por tanto, se incorporaran al suelo sucesivamente por medio de labores o trabajos superficiales.

2.7.2. Corrección de suelos ácidos

Un cierto número de viñedos están instalados sobre suelos ácidos: en Roussillon, en Graves y Médoc en Burdeos, en Alsace, por ejemplo. Esta acidez está ligada tanto al desbroce de zonas forestales donde el pH está cerca de 4,5, como a la acidificación por pérdida de cationes, fenómeno aún más importante cuando el suelo es más permeable.

La corrección de suelos con un pH excesivamente ácido y con débil tasa de saturación de la capacidad de intercambio es indispensable para evitar los riesgos de toxicidad por aluminio, por manganeso o por cobre o los riesgos de carencia por Boro. Para ello se utilizan calizas desmenuzadas o enmiendas calco-magnesianas. Las dosis a aportar pueden ser importantes (5 a 20 t/ha) pero se fraccionan y reparten en varios años cuando el suelo es muy permeable; estas dosis se determinan a partir del análisis del suelo.

2.7.3. Abonado mineral de fondo

El desfonde es la ocasión para aportar en profundidad los elementos poco movibles como la potasa y el anhídrido fosfórico. Las dosis a aportar son determinadas a partir del análisis del suelo. La forma del aporte depende del pH del suelo: por ejemplo, el potasio es aportado en forma de escorias en suelos ácidos y de cloruro o de sulfato en suelos calcáreos. El abonado potásico de fondo con desfonde no es utilizado en los suelos permeables ni en los suelos ácidos, un abonado regular de mantenimiento es suficiente para satisfacer las necesidades de la vid.

CAPÍTULO 2

RAZONAR LAS ALTERNATIVAS TÉCNICAS

1. Reglamentación
2. Razonar la elección de la variedad
3. Razonar la elección del patrón
4. Razonar la elección del sistema de conducción

1. REGLAMENTACIÓN

1.1. Decisiones con respecto a la reglamentación

1.1.1. Marco legal

El cultivo de la vid está regulado en los países de la Unión europea por el reglamento (CE) 1493/99, del Consejo, de 17 de mayo, que establece la organización común del mercado vitivinícola y por los reglamentos que lo desarrollan.

En España, junto a normativa nacional que adapta los reglamentos comunitarios, debe tenerse en cuenta la Ley 25/1970, de 2 de diciembre, Estatuto de la Viña, del Vino y de los Alcoholes.

1.1.2. Principios

La regulación de las plantaciones de viñas con variedades clasificadas como uvas para vinificación tiene los siguientes objetivos:

a) adaptar el potencial de producción a las necesidades del mercado,
b) garantizar la mejora cualitativa de los vinos,

c) estimular la competitividad de la viticultura europea en los mercados inter-
nacionales,

d) reducir los niveles de destilación; y

e) fomentar la formación de agrupaciones de productores que contribuyan a la
obtención de los objetivos perseguidos.

La normativa actual limita la autorización de las plantaciones de vid para vinificación a las replantaciones después de un arranque; constituyendo una excepción
la autorización de las nuevas plantaciones.

También queda prohibido el sobreinjerto de variedades de uvas de vinificación
en variedades de uvas que no sean de vinificación.

Para plantar vides hace falta poseer un derecho de replantación, adquirir un
derecho de plantación mediante transferencia de derechos, o beneficiarse de
una autorización de nueva plantación. Además, las plantaciones deben realizarse respetando la regulación particular relativa a las condiciones de producción de los vinos del país o de los vinos de calidad producidos en regiones
determinadas.

1.2. Regularización de las plantaciones de vides

El cultivo, en España, de vides para vinificación requiere autorización previa a
la plantación de la autoridad competente de la Comunidad Autónoma donde se
encuentre la parcela a plantar.

La producción de las parcelas de viñedo para vinificación plantadas irregularmente antes del 1 de septiembre de 1998 solo podrá comercializarse con destino a
destilación. Sin embargo, el Real Decreto 1472/2000, ha establecido, en aquellas
regiones donde se haya efectuado un inventario del potencial vitícola y sin perjuicio de las sanciones previstas en el artículo 2 del Reglamento (CE) 1493/1999, un
sistema de regularización de éstos viñedos, mediante:

a) Concesión de derechos retroactivos demostrables cuando se hayan cum-
plido determinadas condiciones (arranques sustitutivos, cultivo anterior a la
Ley del Estatuto de la Viña, el Vino y los Alcoholes, medidas de concentración parcelaria o de expropiación), o

b) Aportando derechos de replantación que cubran la superficie a regularizar
incrementada en un 50 %.

La regularización corresponde al órgano competente de la Comunidad Autónoma en la que radique la parcela a regularizar y deberá solicitarla el productor
antes del 31 de marzo de 2002.

Los viñedos para vinificación plantados irregularmente después del 1 de septiembre de 1998 deben ser arrancadas por el propietario, sin perjuicio de las sanciones que correspondan.

1.3. Reglamentación de nuevas plantaciones

Aún cuando la nueva plantación de vides con variedades clasificadas como
uvas para vinificación, queda prohibida hasta el 31 de julio de 2010, salvo en casos
de experimentación vitícola, cultivo de plantas madre de injerto o en el marco de

medidas de concentración parcelaria o de expropiación, los estados miembros de la Unión europea podrán conceder derechos de nueva plantación antes del 31 de julio de 2003 para superficies destinadas a la producción de vinos con Denominación de Origen o de vino de mesa designado mediante una indicación geográfica cuando se haya reconocido que, debido a su calidad, la producción de ese vino está muy por debajo de su demanda.

Los derechos de nueva plantación deberán ser utilizados: para los fines autorizados, por los productores beneficiarios y ejecutados antes de que finalice la segunda campaña siguiente a aquella en la que se haya concedido. Los derechos no utilizados durante ese periodo pasaran a una reserva nacional o regional.

Los derechos de plantación de nueva creación concedidos por la Comisión de la Unión europea a los estados miembros han sido de 51.000 ha contingentadas por países (17.355 ha para España, 13.565 ha para Francia, 12.933 ha para Italia, etc.), destinando 17.000 ha a una reserva comunitaria.

Los derechos de la reserva comunitaria podrán ser adjudicados por la Comisión a los estados miembros para que sean aplicados en regiones donde pueda demostrarse la existencia de necesidades adicionales.

Los derechos adjudicados a España por la Unión Europea serán distribuidos por el Ministerio de Agricultura, Pesca y Alimentación entre las Comunidades Autónomas teniendo en cuenta los siguientes criterios:

1. Precio de la uva y del vino en cada Comunidad Autónoma.
2. Porcentaje de vino comercializado en cada Comunidad Autónoma con Denominación de Origen o con indicación geográfica en relación con su producción total de vino.
3. Porcentaje de vino comercializado embotellado o envasado en cada Comunidad Autónoma en relación con el total producido o comercializado.
4. Porcentaje y evolución de la superficie de viñedo de cada Comunidad Autónoma inscrita en Denominación de Origen o en vino de mesa con indicación geográfica, respecto de su superficie total de viñedo.
5. Porcentaje de la producción total de vino de la Comunidad Autónoma que se destina a la destilación voluntaria.

1.4. Reglamentación de las replantaciones

Los productores que hayan procedido al arranque de una superficie plantada de vid adquieren derechos de replantación por una superficie equivalente en cultivo puro a la superficie arrancada. También podrán adquirir derechos de replantación anticipada para plantar una superficie determinada los productores que se comprometan a proceder al arranque en una superficie plantada de vid equivalente antes de que finalice la segunda campaña posterior a la plantación de la superficie. Dicho compromiso deberá ir acompañado de las garantías que establezcan las autoridades competentes.

Los derechos de replantación se ejercitarán dentro de la explotación para la que se concede. No obstante, los derechos de replantación podrán transferirse total o parcialmente a otra explotación dentro del mismo Estado miembro:

a) Cuando la parcela a la que pertenezcan los derechos se transfiera por cualquier negocio jurídico ínter vivos o mortis causa.

b) Cuando se transmita los derechos a una parcela que se destine a la producción de vinos de Denominación de Origen o vinos de mesa designados mediante indicación geográfica o al cultivo de viñas para injerto.

No se autoriza la transferencia de derechos de replantación anticipada o cuya vigencia ha prescrito.

La transferencia de derechos no podrá en ningún caso suponer incremento del potencial productivo vitícola; los Estados miembros deberán tomar las medidas de ajuste correspondiente.

En cumplimiento de esta norma y para la campaña de replantación 2000-2001, el ministerio de agricultura, Pesca y Alimentación, con base a los datos de las comunidades Autónomas ha publicado (O.M. de 8 de noviembre de 2000) los rendimientos a tener en cuenta en la transferencia de derechos cuando se deban efectuar los correspondientes ajustes de superficie para cumplir los requisitos comunitarios de no incrementar el potencial productivo vitícola.

Los derechos de replantación deberán utilizarse antes de que finalice la octava campaña siguiente a aquella durante la cual se haya procedido al arranque previamente declarado. Además, los derechos adquiridos por transferencia deberán utilizarse antes de que finalice la segunda campaña desde la autorización de la transferencia.

La autorización de transferencia de derechos corresponde al Ministerio de Agricultura, Pesca y Alimentación:

a) Cuando se realice entre parcelas que se encuentran situadas en distintas Comunidades Autónomas,

b) Cuando, aún perteneciendo las parcelas a la misma Comunidad Autónoma, la transferencia de derechos pretendida suponga la salida o la entrada de derechos en una Denominación de Origen que abarque el territorio de varias Comunidades Autónomas.

Corresponde conceder la autorización de transferencia de derechos de replantación a las Comunidades Autónomas cuando se realice entre titulares de parcelas que estén situados dentro de su territorio, excepto en el caso b), anterior.

No se considerará transferencia la cesión de derechos de replantación entre dos parcelas del mismo titular. No obstante, cuando se trate de parcelas situadas en diferentes Comunidades Autónomas, o una de ellas en una Denominación de Origen que abarque el territorio de varias Comunidades Autónomas, será necesaria, como requisito previo a la autorización de plantación por la Comunidad Autónoma correspondiente, la autorización del Ministerio de Agricultura, Pesca y Alimentación.

La autorización de transferencia de derechos de replantación está supeditada al cumplimiento del solicitante de las condiciones siguientes:

a) Tener regularizada la totalidad de su viñedo de conformidad con la normativa vitícola vigente.

b) No haber transferido derechos de replantación, ni haberse beneficiado de una prima de abandono definitivo, durante la campaña en curso o durante las cinco campañas precedentes.

c) Las plantaciones a efectuar con derechos de plantación deberán cumplir la normativa reguladora específica de la Denominación de Origen correspondiente o tener derecho a comercializar el vino de mesa producido con una indicación geográfica.

1.5. Primas de abandono

Podrá concederse, a los productores de superficies vitícolas cultivadas con variedades calificadas para la producción de uvas de vinificación, una prima por el abandono definitivo de la viticultura en una superficie determinada en el marco de Planes de Abandono aprobados por las Comunidades Autónomas. En dichos Planes se delimitarán las superficies en las que serán aplicadas las primas y las condiciones que se deben cumplir para poder optar a la medida.

La Unión europea establece el límite máximo de la prima por arranque, correspondiendo a los Estados miembros fijar el importe aplicable en el ámbito de su territorio, teniendo en cuenta:

1. El rendimiento agrícola o la capacidad de producción de la explotación.
2. El método de producción.
3. La superficie de que se trate en relación con la superficie total de la explotación.
4. El tipo de vino producido.
5. La existencia de cultivos asociados.

La concesión de la prima supondrá para el viticultor la pérdida del derecho de replantación de la superficie objeto de la prima.

1.6. Planes de reestructuración y reconversión

Con el fin de adaptar la producción a la demanda del mercado, la Unión europea ha establecido un régimen de ayudas para la reestructuración y reconversión de los viñedos destinados a la producción de uvas de vinificación:

Las acciones acogidas al régimen son:

a) reconversión varietal, incluida la efectuada mediante sobreinjerto,

b) reimplantación de viñedos,

c) mejora de las técnicas de gestión de viñedos.

El régimen no cubre la renovación de viñedos por edad, las acciones que se hayan beneficiado de ayudas en los últimos diez años, los viñedos con menos de diez años, y aquellos viñedos cuyos titulares no tengan regularizadas la totalidad de sus parcelas.

El régimen de reestructuración y reconversión se desarrollará a través de los Planes correspondientes que incluirán las acciones a realizar y que, presentados por los interesados, deberán ser aprobados por los servicios correspondientes de la Comunidad Autónoma en donde radiquen las parcelas afectadas por el Plan.

Los Planes de reestructuración y reconversión no incrementarán, en ningún caso, el potencial de producción de la superficie afectada por los mismos.

Salvo circunstancias especiales que aconsejen la admisión de Planes individuales, éstos serán colectivos, con un número mínimo de 20 viticultores. Las Comunidades Autónomas podrán reducir a 5 el número de viticultores afectados por los Planes cuando circunstancias especiales así lo aconsejen.

Corresponde a las Comunidades Autónomas aprobar los Planes de reestructuración y reconversión teniendo en cuenta los criterios de prioridad del Real Decreto 1472/2000, pero estableciendo las prioridades particulares de sus regiones, potenciando especialmente a los jóvenes agricultores y a los agricultores a título principal.

Los Planes serán ejecutados en un máximo de ocho años siguientes a su aprobación por la Comunidad Autónoma, siendo el plazo máximo de ejecución de cada medidas de cinco años.

La ayuda financiera comunitaria para la ejecución de los Planes de reestructuración y reconversión no superará el 50 % de los costes del Plan. No obstante, en las zonas de objetivo 1 (Reglamento (CE) 1260/1999, de Consejo, de 21 de junio de 1999 podrá llegar al 75 %. El Ministerio de Agricultura, Pesca y Alimentación ha establecido los importes máximos admisibles de los costes de reestructuración y reconversión en el anejo II del Real Decreto 1472/2000, de 4 de agosto.

Las ayudas se destinan a compensar a los productores participantes en el plan en la pérdida de ingresos derivada de la aplicación del mismo, y a participar en los costes de las acciones del Plan.

1.7. Reglamentación del encepamiento

La especie *Vitis vinifera* L. o el cruce de esta especie con otras del género vitis puede destinarse a:
1. Producir uva para la elaboración de vinos para consumo humano directo.
2. Producir uva de mesa.
3. Producir uva para destinos particulares distintos de loa anteriores (zumo de uva, secado, uva para la industria conservera, etc.).
4. Producir material de multiplicación vegetativa de la vid y de la que se obtenga la parte subterránea de la planta (Patrón o portainjerto).

El Reglamento (CE) 1493/99, del Consejo, establece que las plantaciones, replantaciones o reinjertos de variedades con destino a la producción de vino en la Unión europea deben de pertenecer a una clasificación establecida por los diferentes Estados miembros. La clasificación tiene tres categorías para la uva para vinificación: recomendadas, autorizadas y de conservación vegetal.

El Real Decreto 1472/2000, de 4 de agosto, establece para cada Comunidad Autónoma una lista de variedades recomendadas y variedades autorizadas de uva de vinificación y de uva de mesa y de variedades recomendadas para patrones (Anejo).

Esta clasificación y las medidas indicativas de la política vitivinícola tienen como finalidad orientar a los viticultores en la elección de las variedades y patrones de su viñedo en el sentido de calidad.

1.7.1. Clasificación de las variedades de vid

A. VARIEDADES DE UVA DE VINIFICACIÓN

1. Comunidad Autónoma de Galicia

Provincias: A Coruña, Lugo, Ourense y Pontevedra

Variedades recomendadas:

Albariño, B.
Blanca de Monterrei, B.

Brancellao, Brancello, T.
Caiño tinto, Caiño bravo, Cachón, T.
Espadeiro, Torneiro, T.
Ferrón, T.
Godello, B.
Lado, B.
Loureira, Loureiro blanco, Marqués, B.
Loureiro tinto, T.
Mencía, T.
Merenzao, María Ordoña, Bastardo, T.
Mouratón, Negreda, T.
Moza Fresca, Dona Blanca, B.
Sousón, Tintilla, T.
Torrontés, B.
Treixadura, B.

Variedades autorizadas:

Albillo, B.
Caiño blanco, B.
Garnacha tintorera, T.
Gran Negro, T.
Palomino, B.
Pedral, Dozal, T.
Tempranillo, T.
Viura, Macabeo, B.

2. Comunidad Autónoma del Principado de Asturias

Variedades recomendadas:

Ninguna.

Variedades autorizadas:

Albarín blanco, B.
Albillo, B.
Garnacha tintorera, T.
Mencía, T.
Picapoll blanco, Extra, B.
Verdejo negro, T.

3. Comunidad Autónoma de Cantabria

Variedades recomendadas:
Ninguna.

Variedades autorizadas:
Mencía, T,
Palomino, B.

4. Comunidad Autónoma del País Vasco

Provincias: Álava, Guipúzcoa, Vizcaya

Variedades recomendadas:

Garnacha tinta, T.
Graciano, T.
Ondarrabi Beltza, T.
Ondarrabi Zuri, B.
Mazuela, T.
Tempranillo, T.
Viura, B.

Variedades autorizadas:

Folle Blanche, B.
Garnacha blanca, B.
Malvasía, B.

5. Comunidad Foral de Navarra

Variedades recomendadas:

Cabernet Sauvignon, T.
Garnacha tinta, T.
Graciano, T.
Mazuela, T.
Moscatel de grano menudo, B.
Tempranillo, T.
Viura, B.

Variedades autorizadas:

Chardonnay, B.
Garnacha blanca, B.
Malvasía, B.
Merlot, T.

6. Comunidad Autónoma de La Rioja

Variedades recomendadas:

Chardonnay, B.
Graciano,T.
Mazuela, T.
Moscatel de Alejandría, B.
Moscatel de Grano Menudo, B.
Pinot Noir, T.
Tempranillo, T.
Viura, B.

Variedades autorizadas:

Garnacha blanca, B.
Garnacha tinta, T.
Malvasía, B.
Monastrell, T.
Parellada, B.
Xarello, B.

7. Comunidad Autónoma de Aragón

Provincias: Huesca, Teruel, Zaragoza

Variedades recomendadas:

Cabernet Sauvignon, T.
Chardonnay, B.
Garnacha blanca, B.
Garnacha peluda, T.
Garnacha tinta, T.
Gewurz-Traminer, B.
Juan Ibáñez, Concejón, T.
Mazuela, T.
Merlot, T.
Moristel, T.
Moscatel de Alejandría, B.
Pinot noir, T.
Riesling, B,
Tempranillo, Cencibel, T.
Viura, Macabeo, B.

Variedades autorizadas:

Alcañón, B.
Bobal, T.
Cabernet Franc, T.
Chenin, B.
Derechero, T.
Gamay, T.
Garnacha tintorera, T.
Graciano, T.
Malvasía, Rojal, B.
Miguel del Arco, T.
Monastrell, T.
Parellada, B.
Parraleta, T.
Robal, B.
Syrah, T.
Xarello, B.

8. Comunidad Autónoma de Cataluña

Provincias: Barcelona, Girona, Lleida, Tarragona

Variedades recomendadas:

Cabernet Franc, T.
Cabernet Sauvignon, T.
Chardonnay, B.
Garnacha blanca, B.
Garnacha peluda, T.
Garnacha tinta, Lladoner, T.
Mazuela, Samsó, T.
Merlot T.
Monastrell, Morastrell, T.
Moscatel de Alejandría, B.
Parellada, Montonec, Montonega, B.
Picapoll blanco, B.
Pinot noir, T.
Riesling, B.
Sauvignon blanco, B.
Syrah, T.
Tempranillo, Ull de Llebre, T.
Trepat, T.
Viura, Macabeo, B.
Xarello, Cartoixa, Pansal, Pansa Blanca, B.

Variedades autorizadas:

Chenin, B.
Gewurztraminer, B.
Garnacha tintorera, T.
Malvasía, Subirat parent, B.
Malvasía de Sitges, Malvasía grossa, B.
Pedro Ximénez, B.
Picapoll negra. T.
Sumoll, B.
Sumoll, T.
Vinyater, B.

9. Comunidad Autónoma de las Islas Baleares

Variedades recomendadas:

Callet, T.
Manto negro, T.
Moll, Pensal blanca, Prensal, B.

Variedades autorizadas:

Cabernet Sauvignon, T.
Chardonnay, B.

Fogoneu, T.
Macabeo, Viura, B.
Malvasía, B.
Merlot, T.
Monastrell, T.
Moscatel de Alejandría, B.
Parellada, B.
Syrah, T.
Tempranillo, T.

10. Comunidad de Madrid

Variedades recomendadas:

Albillo, B.
Garnacha tinta, T.
Malvar, B
Tempranillo, Cencibel, Tinto fino, T.

Variedades autorizadas:

Airén, B.
Cabernet Sauvignon, T.
Merlot T.
Parellada, B.
Torrontés, B.
Viura, B.

11. Comunidad Autónoma de Castilla y León

Provincias: Ávila, Burgos, León, Palencia, Salamaca, Segovia, Soria, Valladolid, Zamora

Variedades recomendadas:

Albillo, B.
Garnacha tinta, T.
Malvasía, Rojal, B.
Mencía, T.
Moscatel de grano menudo, B.
Prieto Picudo, T.
Tempranillo, Tinto fino, Tinto del País, T.
Tinto de Toro, T.
Verdejo, B.
Viura, Macabeo, B.

Variedades autorizadas:

Cabernet Sauvignon, T.
Chelva, B.
Doña Blanca, B.
Garnacha roja, T.

Garnacha tintorera, T.
Godello, B.
Juan García, T.
Malbec, T.
Merlot, T.
Negral, T.
Palomino, B.
Pinot Noir, T.
Rufete, T.
Sauvignon blanco, B.

12. Comunidad Autónoma de Castilla-La Mancha

Provincias: Albacete, Ciudad Real, Cuenca, Guadalajara, Toledo

Variedades recomendadas:

Airén, B.
Albillo, B.
Coloraillo,T.
Garnacha tinta, T.
Garnacha tintorera, T.
Malvar, B.
Merseguera, Meseguera, B.
Monastrell, T.
Moscatel de grano menudo, B.
Pedro Ximénez, B.
Tempranillo, Cencíbel, Jacivera, T.
Tinto Velasco, Frasco, T.
Torrontés, Aris, B.
Viura, B.

Variedades autorizadas:

Bobal, T.
Cabernet Sauvignan, T.
Chardonnay, B.
Forcallat tinta, T.
Garnacha peluda, T.
Jaén, B.
Malvasía, B.
Marisancho, Pardillo, B.
Merlot, T.
Moravia agria, T.
Moravia dulce, Crujidera, T.
Negral, Tinto basto, T.
Petit Verdot, T.
Rojal tinta, T.
Sauvignon Blanc. B.
Syrah, T.

Tinto pampana blanca, T.
Verdoncho, B.

13. Comunidad Valenciana

Provincias: Alicante, Castellón, Valencia

Variedades recomendadas:

Bobal, T.
Cabernet Sauvignon, T.
Chardonnay, B.
Garnacha tinta, Gironet, T.
Garnacha tintorera, Tintorera, T.
Malvasía, Subirat, B.
Merlot, T.
Merseguera, Exquitsagos, Verdosilla, B.
Monastrell, T.
Moscatel de Alejandría, B.
Pedro Ximénez, B.
Planta fina de Pedralba, Planta Angort, B.
Tempranillo, Tinto fino, T.
Viura, Macabeo, B.

Variedades autorizadas:

Airén, Forcallat blanca, B.
Bonicaire, Embolicaire, T.
Pinot noir, T.
Planta nova, Tardana, B.
Tortosí, B.
Verdil, B.

14. Comunidad Autónoma de la Región de Murcia

Variedades recomendadas:

Airén, B.
Garnacha tinta, T.
Merseguera, Meseguera, B.
Monastrell, T.
Moscatel de Alejandria, B.
Pedro Ximénez, B.
Tempranillo, Cencíbel, T.
Verdil, B.
Viura, Macabeo, B.

Variedades autorizadas:

Bonicaire, T.
Cabernet Sauvignon, T.
Forcallat blanca, B.
Forcallat tinta, T.

Garnacha tintorera, T
Malvasía, B.
Merlot, T.
Moravia dulce, Crujidera, T.
Syrah, T.

15. Comunidad Autónoma de Extremadura

Provincias: Badajoz, Cáceres

Variedades recomendadas

Alarije, B.
Borba, B.
Cabernet Sauvignon, T.
Chardonnay, B.
Cayetana Blanca, B.
Garnacha tinta, B.
Merlot, T.
Pardiña, Hoja vuelta, B.
Pedro Ximénez, B.
Syrah, T.
Tempranillo, Cencíbel, Tinto Fino, T.
Verdejo, B.
Viura, Macabeo, B.

Variedades autorizadas:

Bobal, T.
Chelva, Montúa, B.
Cigüente, B.
Eva, Beba de los Santos, B.
Garnacha Tintorera, T.
Graciano, T.
Jaén Blanco, B.
Jaén Tinto, T.
Malvar, B.
Mazuela, T.
Monastrell, T.
Morisca, T.
Moscatel de Alejandría, B.
Moscatel de Grano Menudo, B.
Parellada, B.
Perruno, B.
Pinot Noir, T.
Sauvignon Blanc, B.
Torrontés, B.
Xarello, B.

16. Comunidad Autónoma de Andalucía

Provincias: Almería, Cádiz, Córdoba, Granada, Huelva, Jaén, Málaga, Sevilla

Variedades recomendadas:

Baladí verdejo, B.
Garrido fino, B.
Listán, B.
Moscatel de Alejandría, B.
Palomino Fino, B.
Palomino, B.
Pedro Ximénez, B.

Variedades autorizadas:

Airén, Lairén, B.
Cabernet Franc, T.
Cabernet Sauvignon, T.
Chardonnay, B.
Calagraño, Jaén, B.
Chelva, Montua, Uva Rey, B.
Doradilla, B.
Garnacha Tinta, T.
Macabeo, B.
Merlot, T.
Molinera, T.
Mollar cano, T.
Monastrell, T.
Moscatel de grano menudo, Moscatel morisco, B.
Perruno, B.
Pinot Noir, T.
Prieto Picudo, T.
Rome, T.
Sauvignon Blanc, B.
Syrah, T.
Tempranillo, T.
Tintilla de Rota, T.
Torrontés, B.
Vijiriego, Vijariego, B.
Zalema, B.

17. Comunidad Autónoma de Canarias

Provincias: Las Palmas, Santa Cruz de Tenerife

Variedades recomendadas:

Albillo, B.
Bermejuela, Marmajuelo, B.
Castellana Negra, T.
Forastera Blanca, Doradilla, B.
Gual, B.
Listán Negro, Almuñeco, T.
Malvasía, B.
Malvasía Rosada, T.

Moscatel de Alejandría, B.
Negramoll, Mulata, T.
Sabro, B.
Tintilla, T.
Verdello, B.
Vijariego, Diego, B.

Variedades autorizadas:

Bastardo blanco, Baboso blanco, B.
Bastardo negro, Baboso negro, T.
Breval, B.
Burrablanca, B.
Cabernet Sauvignon, T.
Listán Blanco, B.
Listán Prieto, T.
Merlot, T.
Moscatel Negro, T.
Pedro Ximénez, B.
Pinot Noir, T.
Ruby Cabernet, T.
Syrah, T.
Tempranillo, T.
Torrontés, B.
Vijariego Negro, T.

B. VARIEDADES DE UVA DE MESA

Todas las Comunidades Autónomas

Variedades recomendadas:

Albillo, B.
Aledo, B.
Alfonso Lavallée, T.
Cardinal, T.
Calop, B.
Corazón de Cabrito, Teta de vaca, B.
Quiebratinajas, Pizzutello, T.
Chasselas dorada, Franceset, B.
Chelva, Montua, B.
Dominga, B.
Eva, Beba de los Santos, B.
Imperial, Napoleón, Don Mariano, T.
Italia, B.
Leopoldo III, T.
Molinera, T.
Moscatel de Alejandría, Moscatel de Málaga, B.
Naparo, T.
Ohanes, B.

Planta mula, T.
Planta nova, Tardana, Tortozón, B.
Ragol, T.
Reina de las Viñas. B.
Roseti, Rosaki, Regina, Dattier de Beyrouth, B.
Sultanina, B.
Valenci blanco, B.
Valenci tinto, T.

Variedades autorizadas:

Autum Black, T.
Autum Seedless, B.
Black Rose, T.   .
Blush Seedless, T.
Calmeria, B.
Centenial Seedless,B.
Christmas Rose, T.
Crimson Seedless.
Dobouki, B.
Dawn Seedless, B.
Doña María, Donna María, B.
Early Muscat, B.
Sugra five, B.
Emerald Seedless, B.
Exotic, T.
Fantasy Seedless.
Flame seedless, T.
Gold, B.
Matilde, B.
Perlette, B.
Queen, B.
Red Globe, T.
Ruby Seedless, T.
Sugra one, B.

C. VARIEDADES DE DESTINO PARTICULAR

Todas las Comunidades Autónomas

Producción de pasas:

Variedades recomendadas:

Moscatel de Alejandría, B.
Sultanina,B.

Variedades autorizadas:

Sugra five, B.
Sugra one, B.

Variedades de portainjertos

Todas las Comunidades Autónomas

Variedades recomendadas	Abreviaturas
1 Blanchard = Berlandieri × Colombard	BCl
196-17 Castel = 1203 Couderc (Mourviedro × Rupestris Martín) × Riparia Gloria	196-17 C
6736 Castel = Riparia × Rupestris de Lot	6 736 C!
161-49 Couderc = Riparia × Berlandieri	161-49 C
1616 Couderc = Solonis × Riparia	1616 C
3309 Couderc = Riparia tomentosa × Rupestris Martín	3 309 C
333 Escuela Montpellier = Cabernet Sauvignon × Berlandieri	333 EM
13-5 E.V.E Jerez = Descendencia de Berlandieri Resseguier n.° 2	13-5 EVE
5 A Martínez Zaporta = Autofecundación de 41	BSA MZ
41 B Millardet-Grasset = Chasselas × Berlandieri	41 B M
420 A Millardet-Grasset = Berlandieri Grasset × Riparia	420 A M
19-62 Millardet-Grassel = Malbec × Berlandieri	19-62 M
1 103 Paulson = Berlandieri Resseguier n.° 2 × Rupestris de Lot.	1 103 P
31 Richter = Berlandieri Resseguir n.° 2 × Novo Mexicana	31 R
99 Richter = Berlandieri Las Sorres × Rupestris de Lot	99 R
110 Richter = Berlandieri Resseguier n.° 2 × Rupestris Martín	110 R
140 Ruggeri = Berlandieri Resseguier n.° 2 × Rupestris de Lot	140 Ru
5 BB Teleki-Kober = Berlandieri × Riparia	5 BB T
S04 Selección Oppenheim del Teleki n.° 4 = Berlandieri × Riparia	S04
Rupestris du Lot	R de Lot

2. RAZONAR LA ELECCIÓN DE LA VARIEDAD

La elección de las variedades es determinante para orientar la producción vitícola de una explotación o de una región. Cada variedad tiene características específicas cuya expresión puede ser modulada por los elementos naturales (clima y suelo) y por las técnicas de conducción y los cuidados elegidos por el viticultor.

2.1. Elección según el valor específico de la variedad

2.1.1. Epoca de madurez

Para el desarrollo y la madurez de sus frutos, cada variedad tiene exigencias específicas relativas a sus necesidades en calor y su régimen hídrico que determinan la precocidad relativa de los estados fenológicos y en particular de la época de madurez. Las variedades son clasificadas en varios grupos en comparación con la madurez de la variedad Chasselas, tomada como referencia.

Para las variedades de vinificación, se distingue:

– el *grupo de las variedades precoces,* madurando dos semanas antes que Chasselas: Baco noir;

– el *grupo de las variedades de primera época*, madurando 5 días antes o después que Chasselas: Aligoté, Gamay, Meunier, Pinot gris, Pinot noir...
– el *grupo de las variedades de segunda época* madurando 12 a 15 días después que Chasselas: Cinsaut, Cabernet Sauvignon, Merlot, Chardonnay...
– el *grupo de las variedades de tercera época,* madurando 20 a 30 después que Chasselas: Mazuela, Aramón, Garnacha, Clairette, Ugni blanc...
– el *grupo de las variedades de cuarta época* madurando 35 a 45 días después de Chasselas.

2.1.2. Características organolépticas

Las variedades se distinguen por el color y el gusto de sus uvas y las calidades organolépticas de los vinos elaborados:
– el *color:* para la elaboración de los vinos tintos, las variedades deben proporcionar color suficiente; actualmente, escogiendo las variedades que están mejor adaptadas al terroir, controlando los rendimientos y utilizando técnicas de vinificación que permitan una mejor extracción de los polifenoles es posible obtener normalmente vinos suficientemente coloreados; ciertas variedades llamadas tintoreras, en las que tanto el hollejo como la pulpa contienen antocianos, tienen un fuerte poder colorante;
– los *aromas:* ciertas variedades están caracterizadas por un aroma afrutado (Merlot, Mourvédre), otras por aromas específicos (Syrah, Cabernet Sauvignon, Sauvignon, Chardonnay, Viognier, Moscatel, Chenin, Riesling) o un aroma neutro (Ugni blanc, Semillon, Aramon); los aromas contenidos en las uvas son libres en parte pero en su mayoría se encuentran generalmente bajo forma combinada o en el estado potencial a nivel de precursores químicos;
– el *equilibrio en boca o la finura de los vinos* dependen de las condiciones de madurez, de la adaptación de las variedades al terroir y de la tecnología aplicada en la bodega.

2.1.3. Productividad

El rendimiento de una variedad, en una situación dada, debe ser suficiente para que la producción sea económicamente interesante; sin embargo no debe ser excesivo a fin de evitar el descenso de la calidad y el incremento de la receptividad de las plantas a las enfermedades criptogámicas. El rendimiento de las variedades es muy fluctuante según las condiciones climáticas y edáficas; con todo la variedad tiene una productividad que le es propia:
– Variedades con fuerte productividad: Cinsaut, Mazuela, Aramon, Alicante bouschet, Riesling, Sylvaner, Ugni blanc, Marsanne, Vermentino, Bourboulenc, Garnacha blanca, Macabeo.
– Variedades con productividad media: Pinot meunier, Pinot noir, Merlot, Garnacha tinta, Gamay, Syrah, Chardonnay, Semillon, Muscadet, Sauvignon, Chenin blanc
– Variedades con productividad media a débil: Mourviedro, Cabernet Sauvignon, Cabernet franc, Roussanne.

Tabla 1

Escala de madurez y localización geográfica de variedades de uva de vinificación

Localización geográfica	Variedades blancas	Variedades tintas
Grupo de madurez de primera época		
Nord-Este	Aligoté, Chardonnay, Auxerrois, Petit meslier	Pinot noir Cot
Oeste	Melon, Gamay de Bouze, Gamay de Chaudenay	Gamay
Grupo de madurez de segunda época		
Nord-este	Sylvaner, Savagnin, Riesling, Gros meslier, Gewurztraminer	
Oeste	Chenin, Sauvignon, Arbois, Muscadet, Grolleau, Gros plant, Colombard Folle blanche	Pineau d'Aunis Breton,
Sur-oeste	Semillon, Sauvignon, Muscadelle, Colombard, Mauzac, Liliorila, Jurançon, Fer	Cabernet Sauv. Cabernet franc Merlot
Sur-este	Viognier, Marsanne, Roussanne	Syrah, Mondeuse
Midi	Muscat, Roussanne Portan, Tibouren	Alicante Bousc. Merlot, Syrah
Grupo de madurez de tercera época		
Oeste	Ugni blanc	
Sur-oeste	Gros manseng, Petit manseng, Tannat	Merille, Petit Verdot
Région mediterránea	Clairette, Vermentino, Bourboulenc, Ugni blanc,	Mazuela, Aramon Tempranillo, Terret Garnacha, Caladoc

A. Reynier

2.1.4. Exigencias culturales

Entre los criterios de elección de las variedades hay que considerar ciertas exigencias que pueden alterar el buen funcionamiento de las viñas y limitar el rendimiento, la calidad o la perennidad de las cepas.

- *Sensibilidad a las heladas de primavera:* en un terroir dado esta sensibilidad depende sobretodo de la precocidad del desborre:
  - *variedades con desborre precoz:* Chardonnay, Aligoté, Melon, Chasselas, Chenin, Marsanne, Roussanne, Aramon, Merlot, Pinot noir, Cot, Gamay;

- *variedades con desborre medio:* Folle blanche, Mauzac, Sauvignon, Sylvaner, Semillon, Cabernet franc, Alicante Bouschet, Garnacha;
- *variedades con desborre tardío:* Ugni blanc, Riesling, Cinsaut, Mourviedro, Piquepoul, Syrah, Cabernet Sauvignon, Pinot meunier;
- *sensibilidad al corrimiento:* las variedades que son sensibles tienen producciónes irregulares: Cot, Garnacha, Viognier, Merlot (en la zona bordelesa y en el Suroeste pero poco en el viñedo meridional);
- *sensibilidad a la podredumbre gris:*
  - *muy sensibles:* Folle blanche, Muscadet, Semillon, Sauvignon, Chenin, Muscadelle, Garnacha blanca, Macabeo;
  - *sensibles:* Garnacha tinta, Merlot, Cinsaut, Pinot, Mazuela (en suelo fértil y en las zonas con madurez tardía), Meunier, Chardonnay, Colombard, Mauzac, Grolleau
  - *medianamente sensibles:* Syrah, Aramon
  - *poco o muy poco sensibles:* Cabernets, Ugni blanc..
  - *sensibilidad a las enfermedades de la madera:* las cepas de las variedades sensible a la eutipiosis (Ugni blanc, Cabernet Sauvignon, Chenin, Cinsaut), a la yesca o a la excoriosis son difíciles de podar y se debilitan prematuramente.

2.1.5. Aptitudes tecnológicas

Las variedades de vinificación se distinguen por el destino de las uvas:
- las variedades para la producción de *vinos generosos o de postre*: Garnacha, Moscatel, Semillón, Clairette;
- las variedades para la producción de *vinos de crianza* aptos para la conservación: (Pinot, Syrah, Cabernet Sauvignon, Merlot, Cabernet franc, Tannat, Fer,entre las variedades tintas y Chardonnay, Sauvignon, Chenin, Savagnin, Riesling, Viognier, Manseng entre las variedades blancas;
- las variedades para la producción de *vinos jóvenes*: Mazuela, Cinsaut, Aramon, Gamay, Cot, Grolleau, Pineau d'Aunis entre las variedades tintas y Aligoté, Mauzac, Ugni blanc, Folle blanche entre las variedades blancas;
- las variedades para la producción de *vinos de base espumosos:* Chardonnay, Pinot noir, Meunier en Champagne, Aligoté, Clairette, Mauzac, Moscatel, Chenin en otras regiones;
- las variedades para la producción de *vinos de base para destilar* que permiten la elaboración de aguardientes: Ugni blanc, Baco blanc.

2.2. Adaptación de las variedades al medio

Acabamos de poner en evidencia que las variedades tienen caracteres que les son específicos. Sin embargo, estos caracteres naturales ligados al patrimonio genético de la variedad pueden expresarse de una manera diferente según el clima regional, el terroir, las prácticas culturales en el viñedo y tecnológicas en la bodega.

2.2.1. Variedad y clima regional

Las variedades de madurez tardía no son cultivadas más que en las zonas más cálidas. Las variedades de vinificación que dan vinos que tienen aromas, finura, calidad son cultivadas en las zonas límites desde el punto de vista climático para la maduración de sus racimos, como por ejemplo las variedades primera época en Alsacia, Borgoña y Champaña, las variedades de segunda época en el Bordelais o el valle del Loira.

El área de adaptación de las variedades es amplia para algunas, como el Cabernet franc (del valle del Loira a los Pirineos), el Gamay (del Beaujolais al Loira), el Ugni blanc (de Italia a la región de Coñac), mientras que es poco importante para otras como el Moscatel (Frontignan), el Savagnin (Jura), el Manseng (Jurançon). El vino de una misma variedad cultivado en dos regiones diferentes no presenta los mismos caracteres: el Ugni blanc da en el Midi un vino blanco seco y poco ácido mientras que en Charentes da un vino generalmente de poco grado pero bastante ácido, lo que permite su conservación antes de la destilación para la producción del coñac. Por último, en una misma región el clima del año actúa sobre el comportamiento de las variedades. Así es como según la importancia y el reparto de las lluvias, de la insolación y de las temperaturas, la calidad de la vendimia será diferente: de ahí *la noción de añada*.

2.2.2. Variedad y suelo

La calidad y la tipicidad de un vino provienen en gran parte de la influencia del suelo sobre la variedad. La experiencia de varias generaciones de viticultores, los estudios de los científicos y de los técnicos sobre las potencialidades vitícolas de los terroirs y el comportamiento de las variedades ha permitido delimitar zonas de producción, en las que ciertas variedades particularmente bien adaptadas al medio, revelan una calidad y una tipicidad de los vinos completamente originales. Esto ha conducido a la delimitación de áreas de producción de vinos con denominación de origen y vinos de la tierra. Pero en el interior de estas zonas con topografías y tipos de suelo variados, las variedades regionales encuentran condiciones pedoclimáticas más o menos favorables que modifican su comportamiento y las calidad de los vinos producidos.

Una variedad está bien adaptada a un suelo cuando las potencialidades ofrecidas por el medio corresponden a sus exigencias térmicas e hídricas para obtener la calidad óptima en el tipo de vino buscado:
- el clima local, dependiendo de la altitud o de la topografía, puede ser:
  - el factor dominante de la buena adaptación de una variedad: por ejemplo las cualidades aromáticas, la armonía y el frescor de los vinos de Gewürztraminer son particularmente presentes en condiciones térmicas relativamente frescas, como en Alsacia, a fin de que el racimo guarde una acidez suficiente;
  - el factor limitante del éxito de una variedad: por ejemplo el cultivo de variedades con desborre precoz en situaciones heladizas o de variedades con madurez demasiado tardía para el medio;
- ciertos tipos de suelo son más favorables a la expresión de la calidad de las variedades de un área de producción, por ejemplo:

- el Gamay sobre las arenas graníticas del Beaujolais;
- el Pinot noir sobre los terrenos calizos poco arcillosos de Borgoña, mientras que sobre las tierras blancas margosas da vinos más tánicos y sobre las tierras decalcificadas del sur de Nuits Saint-Georges el vino tiene un gusto a pera salvaje;
- el Chardonnay, en Borgoña, sobre los suelos más bien arcillosos procedentes de margas;
- en general, es el conjunto de las potencialidades vitícolas del terroir (clima local y suelo) las que condicionan la adaptación de la variedad para una producción de calidad, como por ejemplo para el viñedo mediterráneo:
- Garnacha, Mazuela, Cinsaut (débil exigencia en agua pero bastante elevada en calor) están mejor adaptadas a suelos secos bajos clima mediterráneo semi-árido o húmedo templado; Cinsaut da buenos vinos en suelo pobre mientras que produce vinos de poca calidad en suelo fértil; Mazuela, originaria de regiones españolas más cálidas que la región meridional francesa, no conviene en todas partes, especialmente en altitud, en los suelos fértiles y en los sectores con clima menos mediterráneo en los que hay un ciclo vegetativo más largo, una dificultad para alcanzar la plena madurez y en donde está expuesta a los ataques del hongo de la podredumbre gris; la Garnacha tinta, más precoz que la Mazuela, produce un vino más alcohólico, menos astringente y de mejor calidad, sin caracteres indeseables;
- Mourviedro, exigente a la vez en agua y en calor, va mejor en medias laderas de áreas semi-áridas;
- Syrah, sufre con la sequía, prefiere un bioclima mediterráneo húmedo templado en ladera;
- Merlot, Cabernet Sauvignon y Cot, están mejor adaptadas, en la región meridional, a las zonas más húmedas y más frescas (menos sujetas al clima típico mediterráneo) en las que no sufrirán de sequía y donde pueden tener una maduración más lenta y más tardía; en la región bordelesa, por el contrario, los buenos terroirs de Cabernet Sauvignon son los suelos arenosos de gravas sí como en los suelos calizos superficiales; más tardío que el Merlot da un vino con poco grado, poco color, vegetal cuando su maduración es insuficiente.

2.3. Influencia de las prácticas culturales sobre el comportamiento de la variedad

Según las modalidades de la intervención del hombre al nivel del cultivo (patrón, densidad, poda, conducción, manejo del suelo, protección del viñedo, elección de la fecha de vendimia) y de la transformación de los racimos (vinificación, crianza del vino, envejecimiento, destilación, etc.), una misma variedad, en un terroir dado, podrá permitir elaborar vinos a niveles cualitativos diferentes. Corresponde al viticultor efectuar las mejores elecciones técnicas:

- la elección del patrón es un elemento fundamental del control del rendimiento, de la madurez y del estado sanitario de la vendimia, del vigor y de la perennidad de las cepas; en la región de producción del coñac, después de la crisis filoxérica, la practica del injerto originó un incremento de la sensibilidad de la Folle blanche a la podredumbre gris y la desaparición de esta variedad de esta región;

– según le sistema de conducción (densidad, empalizado, poda ...) la producción de la variedad será modificada; la poda corta, por ejemplo, no permite siempre obtener un rendimiento suficiente con las variedades poco fértiles...;

– la protección sanitaria es indispensable para asegurar un buen estado fisiológico de las cepas y su perennidad, la madurez y la integridad de los racimos, ella debe adaptarse a la sensibilidad y la receptividad de las variedades.

3. RAZONAR LA ELECCIÓN DEL PATRÓN

La elección del patrón es un elemento fundamental del establecimiento de la parcela de viña pues condiciona el desarrollo de las plantas, el rendimiento y la calidad de la cosecha, así como el vigor y la perennidad de la viña. Esta elección se hace teniendo en cuenta ciertas dificultades de la parcela (parásitos del suelo, factores limitantes del suelo), de la variedad a cultivar y del objetivo de producción.

3.1. Resistencia a los parásitos del suelo

3.1.1. Resistencia a la filoxera

La resistencia del patrón a la filoxera es indispensable; este pulgón está siempre presente en los viñedos y puede manifestarse de nuevo si encuentra raíces sensibles. En cambio, el injerto de las variedades sensibles sobre patrones cuyas raíces resisten a las picaduras del pulgón es aún el mejor procedimiento de protección. La mayor parte de los patrones cultivados en Europa resisten suficientemente a la filoxera. Sin embargo, la sensibilidad de *V. vinifera* reaparece más o menos marcada en ciertos híbridos, en particular en los patrones siguientes:

– muy sensibles: 1613 C;
– sensibles: Aramon × rupestris Ganzin n.° 1 y n.° 9, 1202 C, 93-5 C, Grézot 1;
– débilmente sensibles: 4010 Castel.

Los viticultores de California acaban de pasar por una dolorosa experiencia puesto que se han visto obligados a arrancar varios miles de hectáreas de viñas injertadas sobre Aramon × rupestris Ganzin n.° 1, conocido desde hace mucho tiempo como sensible.

También se ha observado que el 41 B y el 333 EM, cuya resistencia es en general suficiente, pueden mostrar en los suelos muy favorables a la filoxera (terrenos calizos, secos, superficiales) un cierto debilitamiento. En estas condiciones particulares, es aconsejable utilizar más bien el 140 Ru o el Fercal.

3.1.2. Resistencia a los nematodos endoparásitos *(Meloidogynae)*

La resistencia de los patrones varía con la especie de nematodos presentes en el suelo. En las situaciones críticas, es necesario proceder a análisis nematológicos

antes de escoger el patrón. Para *M. arenaria,* que se encuentra en las arenas del litoral mediterráneo, son:
- resistentes: SO4, 5BB, 8B, 99 R, 140 Ruggeri, 44-53, 4010 Cl, Fercal;
- medianamente resistentes: Riparia gloire, 34 EM, 11OR, Gravesac;
- sensibles: 3309 C, Rupestris de Lot, 41 B, ArX9, 216-3 CI, 196-17 Cl, 161-49C, 333 EM.

Los patrones resistentes a *M. incognita* son: SO4, 5BB, 101-14 MG, 1616C. Para *M. hapla* los patrones más resistentes son *Riparia, Rupestris*, 5 BB, 99R.

3.2. Adaptación a los terrenos

El sistema radicular del patrón debe estar adaptado a la naturaleza, al pH, al nivel de humedad (o de sequía) y a la fertilidad de los terrenos en donde está plantado. Ciertos patrones convienen mejor que otros, están más adaptados a las limitaciones del suelo.

3.2.1. Resistencia de los patrones a los suelos calcáreos

La apreciación del poder clorosante de un suelo se expresa por el índice Drouineau-Galet, que representa el porcentaje de *caliza activa* tolerada por el patrón y por el *Indice de Poder Clorosante* (IPC), que refleja mejor esta tolerancia, ya que tiene en cuenta el contenido en caliza activa (CO_3Ca) y también el hierro extraíble (Fe). Juste y Pouget (Inra) han determinado el valor de IPC por la fórmula:

$$IPC = \frac{\text{Caliza activa en \% } \times 10.000}{(\text{Hierro fácilmente extraíble en ppm})^2}$$

y han establecido una escala de resistencia de los patrones en función de este índice.

El exceso de caliza en el suelo provoca *la clorosis* (parte 4, capítulo 1) que se manifiesta por una coloración amarilla-blanquecina de las hojas, cuyos nervios quedan, generalmente, verdes, y por desórdenes fisiológicos perjudiciales al crecimiento, al rendimiento, a la maduración de las vas y a la perennidad de las cepas en los casos graves y repetitivos. La elección del patrón resistente a la caliza debe tener en cuenta también las disponibilidades en agua del suelo.

3.2.2. Adaptación a los suelos ácidos

No existe ningún patrón resistente, es por lo que conviene corregir la acidez de los suelos con pH < 6,5 por enmiendas calizas o calcomagnésicas. Los patrones mejor adaptados son el 140 Ruggeri, el 3309C y el Gravesac; este último está particularmente adaptado a los suelos de gravas ácidas, húmedos en primavera y secos en verano; por el contrario, 101-14MG y 99R son sensibles a la acidez.

3.2.3. Adaptación a la sequía

La vid es famosa por su adaptación a la sequía; sin embargo, no todos los patrones son capaces de soportar una sequía estival intensa, en particular en las

Tabla 2
Escala de resistencia de los patrones a los suelos calizos

Caliza activa	Patrones	Valor límite de IPC	
		INRA	Suelos arcillosos sobre caliza dura (CIVC)
4	Vialla	2	
6	Riparia Gloria	5	2
9	3309, 101-14	10	
14	Rupestris de Lot	20	
	Gravesac	20	
17	99 R, 1103 P, SO4	30	85
20	f5 BB, 420 A, 110 R	40	50
25	161-49 C, RSB1	50	50
40	41 B	60	50
40	333 EM	70	
25	140 Ru	90	
> 25	Fercal	120	85

A. Reynier

regiones meridionales. La sequía se manifiesta por una desecación del limbo, seguida de la caída de las hojas, de una parte más o menos importante del follaje:

– muy resistentes: 110 R, 140 Ru, 1447 P;

– medianamente resistentes: 41 B, 333 E.M., RSB1, SO4,
   161-49 C, 196.17 Cl, C, 216-3 Cl,
   Gravesac, Rupestris de Lot 99 R, 1103 P, Fercal

– sensibles: Riparia Gloria, 101-14 MG, 3309 C, 5 BB, 420.

3.2.4. Tolerancia a la humedad del suelo

Los terrenos húmedos hay que evitarlos en el cultivo de la viña; sin embargo, existen viñedos de llanuras o valles, establecidos en terrenos que justifican la elección de patrones que toleran la humedad persistente:
   – tolerantes: Riparia gloire, 1616C, G1, Vialla, 1103P S04
   cuando es plantado en suelo a humedad equivalente,
   5 BB, 333 EM, Fercal,
   101-14 MG y Gravesac
   (para un exceso temporal de humedad en primavera)
   – sensibles: 420A, 99R, 110 R, 3309 C, 41 B.

3.2.5 Tolerancia en suelos salinos

Ningún patrón resiste un contenido en sal superior al 1 por 1.000.
   – Rupestris, 1616C, 31 R, 1202 C: 0 - 0,8 % ‰;
   – 216-3 Cl, G 1: 0 - 1 ‰;
   – *V. vinifera:* 0 - 2 ‰;

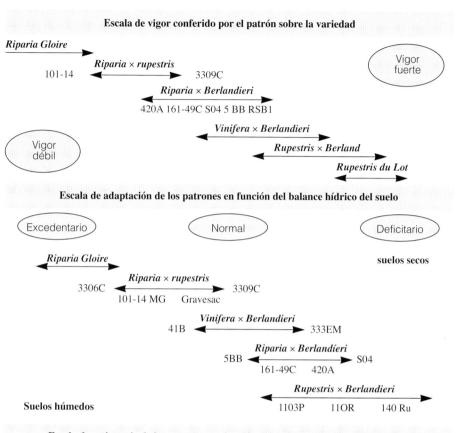

Escala de vigor conferido por el patrón sobre la variedad

Riparia Gloire

Riparia × rupestris
101-14 ← → 3309C

Vigor fuerte

Riparia × Berlandieri
420A 161-49C S04 5 BB RSB1

Vinifera × Berlandieri

Vigor débil

Rupestris × Berland

Rupestris du Lot

Escala de adaptación de los patrones en función del balance hídrico del suelo

Excedentario — Normal — Deficitario

suelos secos

Riparia Gloire

Riparia × rupestris
3306C ← → 3309C
101-14 MG — Gravesac

Vinifera × Berlandieri
41B ← → 333EM

Riparia × Berlandíeri
5BB ← → S04
161-49C — 420A

Rupestris × Berlandieri

Suelos húmedos
1103P — 11OR — 140 Ru

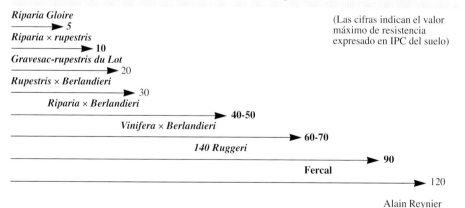

Escala de resistencia de los patrones en función del poder clorosante de los suelos

Riparia Gloire → 5

(Las cifras indican el valor máximo de resistencia expresado en IPC del suelo)

Riparia × rupestris → 10

Gravesac-rupestris du Lot → 20

Rupestris × Berlandieri → 30

Riparia × Berlandieri → 40-50

Vinifera × Berlandieri → 60-70

140 Ruggeri → 90

Fercal → 120

Alain Reynier

Figura 1
Escalas de las aptitudes de los patrones.

Estas escalas no tienen valor absoluto. Su presentación es pedagógica y permite situar los grupos de patrones unos en relación con los otros. No hacer lectura vertical para comparar diferentes patrones.

3.2.6. Anomalías fisiológicas de ciertos patrones

El 161-49C tiene el defecto de formar tilosis en sus vasos, lo que puede ocurrir esté injertado o no. En plantas jóvenes, esta obstrucción puede impedir el desborre del injerto y provocar una proporción más o menos importante de mortalidad. Sobre viñas de 4 a 5 años de edad, después de un desborre normal, se produce a veces, hacia el mes de junio, una pérdida de turgescencia de las extremidades de los pámpanos seguida de una desecación; entonces hay que despuntar inmediatamente para limitar el efecto de la tilosis; las viñas de más edad ya no tienen más accidentes de este tipo, incluso en presencia de tilosis, las cepas son un poco menos vigorosas pero tienen una vegetación suficiente.

Los diferentes patrones no tienen la misma capacidad de absorción de los elementos minerales; es así que para el Fercal y el S04 se nota une alimentación excesiva en potasio pero deficitaria en magnesio, lo que puede inducir una carencia en magnesio por desequilibrio de la relación K/Mg. Se observa el fenómenos inverso par 3309C, 140 Ru y 1103P.

3.3. Elección del patrón en función de la variedad y del objetivo de producción

3.3.1. Relaciones variedad/patrón y casos de incompatibilidad

La inaptitud de la variedad y del patrón para tener una vida duradera y armoniosa se llama incompatibilidad cuyas causas pueden ser:
- una diferencia de diámetro entre injerto y patrón (la Riparia nunca adquiere un gran diámetro);
- una soldadura incompleta;
- una formación de obstáculos que impiden la circulación de la savia en los vasos conductores;
- una soldadura imposible entre especies genéticamente diferentes, pero este no es generalmente el caso de la viña puesto que el injerto entre especies de *Vitis* funciona bien;
- un mal funcionamiento fisiológico después de la soldadura de la pareja variedad/patrón, citemos por ejemplo:
  • la incompatibilidad entre el Jaoumet y el 57 R para los cuales, después de una unión perfecta, las plantas decaen en los primeros años porque los azúcares elaborados por las hojas de la variedad no llegan a pasar a través de la soldadura y emigrar hacia las raíces;
  • la incompatibilidad de ciertos clones de Syrah sobre 110 R.

3.3.2. Vigor conferido a la variedad

Los patrones ejercen un efecto sobre el desarrollo, el vigor, la producción, la fecha y el estado de madurez de las variedades. En las mismas condiciones de cultivo, un clon injertado tendrá un comportamiento diferente según el patrón empleado. El patrón confiere a la variedad un cierto nivel de vigor.

La utilización de un patrón vigoroso contribuye a aumentar la capacidad de producción de la cepa y, por tanto, la posibilidad de obtener rendimientos elevados. Esta influencia es tanto más marcada en cuanto que el vigor del portainjerto tiende a conferir a la madurez un retraso que puede impedir el madurar normalmente a una variedad relativamente tardía, mientras que, recíprocamente, el poco vigor de un patrón contribuye al debilitamiento de las cepas y al precocidad de la maduración.

Vigor conferido a la variedad:

– Débil: Riparia Gloria de Montpellier;
– Medio: 101-14 M, 3309 C, 420 A, 161-49 C, 41 B, Gravesac, Fercal;
– Elevado: 110 R, 1103 P, SO4, Rupestris de Lot, 140 Ru, RSB1.

En conclusión, la dificultad de elegir un patrón reside en la necesidad de conjugar, sino al conjunto, al menos a varios de estos criterios: no existe el portainjerto ideal que posea en su más alto grado el conjunto de cualidades deseadas. Es preciso retener una gama de patrones adaptados a una o más limitaciones del medio:

– a la reacción del suelo y al índice de poder clorosante que constituyen la primera serie de factores limitantes;
– al régimen hídrico, que no depende únicamente de la constitución física del suelo y del subsuelo, sino
– también de la topografía del terreno, de la importancia y reparto de las lluvias; el exceso de humedad o de sequía puede convertirse en un segundo factor limitante;
– a la fertilidad y a la profundidad del suelo pues el vigor que alcanzará la cepa será la resultante del vigor propio del patrón, de su adaptación al medio y de la fertilidad del terreno;
– al contenido en sal en los viñedos del litoral marítimo.

Una vez tenidas en cuenta las observaciones precedentes, se orientará la elección entre los patrones que ofrezcan suficientes posibilidades de adaptación al medio y que permitan alcanzar los objetivos de producción:

– hacia aquellos que puedan mantener la cepa en un estado de vigor controlado, si se quiere obtener vinos de calidad;
– hacia aquellos que sean susceptibles de conferir a la cepa un vigor suficiente si se desean cepas con gran desarrollo (débil densidad de plantación, tronco elevado) y con elevada producción por cepa; también se podrá recurrir a patrones bastante vigorosos cuando las plantaciones sean hechas en suelos muy poco fértiles, poco profundos y secos; el 140 Ru se adapta mejor que el 41 B en los suelos muy calizos poco profundos y secos.

Tabla 3
Elección del patrón adaptado a las condiciones del terreno (caliza, humedad, profundidad)

Patrones	IPC	Suelos húmedos en primavera		Suelos bien drenados		Suelos secos	
		Medianamente profundos	Superficiales	Poco profundos	Profundos	Profundos	Superficiales
Riparia gloria	5	•	•			•	
101-14 MG	10				•	•	
3309 C	10			•	•	•	
Gravesac	20	•	•	•	•	•	
SO$_4$	30		•	•		•	
99 R	30			•		•	
110 R	30						•
1103 P	30	•	•			•	•
5 BB	40	•	•	•		•	
420 A	40				•	•	
161-149 C	50	•		•			
RS-B1	50			•	•	•	
41 B	60			•	•	•	
333 EM	70					•	
140 Ru	90	•	•	•	•	•	•
Fercal	120						

A. Reynier

4. RAZONAR LA ELECCIÓN DEL SISTEMA DE CONDUCCIÓN

Contrariamente a su estado salvaje, la viña cultivada constituye una población de cepas cuya implantación es organizada y guiada en su desarrollo por el viticultor, se dice que es conducida. Antes de plantar una parcela de viña, el viticultor ha de decidir la distancia entre filas en función de criterios económicos, de las características del material de la explotación y de la estructura de la parcela. Según el marco de plantación elegido que determina el potencial de las cepas, el rendimiento y el nivel cualitativo de la producción dependerá de otras decisiones relativas a la conducción de la viña, razón por la que se habla de sistema de conducción.

4.1. Definición

El sistema de conducción se define por el conjunto de las técnicas escogidas por el viticultor para el establecimiento de la viña y el control de su desarrollo. Está caracterizado por los parámetros siguientes:
– modo de implantación de las cepas a nivel de una parcela:
  • densidad de cepas/ha;
  • separación entre filas;
  • separación entre cepas en la línea;
  • orientación de las filas;
– forma dada a la cepa:
  • altura y forma del tronco;
  • sistema de poda;
  • sistema de empalizamiento;
– importancia y modo de reparto de la vegetación y de los racimos en el transcurso del período activo de vegetación:
  • carga/cepa;
  • conducción del follaje (despunte, elevación de los pámpanos, deshojado etcétera);
  • control de la producción (aclareo, anillado, etc.).

Para cada uno de estos parámetros, el viticultor debe elegir entre las diversas técnicas utilizables. El conjunto de las técnicas escogidas forma una combinación original cuyos efectos agronómicos y económicos son específicos para un medio dado y para una asociación de una variedad y de un patrón. Una elección diferente de una de las técnicas modifica la combinación y los efectos sobre la producción.

Entre estos parámetros, algunos comprometen la conducción del viñedo para un largo período, pues son difícilmente modificables como son el modo de implantación de la cepas y de su forma. La elección del viticultor antes de la plantación es determinante para el comportamiento futuro del viñedo, principalmente en lo que afecta al rendimiento, calidad de la vendimia y costes de producción. Para los otros parámetros, las elecciones técnicas son anuales y, por tanto, pueden ser modificadas más fácilmente.

Figura 2
Sistemas de conducción.

1. Viña ancha en cordón sobre un alambre con sarmientos libres descendentes.
2. Viña ancha, empalizamiento abierto en T con los sarmientos libres descendentes.
3. Viña estrecha, empalizamiento vertical con los tallos ascendentes.
4. Viña ancha en vaso con los tallos libres y de porte caído.

4.2. Evolución de los sistemas de conducción

La evolución de los sistemas de conducción se ha hecho lentamente en el curso de los siglos; los viticultores han modificado la forma de conducción del viñedo para adaptarse a las nuevas condiciones ecológicas, agronómicas o socioeconómicas. Antes de la invasión filoxérica las viñas se conducían en pequeñas poblaciones próximas al estado salvaje o en poblaciones densas, al azar (Champagne) o en líneas (Médoc). Existían entonces tres categorías de sistemas de conducción:

– las *viñas altas* que se desarrollan sobre árboles (olmos, moreras), de las que se encuentran aún ciertas formas en Italia (sistema Belussi) o en zonas que todavía no han sido destruidas por la filoxera (a orilla del Mar Negro en Turquía, por ejemplo);

– las *viñas bajas,* con densidad elevada y cuya vegetación era guiada sobre soportes de ramas secas;

– las *viñas muy bajas,* con una gran densidad (30 a 50.000 cepas/ha) cuya vegetación estaba libre o empalizada sobre estacas individuales.

El desarrollo de la mecanización y sobre todo la destrucción del viñedo por la filoxera y su posterior reconstitución a finales del siglo pasado han brindado la ocasión de establecer los viñedos sobre nuevas bases: injerto, alineación de las plantaciones, separación de las filas, empalizamiento colectivo de las cepas en las zonas septentrionales. Así, por ejemplo, el viñedo se ha «estandarizado» y se han constituido dos grandes tipos de conducción de la viña:

– en el *Midi mediterráneo* se ha desarrollado la conducción en vaso, con una densidad media de 4.000 cepas/ha, con disposición a marco real o en tresbolillo, sin empalizamiento y permitiendo cruzar las labores;

– en las *zonas septentrionales* la reconstitución de los viñedos ha adoptado la conducción en líneas, con separaciones entre 1 y 2 m, con empalizamiento colectivo con dos o tres niveles de alambres y utilizando la poda Guyot en muchas regiones con denominación de origen.

Este viñedo renovado es más productivo que el que existía anteriormente. Los rendimientos han aumentado rápidamente por diversas causas: abandono de las tierras más difíciles de mecanizar, elección de terrenos fértiles, utilización de variedades productivas y de híbridos productores directos, cultivo más racional de la viña, empleo de sistemas de poda con cargas mayores, mejor lucha contra los parásitos y utilización de fertilizantes.

Una nueva etapa en la evolución de los sistemas de cultivo se ha producido después de la crisis de superproducción de los años 1950-1955 y los daños causados por las heladas de invierno de 1956. Al no poder actuar sobre los precios de venta del vino, los viticultores han protegido sus ingresos aumentando los rendimientos y disminuyendo los costos. El aumento de los rendimientos se ha obtenido por los sistemas de conducción, por los abonos y por la carga, entre otras técnicas. Por el contrario, la reducción de los costos de producción ha sido posible por una modificación profunda de los sistemas de conducción. Con el fin de disminuir las necesidades de mano de obra, que representa la parte más importante de los gastos de producción, se ha ensayado el cultivo en filas, arrancando con frecuencia una fila de cada dos en los viñedos antiguos (Charentes, CETA de Cadillac, Gers) o adoptando dicha separación cuando se establecen las nuevas plantaciones en un gran número de regiones.

Estas viñas altas y anchas de las que aún quedan varios miles de hectáreas, están caracterizadas por separaciones de entre 2,5 a 3,6 m con una densidad media de 2.500-3.000 cepas/ha, troncos altos (80 a 150 cm), sistemas de poda con varas largas arqueadas o en cordones, sistemas de empalizamiento constituidos por un plano vertical o por sistemas cada vez más sencillos para limitar las inversiones y los trabajos de recogida de la vegetación. El desarrollo de estos sistemas de cepas altas y anchas no se ha extendido en gran escala pues el comportamiento de las cepas es diferente al que tienen las viñas clásicas establecidas con marcos mucho más pequeños; en efecto, numerosos ensayos realizados en el transcurso de los últimos treinta años en climas templados han demostrado que los vinos producidos en viñas altas con calles anchas son siempre, para un mismo rendimiento, de calidad inferior a los obtenidos en viñas más densas, como se pone de manifiesto en los resultados del ensayo del INRA de Burdeos (cuadro 4). Por el contrario, la economía que se realiza con estos sistemas de conducción es importante, ya que resulta del orden de 20-40%.

Si se limita el rendimiento de las viñas altas y separadas, es posible obtener una calidad equivalente a la de las viñas bajas. Pero para llegar a estos resultados los viticultores han debido aceptar una pérdida de cosecha del orden del 20 al 30%, que económicamente no resulta aceptable.

A la vista de estos resultados los viticultores han adoptado tres actitudes ante la elección de los sistemas de conducción:

– algunos, cada vez más numerosos, bien porque están convencidos y porque la reglamentación les incita a *producir vinos de calidad suficiente*, establecen las viñas a densidades superiores a 4.000 ó 5.000 cepas/ha, combinando juiciosamente la anchura de calle y la superficie foliar expuesta o recobran los sistemas de conducción tradicionales que ya han probado en el aspecto cualitativo; poner en marcha medios mecánicos que son concebidos y utilizados en función del sistema de conducción de la vid, mientras que antes, el sistema de conducción se adaptaba a las exigencias de los costes de producción y a las dificultades de utilización de las máquinas;

– otros, cada vez menos numerosos, sólo se ocupan de la *rentabilidad inmediata* buscando el incremento de los rendimientos y la disminución de los costes de producción utilizando todos los medios de productividad (carga, abonado, suelo fértil) y la economía de la mano de obra (gran anchura de calle, empalizamiento monoplano vertical simplificado o conducción en cordones con porte libre descendente); la calidad es mediocre, como lo prueban numerosos ensayos;

– por último, algunos *conscientes de la baja calidad* provocada en las viñas altas y anchas adoptan estos sistemas por razones económicas, pero mejoran el sistema de poda y sobre todo de empalizamiento a fin de aumentar la superficie foliar que recibe la radiación solar para que permita una mejor maduración de los racimos. De este modo, hemos asistido al desarrollo de sistema con doble plano de vegetación, en U o en lira; particularmente interesados han estado los productores de uva de mesa (chasselas de Moissac) y los viticultores de variedades para vinificación de viñedos más recientes (Napa Valley en California, por ejemplo) pero se han extendido poco a otros viticultores por razones técnico-económicas. Sin embargo, estos últimos conscientes de mejorar la maduración de los racimos, conducen sus viñas con una carga y fertilización moderados, una anchura de calle no excesiva y mejorando el empalizamiento de su viñedo.

Tabla 4
Comparación viñas bajas estrechas/viñas altas y separadas a igual rendimiento (INRA Burdeos)

	Viña baja despuntada	Viña alta y ancha
Características:		
Variedad	Cabernet-Sauvigon/SO4	
Densidad	5.050 plantas/ha (1,8 × 1,1 m)	2.525 plantas/ha (3,6 × 1,1 m)
Empalizamiento	Monoplano vertical	
Carga/cepa (media)	9,5 yemas	16,8 yemas
Poda	Guyot	Arqueado
Resultados:		
Rendimiento (hL/ha)	40,5	39,4
Grado	11°	10°
Peso madera (kg/ha)	2.414	2.411
Tipo de vino	Vino de crianza tipo «premières côtes» de Burdeos	Vino más ligero tipo Burdeos o Burdeos superior

En el momento de la elección el viticultor que se enfrenta a problemas económicos a nivel de mercado (crisis estructural de superproducción, disminución del consumo de vino de mesa, competencia intracomunitaria e internacional etc.) y a nivel de la explotación (coste y dificultad de encontrar mano de obra cualificada), elige el sistema de conducción, teniendo en cuenta los siguientes motivos:
– producir vinos de calidad en cantidad suficiente, resaltando, si es posible, la tipicidad del *suelo;*
– disminuir los costes de producción organizando y mecanizando los trabajos.
Pero ¿es posible reducir los costos de producción y mecanizar las operaciones de cultivo sin disminuir la calidad de la uva? El análisis de los parámetros de los sistemas de conducción va a permitir dar respuesta a esta pregunta.

4.3. Parámetros de la implantación de las cepas

El modo de implantación de las cepas de una parcela está caracterizado por los siguientes parámetros:
– densidad o espacio ocupado por cada planta;
– distancia entre plantas en la línea;
– anchura de calle;
– orientación de las filas.

4.3.1. Densidad de plantación

El espacio ocupado por cada cepa influye sobre las posibilidades de instalación del sistema radicular, el potencial de la planta y el desarrollo de la parte aérea. Las densidades más frecuentemente utilizadas se sitúan entre 3.000 y

10.000 cepas por hectárea. Por debajo de 3.000 plantas/ha las cepas tienen un desarrollo individual importante, pero insuficiente para colonizar todo el espacio puesto a su disposición, siendo el rendimiento por hectárea insuficiente. Por encima de 10.000 plantas/ha, al contrario, su potencial es, con frecuencia, débil y su cultivo resulta más caro.

Los viñedos que producen vinos de calidad tienen generalmente densidades comprendidas entre 5.000 y 10.000 plantas/ha. Para un mismo tipo de conducción (vaso o monoplano vertical) estas densidades elevadas ralentizan los fenómenos fisiológicos de la cepa favoreciendo la maduración y la producción de uvas de calidad (1).

Respecto a las viñas a marcos amplios, se constata que en las viñas estrechas:

– el rendimiento y la calidad son más elevados; los vinos son, generalmente, más ricos en compuestos fenólicos (antocianos y taninos) y más aptos para envejecer;
– el vigor y la producción individual de las cepas es menor;
– la maduración es más precoz;
– la relación grado/rendimiento disminuye menos rápidamente o, dicho de otra manera, la calidad de los vinos en viñedos densos es menos sensible a las variaciones de rendimiento.

A veces, la disminución de la densidad se acompaña:

– de un aumento de la potencialidad de las cepas;
– de un aumento de la producción por cepa;
– de una reducción de la superficie foliar expuesta por kilo de racimo, lo que reduce las posibilidades de maduración, a menos que se modifique al mismo tiempo la poda y el sistema de conducción a fin de mantener una relación superficie foliar expuesta/peso del racimo suficiente;
– de un período de instalación más lento, pues los fenómenos de competencia lateral entre plantas intervienen más tarde;
– de una peor exploración del suelo; el entramado radicular es menos tupido en viñas a baja densidad, lo que puede acarrear algún problema en condiciones de sequía.

En conclusión, el efecto de la densidad de plantación depende de su incidencia sobre la importancia y la actividad de la parte aérea. Toda modificación de la densidad debe estar acompañada de la modificación de otros parámetros, principalmente de la superficie foliar expuesta a la luz mediante la elección de una forma de conducción adecuada.

4.3.2. Marcos de plantación

La disposición de las plantas en una parcela está determinada por la separación de las líneas entre sí y por la distancia existente entre dos cepas contiguas dentro de una fila. Tradicionalmente han sido frecuentes las disposiciones a marco real o a tresbolillo, en las que las distancias de separación entre plantas vecinas eran idénticas, lo que permitía una mejor explotación del suelo por las raíces y aseguraba una buena cubierta vegetal.

---

(1) *N. del T.:* Las cifras de plantas por hectárea, tanto en plantaciones de alta como de baja densidad, se refieren a viñedos franceses. En España las densidades son mucho más bajas y son frecuentes 1.200 cepas/ha en gran parte de La Mancha y difícilmente se superan las 3.500 cepas/ha, cifra a la que se aproximan únicamente en Rioja y Jerez, principalmente.

Tabla 5
Densidades de plantación

Anchura de calle — Metros	Distancia entre cepas en la línea									
	1	1,10	1,15	1,20	1,25	1,30	1,40	1,50	1,75	2
3,60	2.777	2.525	2.415	2.314	2.222	2.136	1.894	1.851	1.587	1.330
3,50	2.857	2.597	2.494	2.380	2.285	2.197	2.040	1.904	1.632	1.428
3,40	2.941	2.673	2.557	2.405	2.357	2.262	2.100	1.960	1.680	1.470
3,30	3.030	2.754	2.635	2.525	2.424	2.331	2.164	2.020	1.731	1.515
3,20	3.125	2.840	2.717	2.604	2.500	2.403	2.232	2.083	1.785	1.562
3,10	3.225	2.932	2.808	2.688	2.580	2.481	2.304	2.150	1.843	1.612
3	3.333	3.030	2.898	2.777	2.666	2.564	2.380	2.222	1.904	1.666
2,90	3.448	3.134	2.998	2.873	2.758	2.652	2.463	2.298	1.970	1.724
2,80	3.571	3.246	3.105	2.976	2.857	2.747	2.551	2.380	2.040	1.785
2,60	3.846	3.496	3.344	3.205	3.076	2.958	2.747	2.564	2.197	1.923
2,50	4.000	3.636	3.478	3.333	3.200	3.076	2.857	2.666	2.285	2.000
2,40	4.166	3.787	3.623	3.472	3.333	3.205	2.976	2.777	2.380	2.083
2,20	4.545	4.132	3.952	3.787	3.636	3.496	3.246	3.030	2.597	2.272
2,10	4.761	4.329	4.140	3.968	3.809	3.663	3.401	3.174	2.721	2.380
2	5.000	4.545	4.347	4.166	4.000	3.846	3.571	3.333	2.857	2.500
1,90	5.263	4.784	4.576	4.385	4.210	4.048	3.759	3.508	3.007	2.631
1,70	5.882	5.347	5.115	4.901	4.705	4.524	4.201	3.921	3.361	2.941
1,50	6.666	6.060	5.797	5.555	5.333	5.128	4.761	4.444		
1,40	7.142	6.493	6.211	5.952	5.714	5.494	5.102			
1,30	7.692	6.993	6.688	6.410	6.153	5.917				
1,20	8.333	7.575	7.276	6.944						
1,10	9.090	8.264								
1,00	10.000									

A. Reynier

Como consecuencia del desarrollo de la mecanización y de la conducción colectiva de la vegetación, se han impuesto las disposiciones en líneas. Estas disposiciones se dan tanto en zonas con viñedos de grand cru, con separaciones entre líneas de 1,30 a 1,50 m, trabajadas con tractores estrechos o zancudos (Alsacia, Borgoña, Champagne y Burdeos) como en otras situaciones en que las separaciones entre líneas pueden superar los 3 m. En un viñedo, la determinación de la anchura de calle es uno de los elementos clave de la potencialidad (vigor global) de las cepas y de los costes de producción.

4.3.2.1. *Calles inferiores a 2 metros de anchura*

Las viñas con calles comprendidas entre 1 y 2 m de anchura se denominan viñas estrechas y tienen densidad elevada. La densidad radicular es importante y la vegetación asegura una cubierta vegetal tanto más homogénea cuanto más estrechas sean las calles, porque las pérdidas de iluminación en las entrelíneas son menores. La altura de la vegetación es pequeña y debe limitarse para evitar el sombreamiento que produce una fila sobre otra así como los riesgos de sequía.

Sin embargo, la altura de la vegetación en viñas apoyadas debe aumentar a medida que lo hace la separación entre líneas; el óptimo se sitúa entre 0,8 y 0,6 veces la anchura de la calle (la altura de vegetación se mide entre el punto alto del despunte y el punto bajo de la vegetación). La separación de 2m en viñedos conducidos es el límite máximo por encima del cual, la superficie foliar expuesta de una conducción a un solo plano vertical es ya insuficiente. Para esta anchura la altura de vegetación ha de estar entre 1,2 y 1,6 m lo que corresponde, sumando la altura a la que se encuentra el punto más bajo de la vegetación, a tener una altura total por encima del suelo entre 1,8 m (en el caso de tronco bajo) y 2,4 m (lo que es irrealista pues la viña en espaldera es muy sensible al viento y además no es posible el despunte).

Cuando la cubierta vegetal está constituida por cepas en forma libre (vaso), de vigor moderado y base bastante ancha, la mayoría de las hojas reciben suficiente energía para fotosintetizar y permitir una maduración óptima. Cuando aumenta la distancia entre filas, hay que abrir el vaso alargando los brazos para facilitar la iluminación y limitar el amontonamiento. Pero por encima de una cierta separación los vasos se hacen muy voluminosos y no facilitan la mecanización.

El despunte permite controlar la altura y el amontonamiento del follaje, y a veces se complementa con una defoliación a nivel de los racimos. Para un rendimiento razonable la calidad conseguida es elevada pero los costos de establecimiento y de cultivo de las viñas con marco estrecho son elevados.

4.3.2.2. *Calles con anchura superior a 2 metros*

En estos casos las viñas se denominan anchas y a baja densidad. Cada cepa explota un volumen de suelo más importante, pero la densidad radicular es más débil. El potencial y la producción de cada planta son elevados, con riesgo de amontonamiento del follaje induciendo un microclima de hojas y de racimos desfavorable. El empalizamiento de la vegetación se hace necesario, pero debe elegirse con mucho cuidado la forma más adecuada que permita lograr un microclima favorable para una producción de calidad. Ya hemos visto antes que las viñas altas y anchas establecidas en espaldera vertical ascendente o con pámpanos descenden-

Tabla 6
Tiempos de trabajos de poda y empalizamiento por diferentes sistemas de conducción del viñedo Bordelés

Sistemas de conducción	Viñas bajas con densidad alta					Viñas altas y anchas		
	Médoc	Médoc	Sauternais	Libournais	1er Côtes Bx	Entre-Deux-Mers	Entre-Deux-Mers	Entre-Deux-Mers
Densidad	10.000	6.600	6.560	5.500	5.200	2.300	2.300	2.300
Poda	GD	GD	GO-GS	GS	GD	Arqueado	Cordón	Leía
Empalizamiento	2 alambres	3 alambres	3 alambres	3 alambres	3 alambres	5 alambres	1 alambre	2 planos
Trabajos en invierno								
• Poda	208	138	159	153	150	61	60	52
• Retirada de madera	115	76	66	56	52	25	53	22
• Atado de varas	3	3	55	45	46	23	–	20
• Mantenimiento	70	46	30	37	42	18	4	15
• Empalizamiento	20	13	8	15	10	7	4	5
Operaciones en verde	76	52	179	78	65	20	23	15
• Despampanado	30	20	57	21	20	12	15	8 (mec.)
• Elevación pámpanos	40	26	59	50	24	4 (mec.)	–	7 (mec.)
• Despunte	6	6	5	7	21	3	8	0
• Deshojado	–	–	–	–	–	–	–	–
Total	284	190	330	231	215	80	83	77
Criterios:								
Poda de invierno (cepas / día)	700	700	795	800	800	736	347	780
Operaciones en verde (1.000 cepas / hora)	7,6	7,8	27,3	14,1	12,5	8,6	10	6,5

A. Reynier

G-D: Guyot doble; Guyot simple; GO: vaso.

Tabla 7

Tiempos de trabajo para la conducción de las viñas según diferentes sistemas de conducción en Burdeos.

Sistemas de conducción	Viñas bajas con densidad alta					Viñas altas y anchas		
	Médoc		Sauternais	Libournais	1.er Côtes Bx	Entre-Deux-Mers		
Densidad	**10.000**	**6.600**	**6.560**	**5.500**	**5.200**	**2.300**	**2.300**	**2.300**
Poda Empalizada	GD 2 alambres	GD 2 alambres	GO-GS 3 alambres	GS 3 alambres	GD 3 alambres	Arqueado 5 alambres	Arqueado 5 alambres	Cordón 1 alambre
Mantenimiento del suelo						T. del suelo	Químico	
Vendimia						V. manual	V. mec.	
Trabajos de invierno (Poda + Retirada de madera) Atado de varas + un Tratamiento	210	140	163	155	160	75	75	63
Mantenimiento del suelo	26	26	18	44	38	19	3	19
Operaciones en verde (Poda en verde + Tratamientos)	84	60	170	78	65	45	45	29
Total antes de vendimiar	230	226	351	277	263	139	123	111
Vendimia	184	180	337	171	100	120	6	145
Total	504	406	688	448	363	259	129	256

A. Reynier

tes de cordones daban un rendimiento igual, pero con vinos de calidad inferior a los de las viñas bajas y estrechas. Se dice que estos sistemas de conducción no permiten un microclima favorable pues la cubierta vegetal es muy heterogénea (pérdida de intercepción luminosa entre filas, amontonamiento de la vegetación y racimos sombreados) y el amontonamiento de la vegetación no permite que llegue la luz a todas las hojas.

Cuando la cubierta vegetal presenta varias capas de hojas seguidas, la primera capa e intermitentemente la segunda del lado donde incide el sol, reciben suficiente energía para tener una actividad fotosintética normal. Las otras capas de hojas, en el interior de la vegetación, tienen una débil actividad fotosintética. Sus estomas están abiertos con más frecuencia, transpiran y crean un microclima favorable al desarrollo de enfermedades criptogámicas (oídio, podredumbre gris); además, sombrean los racimos retrasando el proceso de maduración. Los días soleados la primera capa de hojas opuesta al sol recibe una radiación difusa que representa entre el 15 y el 20% de la radiación directa. Los días cubiertos las dos caras de la cubierta vegetal reciben la misma cantidad de energía. Por este motivo, para anchuras de calle importantes, con una altura de vegetación limitada y manteniendo el tipo de conducción en espaldera, la superficie foliar iluminada es insuficiente.

Tabla 8
Ensayo de separación de cepas en la línea en viñas anchas, misma carga/ha, misma conducción, cv. Ugni blanc en Cognac, *M. Portet según Lafont, Couillaud y Gay-Bellile*

Distancias	3,2 × 0,8 m	3,2 × 0,95 m	3,2 × 1,15 m	3,2 × 1,50 m
Densidad	4.000	3.200	2.700	2.000
hl/ha	150	167	1.64	181
Grado	7,09°	6,81°	6,7°	6,7°
hl de alcohol/ha	10,37	10,94	11,23	11,67
Peso madera poda kg/ha	3.260	3.160	2.950	2.875

Las viñas establecidas a gran separación entre las filas presentan un interés económico claro para reducción de costes de inversión y de cultivo del orden del 20-40% con relación a viñas bajas. Sin embargo, estas viñas no se justifican más que si la producción de uva responde al objetivo único del rendimiento.

4.3.3. La orientación de las filas

Para elegir la orientación de las filas en una parcela se tienen en cuenta los siguientes elementos:
- la *topografía del terreno:* si la pendiente es fuerte, las filas van según las curvas de nivel; para pendientes medias a débiles, la plantación se hace en el sentido de la pendiente;
- la *insolación:* la fotosíntesis, fuente de la alimentación carbonada de las plantas con clorofila, aumenta con la insolación. En el transcurso de un día

de primavera o de verano, la insolación aumenta, en un principio, desde el amanecer, es máxima al medio día y después disminuye hasta la puesta del sol. La mejor actividad fisiológica del follaje se obtiene en las filas con una orientación norte-sur o noroeste-sureste;
- la *parcela*: la plantación en el sentido de mayor longitud de la parcela o en el mismo sentido que las parcelas vecinas es generalmente recomendada con vistas a una mecanización del cultivo.

Para la mayoría de los viñedos la orientación norte-sur es la mejor. El plano vertical N-S capta más iluminación que el plano vertical E-O, e induce a la vez un mayor vigor, una mejor producción y un grado alcohólico más elevado.

Tabla 9
Comparación de la orientación de las filas
Ensayo INRA en Latresne (33)

Orientación de las filas	Norte-Sur	Este-Oeste
Peso de cosecha (kg/ha)	3.415	2.470
Grado probable	10,5°	10,1°
Acidez total (meq/L)	133	133
Peso de madera (kg/ha)	2.025	1.557

4.4. Parámetros de la forma de las cepas

4.4.1. Altura del tronco

La cepa puede guiarse a ras del suelo, es el caso de los pies madres de patrones y de las viñas cultivadas en regiones de clima continental muy marcado para protegerse de las heladas invernales, tal es el caso de las viñas cultivadas en regiones semidesérticas para reducir la longitud de los vasos conductores de savia bruta desde la raíz hasta la parte aérea. Por el contrario, en otros casos, se puede desarrollar con un tronco muy largo, es típico de las plantas silvestres que trepan por los árboles, así como en plantas cultivadas en parral. En la práctica corriente, los troncos tienen una altura que oscila de 40 cm a 150 cm. La elevación de la altura del tronco tiene como efectos principales:
- en primavera, disminuir los riesgos de heladas y de contaminación por el mildiu
- en verano y en el transcurso de la maduración, aumentar la sensibilidad a la sequía porque la vegetación y los racimos están más alejados de las raíces, disminuir los riesgos de podredumbre a condición de que el aire circule por debajo de la vegetación y retrasar la maduración. La sensibilidad a la sequía se manifiesta más cuando el suelo es poco profundo, las viñas son jóvenes, vigorosas y de porte caído.

Así pues, a excepción de buscar una mejor resistencia frente a las heladas primaverales, no tiene interés formar troncos muy altos.

4.4.2. Sistemas de poda

Se trata de elegir la forma que se va a dar a las cepas, del reparto de los elementos fructíferos y de su longitud (varas y madera de reemplazo). Esta elección depende de la densidad de plantación y de la altura del tronco así como de la fertilidad de las variedades y del número de yemas (carga) que el viticultor quiere dejar en la poda anual (apartado 3, capítulo 3).

4.4.2.1. *Forma del esqueleto*

El esqueleto de la cepa queda determinado por el número y orientación de los brazos. Estos pueden disponerse según arquitecturas muy variadas que podemos agrupar en cuatro categorías principales para los sistemas de poda más usuales:

– La *cepa simple*, constituida por un tronco que se prolonga en un brazo rudimentario que lleva uno o dos elementos de poda; el caso más corriente es que el brazo lleve un tallo fructífero y un pulgar de reemplazo (poda Guyot simple, poda en arco de Côte-Rôtie).
– El *abanico*, constituido por un tronco y unos brazos divergentes en un plano vertical (poda Guyot doble, poda del Médoc, poda Chablis, etc.).
– El *cordón*, constituido por un tronco sobre cuya parte horizontal se encuentran los pulgares (cordon Royat) o varas o una poda mixta.
– El *vaso*, constituido por un tronco y unos brazos repartidos en el espacio sobre los que se encuentran uno o varios elementos fructíferos, generalmente pulgares (vaso de Languedoc, de Beaujolais, etc.) y más raramente varas (vaso tradicional de Sultanina en el mediterráneo oriental).

La elección de la forma depende de muchos costumbres locales, de la densidad de plantación y de los Reglamentos en el caso de las Denominaciones de Origen.

4.4.2.2. *Número y longitud de los elementos de la poda*

Cualquiera que sea la arquitectura elegida como esqueleto, el número y la longitud de los elementos de poda dependen de la carga y de la variedad. Distinguimos:

– *poda corta*: se dice que la poda es corta cuando podamos los sarmientos de un año de modo que tengan entre 1 y 3 yemas francas; el número de pulgares dejados por cepa depende de la carga a dejar por cepa.
– *poda larga*: se dice que la poda es larga cuando podamos los sarmientos de modo que tengan más de tres o cuatro yemas; esta madera, llamada según las zonas «*baguettes*», *astas, viveros* o arcos se encuentran en número más reducido que los pulgares.
– *poda mixta*: se dice que la poda es mixta cuando se deja a la vez elementos cortos y largos, las varas aseguran la producción y los elementos cortos sirven, generalmente de madera de reemplazo teniendo por finalidad limitar el alargamiento.

Las podas cortas permiten limitar el alargamiento de la madera y controlar el rendimiento mejorando, así, la calidad de la vendimia pero no pueden emplearse en variedades cuyas yemas de la base son poco fértiles, salvo si esta fertilidad puede mejorarse con un gran vigor de las cepas o mediante condiciones climáticas y culturales. Las podas largas tienen un menor porcentaje de desborre, riesgo

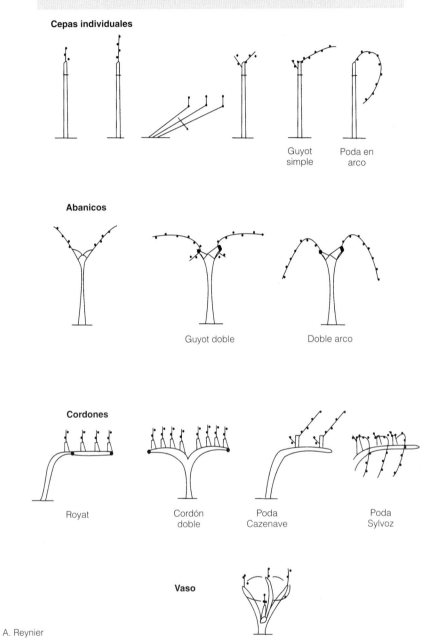

Figura 3
Filiación de los sistemas de poda.

de *desguarnecimiento* de la base o hacia mitad de la vara lo que supone un riesgo de alargamiento de la estructura y debilitamiento de la cepa; también puede conllevar una sobrecarga de racimos con una concentración y amontonamiento en el extremo de los tallos fructíferos así como un amontonamiento de la vegetación perjudicial para la actividad fotosintética y por tanto para la óptima maduración de los racimos.

4.4.3. Sistemas de empalizamiento

El empalizamiento tiene un doble fin:
- mantener el esqueleto de la planta y los elementos fructíferos en una cierta posición definida por el sistema de poda: es el *empalizamiento de sostén,* y
- disponer el follaje en el espacio dirigiendo el crecimiento de los pámpanos: es el *empalizamiento de los pámpanos.*

En ausencia de empalizamiento, los pámpanos jóvenes crecen y toman, después del desborre, inicialmente una dirección vertical, para después curvarse bajo la acción de su propio peso. Esta curvatura se produce tanto más pronto y con más intensidad cuanto más llorón sea el porte natural de la variedad (caído o péndulo) y más vigorosa sea la planta (suelo fértil, densidad baja, portainjerto vigoroso etc.). Esta curvatura favorece el crecimiento de los nietos y los pámpanos así caídos dificultan el paso para las labores de cultivo de la viña. El empalizamiento permite guiar el crecimiento de los pámpanos y disponer las hojas y los racimos en el espacio; esta disposición actúa directamente sobre las funciones fisiológicas del follaje, sobre el microclima de estos órganos y, consecuentemente, sobre la fisiología general de la cepa y su producción.

4.4.3.1. *Influencia del modo de empalizamiento sobre la fisiología de la vid y sobre su producción*

El follaje constituye un captador de energía solar que transforma la energía luminosa en energía química con producción de azúcares y otras sustancias orgánicas. Ahora bien, el rendimiento fotosintético es débil porque solamente el 1% de la energía luminosa incidente es transformada en energía química. Este rendimiento depende de la intensidad de la fotosíntesis y de la cantidad de superficie foliar iluminada:
- la *intensidad de la fotosíntesis* depende de la luz (intensidad, duración del día), de la temperatura (óptimo 20-25 °C y parada hacia 30 °C aproximadamente), de !a alimentación hídrica;
- la *superficie foliar* de una parcela de viña es de dos a seis veces superior a la superficie del suelo. Este coeficiente es llamado índice foliar.

La producción fotosintética de una parcela aumenta con el *índice foliar,* pero a partir de un cierto nivel el amontonamiento del follaje viene a limitar el número de hojas que recibe una iluminación directa. Indice foliar y amontonamiento del follaje llevan a definir la noción de *homogeneidad de la cubierta vegetal:*
- una *cubierta vegetal es homogénea* cuando la recepción de la iluminación es idéntica en cualquier punto de la vegetación.
- una *cubierta vegetal es heterogénea* cuando la recepción de la iluminación se hace sobre masas de vegetación separadas por extensiones de suelo desnudo.

Figura 4
Diferentes sistemas de poda.

1. Poda en cola de Maconnais.
2. Poda en Guyot doble en Graves.
3. Cordón Royat en Naoussa (Grecia).

4. Cordón Royat en Côtes du Rhône.
5. Vaso bajo en Châteauneuf-du-Pape.
6. Vaso alto con porte caído en Iznik (Turquía).

La heterogeneidad de la cubierta vegetal disminuye la eficacia de la energía luminosa y la producción fotosintética con relación a una cubierta homogénea. Cuando las plantas son cultivadas a gran densidad de plantación, la cubierta vegetal es bastante homogénea, pues la vegetación de cada cepa es débil y poco amontonada, la intercepción luminosa es buena. Por el contrario, cuando la densidad disminuye, tanto para las viñas conducidas en vaso como para las formas empalizadas, la proporción de suelo desnudo y el amontonamiento del follaje aumentan y, consecuentemente, la intercepción luminosa es peor. El viticultor puede actuar sobre la homogeneidad de la cubierta vegetal y sobre el microclima mediante el empalizamiento.

Con el fin de caracterizar un sistema de conducción, se ha propuesto un **index foliar** que tiene en cuenta la superficie foliar externa de la cubierta y el amontonamiento del follaje. Existe muy buena correlación entre el índice foliar y la iluminación interceptada (tabla 10). También es posible calcular la superficie foliar expuesta multiplicando la superficie foliar por el index foliar

Tabla 10
Relación entre el index foliar y la energía luminosa (PAR) captada por la cubierta (Carbonneau)

Sistema de conducción	Viña ancha plana	Viña ancha semiabierta en V	Viña ancha abierta en U	Viña despuntada tradicional
% de la energía luminosa (PAR) interceptada	15,7	21,8	34,5	27,8
Index foliar	0,48	0,71	1,18	1,02

4.4.3.1.1. *Influencia del empalizamiento sobre el microclima*

Las viñas estrechas tradicionales dan vinos de calidad cuando el rendimiento no sobrepasa un cierto límite. Tienen un microclima más favorable a nivel de hojas y racimos que los viñedos con débil densidad de plantación. En las viñas anchas y altas, a excepción del doble plano de vegetación vertical (lira), los empalizamientos en un solo plano o en V reciben una iluminación más débil que las viñas bajas. Esto explica, en parte, los malos resultados obtenidos por estos sistemas a baja densidad.

4.4.3.1.2. *Influencia del empalizamiento sobre la fisiología de la vid*

Las condiciones microclimáticas inducidas por el sistema de conducción y en particular por el empalizamiento actúan sobre las diferentes funciones fisiológicas de la cepa, comprobando los siguientes efectos:

- el *rendimiento fotosintético:* con relación a las viñas estrechas tradicionales, el rendimiento de las viñas altas y anchas es función de la superficie foliar iluminada; los sistemas con empalizamiento abierto tienen un mejor rendimiento fotosintético.
- el *vigor de las viñas*: las conducidas a baja densidad son, en principio, más vigorosas.
- la *fertilidad de las yemas* dejadas en la poda es más elevada en las viñas tradicionales y en el doble empalizamiento vertical en U dada la mejor iluminación de las yemas.

Tabla 11
Influencia del sistema de conducción sobre el microclima
Ensayo INRA de Burdeos en Latresne
(según Carbonneau, Casteran y Leclair)

	Viña ancha plana	Viña ancha en V	Viña ancha en U	Viña despuntada tradicional
% radiación total captada (PAR) por las hojas	15,7	21,8	34,5	27,8
% de cielo para los racimos (con lente ojo de pez)	6,3	7,6	21.8	18,2
Diferencia de temperatura de las hojas/aire	–1,22	+0,32	+0,39	–1
Diferencia media de temperatura de los racimos/aire	+0,06	+0,27	+0,62	+0,82
ETR (mm) estacional	297	355	314	306

Tabla 12
Influencia del sistema de conducción en la fisiología de la vid
(según Carbonneau)

	Viña ancha plana	Viña ancha en V	Viña ancha en U	Viña despuntada tradicional
Rendimiento medio fotosintético $(mg\ CO_2/dm^2/h)$	6,9	9,0	0,8	9,0
Longitud media del sarmiento (cm)	184	234	200	98
Peso medio de la madera/m^2 (kg)	0,26	0,35	0,22	0,22
Número medio de flores por yema brotada	726	746	912	854

4.4.3.1.3. *Influencia del empalizamiento sobre la producción y la calidad*

Las viñas estrechas tradicionales producen vinos de calidad que han dado la reputación a las regiones de producción. Los resultados de este ensayo, ya confirmados en otras situaciones, muestran que es posible mejorar la calidad de los vinos obtenidos en viña ancha desarrollando suficientemente la superficie follar iluminada y reduciendo el amontonamiento del follaje por el empalizamiento. Entre los factores de calidad modificables por el sistema de conducción están el grado alcohólico probable, el pH, los polifenoles y también los aromas.

Tabla 13
Influencia del sistema de conducción en el rendimiento y la calidad
Variedad Cabernet Sauvignon
(según Carbonneau, Casteran y Leclair)

	Viña ancha plana	Viña ancha en V	Viña ancha en U	Viña despuntada tradicional
Producción (hl/ha)	46,5	56	60	47,5
Grado alcohólico probable	10,9	11,7	11,6	11
Polifenoles totales en hollejos (índice de Folin/100 g de bayas)	5,2	5,5	6,1	5,4
Antocianos de los hollejos (mg/100 g de bayas)	185	230	283	202
Taninos de los hollejos	480	431	547	504
Ácido málico del mosto (meq/l)	68	90	66	63
Calificación en la degustación	11,89	12,70	14,69	13,80

4.4.3.2. *Diferentes sistemas de empalizamiento*

4.4.3.2.1. *Viñas sin empalizamiento de los pámpanos*

La conducción de la viña sin empalizamiento se utiliza:
– en los viñedos de las zonas mediterráneas que gozan de una insolación sufi-ciente para asegurar una buena maduración y de una pluviometría moderada durante el período vegetativo, limitando los riesgos de enfermedades cripto-gámicas, y cuyas cepas generalmente sólo llevan pulgares. Las viñas débiles no presentan dificultades para su cultivo. Por el contrario, las viñas vigoro-sas plantean más problemas y son conducidas bien con tronco corto (30-50 cm) con variedades de porte erguido cuyos pámpanos son despuntados para permitir el paso por entre las cepas, o bien con tronco más alto en el caso de variedades de porte llorón, y con la vegetación formando una campana alre-dedor del tronco. En este caso, la altura del tronco está regulada por la longi-tud de los pámpanos para que al arquearse no toquen el suelo; es el caso de los viñedos antiguos vigorosos cultivados en terreno llano en el Midi francés o de algunos viñedos del Mediterráneo oriental;
– más raramente, en viñas de zonas no mediterráneas, pues la viña encuentra condiciones climáticas menos favorables, se hace necesario disponer la vegetación de tal manera que tenga una actividad óptima y protegerlo contra los accidentes climáticos y los ataques de parásitos.

4.4.3.2.2. *Viñas con empalizamiento colectivo*

Antes de la invasión filoxérica, las viñas estaban generalmente en formas libres pero con gran densidad de plantación y cultivadas a mano; como consecuencia de la reconstrucción del viñedo, el empalizamiento colectivo se hizo necesario a causa del aumento de vigor de las cepas (menor densidad, empleo de patrones, etcétera) y de la mecanización de los trabajos culturales. Actualmente las viñas se conducen, por lo general, de forma colectiva, es decir, empleando soportes que comparten varias cepas, es el caso del viñedo de Champagne, La Alsacia, Borgoña, Burdeos, etc. y cada vez más del viñedo meridional, debido a la introducción de variedades con poda larga y a la necesidad de mecanizar las diferentes intervenciones en el viñedo, incluyendo la poda y la vendimia.

El empalizamiento colectivo de la vegetación se puede hacer en el sentido vertical, oblicuo u horizontal.

– Empalizamiento colectivo vertical

Los pámpanos se mantienen verticales por medio de alambres. Según el vigor de las cepas, la importancia del follaje a empalizar es diferente. Esta es la razón de que en la práctica se distinga entre viñas bajas y altas. El factor determinante de este vigor de las cepas (potencialidad) es la densidad de plantación, determinada, principalmente, por la separación entre las cepas:

- *Empalizamiento de las viñas con pequeñas separaciones* entre líneas: se encuentran en las zonas productoras de vinos de calidad (5.000 a 10.000 cepas /ha) con una separación entre filas comprendida entre 1 y 2 m, la superficie dirigida, es generalmente, poco importante a lo largo de la fila pero muy alta por hectárea si la altura de despunte está en relación con la separación entre filas.
- *Empalizamiento de las viñas con gran separación* entre líneas: cuando las cepas son vigorosas, debido a la baja densidad de plantación, la superficie de la espaldera debe adaptarse para favorecer la distribución de la vegetación, evitando su amontonamiento; es posible actuar sobre la altura de la espaldera en viñas altas y anchas con un monoplano vertical hasta un límite de 1,8 m (200 a 210 cm de altura de despunte desde el suelo). Teóricamente, se puede actuar sobre el espesor de la vegetación abriendo el plano de vegetación adoptando formas en U, lo que mejora la fotosíntesis y la iluminación de los racimos; entre estos últimos, los sistemas en lira han tenido gran éxito en la producción de Chasselas de moisac pero no parece interesar a otros viticultores.

– Empalizamiento colectivo horizontal

Los pámpanos reposan sobre un soporte horizontal situado generalmente a 2 m de altura: es el caso de los túneles, pérgolas o parrales en Pouilles (Italia), de los Çardak en Denizli (Turquía). Este sistema rara vez asegura una buena distribución del follaje y favorece el oídio, está reservado a las regiones muy soleadas.

– Empalizamiento oblicuo

Es un sistema intermedio entre la conducción vertical y la horizontal. Ofrece una mayor superficie para la distribución del follaje que el primero y una mejor aireación que el segundo. Puede tener uno o dos planos oblícuos: pérgola simple (con un brazo) y pérgola doble (con dos brazos). Estos sistemas se emplean especialmente en el norte de Italia (Piamonte, Alto Adige y Trentino).

Figura 5
Sistemas de conducción.

1. Viña con separación débil (Sauternes).
2. Viña con gran separación (viña alta en Entre-deux-Mers).
3. Viña con calles anchas y conducción en lira.
4. Viña con calles anchas y conducción en V.

CAPÍTULO 3

REALIZAR LA PLANTACIÓN

1. Preparar y realizar la plantación
2. Cuidar la plantación e instalar el emplazamiento
3. Evaluar el coste de la plantación

1. PREPARAR Y REALIZAR LA PLANTACIÓN

1.1. Preparación superficial

El desfonde deja el terreno desigual en superficie y el subsolado no mulle la capa arable. Son necesarias las operaciones culturales complementarias para obtener una tierra suficientemente dividida en superficie. Cuando el suelo está estabilizado y seco, una labor de 30 a 40 cm permite el enterrado de las enmiendas y del abonado de fondo y limita el rebrote de las malas hierbas antes de la plantación. El desmenuzamiento superficial es realizado preferentemente con el uso de la grada o del escarificador antes que el rotavator pues este último, mal empleado, es nefasto para el mantenimiento de la estructura del suelo.

1.2. Trazado, marcado y empiquetado de la plantación

El *trazado* de la plantación consiste, por una parte, en definir sobre el terreno los límites de la parcela preservando un espacio suficiente para los giros (5 a 7 metros en caso de vendimia mecánica) y las cunetas, y por otra parte en marcar el emplazamiento exacto de cada cepa de forma que se obtenga un reparto regular; es preciso vigilar sobre todo la rectitud de las líneas. El *marcado* de las filas y de las cepas se hace frecuentemente con cuerda; esta operación podrá ser facilitada considerablemente utilizando un cable metálico marcado fijando señales en cobre a la distancia elegida entre los pies. El *empiquetado* es realizado colocando, en los emplazamientos previstos para las cepas, pequeñas picas de madera que se han escogido suficientemente largas para servir de tutores a las plantas durante los primeros años (acacia o bambú).

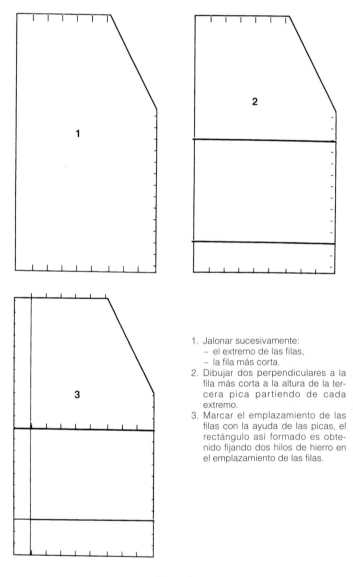

1. Jalonar sucesivamente:
   – el extremo de las filas,
   – la fila más corta.
2. Dibujar dos perpendiculares a la fila más corta a la altura de la tercera pica partiendo de cada extremo.
3. Marcar el emplazamiento de las filas con la ayuda de las picas, el rectángulo así formado es obtenido fijando dos hilos de hierro en el emplazamiento de las filas.

Figura 1
Trazado antes de la plantación.

1.3. Época de plantación

Se dispone en principio de todo el periodo de reposo vegetativo de la vid para efectuar la plantación. Sin embargo el frío y la humedad del invierno, la naturaleza, la preparación y el estado del suelo a plantar son factores que limitan este periodo y retardan frecuentemente las plantaciones. Así la experiencia prueba que, si el clima y los terrenos lo permiten, las plantaciones precoces (diciembre, enero, febrero) dan excelentes resultados. Por el contrario, las plantaciones tardías en la estación, después del primero de julio, en pots o con plantas tradicionales corren el riesgo de ser un fracaso pues las plantas estarán más expuestas a las condiciones de sequía y tendrán más dificultades de agostar antes de las heladas de otoño. En la práctica:

- las *plantaciones de barbados o de plantas-injerto tradicionales* (traídos de viveros) deben ser hechas en invierno, antes del desborre de la vid, cuando el suelo esté suficientemente seco; cuando se planta en abril-mayo, es preciso guardar las raíces más largas y no cortarlas a ras del portainjerto;
- sin embargo, las plantaciones más tardías pueden hacerse con *plantas en pote*, después de que los suelos más húmedos en primavera se hayan secado, sobre todo para los suelos de tendencia limosa;
- las plantaciones de otoño son posibles en los viñedos meridionales con *plantas agostadas y en reposo vegetativo*.

1.4. Petición, recepción y preparación de las plantas

1.4.1. Petición de las plantas

Una vez que se ha elegido la variedad y el portainjerto, que se dispone del derecho de plantación y que se ha fijado la fecha de plantación, es interesante que lo antes posible, incluso un año antes de la plantación, pedir las plantas a su proveedor habitual.

¿Qué tipo de plantas pedir? Las plantas pueden ser bien de barbados de portainjerto o de variedades, este es un caso actualmente muy raro, o de plantas-injerto traidas de viveros, caso más frecuente para las plantaciones de invierno o principios de primavera, o de plantas-injerto en potes o en cartón forzadas en invernadero, llamadas «plantas-injerto de primavera» para las plantaciones tardías de mayo a finales de junio. Las plantas-injerto en pots llamadas «de otoño», crecidas un tiempo más largo y en potes más grandes por el viverista, se pueden plantar en otoño a yema en reposo así como durante el invierno.

¿Se deben elegir los clones? La situación sanitaria de las viñas de los años cincuenta ha conducido a los responsables técnicos de la viticultura a desarrollar la selección, primero masal, y después clonal. Las plantas obtenidas de selección clonal ofrecen la garantía de estar exentas de enfermedades víricas y presentan aptitudes vitícolas y enológicas específicas. Es preciso pedir al viverista y al asesor vitícola cuales son los clones que más convienen para el terreno, el portainjerto escogido y para el tipo de producción deseada. La instalación de una viña con plantas de un mismo clon presenta el interés de una plantación homogénea. Sin embargo, los clones son criticados, se reprocha que son muy productivos y deterioran la originalidad de la producción:

– en cuanto al rendimiento, es cierto que estas plantas no sufren el efecto moderador de los virus y que son todas idénticamente productivas; conviene por lo tanto elegir clones medianamente productivos y aplicar nuevas alternativas técnicas, en el momento de la plantación y de la conducción, tratando de reducir el vigor global de estas viñas (elegir portainjertos menos vigorosos, establecer balances húmicos y minerales mucho más precisos y que no favorezcan el vigor, etc.);

– en cuanto a la originalidad de la producción, es cierto que se pierde diversidad si todo el mundo utiliza los mismos clones; el vino producido corre el riesgo de no tener la complejidad aromática, factor de tipicidad y de calidad, que pueden tener los vinos producidos a partir de una población policlonal; conviene entonces procurar una diversidad plantando separadamente o sucesivamente varios clones de la misma variedad de acuerdo con las plantaciones; es una solución de seguridad que puede convenir a la mayoría; no obstante, si se quiere llevar a lo más alto la originalidad del pago, es preciso pensar en conservar la diversidad policlonal de las viejas poblaciones de variedades mientras haya todavía tiempo, constituyendo conservatorios, como algunos han hecho ya, o recurriendo de nuevo a la selección masal controlando el estado sanitario de los pies escogidos para no multiplicar las plantas enfermas.

1.4.2. Recepción y preparación de las plantas

Al recibir las plantas, y en presencia del proveedor, es preciso juzgar la calidad de las plantas a partir de un muestreo previo en los paquetes de plantas:

– el *vigor* debe ser medio, preferir las plantas cuyo diámetro mínimo es de 7 mm, pero la presencia de raíces abundantes y de brotes muy largos no mejora el agarre ni el desarrollo futuro de las plantas;

– la *soldadura* debe ser sólida, es decir que resista la presión normal de un dedo. y sobre todo estar presente en todo el perímetro, pero un callo muy grueso no es una señal de calidad;

– se prestará una atención particular a la *frescura* de las plantas con una navaja se verifica que el talón, la soldadura, el portainjerto y el brote agostado de las plantas no muestran signos de alteración (ennegrecimiento más o menos acentuado);

– las plantas-injerto obtenidas con injerto omega (95 % de los casos) deben tener, preferentemente, una púa muy corta bajo su yema.

En caso de anomalías graves se rechaza la mercancía, pero afortunadamente este caso se produce raramente; las reservas pueden ser hechas junto al proveedor en caso de dudas sobre la calidad. El viticultor podrá tomar garantías del viverista, formalizándolas en un contrato de compra y, por prudencia, haciendo efectuar los controles, en lo que concierne al estado sanitario de las plantas; en efecto, además de las enfermedades por virus, algunas de las cuales pueden ser detectadas mediante el test Elisa, las plantas de viveros pueden ser portadoras de agentes patógenos que, desarrollándose en la madera después de la plantación, hipotecan la vida de la futura viña: *Xylophilus ampelinus*, agente de la necrosis bacteriana, *Agrobacterium vitis* que provoca las verrugas y se transmite por el material vegetal y los fitoplasmas, responsables de la flavescencia dorada.

1

2

3

4

Figura 2
Diferentes operaciones de la plantación.

1. Empiquetado.
2. Preparación de las plantas.
3. Preparación del hoyo.
4. Plantación en el hoyo.

Cuando las plantas no han sido conservadas en cámara fría en el vivero y son recibidas poco tiempo antes de la plantación (ocho a diez días), se conservan a la sombra con las raíces en agua o en su embalaje en caja-palé o en cartón en un local fresco; cuando su conservación debe durar un tiempo más largo, es preciso colocarlas, desde el momento de su recepción, en una zanja con mantillo, tierra fina o, preferentemente, arena fresca. No obstante, las plantas son generalmente conservadas en cámaras frías por los viveristas y pueden ser entregadas el día de la plantación, preparadas y puestas bajo embalaje plástico. Las plantas en potes pueden ser conservadas algunos días a la luz, protegidas del sol y de las corrientes de aire, manteniendo la frescura de las plantas con riegos ligeros en pulverización.

En el momento de la plantación, las plantas enraizadas se preparan cortando las raíces a una cierta distancia del talón:

- *si se planta en invierno con plantas tradicionales*, la longitud a dejar en las raíces depende del modo de plantación (8 a 15 cm para plantaciones con ahoyador, 1 a 2 cm para plantaciones con pistola o barrena); no se dejan más que dos o tres yemas en la púa de injerto;
- *si se planta en abril o mayo con plantas-injerto tradicionales*, es preciso dejar más raíces (10 cm) para tener más reservas y plantar con el pico;
- *si se planta con plantas-injerto en potes de otoño*, es preciso cortar con podadora los rizos de las raíces;
- a veces *las plantas están preparadas por el viverista* y llegan listas para ser plantadas, están recubiertas de parafina que las protege de la desecación.

1.5. Formas de plantación

1.5.1. Plantaciones manuales

El enraizamiento de la planta joven se hace fácilmente si está en contacto con la tierra mullida: es la **plantación por hoyos** la que se realiza con mejores condiciones, particularmente en terrenos difíciles de preparar. Un hoyo, sensiblemente cúbico por haberse hecho **con pico**, es abierto de tal manera que el tutor que ha servido de señal se encuentre en uno de los lados; se echa en el fondo del hoyo tierra mullida sobre la cual se colocan las raíces, teniendo cuidado de que la planta esté apoyada contra el tutor; se riega y se recubren las raíces de tierra fina que se aprieta en el caso de las plantas-injerto traídas del viverista sin apretar por ser plantas en potes o en cartones; se llena después el hoyo con tierra fina y se hace, alrededor de la planta, un pequeño montón de tierra si la planta no ha sido sometida a un segundo parafinado poniéndola al abrigo contra la deshidratación, si no se deja llano. Esta forma de plantación es utilizada sobre todo para las plantaciones en terrenos arcillosos y pesados con tal que estén bien secos, con plantas traídas de viveros, para la plantación de plantas en potes así como para las replantaciones.

Las plantaciones **con ahoyador** de 10 a 15 cm de diámetro no permiten siempre conseguir las mismas condiciones que con el pico. En las tierras pesadas, sobre todo si están húmedas, se corre el peligro de tener una en las paredes; las raíces no podrán atravesar las paredes y se desarrollarán como en una maceta de flores.

Las plantaciones manuales son también realizadas con **palo, barrena** (hoyo de 4 a 5 cm de diámetro), o **espoleta** (vara metálica que lleva en su extremo dos pequeños dientes que permiten bloquear el talon de la planta, utilizable en terreno dócil. Las plantas son por lo tanto puestas en el terreno en un espacio reducido de algunos centímetros de ancho después de haber sido recortadas severamente. Estas formas de plantación que ponen las plantas en tierra con menos esmero que en la plantación en hoyo deben ser desechadas en los suelos pesados, arcillosos o limosos compactos. Se conocen los fracasos de brotación, notablemente en los suelos mal preparados o con estado estructural inestable; a veces pueden permanecer bolsas de aire a nivel de las raíces, a pesar del apretado en la cepa.

La plantación con ayuda de **chorro de agua con presión** es utilizada a veces. Esta técnica permite realizar las operaciones muy rápido pero necesita que las plantas sean recortadas muy cortas; con esta técnica las plantas están expuestas a la asfixia radicular, fundamentalmente en presencia de suelo con una fuerte proporción de arcilla.

¿A qué profundidad se deben colocar las plantas-injerto? Tanto si se plantan a mano como si se plantan a máquina, las plantas-injerto no están generalmente bastante profundas en el suelo. En efecto, algunos meses más tarde o al cabo de los primeros años, se observa que que ciertas cepas parecen «zancudos» con un punto de injerto alejado del suelo y de las raíces. cuyo punto de anclaje es superficial; esto no es tolerable pues es la manifestación de una plantación chapucera o hecha sin tener en cuenta las exigencias de las plantas y el comportamiento de ciertos suelos después de la plantación. El punto de injerto de vides adultas debe encontrarse a 2 cm por encima del nivel medio del suelo; si está por debajo se corre el peligro de franqueamiento, si está muy por encima se arriesga de sufrir desecación del injerto a pesar del parafinado, de estrés hídrico y de destrucción por las heladas. Es por lo que se procurará que las plantas estén suficientemente profundas y, en suelos que se hinchan después de la última labor, se plantará con el punto de injerto ligeramente por debajo del nivel medio del suelo, donde se procurará hacer esta labor bastante antes de la época prevista para la plantación.

También es posible plantar **plantas preinstaladas en el interior de un tubo** de plástico prolongado en la base por marcas que guían las raíces (Ceptonic). Los brotes jóvenes, guiados en el tubo, se desarrollan sin tutor suplementario estando protegidos de choques y de herbicidas; la respuesta es excelente con tal que no se planten en terreno demasiado húmedo en invierno o demasiado seco en primavera.

1.5.2. Plantaciones mecánicas

La mayor parte de las máquinas están concebidas según la misma tecnología. Una reja acanalada cava un surco en el que una lengüeta móvil deposita la planta y el tutor, después unas cuchillas restablecen el surco y unas ruedas aseguran el apretado de la tierra alrededor de la planta, finalmente dos rejas regulables aseguran el aporcado de las plantas. El posicionamiento de la máquina sobre la fila es ralizado por diversos dispositivos de guiado (visor óptico sobre el tractor o sobre hilo de guía, o guiado por láser). La separación entre filas puede ser indicada simplemente por un pequeño surco trazado lateralmente por una cuchilla colocada en el extremo de un brazo extensible. El espaciamiento entre plantas en la fila es realizado por diversos procedimientos según las marcas (lectura a partir de un hilo de trazado, cordel con marcas metálicas, cadena con pinzas llevada por una rueda con muescas). Varias marcas ofrecen máquinas de plantar: Cavaillère, Cadurcienne, Clémens, Collard, Fontan. Las tasas de éxito son tan buenas como en las plantaciones manuales; es imprescindible plantar en una tierra finamente dividida (pase de una grada rotativa sobre el suelo seco) y de regar copiosamente después de la plantación (3 a 4 litros de agua en cada cepa). Sin embargo, se observa a veces que los prendimientos son insuficientes en suelos arcillosos, pero parece que los fracasos son atribuibles más a una mala preparación del suelo y a los cuidados insuficientes después de la plantación que a la forma de plantación.

1.5.3. Caso de las plantaciones bajo plástico

Se utilizan plantas injertadas y parafinadas, podadas a dos yemas; se plantan sobre un pequeño montón, el injerto fuera del suelo. Un plástico de polietileno negro, de una anchura de alrededor de un metro y de un espesor de 80 a 100 micras, es desenrollado mecánicamente. Basta perforar el plástico en el emplaza-

miento de las plantas. Ciertas precauciones son necesarias: no estirar demasiado el plástico y desherbar obligatoriamente una banda a cada lado del plástico. Esta técnica ofrece ciertas ventajas:
  – limita los gastos de mano de obra durante los primeros años;
  – asegura una vegetación más vigorosa y una entrada en producción más precoz (a veces en el segundo año).

2. CUIDAR LA PLANTACIÓN E INSTALAR EL EMPALIZAMIENTO

El desarrollo de las plantas está ligado a las condiciones encontradas por las raíces y los brotes durante los primeros meses y los primeros años. Conviene limitar la competencia de malas hierbas, proteger las plantas contra enfermedades y plagas y formar los brazos. Se actúa también para injertar las raíces colocadas un año antes y para formar las cepas.

2.1. Cuidados posteriores a la plantación

Se deben crear condiciones ambientales para las plantas que no perjudiquen su instalación. Sin embargo, en las tierras ricas, el vigor excesivo de las plantas puede acarrear, al cabo de 2 ó 3 años, problemas fisiológicos de las plantas (defoliación, enrojecimiento o amarilleamiento de la vegetación seguido de malformación foliar). Por otro lado, las plantas deben estar protegidas contra las enfermedades, las plagas y el viento que pueden limitar el desarrollo, el agostamiento y la viabilidad de la madera.

2.1.1. Mantenimiento del suelo

El suelo debe mantenerse limpio por labores y formas superficiales o por desherbado químico, para limitar la competencia de las malas hierbas:
  – el *cuidado mecánico*: es a menudo preferible cultivar el suelo pues permite al sistema radicular establecerse en profundidad, lo que aumenta la resistencia de las plantas jóvenes a la sequía; el trabajo es realizado con herramientas de trabajo superficial (espirocultores, escarificadores) y descaballonadores;
  – el *desherbado químico*: es realizado antes del desborre aplicando sobre la fila, inmediatamente después de la plantación, herbicidas de preemergencia no fitotóxicos, a la vez que el espacio interlíneas es cultivado. La elección del herbicida de preemergencia tiene en cuenta la naturaleza de las malas hierbas que se desarrollan habitualmente en la parcela de la explotación (gramíneas o dicotiledóneas); en caso de invasión posterior por malas hierbas, utilizar herbicidas de postemergencia antigramíneas específicos (Fervinal, Stratos, Ultra, Eloge, Fusilade X2,Targa +); los herbicidas foliares no específicos, a base de paraquat (Gramoxone) o de glifosato (Roundup), que son fitotóxicos para las plantas, exigen las máximas precauciones en su

empleo; efectuar en tiempo calmado un pase con mochila o con una lanza provista de campana para evitar las salpicaduras sobre las plantas.

2.1.2. Protección contra los conejos

Pueden provocar, sobre todo si la parcela está próxima a bosques o setos, daños importantes sobre una parte de la parcela. Como los daños no se limitan a los bordes, es preciso proteger el conjunto de la parcela con envolturas individuales que se colocan en el momento de la plantación.

2.1.3. Tratamientos fitosanitarios

El follaje es protegido contra el mildiu y las bacterias con el caldo bordelés y contra el oidio con azufre mojable. Los tratamientos anticriptogámicos serán continuados hasta más tarde que los aplicados para las viñas adultas. Hay que tomar, si es necesario, precauciones para proteger las plantas contra los caracoles y las babosas en tiempo de lluvia (tratamientos en pulverización con Lannate, Larvin o Mesurol), contra los ácaros, sobre todo la acariosis, con acaricida apropiado. En las zonas de riesgo, no olvidar tratar las viñas jóvenes contra la flavescencia dorada.

2.1.4. Otros cuidados después de la plantación

- desbrotado esmerado y progresivo a fín de limitar el número de pámpanos;
- conducción de los pámpanos sobre un tutor;
- desbarbado, consistente en suprimir en julio-agosto, las raíces que han brotado sobre el injerto;
- reposición de marras por plantación en hoyo de las plantas-injerto tradicionales o de plantas en potes;

2.2. Injerto en campo

El injerto en campo de plantas enraizadas se hace generalmente al año siguiente de la plantación con hendidura plena (parte 1, capítulo 3).

2.3. Poda de formación

La cepa está formada, en los primeros años de plantación, por el establecimiento del tronco y de los brazos respetando los principios siguientes:
- formar el tronco a partir de un sarmiento de vigor suficiente, pero no excesivo, de una sola vez, limitando los efectos de cicatrices debidas a las podas en verde, y sobre todo de invierno;
- formar los brazos, en las podas con 2 brazos simétricos y en vaso, al mismo nivel con el fin de que sean de vigor similar y de equilibrar la estructura de la cepa;
- aplicar la poda de fructificación sobre cada uno de los brazos.

Figura 3
Mantenimiento del suelo después de la plantación.

Figura 4
Cubierta plástica de una viña joven.

Las cepas jóvenes se podan a dos yemas ya que no producen sarmientos de vigor suficiente. En general, las plantas colocadas en la tierra, podadas a dos yemas dan en primavera varios brotes sobre la madera de poda y sobre la corona; a través de desbrotados progresivos se conservan dos o tres bien colocados, al principio de la vegetación, después uno solo desde el principio del agostamiento o, a más tardar, en la poda de invierno. El sarmiento conservado debe estar bien situado, lo más próximo posible del punto de injerto, bien insertado, con entrenudos de longitud media y en la prolongación vertical del tallo. Para que el tronco sea rectilíneo, el atado comienza desde que los brotes tienen 20 a 30 cm.

El tronco se forma generalmente en la poda de invierno del principio de la «tercera hoja» (tercer año de vegetación). El sarmiento conservado para formar el tronco se deja entero, rodeado por el hilo de empalizamiento, o cortado a la altura del establecimiento de los brazos. Este punto de bifurcación de la cepa es designado con el nombre común de cruz. Su altura varía según las regiones y los sistemas de poda: bastante cerca del suelo para el vaso de Châteauneuf-du-Pape o del Beaujolais así como para el Guyot simple tradicional en Borgoña o en el País de Nantes; su altura es de 30 a 50 cm para las viñas podadas en Guyot del Sur-Oeste y del Bordelés o para el vaso del Languedoc, de 90 a 120 cm para los sistemas con arqueado de Charentes o de Alsacia, de 150 a 200 cm para los sistemas de viñas muy altas o en pérgola. El punto de cruz debe estar situado por debajo del alambre portador de los brazos. En el momento de la poda, los anticipados son suprimidos y el sarmiento puede ser desyemado dejando 3 a 4 yemas bien colocadas para formar los brazos y asegurar, si la vid entra en la «tercera hoja», una primera fructificación. En primavera, los chupones desarrollados al nivel de la corona o sobre el sarmiento-tronco, fuera del nivel de los brazos, son desyemados si esto no se hizo en invierno; no se mantienen más que los brotes bien situados y se suprimen las yemas secundarias, los anticipados de la base y una parte de los racimos si su número es excesivo. Al año siguiente, la poda de formación se realiza de una forma particular en cada sistema de poda (parte 3, capítulo 3).

2.4. Instalación del empalizamiento

El empalizamiento de la viña es practicado desde hace mucho tiempo en la mayor parte de las regiones vitícolas septentrionales y se desarrolla en las regiones meridionales con la introducción de variedades mejorantes, el empleo del no cultivo y el desarrollo de la mecanización de las vendimias.

2.4.1. Postes

Los postes deben ser resistentes para soportar el peso de la vegetación y de la cosecha, duraderos para permanecer si es posible en la viña todo el tiempo de su producción, flexibles en caso de recolección mecánica y tener un buen amarre en el suelo para no tumbarse bajo el efecto de presiones (golpe de viento, tensión de los alambres).

2.4.1.1. Postes de madera

La madera es el material más empleado (80 % de las compras). Los postes de madera tienen una buena firmeza en el suelo pero carecen de flexibilidad para la recolección mecánica. Su calidad depende de las aptitudes de la especie para resistir la pudrición y a ser tratada.

La *acacia* y el *castaño* son especies muy utilizadas; tienen una buena resistencia natural a la pudrición si son sacadas de madera de edad suficiente y tienen mucha médula; desgraciadamente los postes que se encuentran actualmente tienen demasiada albura, parte exterior de la madera sensible a la podredumbre. El castaño resiste un poco menos que la acacia. Para estas dos especies. es preferible utilizar postes rajados que redondos que son tomados de maderas más jóvenes. La impregnación de estas maderas es difícil.

El *pino* es una especie con débil resistencia natural pero que se impregna muy bien a condición de trabajar en autoclave, en cuyo caso su resistencia es excelente. Los postes de viña de pino inyectado tienen actualmente la mayor longevidad a condición de utilizar redondos más que rajados, de haberlos dejado secar de 3 a 6 meses antes del tratamiento, de haberlos descortezado previamente y sacarlos punta, de practicar la inyección en autoclave después de provocar el vacío y aplicar a presión el producto que va a reemplazar a la savia. Para este tratamiento se utilizan sales metálicas a base de cobre, de cromo y de arsénico (CCA); la creosota que tiene una muy buena eficacia presenta el inconveniente de dar mal gusto al vino obtenido de vendimias mecánicas. A fin de asegurar la calidad de un tratamiento, es suficiente con trocear el poste a más de 20 cm de los extremos y de examinar el corte. Debe ser coloreado en gris verdoso hasta la médula. Pero este examen no permite apreciar la calidad y la concentración de los productos utilizados. Sólo la certificación «Madera+» del Centro Técnico de Madera y del Mueble (CTBA) garantiza esta característica. Un nuevo método de tratamiento es utilizado desde hace poco por ciertas empresas, tratándose de un procedimiento de calentamiento a alta temperatura, convirtiendo la madera en hidrófoba, que resiste a las podredumbres y a los insectos.

El *douglas*, recientemente utilizado como poste, parece tener una resistencia natural interesante.

El *azob*é es una madera imputrescible proviniente de árboles exóticos de África, es una madera quebradiza y su duración hace muy difícil la fijación de los soportes de alambre de hierro, siendo poco interesante como postes de viña.

El *abeto* y el *abeto del Norte* no tienen resistencia natural a la pudrición, se impregnan mal pero pueden ser en adelante tratados a alta temperatura.

2.4.1.2. Postes metálicos

Presentan la ventaja de ser fácilmente colocados en los terrenos no pedregosos y de permitir una fijación rápida de los hilos de soporte de la vegetación por un sistema de muescas integrado. Con débil sección y flexibles, se adaptan bien a la vendimia mecánica, a las viñas estrechas, pero pueden tumbarse en los suelos mullidos y doblarse si no tienen una sección estudiada para resistir el empalizamiento y al viento. Tienen homogeneidad técnica y una resistencia mecánica elevada. Su longevidad está ligada a la calidad y a la cantidad de revestimiento de protección utilizada. Sufren una corrosión acelerada en los suelos ácidos. Los aceros galvanizados presentan una buena relación precio/longevidad. Los postes metálicos pueden ser revestidos de poliéster aplicable sobre acero bruto o galvanizado. El acero inoxidable tiene una gran longevidad pero su precio limita su empleo.

Los materiales utilizados son el hierro galvanizado, el acero y una aleación aluminio-zinc. Los postes actualmente utilizados son de varios tipos:
– los *angulares*, en acero ordinario, deben ser suficientemente dimensionados en espesor o bien realizados a partir de aceros especiales para no doblarse,
– los *perfilados* tienen una mejor resistencia mecánica y son perforados para el paso de los hilos de empalizamiento. Los perfilados en acero ordinario no resisten suficientemente la corrosión; los perfilados galvanizados resisten mejor en la medida que el revestimiento es mayor (80 a 100 micras) y que ha sido realizado en caliente; los revestimientos en aleación de aluminio y de zinc, propuesta recientemente, parecen muy resistentes; los perfilados en acero inoxidable parecen interesantes; finalmente los más resistentes a la corrosión pero los más caros son los postes en acero austénico (18 % cromo + 10 % níquel).

2.4.1.3. *Otros postes*

Otros varios materiales son utilizados para la fabricación de postes:
– el *hormigón* y el *hormigón pretensado*; los postes son pesados y por tanto difíciles de manipular; poco flexibles, se adaptan mal a la vendimia mecánica;
– el *plástico*, los postes son flexibles y tienen una buena fijación si su sección es de dimensión suficiente; sin embargo, se doblan en muchos casos cuando los calores son fuertes en verano. Estos postes deben estar armados con un tubo de acero para asegurar una relación flexibilidad/soporte de la carga;
– los *materiales compuestos* están propuestos recientemente, su comportamiento es desigual según los ensayos.

2.4.2. Los alambres de empalizamiento

El alambre de *hierro galvanizado* es el material más corrientemente utilizado. El alambre inferior que sostiene la cepa debe ser robusto, se adoptará del n° 15 o 16, los otros alambres, que sostienen los pámpanos, serán más débiles: n° 13 a 15, sobre todo para los alambres de elevación móviles.

Tabla 1
Características de alambres de hierro galvanizados

Número	Diámetro en 1/10 mm	Longitud en m/kg	Peso de 100 m en kg
13	20	42	2, 4
14	22	35	2, 9
15	24	29	3, 5
16	27	24	4, 2
18	34	13	7, 6

El alambre *en acero inoxidable* tiene una resistencia mecánica y una duración superior al alambre galvanizado. Las secciones de hilo son menores así como el peso a utilizar por hectárea, pero la inversión es más elevada.

En las disposiciones clásicas, el primer alambre, o alambre de estructura, es colocado a una altura que varía entre 0,40 y 0,70 m. Los otros alambres se suceden sobre dos o tres pisos, con intervalos de 0,25 a 0,40 m. La superficie de empaliza-miento, determinada por la distancia que separa el hilo más alto del hilo de forma-ción, debe ser suficiente para asegurar la máxima distribución del conjunto de la vegetación.

La conducción de viñas altas y anchas ya señaladas al hablar de las disposicio-nes de plantación se caracteriza no solamente por grandes espacios entre líneas, sino también por una elevación del empalizamiento.

Tabla 2
Características de alambres en acero inoxidable

Diámetro en 1/10 mm	Longitud en m/kg	Peso de 100 m en kg	Resistencia correspondiente en alambre galvanizado
12	113	0,884	14-15
14	88	1,136	15-16
16	63	1,587	16-17
20	40	2,500	18-190

2.4.3. Los anclajes

Los alambres son tendidos desde los postes de los extremos de la fila, que son estabilizados por diversos procedimientos de anclaje:
– anclaje con inclinación del poste de cabeza:
  • estaca de madera tratada de 70 cm sobresaliendo de 10 a 15 cm del suelo,
  • barra cilíndrica de 10 mm de diámetro y de 1,10 de longitud, cuya base está hundida en el hormigón,
  • hélice galvanizada de 100 a 120 mm que se aprieta enroscando en el suelo con la ayuda de una llave; este práctico sistema es conveniente en los sue-los sin piedras,
  • dado (20 kg) o estaca (9,5 kg) de hormigón;
– anclaje sin inclinación del poste de cabeza:
  • fijación del segundo poste, distante como mínimo 2 m del poste de cabeza, por un alambre que va desde la cima del segundo hasta la base del primero,
  • jabalcón calzando el poste de cabeza.

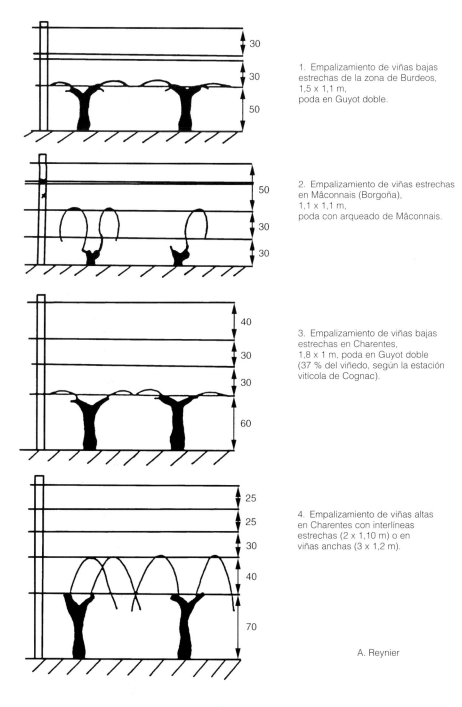

1. Empalizamiento de viñas bajas estrechas de la zona de Burdeos, 1,5 x 1,1 m, poda en Guyot doble.

2. Empalizamiento de viñas estrechas en Mâconnais (Borgoña), 1,1 x 1,1 m, poda con arqueado de Mâconnais.

3. Empalizamiento de viñas bajas estrechas en Charentes, 1,8 x 1 m, poda en Guyot doble (37 % del viñedo, según la estación vitícola de Cognac).

4. Empalizamiento de viñas altas en Charentes con interlíneas estrechas (2 x 1,10 m) o en viñas anchas (3 x 1,2 m).

A. Reynier

Figura 5
Diferentes sistemas de empalizamiento.

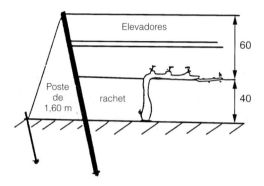

Figura 6
Empalizamiento a tres niveles.
de Pinot noir conducido a 1 x 1,20 m, podado en cordón Royat, en Champaña

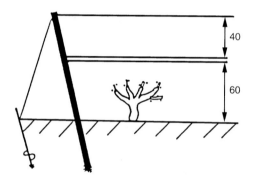

Figura 7
Empalizamiento a dos niveles.
de Chenin en Vouvray conducido a 1,5 x 1 m, podado en pulgares (o vaso alargado)

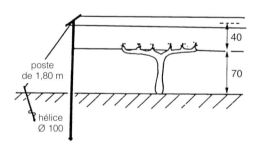

Figura 8
Empalizamiento a dos niveles para cordón en poda corta

Caso de Garnacha o Cariñena conducida a 2,5 x 1,25 m, en el Midi.
Este empalizamiento puede ser utilizado para el vaso. Puede ser simplificado manteniendo sólo el alambre bajo o elevado con postes de 1,50 m fuera del suelo y 3 niveles de hilo: 1 a 70 cm, 1 a 110 cm y 2 alambres sobre crucetas a 150 cm.

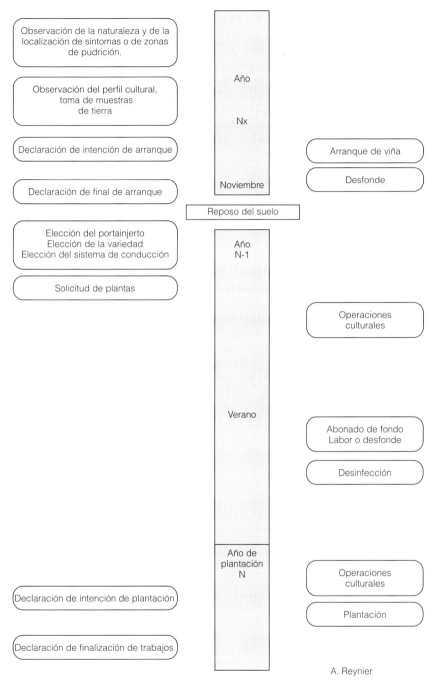

Figura 9
Ejemplo de programación técnica de la preparación del suelo
y de la plantación de una parcela de viña.

3. EVALUAR EL COSTE DE LA PLANTACIÓN

El montante de las inversiones para la instalación de una parcela de viña depende esencialmente de la importancia de los trabajos realizados antes de la plantación para la preparación del terreno y de la opción del sistema de conducción elegido.

3.1. Montante de los trabajos de preparación del terreno

Se trata de trabajos que pueden ser realizados, si el viticultor lo considera necesario, un año o varios años antes de la plantación. En la evaluación del coste de plantación, el montante de todos los trabajos presentados a continuación no se suman. Los precios son expresados sin incluir impuestos para una hectárea de terreno, y en francos franceses (F).

3.1.1. Arranque de la viña precedente

- viñas en vaso: arranque sólo en la explotación   900 F
- viñas empalizadas: el arranque de la viña va precedido de una poda a muerte, de la retirada de los alambres de hierro y del arranque de los postes, el conjunto representa un montante de:
  - arranque de cepas en la explotación (2 h a 450 F)   900 F
  - recogida de postes, hilos de hierro y cepas (80 h a 55 F)   4.400 F
  - mecanización (25 h a 140 F)   3.500 F

3.1.2. Desinfección del suelo

- preparación del terreno antes de la desinfección   250 F
- productos: Telone II, Dorlone II o DD92 (500 l)   12.220 F
- Temik (200 kg)   17.350 F
- aplicación: inyección bajo presión por empresa para los productos a base de dicloropropeno   1.200 F
- esparcimiento con sembradora a chorrillo para Temik   800 F
- pase de rodillo o de grada   250 F

3.1.3. Saneamiento hídrico del terreno

- las zanjas: los gastos dependen de su longitud y de su dimensión, los costes indicativos en terreno normal/100 metros lineales son:
  zanja de 1 m de profundidad: 2.800 F con tierra sin retirar
                                       3.400 F con tierra retirada
  zanja de 1,50 m de profundidad: 4.400 F con tierra sin retirar
                                       6.600 F con tierra retirada
  zanja de 2 m de profundidad: 5.500 F con tierra sin retirar
                                       8.800 F con tierra retirada
- drenaje por galería drenante realizada con pala mecánica a 90 cm de profundidad, un total de 9.920 F de la siguiente manera:

colocación y acondicionamiento de un colector de diámetro
    100 mm sobre 80 m de largo a 24 F el ml   1.920 F
colocación y acondicionamiento de 14 antenas de diámetro
    65 mm repartidas en espiga (400 m a 20 F el ml)   8.000 F
– drenaje por hilera en drenes desnudos de 50 mm a 12 m de
   separación con desagüe directo a zanja:
   colocación y acondicionamiento de 850 m a 10,50 F/ml   8.925 F
– drenaje por hilera de drenes de PVC de 75 mm con revestimiento
   de gravas, con separación de 7 m, desagüe por colectores, salida
   cimentada y protegida por reja   52.000 F

3.1.4. Abancalamiento y nivelación

– fijación del perfil de los pasillos y nivelación (pala + transporte)
   (8 h a 375 F)   3.000 F
– nivelación con buldozer (9 h a 450 F)   4.050 F
– despedregado: 8 h a 180 F   1.440 F

3.1.5. Derechos de plantación (1.700 a 8.000 F según las regiones)   6.200 F

3.2. Montante de gastos de plantación

Se incluyen aquí los gastos relativos a la preparación del suelo, a la plantación y a la instalación del empalizamiento así como al cuidado de la viña durante los dos primeros años. El coste horario de la mano de obra incluye las cargas sociales y un 10 % de aumento a título de permisos pagados. los costes de las operaciones son evaluados a partir de casos concretos, u obtenidos de la lectura de diferentes publicaciones.

3.2.1. Trabajos y acondicionamientos antes de la plantación

3.2.1.1. *Desfonde*

– desfonde con arado (11 h a 280 F) a 60 cm   3.080 F
   (este montante varía desde 2.800 F en terreno llano
   hasta 6.300 F en laderas)
– subsolado o ríper   1.900 F

3.2.1.2. *Análisis del suelo*

– análisis granulométrico   110 F
– análisis físico-químico normal   390 F
– suplemento por oligoelemento   30 F

3.2.1.3. *Abonado de fondo orgánico*

– estiércol de bovino a 160 F/tonelada (100 a 155 F/tm precio de salida según el tipo de estiércol) o 90 a 105 F/m³ siendo un precio medio de la tonelada de humus estable a 1.850 F

- compost de heces y orujos a un precio muy variable según la duración y el modo de compostaje y según la región (17 F la tonelada salida de fábrica en Corbières, 42 F en el Rosellón, 70 F en el Bordelés) siendo un precio medio de la tonelada de humus estable a 1.200 F
- compost urbano de 29 a 36 F la tonelada salida de fábrica siendo un precio medio de la tonelada de humus estable a 900 F.

3.2.2. Trabajos y acondicionamientos de plantación

3.2.2.1. *Plantas*

Los precios de las plantas son muy sensibles a la demanda del mercado de madera y plantas de viña, que está sujeta a la coyuntura del mercado del vino y a las medidas reglamentarias enmarcadas en la Unión Europea. Estos precios son diferentes según las regiones de producción. A los precios indicativos es preciso añadir una tasa parafiscal destinada al financiamiento del ENTAV (0,05 F para una planta-injerto y 0,016 F para un barbado).

– plantas-injerto tradicionales a raíz desnuda (región Languedoc-Rousillon, Provenza Valle del Ródano, Sur-Oeste, Bordelés Valle del Loira, Cognac)	4 a 6 F
– plantas-injerto en otras regiones	5 a 8 F
– plantas-injerto en potes	6 a 9 F
– plantas en barbado	2,2 a 2,9 F

3.2.2.2. *Necesidades de mano de obra para las operaciones de plantación manual (para 1000 cepas)*

– trazado, marcado, empiquetado	15 a 30 h/1.000
– plantación: barbados	50 a 60 h/1.000
plantas-injerto a raíz desnuda	30 a 40 h/1.000
plantas-injerto en potes	45 a 65 h/1.000
– riego después de plantación:	
plantas-injerto a raíz desnuda	12 h/1.000
plantas-injerto en potes	32 h/1.000
– aporcado de barbados	20 h/1.000

Para los barbados, es preciso añadir 3 minutos/planta par el injerto al año siguiente, o sea 250 horas para una plantación de 5.000 plantas/ha.

3.2.2.3. *Cubierta plástica*

550 metros de longitud, 1,10 m de ancho	5.800 F

3.2.3. Gastos de empalizamiento

Suponiendo una parcela cuadrada de 100 m de lado, plantada a 1,5 m por 1 m, o sea 6.666 cepas/ha, con un empalizamiento de un alambre portador en hierro galvanizado de 16 (24 m/kg) y dos elevadores de 14 (35 m/kg), el coste del empalizamiento es el siguiente:

1 alambre de 16 = (66 filas × 100 m/fila × 1 hilo) / 24 m/kg = 275 kg
2 alambres de 14 = (66 filas × 100 m/fila × 2 hilos) / 35 m/kg = 377 kg
o sea 652 kg de alambre de hierro galvanizado (a 4,80 F/kg), 1386 postes (21 por fila a 13 F por unidad) y 132 machones de hélice (a 9 F). La colocación del empalizamiento necesita 40 a 55 h/ha para los postes, 45 a 60 h/ha para los alambres y 12 a 18 h/ha para los anclajes, o sea un total de mano de obra de 60 a 120 h/ha según las plantaciones y la organización del trabajo.

3.3. Coste de plantación de una hectárea de viña

Los gastos a tener en cuenta referentes a la preparación del terreno, el acondicionamiento del suelo, la plantación propiamente dicha y el cuidado de la plantación durante los dos primeros años. Algunas indicaciones han sido hechas previamente en lo referente a los gastos de preparación del terreno. Estos son muy variables según la naturaleza del terreno, su estado, y el precedente cultural. Estos gastos, que pueden ser importantes, deben reflexionarse en cuanto a su utilidad y a las consecuencias financieras de estas inversiones.

3.3.1. Tabla de amortización

Según la normativa de 16 de octubre de 1984 (aún en vigor), los gastos ligados a las plantaciones de viña son clasificados en tres categorías según la duración de amortización:
- gastos a amortizar en 25 años: compras de plantas, gastos de preparación de fondo (nivelación, terrazas, desfonde) y gastos de plantación propiamente dichos;
- gastos a amortizar en 10 años: compras de postes, de marcadores, de alambres de hierro, de anclajes, drenaje y gastos de mano de obra y de trabajos mecánicos ligados al trazado, marcado, empiquetado y la colocación del empalizamiento;
- otros gastos son amortizados en 12 años.

3.3.2. Ejemplo de coste de plantación (cargas directas sin impuestos)

3.3.2.1. *Características de la viña*

Plantación a 150 cm × 110 cm
Número de cepas = 5.460
Plantas-injerto tradicionales
Empalizamiento a 4 alambres

3.3.2.2. *Inversiones del primer año*

Suministros

Estiércol	45 toneladas a 145 F	6.525,00
Fertilizante	2,2 toneladas a 246 F/100 kg	5.412,00
Plantas	5.460 a 5,25 F	28.665,00
Marcadores (1 m)	5.460 a 2,10	11.466,00

Fungicidas		720,00
Varios		500,00
Mano de obra		
Marcado	(135 h a 60 F)	8.100,00
Plantación	(245 h a 60 F)	14.700,00
Cuidado de la plantación	(220 h a 60 F)	13.200,00
Tracción y material		
Plantación 28 h a 95 F		2.660,00
Cuidado 42 h a 95 F		3.990,00
Trabajos contratados (desfonde)		4.850,00
Total gastos del primer año		**100.788,00**

3.3.2.3. Inversiones del segundo año

Suministros	
Alambre de hierro (975 kg a 4,80 F)	4.680,00
Postes de 1,65 m (1.365 a 12,10 F)	16.516,50
Anclajes (150 a 12,30 F)	1.845,00
Plantas de reposición (110 a 5,25 F)	577,50
Fertilizante	420,00
Productos de tratamientos	920,00
Varios	500,00
Mano de obra	
Empalizamiento (70 h a 60 F)	4.200,00
Cuidado de la plantación (280 h a 60 F)	16.800,00
Tracción y material para mantenimiento (65 h a 95 F)	6.175,00
Total gastos del segundo año	**47.954,00**

TOTAL GENERAL   **148.742 Francos**

Tabla 5

Costes de establecimiento de una hectárea de viñedo en diferentes regiones vitícolas (1997)

Sistema de conducción	Champaña	Bordelés	Cognac	Midi
Densidad	8350	5000	3300	3600
Poda	Chablis	Guyot	Arqueado	Cordón
Empalizamiento	3 niveles	3 niveles	4 niveles	3 niveles
Suministros	85750	65700	48750	43500
plantas	41750	25500	16900	18000
empalizamiento	32500	28600	23500	15400
varios	11500	11600	8350	10100
Trabajos contratados	15000	14500	7500	15000
Mano de obra	64300	52000	42900	29200
Tracción y material	17400	15800	13700	9150
Total general (sin impuestos)	182450	148000	112850	96850

A. Reynier

Conducción del viñedo

CAPÍTULO **1**

FUNDAMENTO Y PRÁCTICA DEL MANTENIMIENTO DEL SUELO

1. **Laboreo**
2. **Escarda química**
3. **Cubierta vegetal**

El mantenimiento del suelo tiene como objetivo principal conseguir unas condiciones favorables para el desarrollo de la vid actuando sobre:
– las propiedades físico-químicas y el régimen hídrico de los suelos;
– el desarrollo de las malas hierbas durante el periodo vegetativo, con el fin de atenuar los riesgos de heladas primaverales y de limitar la competencia por la alimentación hídrica y mineral que mantienen frente la vid.

Durante mucho tiempo este objetivo se ha conseguido únicamente mediante el laboreo, pero desde hace varios años, se han desarrollado otras técnicas de mantenimiento del suelo: la escarda química y la cubierta vegetal.

Durante los últimos treinta años, el atractivo de los herbicidas por parte de los viticultores se ha debido principalmente a:
• la reducción de las horas de trabajo de esta técnica en relación al laboreo;
• la aparición de productos eficaces;
• la puesta a punto de programas de actuación;
• el desarrollo de la mecanización de la vendimia ya que exige una buena consistencia del suelo.

Pero también, esta técnica ha encontrado sus limitaciones en el desarrollo de malas hierbas resistentes a los herbicidas y en la creciente necesidad de protección del medio ambiente. Por otra parte, la búsqueda de un mejor control del rendimiento de las viñas muy vigorosas y de una mayor calidad de la uva, ha orientado a los viticultores hacia el desarrollo de otra técnica, la cubierta vegetal. Actualmente, los viticultores disponen de estas tres técnicas que llevan a cabo simultáneamente en su explotación y, a veces, incluso en la misma parcela.

1. LABOREO

1.1. Objetivo

El mantenimiento de los suelos vitícolas mediante laboreo es una práctica muy antigua que tiene por objeto:
- mejorar las propiedades físicas, químicas y biológicas del suelo;
- favorecer el desarrollo de la viña;
- destruir las malas hierbas y a numerosos parásitos.

1.2. Efectos del laboreo tradicional

1.2.1. Efectos favorables

1.2.1.1. *Sobre las propiedades del suelo*

- mejora la estructura al mullir el suelo apelmazado: fracciona y expone las partículas de tierra a los procesos alternantes de humectación y desecación (lluvia, sol, hielo);
- regula el régimen hídrico del suelo, favoreciendo la evacuación del exceso de agua de lluvia y también facilitando la infiltración para constituir las reservas en profundidad;
- airea el suelo con la consiguiente evolución de la materia orgánica;
- entierra las enmiendas y los fertilizantes.

1.2.1.2. *Sobre el desarrollo de la vid*

- establecimiento del sistema radicular en profundidad: la destrucción de raíces superficiales permite la penetración de otras en profundidad, lo que es favorable para una buena regulación de la alimentación hídrica de la vid, particularmente los años de secos (1976, 1990).
- protección del cuello contra los grandes fríos, mediante aporcado de las cepas (heladas invernales por debajo de −15 a −18 °C);
- eliminación de los daños ejercidos por las malas hierbas al enterrarlas o cortarlas.
- reducción del riesgo de contaminación por enterrado del inóculo (mildiu, black-rot).

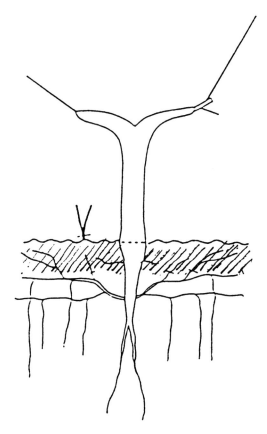

Figura 1
Efectos favorables y perjudiciales del laboreo.

Efectos favorables
Destrucción de malas hierbas.
Acumulación e infiltración del agua.
Aireación, permeabilidad del suelo.
Mullido del suelo.
Instalación de raíces en profundidad.

Efectos perjudiciales
Destrucción de las raíces superficiales.
Formación de una suela de labor.
Riesgos de clorosis en suelos calizos.
Riesgos de heridas y de propagación de
  enfermedades

1.2.2. Efectos desfavorables

1.2.2.1. *Sobre las propiedades del suelo*

- posible degradación de la estructura del suelo al trabajar, por ejemplo, un suelo muy húmedo, por afloramiento de un horizonte infértil si se emplean aperos rotativos o, por formación de suela de labor;
- el suelo mullido favorece la erosión, hace difícil el paso de maquinaria en algunas parcelas tras una lluvia o periodo húmedo y agrava los riesgos de clorosis;
- aumento de los riesgos de sequía en situaciones de déficit hídrico.

1.2.2.2. *Sobre el desarrollo de la vid*

- mutilación del sistema radicular superficial y propagación de algunas enfermedades y plagas del suelo (podredumbres, nematodos, etc.);
- heridas en el tronco (a veces corte total o arranque) y penetración del inóculo de algunas enfermedades de la madera (yesca, eutipiosis, enfermedades bacterianas como Agrobacterium);
- aumento del riesgo de heladas primaverales y de corrimiento si se labra en período sensible.

1.2.2.3. *Sobre el control de las malas hierbas*

- poca persistencia de los efectos del laboreo;
- arrastre de semillas a la superficie favoreciendo su germinación;
- multiplicación por división y transporte de plantas vivaces en el sentido de la labor.

1.3. Práctica del laboreo del suelo

El laboreo superficial constituye todavía una práctica corriente de mantenimiento del suelo en algunos viñedos. El viticultor realiza una sucesión de operaciones culturales tales como las labores de aporcado y desaporcado, labores poco profundas y labores superficiales. Con ello intenta aprovechar lo mejor posible los efectos favorables de estas labores eligiendo el tipo y número de intervenciones en función de la época, del suelo y del estado de desarrollo de la planta.

El laboreo consiste en someter al suelo a unos esfuerzos momentáneos con la ayuda de los aperos adecuados con el fin de pasar su estructura de un estado inicial conocido a un estado final deseado. La calidad de la labor, realizada por una máquina, depende de la regulación de la misma pero también del estado inicial del suelo y, principalmente, de su consistencia. Esta consistencia puede definirse como la resistencia que ofrece el suelo a la deformación y ruptura; ésta depende:

- en gran medida de la humedad del suelo: en un suelo dado, cuando la humedad aumenta por efecto de las precipitaciones, pasamos de una consistencia dura en un suelo seco, a una consistencia *friable*, a continuación plástica y por último líquida;
- y también de la textura del suelo: en efecto, para una misma humedad, si labramos un suelo limo-arcilloso se obtendrá un horizonte desmigajado mientras que el laboreo de un suelo arcilloso, de consistencia dura, producirá salida de terrones.

El período durante el cual se puede labrar el suelo varía en función de su estabilidad estructural y de la cuantía de las precipitaciones. En los suelos arcillosos o limo-arcillosos, donde este periodo puede ser corto, hay que prever una mayor disponibilidad de maquinaria u orientarse hacia técnicas de laboreo a mayor velocidad como es el caso de los aperos para un laboreo poco profundo.

1.3.1. Esquema clásico de laboreo

1.3.1.1. *Labor de aporcado en otoño*

Después de la vendimia se hace una labor de aporcado echando tierra sobre el cuello de las cepas, que quedan así cubiertas, protegiéndolas de los grandes fríos. En el centro de la calle, se forma un surco que sirve para la evacuación del exceso de agua.

Esta labor se hace después de la vendimia y antes de las primeras heladas, cuando el suelo está seco; mulle el suelo compactado por los pases sucesivos de maquinaria pesada, en particular de las vendimiadoras; permite enterrar los abonos y enmiendas. En los suelos pesados es preferible retrasar la época de esta labor o utilizar otra técnica de mantenimiento del suelo. Finalmente, en las viñas no empalizadas con gran desarrollo (por ejemplo, vasos vigorosos) es difícil ejecutar esta labor de otoño.

La labor de aporcado se lleva a cabo con un arado viñero, que es un arado múltiple compuesto de un bastidor y dos series de cuerpos de vertederas; las vertederas que voltean hacia la derecha se colocan a la derecha en el bastidor y las que voltean a la izquierda se ponen a la izquierda del mismo; finalmente, un cuerpo

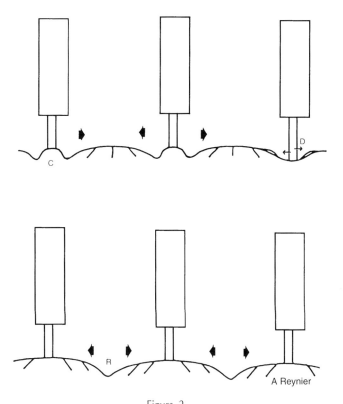

Figura 2
Labor de descalzado (arriba) y labor de aporcado (abajo). C: caballón; D: descaballonado; R: surco.

Figura 3
Aporcado de la viña.
Arado viñero en posición de aporcado (arriba).
Viña aporcada en otoño (abajo).

doble, llamado cuerpo aporcador, permite realizar un surco en el centro de la calle. La profundidad de esta labor alcanza los 18 a 20 cm en suelos ligeros y profundos; puede ser menor en los suelos arcillosos y superficiales.

1.3.1.2. *Labor de descalce a final del invierno*

A la salida del invierno se hace una *labor de descalce* echando la tierra hacia la calle. Las cepas quedan descubiertas pero queda una banda de tierra, a lo largo de la fila, llamada *caballón*. Éste último es descalzado en el momento del descaballonado que se realiza mecánicamente con unos aperos llamados *descaballonadoras*.

Esta labor de descalce se realiza después de la poda y desde el momento en que el suelo esté seco, a finales de invierno y a veces a principios de primavera en zonas septentrionales. Permite enterrar las malas hierbas ya desarrolladas y favorecer la aireación, el mullido y el secado de tierras encharcadas, facilitar la penetración del agua de lluvia y eliminar la vegetación del suelo, lo que limita el riesgo de heladas y las primeras contaminaciones de mildiu. Se lleva a cabo con el arado viñero, colocando los dos cuerpos de vertederas en posición inversa y se suprime el cuerpo aporcador. Sobre el bastidor se pueden fijar hacia el exterior descaballonadoras automáticas. La profundidad de esta labor es de 8 a 12 cm en las regiones septentrionales y hasta 15 a 20 cm en el Midi o en suelos ligeros, sensibles a la sequía.

1.3.1.3. *Labores en primavera y verano*

Durante el período vegetativo de la vid, el viticultor realiza labores poco profundas que permiten mullir el suelo y alisarlo. Estas labores, se completan con un *laboreo superficial* que permite destruir las malas hierbas y mantener una estructura mullida en superficie. Estas labores culturales limitan la ascensión de agua almacenada en profundidad así como su evaporación y facilitan la infiltración del agua de lluvia.

En mayo se hace una labor ligera (6 a 8 cm en el norte y 15 cm como máximo en el sur) con el arado viñero, allanando el suelo. Se hace una segunda labor superficial de alisado al comienzo de maduración.

1.3.2. Renovado interés por las labores poco profundas

Los problemas encontrados por la práctica de la escarda química (resistencia de las adventicias a las triazinas, contaminación de capas freáticas) han renovado el interés por el laboreo. Los viticultores desean poner en práctica técnicas sencillas y más cómodas que el laboreo clásico.

1.3.2.1. *Para el laboreo bajo la línea*

Existen intercepas, constituidos por una cuchilla lisa que trabaja horizontalmente (intercepas de Brunet, Boisselet, binador intercepas de Egretier, ...) o aperos rotativos (Discomatic II de Boisselet). Los aperos de cuchilla, generalmente de acero y de unos 35-60 cm de longitud y 8-10 de anchura trabajan perpendicularmente al sentido de avance del tractor; las cuchillas penetran unos 3 a 6 cm en el suelo y a veces van provistas de deflectores que aseguran un ligero descaballonado.

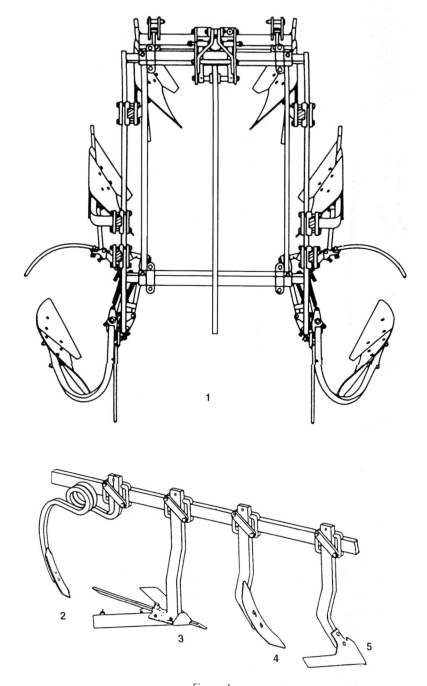

Figura 4

1. Arado viñero en posición de descalce.
2. Vibrocultor; 3. Extirpador; 4 y 5. Cultivador con dientes rígidos (4) o reja de golondrina (5).

El desplazamiento de los intercepas para superar las cepas y postes, se realiza ya sea por simple presión y retroceso por el empuje de la tierra mientras avanza (Tipo Actisol), ya sea por un mecanismo hidráulico, electro-hidráulico con efecto simple o doble (Discomatic II, Egretier, Boisselet, Brunet, ...) o incluso dirigido por un sistema de ultrasonidos.

El empleo de los intercepas permite sustituir a las descaballonadoras, o suprimir el no-cultivo, pero sólo se puede utilizar en condiciones secas y cuando la banda de tierra bajo las cepas no tiene muchas malas hierbas.

1.3.2.2. *Para el laboreo en la calle*

El viticultor puede elegir entre distintos materiales que le permiten mullir superficialmente el suelo, dejarlo liso y eliminar las malas hierbas:

1.3.2.2.1. *Aperos de púas*

- Los *cultivadores de púas rígidas*, equipados con dientes rectos o curvos, a menudo reforzados por unos resortes espirales, equipados con rejas lisas o convexas, reversibles, permiten tanto un trabajo profundo para descompactar y dejar liso un suelo tras la vendimia y antes de la poda como servir para binar (trabajo superficial) en primavera y verano; a veces el bastidor es extensible para adaptarlo a las distintas anchuras de calle.
- Los cultivadores de dientes flexibles (vibrocultivadores), de acero liso o *espiralados* de acero carré (Spirovigne de Egretier), permiten un trabajo superficial (6 a 15 cm) a alta velocidad para afinar y destruir las adventicias jóvenes cuando las condiciones lo exijan (primavera-verano).
- Los *extirpadores,* aperos con dientes y púas triangulares, con o sin resortes espirales de retroceso (tipo Actisol o Biocultor de Gard), permiten la descompactación del suelo y pueden sustituir, siempre que se trabaje en llano, al arado y al cultivador según el tipo de suelo.

1.3.2.2.2. *Los rotovator*

Los aperos rotativos de ejes horizontales (rotocultor de Kuhn, por ejemplo) son interesantes para destruir la cubierta vegetal abundante o para pulverizar la superficie del suelo; por otra parte, no deben utilizarse más que en suelo seco y tienen el inconveniente de mezclar las capas de suelo y formar una costra superficial que disminuye la infiltración del agua.

1.3.2.2.3. *La grada de discos*

Las piezas que trabajan son unos discos cóncavos, cuyo ángulo de ataque puede variar de 0 a 30° según el tipo de apero y de reglado, montados sobre dos o cuatro brazos. Estos aperos van suspendidos o arrastrados y pueden situarse, según los modelos, tanto en tractores zancudos como en interlíneas. Estas gradas de discos presentan el riesgo de compactar el suelo si está húmedo, pulverizar en exceso (evitar, por tanto, en suelos pesados) y propagar las adventicias vivaces fraccionando los rizomas.

2. ESCARDA QUÍMICA

2.1. Objetivo

La escarda química tiene por finalidad la destrucción de las malas hierbas disminuyendo (escarda química localizada o temporal) o suprimiendo el laboreo (nocultivo).

2.2. Efectos de la escarda química

2.2.1. Efectos favorables

2.2.1.1. *Sobre las propiedades del suelo*

- mejora de la estructura del suelo;
- evolución favorable de la materia orgánica en los horizontes superficiales;
- aumento de la consistencia del suelo, lo que facilita la circulación de la maquinaria para los tratamientos y la recolección;
- reducción de la erosión en pendientes moderadas;
- mantenimiento de la viña en situaciones de difícil acceso a los aperos mecánicos (relieve accidentado, terrazas).

2.2.1.2. *Sobre el desarrollo de la vid*

- eliminación de los inconvenientes de las labores (heridas en el tronco, mutilación de raíces, menos cepas arrancadas a reemplazar);
- colonización por el sistema radicular de los horizontes superficiales, más fértiles;
- en comparación con las viñas mantenidas mediante labores, el no-cultivo total implica un aumento de vigor y a menudo, de la producción;
- reducción de los riesgos de heladas primaverales y de clorosis.

2.2.1.3. *Sobre el control de las malas hierbas*

- consigue un suelo limpio permanente, mientras que las labores de cultivo dejan a veces que se instalen las adventicias;
- reduce los riesgos de resiembra y de división de las malas hierbas que se dan con las labores de cultivo o la cubierta vegetal.

2.2.1.4. *Sobre los costes de cultivo*

- ahorro de 15 a 40 h de mano de obra por hectárea según la densidad de plantación y el tipo de viñedo; el laboreo exige 30 h de trabajo en el Midi y 45 a 50 h en el oeste, mientras que la aplicación de herbicidas en no cultivo no exige más de 4 a 5 h;

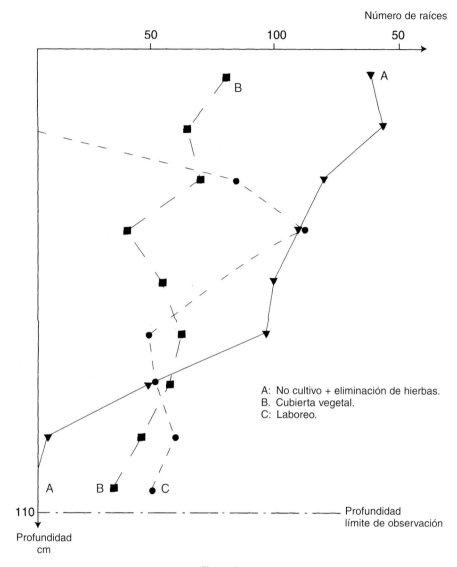

Figura 5
Número medio de raíces en función de la profundidad y del modo de mantenimiento del suelo.

– reduce los tiempos de trabajo en períodos punta y de sobrecarga de trabajo (en invierno y sobre todo en mayo-junio), lo que permite realizar mejor las intervenciones en la viña (poda, despampanado, recogida de vegetación, tratamientos);
– ahorro de 20 a 30 h de tracción por hectárea;
– reduce la potencia de los tractores y suprime la maquinaria de para laboreo.

Tabla 1
Influencia de las distintas técnicas de mantenimiento del suelo en la producción y el vigor

(en un mismo ensayo llevado durante 30 años por el Inra de Burdeos)

	Suelo desnudo mediante No-cultivo (A)	Cubierta Vegetal (B)	Laboreo (C)
Peso medio del racimo (g)	88,3	79,8	90,4
Peso de cosecha (g/cepa)	1515	1134	1639
Cosecha (hl/ha)	58,9	44,1	63,7
Grado alcohólico probable	12,9	13,0	13,0
Acidez total (H_2SO_4/l)	4,80	4,51	4,68
Peso de madera de poda (g/cepa)	401	245	300

2.2.2. Efectos desfavorables

2.2.2.1. *Sobre las propiedades del suelo*

– evacuación más difícil de las aguas superficiales en terrenos llanos;
– erosión del suelo en fuertes pendientes con formación de cárcavas y descalzado de cepas;
– imposibilita el enterrado de la materia orgánica y de los fertilizantes;
– riesgo de residuos en el suelo y en las aguas subterráneas.

2.2.2.2. *Sobre el desarrollo de la vid*

– riesgo de fitotoxicidad de la mayor parte de los herbicidas, lo que acarrea daños más o menos graves (decoloraciones, deformaciones o quemaduras foliares y a veces la muerte de las cepas) y variables según la naturaleza de los herbicidas y las dosis absorbidas por vía foliar o vía radicular;
– riesgo de franqueamiento si el punto de injerto está enterrado.
– mayor sensibilidad a las heladas invernales;
– riesgos de contaminación de mildiu cuyos huevos de invierno no son enterrados en el suelo;
– dificultades en la reposición de marras, que deben ser protegidas en el momento de la aplicación de los herbicidas.

2.2.2.3. *Sobre el control de las malas hierbas*

– el empleo de herbicidas exige un buen conocimiento de la flora adventicia, de las formas de acción de los herbicidas y un buen empleo del material concebido para este uso;
– la escarda química produce una inversión de la flora con desarrollo de adventicias resistentes a los herbicidas, principalmente a las triazinas.

2.3. Nociones sobre las malas hierbas

2.3.1. Definición

Una mala hierba, tomada en el sentido amplio del término, es:
– una planta *adventicia,* ya que germina sobre un terreno sin haber sido sembrada en él;
– una planta *perjudicial,* ya que es dañina para el cultivo.

Una planta adventicia es, generalmente, una especie distinta de la del cultivo, pero puede ser de la misma especie: es el caso de las siembras naturales de pepitas de vid que aparecen a veces en las viñas desyerbadas con herbicidas. Una planta adventicia puede ser tolerada por el cultivo si su presencia no es demasiado perjudicial: caso de la cubierta natural controlada o de la cubierta artificial. Una planta adventicia se convierte en mala hierba cuando su presencia es indeseable y se hace perjudicial para el cultivo en el que se desarrolla.

2.3.2. Efectos perjudiciales de las malas hierbas

2.3.2.1. *Para el desarrollo de la vid*

Las malas hierbas pueden perjudicar el desarrollo de la vid:
– A nivel de la parte aérea:
  • Efecto en el microclima con sus consecuencias sobre el riesgo de heladas y de enfermedades.
  • Efecto en la ocupación del espacio aéreo (caso de la corregüela que trepa por las cepas).
– A nivel de la parte subterránea:
  • Efecto por la ocupación de los horizontes del suelo: las plantas anuales, y sobre todo las vivaces, colonizan los horizontes superficiales; algunas de ellas emiten sustancias nocivas para la vid, a nivel de las radicelas.
  • Efecto sobre la absorción del agua y elementos minerales: competencia entre la viña y las malas hierbas.

Globalmente, los daños de las malas hierbas se manifiestan por una *competencia* que perjudica el desarrollo aéreo y subterráneo de la vid.

2.3.2.2. *Daños para la producción*

La competencia entre las malas hierbas y la vid, tiene como consecuencia:
– *a corto plazo:* una reducción de la cosecha, una modificación de la calidad de las bayas y una disminución del vigor;
– *a medio plazo:* una reducción de la fertilidad de las yemas y de la producción, así como un envejecimiento acelerado de las cepas.

2.3.3. Categorías de las malas hierbas

2.3.3.1. *Las plantas anuales y plantas plurianuales*

2.3.3.1.1. *Duración del ciclo de desarrollo*

Las *plantas anuales* se reproducen por semilla y tienen un ciclo completo de desarrollo (desde la germinación a la producción de una nueva semilla) en una campaña.

Tabla 2
Malas hierbas: clave de determinación de gramíneas de los viñedos

Categoría	Lígula	Descripción	Especie
ESTÍPULAS MUY MARCADAS	Lígula membranosa mediana	Estípulas largas abrazando al tallo. Base de los tallos a menudo enrojecida. Hojas glabras, brillantes, enrolladas en la base. Espiga simple, espiguillas insertas a lo largo del eje del raquis.	(*Lolium multiflorum* Lmk.)
	Lígula membranosa corta, truncada	Planta vivaz con rizomas rastreros a escasa profundidad. Hojas glabras, gruesas con nervios anchos y prominentes. Espiga larga y aplastada, espiguillas alternas y dispuestas sobre el eje del raquis.	(*Agropyrum repens* P.B.)
	Lígula ciliada	Planta vivaz con sistema subterráneo desarrollado (rizomas) y parte aérea rastrera (estolones). Hojas superpuestas sobre un plano, limbo corto terminado en punta, más o menos vellosa. Panícula digitada marrón violácea, formada por 3 a 9 espigas que parten del mismo punto.	(*Cynodon dactilon* Pers.)
		Planta anual sin rizoma. Hojas glabras lanceoladas y aplastadas. Espiga cilíndrica corta con sedas erizadas verdes y rojizas.	(*Setaria viridis* (L.) Beauv.)
SIN ESTÍPULAS	Sin lígula	Planta anual o bianual de porte erguido, tallo con sección oval. Hojas anchas onduladas y glabras. Panícula formada por varias espigas reunidas en racimo. Espiguillas vellosas con espinas erizadas.	(*Echinochloa crus Galli* (L.) Beauv.)
		Planta anual de porte semierguido, raíces fibrosas. Hojas muy vellosas a menudo rojizas, lígula corta dentada. Forma una panícula que recuerda los dedos de la mano. Espiguillas alargadas, finas a menudo violáceas.	(*Digitaria sanguinalis* (L.) Scop.)
	Lígula membranosa corta	Planta vivaz con grandes rizomas, tallo en roseta. Hojas planas con limbo ancho con nerviadura central blanca. Lígula no dentada, gran panícula ramificada, piramidal, con numerosas espiguillas.	CAÑOTA (*Sorghum halepense* (L.) Pers)
		Planta anual de pequeño tamaño. Hojas glabras, plegadas en su base, terminadas en espátula. Pequeña panícula.	POA (*Poa annua* L.)

Las plantas bienales tienen un ciclo de desarrollo que se cumple en dos ciclos vegetativos. Forman una roseta de hojas el primer año y forman sus órganos reproductores a lo largo del segundo año. Se reproducen únicamente por semillas.

Las plantas plurianuales poseen órganos vegetativos de conservación (rizomas, hijuelos, bulbos, tubérculos, etc.) que les permiten desarrollarse durante varios ciclos vegetativos.

2.3.3.1.2. *Épocas de germinación*

Las semillas de las diferentes especies vegetales no tienen las mismas exigencias térmicas, lo que explica que algunas germinen en otoño-invierno, otras en primavera y finalmente un cierto número de ellas en verano. Se pueden establecer varios grupos de semillas según sus exigencias térmicas (Montegut, 1983):
- Especies que germinan fácil e indiferentemente entre 0 y 35 °C, sin dormición ni inhibición.
- Especies sin dormición ni inhibición, pero cuya germinación depende de la temperatura; algunas germinan mejor con frío, entre 0 y 10 °C de octubre a abril, mientras que otras germinan mejor con calor y luz, entre 15 y 35 °C de mayo a septiembre.
- Especies que tienen una dormición o una inhibición antes de la germinación debido a condiciones climáticas particulares.

2.3.3.2. **Las plantas vivaces**

Se dice que una planta es vivaz cuando tiene capacidad de regeneración vegetativa a partir de yemas subterráneas. Éstas forman un clon de plantas procedentes de un único individuo inicial.

2.3.3.2.1. *Modo de regeneración*

Las plantas vivaces aseguran su regeneración a partir de estolones (*Ranunculus arvensis* L.), de rizomas (*Agropyrum repens* (L.) P.B., *Equisetum* spp.), de rizomas y estolones (*Cynodon dactilon* L.), de bulbos o de bulbillos (*Allium vineale* L. *Muscari* spp., *Allium ampeloprassum* L.), de tubérculos, de hijuelos.

2.3.3.2.2. *Épocas de desarrollo*

Las yemas que tienen los órganos subterráneos de las plantas vivaces entran en reposo, generalmente, en otoño. La brotación de las plantas vivaces se escalona según las especies durante los meses de invierno, de primavera o de verano. Algunas especies crecen en invierno (*Cirsium arvense* Scopoli, *Agropyrum repens* (L.) P.B); otras, como la *Convolvulus arvensis*, L. aparecen a principio de primavera. Finalmente, se producen nuevas brotaciones durante el período vegetativo como consecuencia de las intervenciones mecánicas o químicas.

2.3.4. **Características de las malas hierbas de los viñedos**

2.3.4.1. *Abundancia y diversidad de adventicias*

La cantidad y la variedad de semillas (o de yemas en vivaces) es considerable en las viñas que han sido trabajadas mecánicamente. La ocupación del suelo por

Tabla 3
Características para reconocimiento de algunas adventicias dicotiledóneas

Plantas en roseta y después con tallo erguido	
Conyza canadiensis L.	Planta anual de germinación otoñal o primavera-verano. Tallo ramificado. Hojas alternas, enteras, lanceoladas de borde ciliado. Flores en capítulos, lígulas blanquecinas, numerosos capítulos.
Sonchus asper L.	Planta anual, presente todo el año. Tallo hueco que posee un jugo lechoso. Hojas alternas abrazadas por su base al tallo, de bordes recortados, con dientes punzantes, sin peciolo.
Geranium molle L.	Planta anual de germinación otoñal o primaveral. Tallo florífero erguido. Hojas opuestas, orbiculares, palmeoladas, dispuestas en abanico. Agudas, muy pubescentes. Flores terminales rosas con 5 pétalos escotados.
Malva sylvestris L.	Planta bianual o plurianual, con raíz pivotante de germinación otoñal. Inverna en estado de roseta y después desarrolla un tallo erguido con numerosas yemas. Hojas suborbiculares, palmeoladas con los lóbulos plegados formando un embudo, marrón rojizo desde el punto peciolar y a lo largo del peciolo.
Stellaria media L.	Planta anual que puede germinar todo el año. Tallo ramificado erguido o tumbado que puede enraizar en los nudos. Hojas opuestas, enteras, elípticas terminadas en un mucrón, peciolo ciliado, flores pequeñas, blancas y terminales.
Convolvulus arvensis L.	Planta vivaz con sierpes, rastrera o trepadora. Hojas alternas, con forma de herradura terminada en pico. Flores axilares, corola de blanca a rosa, con forma de embudo.

A. Reynier

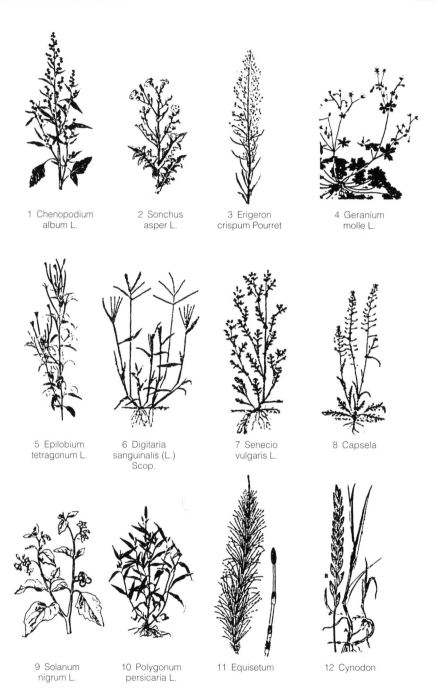

Figura 6
Algunas malas hierbas de los viñedos (A. Reynier).

Plantas con tallos erguidos	
Senecio vulgaris L.	Planta anual presente todo el año. Tallo verde o violáceo. Hojas alternas, con forma de espátula dentada con bordes ondulados. Pequeños capítulos terminados con flores amarillas.
Chenopodium album L.	Planta anual de primavera-verano. Tallo alargado al principio, harinoso sobre todo en la extremidad, borde anguloso. Hojas alternas, pecioladas, harinosas de color verde azulado. Numerosas pequeñas flores verdosas en la cima y en la axila de las hojas.
Polygonum persicaria L.	Planta anual de primavera-verano. Tallo erguido, ramificado y rojizo. Hojas alternas, enteras, sin dientes, lanceoladas con una gran mancha negra en la mitad. Estipulas ciliadas y soldadas formando una vaina membranosa. Espigas de flores rosadas.
Amaranthus retroflexus L.	Planta anual de verano. Tallo erguido, herbáceo, grueso, pubescente, a menudo rojizo. Hojas alternas, enteras, ovoides, verdes ceniza, vellosas por su cara inferior, peciolo largo. Flores muy pequeñas, verdosas, reunidas en espiga densa.
Solanum nigrum L.	Planta anual de primavera-verano. Tallo erguido y robusto. Hojas enteras o dentadas ligeramente, amplias en la base, cordiformes a lanceoladas, en canal, más o menos cubiertas de pelos. Flores blancas reunidas en grupos de 2 ó 3, el fruto es una baya negra.
Epilobium tetragonum L.	Tallo erguido cuadrangular. Hojas enteras, estrechamente lanceoladas cuya base se prolonga sobre el tallo (recubriéndolo), sin o con peciolo corto, glabras o pubescentes en los nervios. Flores rosas en la axila de las hojas terminales de los tallos y de sus ramificaciones.

A. Reynier

tantas adventicias se ve favorecida por la baja densidad de plantación del viñedo, pues deja una gran superficie desocupada.

La presencia en el viñedo de distintas especies se explica por la discontinuidad de la ocupación del suelo y por la utilización de técnicas diferentes para el mantenimiento del mismo en la fila y en las calles. Por eso, *en las calles* proliferan las adventicias anuales, que se desarrollan rápidamente entre cada dos labores, y las adventicias vivaces de rizomas o de bulbos (o bulbillos), que se regeneran con cada labor. Por el contrario, *en la línea* las adventicias plurianuales o vivaces, herbáceas o a veces, leñosas, encuentran condiciones más favorables, ya que ahí el trabajo del suelo es más difícil de realizar.

Cuando el viticultor utiliza otras técnicas de mantenimiento del suelo, se encuentra siempre una localización preferente de los diferentes tipos de malas hierbas con una composición florística de las poblaciones diferente según las técnicas y regiones.

2.3.4.2. *Evolución de la flora*

La flora natural de un viñedo evoluciona bajo el efecto de las variaciones del medio y de las intervenciones del viticultor:
- el medio ambiente de las malas hierbas se ve modificado por las variaciones climáticas anuales y estacionarias, pero sobre todo por el modo de implantación del viñedo;
- las intervenciones de los viticultores son las principales causas de la evolución de la composición florística de las malas hierbas.

Entre estas intervenciones, la práctica del no-cultivo total que sustituye al mantenimiento mecánico tradicional tiene como consecuencia:
- la disminución de la abundancia de adventicias anuales;
- la aparición de especies nuevas procedentes del medio circundante;
- la evolución de la composición de la flora hacia las especies plurianuales y vivaces;
- la aparición de especies resistentes a los herbicidas.

2.3.4.3. *Resistencia de las adventicias a los herbicidas*

Los fenómenos de resistencia se manifiestan preferentemente frente a las materias activas de preemergencia de la familia de las triazinas (simazina, terbutilazina). Las plantas resistentes son fundamentalmente:
- Entre las dicotiledóneas: *Amaranthus retroflexus* L., *Chenopodium album* L., *Epilobe tetragonun* L., *Conyza canadiensis* L., *Sonchus asper* L., *Solanun nigrum* L., *Polygonun persicaria* L.
- Entre las gramíneas: *Digitaria sanguinalis* (L.) Scopoli, *Poa annua* L. y *Setaria viridis* (L) P.B.

2.4. Herbicidas

2.4.1. Modos de acción

Los herbicidas deben asegurar la destrucción de las malas hierbas sin ser tóxicos para la vid, incluso al cabo de varios años por efecto acumulativo o por descenso progresivo hacia las raíces. Algunos herbicidas actúan por vía radicular, siendo absorbidos por las radículas de las plantas adventicias; actúan preventivamente y deben aplicarse sobre suelo desnudo. Otras actúan curativamente por vía foliar sobre las adventicias ya desarrolladas, por contacto o por sistemia, es decir, tras la penetración en la planta y circulación en la savia.

2.4.2. Herbicidas preventivos o de pre-emergencia

Impiden la emergencia de las plántulas como consecuencia de ser absorbidos por las raíces y se llaman también herbicidas residuales, persistentes o de posición. Son poco solubles y permanecen en la capa superficial del suelo, en donde son degradados o transformados lentamente. Sus efectos se prolongan varios meses.

2.4.2.1. *Antigramíneas*

Orizalina (*Surflan*): presenta una buena selectividad desde el momento de la plantación de la viña. Eficaz sobre gramíneas anuales y estivales; actúa sobre ciertas dicotiledóneas, incluso resistentes a las triazinas, particularmente eficaz contra *Amaranthus, Chenopodium, Sonchus*. Utilizada sola, su espectro de acción es insuficiente. En caso de flora mixta hay que asociarla con el isoxaben o con una triazina (simazina, terbutilazina) y/o con diurón.

Norflurazon *(Zorial):* actúa por absorción radicular, muy buena persistencia, aunque muy fitotóxica; aplicable a viña de más de 4 años. Actúa contra todas las gramíneas anuales. Cuando la tasa de arcilla es superior al 10-15% blanquea el *Agropyrum* sin destruirlo (blanqueamiento y enanismo).

Butralina (*Amex 820*), **napropamida** (*Devrinol*) y **procimidona** *(Kerb Flo)* se utilizan poco, pues sus efectos son insuficientes e irregulares.

2.4.2.2. *Antidicotiledóneas*

Isoxaben (*Rokenyl 50*): presenta una excelente selectividad frente a la vid de más de un año. Tiene buena persistencia de acción más allá de la vendimia. Eficaz contra dicotilidóneas, incluyendo las resistentes a las triazinas (*Amaranthus, Chenopodium, Senecio, Conyza*), pero no contra *Epilobe, Persicaria y Mercurialis*. Su acción es insuficiente contra gramíneas estivales (*Setaria, Digitaria y Poa*). Debe aplicarse antes de mediados de marzo.

2.4.2.3. *Antigramíneas y antidicotiledóneas*

Diuron*:* Actúa esencialmente por absorción radicular, pero también penetra en las plántulas antes del estado fenológico «dos hojas». Es poco soluble y fuertemente adsorbido a la arcilla y la materia orgánica; su persistencia de acción es de cuatro a cinco meses. Buena eficacia contra gramíneas y dicotiledóneas anuales o bianuales y contra las resistentes a las triazinas.

Sin embargo, el diurón tiene una fitotoxicidad importante para la vid por absorción radicular, sobre todo en suelos arenosos y poco profundos en primaveras lluviosas; evitar su empleo en primavera. Los síntomas de fitotoxicidad se manifiestan por una clorosis de los nervios que avanza por el limbo. Dada su poca per-

Tabla 4
Herbicidas de preemergencia

Materia activa	Nombre comercial	Concentración	Dosis/ha	Edad mínima de la viña	Toxicidad
Herbicidas de preemergencia					
Diurón	Karmex, Dinurex, Novex Flo	80 p 100 D	2.25 kg 2.25 L	4 años	Ncl
Diurón + Simazina + Aceite del petróleo	Vegepron DS	165 g/L D 80 g/L S 360 g/L H	10.9 L	4 años	Ncl
Diurón + Simazina	Peral Vigne	250 g/L D 250 g/L S	6 L	4 años	Ncl
	Clery	330 D + 160 S	6 L		
Diurón + Terbutilacina	Fenican	285 g/L D 285 g/L T	5 L	4 años	Xn
	Compliss	250 g/L D 250 g/L T	5 L		Xn
	Elron	285 D + 185 T	6 L		
Diurón + Oryzalina	Dirimat, Quintet	214 g/L D 243 g/L O	8 L	4 años	Xn
Diurón + Norflurazón	Solicam S	40 p 100 D 40 p 100 N	4.5 Kg	4 años	Xn
Diurón + Pendimetalina	Basalte	225 g/L D 250 g/L P	5 L	4 años	Xn
	Melkior	200 g/L D 180 g/L P	6 L		Xn
Dichlobenil	Surfassol G Cazoron G	6.75 p 100	90 kg	4 años	Xn
Fluxioxazina	Pledge	50%	1.2 kg en invierno 0.8 kg en abril-mayo	4 años	
Isoxabén	Quatuor Cent 7	500 g/L 125 g/L	2L 8L	1 año	Ncl
Isoxabén + Simazina	Sextan Prepack	111 g/L I 222 g/L S	6.75 L	4 años	Xi

Napropamida	Devrinol Flo	450 g/L	9 L	Desde plantación	Ncl
Oryzalina	Surflan	480 g/L	8 L	1 año	Xn
Oxyfluorfén + Propizamida	Emir	274 g/L 214 g/L	3.5 L	3 años	
Pendimetalina	Prowl 400	400 g/L	8 L	4 años	
Terbutilacina + terbumetona	Axian	334 g/L T 166 g/L Te	7 L	4 años	Ncl

Nlc (poco peligroso); Xi (irritante); Xn (nocivo)   A. Reynier

sistencia, es el que más se utiliza en programas fraccionados o secuenciales, como aplicación complementaria en junio-julio a mitad de dosis. Se comercializa en forma líquida o polvo mojable, aplicándose a razón de 2,25 kg/ha o L/ha de producto comercial el primer año de empleo y 1,5 kg/ha o L/ha los años sucesivos. Se recomienda no labrar el suelo tras su aplicación. En las formulaciones comerciales puede encontrarse como materia activa sola (Karmex, Dinurex, Seduron, Novex Flo) o, más corrientemente, asociado a otra materia activa de preemergencia: con linuron y terbacilo (Trisol), con terbutilazina (Elron, Compliss), con Oryzalina (Dirimal, Quitet), con pendimetalina (Basalte).

Simazina: este herbicida posee una buena eficacia contra un gran número de gramíneas y dicotiledóneas anuales. Su fitotoxicidad potencial es importante, pero, a la dosis recomendada, sólo se manifiesta sobre plantas jóvenes en suelos permeables. Los síntomas de fitotoxicidad se manifiestan por un amarilleamiento del limbo (blanco amarillento) de tipo clorótico.

Este producto constituye el herbicida base de los programas de escarda química. La aparición de tipos resistentes y los riesgos de contaminación han hecho que su empleo se haya restringido mucho. Es aconsejable cambiar regularmente de materia activa, no forzar las dosis y fraccionar las aplicaciones. En las formulaciones comerciales, la simazina siempre se asocia a otra materia activa de preemergencia, el diurón, por ejemplo, pero la legislación limita el empleo de simazina a 1.000 g/ha/año y de diurón a 1.800 g/ha/año.

Terbutilazina y terbumetona (Axian): actúa contra numerosas gramíneas y dicotiledóneas anuales. Presenta un efecto interesante frente a *Convolvulus*.

Diclobenil (Surfassol G): bastante volátil y soluble, tiene una persistencia de acción bastante larga, que frecuentemente provoca fitotoxicidad en la vid. Conviene no utilizarlo después del desborre, ni en suelos permeables. Se comercializa en forma de gránulos para dispersarse en agua. La dosis de empleo es de 90 kg/ha de producto comercial. Presenta cierto interés por destruir los *Equisetum* y *Poligonum persicaria*; también actúa contra un gran número de plantas anuales y bianuales, así como contra *Convolvulus, Cirsium,* y *Agropyrum* y *Cynodon*. Su elevado precio y su fitotoxicidad limitan su empleo. Los síntomas de fitotoxicidad se manifiestan por una clorosis marginal que evoluciona a necrosis.

Flumioxazine (Pledge): herbicida autorizado a razón de 600 g de m.a./ha. Actúa por contacto produciendo la necrosis de las semillas que están germinando.

Larga persistencia. Puede utilizarse en aplicación única o secuencial a razón de 1.2 kg/ha a finales del otoño y comienzos del invierno y 0.8 kg/ha en abril-mayo. Es fitotóxico por contacto para la viña por lo que han de tomarse grandes precauciones durante los tratamientos: tratar viñas de más de 4 años, pues al desborre, las yemas están a una altura superior a los 40 cm. Si se hacen aplicaciones en viñas bajas, realizarlas en noviembre o diciembre lo más tarde. Este herbicida actúa contra gramíneas y dicotiledóneas, anuales y bianuales.

Oxyfluorfen (Emir): asociado a la propizamida en la especialidad comercial Emir, es un herbicida foliar de preemergencia que actúa por contacto en el momento de la germinación de las adventicias. Aplicado a comienzo del invierno, el oxifluorfen es eficaz contra las dicotiledóneas mientras que la propizamida es una antigramínea. Esta asociación tiene una buena eficacia contra las gramíneas de invierno (*Lolium* y *Poa annua* L.). Es fitotóxico para los órganos aéreos de la viña. En los programas de tipo secuencial, es obligado su uso durante el reposo vegetativo de la vid.

2.4.3. Herbicidas de postemergencia

Actúan, por absorción foliar, sobre malas hierbas ya desarrolladas. No son selectivos de la vid y son fitotóxicos si tocan las hojas de la planta. Se emplean para destruir una flora adventicia ya desarrollada. En no-cultivo, intervienen como complementarios de los herbicidas de preemergencia a finales del invierno, para liberar el suelo de la vegetación adventicia y después, a lo largo de la estación, para controlar el desarrollo de las plantas vivaces. En la técnica de cubierta natural controlada, aseguran solos el mantenimiento del suelo frente a las adventicias.

La forma de acción de estos herbicidas es de dos tipos:
– acción herbicida por contacto: sólo se destruyen los órganos herbáceos tocados por el herbicida. Esta acción es localizada y temporal;
– acción sistémica: la materia activa absorbida por las hojas migra por toda la planta y la destruye totalmente; esta acción es progresiva, pero es más rápida cuando la planta tratada está en plena vegetación.

2.4.3.1. *Herbicidas de contacto de postemergencia*

Queman la vegetación herbácea mediante la pulverización, pero no tienen ningún efecto sobre las partes leñosas: son frenantes. Su acción es de corta duración, ya que las malas hierbas rebrotan a partir de las reservas acumuladas en el sistema radicular. Es pues necesario hacer varios tratamientos a lo largo de una campaña.

Dicuat (Reglone) *y Paracuat* (Speeder, Calliquat 40...): estos dos herbicidas de contacto pertenecen a la misma familia química de los dipiridilos. Son activos en presencia de la luz sobre todos los vegetales con clorofila y se degradan en contacto con el suelo. Son muy tóxicos para el hombre y deben manejarse con precaución.

Actúan sobre numerosas dicotiledóneas anuales o vivaces. Su acción es insuficiente sobre *Allium, Equisetum, Aristolochium, Hedera* y *Sedum. La* eficacia del paracuat es buena sobre las gramíneas, mientras que la del dicuat es insuficiente. Se emplean a la dosis de 4 a 12 L/ha de producto comercial según las formulaciones, preferentemente en tiempo cálido; dicuat y paracuat están asociados en el Gramoxone Plus.

Glufosinato de amonio (Basta F1): actúa sobre el conjunto de la flora tanto anual como vivaz no leñosa, incluyendo las especies difíciles de destruir como *Equisetum, Potentilla*. Se utiliza solo o en asociación con uno de acción radicular en primavera y en verano.

2.4.3.2. Herbicidas sistémicos de postemergencia

Absorbidos por las hojas, y a veces por las raíces, son capaces de ser transportados por la savia y destruir a distancia el conjunto de órganos de las malas hierbas. Por ello pueden destruir las raíces y los órganos vivaces de las plantas perennes (rizomas, bulbillos, ...). Su eficacia aumenta con la intensidad de la circulación de la savia y se manifiesta al cabo de algunos días o de algunas semanas. Estos herbicidas no son selectivos y deben utilizarse con precaución (evitar proyecciones sobre la vegetación de la viña y preferentemente sin lluvia en las 10 a 24 horas siguientes).

Aminotriazol + tiocianato de amonio (Weedazol TL, Radaxone TL, ...): absorbido por las hojas, el aminotriazol bloquea la síntesis de clorofila, lo cual implica el blanqueamiento de las hojas. Este herbicida es transportado por la savia, pero su acción es lenta. Es eficaz sobre la mayor parte de las adventicias anuales o vivaces. Se utiliza sobre todo en invierno para destruir las malas hierbas en crecimiento. Algunas de ellas son más sensibles en determinadas épocas:

– las zarzas y gramas en otoño;
– el ajo de las viñas en diciembre-enero;
– el ray-grass a final del otoño y principio del invierno.

Su persistencia en el suelo es de cuatro a cinco semanas, lo que explica su eficacia sobre las plantas jóvenes que provienen de semillas en germinación. Al ser soluble en agua puede ser fitotóxico en suelos muy permeables. La dosis de utilización es de 12 a 18 L/ha de una especialidad que contiene 240 g/L de m.a. Si se añade un mojante (aceite de petróleo) se puede reducir la dosis.

Glifosato: absorbido por vía foliar, el glifosato migra y actúa rápidamente, con buen tiempo, sobre las adventicias en vegetación activa. Es muy eficaz sobre la casi totalidad de adventicias, incluidas la grama y la corregüela. Se utiliza sobre todo contra las plantas vivaces a una dosis de 2.200 a 4.300 g de materia activa/ha y a 1200 g/L contra las anuales.

Es poco soluble en agua y queda inactivado en contacto con el suelo. No persiste, por tanto, en el suelo y no es absorbido por las raíces. Se presenta en formulaciones comerciales con distinta concentración: Roundup y Roundup Bioforce (360 g/L), Roundup Geoforce (42%) incluyendo un activador, interesante sobre todo a final de la primavera o en verano contra las vivaces en crecimiento activo, Buggy (240 g/L) y Azural AT (120 g/L) para emplearse a final del invierno. El roundup no es selectivo y produce grandes daños a la vid si es absorbido por sus hojas: achaparramiento de la vegetación con hojas abullonadas y de forma anormal y mortalidad de las cepas más afectadas.

Sulfosato (Ourugan, Supral, Radian): actúa sobre adventicias anuales y vivaces, fundamentalmente sobre plantas con rizomas (grama, cardos), con gran poder de migración ascendente y descendente, con actividad herbicida alta a baja dosis. Se presenta con distintas concentraciones: Ourugan posee 480 g/L, se emplea a dosis de 2-6 L/ha añadiendo un mojante (1L/ha), Supral y Radian poseen 160 g/L, se emplean a dosis de 1.500 g/ha de m.a. contra las anuales y de 3.000 a 4.500 g/ha contra vivaces, sin añadir mojante.

Tabla 5
Herbicidas de postemergencia

Materia activa	Nombre comercial	Concentración	Dosis/ha Anuales	Dosis/ha Vivaces	Toxicidad	Período de aplicación
Herbicidas de contacto						
Glufosinato de amonio	Bsta F1 Final EV-150	150 g/L GL	4 L 3 L	5 L	Xn	Primavera
Paracuat + Dicuat	Gramoxone Plus	100 g/L P + 50 g/L D	6 L	–	T	
Dicuat	Reglone	200 g/L D	4 L	–	T	
Paracuat	Speeder	100 g/L P	8 L	-	T	
	Numerosos productos	40 g/L P	20 L	-	T	
Herbicidas sistémicos						
Glifosato	Destroyer 120	120 g/L G	9 a 18 L	–	Ncl	Primavera, fin de invierno, verano
	Buggy	240 g/L G	4.5 a 9 L	9 L	Xi	
	Roundup Bioforce	360 g/L G	3 a 6 L	7 L	Ncl	Fin de invierno, primavera
	Roundup Geoforce	42% G	3 a 6 kg	6 kg	Ncl	
Glifosato + surfactante	Azural AT	120 g/L G	9 a 12 L	15 a 18 L	Ncl	
Sulfosato	Supral, Radian	160 g/L S	9 a 18 L	–	Ncl	
	Touchdown	640 g/L S	2.5 L	9 L		
Sulfosato + surfactante	Ourugan + Oural S	480 g/L S	3 a 6 L + 1 L	6 L + 1 L	Xn	
Aminotriazol + tiocianato de amonio	Weedazol TL Radoxone TL	240 g/L A + 215 g/L T	10 a 12 L	15 A 18 l	Xn	
Aminotriazol + Tiocianato de amonio + Glifosato	Oriflan	160 g/L A 143 g/L Ta 40 g/L G	12 L	15-20	Xn	
	Glifazole	120 g/L A 107 g/L Ta 60 g/L G	12 L	15-18 L	Xn	
	Azural Duo	120 g/L A 108 g/L Ta 60 g/L G	12 L	15-20	Xn	
Paracuat + Aminotriazol + Tiocianato	Giror Illico	40 g/L P + 240 g/L A + 250 g/L Tp	10 L	–	T	

Nlc (poco peligroso); Xi (irritante); Xn (nocivo); T (tóxico)   A. Reynier

Aminotriazol + glifosato (con o sin tiocianato de amonio: Glifazole, Azural Duo, Oriflam) se emplea a final del invierno-primavera

2.4.3.3. *Herbicidas sistémicos antigramíneas específicos de postemergencia*

Se utiliza a veces como solución complementaria contra las gramíneas estivales o en viveros o en plantaciones jóvenes contra las gramas (*Agropyrun* y *Cynodon*) y el *Sorghum alepensis*. En las regiones meridionales su acción es a menudo insuficiente, pues no se pueden emplear con mucho calor. Tienen una acción específica contra las monocotiledóneas y se utilizan contra las gramíneas anuales o vivaces. Los antigramíneas específicos actualmente empleados son el *fluazifopbutyl* (Fusilade), *sexthoydine* (Fervinal X2), *cyclocidine* (Stratos), *quizalofop ethyl isómero D* (Targa D+). No emplearles en condiciones de mucho calor.

2.4.4. Asociación de herbicidas de pre y postemergencia

Existen en el comercio productos que contienen una asociación de un herbicida de acción preventiva, absorbido por vía radicular con un herbicida de acción curativa, absorbido por vía foliar. Se deben aplicar antes de que la cobertura del suelo por las adventicias sea muy importante, ya que la materia activa de preemergencia ha de alcanzar el suelo, pero siempre antes de que estas últimas emerjan, para tener una eficacia completa (tabla 6).

Terbutilazina + aminotriazol (Carazol): la acción de pre-emergencía está asegurada por la terbutilazina, que es una materia activa próxima a la simazina, y la acción de post-emergencia la asegura el aminotriazol. Sobre todo utilizada en acción *complementaria* o de aplicación tardía. Este producto se puede emplear en viñas jóvenes a partir de dos años.

Flazasulfuron (SL 160): herbicida de preemergencia y postemergencia, actúa por absoción radicular y foliar contra gramíneas y dicotiledóneas, a excepción de *Solanum nigrum* L. y *Veronica* sp. En preemergencia, su buena persistencia permite controlar las adventicias durante todo el ciclo vegetativo de la vid. En postemergencia, ha de aplicarse cuando las plantas son jóvenes. Es un herbicida selectivo para viña mayor de cuatro años. En presencia de adventicias ya desarrolladas, mezclar 50 g de fluzasulfuron con un herbicida sistémico foliar a base de glifosato (Azural) o de sulfosato (Supral).

2.5. Práctica de la escarda química

2.5.1. ¿Cómo razonar la escarda química?

Para la puesta a punto de un programa herbicida, es requisito indispensable un buen conocimiento de las malas hierbas y del modo de acción de los herbicidas. Primero hay que determinar cuál es la flora del viñedo en las distintas épocas, seguir su evolución y saber cuál es la mejor época para intervenir con tal o cual herbicida. Al mismo tiempo, hay que tener en cuenta el estado de la viña (cuidado con las fitotoxicidades por vía radicular en viñas jóvenes y en todas las viñas por vía foliar) y la naturaleza del suelo (riesgos de acumulación o de lixiviación de residuos). Por último, el programa debe ser realizable (hacer un cronograma de los

Tabla 6
Herbicidas de pre y postemergencia

Materia activa	Nombre comercial	Concentración	Dosis/ha de producto comercial	Edad mínima de la viña	Toxicidad
Terbutilacina + Aminotriazol + Tiocianato de amonio	Carazol	200 g/L T 200 g/L A 180 g/L Ta	15 L	2 años	Xn
Terbutilacina + Glifosato	Prius	312 g/L T 125 g/L G	10 L	2 años	Xn
Simazina + Diurón + Glufosinato	Baral	125 g/L S 187 g/L D 100 g/L G	8 L	4 años	Xi
Terbutilacina + Diurón + Glifosato	Mascotte	235 g/L T 212 g/L D 150 g/L G	6.5 L	4 años	Xn
Isoxabán + Aminotriazol + Tiocianato de amonio	Taurus	55 g/L I 200 g/L A	18 L	1 año	Xn
Aminotriazol + Diurón + Tiocianato de amonio	Amigo	200 g/L A 100 g/L D 180 g/L Ta	15 L	4 años	Xn
Diurón + Glifosato	Cliron GD	125 g/L D 100 g/L G	12 L	4 años	
Flazasulfurón	SL 160		50 g/ha de materia activa	4 años	

trabajos de todo el año y material necesario) y dar respuesta a ciertas exigencias económicas.

2.5.2. Puesta en práctica

El éxito de la escarda química en suelo desnudo se basa en varias reglas:
– *Dejar el suelo llano* antes del invierno evitando los terrones y hoyos.
– *Elegir los herbicidas* en función de la flora, del tipo de suelo y de la edad del viñedo.
– *Aplicar los tratamientos en la época más favorable.*
– *Alternar los programas de escarda química.*

Tabla 7
Flora adventicia del viñedo y elección de los herbicidas

	Diclobenilo	Diurón	Isoxabén	Norflurazón	Oryzalina	Glufosinato	Paracuat + Dicuat	Aminotriazol	Glifosato	Sulfosato
	Herbicidas de preemergencia					Herbicidas de postemergencia				
Amarantus sp. (Amaranto)	++	++	++		++	+	+	++	++	++
Chenopodium sp. (Cenizo)	++	++	++	+	++	+	++	++	++	++
Conyza sp. (Erigeron)	+	++	++	+		++	++	++	++	++
Galium spp.(Amor del hortelano)	++	+		+		++	+	++	++	++
Sonchus sp. (Lechecino)	++	++	++	+	++	++	++	++	++	++
Solanum sp.(Tomatito)	+	++	++		++	++	++	++	++	++
Stellaria sp. (Hierba pajarera)	++	++	++	++	++	++	++	++	++	++
Polygonum sp. (Hierba pejiguera)	++	+				++	+	+	++	++
Senecio sp. (Hierba cana)	++	++	++	+		++	++	++	++	++
Gramíneas estivales (panizo, setaria, digitaria)										
Allium sp. (Ajo de las viñas)				+				++	+	+
Epilobum sp. (Adelfilla)	++	++		++			++	++	++	++
Convolvulus sp. (Corregüela)	+							+	++	++
Malva sp. (Malva)	+							+	+	+
Muscari sp. (Guitarrero)								+	+	+
Potentilla sp. (Potentilla)								+	+	+
Equisetum sp. (Cola de caballo)	+			+		+				
Rumex sp. (Acedera)	++		++	++		+		+	++	++
Rubus sp. (Zarzas)								+	+	+
Sedum sp. (Siempreviva)	+							+	+	+

– *Realizar una pulverización de calidad*, con un aparato en buen estado mecánico, equipado con boquillas de abanico o de espejo en buen estado y bien regulada (salida constante y control de la presión).

2.5.3. Fundamento de los programas para aplicación de herbicidas

Al inicio del no-cultivo, la escarda química consistía en aplicar un herbicida de preemergencia (la simazina) sobre suelo limpio, asociado o no a un herbicida de postemergencia al final del invierno sobre suelo cubierto, y controlar, a continuación, las malas hierbas mediante una intervención complementaria con un herbicida de postemergencia, principalmente contra las vivaces. Los fenómenos de inversión de la flora, la resistencia a las triazinas y la protección del medio ambiente, condujeron a reducir el empleo de la simazina y del diurón como herbicidas de preemergencia, lo que ha llevado a efectuar aportes fraccionados y a replantear los programas herbicidas poniendo en práctica la alternancia de programas.

Atendiendo a los distintos tipos de suelo, clima y flora adventicia, podemos considerar distintas estrategias basadas en los modos de aplicación de los herbicidas de preemergencia.

2.5.3.1. *Aplicación única de un herbicida de preemergencia antes del desborre*

Este programa puede tenerse en cuenta en suelos pesados, arcillosos, con asociaciones que contengan *diurón* o *diclobenil* (Surfasol, por ejemplo) y con una posible aplicación de postemergencia en verano. Sin embargo, no es aconsejable en suelos ligeros y es poco eficaz contra *Amaranthus, Solanum* y gramíneas estivales.

También es posible una sola aplicación con especialidades comerciales que tengan una buena persistencia (orizalina e isoxabén) y caracterizadas, además, por una buena selectividad. Por el contrario, cada una de las materias activas tiene un espectro limitado: la *orizalina* actúa muy bien contra las gramíneas estivales y ciertas dicotiledóneas (*Amaranthus, Chenopodium* y *Sonchus*) mientras que el *isoxaben* es muy eficaz contra dicotiledóneas resistentes a las triazinas (salvo el E*pilobium, Mercurialis* y *Polygonum*) pero poco eficaz contra las gramíneas. Según la flora adventicia, elegiremos una u otra de estas materias activas o una mezcla de ambas. Otra molécula, el *norflurazón* también se puede emplear pero, su acción es insuficiente por sí sola y no es selectivo para la vid.

Para que sean eficaces, los herbicidas residuales deben penetrar en los primeros centímetros de suelo, razón por la que es necesario efectuar tratamientos con una dosis de 500 L/ha y en época favorable (al menos si deseamos asociar unos herbicidas de postemergencia):
  – febrero: Cent 7, Sextan, Surflan y Zorial;
  – final de marzo: especialidades que contengan diurón.

En presencia de flora ya desarrollada a final del invierno, hay que tratar, además, con un herbicida de postemergencia de contacto, para una flora compuesta de anuales, o con un herbicida sistémico (glifosato, aminotriazol) para una flora mixta de anuales y plurianuales vivaces.

2.5.3.2. *Aplicación de herbicidas de preeemergencia en dos aplicaciones*

En presencia de una flora resistente a las triazinas, y en particular Solanum, Amaranthus y gramíneas estivales, o en suelos ligeros para reducir los riesgos de fitotoxicidad, la escarda química se realiza en dos aplicaciones, una antes del desborre y otra a final de mayo-junio, ya sea con la misma materia activa, tratándose entonces de *escarda química fraccionada,* ya sea con distintas materias activas, hablamos entonces de *escarda química secuencial:*
  – *Primera aplicación* antes de final de marzo con una especialidad basada en diurón o en oxyfluorfén (Emir) o terbutilacina (Prius de terbutilacina, Prius 7 L o Carazol 10 L) o de orizalina (Surflan 5-8 L) y, en situación de dicotile-

febrero	marzo	abril	mayo	junio	julio	agosto

preemergencia basada en simazina y diurón o diclobenil

herbicida de postemergencia

Cent 7 a 8L o Quatuor 2L o Taurus 18L

Herbicida de postemergencia sistémico

Diurón 1200 g/ha

Herbicida de postemergencia

Preemergencia con diurón a 1000 g/ha

Preemergencia con diurón a 800 g/ha

Herbicida de postemergencia sistémico

Carazol 10L

Diurón 1700 g/ha

Herbicida de postemergencia de contacto o sistémico

Emir a 3.5 L o Surflan 6L

Diurón 1200 g m.a./ha

Herbicida de postemergencia sistémico

Herbicida de postemergencia de contacto o sistémico

Herbicida de postemergencia de contacto o sistémico

Tabla 8
Programas de escarda química

Aplicación única de un herbicida de preemergencia

Programa U1: basado en triazina y diurón
— Adecuado en suelos pesados, sometidos a escarda química desde hace poco tiempo, sin resistencias a las triazinas, en viña de más de 4 años.
— Eficacia insuficiente contra *Amarantus retroflexus, Digitaria sanguina, Senecio vulgare* y *Solanum nigrum* L.
— Aplicación antes del desborre.
— Posible asociación con oryzalina contra *Amarantus retroflexus,* isoxaben contra *Senecio vulgare* y Erigeron, norflurazón contra *Solanum nigrum.*
— Si el suelo está cubierto antes del desborre añadir un herbicida de postemergencia (Weedazol a dosis de 12 L/ha en presencia de dicotiledóneas, o Azural AT a dosis de 10 L/ha).

Programa U2: basado en isoxabén
— Alternativa posible a los otros programas herbicidas pero de alto coste e irregularidad de los resultados pues necesita lluvias tras la aplicación, y eficacia reducida en presencia de materia orgánica sobre el suelo.
— Eficacia insuficiente contra Mercurialis, Epilobium, Polygonum persicaria, gramíneas. Se puede utilizar desde la plantación.
— Asociación posible con oryzalina (Surflan) o norflurazón (Zorial) para aumentar el espectro de acción, pero este último es fitotóxico en viña joven.
— Si el suelo está cubierto en el momento de la aplicación, añadir aminotriazol y mezclar o utilizar Taurus.
— Aplicación precoz de enero a marzo en suelo húmedo y antes de una lluvia.

Programa U3: basado en diurón a baja dosis (menos de 1.800 g/ha)
— Para parcelas poco infestadas por adventicias, para utilizar alternando con otros programas herbicidas. Económico.
— Aplicación tras el desborre contra adventicias poco desarrolladas.

Aplicación fraccionada de herbicidas de preemergencia

— Para suelos arcillosos (superior al 15%) es una buena solución pues los inconvenientes (riesgos de fitotoxicidad, resistencias, residuos) son limitados. En este programa pueden sustituirse las triazinas por dos aplicaciones de diurón, la primera con 1.000 g/ha de m.a. y la segunda con 800 g/ha. Aplicación antes del desborre en asociación con oryzalina (Surflan) o Isoxabén (Cent 7) o norflurazón (Zorial) para completar las dosis bastante bajas del diurón y responder al control de una flora particular.
— Si el suelo está cubierto, añadir aminotriazol (Weedazol 12 L/ha) o glifosato (Azural AT 10 L/ha), o elegir un herbicida de pre y postemergencia (Carazol 12 L, Prius 10 L, Mascotte 8 L, Baral 8 L) en una primera aplicación.

Aplicación secuencial de herbicidas de preemergencia

— En suelos ligeros no es posible el empleo de diurón más que en una segunda aplicación. En viñas jóvenes, la primera aplicación se puede hacer con isoxabén (Cent 7) u oryzalina (Surflan).
— Aplicación en suelo húmedo entre enero y marzo, antes de una lluvia.

Programa cubierta natural controlada a base exclusivamente de postemergencia

— Este programa no emplea herbicidas de preemergencia. Económico aunque hay riesgo de fitotoxicidad por la proyección sobre la vegetación en aplicaciones tras el desborre.
— La primera aplicación son un sistémico a base de glifosato (Azural AT 12 L) o sulfosato (Ourugan 3 L/ha o Supral 9L/ha aumentando las dosis sobre las vivaces), o aminotriazol si la flora dominante es de dicotiledóneas.
— La segunda aplicación se hace con un sistémico en región atlántica, la tercera aplicación con un herbicida de contacto (Basta F1 4 L/ha o Gramoxone Plus 6 L/ha) o un sistémico (contra Convolvulus) tras un emparrado cuidadoso 8 días antes del tratamiento.

dóneas, de isoxabén (Cent 7 con dosis de 5-8 L). Si la flora ya está desarrollada, utilizaremos además, un herbicida de postemergencia a base de aminotriazol o de glifosato (Azural AT).

– *Segunda aplicación* durante el estado de plántula de las adventicias, en
mayo o junio, con especialidades comerciales a base de simazina + diurón.
Si hemos empleado la simazina en la primera aplicación, utilizaremos una
especialidad basada en terbutilacina + diurón en la segunda aplicación. En
presencia de flora desarrollada, emplearemos, además, un herbicida de postemergencia, ya sea de contacto (Speeder, Gramoxone, Réglone o Basta) o
sistémico (aminotriazol, glifosato, sulfosato). Con el glifosato y sulfosato
podemos reducir la dosis a la mitad (6 L de Roundup), a condición de tratar
con 200 L/ha. Podemos hacer un tratamiento integral o sólo de parcheo.

2.6. Material de escarda química

La aplicación de herbicidas exige una gran uniformidad de reparto en el suelo
y una buena protección contra las proyecciones de gotas sobre la vegetación de la
viña debido a su fitotoxicidad.

2.6.1. Tipos de pulverizadores empleados para los herbicidas

2.6.1.1. *Pulverizadores de chorro a presión*

Los pulverizadores de chorro a presión son los mejor adaptados para realizar la
dispersión. Para la escarda total, estos aparatos van provistos de una *barra* fija
para eliminar las malas hierbas de la calle y, a ambos lados, unos elementos retrác-
tiles por contacto, equipados frecuentemente con unas campanas de protección
para las intervenciones durante el periodo vegetativo de la viña. Para su aplicación
en la línea, podemos utilizar los elementos plegables de estos materiales o el material destinado al despampanado químico si la anchura a tratar es suficiente.

2.6.1.2. *Las centrífugas*

Permiten la eliminación de las malas hierbas de manera óptima utilizando
pequeños volúmenes /ha de caldo, del orden de 40 a 60 litros. Una vena de líquido
es proyectada sobre un disco que gira a 2.000 rpm, aquella es desplazada hacia la
periferia debido a la fuerza centrífuga y revienta en gotitas de un diámetro superior
a 100 micras.

2.6.2. Regulación y utilización de los aparatos de chorro a presión

Para que un herbicida dé los mejores resultados posibles hay que aplicarlo
correctamente al suelo o sobre las malas hierbas a tratar. Por este motivo, el material de aplicación debe estar en perfecto estado de uso y correctamente regulado, a
fin de realizar una red de impactos lo más densos posibles, con una buena homogeneidad de reparto.

2.6.2.1. *Cómo realizar un buen reparto de producto*

El elemento determinante en el reparto del producto es la boquilla. En los aparatos a presión y de chorro a presión, los bastidores llevan unas boquillas cuyo número y separación depende del tipo de boquilla y de la anchura tratada. Las boquillas de abanico y de espejo están adaptadas a las exigencias de una buena pulverización para escardar en ciertas condiciones:

– *Las boquillas de abanico* tienen un orificio de forma elíptica que origina, al paso del líquido, un chorro con forma de cono aplastado o de pincel. Estos conos tienen ángulos de difusión diferentes según las características de las boquillas, siendo preferibles las boquillas de 80° a 110°. La presión de trabajo aconsejada es de 2 a 3 bar para la escarda química, pudiendo llegar hasta los 5 bar en otras aplicaciones. La separación de las portaboquillas y la altura del bastidor deben permitir un buen reparto. El recubrimiento de los haces debe estar entre el 30 y el 35%, por lo que es necesario un distanciamiento de 40 cm para boquillas de 80° y de 60 cm para boquillas de 110° y alturas de 40 a 60 cm.

– *Las boquillas de espejo* tienen una pared curva donde choca el líquido a su salida. El ángulo de difusión varia entre 80° y 150°, siendo preferibles las boquillas de 110°. La presión de utilización debe estar comprendida entre 0.5 y 1.5 bar. Estas boquillas permiten trabajar a baja presión, dando gotas bastante gordas que mojan sin emitir brumas. Las boquillas se sitúan a 40 cm de altura, y las separaciones varían entre 60 cm (para gran caudal con recubrimiento del 50% de una parte a otra) y 100 cm (para aplicaciones a bajo volumen con muy poco recubrimiento).

El caudal de las boquillas se modifica al cabo de un tiempo variable de uso. En efecto, el orificio del difusor en el interior de la boquilla se gasta por el paso del líquido. La duración del difusor depende de la naturaleza de los productos empleados para el tratamiento, de la presión de trabajo y, sobre todo, del material del que esté fabricado. Tras 50 horas de trabajo, el aumento del gasto en difusores de latón es del 40%, en las de acero inoxidable es del 20%. Por el contrario, las de aluminio son las más resistentes, el aumento del gasto constatado tras 50 horas no es más que el 3%. Así, la regularidad del gasto está asegurada en las pastillas de aluminio, pero son caras. Pueden emplearse pastillas de otros materiales pero su gasto ha de controlarse con regularidad y no hay que dudar en cambiarlas (difusor y circuito) desde que se constata una variación superior al 10-15%.

2.6.2.2. *Control del gasto de las boquillas*

El control se realiza en parada, colocando bajo cada boquilla un cubo, el aparato funcionando a la presión requerida y al régimen óptimo de la toma de fuerza (540 r.p.m.); medimos la cantidad de líquido que ha salido al cabo de un minuto con la ayuda de una probeta (repetir este control entre dos y tres veces por boquilla). En la mayoría de los casos, constatamos diferencias significativas entre las distintas boquillas debido al desgaste más rápido de ciertas pastillas. Tras cambiar las pastillas defectuosas, comprobar que los gastos vuelven a ser homogéneos.

También podemos calcular el gasto que debería tener cada boquilla, por la cantidad de caldo deseada por ha, de la siguiente manera: calcular primero el gasto/ha del pulverizador en un minuto = (cantidad de caldo deseada/ha × anchura del tratamiento × velocidad de avance)/600; a continuación dividir este gasto/min del pulverizado por el número de boquillas.

2.6.2.3. *Regulación del gasto por hectárea*

Dependiendo de la maquinaria, la regulación del gasto se efectúa bien a nivel de las boquillas, bien actuando sobre la presión de la bomba o sobre la velocidad de avance del tractor.

2.6.2.3.1. *Control de las condiciones de utilización del tractor*

Verificar de vez en cuando el régimen de la toma de fuerza del tractor con ayuda de un tacómetro. Debe ser de 540 revoluciones/minuto. Para conocer la velocidad de avance del tractor, se procede de la siguiente manera: cubrir con el tractor una distancia jalonada de 100 m, a un régimen motor de 2.000-2.100 revoluciones/minuto para tener un régimen de la toma de fuerza de 540 revoluciones/minuto, anotar la relación de la caja de cambios y cronometrar el tiempo en segundos.

$$\text{Velocidad de avance (m/s)} =$$
$$\text{Distancia recorrida en metros / tiempo en segundos}$$

2.6.2.3.2. *Control del gasto por hectárea*

El gasto del aparato en litros/minuto puede obtenerse en parada, sumando los gastos/minuto de cada boquilla. También se puede proceder como sigue: llenar la cuba de agua hasta una referencia bien visible, poner en marcha el aparato durante dos minutos y midiendo la cantidad de agua perdida a partir del nivel de agua de la cuba. La diferencia de agua permite calcular el:

$$\text{Gasto del aparato en litros /minuto} =$$
$$\text{Diferencia del contenido de agua / 2 minutos}$$

A partir del gasto/minuto, obtenemos el gasto/ha mediante la siguiente fórmula:

$$\text{Volumen/ha} = \frac{\text{gasto de la máquina en L/min} \times 600}{\text{velocidad de avance en km/h} \times \text{anchura tratada en m}}$$

Por último, el gasto puede controlarse en campo de la manera siguiente: llenar el circuito, poner en marcha el aparato en parada, referir un nivel, cubrir una distancia dada, en las condiciones y a la velocidad del tratamiento, después de este recorrido mirar el nivel de agua en la cuba, calculando la cantidad de agua expulsada. Esta cantidad de agua va a permitir apreciar el volumen dispersado por hectárea, efectuando los cálculos como el del siguiente ejemplo:

– tiempo empleado por el tractor para recorrer 100 m = 1 minuto 10 s, la velocidad del tractor es por tanto de 5,2 km/h
– anchura tratada por la barra portaboquillas: 1.5 m
– distancia recorrida: 500 m
– cantidad de agua empleada: 37,50 L

– la superficie tratada en por tanto de 500 × 1.5 = 750 m²

$$\text{El volumen/ha es de: } \frac{37,5 \times 10.000}{750} = 500 \text{ litros/ha}$$

Así, con esta máquina tenemos un gasto de 500 L/ha con una velocidad de 5,2 km/h.

2.6.2.4. *Cálculo de la cantidad de producto a emplear*

Para determinar la cantidad de producto a introducir en la cuba, hay que conocer: la dosis del producto a emplear, la cantidad de caldo/ha que distribuye la máquina y la capacidad de la cuba. Empleando la máquina precedente (gasto 500 L/ha y capacidad de la cuba de 600 litros), para aplicar el producto a la dosis de 3,5 L de materia activa, con un producto comercial con el 50% de materia activa, la cantidad de producto comercial a introducir en la cuba es de:

3,5 × 100/50 × 600/500 = 8,4 litros

2.6.2.5. *Limpieza y mantenimiento del pulverizador*

Es un punto muy importante que desgraciadamente es muy a menudo ignorado por los viticultores.
- *Antes del invierno*, hay que limpiar cuidadosamente el material y las boquillas, vaciar de agua la bomba, el circuito de retorno y el circuito de líquido.
- *Antes de cada tratamiento*, hay que comprobar el nivel de aceite de la bomba, la presión de aire del circuito de retorno, realizar los engrases; no sacar el filtro en el momento del llenado.
- *Inmediatamente tras cada tratamiento*, limpiar la cuba y enjuagar el circuito con agua limpia, desmontar y limpiar los filtros. Algunas máquinas van provistas de una reserva de agua que les permite realizar la limpieza en campo. En ningún caso, el agua del aclarado no se puede arrojar a la alcantarilla, ni a una depuradora ni a una fosa próxima a un punto de agua.

3. CUBIERTA VEGETAL

3.1. Objetivo

En algunas situaciones, se ocupa el suelo con una cubierta vegetal buscando:
- limitar la erosión y la escorrentía de las aguas;
- facilitar el paso de la maquinaria;
- mejorar la estructura físico-química de los suelos;
- reducir el vigor de la viña y mejorar la calidad de la vendimia;
- encontrar una alternativa a la práctica de la escarda química.

3.2. Efectos

3.2.1. Efectos favorables

3.2.1.1. *Sobre las propiedades del suelo*

- elimina la erosión invernal y reduce la erosión estival;
- mejora la estructura del suelo debido a la acción de las raíces;
- mejora el nivel de materia orgánica y en consecuencia aumenta la porosidad, la consistencia, la estabilidad estructural, la permeabilidad, así como la capacidad de retención de agua;
- deseca los suelos con humedad excesiva y tiene un efecto «mulch» en verano;
- aumenta la consistencia del suelo en épocas lluviosas en los viñedos con poca pendiente, lo que facilita el paso de la maquinaria para los tratamientos y la recolección;
- aumento de la microflora y del desarrollo de las lombrices de tierra.

3.2.1.2. *Sobre el desarrollo de la vid su producción*

- disminuye el vigor de las plantas y su rendimiento en situaciones donde la reserva de agua del suelo no es limitante y las lluvias están bien repartidas en verano;
- adelanta la maduración y aumenta la riqueza en azúcares y polifenoles de los mostos de ciertas regiones;
- disminuye los riesgos de clorosis y los riesgos fitosanitarios, principalmente ataques de podredumbre gris.

3.2.1.3. *Efectos en el terreno económico*

- reducción de los trabajos relacionados con la disminución del vigor, tales como las operaciones en verde, la poda y la retirada de la madera;
- disminución de las pérdidas de cosecha por una mayor regularidad de los rendimientos, particularmente en suelos pesados.

3.2.2. Efectos desfavorables

3.2.2.1. *Sobre las propiedades del suelo*

- mantiene una humedad favorable al desarrollo de hongos parásitos *(Botrytis cinerea*, Oidio);
- desecación excesiva del suelo en período seco;
- disminuye la disponibilidad del nitrógeno, sobre todo en presencia de gramíneas;
- disminuye el volumen de suelo explorable por las raíces de la vid;
- riesgo de descalzado de plantas en fuerte pendiente.

Tabla 9
Efectos de la cubierta vegetal en las propiedades del suelo
(R. Morlat, A. Jacquet y C. Asselin)

	Sin cubierta	Cubierta vegetal
Materia orgánica %	1,92	2,86
Densidad aparente p. 1.000	1,15	1,53
Resistencia a la penetración kg/cm²	26,20	17,30
Capacidad de campo %	21,40	23,80
Inestabilidad estructural	1,15	0,80

3.2.2.2. Sobre el desarrollo de la vid y su producción

– Debilita el vigor de las cepas debido a la competencia en la ocupación del suelo y por el agua. Este debilitamiento llega a ser grave en períodos secos, en suelos que tengan poca reserva útil y con patrones débiles, provocando un amarilleamiento y un desecamiento prematuro de las hojas, una pérdida de rendimiento y de la calidad (bloqueo del envero y de la maduración) y un debilitamiento de las cepas por reducción del agostamiento.
– Aumento del riesgo de heladas primaverales.
– Disminución de los riesgos de podredumbre gris.
– Empobrecimiento de los mostos en sustancias nitrogenadas lo que implica, a veces, una mayor duración de la fermentación alcohólica.

Tabla 10
Efectos de la cubierta vegetal en la producción de Cabernet-Sauvignon en Anjou
(R. Morlat, A. Jacquet y C. Asselin)

Tratamientos	Escarda química D 100*	Cubierta vegetal 50%
Rendimiento hL/ha	87	76
Azúcares g/L	147	159
Acidez g/L	6,4	6,2
Antocianos mg/100 bayas	110,0	152
Índice de polifenoles totales	23,1	27,3
% Botrytis	67	29
Degustación de los vinos: visión	11,6	15,6
olfato	12,1	12,6
gusto	11,5	13,1

Suelo limo-arcilloso en superficie y arcillo-limoso en profundidad con gran reserva hídrica.
* D 100 = Escarda química total (no-cultivo).

3.3. Cubierta natural controlada

3.3.1. Principio

Es una técnica de mantenimiento del suelo por la cual la vegetación herbácea natural es tolerada en el viñedo durante una parte del año, generalmente en invierno, después es destruida empleando herbicidas de postemergencia. Antes del desborre, el suelo queda desprovisto de cubierta vegetal, después, a lo largo de la estación, las adventicias son controladas manteniéndolas en un nivel aceptable de competencia con la viña. En efecto, no parece indispensable que el suelo del viñedo esté siempre igual. No hay inconveniente en que la hierba se desarrolle en invierno o a lo largo de la estación, si su presencia no daña de manera significativa la producción de la viña.

Esta técnica apareció como solución a las dificultades encontradas por el uso repetido de los herbicidas de preemeergencia que han provocado:

- aparición de plantas resistentes a las triazinas y el desarrollo de vivaces difíciles de controlar;
- puesta en práctica de programas de escarda química asociando varias materias activas de preemergencia con acciones complementarias lo que eleva el coste de mantenimiento del suelo;
- limitación del empleo de la simazina (triazina) y del diurón debido a los riesgos de residuos en el suelo y en las aguas.

3.3.2. Práctica

La puesta en práctica de la cubierta natural controlada supone una buena especialización del viticultor:

- buen conocimiento de las malas hierbas;
- vigilancia de su desarrollo, interviniendo en el momento adecuado, es decir, antes de que su crecimiento supere los 20 cm;
- elección juiciosa de los herbicidas de postemergencia en función de la flora y del momento de intervención;
- pulverización cuidadosa: regulación de los equipos y dispositivo de protección;
- rigor en el despampanado y emparrado, para evitar cualquier accidente de fitotoxicidad.

3.3.2.1. *Destrucción de la flora invernal justo antes del desborre*

Este primer tratamiento, realizado sobre toda la superficie del suelo, tiene por objeto destruir la cubierta vegetal que puede estar compuesta de gramíneas, dicotiledóneas anuales y plurianuales. Se realiza a final de marzo-primeros de abril sobre hierbas de unos 10 cm con herbicidas sistémicos, preferentemente, en particular glifosato (1.5 a 2.1 L de m.a./ha en forma de Azural AT, Destroyer, Buggy, Roundup con Genamin) y sulfosato (1.4 a 2.9 L de m.a./ha en forma de Ouragan con 0.5% de Oura). Cuando la cubierta vegetal está dominada por dicotiledóneas, fundmentalmente, *Geranium* sp., *Malva* sp., *Epilobium* sp., es preferible utilizar aminotriazol a dosis de 12 a 15 L de producto comercial por ha (Weedazol, Radoxone, Tradiazole, Diazole).

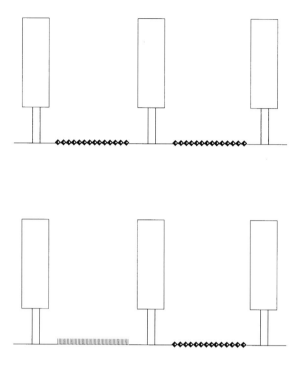

Figura 7

Escarda química localizada en la línea con labores poco profundas y laboreo superficial en la calle (arriba) o cubierta vegetal con laboreo en calles alternas (en el centro) o cubierta vegetal y escarda química en calles alternas (abajo).

3.3.2.2. *Control de las adventicias primaverales y estivales*

Se realiza un segundo tratamiento con los mismos productos sistémicos, desde que la flora espontánea supera una altura de 20 cm o, a más tardar, fin de junio comienzo de julio, para controlar la flora estival de anuales y de vivaces interviniendo cuando *Convolvulus* y *Cynodon* y el resto de las vivaces están en pleno crecimiento. Para evitar cualquier fitotoxicidad, se realizará un emparrado cuidadoso 8 días antes del tratamiento.

Los años secos será suficiente con dos intervenciones. Por el contrario, los años lluviosos y con fuerte potencial de infestación, el desarrollo de la flora a final del verano *(Amaranthus, Conyza...)* se puede reducir mediante aplicación de un sistémico o de un desecante (Basta F1 o Gramoxone) o mediante siega con una segadora. El coste de la puesta a punto de esta técnica es entre 20 ó 30% inferior al coste de la escarda química, y entre el 35% al 45% inferior al laboreo.

3.4. Cubierta vegetal permanente

3.4.1. Principio

La cubierta vegetal permanente consiste en mantener un tapiz de hierba en todas las calles, o en calles alternas. Está asociada obligatoriamente a la escarda química en la línea. La cubierta vegetal permanente existe desde hace mucho tiempo en ciertas regiones, fundamentalmente de viñedos de calles anchas, porque mejora la consistencia del suelo para el paso de la maquinaria. También se ha desarrollado en otros viñedos, pues presenta interés por el control del rendimiento y mejora de la calidad de los viñedos muy vigorosos o demasiado productivas. Por último, es un medio de lucha contra la erosión. Esta cubierta permanente puede ser natural, a partir de una flora espontánea adaptada (*Lolium*, *Poa*) y constituir una cubierta herbácea homogénea y a un nivel de competencia aceptable para la viña. A menudo es preferible sembrar la cubierta.

3.4.2. Práctica de la cubierta permanente sembrada

3.4.2.1. *Elección de la especie*

En viticultura, la cubierta se realiza esencialmente con gramíneas (*Lolium perenne, Poa pratensis, Festuca arundinacea* y *Festuca rubra*) que se eligen en función de las condiciones ecológicas del medio y del poder de competencia buscada. Se prefieren las variedades de crecimiento lento (siegas menos frecuentes) y resistentes al paso de la maquinaria. Es posible sembrar una sola especie en siembras otoñales realizadas en buenas condiciones; por el contrario, se recomienda sembrar una mezcla que contenga un máximo del 30% de *Lolium perenne,* en siembras primaverales o realizadas en condiciones difíciles; esta última especie ocupa el terreno mientras las otras se instalan (en particular con la *Festuca rubra* semi-rastrera).

Cuando el objetivo prioritario de la cubierta vegetal sea la consistencia del suelo para el paso de maquinaria, es preferible la *Festuca arundinacea*, el *Lolium perenne* o la *Poa pratensis*. Para disminuir el vigor de las cepas podemos actuar a la vez sobre la elección de una especie en función de su capacidad de competencia, muy fuerte para la *Festuca arundinacea,* fuerte para el *Lolium perenne* y media para la *Poa* y la *Festuca rubra*) y sobre el porcentaje de suelo cubierto.

Cada gramínea tiene sus propias exigencias: la *Festuca rubra* rastrera y el *Lolium perenne* toleran poco la sequía, la *Poa* tolera poco el exceso de agua. La *Festuca arundinacea* se comporta bien en presencia de agua y tolera bien la sequía.

3.4.2.2. *Siembra*

Se realiza preferentemente a final del verano, final de agosto comienzo de septiembre en vendimia manual, o tras la vendimia mecanizada en un suelo adecuado. Si las condiciones climáticas no permiten la siembra otoñal, es posible realizarla en primavera, pero teniendo la precaución de guardar una calle de cada dos para permitir el paso de maquinaria y aumentando en 10 kg la dosis de siembra normal; en caso de pradera integral, 40 a 50 kg/ha de *Lolium perenne* o *Poa* y de 50 a 60 kg/ha para *Festuca* spp.

La siembra se realiza, tras una buena preparación del suelo (desmenuzado en superficie y asentado en profundidad), a voleo o en líneas con sembradoras donde los modelos están adaptados a la anchura del viñedo (0.5 a 2.2 cm).

3.4.2.3. *Mantenimiento*

La cubierta se siega regularmente con la ayuda de una desbrozadora de martillos o girodesbrozadoras provistas de unos martillos que le permiten controlar la altura de corte, o de cuchillas especiales equipadas de tres elementos con ejes verticales.

Para limitar las pérdidas excesivas de vigor debidas a la cubierta vegetal, se puede realizar un aporte nitrogenado localizado en la fila (20 unidades de nitrógeno líquido, por ejemplo).

CAPÍTULO 2

PLANIFICAR Y LLEVAR A CABO LA FERTILIZACIÓN

1. **Bases de la planificación de la fertilización**
2. **Elementos nutritivos y práctica de la fertilización**
3. **Abonado de fondo antes de la plantación**
4. **Abonado de mantenimiento**

La fertilización es uno de los medios de los que dispone el viticultor para controlar el *vigor* de las viñas con vistas a conseguir el *equilibrio deseable entre rendimiento y calidad*. La planificación de la fertilización se integra dentro de una estrategia más global de técnicas del *control de la producción* y de gestión de la población de cepas de una parcela. Entre estos medios se encuentran el acondicionamiento y la preparación del terreno antes de la plantación, la poda y el mantenimiento del suelo tras la plantación.

1. BASES DE LA PLANIFICACIÓN DE LA FERTILIZACIÓN

1.1. Objetivos de la fertilización

La fertilización debe responder, por una parte, a los objetivos de calidad de la producción y a la conservación de las cepas de viña y, por otra parte, a mantener el potencial agronómico de los *terroirs* (1):
- *La satisfacción de las necesidades en elementos minerales* necesarios para la nutrición de la vid: la vid toma del suelo los elementos necesarios para la

---

(1) *N. del T.:* Hemos decidido mantener la palabra «terroir», puesto que es un término internacionalmente reconocido.

nutrición de la parte aérea y subterránea; las necesidades son débiles pero el exceso o la insuficiencia de un elemento entraña problemas fisiológicos que comprometen más o menos el vigor y la cosecha del año así como la perennidad de las cepas si no se aporta alguna corrección al suelo.

– *El mantenimiento o el restablecimiento de los potenciales agronómicos de los suelos*: en efecto, los suelos vitícolas se degradan con motivo de la permanencia de la viña (efecto acumulativo de las extracciones) y de las pérdidas normales de las reservas de las materias fertilizantes en el suelo. Esta degradación se manifiesta también por un empobrecimiento en materia orgánica cuyo papel en el suelo es primordial desde el punto de vista físico, biológico y químico. Finalmente, la acidificación de ciertos suelos conlleva toxicidades por cobre, aluminio, manganeso o carencias. El mantenimiento del valor agronómico de los suelos es indispensable para asegurar la perennidad de las características del *terroir* y, la de la vid que allí se cultiva.

1.2. Necesidades de la vid

Las cantidades extraídas por las cepas sobre una hectárea, para fabricar su estructura, follaje, engrosar las partes perennes y asegurar la producción varía, para el conjunto de los viñedos, dentro de los siguientes límites:
– Nitrógeno: 20-70 kg
– Fósforo: 3-10 kg
– Potasio: 25-70 kg
– Calcio: 40- 80 kg
– Magnesio: 6-15 kg
– Azufre: 6 kg
– Hierro: 600 g
– Boro: 80-150 g
– Cubre: 60-120 g
– Manganeso: 80-160 g
– Cinc: 100-200 g

La vid, por tanto, tiene pocas necesidades. El propósito de la fertilización, para una producción de calidad, tiene por objetivo mantener la alimentación mineral a un nivel medio y sobre todo evitar las carencias o las insuficiencias. La vid reacciona bien a los aportes de potasio pero éstos deben estar en relación con el rendimiento y el nivel cualitativo buscados.

1.3. Distribución y actividad de las raíces

La fertilización no es eficaz más que si las raíces encuentran en el suelo las condiciones normales de alimentación en agua y en elementos minerales. Estas condiciones dependen, por una parte, de las posibilidades de colonización y de distribución de las raíces en el suelo y, por otra, de la capacidad específica de absorción de los elementos por el binomio variedad/portainjerto. La distribución y el funcionamiento de las raíces en profundidad dependen de los factores agronómicos siguientes:
– La naturaleza del suelo (capa arable y capa profunda) definida por los análisis físicos y químicos, el perfil edafológico y, sobre todo, el perfil cultural;

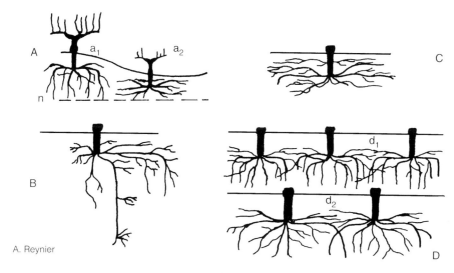

Figura 1
Influencia de diferentes factores sobre la distribución del sistema radicular.

A. Influencia de la topografía y de una capa freática (n); a_1, enraizamiento profundo; a_2, enraizamiento superficial.
B. Influencia de la heterogeneidad de los distintos horizontes.
C. Enraizamiento superficial.
D. Influencia de la densidad de plantación: vides juntas (d_1) y vides espaciadas (d_2).

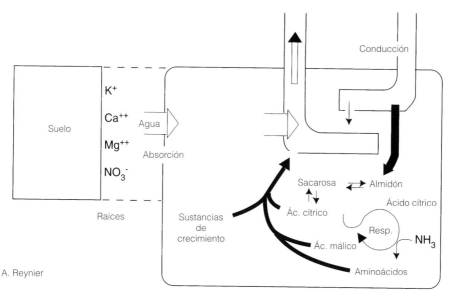

Figura 2
Funciones biológicas y metabolismo al nivel de las raíces.

- La profundidad de este suelo: un suelo profundo permite a las raíces explorar un gran volumen de tierra, las viñas allí son generalmente más vigorosas y más resistentes a la sequía;
- El perfil hídrico: las raíces se desarrollan en las zonas suficientemente provistas de agua, pero sin exceso de humedad;
- El portainjerto: cada portainjerto tiene una capacidad de exploración del suelo que le es propia (superficial para la *riparia gloire de Montpelier,* profunda para la *rupestris de Lot*) y una capacidad de absorción específica que se traduce en un vigor de la cepa más o menos grande;
- La densidad de plantación: determina el volumen de suelo disponible para cada planta.

2. ELEMENTOS NUTRITIVOS Y PRÁCTICA DE LA FERTILIZACIÓN

2.1. Potasio (K⁺) u óxido de potasio (K₂O)

2.1.1. Papel del potasio

Cuantitativamente es el catión más importante de la célula vegetal. Interviene en los principales mecanismos fisiológicos, la fotosíntesis, la respiración y la transpiración:
- Participa en la neutralización de los ácidos orgánicos formados, favorece la respiración y activa el crecimiento: es un *factor de vigor y de rendimiento;*
- Interviene aumentando la fotosíntesis, la migración y la acumulación de azúcares en los frutos: es, por tanto, un *factor de calidad.* Tiene una gran facultad de desplazamiento a través de las membranas celulares y acompaña a las moléculas orgánicas en su migración desde los lugares de síntesis hasta los lugares de utilización donde se depositan como reservas (bayas y partes vivaces). Sin embargo, una alimentación potásica excesiva, es un factor determinante de la bajada de acidez de los mostos y de los vinos;
- Facilita el buen reparto de las reservas entre las distintas partes de la planta: es por lo tanto, también, un *factor de salud y de perennidad;*
- Interviene en la regulación de la apertura y cierre de estomas: es un *factor de resistencia a la sequía.* No permite una reducción del consumo sino una mayor eficiencia del agua por una extracción superior y una mejora de la actividad fotosintética.

2.1.2. Ritmo anual de absorción de potasio

A lo largo del periodo de crecimiento de los sarmientos la cantidad de potasio acumulado por la vid aumenta, pasa por un primer máximo entre la floración y la parada de crecimiento, tras el cual disminuye antes de aumentar de nuevo durante la maduración. Las necesidades diarias pueden suponer entre 1 y 2 kg/ha/día durante la fase de crecimiento y hasta 3 kg/ha/día durante la maduración para las viñas cargadas. La absorción de potasio es distinta en función:

- de la variedad: fuerte para garnacha, *aramon, carignan;*
  más débil para *syrah, cabernet sauvignon, cinsaut;*
- del portainjerto: débil para 1103P, 140Ru, 41B, 110R;
  fuerte para SO4 y 44-53.

Las deficiencias se manifiestan a lo largo de dos fases críticas: en julio por la *flavescencia* o el *enrojecimiento mineral* y a finales de verano por el *pardeado.* Estas carencias pueden estar ligadas a una fijación del potasio en el suelo o a un exceso de necesidades, ligado a una carga excesiva, pero también a las deficiencias ligadas a un mal funcionamiento radicular relacionado con un exceso o una insuficiencia de agua en el suelo. El exceso de absorción de potasio puede, a la inversa, crear una carencia relativa en magnesio.

2.1.3. El potasio en el suelo

La fracción absorbida por la vid es retirada de la solución del suelo, es el potasio intercambiable que se encuentra en forma de iones, libre en la solución o adsorbido sobre el complejo. Este potasio intercambiable no representa más de un 1 ó 2% del potasio total ya que la cantidad más importante de potasio se encuentra fijada al complejo absorbente, ligado a las arcillas. Este potasio fijado no es utilizable más que a largo plazo, su liberación está supeditada a la influencia del ambiente y de las prácticas culturales. El potasio intercambiable es el resultado de un equilibrio dinámico entre el complejo absorbente y la solución del suelo:

- una parte del potasio de la solución del suelo puede ser retrogradada a las capas de arcilla de tipo illita o montmorillonita, estos iones K^+ no son asimilables a corto plazo; este movimiento es favorecido por la elevación del pH, por la abundancia de iones Ca^{++} y por la sequía. Tras un aporte de abono, el poder fijador del suelo puede ser estimado por la fórmula: A% + 15, donde A es el contenido en arcilla. Por tanto, con un aporte de 100 kg de K_2O/ha, un suelo que tiene un 20% de arcilla fija 35 kg de K_2O/ha;
- la regeneración de los iones K^+, es decir, el retorno a la forma intercambiable, es posible cuando estos vayan disminuyendo en la solución del suelo.
- una parte de potasio de la solución del suelo es eliminada por las aguas de infiltración, la importancia de este lavado depende de la textura del suelo, del régimen hídrico y de la abundancia de la cubierta vegetal.

La migración de potasio en el suelo es bastante débil en los suelos arcillosos y más importante en los suelos con menor complejo absorbente. La capacidad de retención del suelo de cationes (K^+, Ca^{++}, Mg^{++}, etc.), medido por el análisis del suelo, se llama *capacidad de intercambio de cationes* (CIC). La parte que representa el potasio en la CIC es considerada como normal para un valor medio del 4% (para los suelos con CIC comprendida entre 100 y 180 meq/kg); al contrario, para suelos muy arenosos, con débil CIC (<50 meq/kg) la cantidad óptima de K/CIC desciende al 2%, mientras que para los suelos muy arcillosos, con fuerte CEC (>200 meq/kg), es de un 5%). Para apreciar la capacidad de un suelo para alimentar la vid en potasio, hace falta tener en cuenta el valor de la CIC y el contenido relativo de este elemento en tal CIC; de este modo, para un valor de K/CIC del 2%, en un suelo arenoso el aporte de potasio se limitará a un abonado de mantenimiento, mientras que para un suelo arcilloso, será necesario realizar un abonado de recuperación ya que esto se corresponde con una situación de carencia. En el suelo arenoso, los aportes serán moderados pero más frecuentes. En suelos con una fuerte CIC los aportes deberán ser mucho más importantes, mientras que los efectos de un abonado potásico en un suelo enriquecido se harán sentir durante más largo tiempo.

2.1.4. Evaluación de las necesidades y de los aportes

Las extracciones anuales por hectárea debidas a las hojas, las ramas y las uvas son de 25 a 80 kg, pero las hojas y, a veces, los sarmientos, si son desmenuzados, son restituídos. Por tanto, las exportaciones reales debidas a la vendimia son relativamente bajas. La fertilización consistirá entonces en aportar las cantidades necesarias para una alimentación equilibrada de la vid, ni demasiado elevadas ya que entrañaría un vigor excesivo y un descenso de la calidad con riesgos de manifestación de carencias en magnesio, ni demasiado débiles.

2.1.4.1. *Abonado de fondo en la plantación y abonado de recuperación*

El abonado potásico de fondo persigue esencialmente corregir las insuficiencias de los suelos. El cálculo de la cantidad de potasio a aportar en la plantación de la vid se determina a partir de los análisis del suelo y del subsuelo, teniendo en cuenta:

– *la riqueza en K_2O intercambiable* (en $^0/_{00}$ de tierra fina) y el contenido en arcilla (en %): la cantidad a aportar:

$$R = (d \times T \times c)$$

donde d es la diferencia entre la cantidad deseable y la cantidad dosificada, T el peso de tierra fina, c el coeficiente de mayoración por la fijación de K_2O por el suelo;

$$c = 1000 / (850 - \text{contenido en arcilla})$$

Así, un suelo con el 20% de arcilla y $0,30^0/_{00}$ de K_2O no tiene necesidades de abonado de recuperación, pero con $0,125^0/_{00}$ está insuficiente provisto; para conseguir un contenido deseable del $0,255^0/_{00}$ es necesario aportar: $0,130 \times 3.000$ t/ha de tierra $\times 1,20 = 468$ unidades de potasa;

– *la tasa de potasio intercambiable* en relación con la capacidad de intercambio de cationes (CIC en $meq^0/_{00}$) que indica la tasa de saturación $K/CIC^0/_{00}$; el cálculo del abonado de recuperación, expresado en kg de potasio (K_2O/ha), se realiza aplicando la fórmula siguiente:

$$R = D \times T \times c \times 0,047 \times CIC$$

donde D es la diferencia entre la tasa de saturación deseable y la tasa reflejada en el análisis y 0,047 el coeficiente de conversión de potasio meq/kg en $K_2O^0/_{00}$.

2.1.4.2. *Abonado de mantenimiento*

Para un suelo normalmente provisto, reajustado antes de la plantación, los aportes anuales de mantenimiento corresponden a la ecuación:

Mantenimiento = exportación + lavado + fijación

En los suelos provistos, las fijaciones son de poca importancia y las exportaciones se limitan a las cantidades contenidas en los productos de cosecha y en las ramas por lo que dependen poco del rendimiento. Únicamente el lavado varía según la permeabilidad de los suelos. La potasa es móvil en los suelos arenosos pero es muy poco móvil en los arcillosos y limosos, ya sean ácidos, neutros o calcáreos.

Los análisis del suelo y los análisis foliares, efectuados regularmente, permiten ajustar los aportes a las necesidades de la vid y del suelo. Las normas de interpretación de los contenidos en potasio dada por el análisis de los peciolos tomados en el envero, tienen en cuenta los contenidos en magnesio:

K/Mg inferior a 1   Carencia potásica
K/Mg superior a 10   Carencia magnesiana
K/Mg entre 3 y 8   Nutrición potásica y magnesiana normales

Se puede seguir también la evolución de los contenidos en potasio de los peciolos expresados en % de materia seca (MS), algo que el laboratorio de suelos de la Cámara de Agricultura de Gironde interpreta así:

K/MS %   0-1,0   Carencia de potasio
K/MS %   1,0-1,5   Alimentación mediocre
K/MS %   1,5-2,5   Alimentación elevada

2.1.5. Formas de aporte

En la plantación, aprovechando un desfonde o una labor profunda para localizar la potasa en profundidad en los suelos que tengan un poder fijador suficiente. En los suelos con una baja CIC frecuentemente no es necesario realizar aportes.

Para los abonados de corrección o de mantenimiento, es preferible localizar los fertilizantes en la proximidad de las raíces ya sea realizando los aportes en profundidad con un localizador de rejas, en el centro de la interlínea en viñas estrechas o en el borde de la línea plantada para las viñas anchas, ya sea en superficie en forma de bandas estrechas. Los aportes tienen lugar una vez a finales de invierno.

La potasa se aplica bajo la forma de fertilizantes simples:

– El ClK (cloruro) con un 60% de K_2O, el menos caro pero libera el cloro.
– SO_4K_2 (sulfato) con un 50% de K_2O es interesante en suelos muy calizos, en suelos poco profundos y en suelos con mal drenaje para limitar la clorosis, en suelos salinos para limitar la salinidad y, preferible para los aportes tardíos o en las terrenos inundables (Camargue, Narbonnais).
– Patentkali con un 28% de K_2O y un 9% de MgO.

Los aportes pueden realizarse también bajo la forma de fertilizantes compuestos binarios o ternarios con el fin de reducir los costes de distribución y de simplificar el trabajo.

2.2. Fósforo (P) o anhídrido fosfórico (P_2O_5)

2.2.1. Papel del fósforo

En viticultura es difícil poner en evidencia el papel del ácido fosfórico. No parece tener influencia en los rendimientos más que en la medida en que corrige las carencias de nitrógeno, disminuyendo la sensibilidad al *corrimiento* y a las enfermedades criptogámicas. De forma general se le considera como regulador del desarrollo de las plantas. Se le atribuye un papel en la evolución de los frutos. Los sarmientos bien provistos en P_2O_5 son susceptibles de acumular aún más reservas *amiláceas* y producen brotes más fértiles. El fósforo favorece el desarrollo de las raíces por lo que es indispensable en la instalación de las plantas durante los primeros años que siguen a la plantación.

2.2.2. El fósforo en el suelo

Es un elemento muy poco móvil en el suelo y que se encuentra en distintas formas accesible a las raíces:
- P_2O_5 en la solución del suelo: constituye la reserva restringida pero inmediatamente disponible;
- P_2O_5 adsorbido por el complejo arcillo-húmico: constituye lo esencial de la reserva digamos «intercambiable» que se libera fácilmente para compensar las pérdidas por extracciones; esta forma, constituye con la anterior la reserva llamada «asimilable»;
- P_2O_5 ligado a la materia orgánica del suelo constituye una reserva momentáneamente no disponible pero progresivamente liberable;
- P_2O_5 no disponible, bloqueado en forma de fosfatos insolubles o muy poco solubles, procedentes de la roca madre ya sea por precipitación progresiva de los fosfatos disueltos en los suelos calizos o, por el contrario, muy ácidos.

De esta forma, solamente el P_2O_5 disuelto y el P_2O_5 adsorbido intervienen en la alimentación inmediata de la viña, las otras formas de P_2O_5 del suelo están fuertemente retenidas en el suelo, son poco lixiviadas. La dosificación de esta fracción de P_2O_5 denominada «asimilable» es obtenida por varios métodos:
- método Dyer para las tierras ácidas o neutras por extracción con ácido cítrico;
- método Joret Morgan para las tierras calizas y las limosas próximas a la neutralidad por extracción con oxalato amónico.

Las normas de interpretación generalmente admitidas para los resultados de los análisis de suelo son los siguientes en $^0/_{00}$ en peso de tierra fina:
- Suelos pobres: $< 0,12 \, ^0/_{00}$
- Suelos medios: $0,12\text{-}0,30 \, ^0/_{00}$
- Suelos ricos: $> 0,30 \, ^0/_{00}$

Estas cifras no son más que un valor indicativo ya que es preciso tener en cuenta los contenidos de arcilla, de materia orgánica y de caliza. Por tanto, *la riqueza óptima en* P_2O_5 *(g/kg)* de un suelo es la siguiente, según la SCPA:
- 10% de arcilla   Suelo ácido (método Dyer): 0,20-0,30 g/kg
    Suelo alcalino (Joret Hérbert): 0,15-0,25 g/kg
- 30% de arcilla   Suelo ácido: 0,30-0,40 g/kg
    Suelo alcalino: 0,25-0,30 g/kg

2.2.3. Evaluar las necesidades y los aportes de P_2O_5

Es en la plantación donde deben ajustarse los niveles de fósforo en el suelo aprovechando el desfonde para localizarlo en profundidad. Esto facilitará el enraizamiento de las plantas y asegurará a largo plazo una alimentación suficiente en fósforo durante varios años, incluso durante toda la vida de la viña. En efecto, las extracciones no representan más allá de 3 a 10 kg/ha/año.

En los suelos ricos, donde la reserva del suelo en P_2O_5 asimilable es suficiente, el abonado fosfatado (con un coeficiente de utilización de 5 a 10%) tiene como papel principal compensar las exportaciones y aquéllas pérdidas debidas a la evolución del P_2O_5 en suelos muy ácidos o muy calizos: es un *abonado de mantenimiento o de restitución.*

En los suelos pobres, el abonado fosfatado (con un coeficiente de utilización de 20 a 30%) tiene el papel de cubrir las necesidades de la viña *in situ* y de contribuir a enriquecer progresivamente el suelo; es el *abonado de recuperación;* antes de una plantación, el aporte será suficiente para constituir un anticipo a largo plazo: es el llamado *abonado de fondo.*

A título indicativo, las siguientes cantidades son consideradas por el INRA para un abonado de fondo o un abonado de recuperación, expresadas en unidades de P_2O_5/ha:

- En suelos calizos   ricos ($P_2O_5 > 0,2\,^0/_{00}$): 100 U/ha
  medianamente provistos: 200 U/ha
  pobres ($P_2O_5 < 0,1\,^0/_{00}$): 300 U/ha
- En suelos neutros o ácidos   ricos: 200 U/ha
  medios: 300 U/ha
  pobres: 400 U/ha

Para el abonado de mantenimiento, no se efectúan aportes de P_2O_5 en los suelos ricos o se limitan a 20 U/ha/año. Se controla que en el momento de los análisis peciolares en el envero el contenido en fósforo supere el 0,15% de la materia seca.

2.2.4. Formas de aporte

Los abonos fosfatados son enterrados con la labor de desfonde anterior a la plantación; para el abonado de las viñas ya plantadas se entierran por subsolado o en bandas a lo largo de la fila.

2.2.5. Abonos fosfatados

Se encuentran en el mercado numerosos abonos fosfatados simples o compuestos (binarios PK, NP- ternarios NPK) cuyo origen está en la explotación de fosfatos naturales (minas de fosfatos) o la siderurgia (minas de hierro). Todos estos abonos se disocian más o menos rápidamente en el suelo, pero todos aportan iones fosfóricos que llegan a ser asimilables cualquiera que sea su origen:

- los *fosfatos naturales blandos* o fosfatos tricálcicos (solubilidad 0,1 mg/l a pH 7) con 26 a 33% de P_2O_5, no se deben emplear más que en suelos con pH inferior a 6,5;
- el phospal o fosfato aluminocálcico (solubilidad 2 mg/l a pH 7) con 34% de P_2O_5, no debe emplearse más que en suelos con pH superior a 6,5;
- las *escorias de defosforación* (solubilidad de 4 a 5 mg/l a pH 7) con 11 a 18% de P_2O_5 y 45 a 50% de CaO, se pueden emplear en todo tipo de suelos aunque preferentemente en suelo ácido;.
- el *fosfato bicálcico* (solubilidad 120 mg/l a pH 7) con 40% de P_2O_5, se puede emplear en todos los suelos pero está particularmente indicado en suelos muy calizos en los que se retrograda muy lentamente;

– los *superfosfatos* (solubilidad 50 gr/l a pH 7) con 25% de P_2O_5 y 20% de CaO para el superconcentrado o 45% de P_2O_5 y 18% de CaO para el super-triple, no debe utilizarse en abonado de fondo en los suelos muy calizos ya que se retrogradan a su forma insoluble, se usa en abonado de mantenimiento.

2.3. Nitrógeno

El nitrógeno aumenta generalmente el vigor y la capacidad de producción de las cepas. Una alimentación excesiva en nitrógeno provoca la mayoría de las veces un aumento de la sensibilidad de la vid a enfermedades criptogámicas y al corrimiento así como una reducción de la calidad. La absorción de nitrógeno por la cepa pasa por tres fases críticas: la floración, el crecimiento activo de las ramas y el engrosamiento rápido de los frutos. La mayor parte de los suelos permiten la alimentación de la vid en nitrógeno a partir de la mineralización de la materia orgánica bajo el efecto del calor y la humedad. Contenidos de 1,5 a 2% de materia orgánica son suficientes para la alimentación nitrogenada de la vid. Si se desea, un aporte orgánico o mineral puede justificarse pero limitado a 30 unidades de nitrógeno/ha/año; este límite es válido en la mayor parte de las regiones vitícolas para compensar las pérdidas y las extracciones. Este límite puede ser sobrepasado en alguna ocasión si se constata que el vigor es insuficiente o rebajado si este vigor es demasiado fuerte. En Champagne y en Alsacia, el límite se fija en 50 unidades/ha/año.

Los abonos orgánicos, únicas reservas perdurables de nitrógeno en el suelo, son generalmente preferibles a los aportes minerales. No obstante, si se decide efectuar estos últimos, se utilizará su forma amoniacal en el momento del desborre, suficientemente pronto para que el nitrógeno tenga tiempo de descender a las raíces y poder ser utilizado en el momento de máxima demanda en junio-julio. La forma nitricoamoniacal es interesante en los suelos permeables un mes más tarde si se prevén pérdidas por lavado.

2.4. Calcio

Interviene en el metabolismo celular neutralizando los ácidos formados; es el elemento dominante, del poder tampón intracelular, regulando el pH del jugo celular.

Las necesidades de la vid en calcio están generalmente satisfechas; no obstante se deberá vigilar para mantener en el suelo una tasa de calcio suficiente para una buena estructura y un buen mecanismo del poder absorbente. Recordemos que ciertos portainjertos soportan mal una tasa de caliza activa elevada ya que son sensibles a la clorosis. No es tanto el calcio el responsable de la clorosis como el exceso de anión bicarbonato y el pH alcalino del suelo.

2.5. Magnesio

Entra en la composición de la clorofila; neutraliza los ácidos orgánicos y participa con el calcio y el potasio en el balance iónico intracelular. La carencia en magnesio se puede manifestar durante una absorción insuficiente de magnesio, aparece en suelos ligeros y ácidos sometidos a lavado o en suelos que hayan recibido abonados potásicos muy fuertes. Ciertos portainjertos, como el *44-53 Malègue* y el SO4, son particularmente sensibles a esta carencia de magnesio. Se manifiesta por un amarilleamiento del borde de la hoja que progresa en digitaciones internerviales. El viticultor puede aportar la magnesia bajo la forma de caliza dolomítica, de cal magnesiana o de sulfato de magnesio.

2.6. Hierro

El hierro absorbido por las raíces es indispensable para la síntesis de la clorofila e interviene en los procesos de la respiración y de la fotosíntesis. El hierro está presente en los suelos donde es absorbido generalmente sin problema por las raíces de las plantas. Sin embargo, un exceso de caliza en la solución del suelo y en presencia de otras condiciones favorecedoras, como un insuficiente agostamiento de la madera a lo largo del ciclo vegetativo precedente y de condiciones climáticas difíciles para el crecimiento en primavera, pueden acarrear problemas en los mecanismos de absorción y de migración del hierro provocando la *clorosis*.

3. ABONADO DE FONDO ANTES DE LA PLANTACIÓN

La fertilización a largo plazo pretende crear en el suelo, desde de la plantación, un ambiente favorable para la colonización y el buen funcionamiento de las raíces de la viña:
- restableciendo un nivel satisfactorio de la materia orgánica del suelo mediante enmiendas orgánicas;
- corrigiendo las pérdidas de calcio y la acidificación del suelo con enmiendas calizas;
- restableciendo la fertilidad del suelo, compatible con el vigor, el rendimiento y el nivel de calidad buscados, mediante enmiendas potásicas, fosfóricas y magnesianas.

3.1. El análisis del suelo es indispensable pero no suficiente

La planificación del abonado de fondo descansa sobre el conocimiento de las características físicas y químicas del suelo y del subsuelo, determinadas por el análisis de las muestras de tierra y la observación del perfil del suelo. El análisis aporta informaciones, de orden cuantitativo, pero esas referencias no son suficientes, ya que:
- por una parte, las muestras no representan más que el suelo de la muestra, por lo que es necesario efectuar para una zona aparentemente homogénea, una docena de tomas para conformar una muestra representativa;
- por otra parte, las informaciones sobre el perfil del suelo (textura, compacidad, humedad de los distintos horizontes), sobre la situación de la par-

cela (influencia del ambiente a nivel térmico e hídrico) y sobre la reacción de la vid o de la vegetación existente antes de la preparación del terreno, son necesarias para la interpretación de los análisis del suelo con vistas a planificar la fertilización, a permitir la elección del portainjerto o la selección de ciertos trabajos de acondicionamiento y de preparación del terreno.

Las tomas se pueden realizar en cualquier momento del año; no obstante, parece evidente que no es conveniente hacer la extracción poco después de los aportes de enmiendas o de abonos. Es necesario extraer separadamente el suelo (0-30 cm de profundidad) y el subsuelo (30 cm en adelante) ya que las raíces de la vid son susceptibles de colonizar las dos zonas que serán acondicionadas y enmendadas en el momento de la preparación del suelo. Las extracciones se efectúan con la barrena o con la pala.

El laboratorio realiza los análisis deseados por el viticultor. En principio es útil conocer las características del suelo (granulometría, materia orgánica, pH, contenido en calcio que condicionan la textura y la estructura del suelo) y los contenidos de anhídrido fosfórico, potasa y magnesia que indiquen las disponibilidades de elementos fertilizantes. Los análisis complementarios pueden ser pedidos en casos particulares, si se intuye la influencia del exceso de caliza (determinación de caliza activa y del índice de poder clorosante), del exceso de acidez (los contenidos de ciertos oligoelementos tales como cobre, manganeso, aluminio).

3.2. Enmiendas orgánicas

3.2.1. Materia orgánica de los suelos vitícolas

La *materia orgánica* de los suelos comprende el conjunto de seres vivos y de restos vegetales y animales presentes en el suelo en un momento dado, naturales o aportados por el hombre. La materia orgánica del suelo se encuentra en perpetua evolución. La materia orgánica de origen animal sufre en el suelo una degradación por los microorganismos que no dejan más que los elementos minerales simples, en solución o fijados sobre complejo arcillo-húmico. La materia orgánica de origen vegetal conduce, bajo la acción de los microorganismos, de una forma lenta o rápida:

- a la formación de gas carbónico y de materias minerales (nitrógeno, azufre, fósforo...), es el *proceso de mineralización*; estas sustancias de mineralización se difunden en la solución del suelo y pueden ser absorbidas por las plantas, o fijadas por el complejo arcillo-húmico del suelo, o lavadas;
- a la producción de complejos húmicos que permanecen relativamente estables: es el *proceso de humificación* que produce el humus; estas sustancias húmicas provienen de la reorganización de elementos de descomposición provenientes principalmente de la lignina y de la celulosa; este humus evoluciona él mismo pero muy lentamente a CO_2 y a sustancias minerales.

El contenido en materia orgánica de los suelos vitícolas es generalmente inferior al 2%, lo más frecuente entre 1 y 2%, algunos suelos están por debajo del 1%, lo que es muy insuficiente, y otros por encima del 2%, lo que favorece el vigor de las vides. En función de la naturaleza del suelo, los aportes de materia orgánica juegan un papel particular:

– en suelos poco ácidos, el humus se combina fácilmente con la arcilla para formar el complejo arcillo-húmico que es la base de la fertilidad de los suelos;
– en suelos arenosos, el aporte de materias orgánicas mejora la estructura, la retención de agua, la actividad biológica y la capacidad de intercambio de cationes;
– en suelos de limos enfangantes (*battants*), las materias orgánicas permiten una mejora interesante de la estructura del suelo;
– en las tierras pesadas arcillosas, mejoran las propiedades mecánicas de los suelos.

3.2.2. Balance húmico

Hacer un balance es evaluar las entradas y salidas. Para la materia orgánica, se debe mantener el stock a un cierto nivel; para que el balance resulte equilibrado, es necesario que las salidas, es decir las pérdidas de materia orgánica por mineralización, no sobrepasen las entradas, es decir los aportes de materia orgánica fresca. Antes de la plantación, es necesario reequilibrar el balance para compensar un empobrecimiento de los suelos por insuficiencia de aportes a lo largo de los años anteriores y en razón de la dificultad de localizar estas enmiendas en el suelo cuando la viña está establecida.

Un suelo vitícola está medianamente provisto cuando contiene entre 1,5 y 2% de materia orgánica en el horizonte superficial, el 2% en los suelos pobres en arcilla y el 1,5% para los demás suelos.

Las pérdidas por mineralización (salidas) representan un 1 o un 2% por año según la naturaleza físico-química y la acidez del suelo. A modo de ejemplo, si el contenido en el análisis es de un 1% de materia orgánica cuando el contenido normal es del 2%, el déficit en materia orgánica es de un 1%, lo que representa, para un espesor de tierra de 25 cm. que pesa 3.500 toneladas/ha, 35 toneladas de humus/ha (3.500 × 1/100). De esta forma se pueden establecer las tablas indicativas siguientes (a modificar en función de la densidad y de la profundidad del suelo y de los contenidos en materia orgánica buscados):

Déficit de humus en %	Aportes de humus/ha
1,5	52 t
1	35 t
0,5	17 t
0	Suelo con mantenimiento

Las fuentes de materia orgánica (entradas) son diversas y la capacidad de estas materias orgánicas de fabricar el humus, de evolucionar y de liberar los materiales fertilizantes, es variable según su naturaleza. El valor de una enmienda depende de:

– su *contenido en materia seca*, muy variable según el producto;
– la *relación C/N* (carbono/nitrógeno): informa sobre el grado de evolución de la enmienda; cuanto más débil, más deprisa se descompondrá la materia orgánica y viceversa:
  • 14 > C/N: descomposición rápida y liberación elevada de nitrógeno.

- $14 \le C/N < 19$: descomposición media y débil liberación de nitrógeno.
- $19 \le C/N \le 50$: descomposición lenta a muy lenta; liberación de nitrógeno sin consecuencias en el suelo.
- C/N según la enmienda: más de 40 para rastrojos
  20 a 40 para estiércol poco hecho
  10 a 20 para estiércol bien hecho
  Menos de 10 para el abono verde
– el *coeficiente isohúmico* (k1): Informa sobre la cantidad de humus estable que va a ser aportado por la enmienda; cuanto más elevado es este coeficiente, mayor aptitud tendrá la enmienda para aportar humus al suelo:
  - Valor del coeficiente isohúmico: rastrojo (paja): 10 a 20%
    estiércol : 30 a 50%
    restos de racimos: 30 a 50%
    sarmientos: 30%
    abonos verdes: Débil
– el *índice de estabilidad biológica* (ISB): Permite apreciar la velocidad y la amplitud de la mineralización de las materias orgánicas en el suelo; su valor varía de 0 a 100%, he aquí algunos ejemplos:
  - Valor del ISB: rastrojos (paja): 15 a 25%
    madera: 20 a 30%
    estiércol: 15 a 45%
    corteza de frondosas: 40 a 80%
    corteza de resinosas: 60 a 100%
    turba: 80 a 100%
– los *contenidos en elementos fertilizantes*.

Si la elección de la enmienda depende de estos coeficientes, es necesario también tener en cuenta, el precio de venta de la unidad fertilizante y de la cantidad de humus estable que será producido. Es necesario al mismo tiempo examinar las posibilidades de adquirir esta enmienda y tener en cuenta el volumen de producto a transportar y repartir.

Finalmente en la elección de la enmienda deben tenerse en cuenta criterios ecológicos:

– *riesgos de polución* por metales pesados aportados por ciertas enmiendas como los restos fecales y los compost urbanos, riesgos de acidificación por los restos de racimos si no son neutralizados;
– *riesgos físicos* por aporte de desechos no degradables y quizás peligrosos para el hombre, los animales y el material como los restos de vidrio.
– *degradación del paisaje* por los desechos plásticos.

3.3. Corrección de suelos ácidos

3.3.1. Origen y consecuencias de la acidez de los suelos

Un suelo puede tener una reacción ácida, neutra o alcalina, según la concentración de iones H^+ del agua que circula en él. La medida de esta concentración determina el pH del suelo. La causa esencial de la acidez de los suelos es la falta de calcio y, eventualmente, de magnesio.

En todos los suelos, el calcio y el magnesio se encuentran bajo dos formas intercambiables: disueltos en la solución del suelo, forma bajo la que son absorbidas por las plantas, y fijadas (adsorbidas) sobre complejo arcillo-húmico. En los suelos calizos, se encuentra también el calcio en estado sólido, bajo forma de caliza, que constituye una reserva más o menos disponible para alimentar las otras dos formas. Pero en los suelos ácidos, no hay reserva accesible, la solución del suelo llega a abastecer de calcio a la planta en detrimento de aquel que está fijado sobre el complejo arcillo-húmico; de esta forma, el suelo se acidifica más.

La acidez de los suelos es peligrosa por sus consecuencias sobre las propiedades de estos suelos: nula o escasa evolución de la materia orgánica del suelo, reducción de la estabilidad estructural de los suelos, lavado de los elementos minerales, liberación de iones tóxicos (cobre, manganeso, aluminio) en la solución del suelo. Los suelos ácidos se encuentran en distintas regiones vitícolas: terrazas esquistosas de Banuyls, suelos graníticos de Beaujolais, sectores de Saumur y de Anjou, ciertas zonas vitícolas de Madiran, de Jurançon y de Armagnac, de Graves y del Entre-deux-mers en Burdeos... Esta acidez resulta de la evolución edáfica por arrastre de bases en profundidad. Las viñas no sufren directamente la acidez de los suelos, pero sufren las consecuencias por la degradación de las propiedades de los suelos y por la aparición de toxicidades inducidas por ciertos elementos liberados en la solución del suelo.

3.3.2. Enmiendas cálcicas y magnesianas

3.3.2.1. *Determinación de las necesidades de cal*

La corrección de la acidez del suelo (pH < 6,5) se realiza mediante un aporte de cal (CaO) que constituye el *encalado de rectificación*. El pH deseable en viticultura se encuentra en torno a 6,5 en los suelos ligeros, ricos en sílice y en humus y en alrededor de 7 en suelos pesados, arcillosos o limosos. Para aumentar el pH en una unidad, se debe aportar aproximadamente:
- 1.500 a 2.000 kg de CaO en tierras arenosas ligeras.
- 2.000 a 3.000 kg de CaO en tierras limosas.
- 3.000 a 4.000 kg de CaO en tierras arcillosas o humíferas.

3.3.2.2. *Principales enmiendas cálcicas y magnesianas*

- los productos crudos (calizas o dolomías donde el calcio está en forma de carbonatos):
  - calizas molidas: 45 a 55% de CaO
  - *craies* (calizas organógenas blandas): 50 a 55% de CaO
  - enmiendas calizas y magnesianas: 35% de CaO y 8% de MgO
  - dolomías: 20 a 30% de CaO y 18 a 21% de MgO
  - margas: 25 a 45% de CaO
  - *maërl*: 40 a 50% de CaO y 2,5 a 6% de MgO
- los productos cocidos (cal resultante de la cocción de calizas y poseen el calcio en su forma de óxido):
  - cales vivas agrícolas: 70 a 90% de CaO
  - cales agrícolas apagadas: 50 a 72% de CaO
  - cales magnesianas vivas: 45 a 75% de CaO y 18 a 40% de MgO

- las enmiendas orgánicas: abono de hongos: 8 a 10% de CaO
- los abonos: escorias Thomas: 40 a 50% de CaO
    fosfatos naturales: 40 a 50% de CaO

3.3.2.3. *Criterios de elección de las enmiendas calizas*

Se tendrá en cuenta:
- el coste de la unidad neutralizante que corresponde al peso de la cal que tiene la misma acción que 100 kg de enmienda, lo que corresponde principalmente al contenido en CaO, salvo para los fosfatos naturales cuyo valor neutralizante no representa más que la décima parte del contenido en cal;
- la rapidez de acción que depende de la granulometría de la enmienda y de su solubilidad; las cales y las calizas finamente molidas tienen una acción rápida;
- de la comodidad de empleo.

3.4. Restablecimiento de las reservas de P_2O_5 y K_2O

Las dosis pueden ser muy variables en función del análisis del suelo, del portainjerto y de la producción esperada. Los aportes de ácido fosfórico y de potasa son efectuados durante el desfonde:
- en suelos normalmente provistos (0,15 $^0/_{00}$ de P_2O_5 y 0,15 $^0/_{00}$ de K_2O) para una producción de calidad:
  - 200 unidades/ha de P_2O_5 en suelos calizos y 300 en suelos neutros o ácidos.
  - 300 unidades/ha de K_2O en suelos arcillosos o limosos y 0 en suelos arenosos.
- en suelos pobres (< 0,10 $^0/_{00}$ de P_2O_5 y < 0,10 $^0/_{00}$ de K_2O):
  - 300 unidades/ha de P_2O_5 en suelos calizos y 400 en suelos neutros o ácidos.
  - 600 unidades/ha y más de K_2O en suelos arcillosos o limosos y 200 en suelos arenosos.

4. ABONADO DE MANTENIMIENTO

El abonado de mantenimiento en potasa y en anhídrido fosfórico ya ha sido presentado anteriormente, aquí abordaremos únicamente el balance mineral y los métodos de diagnóstico del viñedo.

4.1. Balance mineral

El abonado de mantenimiento está destinado a compensar las exportaciones netas de las viñas. Un *balance teórico de fertilización* permite apreciar las necesidades en elementos fertilizantes.

Entradas (E)	**Salidas (S)**
– Mineralización de la materia orgánica	– Cosecha
– Residuos orgánicos (sarmientos, follaje...)	– Lavado: K, Mg, Ca, N
– Precipitaciones atmosféricas	– Fijación por el suelo: K, P
Reservas asimilables (R)	– Malas hierbas y órganos perennes

Fertilización si: E + R < S

En la práctica, no es posible calcular este balance teórico. El viticultor dispone, sin embargo, de medios para apreciar el estado de salud fisiológica de la planta y frenar los problemas debidos a un desequilibrio, una insuficiencia o un exceso de uno o varios elementos nutritivos.

4.2. Diagnóstico del viñedo

La observación del viñedo y el análisis de los resultados de la producción en el momento de la cosecha (rendimiento y calidad) visualizan los elementos de apreciación de las necesidades de la vid, del nivel de alimentación a lo largo de la campaña y de las reacciones de la vid en el transcurso del año.

4.2.1. Observación diagnóstica de la vid

Las diferentes parcelas de la explotación se encuentran en un estado vegetativo diferente por diversas razones que tienen que ver con la estructura de esas parcelas (condiciones edafo-climáticas locales, naturaleza y edad del binomio variedad/portainjerto, sistema de conducción), con su historia (cúmulo de efectos de los azares climáticos y de las intervenciones del viticultor en un sentido favorable o desfavorable) y con su nivel de producción. La apreciación de este estado vegetativo realizada teniendo en cuenta el vigor medio de las cepas, de la importancia y de las causas de debilidad, de los síntomas visuales de las carencias o de la toxicidad constituye un elemento esencial de la determinación de las necesidades de cada parcela.

4.2.1.1. *Vigor*

Se aprecia por la importancia de la madera y de la masa foliar; una vid vigorosa tiene un crecimiento activo, ramas con *entrenudos* largos, numerosos *anticipados (nietos)*, un número importante de racimos; por el contrario, una viña débil o poco vigorosa tiene una vegetación enclenque, pocas ramificaciones con *entrenudos* cortos, una pobre producción; el vigor de una parcela de viñedo, se aprecia pasando entre las hileras y calibrando según una escala cualitativa de vigor de 1 a 5:
1. *vid de muy poco vigor*: % desborre débil, ramas pequeñas con *entrenudos* cortos y pequeño diámetro, hojas pequeñas, vegetación poco densa, racimos pequeños y poco numerosos, bayas de poco volumen;
2. *vid de poco vigor*: algunas yemas no han brotado, la mayor parte de las ramas tienen *entrenudos* medios (en longitud y espesor) aunque algunas

son débiles, la vegetación no es ni densa ni clara, las hojas son de medianas a pequeñas, la producción es inferior a la media;

3. *viña de vigor medio*: todas las yemas o casi todas han brotado, los *entrenudos* tienen una talla normal, la vegetación forma una cubierta vegetal o una cortina bastante densa sin superposición de follaje, la producción es normal, la maduración y el agostamiento son completos;

4. *viña de vigor elevado*: se observa un exceso de madera, junto a *maderas originadas por yemas dejadas en la poda se encuentran contraciegas,* los tallos están ramificados *(nietos),* la vegetación es bastante densa con una producción superior a la normal;

5. *viña de vigor excesivo*: la viña presenta una vegetación superpuesta, la parada de crecimiento tarda en manifestarse, a menudo, la espesura de las hojas oculta los racimos que son numerosos, voluminosos y verdes durante bastante tiempo; los tallos son gruesos con *entrenudos* largos, ramificados, las *contraciegas* y los pámpanos sobre la madera vieja proliferan pero el agostamiento de determinada madera es incompleta.

4.2.1.2. *Síntomas de carencias*

– **la carencia potásica**: los síntomas son diferentes según la época y la naturaleza de la variedad pero conciernen sobre todo a las viñas jóvenes y comienzan siempre por el extremo superior de las ramas y se propagan enseguida a las hojas de más edad:

  • durante el verano, las hojas presentan una decoloración tras un amarilleamietno marginal en las variedades blancas *(flavescencia)* o un enrojecimiento en las variedades rojas *(enrojecimiento mineral)* que invade progresivamente los nervios y la totalidad o parte del limbo produciendo un tinte más violáceo; el limbo se engrosa, volviéndose lacio y quebradizo, el borde de las hojas se enrolla sobre la base; las necrosis pueden aparecer en los puntos donde el enrojecimiento ha comenzado, las ramas se agostan de forma incompleta conservando una fracción apical en verde.

  • durante la maduración, las viñas demasiado cargadas de racimos pueden presentar bruscamente, en la parte superior de las hojas, bandas marrones negruzcas o marrones chocolate, más o menos extendidas mientras que la cara inferior permanece verde; estas zonas se localizan en la parte soleada del limbo, y respetan frecuentemente los nervios principales; las hojas se desecan y caen comenzando por la base y progresando hacia lo alto; la maduración de los racimos es frenada, incluso bloqueada y una parte de los sarmientos permanece herbácea *(pardeado).*

– **la carencia magnesiana**: los primeros síntomas tienen una localización totalmente opuesta a la *flavescencia* y al *enrojecimiento mineral,* aparecen sobre las hojas de la base de las ramas, más precozmente que en el caso de la carencia en potasa:

  • en la floración o a veces antes, las necrosis aparecen sobre el limbo, en posición circular, de forma equidistante al punto peciolar y a 10 ó 20 mm del borde del limbo;

  • después de la floración y al comienzo del verano, las hojas enfrente y sobre los racimos presentan coloraciones amarillas en las variedades blancas y amarillas pasando a rojas o directamente rojas en las variedades rojas; esas coloraciones, al principio marginales, progresan en digitaciones internerviales en forma de racimos;

– **el hambre de nitrógeno**: amarilleamiento bastante general del follaje y caída prematura de las hojas más viejas;

– **la clorosis férrica**: los síntomas son muy variables en intensidad según las parcelas y las condiciones climáticas de primavera, aparecen en primavera:

  • en los casos de clorosis benigna, se observa al mismo tiempo sobre el conjunto del follaje de la cepa, una simple decoloración amarillo pálido del limbo que comienza entre los nervios, mientras que estos últimos permanecen verdes largo tiempo, y que disminuye para terminar por desaparecer al final del crecimiento.

  • en los casos de clorosis graves, se observa un blanqueamiento del limbo que avanza por los nervios mientras que los bordes de las hojas se desecan, las hojas jóvenes se enrollan, se secan y caen; las ramas detienen su crecimiento mientras que los *nietos* y una tercera generación de ramas aparece en forma de ramas cortas y erguidas, dando un aspecto enmarañado al conjunto *(escobas de brujas)*.

– **la carencia en boro**: los síntomas comienzan en torno a la época de floración con un brusco amarilleamiento de las hojas que deriva en manchas y en necrosis en la parte media de las ramas; estas hojas presentan manchas, entre los nervios, de color amarillo o rojo vivo, en principio aisladas y confluyendo después para formar digitaciones internerviales; las necrosis aparecen en el centro de las manchas o en la periferia del limbo; las hojas jóvenes se quedan pequeñas, gruesas e hinchadas entre los nervios; el ápex de las ramas se deseca, los *nietos* se desarrollan dando ramas cortas; en los casos graves, las flores se echan a perder y las inflorescencias se secan, las bayas nuevas se quedan pequeñas y toman un aspecto plomizo;

– **salinización:** se manifiesta en verano, cuando el suelo se seca, por las necrosis del borde de las hojas que pueden ser aisladas o constituir una quemadura marginal del limbo que puede abarcar todo o parte del limbo, provocando la caída de las hojas adultas; una segunda vegetación se desarrolla pero el agostamiento del follaje es incompleto; si el fenómeno se reproduce al año siguiente, puede producir la muerte de la planta; estas necrosis marginales o estas quemaduras de las hojas se observan también tras el paso de vientos salinos en los viñedos de los litorales marinos, sobre todo con motivo de temporales equinociales (Île-de-Ré);

– **la toxicidad por cobre**: se observa un desmedro de las ramas, su marchitamiento y la muerte de las cepas; el sistema radical se atrofia.

4.2.1.3. *Estado sanitario*

El exceso de vigor de las vides se acompaña a menudo de una sensibilidad mayor a las enfermedades del follaje y de los racimos; la reducción del vigor que se impone si se desea mantener un follaje activo y obtener una vendimia madura y sana, conduce al viticultor a disminuir los aportes de materiales fertilizantes, incluso a enyerbar para favorecer la competencia por la explotación de las reservas del suelo.

4.2.2. Análisis parcelario

El conocimiento del rendimiento y del estado de madurez de cada una de las parcelas es un modo de apreciar la capacidad de las viñas de explotar las reservas del suelo. Un rendimiento elevado y una madurez imperfecta (bajo contenido en azúcares y en polifenoles, acidez elevada) pueden ser el indicativo de un exceso de alimentación hídrica y mineral. Cuando el rendimiento y el vigor son bajos, es necesario buscar, entre las causas de este debilitamiento, aquellas que estén ligadas a la alimentación hídrica y mineral.

4.2.3. Diagnóstico foliar

Partiendo del principio de que las hojas son el laboratorio de la planta, el método consiste en controlar la alimentación mineral por el análisis de éstas. Los criterios de una buena alimentación mineral se establecen en los viñedos de referencia que producen bien y regularmente. Los resultados del análisis de los viñedos donde quiere determinarse el abonado se comparan con estos criterios. Sólo el control periódico de la parcela permite apreciar el aumento o la disminución de los contenidos en elementos fertilizantes absorbidas por las plantas, lo cual permite corregir un exceso o déficit de alimentación por tal o cual elemento. Así concebido, el análisis foliar es un instrumento de interés para la planificación razonada de la fertilización.

Las muestras de hojas son recogidas en veinte o treinta plantas identificadas, bien representativas del vigor medio y repartidas por toda la extensión de la parcela. Se prefiere las hojas situadas frente a los racimos. Las hojas son pesadas y secadas antes de ser enviadas al laboratorio.

Las tomas son efectuadas generalmente en la floración y en el envero analizándose los limbos y los peciolos; no obstante, el análisis de los peciolos tomados en el envero bastan generalmente para tener un buen conocimiento del viñedo. Los análisis del laboratorio informan sobre N, P_2O_5, K_2O y son expresados en porcentaje de materia seca. Los resultados trasladan por una parte, la intensidad de la alimentación y por otra parte, del equilibrio alimentario; permiten una comparación con los viñedos de referencia y con la situación anterior. Este método permite poner en evidencia los déficit alimentarios e indicar, tras haber repetido estos análisis durante tres años o más, los abonados de recuperación necesarios. La dificultad de este método reside en el establecimiento de los criterios de referencia que varían de una región vitícola a otra.

4.2.4. Análisis del suelo

Un análisis periódico cada cinco años más o menos, permite seguir, al igual que con las hojas, la evolución de los contenidos en elementos minerales disponibles en el suelo. No permite por sí sólo fijar las cantidades a aportar pero ponen a nuestra disposición los valores cuantificados de las reservas del suelo.

CAPÍTULO 3

Razonar y practicar la poda

1. **Principios de la poda**
2. **Determinación y reparto de la carga**
3. **Sistemas de poda**
4. **Elementos prácticos de la poda**

La vid es una liana que, en forma silvestre, adquiere un gran desarrollo. La producción de madera gana prioridad entonces sobre la producción de frutos, que se hace muy irregular, pequeña en relación al espacio ocupado por la cepa y de calidad muy mediocre. La poda consiste en suprimir parcial o totalmente ciertos órganos de la vid: pámpanos, sarmientos, yemas y, eventualmente, hojas y racimos. La poda tiene como finalidad:

- *limitar el alargamiento* de los sarmientos y del esqueleto de la cepa con el fin de reducir el envejecimiento y contener el desarrollo en un espacio compatible con el cultivo.
- *limitar el número de yemas* a fin de regularizar y armonizar la producción y el vigor de cada cepa.

Las operaciones de poda pueden distribuirse en dos categorías:

- la *poda en seco* o poda de invierno que se realiza durante el reposo vegetativo;
- las *podas en verde,* o podas de verano, que agruparemos bajo el nombre de operaciones en verde, que se practican sobre la vid en plena vegetación.

1. PRINCIPIOS DE LA PODA

1.1. Limitar el alargamiento y envejecimiento de la cepa

Cuando se poda, se trata de dejar en la cepa sarmientos podados a longitud variable; se distinguen:
- los *pulgares,* que llevan únicamente las dos yemas axilares de la base (considerando la yema ciega como yema de la corona;
- las *varas,* que llevan al menos cuatro yemas axilares.

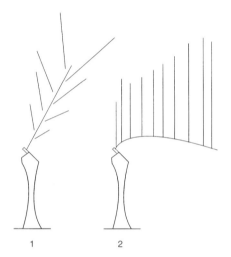

A. Reynier

Figura 1

Expresión de la acrotonía sobre el desborre, el crecimiento y longitud de los sarmientos para maderas de poda en posición horizontal (1) u oblicua (2).

El alargamiento de los brazos de la cepa es el resultado de una propiedad fisiológica de la vid, llamada *acrotonía,* relacionada con su estado de liana, que favorece el crecimiento en el extremo de los sarmientos:
- en un sarmiento se observa que las yemas y los ramos de la extremidad tienen una precocidad de desborre y un vigor mayor; las yemas situadas en una posición media y basal tienen un desborre retardado en algunos días y un crecimiento más débil; si el sarmiento tiene un número de yemas demasiado importante, esta influencia puede ser tal que algunas yemas no desborren y, por tanto, el porcentaje de desborre de las yemas dejadas en la poda es inferior al 100%; eso tendrá una influencia sobre la producción del año y sobre el alargamiento del esqueleto, si al realizar la poda no se tiene la precaución de conservar sarmientos del esqueleto (brazos y troncos);
- en una cepa no podada, este fenómeno se repite en cada uno de los sarmientos, de manera que toda la vegetación se sitúa cada año en el extremos de los sarmientos del año anterior; ello provoca un alargamiento del esqueleto y una competencia entre ramos, lo que conduce a un debilitamiento de la cepa.

Esta tendencia a la acrotonía tiene varias explicaciones:
- un nivel de organización diferente de las yemas en relación con las condiciones de su iniciación el año precedente; en los ramos en crecimiento, las yemas de la base, más rudimentarias, tienen una capacidad de crecimiento inicial más reducida;
- una mejor conexión con el sistema vascular de las primeras yemas desborradas y una presión de savia más fuerte en la parte apical del sarmiento;
- una inhibición correlativa de las yemas bajo el efecto de sustancias de crecimiento, de tipo auxínico, que se manifiesta más o menos según las condiciones de poda (nivel de carga por cepa, longitud de las maderas de poda y posición de las mismas) y las condiciones climáticas en primavera.

La acrotonía varía según las variedades (las variedades de fuerte acrotonía deberán podarse más pronto y a maderas cortas), el vigor de la cepa (las vides débiles tienen una acrotonía más marcada), el rigor del invierno (los inviernos poco rigurosos la favorecen), el tipo de empalizamiento. Por otra parte, el alargamiento de la madera vieja sobre la que se multiplican las heridas de poda acelera el envejecimiento de la cepa. A nivel de cada herida se forma un cono de madera muerta que penetra más o menos profundamente y dificulta la circulación de la savia. Conviene, por tanto, esforzarse en limitar el alargamiento de la madera vieja y el número de heridas de poda.

Figura 2
Búsqueda del alargamiento mínimo
por el acoplamiento de las ramas fructíferas (izquierda), por el arqueado (derecha).

Para evitar el alargamiento de las maderas y del esqueleto se pueden emplear dos métodos:

- el *arqueado,* que consiste en plegar más o menos fuertemente la madera larga para limitar la inhibición correlativa de las yemas de la base bajo el efecto de la orientación del sarmiento; por otra parte, el plegado, al estirar o aplastar los vasos conductores, constituye una verdadera barrera de savia que favorece el desarrollo de las ramas de la base. La dificultad de este método reside en la determinación de la intensidad del arqueado que debe ser suficiente para asegurar el desarrollo de los ramos de la base sin impedir una alimentación correcta de los ramos de la extremidad que llevan los racimos más numerosos;

- la *poda mixta,* por la instalación en los brazos, por debajo de la madera larga, de un pulgar destinado a producir las maderas de reemplazo; éste es el principio del sistema conocido con el nombre de poda del doctor Guyot. Cada año, la madera larga (vara) del año anterior se suprime así como la madera que la lleva. Se podan, entonces, los dos sarmientos desarrollados por el pulgar que se había conservado el año anterior; el de la base da el pulgar, el otro da la vara.

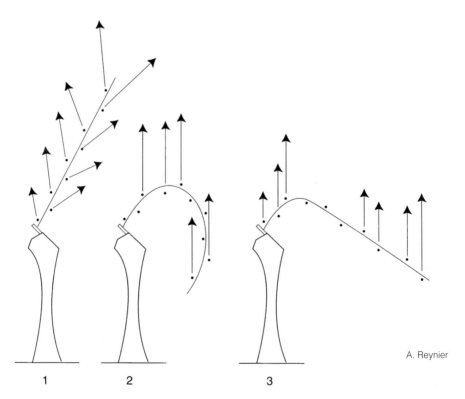

A. Reynier

1   2   3

Figura 3
Influencia del arqueado sobre el desarrollo de los ramos.

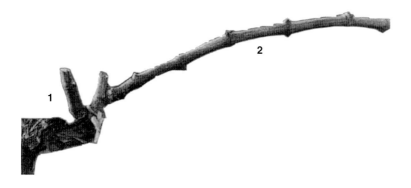

Figura 4
Poda mixta tipo Guyot.
1. Pulgar.
2. Vara.

Por eso el primer principio de la poda consiste en limitar el alargamiento, favoreciendo el desborre y el crecimiento de maderas de poda cerca de los brazos y del tronco. Eso no quiere decir que deba proscribirse todo alargamiento de las maderas, pero que si se ha decidido este alargamiento, debe ser razonado, limitado y temporal (poda Chablis, poda del «valle del Marne», por ejemplo). Esta limitación del alargamiento se hace actualmente de una forma demasiado estricta por los podadores ya que las invasiones de enfermedades de la madera, y en particular la yesca y la eutipiosis, se ven favorecidas por las prácticas que consisten en coger maderas de retorno directamente en los brazos. Esta elección lamentable lleva al podador a suprimir porciones de brazo y a dejar heridas de poda de gran diámetro que aumentan las posibilidades de aterrizaje de esporas y hongos. Las viñas que tienen una larga vida deben su longevidad, a falta de otras causas de marchitamiento, a generaciones de podadores que han cogido casi siempre las maderas de poda sobre madera de dos años evitando hacer cortes en las maderas más gruesas y más viejas. Eso supone que los podadores sean verdaderamente técnicos y que no tengan que realizar una cadencia diaria excesiva. Eso también supone que las cepas se poden y despampanen por el mismo podador cada año con el fin de asegurar una continuidad en las maneras de hacerla.

1.2. Limitar el número de yemas para armonizar y regularizar la producción y el vigor

El número de yemas dejadas en la poda, llamado *carga,* determina el rendimiento por cepa y por hectárea pero causa una modificación de los otros elementos del equilibrio de la planta: porcentaje de yemas desborradas, vigor, iluminación de las hojas y racimos, calidad de la cosecha. La elección de las yemas, basada en el conocimiento de una segunda propiedad fisiológica de la vid, su *fertilidad,* es un medio de controlar el nivel de producción y de actuar sobre el equilibrio de los elementos citados anteriormente.

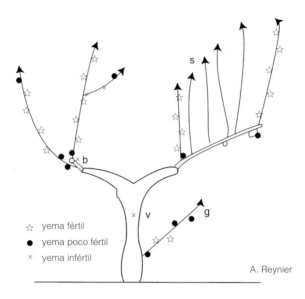

Figura 5
Fertilidad de las yemas según su emplazamiento en la cepa.

b. yema ciega.   g. chupón.
s. sarmientos.   v. yema en madera vieja.

Dadas las variaciones de fertilidad de las yemas en función de su posición, es fácil concebir que la poda larga es necesaria para las variedades llamadas poco fértiles, ya que las yemas de la base de las maderas de un año contienen pocos o ningún esbozo de racimos (cabernet, pinot noir, ugni blanc, sultanina, por ejemplo). Por el contrario, para las variedades muy fértiles (aramon, cariñena), la utilización de la poda larga puede provocar una superproducción y un debilitamiento de la cepa, por lo que es preferible entonces la poda corta. Finalmente, para las variedades de fertilidad media, la elección entre poda corta y poda larga está determinada por el vigor de la planta, bajo la influencia compleja del propio vigor de la variedad, del portainjerto y de la fertilidad del suelo, natural o adquirida.

El dominio de la producción en una óptica de mejora cualitativa de la vendimia queda asegurado en gran parte por el nivel de carga y por la elección del sistema de poda, en maderas cortas o en maderas largas. Es preferible para dominar el rendimiento, limitar el número de racimos por cepa evaluando correctamente la carga en el momento de la poda mejor que eliminar racimos durante el verano. La elección de los sistemas de poda en pulgares (poda en cordón Royat, por ejemplo), permite conservar solamente para la fructificación las yemas de la base de las maderas cuya fertilidad es más débil que las de las varas. Sin embargo, para las variedades de fertilidad débil, la poda corta limita mucho más los rendimientos en los años de débil «salida». Por el contrario, los riesgos de sobrecarga son más grandes en las maderas largas los años de fuerte «salida».

2. DETERMINACIÓN Y REPARTO DE LA CARGA

En el momento de podar, ante cada pie de vid, el podador debe hacer elecciones y decidir las maderas a conservar y el número de yemas a dejar en la cepa. Para esta decisión, debe tener en cuenta los elementos siguientes:
- la expansión y el vigor de la cepa actuales y deseados;
- la carga requerida para conseguirlo y el reparto de la carga para obtener una cosecha conveniente al nivel del rendimiento y de la calidad manteniendo un esqueleto equilibrado.

2.1. Determinación de la carga

La carga es el número de yemas dejadas en la cepa después de la poda, eso representa el número máximo de sarmientos normales (sarmientos, insertos en la madera de dos años) que podrán encontrarse en la cepa al final del período de vida activa.

Pero, así definido, este término no tiene sentido, en lo que respecta a la fructificación, nada más que en la medida en que se tiene en cuenta la fertilidad de las yemas dejadas y, por consiguiente, de su reparto en la cepa y de la fertilidad habitual de la variedad. Determinar la carga óptima, o al menos aproximarse, es una de las principales preocupaciones del viticultor. Dejar una carga demasiado débil origina una pérdida puesto que no utiliza más que una parte de las posibilidades de producción; los pámpanos son vigorosos, se desarrollan chupones, y el vigor aumenta; este vigor excesivo puede provocar el corrimiento, que acentúa el desequilibrio entre el desarrollo de las maderas y la producción de frutos. Recíprocamente una carga demasiado grande, al originar muchos racimos, reparte la capacidad de producción de la cepa entre los frutos y los pámpanos demasiado nmerosos, lo que causa una mala maduración, un agostamiento insuficiente y un debilitamiento de la planta.

¿Existe pues un método preciso de determinación de la carga? El podador, acostumbrado a esta tarea y conociendo bien su viñedo, aprecia en un vistazo el vigor relativo de cada cepa y evalúa la carga (c) que debe dejar. Se pueden dar indicaciones por la comparación de la carga del año anterior (C_{n-1}), todavía visible en la madera de dos años y por el número (N) de sarmientos desarrollados:
- si $N = C_{n-1}$, se puede conservar la carga anterior ya que la capacidad de crecimiento de la cepa ha permitido la brotación de todas las yemas y su desarrollo con un vigor suficiente;
- si $N > C_{n-1}$, hay que aumentar la carga ya que ha habido un aumento de vigor que conviene dominar con el aumento de la carga;
- si $N < C_{n-1}$, conviene reducir la carga ya que el debilitamiento podría agravarse si se mantuviese la misma carga.

Se trata evidentemente de un método empírico y la determinación del número de maderas tiene cierta interpretación. El vigor de cada sarmiento debe ser tenido en cuenta a la hora de hacer el conteo, solamente los sarmientos normalmente desarrollados cuentan por unidades, los sarmientos de vigor más débil se ponderan a la baja (coeficiente 0,5 por unidad), las brindillas no se cuentan pero las maderas muy vigorosas son afectadas por el contrario por un coeficiente superior a 1.

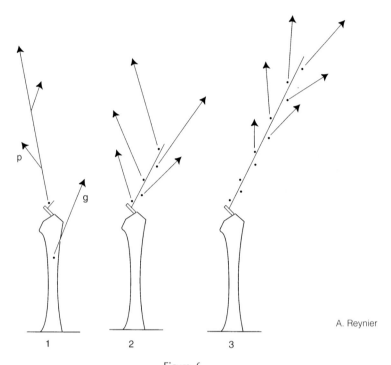

Figura 6

Consecuencias de la variación de carga sobre el vigor y el crecimiento relativo de los pámpanos.

1. Carga demasiado débil: nietos (p), chupones (g).
2. Carga óptima.
3. Carga demasiado fuerte.

Se podría decir también que cada cepa tiene una capacidad de crecimiento inicial en primavera, resultado del vigor adquirido durante los ciclos vegetativos precedentes y de las reservas almacenadas en las partes vivaces. Esta capacidad de crecimiento puede ser comparada al caudal de una bomba que abastece una red de riego. Si esta bomba alimenta un número muy débil de aspersores, el caudal de cada uno es fuerte, su alcance es grande; por el contrario si el número de aspersores es demasiado elevado con relación al caudal inicial, el alcance de cada uno de ellos es débil. En la vid, las corrientes de savia se comportan esquemáticamente de la misma forma. Cuando la carga es demasiado fuerte con relación a la capacidad de crecimiento de la cepa, el flujo de savia debe repartirse en un número excesivo de yemas y brotes, no todas desborran, los otros tienen un crecimiento limitado, el número de racimos es importante pero la madurez es insuficiente. Si este exceso de carga se conserva al año siguiente, el vigor de las cepas disminuye lo mismo que la producción y la maduración lo que puede conducir a un debilitamiento y a un marchitamiento progresivo de las cepas. A la inversa, si la carga es insuficiente, se observa un renuevo del vigor de las maderas, un crecimiento de la fertilidad de las yemas y manifestaciones de corrimiento, con retrasos de maduración, a menudo perjudiciales para la calidad de las uvas. Por tanto, la evaluación de la

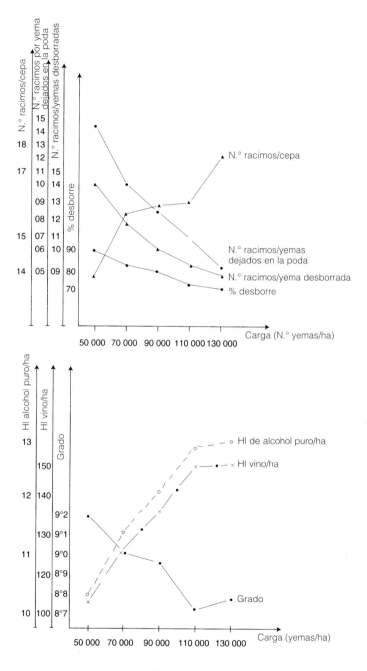

Figura 7
Influencia de la carga sobre el desborre y la fertilidad (arriba).
Influencia de la carga sobre la producción (abajo).
Ugni blanc/rupestris de lot. - Ensayo en LA de l'Oisellerie (16).

carga es primordial para el equilibrio de la cepa, para la regularidad y para la calidad de la producción.

2.2. Reparto de la carga

Los cortes de tijera a dar en el momento de la poda deben conducir:
- por una parte, a la formación y mantenimiento de la cepa según una arquitectura definida por el sistema de poda elegido, es *la poda de formación* que comienza después de la plantación pero que debe ser objetivo permanente con vistas a dar y mantener la forma de la cepa, a equilibrar las diferentes partes del esqueleto entre sí y a limitar el alargamiento y envejecimiento de los brazos;
- por otra parte, a la selección de yemas fértiles para asegurar la producción y permitir la aireación y la iluminación de la corona aérea en las mejores condiciones, así como a la selección de yemas que permitan la emisión de sarmientos de reemplazo, es *la poda de fructificación*.

Durante los tres o cuatro primeros años siguientes a la plantación, la poda de las cepas jóvenes tiende sobre todo a formarlas pero luego, *la poda anual,* permite realizar simultáneamente la poda de formación y la poda de fructificación.

2.2.1. Poda de formación

La cepa está formada, en los primeros años de la plantación, por el establecimiento del tronco y de los brazos respetando los principios siguientes:
- formar el tronco a partir de un sarmiento recto, de vigor suficiente pero no excesivo, de un solo vástago, limitando los efectos de las cicatrices debidas a las podas en verde y, sobre todo, a las podas de invierno;
- formar los brazos, para las podas en abanicos a dos brazos simétricos y para los vasos, al mismo nivel con el fin de que sean de vigor similar y que se pueda asegurar el equilibrio del esqueleto de la cepa;
- aplicar la poda de fructificación en cada uno de los brazos.

Las cepas jóvenes se podan a dos yemas, en tanto que no produzcan sarmientos de vigor suficientemente. En general, las plantas recién plantadas, podadas a dos yemas dan en primavera varios brotes sobre la madera de poda; por medio de desbrotados progresivos se conservan dos o tres bien situados, a comienzos de la vegetación, después uno solo a partir del comienzo del agostamiento o, lo más tarde, en la poda de invierno. El sarmiento conservado debe estar situado lo más próximo posible al punto de injerto, bien inplantado, con entrenudos de longitud media y en la prolongación vertical del tallo. Para que el tronco sea rectilíneo el atado (entutorado) comienza desde que los brotes tienen 20 a 30 cm.

El tronco queda formado generalmente a finales del segundo año, es decir, en la poda precedente al tercer año de vegetación (tercera hoja). El sarmiento conservado para el tronco se deja entero y rodeado en el alambre de empalizamiento o cortado a la altura del establecimiento de los brazos. Este punto de bifurcación de la cepa se designa con el nombre de cruz. Su altura varía según las ragiones y sistemas de poda: bastante próximo al suelo para el vaso de Châteauneuf-du-Pape o de Beaujolais, para el Guyot simple tradicional en Borgoña o en Pays Nantais, a 30-50 cm para viñas bajas en poda Guyot del Suroeste y de Bordelais, o para el vaso de Languedoc; es de 90-120 cm para los sistemas en arqueado de Charentes o de Alsace, de 150-200 cm para los sistemas de viñas muy altas o en pérgola en Italia. El punto de anclaje de los brazos o cruz debe estar situado por debajo del alambre portador de los brazos. En el momento de la poda, se suprimen los ramos anticipados (nietos) y el sarmiento puede ser desyemado dejando 3-4 yemas bien situadas para formar los brazos y asegurar, si la vid entra en su «tercera hoja», una primera fructificación. En primavera, los chupones desarrollados a nivel de la cicatriz o sobre el sarmiento, aparte de los conservados para preparar los brazos, se desyeman. Este desyemado, a veces, se hace en invierno cuando no se teman las heladas de primavera. En primavera sólo se conservan los brotes bien situados, suprimiendo las contra-yemas, los nietos de la base y una parte de racimos si su número es excesivo.

La formación diferenciada de cada sistema de poda comienza al año siguiente, generalmente al final del tercer año, un año más pronto si el vigor de la planta ha permitido establecer el tronco antes.

2.2.2. Poda anual

La poda anual es necesaria para armonizar la fructificación y la vegetación en función del vigor de la cepa y para mantener el equilibrio de la cepa. Es diferente en función del sistema de poda elegido y consiste en elegir los ramos fructíferos y los ramos de reemplazo.

Un sistema de poda es el conjunto constituido por un esqueleto principal, es decir, un tronco y uno o varios brazos, sobre el que se dejan los ramos fructíferos y los de reemplazo que pueden ser podados lagos o cortos:
- *la poda es corta* cuando los sarmientos se podan a 2 ó 3 yemas francas; se denominan entonces pulgares, pitones, etc.; es el caso de la poda en vaso y de la poda en cordón Royat;
- *la poda es larga* cuando los sarmientos se podan a más de 4 yemas y entonces se llaman varas, espadas, uveros, etc.; es el caso de la poda en arqueado;
- *la poda es mixta* cuando se aplica sobre la misma cepa la poda corta y la poda larga, es el caso de la Guyot, de la poda Chablis, de la poda del valle del Marne.

Para una carga evaluada a 12 yemas, por ejemplo, es teóricamente posible repartirla de varias maneras:
- sobre 6 pulgares a 2 yemas en brazos que forman un vaso abierto o alineados en un cordón; estos sistemas son convenientes para variedades cuyas yemas de la base son bastante fértiles o para disminuir la producción de variedades medianamente fértiles seleccionando solamente las yemas fructíferas menos productivas; los pulgares juegan entonces un doble papel, el de fructificación y el de maderas de reemplazo; en el momento de la poda, el pulgar de reemplazo se elige sobre el sarmiento inferior;
- sobre una sola vara de 12 yemas que asegurará una producción superior a la distribución anterior con un riesgo de ausencia de madera de reemplazo cerca de la base; para remediar esto la vara se empaliza arqueada;
- sobre dos maderas a 6 yemas, esto se practica frecuentemente en vides equilibradas y todavía jóvenes pero se corre el riesgo de no tener maderas de reemplazo en la base y por lo tanto de alargar el esqueleto;
- sobre 2 sarmientos a 5 yemas y 1 pulgar a 2 yemas, las varas que aseguran la

fructificación y las maderas de reemplazo se encuentran en el pulgar y en la base de una de las varas; se trata por tanto de una poda mixta.

La elección del sistema de distribución de la carga depende de la fertilidad de las yemas, del vigor de la vid, de las costumbres regionales y de la mecanización de las operaciones de poda.

2.2.3. Poda de rejuvenecimiento

A pesar de todas las precauciones que se tomen, los efectos conjugados del alargamiento del esqueleto y de las heridas de poda provocan un debilitamiento más o menos rápido de las cepas. Esto se puede remediar en cierta medida, practicando el rejuvenecimiento mediante un rebaje de los brazos viejos sobre brotes jóvenes que se habrán conservado en el desbrotado. El rejuvenecimiento tiene, sin embargo, algunos inconvenientes, por una parte, obliga a practicar grandes heridas de poda que serán puertas de entrada para las enfermedades de la madera y, por otra, sus efectos están limitados a pocos años. No obstante, si la operación se hace en su momento, polonga notablemente la vida de la cepa.

3. SISTEMAS DE PODA

Las viñas se forman según diferentes sistemas de poda que se diferencian por la disposición en el espacio del tornco, de los brazos y de las maderas de poda. Los sistemas de poda más corrientes son los siguientes:

- *la cepa simple,* constituida por un tronco prolongado por un brazo rudimentario que lleva una o dos maderas de poda; por lo general el brazo lleva una rama fructífera y un pulgar de retorno (poda Guyot simple, poda en arco de Côte-Rôtie);
- *el abanico,* constituido por un tronco y dos o varios brazos divergentes que parten de un mismo punto y están dispuestos en un mismo plano, por lo general vertical (poda Guyot doble, poda del Médoc, poda en Chablis, etc.) o a veces oblicuo (poda de la región de Nevsehir en Anatolia);
- *el cordón,* constituido por un tronco del que una parte, dispuesta horizontalmente, lleva pulgares (cordón Royat), o varas, o una poda mixta;
- *el vaso,* constituido por un tronco y brazos distribuidos en el espacio llevando uno o varios ramos fructíferos generalmente pulgares (vaso de Languedoc, vaso de Beaujolais...) o más raramente varas.

3.1. Podas mixtas simples

3.1.1. Poda Guyot simple

Es una poda mixta sobre un tronco corto. La cepa lleva un pulgar a dos yemas y una vara cuya longitud depende del vigor de la cepa. La vara está formada siempre por el sarmiento superior y el pulgar por el sarmiento inferior del pulgar del año anterior.

Poda Guyot simple
en Borgoña sobre pinot noir.

Poda en cola del Mâconnais
sobre chardonnay.

Poda en arco en Côte Rôtie.

Poda Guyot mixta
(poda simple repartida en abanico).

Figura 8
Podas simples.

Después de haber establecido el tronco, la *poda de formación* de la cepa consiste en podar los sarmientos situados por debajo del punto de anclaje como sigue:

– el sarmiento superior destinado a ser conducido sobre el alambre se conserva como rama fructífera y se poda dejando de cinco a ocho yemas según su vigor;
– el sarmiento situado por debajo se poda en pulgar con dos yemas.

Posteriormente, en *la poda anual,* se suprime la rama fructífera y en el pulgar antiguo, la madera más baja (nacida de la primera yema franca o a veces de la ciega) se poda a dos yemas; será el nuevo pulgar: la otra se poda a una cierta longitud en función de la carga que se quiera dejar; por lo general, esta rama fructífera lleva 7-8 yemas, a veces menos y a veces más, en relación con la fertilidad de las variedades, la densidad de plantación, el vigor de las cepas, el nivel de producción deseada y la reglamentación de la denominación de origen. La vara se empaliza horizontalmente sobre el alambre. En el caso de que no exista una madera de retorno proporcionada por el pulgar, se conservará la vara sobre la antigua rama fructífera.

La poda Guyot simple reduce al mínimo el alargamiento del esqueleto pero corre el riesgo de ser debilitante para la cepa si no se hace una determinación correcta de la carga. Ello provoca una heterogeneidad en la distribución de la cosecha, los racimos del extremo de la vara, más numerosos y más voluminosos, tienen una madurez retardada con relación a los que hay en las maderas nacidas de las yemas de la base. Además, la vegetación es desequilibrada y las heridas importantes están todas localizadas en el tronco lo que favorece los ataques de yesca y eutipiosis. Para reducir estos inconvenientes, se puede formar la cepa en guyot mixta, es decir, una cepa con dos brazos, de los cuales uno lleva un guyot simple, el otro un pulgar, alternando cada año la posición de la vara en los brazos. La poda guyot simple toma formas diferentes según las regiones; el tronco es más corto en la pinot noir en Borgoña que en la cabernet franc en Saint Emilion.

3.1.2. Poda en arco de Côte-Rôtie

Se trata de una poda análoga a la poda Guyot simple, pero la vara, en lugar de ser empalizada horizontalmente, se encorva en arco o acodo, la punta hacia abajo sobre una pequeña estaca en posición oblicua y la vara atada a su vez a otra estaca que mantiene el esqueleto de la cepa. Todos los brotes son elevados y atados a las estacas.

3.1.3. Poda en cola del Mâconnais

La cepa, de tronco corto, lleva una poda de tipo Guyot cuya vara, de 8-12 yemas, sufre un arqueado alrededor del segundo alambre para ser atada al alambre inferior. Este sistema se aplica a la variedad chardonnay. Cuando el vigor lo permite, el viticultor da a cada cepa dos colas y dos pulgares. La poda de invierno se completa en el momento de la floración mediante un pinzamiento por encima de los racimos de los ramos situados en la parte descendente del arqueado. Esta técnica permite una mejor redistribución de la savia elaborada, limitar el corrimiento y favorecer el vigor de las maderas de reemplazo cerca del tronco.

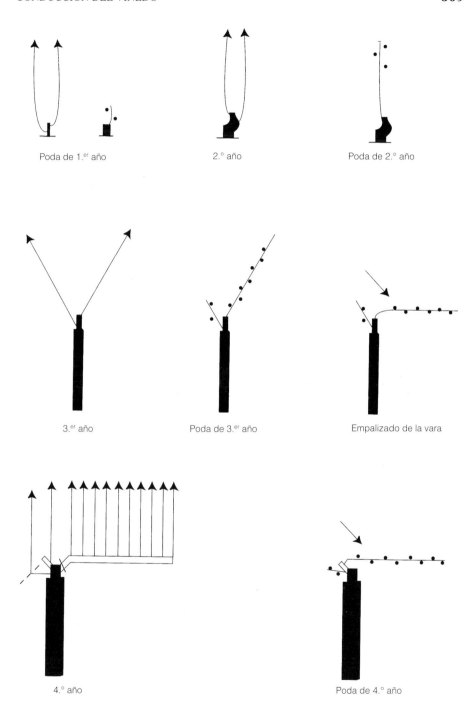

Poda de 1.er año

2.° año

Poda de 2.° año

3.er año

Poda de 3.er año

Empalizado de la vara

4.° año

Poda de 4.° año

Figura 9
Poda de formación de Guyot simple.

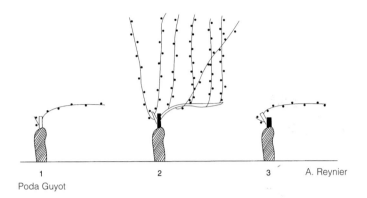

1   2   3   A. Reynier

Poda Guyot

Figura 10
Poda Guyot simple.

1. Poda en invierno del año A; en la madera de 2 años (en blanco) se deja un pulgar en la base y una vara a x yemas (en función de la carga);
2. Durante el período vegetativo, los sarmientos se desarrollan en las maderas de poda, la vara ha proporcionado la cosecha, los dos sarmientos nacidos del pulgar son las maderas de reemplazo;
3. En la poda de invierno A + 1 la vara se suprime totalmente y, en las maderas de reemplazo, el pulgar podado a dos yemas se elige sobre el sarmiento más bajo, la nueva vara sobre el otro; éste se podan yemas > ó < según la variación de vigor constatada; después se arquea y ata sobre el alambre portador.

3.2. Podas en abanico

3.2.1. Poda Guyot doble

La cepa está constituida por un tronco con dos brazos que llevan cada uno una vara y un pulgar. Para la *poda de fructificación,* con relación a la Guyot simple, este sistema permite repartir la carga sobre dos maderas más cortas que sobre una sola rama fructífera (2 pulgares a 2 yemas y 2 varas a 5 yemas en lugar de 1 pulgar a 2 yemas y una vara a 12 yemas, por ejemplo); así se evitan los riesgos de

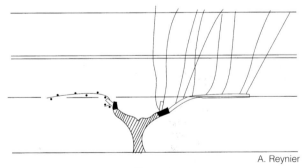

A. Reynier

Figura 11
Poda Guyot doble.

El pie lleva dos brazos sobre cada uno de los cuales se aplica la poda Guyot simple; la parte derecha representa el aspecto de las maderas antes de la poda y la parte izquierda después.

Tabla 1
Podas de Borgoña y Beaujolais.

Variedades	Sistemas de poda	Sistemas de conducción	DOC
GAMAY	– Vaso bajo de 3 a 6 cuernos	8.000 pies/ha DOC Mâcon – empalizado sobre estacas a tres alambres. – tronco corto llevando 4 a 6 cuernos.	– DOC Mâcon – Beaujolais DOC centros experimentación.
PINOT NOIR	– Guyot simple	10.000 pies/ha – empalizado 3 alambres cada metro. – tronco corto y vara acodada.	– Borgoña DOC – Borgoña villages y crus. – Crémat de Borgogne rosé.
CHARDONNAY	– En cola del Mâconnais	8.000 pies/ha – 8 a 12 yemas/vara fuertemente arqueada – Empalizado a 3 alambres – Pinzamiento de las ramas en el extremo del arqueado por debajo de los racimos.	– DOC Mâcon-Pouilly – Fuissé
	– Abanico de Chablis	5.500 pies/ha – 1 × 1,70 en la fila – 2 a 3 varas sobre esqueleto de longitud desigual y renovado. – Empalizado de las varas hacia abajo de la pendiente.	– Chablis DOC
	– Guyot simple – Cordón Royat	– 10.000 pies/ha – Cordón en viñas jóvenes para reducir el vigor.	– Borgoña DOC blanco.
ALIGOTÉ	– Guyot simple – Cordón Royat	10.000 pies/ha – Empalizado 3 alambres por metro. – Limitación del vigor de clones vigorosos.	– Borgoña Aligoté – Aligoté de St. Bris

A. Reynier

superproducción y de alargamiento del esqueleto. En cambio, si las varas son demasiado largas con relación al vigor de la cepa, se corre el riesgo de una superproducción, de una mala maduración de las uvas y de un importante debilitamiento. La poda en Guyot doble, al repartirse las heridas sobre dos brazos, entraña, por lo general, un decaimiento menos rápido de las variedades particularmente sensibles a las enfermedades de la madera, con la condición de elegir las maderas de poda (fructíferas y de retorno) en los pulgares antiguos. Este sistema se emplea mucho en viñas bajas con un empalizado horizontal de las varas. En función de la carga, se regula la longitud de las varas; en el Médoc, donde la densidad de plantación es elevada (6.500 a 10.000 cepas/ha), cada rama fructífera no lleva más que 3-4 yemas; en otros sitios suelen llevar 5-8 yemas. Las viñas altas a gran separación y empalizado vertical utilizan a menudo el Guyot doble formado por un tronco algo prolongado por dos brazos que llevan cada uno una vara fructífera arqueada con 8-15 yemas; por lo general no se conservan pulgares, ya que los sarmientos desarrollados en la base de la madera y antes del arqueado tienen un vigor suficiente para poder utilizarlos como madera de poda el invierno siguiente.

Para la formación del *Guyot doble* se procede como para el Guyot simple, es decir, formando el segundo brazo un año más tarde, o bien eligiendo desde la poda del trecer año dos maderas situadas por debajo del alambre de empalizado de los brazos y a los dos lados del tronco, en el plano de la fila de la viña. Entonces se podan a un número de yemas variable según el vigor de la cepa; se empalizan en posición oblicua, si el punto de anclaje es bastante bajo o en posición horizontal sobre los hilos portadores de los brazos.

3.2.2. Poda en abanico de la Côte châlonnaise

Es una poda antigua que se aplica todavía en las viñas de Gamay noir con jugo blanco para la producción de Bourgogne «passe-tout-grains»; del tronco muy corto parten de 3 a 5 brazos distribuidos en el plano de la fila y podados en pulgares con dos yemas.

3.2.3. Poda en Chablis

La cepa de tronco corto posee varios brazos dispuestos en el plano de la fila, terminados en varas de 4-5 yemas atadas hacia la parte baja de la pendiente. Las varas se conservan sobre los sarmientos de las extremidades del año anterior; el esqueleto está compuesto entonces por una serie de brazos de edades diferentes y dispuestos en abanico; el alargamiento del esqueleto se compensa cada año suprimiendo el brazo más largo y dejando en la base de la cepa un pulgar de rejuvenecimiento (gancho). Esta poda se aplica a la chardonnay en Chablis. En Champagne la reglamentación prevé un esqueleto cada 30 cm (es decir, tres por metro o cuatro por 1,20 ó 5 para una separación de 1,50 m) llevando cada uno una vara de cinco yemas para la chardonnay, cuatro para pinot fino; la altura máxima de la última yema de vara no debe sobrepasar 60 cm por encima del suelo.

3.2.4. Poda del valle del Marne

La cepa de tronco corto posee después de la poda un brazo terminado por una vara a 6 yemas, una vara a 9 yemas y un pulgar a 3 yemas. Esta poda aplicada en Champagne exclusivamente a Meunier, de tipo 3-9-6, asegura una recuperación anual del brazo a partir de una sola costilla.

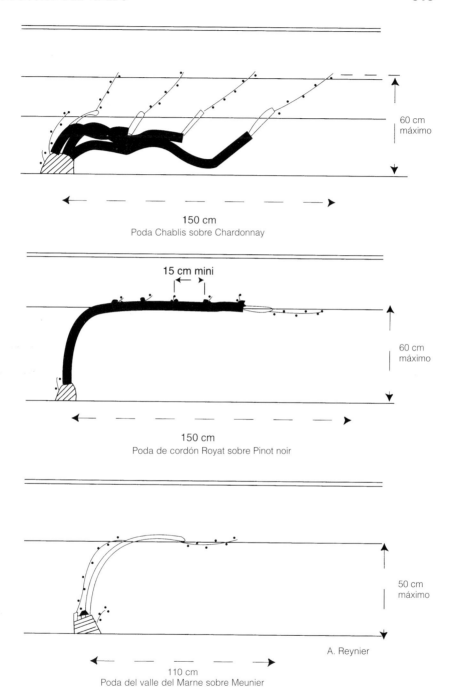

150 cm
Poda Chablis sobre Chardonnay

15 cm mini

60 cm máximo

150 cm
Poda de cordón Royat sobre Pinot noir

50 cm máximo

A. Reynier

110 cm
Poda del valle del Marne sobre Meunier

Figura 12
Podas de Champagne.

3.3. Podas en cordones - Poda en cordón Royat

Es una poda corta sobre un esqueleto largo. La cepa presenta, en la parte horizontal, brazos espaciados regularmente que llevan pulgares a dos yemas.

La formación del cordón se efectúa clásicamente de la siguiente manera:
- *los dos primeros años,* las plantas se rebajan a dos yemas para obtener maderas suficientemente vigorosas;
- *poda del 3.ᵉʳ año:* el sarmiento conservado para formar el tronco es elevado y curvado horizontalmente para formar un brazo; este sarmiento debe ser situado convenientemente en la prolongación vertical de la cepa y tener las yemas dispuestas arriba y abajo en la parte horizontal; se deja una longitud de 35-40 cm en la parte horizontal y se poda sobre una yema situada en la parte de abajo; el sarmiento se enrolla una sola vez alrededor del alambre. Las yemas de la parte vertical del tronco se suprimen en invierno excepto una, situada por debajo del alambre portador, que permitirá obtener, en el caso de un cordón bilateral un segundo brazo mientras que el desyemado de primavera, suprimirá los brotes situados por debajo de la parte horizontal, excepto la última; arriba se dejan los brotes espaciados de 12 a 18;
- *cuarto año de poda:* los sarmientos de todas las yemas situadas por encima del tronco se podan a dos yemas, en pulgares, constituyen los brazos, el brote terminal originado por la yema conservada abajo se poda a tres o cuatro yemas y se ata sobre el alambre en la prolongación del tronco. En el momento del desyemado, se suprimirán todos los brotes situados por debajo, salvo el último si se debe todavía prolongar el cordón;
- *quinto año de poda:* la primera parte del cordón lleva brazos que tienen dos sarmientos cada uno; sólo se dejará uno por brazo (el más bajo) podado a dos yemas. Los sarmientos aparecidos en las prolongaciones se podarán en pulgares a dos yemas.

Es posible formar los brazos a partir de los nietos. Durante el segundo año de vegetación, solamente se conserva un pámpano para formar el futuro tronco; los nietos se suprimen por la base para aumentar el vigor de la parte superior. En la poda del segundo año, en el invierno siguiente, si dos de los nietos desarrollados bajo el alambre tienen un vigor suficiente, se empalizan horizontalmente para formar el cordón, si no son suprimidos mediante una poda muy corta y el cordón sólo se forma al año siguiente formando un brazo y después el otro brazo al año posterior.

La poda en cordón Royat tiene como:
- *ventajas:* la poda anual es fácil y rápida de realización; los racimos están separados, bien aireados y soleados, y los tratamientos les llegan perfectamente;
- *inconvenientes:* la poda de formación es larga y delicada; la curvatura del tronco no siempre es regular; los sarmientos nacidos en el primer y en el último brazo son, por lo general, muy vigorosos, los nacidos en los brazos de la parte media demasiado débiles y el podador encuentra dificultades para equilibrar la vegetación.

Para evitar el desguarnecimiento de los pulgares del centro de los brazos y el envejecimiento prematuro del cordón es recomendable practicar, para la supresión de maderas no seleccionadas durante la formación del cordón, un desbrotado pre-

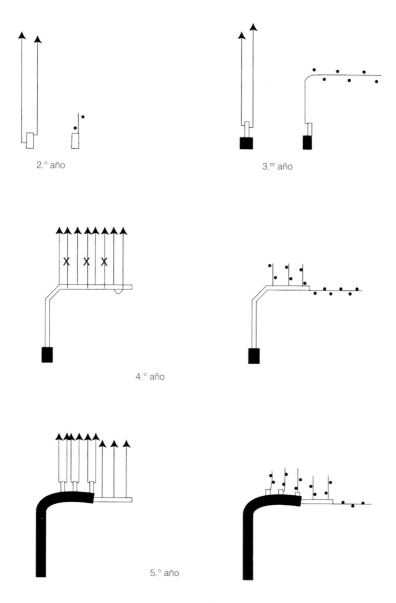

2.° año

3.ᵉʳ año

4.° año

5.° año

Figura 13
Poda de formación del cordón Royat.

coz, en estado E-F, completado en verano por un segundo desbrotado en el tronco. Se evitará siempre hacer cortes rasos que originan necrosis en la parte horizontal del cordón, lo que perjudica la circulación de la savia; además, al actuar así se dispone más fácilmente de maderas de reemplazo para volver a formar los pulgares a partir de las maderas nacidas a partir de las yemas de la base.

El cordón Royat unilateral se debilita tanto más fácilmente cuanto más aumenta su longitud. Incluso para separaciones de 1 m en la fila es preferible formar la cepa en cordón bilateral a dos brazos de 30-40 cm con pulgares espaciados a unos 10 cm de media; eso supone que desde el principio no haya huecos en la distribución de los pulgares y especialmente en el centro. Por eso, se suele cruzar a veces los brazos del cordón para hacer volver la posición de los primeros pulgares cerca del eje del tronco y formar los brazos preferentemente a partir de los nietos para tener entrenudos más cortos.

La transformación en cordones de viñas podadas en Guyot se hace por algunos viticultores con el fin de regular la producción y practicar la prepoda mecánica. En el momento de la poda, dos maderas bien situadas para formar los brazos (atados bajo el alambre portador y a débil distancia uno del otro), elegidas sobre el pulgar o en la base de la vara, se empalizan horizontalmente sobre elalambre. No conviene conservar como futuro cordón la rama fructífera que acaba de producir podando directamente a dos yemas los sarmientos, se conducirá rápidamente a un cordón cuyos pulgares estarían mal repartidos y con desigual vigor. En el caso que se quisiera proceder así, convendría practicar, durante la primavera-verano, un desbrotado severo para seleccionar los sarmientos a conservar.

3.4. Poda en vaso

El vaso está constituido por un tronco que soporta brazos dispuestos en el espacio; su número es variable y cada uno lleva generalmente pulgares a dos yemas. Este sistema de poda está muy extendido en las regiones mediterráneas y también en otras regiones (Beaujolais, algunos viñedos del valle del Loira).

Para formar un vaso, se actúa de la manera siguiente:

– *en la plantación,* conservar un sarmiento y podarlo a dos yemas;
– *segundo año:* las dos yemas dejadas el año anterior han originado dos sarmientos;

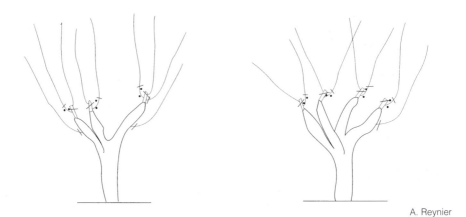

A. Reynier

Figura 14
Podas en vaso en cepas a 3 y 4 brazos.

- si la cepa es vigorosa, podar a dos yemas estos dos sarmientos;
- si la cepa es débil, conservar uno solo a dos yemas;
– *tercer año de poda:*
  - si la cepa tiene cuatro sarmientos, elegir tres bien dispuestos y podarlos a dos yemas;
  - si la cepa tiene dos sarmientos, podarlos a dos yemas;
– *cuarto año de poda:*
  - si la cepa tiene seis sarmientos, elegir cuatro bien repartidos en el espacio y podarlos a dos yemas, éstos constituirán el esqueleto;
  - si la cepa tiene cuatro sarmientos, elegir tres y podarlos a dos yemas.

Cuando el esqueleto esté formado, se continúa cada año la poda dejando un pulgar en cada brazo.

4. ELEMENTOS PRÁCTICOS DE LA PODA

4.1. Época de la poda

La poda, en principio, puede hacerse durante todo el período de reposo vegetativo, es decir, desde la caída de las hojas hasta la última semana anterior al desborre. Pero este amplio período está limitado por:
- las fuertes heladas de invierno durante las cuales no se debe podar; en esos momentos los sarmientos son quebradizos, los cortes poco limpios y los tejidos expuestos nuevamente al aire son muy sensibles al hielo;

Figura 15
Poda manual en Borgoña.

- los riesgos de heladas primaverales; las podas precoces provocan un desborre más precoz de las yemas conservadas y las exponen a las heladas de primavera, las podas tardías tienen efectos contrarios;
- los problemas de mano de obra, tanto en el caso de grandes explotaciones vitícolas en donde la poda se extiende en un largo período como en las explotaciones de policultivo en las que hay que hacer otros trabajos se hacen a partir de la salida del invierno.

Teniendo en cuenta estos diferentes factores, la poda de la vid se hace normalmente en diciembre-enero-febrero. El viejo dicho «taille tôt, taille tard, rien ne vaut la taille de mars», solamente conserva su valor en el caso de pequeños viñedos en donde se está seguro de terminar la poda antes del desborre.

La poda preparatoria que consiste en suprimir en noviembre todas las maderas inútiles y en rebajar las otras dejando dos o tres yemas suplementarias que se suprimirán lo más tarde posible antes del desborre, permite conciliar, en cierta medida, las ventajas de la poda precoz y las de la poda tardía. Pero la necesidad de dos intervenciones perjudica al viticultor, y la poda preparatoria, a pesar de su interés, sólo se practica excepcionalmente.

4.2. Mecanización de la poda

La poda se hace generalmente con podaderas manuales que tienen las ventajas de tener un precio de compra razonable, manejables y de un mantenimiento fácil y económico. Pero la poda manual es exigente en mano de obra (10 a 12 horas por 1.000 cepas para Guyot, por ejemplo, a lo que hay que añadir de 6 a 8 horas para la extracción de maderas, o sea, un total de 16 a 20 horas. Es una práctica larga, minuciosa pero fastidiosa por lo repetitiva, a veces se tarda de 8 a 12 semanas en invierno. La mecanización tiene por finalidad reducir la cantidad de esfuerzo y los tiempos de trabajo.

4.2.1. Poda asistida

Las *podaderas neumáticas:* el aire comprimido empuja un pistón que acciona la cuchilla; se pueden unir varias podaderas a un grupo montado sobre un tractor o una carretilla. El trabajo en equipo es, pues, posible, pero eso exige una buena organización del equipo y de los podadores de rendimientos sensiblemente equivalentes. Las podaderas neumáticas son potentes y económicas para trabajos de varios podadores, sus precios oscilan de 700 a 2.800 francos. Sin embargo, estas podaderas tienen una dependencia con respecto a la fuente de aire comprimido y problemas de enfriamiento y de escarcha.

Las *podaderas eléctricas:* la cuchilla es accionada por un pequeño motor eléctrico contenido en el cuerpo de la podadera y alimentado por baterías montadas en un cinturón llevado por el podador; la autonomía de estos aparatos está limitada a 10 horas. Son silenciosas y permiten una poda individual, su manejo es mejor que el de las neumáticas y el movimiento de la cuchilla es progresivo pero son caras (500 a 8.200 francos y es aconsejable una revisión anual).

Figura 16
Prepoda mecánica con las podadoras semi-automáticas Pellenc
para los cordones (arriba) y para las viñas en arqueado (abajo).

4.2.2. Prepoda mecánica

La prepoda prepara la poda y facilita su ejecución. Permite reducir la longitud de los sarmientos y suprimir la recogida de las maderas en viñas empalizadas. La prepodadera de la Société Pellenc consta de una cabeza de poda montada sobre chasis adaptables hacia adelante, a los lados o a la parte de atrás del tractor; está constituida por dos series de discos apilados a una parte y otra del empalizamiento, montadas sobre un sistema pendular cuyos dos elementos verticales se abren manual o hidráulicamente al paso de los postes. La prepodadera Binger France 33 consta de un cuadro portador equipado por una parte de dos módulos de discos portadores y por otra parte de jaulas de protección circular en las que giran sierras. La prepodadera de la sociedad Ferrand, adaptada para los vasos en viñas conducidas sobre un solo alambre, consta de una sierra rotativa horizontal y elevadores de tornillos sinfín que llevan los sarmientos cortados hacia una trituradora a rotor. Las prepodaderas son interesantes sobre todo para las viñas conducidas en cordón Royat y en vaso; permiten una economía de tiempos de poda, de recogida y triturado de las maderas en un 50%. Para las viñas podadas en varas, la prepodadera, equipada con 3 ó 4 platos para cortar las extremidades de las maderas empalizadas, permiten reducir el esfuerzo, el tiempo empleado en la recogida de maderas y en la limpieza de los alambres.

Razonar y realizar las operaciones en verde

1. **Despampanado y espergurado**

2. **Empalizado de la vegetación u operación de la elevación y recogida**

3. **El despunte**

4. **Deshojado**

5. **Incisión anular**

6. **Aclareo**

Las operaciones de poda en verde se efectúan durante el período de actividad vegetativa para completar la poda de invierno y asegurar un mejor equilibrio entre la parte vegetativa y los órganos productivos. En ellas se incluyen:
- *la supresión de brotes y pámpanos* que salen del tronco y de los brazos (despampanado) y de los chupones que salen del patrón (espergurado);
- el empalizamiento de la vegetación (pámpanos) u *operaciones de elevación*.
- la eliminación del extremo de los pámpanos procedentes de las yemas dejadas en la poda *(pinzamiento* o *despunte);*
- a veces la eliminación de los nietos (desnietado);
- el deshojado a nivel de los racimos en la época de maduración;
- la *incisión anular;*
- el *aclareo* o eliminación de algunos racimos *(cincelado).*

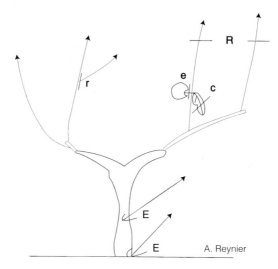

Figura 1
Diferentes operaciones en verde.

R: Despunte
E: Espergurado
r: desnietado
e: deshojado
c: Aclareo o cincelado

1. DESPAMPANADO Y ESPERGURADO

1.1. Objetivos

Estas operaciones consisten en suprimir todos los brotes jóvenes y pámpanos inútiles que brotan en los brazos, el tronco o los que salen del patrón con el fin de conseguir los efectos siguientes:
– *eliminar* órganos vegetativos, fructíferos o no;
– *reducir* los riesgos de contaminaciones primarias de mildiu;
– *limitar* el riesgo de fitotoxicidad de los herbicidas sistémicos;
– *preparar* las operaciones de poda de invierno reduciendo el tiempo de poda;
– *participar en el establecimiento de las cepas* como complemento de las podas de formación de invierno.
El número y el vigor de los pámpanos dependen:
– de la *variedad:* la ugni blanc emite pocos pámpanos mientras que en las cinsaut, gamay, syrah, merlot, colombard, clairette, muscat blanc, son más frecuentes;
– del *vigor* de las cepas.

1.2. Práctica del despampanado

Tradicionalmente se realiza a mano pero este procedimiento largo y costoso, es reemplazado la mayoría de las veces por medios mecánicos y medios químicos.

El *despampanado manual* se realiza entre el desborre y la floración en una (o dos) veces sobre pámpanos herbáceos, fáciles de desprender, antes de que comience el endurecimiento de la base. Si se realiza demasiado pronto es preciso volver a pasar para suprimir los pámpanos que brotan más tarde y, si se realiza demasiado tarde, el trabajo es más difícil y más largo. El despampanado manual es exigente en mano de obra (de 15 a 35 horas/ha según la variedad y densidad de la plantación) y se interviene poco antes de una época de trabajos (elevación de la vegetación, despunte, tratamientos).

El *despampanado mecánico* con ayuda de cepillos rotativos, de correas o de bandas de caucho, permite la limpieza del tronco de las cepas adultas. El reglaje de la fuerza de despampanado se hace por la velocidad de rotación en las máquinas de arrastre hidráulico. Estas máquinas sacuden las cepas y pueden dañar las plantas jóvenes. En las viñas adultas, los pies jóvenes de sustitución de marras pueden ser escamoteados con las máquinas equipadas con mando de separación de los cepillos.

El *despampanado químico* utiliza el efecto desecante de ciertos productos empleados habitualmente como herbicidas de contacto (diquat, paraquat, glufosinato de armonio). La eficacia de la intervención depende de la fecha de aplicación y de la calidad de pulverización:

- la fecha de aplicación: los productos a base de diquat y de paraquat se aplican cuando el 80% de los pámpanos tienen un mínimo de 30 cm, por el contrario, con el glufosinato de amonio hay que intervenir antes de que los pámpanos alcancen la longitud de 30 cm. La butralina aplicada con pincel en los brazos, permite bloquear o reducir los brotes de los brazos desde el estado E-F.
- la importancia de la calidad de la pulverización: se utilizan preferentemente boquillas con chorro plano que instaladas sobre un pórtico pendular que va

Tabla 1
Productos utilizables para el despampanado

Materia activa	Dosis de empleo del producto comercial
dicuat	1 litro/hl
paracuat 100 g/l	2 litros/hl
paracuat 40 g/l	5 litros/hl
dicuat 50 g/l + paracuat 100 g/l	1,4 litros/hl
glufosinato de amonio 150 g/l	1,25 litros/hl
butralina 75 g/l	6 litros/hl

por encima de la cepa y permite la pulverización por los dos lados de la misma. El caudal de caldo/ha debe ser de 240 a 500 litros/ha, en función de la densidad de plantación, con el fin de impregnar bien los pámpanos. Eso corresponde a 80-100 litros de caldo por kilómetro lineal. En variedades que produzcan muchos pámpanos y especialmente en viñas altas y anchas, es necesario hacer una segunda aplicación para controlar todos los pámpanos. La adición de aceite (Agral a 90-110 ml/hl o Soprader a 75-85 ml/hl) al diquat o al paraquat mejora la eficiencia. La pulverización se hace a baja velocidad (2,5 a 3 km/h). Para evitar mojaduras fitotóxicas el aparato va provisto de protectores alrededor de los chorros y no se deberá pulverizar con mucho viento. Estas máquinas permiten realizar el despampanado de 2 a 4 hectáreas/día o una hectárea en aproximadamente dos horas y media.

Figura 2
Despampanado químico.

2. EMPALIZADO DE LA VEGETACIÓN
U OPERACIONES DE ELEVACIÓN Y RECOGIDA

2.1. Objetivos

No se puede llamarla propiamente una operación de poda en verde sino que es una operación que se realiza en la vegetación de las viñas empalizadas. Permite evitar el amontonamiento del follaje perjudicial para la fotosíntesis y para la calidad de las uvas y reducir la obstrucción de la vegetación en las calles, lo que podría estorbar el paso de las máquinas.

2.2. Práctica

La *elevación* y recogida de las viñas empalizadas en un plano vertical se ha hecho tradicionalmente *a mano*. Es un trabajo que exige una o varias pasadas según el tipo de empalizado y el vigor de las vides:
- cuando los alambres de empalizado son fijos los pámpanos se pasan entre los alambres;
- cuando el empalizado dispone de alambres elevadores móviles, la vegetación se coloca más rápidamente en posición vertical en la primera pasada subiéndolos y manteniéndolos juntos con ayuda de grapas o fijándolos con clavos o muescas incluso en los postes. Una o dos pasadas suplementarias permiten subir estos alambres móviles y empalizar los nuevos brotes.

Los tiempos de elevación manual varían en función del tipo de empalizada, de la separación de las vides y de su vigor, de la fecha de ejecución y del cuidado con que se haga el trabajo. Para las viñas de uva de mesa, se necesitan de 50 a 120 horas/ha (90 a 120 h/ha para las empalizadas en lira). Para las viñas de uva de vinificación estos tiempos varían de 15 a 40 h/ha: calcular de 4 a 5 h/1.000 plantas en viñas con una densidad superior a 6.500 plantas/ha y de 8 a 9,30 h en tres intervenciones en las viñas de baja densidad de plantación (2,30 h para la primera, 5,30 h para la segunda y 1,30 h para la tercera).

La *elevación mecánica* se puede hacer con dos tipos de máquinas:
- las *elevadoras de alambres con engranajes móviles* utilizables en los viñedos equipados con alambres móviles: estos alambres se cogen en diabolos y son elevados con la ayuda de discos con muescas a la altura deseada y después se grapan. Esta operación se realiza en 1,5 a 5 h/ha, según las vides, a una velocidad de 3 km/h. Estas máquinas, cuya inversión en 1991 costaba de 80 a 92.000 francos, se amortizan en 240 km lineales de empalizada. Pueden ser empleadas cualesquiera que sean las densidades de plantación adaptando su montaje a un tractor de calles o zancudo;
- *elevadoras a cuerdas,* en los viñedos no equipados de alambres móviles: la vegetación se sube progresivamente gracias a un sistema de doble tornillo sinfín o con cinta en posición oblicua en el sentido del avance. Se mantiene en su lugar mediante el desarrollo y grapado de cintas biodegradables.

3. EL DESPUNTE

3.1. Objetivos del despunte

El despunte o pinzamiento consiste en suprimir la extremidad de los pámpanos en crecimiento para conseguir los efectos siguientes:
- *efectos fisológicos:* limitar el corrimiento de las variedades que tienen tendencia a este problema y a veces la sequía;
- *efectos prácticos:* facilitar el paso de las máquinas de cultivo y de tratamientos suprimiendo una vegetación excesiva;
- *efectos sobre el microclima de los racimos:* mejorar su soleamiento y aireación reduciendo la sombra proyectada por una fila sobre otra;
- *efectos sobre la sensibilidad a las enfermedades:* supresión de órganos jóvenes sensibles a los ataques de hongos (mildiu);
- *efectos sobre la morfología de las plantas:* mantener el porte erguido de los pámpanos reduciendo su longitud antes de que adquieran un porte péndulo.

3.2. Práctica del despunte

3.2.1. Época

El despunte se practica después de la elevación y recogida de los pámpanos en las viñas empalizadas. La frecuencia de las intervenciones es variable según el vigor de las viñas, la variedad y las condiciones del medio. El número de despuntes es más importante en los viñedos septentrionales en donde las viñas están empalizadas y tienen un crecimiento más tardío que en los viñedos meridionales.

El primer despunte es el más importante. Debe de hacerse en el momento adecuado. En efecto, los productos de la fotosíntesis elaborados por las hojas adultas emigran, durante el período de crecimiento, hacia los órganos jóvenes, las flores y las extremidades de los pámpanos que están, por tanto, en competencia para la utilización de estos metabolitos. El objetivo de este primer despunte es desviar las corrientes de savia elaborada en beneficio de las inflorescencias en un momento en que tienen una necesidad importante, es decir, en la época de la fecundación. Para las variedades sensibles al corrimiento, el efecto de este primer despunte es mucho más significativo que para las variedades que no lo son, el porcentaje de cuajado se mejora si la época del despunte se ha elegido bien.
- *practicado demasiado pronto,* antes o al principio de la floración, puede tener un efecto contrario provocando una reacción de la planta que aumenta el crecimiento de los nietos y, por consiguiente, aumenta el efecto de la competencia;
- *practicado demasiado tarde,* después de la floración, no tiene efecto sobre el cuajado;
- *el mejor período* se sitúa en plena floración o a finales de la floración.

Los despuntes siguientes se realizan en función del crecimiento de los pámpanos y de los efectos deseados. Es preferible despuntar justo antes de un tratamiento ya que eso facilita el acceso a los órganos a proteger y permite repartir mejor el producto. Un despunte hecho 5-10 días después de un tratamiento a base de un fungicida sistémico, se traduce en una pérdida de eficacia del tratamiento.

Tabla 2
Influencia de la fecha del despunte en viñas conducidas en vaso en Montpellier, variedades cariñena y garnacha (Vergnes)

Tratamientos	Número de bayas/racimo	
	Cariñena	Garnacha
Sin despuntar	144	101
Pinzamiento desde el momento de la aparición de las inflorescencias en el pámpano	156	92
Despunte de 6-7 hojas 10 días antes de la floración	153	84
Despunte de 6-7 hojas hecho en plena floración	171	108

Tabla 3
Comparación de la intensidad del despunte realizado a finales del cuajado sobre Cariñena/R 99 en vasos, 2 × 1,25 m (según Tourrette y Wagner, Inra Montpellier)

	Testigo	R1	R2
Superficie foliar total en m²/cepa (s)	0,94	0,42	0,39
Nietos (% s)	34	42	58
Resistencia estomática	1,10	0,89	0,83
% iluminación captada por:			
• las hojas en el cuajado	34,5	43,5	41,5
• los racimos un mes después del cuajado	12	8,1	13

Testigo: No despuntado.
R1: Despuntado del 50% del pámpano.
R2: Despuntado del 75% del pámpano.

3.2.2. Intensidad

Los despuntes tienen efectos favorables sobre el cuajado y la fisiología de la vid cuando no son demasiado severos; si lo son reducen el vigor, el rendimiento y la calidad. El rendimiento se ve poco modificado por la intensidad del despunte practicado después del cuajado; por el contrario, los estados fenológicos se retrasan y los elementos de la calidad son más débiles (grado, color, polifenoles totales). Otros ensayos muestran que el despunte tal y como se realiza en la práctica corriente tiene, la mayoría de las veces, un marcado efecto depresivo y que un despunte menos severo permite aumentar el vigor de las plantas, la calidad y, al final, el rendimiento. En consecuencia, el despunte no debe ser demasiado severo, pero en viñas estrechas es una operación necesaria para facilitar el paso para limitar la sombra producida y el desarrollo de la podredumbre gris.

Tabla 4
Incidencia de la intensidad del despunte
en el rendimiento y la calidad sobre cariñena/R 99
(Inra Montpellier)

	Testigo	**R1**	**R2**
Rendimiento kg/cepa	4,89	5,07	4,25
Grado probable	11,06°	9,67°	8,70°
Ácido málico meq/l	61	62	68
Polifenoles mg/l ácido gal.	474	369	274
Antocianos de los hollejos mg/l	612	414	248

Testigo: No despuntado.
R1: Despuntado del 50% del pámpano.
R2: Despuntado del 75% del pámpano.

Tabla 5
Efecto de la intensidad del despunte sobre el vigor,
el rendimiento y la calidad, merlot/rip. gloria.
Ensayo ITV, Inra, Cámara de Agricultura 33

	Merlot		**Cabernet Sauvignon**	
	a	**b**	**a**	**b**
Peso de cosecha				
• 1974	2,20	2,21	1,50	1,61
• 1975	0,48	0,56	0,50	0,94
Grado alcohólico				
• 1974	9,5°	10,3°	9,5°	9,9°
• 1975	12,1°	12,2°	11,2°	11,6°
Acidez total				
• 1974	4,7	4,5	6,5	6,0
• 1975	4,9	4,8	7,0	6,6
Antocianos (mg/100 g)				
• 1975	149	171	152	167
Peso de madera de poda (kg/cepa)				
• 1975	0,26	0,33		

a: despunte normal.
b: despunte a +30 cm.

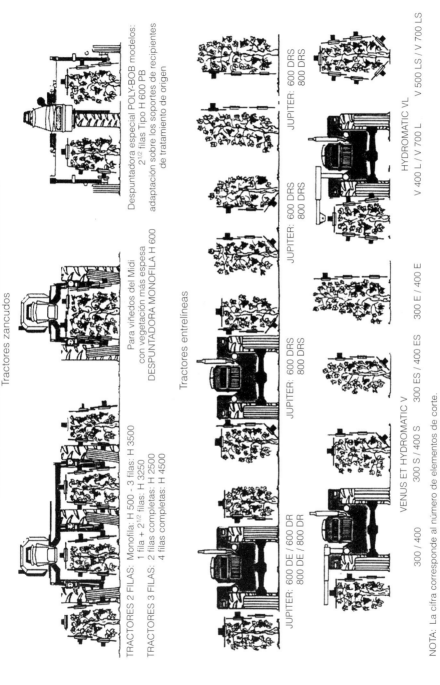

Figura 3
Gama de despuntadoras Collard a contra-cuchillas.

3.2.3. Tipos de despuntadoras

La mecanización de esta operación se ha hecho ya corriente y los constructores ofrecen varios tipos de despuntadoras (con barra de corte, con sierras, con sierras rotativas) montadas sobre tractor o arrastradas sobre patines.

4. DESHOJADO

Es una práctica que, como el despunte, es susceptible de mejorar la calidad de la cosecha. El deshojado es de uso corriente en los viñedos que producen vinos blancos licorosos y ocasional en los que producen uva de mesa.

4.1. Objetivos

El deshojado consiste en suprimir las hojas a nivel de los racimos con vistas a conseguir los efectos siguientes:
– *aumentar la temperatura, el soleamiento y la aireación* a nivel de los racimos;
– *mejorar la coloración y la maduración de las bayas;*
– *reducir la podredumbre gris* mediante una mejor aireación durante el período de maduración;
– *reducir el tiempo* de vendimia manual, particularmente en las uvas de mesa; por el contrario el deshojado no presenta ningún interés para la vendimia mecánica;
– *favorecer el acceso a los racimos de los tratamientos tardíos* contra la podredumbre gris;
– *favorecer el desarrollo de la podredumbre noble* durante el período de sobremaduración para la producción de vinos licorosos.

4.2. Práctica

El deshojado se practica a nivel de los racimos sobre la cara de la fila expuesta al sol saliente o del lado que esté más a la sombra. Puede ser hecho de manera precoz, en el cuajado, pero de una manera moderada, para conseguir una mejora del microclima de los racimos y favorecer su maduración así como limitar la sensibilidad a la podredumbre gris. En otros casos, se realiza uno o dos días antes de las vendimias manuales, para reducir su duración. Los efectos benéficos del deshojado sólo se consiguen actuando sobre las hojas viejas cuya actividad fotosintética es débil. Si se hace demasiado pronto y demasiado severamente, disminuye la superficie foliar en plena actividad provocando una disminución de la calidad y del rendimiento. Puede combinarse con un despunte menos severo para compensar esta disminución de superficie foliar. El deshojado, en ciertas condiciones climáticas particulares (temperaturas elevadas y baja higrometría), puede favorecer un escaldado de los racimos (parte 3, capítulo 2).

El deshojado manual es una operación exigente en mano de obra (30 a 50 horas/ha según la densidad de la plantación), pero actualmente existen otros medios de deshojar por medio de:

- *defoliadoras neumáticas* que funcionan o bien insuflando aire a gran presión, lo que lacera las hojas (Galvit), o bien aspirando las hojas que posteriormente son cortadas por las palas de un ventilador (Carteau, Dabrigeon) o por hojas de sierra (Cauderay). A este conjunto aspiración/corte se le ha añadido recientemente una cinta transportadora que lleva la vegetación hacia la malla de aspiración colocada delante de una barra de corte alternativo (Avidor);
- *defoliadoras térmicas:* las hojas se secan mediante radianes luminosos alimentados con gas (Souslikoff); el deshojado de una hectárea de viña necesita 6 horas y media a la velocidad de 1 km/h.

El deshojado químico ha sido objeto de ensayos, especialmente con clorato de magnesio y etefon, pero estas sustancias no se emplean ya debido a los efectos secundarios nefastos para la vendimia. El deshojado es una técnica que encarece los costes de producción y sólo se practica cuando la mejora cualitativa de las uvas se repercute en el precio de venta. El deshojado manual cuesta de 1.500 a 2.500 francos/ha. El deshojado neumático permite rebajar estos costos si la máquina se emplea sobre más de 20 ha, es decir, 800 f/ha sobre 50 ha (amortización 7 años, precio de compra 100.000 francos).

5. INCISIÓN ANULAR

5.1. Objetivos

Esta operación es poco corriente en Francia, se emplea para la producción de uva de mesa con el fin de mejorar el grosor de los racimos y su presentación. La incisión anular consiste en quitar un anillo de tejidos liberianos (3 a 6 mm de anchura) en un sarmiento o en el tronco a fin de bloquear las migraciones de savia elaborada hacia las partes vivaces y orientarlas hacia los racimos. Los contenidos en azúcares y en sustancias de crecimiento, especialmente ácido giberélico, aumentan en las inflorescencias o los racimos. Esta interrupción es momentánea ya que la conducción se restablece de cuatro a seis semanas después.

5.2. Práctica

Según el objetivo buscado, se realiza en épocas diferentes:

- *en la floración,* la incisión anular origina un aumento del porcentaje de cuajado, del tamaño de los granos, del rendimiento y del vigor pero con frecuencia se acompaña con una disminución de los azúcares, sin duda a causa del volumen de las uvas (caso de la corinto negro en Grecia);
- *en el envero,* la incisión anular favorece la coloración y el contenido en azúcares de las bayas (caso de la chasselas de Moissac).

La incisión se ejecuta manualmente sobre los sarmientos que deben desaparecer en la poda con tijeras de dos hojas paralelas espaciadas varios milímetros, llamadas *pinzasavias*. Los mismos efectos se buscan con éxito en las variedades apirenas (corinto, sultanina, perlette) mediante pulverizaciones de giberelina sobre las inflorescencias en plena floración.

6. ACLAREO

Esta operación se realiza sobre todo para mejorar la presentación de las uvas de mesa (forma de los racimos y grosor de las uvas) y, excepcionalmente, para reducir la producción de las uvas de vinificación cuando se anuncia excesiva. Consiste en suprimir ya sea uvas (cincelado) o bien porciones de racimo (pinzamiento), o una proporción bastante importante de racimos (caso de las uvas de vinificación).

6.1. Para las uvas de mesa

El *cincelado* se realiza quitando bayas, preferentemente del interior del racimo. Minucioso y costoso, solamente se practica en uvas de mesa de lujo cultivadas en invernadero o en viñedo (chasselas de Moissac).

El *pinzamiento* elimina una parte de la extremidad o del eje secundario de los racimos. Permite reducir la compacidad y homogeneizar el grosor y la distribución de los granos.

6.2. Para las variedades de vinificación

6.2.1. Aclareo manual

Puede consistir en suprimir el excedente de racimos de las vides jóvenes de 2 a 4 años; eso podría comprometer el desarrollo de su sistema radicular y perjudicar su vigor; entonces se debe practicar pronto, poco tiempo después de la floración. En las viñas adultas es una técnica de control de la producción con vistas a favorecer la maduración de las uvas. Las uvas que quedan están mejor alimentadas ya que la relación superficie foliar iluminada/peso de uva se ve aumentada. Para tener un efecto significativo, el aclareo manual, denominado a veces vendimias en verde, debe hacerse antes pero cerca del envero y suprimir por lo menos el 30% de las uvas.

Época de aclareo: si se hace demasiado pronto antes del envero, favorece el vigor de las cepas, la fertilidad de las yemas y provoca un riesgo de superproducción para el año siguiente; practicado después del envero es menos interesante ya que, como disminuye el rendimiento, tiene menos efecto sobre la calidad.

Intensidad del aclareo: si es inferior al 30% no tiene efecto notable sobre la disminución de la cosecha ya que las bayas restantes aumentan de volumen (caída del 35% de producción para un aclareo del 50%). Sin embargo, puede valer en parcelas medianamente productivas, hacer un «aclareo cualitativo» que consiste en suprimir racimos cuando varios de ellos están agrupados, con el fin de que los que quedan estén más aireados y más iluminados, y que sean menos sensibles a *Botrytis cinerea*. Por el contrario para obtener a la vez una baja de rendimiento y mejora cualitativa, es necesario suprimir de 30 al 50% de los racimos. El aclareo puede tener por objeto también la supresión de gajos (racimillos).

Tabla 6
Efecto del aclareo sobre la producción y la calidad

	Producción		Densidad		Acidez (g/l)	
	Testigo	Aclar.	Testigo	Aclar.	Testigo	Aclar.
Tokay (kg/cepa)	3,32	2,6	1.093	1.106	5,29	4,9
Muscat (peso de 50 racimos)	4,94	5,70	1.071	1.076	3,52	2,94

Aclar: Aclareo del 30% el 11 de agosto.

Antes de la intervención, se debe efectuar en julio una evaluación del potencial de producción de las parcelas por conteo de los racimos sobre una muestra de 10 veces 5 cepas por parcela. Únicamente las parcelas más cualitativas que manifiesten tener un potencial de producción demasiado alto serán objeto de un aclareo severo.

Aunque las cosechas en verde estén actualmente de moda, es una técnica que debe ser considerada nada más que como un medio de intervención provisional y no utilizarla sistemáticamente todos los años. En efecto, en el caso de aclareo precoz, el vigor de las cepas se orienta hacia el engrosamiento de las bayas restantes, al crecimiento de los brotes y al aumento de la fertilidad de las yemas latentes de las maderas. Y así, el potencial de rendimiento del año siguiente se ve aumentado, lo que obliga a aclarear de nuevo. Es por esto que la búsqueda de la cosecha supone un estudio global del dominio del rendimiento y del vigor que establece los medios técnicos razonados en el momento del establecimiento de la viña (preparación del terreno, enmiendas, elección del patrón y del clon de la variedad) y durante el mantenimiento de la misma (carga en yemas, fertilización, regulación del régimen hídrico...).

6.2.2. Aclareo químico

El aclareo manual es exigente en mano de obra. Es por lo que desde hace mucho tiempo se ha intentado utilizar las propiedades de abscisión de un regulador de crecimiento, el *etefon*. El conocimiento de la utilización de este producto es posible actualmente pero se exige una gran técnica. En efecto, los resultados obtenidos dependen de los parámetros siguientes:

– *estado de las bayas en el momento de la aplicación:* el empleo del etefon entre el cuajado y racimo cerrado depende de la importancia del aclareo deseado, el porcentaje de aclareo disminuye con el aumento del grosor de

las bayas. En las variedades mediterráneas, la escala de aclareo siguiente es
la propuesta por el ITV en función de la reducción de cosecha buscada:
* superior al 70%: tratar al principio del cuajado
* del 30 al 60%: tratar sobre bayas de 4 a 7 mm
* del 10 al 20%: tratar sobre bayas de 8 a 10 mm

Tabla 7
Efecto del aclareo con etefon

Modalidades	Nb racimos/ cepa	Peso cosechado kg/cepa	Peso 1 racimo g	Peso 200 bayas	Grado	Acidez	pH
Testigo	20,4	4,5	224	396	10,50	4,07	3,35
Aclareo manual	10,8	2,8	264	410	11,70	3,51	3,48
Aclareo etefon	14	2,3	168	404	12,30	3,75	3,52

– *dosis de empleo y técnica de aplicación:* esta sustancia de crecimiento se
utiliza a la dosis de 360 g de materia activa/hectárea de una formulación
específica para la vid (2 litros/ha de Sierra a 180 g/l de etefon). Solamente
es eficaz si los racimos son mojados directamente por el producto. Para la
supresión de los gajos de reacimo, el CIVC en Champagne indica tratar
con 2,5 l/ha de Sierra en los estados 33 a 35. Las pulverizaciones deben
permitir una buena aplicación del producto sobre las dos caras de la zona
fructífera.

Con el aclareo con etefon, la reducción de la cosecha se consigue por una
reducción del número de bayas por racimo mientras que con el aclareo manual esta
reducción se obtiene por disminución del número de racimos. Esta técnica parece
interesante a la vez desde un punto de vista cualitativo y desde un punto de vista
económico.

CAPÍTULO 5

FUNDAMENTO Y ORGANIZACIÓN DE LA RECOLECCIÓN

1. **Recolección y conservación de las uvas de mesa**
2. **Vendimia de las uvas de vinificación**

La recolección agrupa al conjunto de operaciones que permiten separar las uvas de las cepas y llevarlas hasta el lugar de almacenamiento, para las uvas de mesa, o a la bodega para las uvas de vinificación. El término *recolección* se adopta para la recolección de las uvas de mesa, mientras que el de *vendimia* es más adecuado para las uvas de vinificación.

1. RECOLECCIÓN Y CONSERVACIÓN DE LAS UVAS DE MESA

1.1. Fecha de la recolección

La calidad de la uva de mesa depende:
– de la *variedad:* los racimos deben ser característicos de la variedad;
– del *aspecto del racimo,* definido por su dimensión, su compacidad, que debe ser media, y la regularidad de los granos;
– de las *características de las bayas:* la dimensión, definida tanto por el peso medio como por el diámetro, la firmeza o turgencia valorada al tacto, el color, la ausencia de defectos (bayas agrietadas, atacadas de podredumbre, desprendidas del raspón), la originalidad y finura del gusto.

El gusto es sumamente importante para la determinación de la calidad; es característico de la variedad, pero depende del grado de maduración, por lo tanto, es primordial la determinación de la fecha óptima de recolección. A lo largo de la maduración, el color de las bayas, el contenido en azúcares, la acidez y los aromas evolucionan en el sentido de una mejora de la calidad. Después del estado de madurez, la evolución continúa, pero la calidad disminuye.

Este estado de madurez industrial puede ser apreciado por:
– criterios visuales o gustativos: color de la base del pedúnculo, color y sabor de las bayas;
– medidas del contenido en azúcares y de la acidez del jugo extraído de las uvas.

Las fechas de recolección dependen pues estrechamente de las condiciones climáticas del año, de las zonas de producción y de las variedades. Desde el punto de vista comercial, se establece un escalonamiento de cosechas, que, para Francia, es como sigue:

Tabla 1
Planning de recolección de uvas de mesa

	Julio	Agosto	Septiembre	Octubre	Noviembre
Variedades blancas					
Chasselas					
Languedoc					
Provenza					
Sud-Oeste					
Dattier de Beyrouth					
Provenza					
Italia					
Provenza					
Gros vert					
Provenza					
Variedades negras					
Cardinal					
Languedoc					
Provenza					
Alphonse-Lavallée					
Languedoc					
Provenza					
Moscatel de Hamburgo					
Languedoc Provenza					
Olivette noire					
Provenza					

La fecha de recolección se determinará también teniendo en cuenta la duración del almacenamiento y la forma de conservación. Se constata, en efecto, que las uvas recogidas más precozmente resisten mejor al transporte y son menos sensibles a las alteraciones durante la conservación; pero, ¿estas uvas son también apreciadas por los consumidores?

1.2. Recolección

La recolección debe hacerse con precaución para no estropear las bayas. Los racimos se manipulan por el pedúnculo. Dado que todos los racimos no maduran a la vez, es conveniente efectuar varias pasadas en el viñedo. Los racimos se separan de la cepa cortando el pedúnculo con tijeras y se colocan en bandejas o cajas.

1.3. Cincelado y acondicionamiento

El cincelado consiste en suprimir con tijeras los granos anormales, lesionados, o atacados de podredumbre. El acondicionamiento consiste en colocar los racimos en cajas, cuidando la presentación: papel amarillo para las uvas blancas y papel rojo o violeta para las uvas negras. Los racimos se colocan unos contra otros para evitar choques durante las manipulaciones posteriores. Las cajas son de madera, de cartón ondulado o a veces de espuma de poliestireno expandido.

Estas operaciones de cincelado y de acondicionamiento, sean realizadas en el campo o en los almacenes, requieren mucha mano de obra.

1.4. Conservación

Para conservar la uva, con el fin de retrasar su puesta en los mercados de consumo, existen varios procedimientos:

1.4.1. Conservación en las plantas

Para variedades tardías, cultivadas en zonas de otoños suaves, los racimos se pueden mantener en las propias cepas y recogerlos antes de las primeras heladas.

1.4.2. Conservación con raspón fresco

Los racimos se recogen con un trozo de sarmiento de 8 a 10 centímetros de longitud y después se colocan en locales frescos y bastante húmedos, con el extremo del sarmiento introducido en un recipiente con agua adicionada con carbón vegetal (método Thomery).

1.4.3. Conservación frigorífica

Desde su recolección, los racimos pueden enfriarse, bien en un camión frigorífico estacionado en el propio campo, o en cámara frigorífica. Este método permite conservar las uvas generalmente durante uno o dos meses, y hasta cinco o seis meses para algunas variedades como Ohanes. En efecto, las bajas temperaturas ralentizan las funciones vitales de la uva (respiración, transpiración).

Las uvas sufren, en principio, una prerrefrigeración en una cámara frigorífica ventilada preferentemente con aire forzado y humedecido, a una temperatura de 0 °C; la temperatura debe bajar a 8 °C al final de la prerrefrigeración si las uvas van a ser comercializadas en menos de 4-6 días. Para duraciones de conservación más largas, las uvas deben llevarse a 0 °C (0 a 4 °C); a continuación, esta temperatura se mantiene constante en la cámara, o bien la uva se lleva a otro lugar de conservación a 0 °C y 95% de humedad relativa.

Por último, el empleo de SO_2 permite la protección de las uvas contra los mohos; para ello, se utilizan varios procedimientos:
– pulverización de una solución de metabisulfito de sodio;
– fumigación periódica de las uvas, conservadas en bolsas de PVC colocados en el interior de las cámaras frías, haciendo una primera fumigación a la dosis del 1 por 100 del volumen de la bolsa, durante 20 minutos, y después una fumigación cada semana a la dosis de 0,25 por 100;
– por difusión continua de SO_2 a partir de una dosis de metabisulfito de sodio o de potasio, en estado sólido o líquido, colocado en el interior del embalaje, pero aislado en saquitos de papel o de plástico alveolado.

A la salida de la conservación en frío, el calentamiento de las uvas no debe de ser brusco.

2. VENDIMIA DE LAS UVAS DE VINIFICACIÓN

Las uvas de vinificación se recogen a finales de verano cuando están maduras. Los viticultores, apremiados para llevar a la bodega su cosecha, tienen tendencia a comenzar demasiado pronto la vendimia. Para uva tinta, algunos días de maduración suplementaria permiten, a menudo, mejorar la calidad de las uvas por un enriquecimiento en azúcares, una disminución de la acidez y una evolución favorable de los polifenoles; sin embargo, al retrasar la vendimia, se corre el riesgo de podredumbre gris, si el tiempo es lluvioso. Para la producción de vinos blancos secos, que deben de tener frescura, y para otros tipos vinos, no es conveniente retrasar la vendimia.

2.1. Determinación de la fecha de la vendimia

Existen varios medios complementarios para determinar esta fecha: observaciones en el viñedo y análisis de muestras de uva en laboratorio.

2.1.1. Observaciones en el viñedo

2.1.1.1. *Control de los estados fenológicos*

Para cada variedad cultivada en una región, el período comprendido entre la plena floración y el estado de madurez es bastante constante: de 100 a 115 días según las variedades, 100 días para Pinot noir en Borgoña, 110 días para Merlot en Burdeos, de 95 a 110 para Chardonnay en Champagne. Tras la fecundación, al final de la floración, el reloj biológico de cada variedad lleva al joven fruto así formado a su estado de madurez con una duración específica, de 65 días desde la plena floración hasta el envero, y de 45 días desde el envero a la madurez, o sea, un total de alrededor de 100 a 110 días + ó – 3-4 días. Este valor, incluso aunque sea aproximado, es interesante para prever la organización del equipo de vendimia y la preparación de la bodega.

Precisiones complementarias, útiles para la preparación del equipo de vendimia, se pueden obtener observando las viñas en el momento de la floración y del envero con el fin de anotar, para cada parcela, el comienzo y el final de estos estados fenológicos. Ello da una idea del intervalo que separa a las parcelas precoces de las parcelas tardías y permite prever el orden de recogida. También, da cuenta de la duración del desarrollo de los estados fenológicos y se puede evaluar el escalonamiento de la maduración en una misma parcela y en el conjunto del viñedo. Si la maduración de los racimos de una parcela es homogénea y precoz, podrá vendimiarse rápidamente en cuanto se consiga el óptimo de maduración; por el contrario, si la floración es escalonada y tardía, la recolección deberá ser escalonada y retardada, si el tiempo y el estado sanitario de las uvas lo permiten. La observación de la floración no es fácil de realizar, pues tiene lugar en un momento cargado de trabajos y porque está constreñida, por tanto, habrá que contentarse con las las observaciones y anotaciones del envero. Sin embargo, esta técnica de 100 o 110 días, sólo ofrece interés en las regiones y para las variedades en las que la duración media floración- madurez es constante y conocida; en efecto, para muchas variedades, sobre todo blancas, aquella duración fluctúa con los años.

2.1.1.2. *Apreciación del estado vegetativo de las viñas*

La apreciación visual del vigor, de la producción y del estado sanitario de las uvas permite completar las informaciones sobre el comienzo y la posible evolución de la maduración.

2.1.1.3. *Degustación de uvas*

Hacia el final de la maduración, la degustación de las uvas aporta informaciones sobre el sabor y sobre la madurez fenólica de las uvas de variedades tintas, en los que se constata la pérdida progresiva del sabor herbáceo y la evolución favorable de los taninos.

2.1.2. Controles analíticos de la madurez de las uvas

A partir del envero, se realizan regularmente tomas de muestras de bayas. Es necesario comenzar suficientemente pronto pues el conocimiento de la dinámica de la evolución de los azúcares, de la acidez y de los componentes fenólicos facilita la interpretación de los resultados. Se seleccionan parcelas de referencia en cada sector de la explotación, en función de la variedad, de la edad de las viñas y de su vigor. Estas parcelas son seguidas todos los años y, durante un mismo año, regularmente a partir del envero. Cuando las cepas de una misma variedad llegan a la madurez, se generalizan los controles al conjunto de parcelas que habitualmente tienen una madurez equivalente, con el fin de verificar el programa provisional de recogida, preparado a partir de las observaciones relativas a los estados fenológicos.

Para obtener resultados fiables a lo largo de la maduración, es necesario efectuar de 200 a 300 puntos de recogida por parcela, volver cada vez a las mismas filas, localizándolas y marcándolas, y proceder de la misma manera en cada pasada. Se efectúan idas y venidas en las filas, recogiendo alternativamente sobre la fila de la derecha y de la izquierda, al azar entre los racimos de los pámpanos de la zona media de las cepas conducidas en cordones o en Guyot. Se evitan las filas y las cepas del borde y solamente se realizan las tomas de muestras en cepas de vigor medio. Las tomas se hacen siempre a la misma hora.

Se pueden utilizar muchos **métodos de muestreo**, cada uno de ellos con sus ventajas e inconvenientes:

– *método de las doscientas bayas:* se toman de 200 a 300 bayas, al azar, a razón de una baya por cepa. Es necesario tomar bayas de arriba, del medio y del extremo, del exterior y de la cara oculta del racimo. La representatividad de la muestra depende de la calidad del trabajo del que toma las muestras. Para permitir un seguimiento bastante objetivo de la maduración, es necesario que el tomador de muestras sea siempre el mismo, y que proceda siempre de la misma manera; los resultados están, a menudo, sobreestimados porque se recogen, preferentemente, las bayas más expuestas.

– *método de partes de racimos:* se separa un total de doscientas bayas por fracciones de racimos de 3 a 5 bayas contiguas. Las uvas se recogen de la parte media de los cordones o de la poda Guyot, o sobre un brazo de vigor medio para las cepas en vaso. La precisión de los resultados es mejor recogiendo fracciones de racimos del primer racimo del pámpano (de rango 1). Las tomas se hacen de la parte alta de un racimo y luego de la baja del siguiente. Este método permite hacer un muestreo que refleja bien los contenidos medios en azúcares, ácidos, polifenoles de los hollejos y el pH de la cepa.

– *método de racimos enteros:* para obtener un muestreo representativo del estado de madurez de la parcela es deseable tomar un gran número racimos. En la práctica, nos contentamos con 15 a 20 racimos, en todos los estados de madurez, recogiendo un racimo por cepa, a todos los niveles, de cada lado de la calle. Este método permite un muestreo rápido, pero necesita escoger cuidadosamente las muestras, para obtener valores representativos. En relación con el método de las doscientas bayas, da resultados más variables, su precisión aumenta con el número de racimos y permite conocer el peso de los racimos.

Se pesan las bayas para medir su engrosamiento, se extrae el jugo con una prensa manual para determinar el contenido en azúcares y la acidez. Los resultados de los análisis de los azúcares, de la acidez total, de la relación AZ/AC (azúcares totales/acidez total), y los pesos medios de las uvas se trasladan a un gráfico. Se constata que las curvas tienen una pendiente mayor al comienzo, mientras que hacia el estado de madurez las evoluciones de los diferentes componentes son más débiles.

Para la determinación de la fecha de vendimia, puede usarse, por tanto, la evolución de los contenidos de los componentes de las uvas, con el fin de comprender la evolución de la maduración:

– *a partir de las variaciones del peso medio de las uvas a lo largo de la maduración:* este peso aumenta desde el envero hasta el estado de madurez, alrededor de la cual se mantiene estacionario durante varios días; a continuación, el peso de la uva tiende a disminuir, débil pero regularmente, por pérdida de agua a nivel del raspón y de la baya, si el año es seco;

– *a partir de la evolución de los contenidos en azúcares:* la riqueza en azúcares, del jugo, aumenta desde el envero hasta la madurez, primero lentamente, luego de forma más importante, variable según las condiciones climáticas; a continuación, el contenido en azúcares se estabiliza, antes de continuar aumentando lentamente por efecto de la pérdida de agua de la baya a lo largo de la sobremaduración.

– *a partir de la evolución de la acidez:* tras llegar a un máximo en el envero, el contenido en ácidos disminuye hasta el final de la maduración; la fecha de vendimia se determina, a menudo, a partir del contenido en ácidos, que si es muy débil, los vinos corren el riesgo de ser planos, y si es muy fuerte, los vinos serán desagradables. También, se puede expresar la acidez a partir de pH, que expresa la acidez real: cuanto más bajo es el pH, más elevada es la acidez.

– *a partir de la relación AZ/AC, índice de madurez tecnológica:* aumenta a lo largo de la maduración, primero rápidamente, pasa por un punto de inflexión, y luego puede decrecer. A partir de los datos de años anteriores, obtenidos para la misma variedad y en condiciones climáticas similares, es posible deducir, por extrapolación, el posible momento de vendimia. En efecto, se sabe, para cada variedad, que los valores de la relación AZ/AC evolucionan hacia un valor representativo del equilibrio óptimo entre los azúcares y la acidez. Se considera que valores comprendidos entre 35 y 50 representan una excelente calidad de vendimia para determinadas zonas, aunque en otras, estos valores son superiores o inferiores; en Borgoña, el valor de este índice puede variar de 22 a 50 según los años, las variedades y las parcelas; para Pinot noir, se puede admitir que su madurez es insuficiente siempre que la relación AZ/AC sea inferior a 35, pero es excepcional para valores que pasen de 45. En Champagne, el índice de madurez AZ/AC está comprendido entre 17 y 25 (17,3 en 1996 y 20,4 en 1998, 24,9 en 1989, según CIVC). No obstante, este método también tiene sus límites, pues este índice está basado en el contenido de los azúcares y de la acidez total del jugo de la pulpa, sin tener en cuenta el contenido celular de los holejos (polifenoles, aromas) y no siempre hay un vínculo directo entre este índice AZ/AC y la madurez fenólica. Por otra parte, se sabe que el aumento de azúcares y la pérdida de acidez son fenómenos que no están, en absoluto, ligados. Utilizado por numerosos viticultores y técnicos, este índice es una buena herramienta de ayuda a la decisión, teniendo en cuenta sus limitaciones.

– *a partir del seguimiento de la madurez fenólica, para las uvas tintas:* los compuestos fenólicos, que son la materia colorante (antocianos) y los taninos, aumentan a lo largo de la maduración, pasan por un máximo y luego disminuyen. Las evoluciones son diferentes según la naturaleza y la localización de estos compuestos: en los holejos, se acumulan los antocianos y algunos taninos, mientras que otros taninos tienen contenidos que disminuyen en las pepitas. Por otra parte, la extracción de estos compuestos varía según su naturaleza: los taninos de las pepitas se vuelven cada vez menos extraíbles, lo cual es favorable a la calidad pues se trata de taninos duros y astringentes; por el contrario, los antocianos y los taninos de los hollejos se vuelven más fácilmente liberables en la proximidad de la madurez, su extracción es máxima cuando las uvas están ligeramente sobremaduras. Ello no quiere decir, por tanto, que sea necesario recolectar lo más tarde para tener la mejor calidad. En efecto, la evolución de los antocianos varía según las variedades, los años y las parcelas. La madurez fenólica es pues la aptitud de una uva para ceder sus compuestos fenólicos. Está demostrado que el seguimiento de los antocianos es suficiente para caracterizar esa madurez fenólica. Este método es nuevo, la determinación del periodo óptimo de recolección está por precisar para cada una de las variedades de las diferentes zonas de producción. En la práctica, los azúcares y la acidez son dosificados sobre una muestra obtenida por presión; el triturado de una muestra de 200 bayas es dosificado por otra parte, para determinar el contenido en antocianos, intensidad colorante,...

La utilización de estos diferentes métodos de determinación de la fecha de las vendimias constituye unas herramientas de ayuda a la decisión, que son complementarias. Antes de vendimiar, es deseable que las viñas sean visitadas por el viticultor y el enólogo. Degustando las uvas, observando el estado de las viñas y con los resultados de los análisis de los controles de madurez, ellos deciden la fecha y el orden de recolección de las parcelas. En general, todo trastorno de la maduración (hielo, ataque de mildiu, enfriamiento, lluvias, ataques de polillas del racimo o de podredumbre gris) provoca siempre una pérdida de cosecha, en cantidad y calidad, por lo que interesaría una vendimia previa a la completa madurez. Al contrario, en otros casos, se preferirá retrasar el momento de recogida, para beneficiarse de las condiciones climáticas del final de la estación, que asegurarán una maduración completa y cualitativa de las uvas, con la reserva de que las condiciones climáticas y el estado sanitario de las uvas lo permitan.

2.2. Práctica de la vendimia

En una explotación, la madurez se produce de una forma escalonada para las diferentes parcelas en función de la topografía y de la variedad. La vendimia se comienza, por tanto, por las variedades más precoces en las parcelas en las que la madurez está más adelantada. Es necesario vendimiar variedad por variedad. Cuando las uvas están en el óptimo de su madurez, hay que vendimiar lo más rápidamente posible, por lo que hay que disponer de un importante equipo de vendimiadores o de una máquina de vendimiar de elevado rendimiento.

2.2.1. Vendimias manuales

El personal de las vendimias es una mano de obra ocasional y no profesional. Los equipos de vendimiadores son más o menos importantes según la dimensión de las explotaciones. La recolección se hace de manera satisfactoria siempre que se den las instrucciones precisas y se controle la calidad del trabajo. Pero los viticultores están cada vez más interesados en la mecanización de las vendimias, debido a las elevadas cargas salariales y sociales y a los problemas de alojamiento de los vendimiadores.

Figura 1
*(Arriba): Vendimias tradicionales a comienzos del siglo xx,
en casa del bisabuelo del autor.
(Abajo): Vendimias manuales y vendimias mecánicas
al final del siglo xx.*

2.2.2. Mecanización de las vendimias

2.2.2.1. *Las máquinas de vendimia*

Tras la aparición de la primera máquina en 1971, en el viñedo francés, se ha producido una rápida progresión de máquinas automotrices y de máquinas arrastradas. Se han propuesto varios tipos de máquinas, pero el sistema que más se ha generalizado es el de *sacudida lateral*. Las bayas se separan del pedúnculo gracias a una energía mecánica, aplicada alternativamente por medio de un conjunto de mayales o sacudidores. Los granos de uva caen sobre escamas o cangilones que aseguran la estanqueidad al nivel de las cepas y transportan la cosecha a la tolva de almacenamiento por medio de una noria de cangilones.

En el Sitevinitech de 1997, el constructor ALMA ha presentado una nueva máquina arrastrada, Selecta 98, que dispone como novedad, de un túnel selectivo formado de toldos fijados sobre las barras, separando la zona fructífera superior del follaje, lo que limita la caída de las hojas y mejora la limpieza de la vendimia. El precio de esta máquina equipada con cuatro extractores, dos de ellos con trituradores, es de 325.000 francos.

Figura 2
*Máquinas vendimiadoras, Braud en 1980 (arriba) y
la SB 33 de Braud en 1997 (abajo).*

Figura 3
Máquina vendimiadora Braud SB 56.

NEW HOLLAND-BRAUD propone, en la gama Saphir, una serie de automotrices (SB 33 a SB 64) con corrección de inclinaciones, motorizada de 4 o de 6 cilindros, de 74 a 117 CV. Para viñedos estrechos, de ancho de plantación mínima de 1,30 m, esta gama ofrece, para un precio comprendido entre 530.000 y 580.000 francos: la SB-33 y la SB-35 que tiene motores de 74 CV atmosféricos para la 33 y de 98 CV sobrealimentados para la 35. Para las viñas anchas y altas, la SB 60 está equipada con un motor de 6 cilindros de 118 CV, que se vende al precio de 720.000 francos; las SB 53 y SB 55 están equipadas de motores de 90 y 102 CV, respectivamente. Los modelos de la gama Saphir tienen un sistema de sacudida SDC (Sistema con Dinamismo Controlado) y un sistema de recepción con norias. La Braud 1620 y la 1620 S están equipadas de bastidores extensibles y polivalentes, motorizadas con 4 cilindros turbo de 100 CV. Existe una gama de máquinas

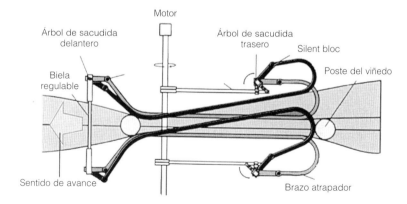

Figura 4
Sistema de recolección Fourcade en la vendimiadora Pellenc.

Figura 5
Vaciado de la tolva al final de la fila.

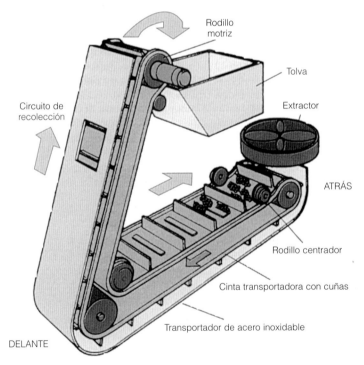

Figura 6
Transportador Pellenc con cinta única.

arrastradas para viñedos anchos: la TB 10 y la TB 15 con sistema de recolección pendular; la potencia necesaria a la toma de fuerza es de 30 CV/14 kw y la del tractor de 55 CV/33 kw.

GREGOIRE propone una gama completa de máquinas, que comprende:
- automotrices polivalentes (G110, 120, 125, 170), que pueden servir de porta-maquinaria para diversos trabajos en el viñedo (tratamiento, despunte, prepoda, elevado); la G115, muy compacta, de gama media, adecuada para numerosos viñedos, se convierte en G 116 y G 117; la G 121, derivada de la G 120, presenta la originalidad de estar equipada con un sistema de transporte por cangilones flexibles y de una cabeza pendular, se transforma también en G 122 con un modo de recepción con escamas y un sistema de transporte, con unos precios de estos modelos que varían de 690.000 a 780.000 francos; la G 170, que reemplaza a la G 130 y a la G 160, equipada de un sacudidor ARC, posee 4 ruedas motrices, y un corrector de inclinaciones del 28% , con un precio de 950.000 francos;
- pequeñas automotrices, la G71, G85, y G135, esta última de vía variable (0,90 a 1,30 m) y dirección a las cuatro ruedas, apropiadas a los viñedos estrechos;
- máquinas arrastradas, gama Worldwide G50, 55, 60.

PELLENC propone una gama integrada de vendimiadoras y de herramientas adaptables sobre el cabezal de recolección. Las automotrices polivalentes 3100, 3140, 3200 pueden adaptar despuntadora, podadora semiautomática, elevadora del emparrado, pulverizador y el sistema de recolección PELLENC. Estas máquinas de vendimia están equipadas de un sistema de recolección Fourcade con brazos atrapadores, de frecuencia y amplitud regulables. Los sistemas de control, con la ayuda de captadores dispuestos sobre los transportadores, permiten una colocación automática de la cabeza de recolección y una alineación automática de la máquina con respecto a la fila. El sistema de transporte, enteramente en acero inoxidable, está provisto de dos aspiradores con trituradores y de una cinta transportadora continua de velocidad variable. Los modelos suspendidos están equipados de sistemas motrices Max Torque que, con cuatro motores Poclain de pistones radiales doble cilindro, permiten una motricidad adaptada a la carga sobre las ruedas, cualquiera que sea la configuración del terreno, llano, descendente o en subida (hasta el 35% para la 3200). La 3200 fue equipada en 1996 con una motorización Perkins turbo-comprimida de 125 CV. Para viñedos estrechos anchura mínima de 1,30 m, y sobre todo llanos (pendiente máxima de 18%) la última novedad, la 2100, es una pequeña automotriz dotada de un motor de 85 CV, que permite a las pequeñas explotaciones tener acceso a una automotriz. Esta máquina puede conseguirse en la opción de 106 CV turbo-comprimido, para arrastrar un pulverizador que requiere más potencia. Con la opción del sistema Smart de PELLENC, la regulación de la vendimiadora se hace sobre la base de cuatro parámetros: la frecuencia, la amplitud, el ajuste y la aceleración. La finura de estas cuatro regulaciones, que necesitan una buena técnica por parte del conductor, permite realizar un trabajo de calidad.

2.2.2.2. *Aspectos vitícolas de la mecanización de las vendimias*

La mayoría de los *sistemas de conducción* pueden vendimiarse mecánicamente:

- el empalizado en plano vertical es el que mejor se adapta, pero cuando la vegetación está demasiado enmarañada o cuando los racimos están sobre brazos largos, es difícil la transmisión de la energía mecánica;
- la *densidad* no plantea ningún problema, ya que los constructores ofrecen máquinas que pasan por encima de una fila en viñas anchas y una o dos filas en viñas estrechas (mínimo: 0,95 m);
- el *sistema de poda:* la poda Guyot y la poda en cordón Royat se prestan bien a la mecanización de la vendimia; por el contrario, el vaso es el más difícil de vendimiar: la eficacia de la sacudida se reduce por la presencia de los brazos dispuestos en el espacio, las heridas en las yemas y las roturas en los brazos. Es necesario adaptar el vaso a la máquina: elevación del tronco para elevar los racimos por encima del suelo (mínimo 15 cm), y alineación del vaso en el sentido de la fila con empalizado;
- *mantenimiento del suelo:* las máquinas de vendimia son pesadas y deben pasar incluso cuando el suelo está húmedo, por lo que es preferible el tratamiento con herbicidas o la cubierta vegetal, para asegurar una mejor fuerza de sustentación del suelo.

Las *características de las parcelas* intervienen en la adaptación de las máquinas al viñedo:
- la *dimensión:* la capacidad de las tolvas o contenedores debe estar en relación con la longitud de las filas y la importancia de su cosecha;
- las *áreas de giro:* deben ser suficientemente amplias para permitir a las máquinas cambiar de fila; 5,50 m como mínimo para máquinas de cuatro ruedas motrices, o al menos 6 m para las otras;
- la *topografía: los c*onstructores ofrecen máquinas con corrección de inclinaciones y máquinas con las cuatro ruedas motrices.

Las *características de la variedad* juegan un papel importante en los resultados de la mecanización de las vendimias. Las variedades cuyas bayas se separan fácilmente, sin reventarse, como las Cabernets y Merlot, son fáciles de vendimiar; por el contrario, las variedades como Ugni blanc, cuyos granos revientan fácilmente por la acción mecánica, tienen pérdidas de jugo bastante importantes.

2.2.2.3. *Aspectos enológicos de la mecanización de las vendimias*

La vendimia mecánica se presenta en forma semi-líquida con granos enteros, granos reventados, mosto, y diversos residuos, hojas, peciolos y cuerpos extraños.

Consecuencias sobre el transporte y recepción de la vendimia: el transporte debe hacerse inmediatamente después de la recolección para limitar la oxidación y la maceración del mosto. Los diferentes residuos se eliminan manualmente en los remolques y con una despalilladora en la bodega. La preparación del muelle de recepción es indispensable en previsión del aumento de las aportaciones en un momento dado y en función de la naturaleza de la vendimia.

Consecuencias tecnológicas: empleo de despalilladoras para eliminar los residuos, presencia más importante de burbas constatada en las variedades blancas, comienzo más rápido de la fermentación.

Consecuencias analíticas y organolépticas: frecuentemente se constata un aumento en hierro, calcio y potasio, y los vinos generalmente son más coloreados y menos ricos en taninos. En la degustación no se encuentran diferencias significativas entre los vinos de vendimias mecánicas y de los otros.

Protección racional del viñedo

CAPÍTULO **1**

ENFERMEDADES FISIOLÓGICAS

1. **Alteraciones de la floración**
2. **«Folletage» - (Apoplejía)**
3. **Clorosis**
4. **Desecación del raspón**
5. **Alteraciones en la resistencia de los azúcares**

1. ALTERACIONES DE LA FLORACIÓN

1.1. Pérdidas después de la floración: corrimiento

El corrimiento es una alteración de la floración que produce una disminución, a veces importante, del potencial productivo. Se aplica el término de corrimiento a la caída accidental de ovarios fecundados o de bayas jóvenes.

1.1.1. Manifestación

A los diez o doce días siguientes a la floración, un número importante de bayas jóvenes no engruesan y caen. La intensidad de esta caída depende de la variedad, de las condiciones climáticas del año y de la dimensión de las inflorecencias.

1.1.2. Mecanismo

La caída de bayas jóvenes es el resultado de un fenómeno de abscisión (formación de un anillo de suber en el pedicelo, desecación y separación del ovario). El determinismo de este corrimiento es, la mayoría de las veces, de orden fisiológico, consecuencia de una perturbación en la redistribución de los azúcares. Este fenómeno fue puesto en evidencia por la experiencia de Merjanian (1930): racimos separados después de la floración y mantenidos sobreviviendo con el pedúnculo sumergido en agua, se corren, mientras que otros colocados en una solución de glucosa no se corren. Esta experiencia muestra que los azúcares son indispensables para el cuajado. Cualquier causa que reduzca la fotosíntesis o perturbe la distribución de los azúcares hacia las flores favorece el corrimiento, como por ejemplo una competencia excesiva entre las extremidades en crecimiento y las flores.

1.1.3. Condiciones del corrimiento

1.1.3.1. *Factores climáticos*

El descenso de la temperatura por debajo de 15 °C y la lluvia pueden dificultar la expulsión del capuchón floral y limitar las posibilidades de la polinización cruzada, se trata entonces de un *corrimiento climático*.

1.1.3.2. *Factores biológicos*

Existen variedades muy tendentes al corrimiento (garnacha, merlot, petit verdot, cot, muscat Ottonel), medianamente tendentes al corrimiento (pinot noir, cabernet franc, gewürztraminer, semillon, muscat de Hamburgo) y variedades poco sensibles al corrimiento; sus reacciones frente a factores que favorecen el corrimiento son totalmente diferentes; las variedades que no tienen corrimiento son poco sensibles a los factores climáticos mientras que las que se corren son muy sensibles a ellos; algunas variedades tetraploides, que tienen 4n cromosomas, tienen un cuajado difícil (savagnin rose aromatique); en este caso se trata de un *corrimiento de origen genético*.

El exceso de vigor, debido a un abonado excesivo o a un portainjerto demasiado vigoroso, aumenta la sensibilidad al corrimiento; así, la garnacha injertada sobre 333 EM se corre más que sobre 41 B y la pinot noir se corre más sobre SO_4 que sobre 3309 C ó 41 B.

Una aceleración del crecimiento de los pámpanos en el momento de la floración-cuajado es un factor que favorece el corrimiento al aumentar la competencia entre los centros de demanda constituidos por los pámpanos en crecimiento y las flores; un medio de limitar el corrimiento es suprimir las extremidades en crecimiento al final de la floración mediante el despunte.

La insuficiencia de la fotosíntesis, debida a causas climáticas o a causas patológicas (clorosis, entrenudo corto, carencias, brenner, etc.), es también una causa de corrimiento; en este caso se trata de un corrimiento fisiológico.

1.1.3.3. *Factores culturales*

La elección de técnicas que reducen la fotosíntesis (empalizamiento incorrecto) o que perjudican la distribución de azúcares (exceso de vigor, despunte demasiado tardío o demasiado precoz) o que modifiquen la temperatura a nivel de los racimos (empalizado defectuoso o laboreo durante la floración) aumentan la sensibilidad de las variedades que tienen tendencias al corrimiento.

1.1.4. Precauciones para limitar el corrimiento

– *en la plantación:* evitar o limitar los efectos de los factores que favorecen el vigor global de las cepas, como la fertilidad de los suelos, la elección de patrones vigorosos, la elección de sistemas de plantación a baja densidad;

– *durante el mantenimiento del viñedo:* practicar podas tardías (en marzo) y despuntes al final de la floración; la incisión anular, practicada por debajo de los racimos para la producción de ciertas variedades de uva de mesa, asegura una mejor alimentación de los ovarios fecundados; pulverizaciones de sustancias de crecimiento (giberelina, cloruro de clorocolina) han dado resultados alentadores pero sus efectos secundarios (reducción de la iniciación floral, debilitación de la cepa) no hacen recomendable su empleo.

1.2. Pérdidas antes de la floración: «filage»

1.2.1. Manifestación

Antes de la floración un cierto número de esbozos de inflorescencias detienen su desarrollo o incluso sufren una regresión, transformándose en zarcillos. Este fenómeno se llama «filage» y se manifiesta, sobre todo, en las inflorescencias menos diferenciadas del orden de dos y tres. Este fenómeno se puede poner en evidencia forzando estaquillas de una yema. El filage se manifestó especialmente en 1984 durante el mes de mayo sobre las inflorescencias y también sobre los zarcillos que primero amarillearon y después se secaron.

1.2.2. Mecanismo

Las inflorescencias abortan debido a la competencia de las reservas entre el proceso de diferenciación de las flores y los fenómenos de crecimiento del pámpano. Las inflorescencias peor alimentadas, principalmente en sustancias de crecimiento y en azúcares, pierden los esbozos florales, se dice que sufren el «filage».

1.2.3. Condiciones del «filage»

1.2.3.1. *Factores climáticos*

Una insolación insuficiente y una temperatura baja (<15 °C) durante un largo período precedente a la floración pueden provocar una alteración fisiológica general (insuficiencia de la fotosíntesis especialmente) que se manifiesta por un amarilleamiento del follaje, un crecimiento ralentizado y el «filage» de las inflorescencias, tal y como se observó en 1984, año excepcional por la gravedad del «filage» y del corrimiento.

1.2.3.2. *Factores nutricionales*

El «filage» se debe, sin duda, a una insuficiencia en la distribución de los azúcares (producidos en cantidades insuficientes o poco disponibles en las partes vivaces) y en citoquininas (producidas por las raíces) hacia los órganos florales durante su diferenciación. La falta o exceso de vigor y una fotosíntesis insuficiente en tiempo fresco y cubierto pueden ser la causa.

1.2.3.3. *Factores culturales*

La poda tardía aumenta el número de inflorescencias de las variedades podadas largas (caso de la merlot podada en Guyot). Por el contrario no parece tener efecto en la garnacha, cariñena y cabernet sauvignon, podadas en pulgares.

1.3. Desarrollo de bayas sin fecundación: «millerandage»

1.3.1. Manifestación

El «millerandage» corresponde al desarrollo de bayas que quedan pequeñas mientras que las otras engruesan normalmente. En la madurez, estas bayas más pequeñas son apirenas, más azucaradas y menos ácidas. Su presencia es un inconveniente para la presentación de la uva de mesa y afecta al rendimiento de la cosecha, cuando este «millerandage» es importante.

1.3.2. Mecanismo

En las variedades femeninas es debido, sobre todo, a la persistencia del capuchón en la flor y a la esterilidad del polen; en las variedades hermafroditas es el resultado de una interrupción del proceso polinización-fecundación, bien por una disminución del poder germinativo del polen (caso general) o bien a causa de un defecto del gineceo (caso de las bayas apirenas de corinto negra). El contacto del polen sobre el estigma y el comienzo de su germinación son suficientes para estimular el desarrollo del ovario a fruto pero sin formación de pepitas puesto que no ha habido fecundación.

1.3.3. Condiciones del «millerandage»

Todo factor que disminuya la germinación del grano de polen o la fecundación del óvulo favorece el «millerandage»:
- *una temperatura insuficiente o una lluvia* que impidan la expulsión del capuchón;
- *las variedades:* en la variedad corinto negra, el «millerandage» es permanente (defecto del gineceo), los racimos tienen una mayor parte de pequeñas bayas apirenas; se puede intervenir para favorecer el engrosamiento de las bayas haciendo una incisión anular. En otras variedades, el millerandage es un fenómeno accidental que se deriva del mismo proceso de polinización sin fecundación y que se traduce por la ausencia de pepitas y por el desarrollo de bayas pequeñas; se trata de una apirenia corintiana accidental;
- *factores culturales:* ciertos patrones (161-49 C, 41 B con Jauomet) favorecen el «millerandage».

2. FOLLETAGE - (APOPLEJÍA)

Se manifiesta por una desecación parcial o total del follaje de algunas cepas. Este fenómeno se produce generalmente en mayo-junio cuando se presentan vientos desecantes después de una lluvia. La transpiración intensa, debida al viento cuando los estomas están abiertos, provoca un desequilibrio de la alimentación de agua en los vasos leñosos y la formación de tílides; las hojas y los brotes, no alimentados, se marchitan.

Este accidente se ve favorecido por:

– *ciertos patrones* y, en particular, el 161-49C y el SO_4;
– *edad de la viña:* las vides jóvenes de 4 a 5 años son las más expuestas pues su corona aérea tiene una gran superficie foliar mientras que su sistema radical está todavía poco desarrollado. En efecto, las necesidades hídricas para la transpiración de estas plantas, no se ven satisfechas, ya que, por una parte, su sistema radicular no tiene una capacidad de absorción suficiente (colonización del suelo inacabada) y por otra parte, el tronco del patrón no ha alcanzado un diámetro suficiente para conducir la savia con un caudal apropiado. Las tensiones en los vasos provocan la formación de numerosos tílides que detienen la conducción de la savia. Después, el «folletage» ya no se producirá, a pesar de los tílides en los vasos, porque la savia buscará nuevas vías de conducción;
– *el sistema de conducción:* las vides altas en las que las tensiones en los vasos del tronco son importantes, son las más expuestas, especialmente cuando son jóvenes y vigorosas y que las posibilidades de implantación del sistema radicular en el suelo son limitadas.

Este accidente aparece sobre todo en las regiones mediterráneas (1995) y excepcionalmente en las regiones septentrionales. Se produce en el momento en que la vegetación está en pleno crecimiento, los años de primavera seca, como en 1876, frecuentemente después de una pequeña lluvia que eleva la higrometría del aire (estomas abiertos) sin reaprovisionar la reserva útil del suelo. Para limitar los efectos de este accidente, cuando se dan las condiciones favorables para la aparición del «folletage», se puede pinzar la extremidad de los pámpanos para limitar la transpiración; el crecimiento se reanuda por los brotes anticipados (nietos).

3. CLOROSIS

Es una enfermedad fisiológica que aparece muy frecuentemente en suelos calizos. Afecta a numerosos cultivos pero las primeras observaciones en vid datan desde la replantación del viñedo después de la invasión filoxérica a fines del siglo XIX. En efecto, el injerto de las variedades tradicionales sobre patrones, ha demostrado que la sensibilidad y la resistencia a la clorosis están relacionadas con las propiedades del sistema radicular establecido en la plantación.

3.1. Síntomas

Durante la fase de crecimiento activo, se observa un amarilleamiento del follaje que comienza por la extremidad, esta decoloración afecta al limbo de las hojas mientras que los nervios permanecen verdes (fotos fuera de texto II). En casos graves, las hojas se vuelven enteramente blancas con aparición de necrosis marginales y después internerviales; el crecimiento se ralentiza, los pámpanos se decoloran también y quedan raquíticos, los anticipados se desarrollan en mayor número dando a la vegetación un aspecto de «escoba de bruja»; en el último estadio, los sarmientos se desecan y la planta muere, pero este estado final es afortunadamente bastante raro. La enfermedad se manifiesta frecuentemente a principios de la vegetación y desaparece a continuación, no sin perjudicar el metabolismo de la planta con graves consecuencias para la producción y la perennidad de las cepas. Las cosechas pueden disminuir de una manera significativa.

3.2. Causas de la enfermedad

La clorosis es la manifestación de una carencia férrica a nivel de las hojas que reduce o impide la síntesis de la clorofila. Esta carencia férrica es debida bien a una insuficiencia de la absorción de hierro por las raíces o a una insuficiencia de su migración, o bien a los dos fenómenos simultáneamente:

— *insuficiencia de absorción de hierro:* el hierro está presente normalmente en el suelo bajo numerosas formas minerales cuya solubilidad es muy débil, la mayor parte del hierro está en forma oxidada, no asimilable por las plantas; sólo una pequeña fracción, solubilizada en estado ferroso, es absorbible por las raíces. En suelos calcáreos, con pH superior a 7, se forma, mediante la acción del agua del suelo cargada de gas carbónico, bicarbonato (HCO_3^-) que aparece como el principal factor inductor de la clorosis férrica actuando sobre el poder tampón de los suelos; en efecto, los bicarbonatos mantienen el pH de la solución del suelo entre 7,5 y 8,5 lo que reduce la concentración en hierro soluble disponible para la planta. Los factores que aumentan el contenido en CO_2 (presencia de materia orgánica en descomposición) o la fragmentación de la caliza (labores) agravan los fenómenos de clorosis. Asimismo, todo lo que perjudique el funcionamiento de las raíces (exceso de agua, compactación del suelo e insuficiencia de temperaturas en período lluvioso en primavera) limita la absorción del hierro y favorece la manifestación de la clorosis;

— *insuficiencia en la migración del hierro;* el hierro migra normalmente en la savia bruta de la planta en forma de un complejo ácido cítrico-hierro que protege a este último de la insolubilización. La clorosis aparece cuando ya no hay hierro disponible a nivel de las hojas para participar en la síntesis de la clorofila y de las enzimas respiratorias. La migración del hierro absorbido es ralentizada y después interrumpida por agotamiento de las reservas de almidón de las raíces que son el origen de este ácido cítrico. Por esta razón cualquier causa que limite, durante el ciclo vegetativo precedente, la fotosíntesis, la migración de azúcares y su almacenamiento en las partes vivaces (especialmente las raíces), aumenta los riesgos de clorosis. Es el caso, por ejemplo, cuando la cosecha del año anterior ha sido abundante, tardía o cuando las condiciones climáticas de finales de otoño no son favorables para el agostamiento.

3.3. Condiciones de desarrollo

La clorosis se manifiesta en aquellas regiones en las que el suelo y el subsuelo son ricos en caliza y cuando se dan ciertas condiciones reunidas:

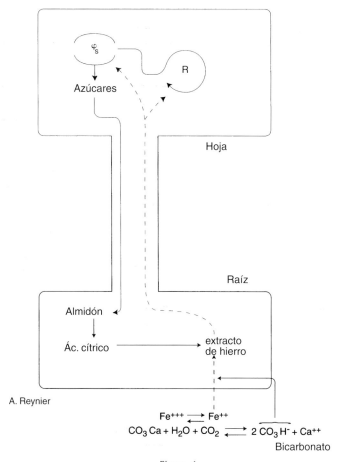

Figura 1
Determinismo de la clorosis.

El hierro en estado oxidado (Fe^{+++}) no puede ser absorbido más que después de su reducción a estado ferroso (Fe^{++}); a continuación migra en forma de citrato de hierro hacia las hojas donde es necesario para la síntesis de la clorofila y de las enzimas respiratorias. La clorosis se manifiesta por insuficiente absorción del hierro o por insuficiencia en la migración del hierro o por las dos simultáneamente.

– *el poder clorosante del suelo* que depende de su contenido en caliza activa ($CaCO_3$) y en hierro fácilmente extraíble (Fe), es decir, asimilable por las raíces, permite apreciar el nivel de riesgo de clorosis y efectuar la elección del patrón adecuado. Este poder clorosante se evalúa por el índice siguiente, llamado IPC (índice de poder clorosante), obtenido por la fórmula de Pouget y Juste:

$$IPC = \frac{CaCO_3 \times 10^4}{(\text{Fe fácilmente extraíble})^2}$$

en la que $CaCO_3$ está expresado en % de tierra fina y el Fe en mg/kg;

– *un mal agostamiento* de las maderas del año precedente (pocas reservas de almidón) favorece la clorosis; eso puede ser consecuencia de un exceso de cosecha el año precedente, de una pérdida parcial del follaje en verano o prematura en otoño por efecto de la sequía o de ataques parasitarios. Ello explica también que las viñas jóvenes de dos a tres años sean muy sensibles a la clorosis ya que el nivel de sus reservas en almidón es muy bajo;

– *el vigor de la vid* favorece la aparición de la clorosis;

– *la sensibilidad de la planta:* algunos patrones, tales como Riparia gloria de Montpellier, son poco resistentes, mientras que las variedades de *V. vinifera* y los híbridos Vinifera-Berlandieri empleados como patrones, están entre los más resistentes. La solubilización del hierro y su absorción ponen en juego normalmente mecanismos generales tales como la respiración de las raíces y la acción de microorganismos que hacen al medio más reductor. En respuesta a la carencia férrica, esta absorción de hierro sería consecuencia, en las vides más resistentes, de varios mecanismos específicos que intervienen en grados diversos según los patrones: acidificación del medio por la emisión de patrones a nivel de las raíces que aumenta la actividad reductora de la raíz y por la exudación de compuestos orgánicos reductores quelatantes;

– *las primaveras lluviosas* disminuyen las disposiciones de hierro asimilable al aumentar la disolución de la caliza, dificultando su absorción y reduciendo la fotosíntesis. Por otra parte, clorosis de tipo fisiológico se manifiestan incluso en suelo poco calizo, en suelos encharcados durante primaveras lluviosas y frías (caso de algunos viñedos de Champagne establecidos en suelos arcillosos sobre horizontes calizos endurecidos);

– *las condiciones agronómicas de los suelos:* las operaciones de cultivo que favorecen la fragmentación de los elementos calizos (labores del suelo), el desprendimiento de gas carbónico (aportación de materia orgánica fresca) o que limitan la actividad radicular (compactación de suelos arcillosos o apisonados por una labor del suelo en malas condiciones y por el paso de maquinaria pesada) favorecen la aparición de la clorosis.

3.4. Medios de lucha

El contenido en caliza y la naturaleza del suelo constituyen factores de riesgo que son determinantes para la clorosis. La lucha contra la clorosis se aprecia en la parcela y debe ser siempre preventiva, tanto antes de la plantación de la vid como por medio de operaciones anuales. En parcelas de alto riesgo, la lucha comienza antes de la plantación con la elección del patrón, con la realización de ciertas técnicas de preparación del suelo que impidan la disgregación de la caliza y la compactación de los suelos y mediante aportaciones de hierro al suelo. En parcelas de riesgo moderado u ocasional, la lucha es más compleja puesto que hay que entervenir preventivamente sin conocer con anterioridad la importancia de este riesgo que depende esencialmente de las condiciones climáticas de la primavera, sobre todo si el patrón solamente tiene una resistencia media. Por lo tanto es imprescindible un buen conocimiento del terreno. La observación regular del viñedo permite descubrir los primeros índices de manifestación de la clorosis.

3.4.1. Elección del patrón

Los datos químicos proporcionados por el análisis del suelo (pH, caliza activa, índice de poder clorosante) completados por la situación topográfica de la parcela, la naturaleza física del suelo y su humedad permiten elegir un portainjerto adaptado al suelo y resistente a la clorosis (parte II, capítulo 2).

3.4.2. Elección de las técnicas de cultivo

En suelo calizo hay que evitar la disgregación de la roca-madre por un desfonde antes de la plantación o por labores demasiado profundas. Es recomendable no labrar el suelo en período húmedo, principalmente con aperos rotativos y en particular durante el período de floración. El no cultivo del suelo o la cubierta vegetal permanente o natural mantenida, pueden limitar la clorosis, pero estas técnicas de mantenimiento del suelo no siempre son posibles ni deseables. En suelos arcillosos, es necesario facilitar la eliminación de las aguas mediante el drenaje, mejorar la estructura y evitar la compactación de los suelos.

3.4.3. Aportaciones de sulfato de hierro

– *al suelo:* la aplicación de sulfato de hierro al suelo es eficaz en los suelos pobres en caliza activa. Se pueden enterrar de 3 a 5 t/ha antes de la plantación o cada dos o tres años con una labor de subsolado, o por surcos que son tapados inmediatamente mediante una labor de aporcado. El objeto es conseguir un almacenamiento a nivel de las raíces de la vid; las aportaciones de hierro al suelo se hacen a finales de invierno, siendo ineficaz el hacerlo antes. La aportación de sulfato de hierro en forma líquida proporciona mejores resultados, en una solución al 10% mojando abundantemente (300 a 350 hl/ha de agua con una aportación de 3,5 t/ha) e interviniendo lo más cerca del desborre (de mediados de marzo a mediados de abril). En el viñedo de la región de Cognac, las aportaciones de sulfato de hierro representan un 60 a 70% de las aportaciones de hierro al suelo. Esta aportación es bastante económica a nivel de coste del producto (1.800 a 2.000 F/ha) pero representa un problema a nivel de organización y del coste de la mano de obra empleada en su esparcimiento. El agua, a veces, es sustituida por las vinazas de destilación, lo que disminuye el volumen a distribuir a 100-150 hl/ha para una aportación de sulfato de hierro de 3,5 t/ha. El volumen de vinazas puede reducirse a 50 hl/ha localizando el caldo entre los 10 y 30 cm del suelo con ayuda de inyectores. En Champagne, en suelos de creta, el CIVC aconseja la aportación de t/ha cada cinco a diez años de sulfato de hierro en polvo (20% de hierro) o de 300 m^3/ha cada diez años de lignito (tierra negra con una dosis del 1 al 10% de hierro).

– *por vía foliar:* pulverización de una solución acuosa con 600 g/hl de sulfato de hierro, con un gasto de 600 l/ha, con adición facultativa de ácido cítrico a razón de 50 g/hl y principalmente en caso de utilización de agua caliza. La concentración de la solución debe aumentarse en el caso de pulverización a bajo volumen sin sobrepasar nunca los 1.000 g/hl con un aeroconvector a 300 l/ha, o 1.500 g/hl con un aparato neumático a 100 l/ha. Este producto es fitotóxico y puede provocar puntuaciones necróticas con concentraciones elevadas y además ataca a los alambres.

Estas pulverizaciones foliares tienen una cierta eficacia si son precoces (en cuanto aparecen los primeros síntomas), repetidas a intervalos pequeños (4 a 5 tratamientos cada 4-5 días) y efectuados preferentemente al atardecer o a primeras horas de la mañana.

– *por las heridas de poda* (método Rességuier): remojo con una solución de sulfato de hierro (300 g/l de agua) y de ácido cítrico (30 g/l de agua) de las heridas de poda en el momento del descenso de la savia en otoño después de una poda parcial o de un simple despunte de los sarmientos.

3.4.4. Aportación de quelatos de hierro

El sulfato de hierro es inactivado en el suelo por precipitación, oxidación o formación de compuestos insolubles. Los quelatos de hierro son compuestos orgánicos en los que el metal se encuentra quelatado, como secuestrado o protegido, pero conservando su actividad. Existen en estado natural en el suelo en forma de complejos orgánicos de hierro solubles. Los productos comerciales provienen exclusivamente de procedimientos industriales. Una vez incorporados al suelo o utilizados en pulverización foliar, ponen el hierro asimilable a disposición de las raíces. A pesar de su precio caro, los productos a base de quelatos tienen un éxito creciente debido a la facilidad de su empleo. Sin embargo, existen varios tipos de quelatos cuya eficacia es diferente. Estos diferentes quelatos (EDDHA, EDTA, DTPA, HEDTA) tienen un potencial de estabilidad que depende del pH del suelo. La mayor estabilidad y la mejor eficacia se obtienen en suelo calizo con un pH alto, con el EDHA; con esta forma el hierro se mantiene asimilable, la liberación del hierro es progresiva y la planta es alimentada en hierro de una manera regular. Los quelatos se comercializan en forma de polvo, granulados o en forma líquida. Deben aportarse a nivel de las raíces o eventualmente a nivel de las hojas.

– *al suelo:* localizándolo en profundidad:
  • en el hoyo de la plantación antes de colocar la planta;
  • en viñedos establecidos, en casos graves, en invierno con granulados en seco tales como: Chelatoli GR, Fer'Or GR, Sequestrene Fe 20G, Sequonia G (que contiene 1,2% de hierro) a una dosis de 150 a 250 kg/ha, Masquolate Fe AG 2000, Orgafer 2 (contiene un 2% de hierro) a una dosis de 60 a 150 kg/ha;
  • o entre el desborre y el estado fenológico F (seis hojas), con polvos o microgranulados solubles a la dosis de 20 a 50 kg/ha para productos comerciales con un 6% de hierro (mínimo 1.800 g de hierro/ha) en 1.200 a 1.500 litros de agua por hectárea con un chorro líquido sobre la fila o mejor con cuchillas enterradoras que permiten localizar el caldo entre 10 y 25 cm de profundidad. Para las clorosis crónicas, es preferible hacer aplicaciones anuales de quelatos de hierro a semi-dosis, mejor que cada dos años a dosis total (resultados CIVC):

    Ferrichel 42 (30 a 70 l/ha), Masquolate FeA 2.400 L (80 a 150 l/ha), Sequestrene Fe líquido (30 a 75 l/ha) o Crescal Fe, Ferrichel 60, Libfer SP, Plantín Fer, Sequestrene solucrapido Fe 100 SG, Sequonia P, Verofer Express a dosis de 25 a 50 kg/ha.

– *en pulverización foliar:* los tratamientos deben ser precoces y repetidos (3 a 4 tratamientos durante los estados F, G y H); son menos eficaces que la aportación al suelo; los productos quelatados se presentan en forma de concentrados solubles o de polvo mojable que pueden ser mezclados o no con fungicidas. De una manera general, la aportación de hierro en pulverización es interesante para completar la acción de las aportaciones al suelo en caso de clorosis grave o para luchar directamente en el caso de clorosis benigna:

Hierro líquido EDTA	1 l/ha
Ferfol	1,5 kg/ha antes de floración
Fe L (Masquolate) 8000, Clorover, Quelato de hierro	3 l/ha
Hierro (DTPA)	5 l/ha
Ferti leader Fe, Masquolate Fe DL 3800	5-8 l/ha
MF 135 Hierro	10 l/ha

4. DESECACIÓN DEL RASPÓN

4.1. Síntomas

Es una enfermedad fisiológica que se manifiesta entre mediados y final del envero por la aparición, en el raspón, de necrosis hundidas de color pardo y deprimidas lo más frecuentemente a nivel de las ramificaciones y, posteriormente, por la desecación del raspón y de los granos (foto fuera de texto II). La transición entre la zona verde y la zona desecada es neta. La pérdida de cosecha es más o menos importante según las variedades y los años; en algunas variedades, como Cardinal, solamente se desecan algunos pedicelos, por el contrario las necrosis pueden afectar a los raspones principales en otras variedades. Esto produce una pérdida importante de cosecha y una disminución en la calidad de las uvas.

4.2. Causas y condiciones de aparición

Es un accidente fisiológico que ha suscitado numerosas teorías. En principio, el fenómeno se atribuía a una carencia localizada en calcio y magnesio de los tejidos del raspón; se constata en efecto que las viñas más carenciadas en magnesio son más sensibles y que la relación k/Ca+Mg en el raspón es más elevada en el momento de los síntomas. Posteriormente los trabajos realizados sobre las sustancias de crecimiento han demostrado que el determinismo de la desecación del raspón podía ser de tipo hormonal, ligado al contenido en ácido abscísico en el envero. Otros investigadores explican esta desecación por déficit de agua a nivel de las células del raspón.

Algunas variedades son sensibles como, por ejemplo, la Gewürztraminer y la Cabernet-sauvignon, otras por el contrario, como la Pinot noir y la Cinsaut son más resistentes. Los portainjertos actúan sobre la sensibilidad o la resistencia de la vid: los portainjertos vigorosos y sensibles a la carencia en magnesio favorecen la desecación del raspón (SO4, 44-53 EM, Teleki 5BB). Todo lo que aumente el vigor (portainjerto, abonado, injerto) es favorable a la expresión de la enfermedad. Una alimentación hídrica contrastada agrava el fenómeno, especialmente después de lluvias tormentosas en un suelo mullido que humedezcan bruscamente el suelo después de un déficit hídrico más o menos pronunciado.

4.3. Medios de lucha

Preventivamente, se intentará limitar el vigor de las cepas mediante la elección del portainjerto antes de la plantación y practicar un abonado equilibrado en potasio y magnesio de acuerdo con las necesidades.

Curativamente, pulverizar con sulfato de magnesio de un 16% de MgO sobre los racimos en dos aplicaciones: una al principio del envero (20% de uvas traslúcidas o coloreadas), la otra diez días más tarde con una concentración del 5 al 15% de manera que se aporte globalmente 40 a 50 kg/ha de producto comercial. También se puede pulverizar en las mismas condiciones, nitrato de magnesio, a una concentración del 4% a una dosis de 12 y después de 5 l/ha. Las pulverizaciones se deben completar con aportaciones al suelo de sulfato de magnesio. El sulfato de magnesio puede ser reemplazado por otros productos comerciales tales como Mag 20 (14% MgO), MF 135 MgO (12% MgO), Hidromag (39% MgO).

5. ALTERACIONES DE LA RESISTENCIA DE LOS AZÚCARES

5.1. Enrojecimiento y flavescencia

5.1.1. Síntomas

El enrojecimiento en las variedades rojas y la flavescencia en las blancas se manifiestan por los síntomas siguientes:
- *en las hojas:* se observa un enrojecimiento o un amarilleamiento que parte de los bordes de la hoja y que progresa entre los nervios; estos síntomas solamente aparecen en las hojas adultas; la coloración del limbo viene seguida por necrosis que comienza en el punto de aparición de los síntomas. La hoja se vuelve lisa, se enrolla y se hace quebradiza;
- *en los ramos:* el agostamiento es incompleto, pues las hojas están parcialmente desprovistas de clorofila;
- *en los racimos:* la maduración es incompleta y los racimos aparecen normalmente alargados.

5.1.2. Causas de la enfermedad y condiciones de desarrollo

Este enrojecimiento (o flavescencia) es consecuencia de una parada de la migración de los azúcares y su acumulación en las células del limbo. Las causas de esta inmovilización son varias, algunas pueden ser accientales, se trata entonces de un *enrojecimiento traumático:*
- la alteración de los vasos del líber puede haber sido provocada por insectos como la cicadela bubal que pica en los ramos para allí hacer la puesta de sus huevos (a determinado nivel del ramo, la extremidad es roja y la base verde,

la corteza queda lacerada e hinchada); se observa una renovación de estos daños, pero de poca importancia, después de los tratamientos insecticidas, o cuando se utilizan únicamente insecticidas preventivos estrictos que no tienen efectos sobre las cicadelas;

– también puede producirse una compresión de los vasos del líber de los sarmientos que brotan apretados unos contra otros; este caso es más frecuente en las viñas conducidas en forma de cordón Royat;

– las heridas de poda en los brazos pueden alterar los vasos del líber.

Pero estos enrojecimientos y flavescencias accidentales tienen efectos limitados sobre la cosecha, mientras que el clima y las condiciones de alimentación mineral en el suelo tienen efectos más perjudiciales:

– por eso, en otoño, si la fotosíntesis es todavía activa durante el día, la migración de los azúcares hacia las uvas se ve ralentizada o bloqueada debido al enfriamiento de las noches; en este caso se llama *enrojecimiento climático;*

– el enrojecimiento también puede estar provocado por una insuficiencia en potasio en la alimentación mineral de las cepas; este *enrojecimiento mineral* de las variedades rojas o *flavescencia mineral* de las variedades blancas se observa en julio o comienzos de agosto, es decir, cuatro o cinco semanas después de la floración;

– finalmente, en suelos húmedos, la asfixia de las raíces provoca un bloqueo de los azúcares y la aparición del enrojecimiento, se trata entonces de un *enrojecimiento por asfixia.*

5.1.3. Medios de lucha

Después de la manifestación del enrojecimiento o de la flavescencia en una parcela de viña, se debe, en primer lugar, suprimir la causa y asegurar la reconstitución de las reservas de la cepa. Para ello, se disminuirá la carga y se favorecerá la alimentación mineral mediante abonados a base de cloruro, o mejor, de sulfato de potasa aportados al suelo, completados o no por una pulverización foliar de nitrato de potasa.

5.2. Pardeado

El pardeado se manifiesta durante la maduración, en veranos soleados, en las cepas muy cargadas de frutos.

5.2.1. Síntomas

El pardeado se manifiesta por la presencia de manchas irregulares, pardo-rojizas, más o menos importantes, en la parte de las hojas expuestas al sol; estas manchas pueden adquirir un color chocolate mientras que la cara inferior del limbo permanece verde. En las viñas jóvenes, las hojas pueden desecarse progresivamente y caer durante la maduración. Los granos de uva de las variedades pardeadas están mal coloreados, ácidos y poco azucarados. Los sarmientos están mal agostados.

5.2.2. Causas y consecuencias de la enfermedad

El pardeado, alteración de la redistribución de azúcares durante la maduración, está provocado por la presencia en la cepa de un volumen de uvas demasiado importante con relación a la capacidad fotosintética del follaje. Las cepas demasiado cargadas, pero con una actividad fotosintética insuficiente, brotan a expensas de las reservas de almidón almacenadas en las partes vivaces. Cuando éstas se hayan agotado, se desarrolla un proceso de degradación de otros compuestos orgánicos, especialmente a nivel de los cloroplastos de las hojas. El pardeado se ve agravado por una insuficiente alimentación potásica.

5.2.3. Medios de lucha

Hay que evitar ante todo una carga demasiado elevada en las viñas jóvenes practicando una poda razonable en invierno e interviniendo si fuera necesario mediante un aclareo después del cuajado. Si a pesar de todo aparece el pardeado, hay que reconstituir las reservas de las cepas mediante un abonado potásico enterrado profundamente (500 kg/ha de K_2O en suelos arcillosos) y por una reducción de la carga en el momento de la poda. Se aconseja completar esta aportación otoñal con pulverizaciones foliares a base de nitrato de potasa, a una concentración del 0,8 al 1% (8 a 10 kg/10 hl de agua) a razón de 5 a 6 pulverizaciones realizadas con un intervalo de 8 ó 10 días durante el período de crecimiento activo de la viña.

CAPÍTULO **2**

ACCIDENTES CLIMÁTICOS

1. **Heladas**
2. **Granizo**
3. **Escaldado**
4. **Los rayos**
5. **Vientos**

1. HELADAS

Las viñas pueden ser dañadas por las heladas en otoño, en invierno y en primavera, pero la acción y las consecuencias de estos accidentes climáticos varían en función de la intensidad del frío y del estado vegetativo:

– *las heladas de otoño* producen daños si se producen antes de la caída de las hojas;

– *las heladas de invierno* afectan entre la caída de las hojas y el desborre, son graves y pueden llegar a destruir cepas si son muy fuertes;

– *las heladas de primavera* afectan durante y después del desborre, son las más frecuentes, producen daños importantes pero variables según las regiones y los años.

1.1. Heladas de otoño

Los órganos herbáceos son dañados cuando la temperatura desciende por debajo de –2,5 °C; las hojas se desecan y caen: los sarmientos se agostan mal; si no se ha acabado la vendimia los pedicelos helados provocan la caída de las uvas; el hollejo de las uvas heladas a –3,5 °C se deseca favoreciendo el desarrollo de la podredumbre gris. Por debajo de –6 °C el líber de algunos sarmientos puede quedar destruido en parte, así como algunas yemas.

Las variedades de agostamiento precoz y las viñas plantadas sobre patrones de vigor débil están menos expuestas a estos accidentes. Aunque no se haya completado la madurez, conviene vendimiar lo más pronto posible después de la helada.

1.2. Heladas de invierno

1.2.1. Aspectos de los órganos dañados

En invierno, cuando la temperatura es inferior a −15 o −18 °C, puede dañar las yemas y el líber de los sarmientos y, además, tanto los brazos como los troncos pueden verse afectados: el corte transversal de las yemas heladas es de color pardo; si se hace un corte por debajo de la corteza también se aprecia una coloración parda; un corte transversal en los sarmientos o en maderas más viejas muestran cómo el líber está destruido sectorialmente o en su contorno.

1.2.2. Factores que favorecen las heladas de invierno

- *las viñas jóvenes* son las más sensibles pues sus tejidos son más ricos en agua y están peor agostados; son las más expuestas si no están aporcadas;
- en *las viñas adultas,* los sarmientos más vigorosos, los menos agostados y las viñas podadas son las más sensibles;
- *las viñas situadas en valles, sobre suelos ligeros, con buena reserva hídrica* sufren más daños pues su vigor es mayor y su agostamiento peor, sobre todo si la vendimia ha sido tardía.

1.2.3. Medios de lucha

Como medios preventivos, conviene evitar la instalación del viñedo en zonas propicias a las heladas, aporcar las cepas en invierno, asegurar el agostamiento de la madera, luchando especialmente contra todos los parásitos del follaje, disminuyendo el vigor y evitando la superproducción. Estas medidas se completan con la elección de los métodos que limitan los riesgos de heladas: drenaje de las parcelas antes de la plantación, mantenimiento mecánico del suelo de los viñedos jóvenes.

En las viñas heladas, es prudente valorar el nivel de los daños mediante cortes en las yemas y maderas:
- *en viñas podadas,* esperar a la brotación e intervenir si los daños son importantes conservando los pámpanos del tronco (o los de los brazos si el hielo sólo ha dañado las yemas) para reforzar la cepa;
- *en viñas adultas no podadas,* hay varias actitudes según el nivel de daños: podar las plantas menos dañadas dejando una carga superior o efectuar una pre-poda consistente en conservar solamente las maderas elegidas como pulgares y varas, haciendo un ajuste de la carga después del desborre; las cepas más dañadas solamente se podan después del desborre y en ese momento se puede tomar la decisión de arrancarlas, desmocharlas o podarlas.
- *en viñedos jóvenes,* podar solamente después del desborre y replantar si fuera necesario.

Figura 1
Estado de una viña en junio después de la helada de enero de 1985.

1.3. Heladas de primavera

Las heladas de primavera pueden causar la pérdida de toda o parte de la cosecha de las viñas adultas y la destrucción de numerosas plantas en viñedos jóvenes.

1.3.1. Aspecto de los órganos dañados

Las yemas pueden ser dañadas a partir del desborre: si se hace un corte transversal aparece una coloración oscura; las yemas que han desborrado y las puntas de los ramos, más sensibles, se marchitan, enrojecen y se desecan en el día; estos mismos efectos pueden ser constatados en las inflorescencias, algunas se han podido salvar pero otras se marchitan secándose después.

1.3.2. Mecanismo de las heladas

Las heladas de primavera pueden manifestarse bajo dos formas:
– *heladas negras* o *heladas por advección,* debidas a la llegada de una masa de aire frío a una temperatura inferior a 0 °C, hasta –3 °C o incluso hasta –6 ó –7 °C; estas heladas de tipo invernal se producen tanto de día como de noche;
– heladas blancas o heladas por irradiación, debidas a un enfriamiento de los órganos vegetales y del suelo por irradiación infrarroja en un aire seco y en calma, esta irradiación sólo afecta a las capas bajas de la atmósfera y, en general, permanece localizada; estas heladas producen daños únicamente por la noche.

Por lo general, las heladas de primavera son heladas por irradiación pero las más graves combinan los dos fenómenos: enfriamiento por advección durante el día y después enfriamiento por radiación la noche siguente.

El enfriamiento de las yemas y los sarmientos es crítico cuando su balance energético es negativo, es decir, cuando pierden más energía de la que reciben. Según la velocidad de enfriamiento varían los daños:

- *si el enfriamiento es lento,* antes del desborre, la planta soporta una cristalización extracelular desarrollando defensas contra el enfriamiento (deshidratación de las células, disminución del volumen celular y aumento de la concentración del medio celular); por el contrario, después del desborre, los órganos ya no tienen esta capacidad de resistencia relativa;
- *si el enfriamiento es rápido,* en invierno y en las proximidades del desborre, la cristalización es intracelular; en este caso se produce la muerte de los órganos.

1.3.3. Factores que favorecen las heladas de primavera

1.3.3.1. *Condiciones climáticas*

Las condiciones favorables a las heladas de radiación son principalmente: una temperatura baja al atardecer (puesta de sol), cielo despejado que provoca fuertes pérdidas de irradiación, falta de viento o muy débil que favorece la estratificación de las capas de aire, humedad relativa baja y un suelo frío; en caso de viento, el enfriamiento de los suelos húmedos puede ser importante a causa de la evaporación.

1.3.3.2. *Situación de las parcelas*

Las viñas en los fondos de valles o protegidas del viento, o en la parte alta de un obstáculo que retenga el aire frío, son las más expuestas a las heladas de irradiación; en el caso de heladas de advención, las parcelas bien expuestas y favorables a un desborre precoz (ladera expuesta al sur-sureste y protegida del viento) son las más vulnerables.

1.3.3.3. *Sensibilidad de las viñas*

- *la sensibilidad propia de las variedades:* algunas variedades toleran mejor que otras la formación de hielo mediante el endurecimiento de sus células; riesling, cabernet sauvignon y chardonay tienen una buena resistencia al frío;
- *la sensibilidad de los órganos aumenta* de 1 a 2 °C cuando están mojados por la lluvia, el rocío o la aspersión;
- *el estado fenológico:* el umbral de resistencia a la helada de las yemas asciende al aproximarse el desborre pasando de −8 °C en pre-desborre (estado A/B), a −6 °C en el estado B, entre −4 y −2 °C en el estado C;
- *las viñas jóvenes* son más sensibles en los casos siguientes: plantas en pots, plantaciones tardías, viñas no aporcadas;

1.3.3.4. *Condiciones de cultivo*

Los daños son más graves en los casos siguientes:
- *viñas con cubiertas vegetales,* o la presencia de hierba en las calles o en las orillas de la parcela;
- *los sistemas de poda corta,* especialmente en cordones, debido la precocidad y homogeneidad del desborre;
- *las podas precoces,* ya que las tardías, al retrasar el estado fisiológico de las yemas las protegen más tiempo;
- *las viñas vigorosas;*
- *las viñas* cuyos órganos vegetativos están más cerca del suelo.

1.3.4. Efectos de las heladas de primavera sobre las viñas

1.3.4.1. *Comportamiento de las viñas después de las heladas*

Según el estado de crecimiento de los órganos afectados y la intensidad de los daños, la vid reacciona de diferente forma:
- los pámpanos ya desarrollados cuya parte apical está helada reaccionan mediante una activación de los anticipados, pero su crecimiento es más débil, confiriéndole un aspecto arbustivo al conjunto; los racimos pueden helarse parcial o totalmente.
- las yemas y pámpanos totalmente helados son reemplazados, en el mejor de los casos, por el cono secundario contenido en la misma yema;
- cuando todas las yemas de una madera de poda se han helado, el rebrote puede producirse a partir de la yema ciega situada en la base;
- el desarrollo de chupones en los brazos y el tronco se ve activado, tanto más cuanto más importantes son los daños.

Las vides presentan posteriormente, durante el período de actividad vegetativa, dos tipos de órganos cuya evolución fisiológica está retrasada de tres a cuatro semanas. Y así los racimos de primera generación (no helados) continúan su evolución mientras que los de segunda generación, asentados en los brotes nacidos de los conos secundarios y de las yemas ciegas aparecen más tarde con una floración y maduración más retrasadas.

La longevidad de las viñas puede verse comprometida si las cepas tienen dificultades para rebrotar a partir de las yemas de la madera vieja, es el caso de viñas jóvenes demasiado dañadas, o de viñas que hayan sufrido ya varias heladas o en el caso de viñas débiles.

1.3.4.2. *Incidencias de las heladas de primavera en la recolección*

- *sobre el volumen:* siempre es muy difícil apreciar en los primeros días siguientes a las heladas ya que los racimos de segunda generación van a compensar parcialmente la pérdida inicial; después del cuajado se puede tener una mejor apreciación teniendo en cuenta el número de racimos y el desarrollo de la floración de los dos tipos de racimos pero las pérdidas son muy variables según los viñedos y parcelas;
- *sobre la calidad de la cosecha:* teniendo en cuenta el desfase fisiológico de los dos tipos de racimos, la maduración es heterogénea y en parte retra-

sada, lo que no es favorable para alcanzar el óptimo de calidad de la vendimia.

1.3.5. Cuidados a dar a las viñas heladas

Después de una helada de primavera el viticultor debe preocuparse, sobre todo, de la poda futura y dejar, en el momento del desborre, chupones destinados a reemplazar las yemas destruidas en maderas largas o en los pulgares y pinzar los brotes helados parcialmente.

1.3.6. Protección contra las heladas de irradiación (heladas blancas)

El viticultor puede limitar los riesgos mediante métodos técnicos que reduzcan o no favorezcan la sensibilidad a la helada, o también intervenir directamente en períodos críticos modificando el microclima a nivel de los órganos de la vid.

1.3.6.1. *Métodos técnicos que limitan los riesgos de heladas (métodos pasivos)*

• *En el momento de la plantación,* el viticultor debe apreciar los riesgos de helada de la parcela informándose de los daños ya eventualmente sufridos por el cultivo precedente y colocando, el o los años anteriores, termómetros en los períodos críticos; a continuación deberá tomar una serie de decisiones antes de plantar:

– evitar plantar en situaciones con muchas heladas, ya que la frecuencia de los daños compromete la perenidad del cultivo y su rentabilidad; además esas zonas son a menudo de un limitado potencial cualitativo; en el caso de plantación en esas zonas, los terrenos en hondonadas en donde el aire frío se acumula y las parcelas en las que el aire no circula a causa de la presencia de un obstáculo natural hay que arreglarlos para facilitar la circulación del aire; el drenaje permite disminuir el contenido en agua del suelo;
– en parcelas proclives a la presencia de heladas, elegir las variedades menos sensibles que tenga un desborre tardío;
– elegir un sistema de conducción que permita alejar la vegetación del suelo aumentando la altura del tronco;
– plantar estacas-injertos soldados y enraizados, no utilizar cubiertas plásticas, aporcar los pies después de la plantación.

• *Con motivo del mantenimiento anual:*
– podar tarde y practicar la poda preparatoria de manera que se retrase el desborre de las yemas de la base;
– retrasar el doblado de las maderas de poda;
– no labrar el suelo en las proximidades del desborre y durante el período de riesgos pero sí eliminar las malas hierbas del viñedo.

1.3.6.2. *Intervenciones directas para modificar el microclima a nivel de los órganos (métodos activos)*

Las pantallas de humo o de niebla, calentamiento del aire por medio de estufas de fuel pulverizado o por quema de combustibles sólidos, el riego por aspersión y el uso de ventiladores para remover el aire, son métodos a utilizar.

- *El calentamiento del aire* se hace:
- con quemadores que funcionan con fuel pulverizado; colocar de 180 a 200 quemadores que pueden estar equipados con dispositivos automatizables por encendido electrónico; el consumo es de 400 litros de fuel por hora; a pesar de ser una inversión importante inicial, es un sistema económico durante su utilización; la ganancia térmica es de +5 a 6 °C;
- con combustibles sólidos, bujías de parafina o briquetas caloríficas, en situaciones de heladas débiles, estos combustibles son manejables pero la duración de combustión es corta, el encendido es difícil y el precio de coste elevado; la ganancia térmica es de +2 °C.
- *El riego por aspersión* impide el enfriamiento de los órganos.

Este método consiste en mantener alrededor de los 0 °C la temperatura de los órganos vegetales cubriéndolos con una capa de hielo constantemente húmeda; es un método eficaz con la condición de tener una buena instalación, de tener agua en abundancia y una buena experiencia en las operaciones. Las aportaciones de agua, calculadas según la humedad y el viento, oscilan entre 40 y 50 m³/h/ha con una presión mínima en el aspersor de 4 bar.

- *La cobertura del viñedo,* se vuelve a considerar de nuevo como útil: empleada antiguamente en algunos viñedos (esterillas colocadas encima de las maderas de poda empalizadas), esta técnica está siendo actualmente experimentada en algunas regiones. Parece dar buenos resultados con pequeñas heladas (≥ –5 °C) pero las condiciones de su puesta en marcha no están todavía muy precisadas:
  - en Champagne, el CIVC experimenta una tela de polietileno tramada (Orgel), como la utilizada en horticultura, que recubre la parcela; la colocación y el despliegue de la tela protectora son difíciles y costosas;
  - en Bordelais, la Cámara de Agricultura hace un ensayo cubriendo cada fila con un film de polietileno de 120 μm de espesor, perforado de pequeños agujeros para permitir la aireación. Este film está mantenido con la ayuda de un bastidor de brazos móviles, se retira después del período de riesgo de heladas, pero el bastidor metálico permanece colocado sin perjudicar el cultivo de la viña.
- *Los calentadores de resistencias eléctricas,* instaladas de manera permanente, a nivel de las maderas de poda, tienen un poder de protección por contacto y por radiación hasta una distancia de 5 cm. En Champagne son eficaces para heladas medias en el caso de viñas conducidas en cordones y, por el contrario, su eficacia es menor en viñas conducidas con otros sistemas de poda. Este método de protección no es contaminante, no necesita prácticamente mano de obra en el momento de la helada pero es muy caro si la protección va a ser superior a 1 ha, porque es necesaria la instalación de un transformador eléctrico.

2. GRANIZO

Localizado generalmente en determinadas zonas particularmente expuestas, puede producir, a partir del desborre, daños muy importantes. Los daños y decisiones a tomar son diferentes según que se trate de granizo precoz (antes de la floración) o de granizo tardío (durante el verano).

2.1. Granizo precoz

2.1.1. Aspecto de los órganos afectados y daños

Durante el período que sigue al desborre y hasta la floración, el granizo puede provocar un desprendimiento de los brotes jóvenes, un corte a nivel de un nudo, a una cierta distancia de la base o lesiones que afecten a todos los órganos verdes. El limbo de las hojas queda desgarrado, a veces sólo quedan los nervios; los sarmientos son heridos más o menos profundamente, a veces hasta la médula y las inflorescencias sufren daños graves.

Después del granizo la vegetación rebrota a partir de las yemas prontas, pero esta segunda generación de órganos presenta un retraso fenológico, de dos a cuatro semanas según las condiciones climáticas; en los brazos aparecen más chupones. Este nuevo follaje formado por órganos jóvenes es sensible a enfermedades (mildiu, black-rot, oídio); aumenta los riesgos de corrimiento y los de clorosis en suelos encharcados.

La producción sufre una disminución, por lo general, importante en volumen debido a la destrucción de las inflorescencias y de un mal cuajado producido por las necesidades prioritarias de la segunda generación. La calidad de la cosecha también se ve afectada debido a la heterogeneidad del estado de los racimos y del retraso adquirido por al vegetación.

2.1.2. Intervenciones del viticultor después del granizo precoz

Los trabajos del viticultor quedan desorganizados y complicados; intenta poner en marcha medios de protección de la vegetación restante y la conservación de la cosecha y de las maderas de poda. La experiencia prueba que, en los casos de granizo precoz, es preferible no intervenir demasiado:

– la poda en verde a una yema de los brotes del año no es aconsejable ya que entraña una disminución de la cosecha todavía mayor; por el contrario, si toda la cosecha ha quedado destruida es posible, para conseguir madera de poda, realizar en los días siguientes al granizo, un desyemado manual o un despampanado químico del conjunto de ramos del año (Gramoxone al 3% a razón de 300 a 350 litros de caldo/ha).

– el tratamiento de cicatrización con un fungicida de contacto (folpet, captan, diclofuanida) es posible pero no siempre indispensable ya que los tejidos de los órganos dañados tienen naturalmente una gran capacidad de cicatrización;

– por el contrario, la protección fitosanitaria contra las enfermedades del follaje y de los racimos, mildiu y oidio sobre todo, debe hacere todavía con más precauciones de lo habitual (empleo de productos sistémicos, acortamiento de las cadencias y de la amplitud del tratamiento);

– en la poda de invierno se recogen las maderas de poda de entre las que no presenten o que tengan pequeñas lesiones; si se trata de nietos de la segunda generación, comprobar que las maderas que los llevan no estén dañadas por lesiones importantes; no dudar en podar sobre chupones aparecidos en los brazos ya que están sin lesiones.

2.2. Granizo tardío

2.2.1. Aspecto de los órganos afectados y daños

Los daños son generalmente graves tanto para la cosecha como para la perennidad de la cepa:
- *hojas destrozadas:* la reducción de la superficie foliar influye desfavorablemente sobre la maduración y el agostamiento;
- *heridas en los ramos:* los impactos, a veces muy profundos sobre los sarmientos del año así como sobre las maderas de dos y tres años limitan la elección de las maderas de poda; las yemas pueden ser aplastadas por los granos de hielo; los daños varían con la variedad y con la fecha de la granizada; en función del agostamiento de la madera, las variedades de ciclo vegetativo más tardío pueden ser más dañadas que las vides ya bien agostadas;
- *desgrane y heridas más o menos importantes de los racimos:* la cosecha del año puede quedar totalmente destruida por el granizo con repercusiones sobre la tasa de cosecha del año siguiente y a veces incluso más allá.

Después del granizo la vegetación rebrota pero los brotes nacidos de las yemas prontas tienen un crecimiento limitado y un mal agostamiento, lo que hace problemática la poda de invierno. Los sarmientos y racimos dañados son rápidamente atacados por el *rot blanco* que es una enfermedad debida a *Coniothyrium diplodiella;* las uvas presentan manchas lívidas formando aureolas concéntricas que se recubren de pequeñas pústulas grisáceas, secándose los frutos posteriormente.

2.2.2. Intervenciones del viticultor después de un granizo en verano

- no hacer ninguna operación de repoda en verde después de la granizada;
- tratar inmediatamente después del granizo (retraso máximo 15 horas), para proteger los racimos de un posible ataque de rot blanco y facilitar la cicatrización de las maderas, con folpel a 3.000 g/ha, o con diclofluanida a 2.000 g/ha, o captan a 5.000 h/ha;
- asegurar una protección fitosanitaria cuidada para proteger el follaje y permitir que siga el agostamiento de la madera;
- en situación clorosante, aportar una semi-dosis de quelato de hierro o hacer una pulverización foliar a los primeros síntomas de clorosis;
- durante el invierno siguiente las operaciones de poda son siempre delicadas pero es preciso priorizar la reconstrucción de la cepa incluso si ello retrasara el momento de tener una cosecha normal; elegir maderas bien formadas, las menos dañadas, aunque procedan del tronco o de los brazos, eliminar las maderas que presenten heridas importantes; las vides atacadas por el granizo se podarán las últimas.

2.3. Medios de prevención y seguros anti-granizo

La lucha preventiva tiene por objeto impedir la formación de los granos de hielo, pero el único método que tiene un fundamento científico (multiplicación de los núcleos de congelación por inseminación de la nube de granizo con ioduro de plata) nunca ha dado muestras de su eficacia. Otro medio sería la cobertura de la parcela con unas mallas anti-granizo, pero se utiliza poco en viticultura por razones económicas y de comodidad de paso. Para hacer frente a una pérdida de cosecha, es posible suscribir un seguro anti-granizo por un capital basado en los gastos de cultivo o sobre un producto bruto/ha.

3. ESCALDADO

Cuando la temperatura elevada y la humedad relativa baja son concomitantes, los golpes de sol pueden provocar el escaldado de los racimos y quemaduras en la parte de las hojas expuestas. En las bayas en crecimiento herbáceo, estos golpes de sol provocan una depresión. Durante la maduración las uvas presentan una alteración de las células del hollejo. En los casos más graves las uvas pueden desecarse totalmente.

En 1998 se observaron numerosos casos de escaldado en los viñedos septentrionales de Francia. En Borgoña las temperaturas elevadas, acompañadas de fuertes amplitudes térmicas, de 20 a 25 °C entre la máxima y la mínima, del 19 al 21 de julio, provocaron el escaldado de las viñas cuyos racimos estaban muy expuestos al sol, eso se produjo especialmente en parcelas que habían sido defoliadas precozmente. En Champaña el escaldado se produjo alrededor del 9 de agosto ocasionando hasta un 50% de pérdidas de cosecha en el caso de parcelas muy expuestas o que habían sido despuntadas excesivamente.

4. LOS RAYOS

Los rayos afectan sobre todo a los sarmientos. Producen daños localizados en círculo y pueden extenderse a lo largo de las filas cuando las viñas están empalizadas sobre alambre. Los entrenudos quedan ennegrecidos mientras que los nudos quedan verdes; la médula queda separada del diafragma.

5. VIENTOS

Los daños producidos por el viento varían según su naturaleza e intensidad:
– *efectos mecánicos:* el viento puede desgarrar el limbo de las hojas y transportarlas, arrancar los pámpanos jóvenes por su base, revolver el conjunto de la vegetación haciéndola bascular hacia un lado o tumbando el sistema de empalizado. Los efectos son variables, a corto plazo hay pérdida de cosecha si los pámpanos portadores de racimos han sido quebrados, a medio plazo, el esqueleto y el porte de las cepas adquieren un aspecto descabellado con brazos a veces dañados que quedan expuestos a contaminaciones eventuales de enfermedades de la madera. La resistencia a los efec-

tos mecánicos del viento es mayor en las variedades aramon, gamay, muscat de uva pequeña, chenin, syrah, cinsaut que en las clairette, ugni blanc, sauvignon;

– *los vientos cálidos:* el viento puede transportar aire muy caliente (sirocco en Argelia) y provocar un pardeamiento general;

– *los vientos salinos:* a lo largo del litoral mediterráneo y del Atlántico los vientos marinos transportan sal que producen quemaduras en la vegetación;

– *efectos del viento sobre las enfermedades:* en el valle del Ródano, el mistral (viento procedente del norte) produce una desecación del aire, lo que frena o impide los riesgos de enfermedades criptogámicas del follaje y de los racimos. Por el contrario el viento favorece el transporte de esporas de los hongos a distancias más o menos grandes, como las de la eutipiosis que llegan a ser transportadas hasta 60 km.

Se puede limitar el efecto del viento por medio de corta-vientos (parte II, capítulo 1), tutorando cuidadosamente las viñas jóvenes, eligiendo un sistema de conducción que reduzca la exposición al viento, empalizándolas y orientando las filas en el sentido del viento dominante y reduciendo el vigor de las vides.

CAPÍTULO 3

ENFERMEDADES Y PLAGAS

1. Filoxera
2. Enfermedades producidas por virus
3. Amarilleamientos de la vid debidos a fitoplasmas
4. Enfermedades de la madera
5. Enfermedades bacterianas

Los viticultores están acostumbrados a reemplazar vides y a renovar las parcelas de viñas debilitadas que presentan una elevada tasa de mortandad. El decaimiento de las viñas es consecuencia de diversas causas (accidentes climáticos, errores agronómicos y ataques parasitarios). Las enfermedades y plagas se encuentran por lo general en plantas debilitadas pero su presencia procede frecuentemente de malas elecciones agronómicas antes o después de la plantación. Es decir, la importancia de las medidas profilácticas y de la lucha integrada que tiene en cuenta no solamente el razonamiento de la lucha química sino también el conjunto de medidas que permitan reducir el inóculo y la sensibilidad inducida de las vides

1. FILOXERA

La filoxera de la vid, *Daktulosphaira vitifoliae* (Fitch), conocida también con el nombre de *Phylloxera vastatrix* (Planchon), es el enemigo más temible de la vid. Identificado por Bazille en 1863, este pulgón ocupó al principio dos focos importantes: Gard y Gironde. A partir de estas regiones, la filoxera se expansionó en el espacio de treinta años por todo el viñedo francés y progresó a continuación en Europa y África del Norte. Actualmente la filoxera ha invadido todos los países vitícolas; su progresión se manifiesta también en algunos países tales como Turquía, California y América del Sur.

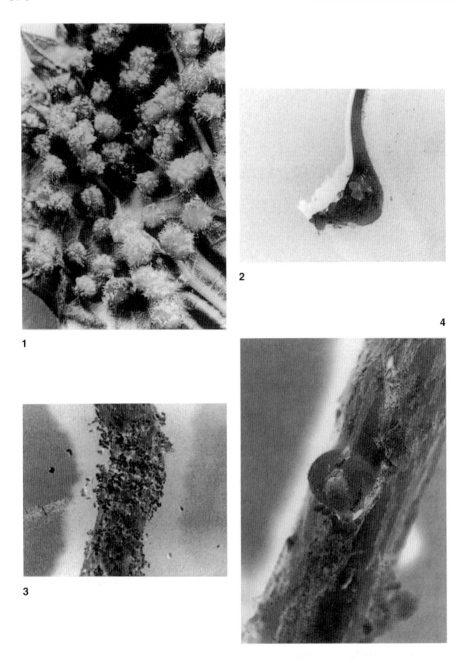

Figura 1
Manifestaciones de phyloxera. *(Fotos Pouget).*

1. Agallas filoxéricas en hoja.
2. Nudosidades en el extremo de una raicilla.
3. Pululación de filoxera en una raíz joven.
4. Filoxera en tuberosidad.

En Francia provocó el debilitamiento de la mayor parte de las viñas con variedades autóctonas de la especie *Vitis vinifera*. Esta plaga fue una catástrofe para toda la viticultura y hubo que reconstruir todo el viñedo. Esta reconstrucción fue posible gracias al injerto de las variedades de *Vitis vinifera* sobre patrones resistentes procedentes de especies americanas del género *vitis* y la utilización de híbridos productores directos nacidos de cruzamientos entre *V. vinifera* y esas especies americanas. El problema de la filoxera fue arreglado así en Europa durante casi un siglo. Pero la filoxera hizo que se volviera a hablar de ella a partir de 1990 en el viñedo californiano, en viñas injertadas pero sobre un portainjerto insuficientemente resistente, el A × R1.

1.1. Síntomas

En los viñedos afectados la presencia de la filoxera se manifiesta por zonas en donde la vegetación está debilitada (ramos más cortos y erguidos) y en el centro aparecen cepas muertas. Las cepas debilitadas presentan en mayo-junio una parada de crecimiento, un enrojecimiento o amarilleamiento según las variedades antes de que las hojas se marchiten y caigan durante el verano; la maduración de las uvas y el agostamiento de la madera son entonces incompletas. Los racimos presentan corrimiento y en las variedades tintas permanecen rojos en lugar de negros. La invasión se extiende progresivamente a las plantas vecinas como una mancha de aceite. Pero estas manifestaciones no son específicas de un ataque de filoxera. Se presentan como consecuencia de casi todas las enfermedades que afectan a las raíces (podredumbre, degeneración infecciosa) y solamente mediante el examen de esas raíces se puede reconocer con seguridad la causa.

Sobre las raíces se pueden observar dos tipos de daños:

– *nudosidades:* la extremidad de las raicillas presenta desviaciones e hinchazones en forma de cabeza de pájaro sobre las que puede encontrar las formas radicícolas de la filoxera; estas nudosidades no constituyen un perjuicio importante para la planta que continúa alimentándose;

– *tuberosidades:* en las raíces de más de un año y con un diámetro superior a dos milímetros, de las variedades de *Vitis vinifera* o de los portainjertos poco resistentes como el aramon × rupestris Ganzin n.° 1 (A × R1), se observan hinchazones en forma de cráter que corresponden a la reacción de la vid a las picaduras del pulgón; en efecto, las células próximas a la zona picada forman suber mientras que otras células, más alejadas, sufren una expansión celular; después de abandonar esta tuberosidad la filoxera radicícola, las células del centro ennegrecen, mueren y se desorganizan. Estas tuberosidades son las que provocan los daños más graves en las variedades sensibles ya que son penetrantes y dañan los vasos conductores; en las variedades resistentes, las tuberosidades son pequeñas y superficiales porque las vides forman rápidamente un nuevo peridermo que aísla la alteración.

En las hojas: las vides americanas presentan agallas en la cara inferior de las hojas mientras que en las vides europeas *(V. vinifera)* raramente existen. Como consecuencia de las picaduras hechas en la cara superior de las hojas, se forman las agallas por intensificación de la expansión celular hacia la cara inferior.

En los pámpanos: se pueden apreciar a veces necrosis.

1.2. Biología

La filoxera es un pulgón ovíparo en todas sus generaciones y estrictamente monofago, presenta un ciclo biológico complejo. Su biología no es la misma para las variedades de *V. vinifera* que para las especies americanas (fig. 2).

En las vides americanas, los huevos de invierno son puestos en la cepa en otoño (madera de dos años en particular). En el momento del desborre, los huevos de invierno eclosionan originando las fundadoras, hembras partenogenéticas, que rápidamente después de varios estados larvarios, pican a las hojas jóvenes que están desplegándose. Entonces se forma una depresión y después una agalla en la que las fundadoras deponen los huevos (500 a 600).

Estos huevos originan hembras que salen por la abertura superior de las agallas, se desplazan por las hojas jóvenes, las pican y ponen huevos por partenogénesis; durante el verano se suceden varias generaciones de *neogallícolas-gallícolas* con puestas y formación de nuevas agallas.

Entre las neogallícolas, se diferencian a partir de la segunda generación, un número creciente de individuos que emigran hacia las raíces para vivir allí, son las *neogallícolas-radicícolas.* Hacen puestas de huevos de los que nacen las *radicícolas;* varias generaciones (5 a 8), se reproducen por partenogénesis y se suceden provocando nodosidades y tuberaciones.

Las radicícolas sufren varias mudas, se hacen adultas, y a su vez ponen huevos por partenogénesis. Permanecen ápteras, viven a expensas de las raíces y se multiplican durante el verano en varias generaciones.

Numerosas radicícolas pasan el invierno en estado de letargo, son las *invernantes.* En primavera estas radicícolas invernantes van a asegurar las nuevas generaciones de radicícolas en gran número en las vides de *V. vinifera.*

Sin embargo, entre las radicícolas pueden diferenciarse, a partir del mes de julio, preninfas y posteriormente ninfas que van a originar las filoxeras aladas que constituyen la forma perfecta de la filoxera. Se trata de invidivuos sexúparos que son de dos tipos: los unos, llamados *andróforos* que ponen pequeños huevos que dan origen a los machos; los otros, llamados *ginéforos,* ponen huevos grandes que originan hembras. Machos y hembras se aparean y la hembra pone un solo huevo en las cortezas de la madera de dos años, es el huevo de invierno.

1.3. Circunstancias favorables y daños

Los daños varían en función de la naturaleza del suelo y de la sensibilidad de las vides y en función de los factores que influyen sobre la migración y la pululación del pulgón.

En la viticultura europea, los daños más importantes son debidos a las generaciones radicícolas, causa de la crisis filoxérica en el siglo pasado. Los primeros estados larvarios de las radicícolas son capaces de desplazarse en los suelos más o menos arcillosos, en los francos y en los suelos guijosos. Las viñas establecidas en suelos arenosos no presentan filoxera en las raíces, esta es la razón por la que se ha podido cultivar viñas sobre pie franco en las arenas del litoral mediterráneo. A partir de un 3% de arcilla ya se encuentran radicícolas. Es necesario injertar las vides cuando el contenido en arcilla alcanza o sobrepasa el 7%.

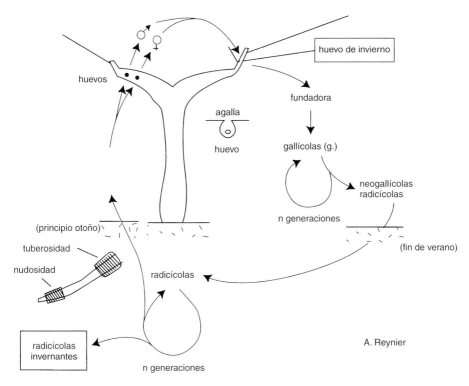

Figura 2
Ciclo biológico de la filoxera.

Las variedades de *V. vinifera* ofrecen una resistencia prácticamente nula, a la que se puede dar la nota 1/20, mientras que las especies americanas, gracias a la formación rápida de una capa de suber de cicatrización, presentan una resistencia que puede ser entre 16/20 y 18/20. Las generaciones gallícolas perjudican a veces el cultivo de los pies-madres de portainjertos y a la producción de plantas enraizadas de portainjertos.

1.4. Lucha contra la filoxera

La experiencia de más de un siglo ha demostrado que el injerto de las variedades de *V. vinifera* sobre *portainjertos resistentes* es un medio seguro y permanente de protegerse contra la filoxera, a condición de utilizar un portainjerto suficientemente resistente. Existe una gama de portainjertos adaptados a diferentes tipos de suelo y obtenidos a partir de especies *V. riparia, V. rupestris, V. berlandieri* que ofrecen una garantía suficiente. El empleo de *V. vinifera* como genitor, para la obtención de portainjertos resistentes a la caliza, ha disminuido el grado de resistencia a la filoxera de algunos de llos. Y es así que el 41B no posee más que el mínimo de resistencia necesaria en terreno filoxerante mientras que los vinifera-rupestris obtenidos por Couderc (1202, 93-5), Ganzin (ara-mon-rupestris n.° 1, 2 y 9) deben ser eliminados por ser poco resistentes a la filoxera.

Las *plantaciones de vid en suelos arenosos o en terrenos muy húmedos* (con los inconvenientes que presenta el exceso de humedad) no ha permitido conservar viñedos de *V. vinifera,* de pie franco, nada más que en algunas regiones.

La *submersión* de las viñas en invierno durante 40 días es eficaz ya que perjudica la pululación de las radicícolas pero sólo puede practicarse en viñas de planicies bajas próximas a un curso de agua con caudal suficiente (Camargue, Aude). Lo mismo sucede con riegos abundantes en período de crecimiento y en verano practicados en determinados viñedos.

2. ENFERMEDADES PRODUCIDAS POR VIRUS

Estas enfermedades están presentes desde hace tiempo en numerosos viñedos. Son enfermedades graves ya que las vides contaminadas no pueden ser cuidadas y constituyen tanto para el suelo como para las maderas, una fuente de recontaminación.

Son numerosas las enfermedades por virus que pueden afectar a la vid. Las más graves para los viticultores y viveristas son el entrenudo corto, el enrollado y, en menor grado, el jaspeado. Pero otras virosis se han tenido en cuenta en los programas de selección sanitaria y en los chequeos virológicos: la corteza leñosa (corty bark), las estrías del tronco, la necrosis de los nervios y el mosaico reticulado.

Los virus viven en las células de las plantas contaminadas y provocan anomalías que entrañan una modificación de las aptitudes de la planta: disminución de la cosecha en cantidad y generalmente en calidad, debilitamiento y envejecimiento prematuro de las viñas, respuesta más difícil al injerto y al estaquillado.

2.1. Principales virosis de la vid

2.1.1. Entrenudo corto o degeneración infecciosa

Dos nepovirus (virus transmitidos por nematodos) son la causa del entrenudo corto: el GFLV *(Grapevine fanleaf virus)* y el Ar MV *(Arabis mosaic virus).*

2.1.1.1. *Síndromes del enrollado*

En las hojas: reducción de los ángulos internerviales lo que le confiere un aspecto de abanico a las hojas, modificación a veces del número de nervios, dientes puntiagudos y ensanchamiento de los senos; también se puede observar un amarilleamiento del limbo en formas variables:
- *manchado,* correspondiente a un amarilleamiento del follaje en primavera, la coloración amarillo oro puede blanquearse un poco más tarde o desaparecer con el reverdecimiento de las hojas;

- *mosaico reticulado,* correspondiente a un amarilleamiento localizado a lo largo de los nervios visibles en transparencia, este fenómeno se produce al final del verano en las hojas verdes;
- *mosaico,* correspondiente a la aparición de algunas manchas de color amarillo en las hojas;

En los brotes: presencia de nudos cortos, de ahí el nombre de entrenudos cortos, de dobles entrenudos, de fasciaciones (división del ramo en horquilla de 2, 3 ó 4 ramificaciones terminales); desarrollo anormal de ramos anticipados que confiere a las plantas un aspecto arbustivo; debilitamiento general de la cepa.

En los racimos: corrimiento y «millerandage».

La enfermedad se presenta en manchas dispersas en el viñedo y se desarrolla lentamente alrededor de cada foco infeccioso. Al cabo de algunos años el decaimiento conduce a la muerte de las cepas del centro de la mancha mientras que las de la periferia muestran una gama de síntomas.

2.1.1.2. *Fuentes de contaminación del entrenudo corto*

Los virus sólo pueden multiplicarse en las células vivas de sus huéspedes, son parásitos obligatorios. La contaminación de nuevas plantas se realiza de dos maneras:

- *por multiplicación vegetativa,* injerto y estaquillado principalmente, de material procedente de plantas-madres enfermas; en el caso del injerto, basta que uno de los dos elementos del injerto esté virosado para que el conjunto de la planta quede contaminada;
- *por intermediación de nematodos* que pican las raíces sanas con su estilete tras haber picado una planta enferma.

En el caso del GFLV, la vid es el único huésped a la vez del virus y de su vector, *Xiphinema index*. La contaminación sólo puede venir de la vid o de su vector. Es por eso que después del arranque de una viña enferma, las nuevas viñas son contaminadas por los nematodos que han quedado viviendo en los restos de raíces del suelo. Quedan contaminando durante 5 ó 6 años.

En el caso del ArMV, los riesgos de contaminación son más altos ya que el virus y su vector, *Xiphinema diversicaudum,* tienen huéspedes variados. El virus puede afectar a diversas especies vegetales anuales y perennes (frambueso, melocotonero, cerezo, pepino, lechuga...) y *X. diversicaudum* puede desarrollarse sobre numerosos huéspedes (rosal, fresa, frambuesa, trébol). Las especies que sirven de huésped al virus y al vector pueden constituir, por tanto, reservorios y fuentes de contaminación.

Para que haya contaminación, es suficiente que en el momento de la plantación de una parcela de vid los nematodos portadores de los virus del entrenudo corto estén presentes en el suelo, porque hayan sobrevivido en las raíces de algunas plantas de vid, o solamente en los residuos de sus raíces, o sobre plantas huéspedes. Los riesgos de recontaminación de las vides sanas en la plantación pueden venir de plantas de sustitución enfermas o de nematodos transportados por la tierra y las aguas de escorrentía, procedentes de una viña enferma situada más arriba.

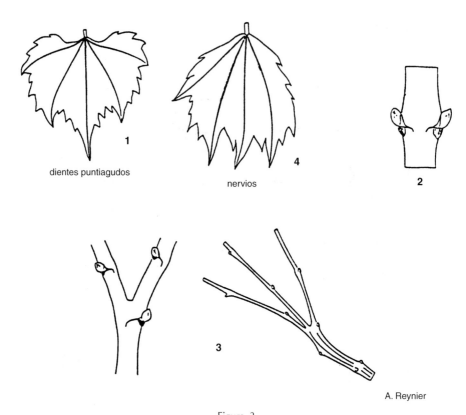

dientes puntiagudos

nervios

A. Reynier

Figura 3
Síntomas de la degeneración infecciosa.

1. Degeneración en hojas de Rupestris de Lot.
2. Nudo doble.
3. Fasciaciones en sarmientos.

2.1.2. Enrollado

Esta enfermedad se manifiesta en verano por un enrollado de las hojas, fenómeno que parte de la base de los ramos y progresa ascendiendo hacia la extremidad. En las variedades tintas se produce un enrojecimiento internervial, de un rojo violáceo, dejando una banda extrecha a lo largo de los nervios que permanece verde y un endurecimiento del limbo; en las variedades blancas se produce un amarilleamiento y engrosamiento del limbo. Los síntomas son espectaculares en algunas variedades tintas (merlot, cabernet, pinot, gamay) pero son más discretos en las variedades blancas.

Los virus del enrollado son *Closterovirus,* transmisibles exclusivamente de cepa a cepa. Los más frecuentes y más graves son GL RaV *(Grapevine leafroll associated vinus)* n.° 1 y 3. Provocan una modificación del metabolismo de los azúcares y originan por tanto una reducción de la maduración y del agostamiento.

2.1.3. Jaspeado

Cuando esta virosis afecta al portainjerto, puede originar una mala rizogénesis y dificultades de unión en el injerto. Sobre el portainjerto Rupestris de Lot, se manifiesta por veteados decolorados, visibles sobre todo por transparencia, dando ese aspecto jaspeado al limbo de la hoja.

Figura 4
Síntomas de enfermedades por virus.

A. Reynier

1. Jaspeado.
2. Mosaico.
3. Fasciaciones.
4. Enrollado.

2.2. Detección de las enfermedades por virus

Se puede hacer mediante la observación, por «indexage», por injerto y por el test ELISA.

– *observación de los síntomas:* cada enfermedad por virus presenta una serie de síntomas que permiten identificarlos. Sin embargo, la simple

observación no es suficiente ya que, por una parte, los dos virus del entrenudo corto (GFLV y ArMV) pueden provocar los mismos síntomas y, por
otra parte, los síntomas de algunas plantas enfermas pueden ser discretos,
irregulares o insuficientemente característicos o parecidos a los de otras
alteraciones (carencias minerales, desórdenes fisiológicos, daños por herbicidas);

– *«indexage» por injerto:* algunas variedades revelan la presencia de virus
por síntomas específicos. El «indexage» consiste en injertar la planta a testar
con una variedad que manifiesta siempre los síntomas, llamada variedad
indicadora; este método permite descubrir los virus latentes en plantas que
no presentan síntomas; el tiempo de respuesta es bastante largo (1 a 3 años)
pero el método es sensible.

Enfermedad	Variedad indicadora
Entrenudo corto (GFLV)	rupestris de Lot
Mosaico del arabesco (ArMV)	rupestris de Lot
Enrollado (GLRaV)	merlot, cabernet franc, pinot noir
Jaspeado (GFkV	rupestris de Lot
Corteza leñosa (GVB)	LN 33
Estriado del tronco:	
• type stem pitting	rupestris de Lot
• type stem grooving	LN 33, Kober 5 BB
Necrosis de los nervios	110 R
Mosaico de los nervios	riparia gloire

– *método serológico* mediante el test ELISA (= *enzyme linked immuno
sorbent assay*): el método permite confirmar la observación de los síntomas en plantas sospechosas de estar enfermas así como la detección de
infecciones latentes: se coloca un reactivo, llamado suero, que contiene
anticuerpos específicos de un virus (entrenudo corto o enrollado) en un
triturado de órganos de la planta a testar (hojas, raicillas o virutas de
madera); la presencia del virus se detecta por colorimetría (ver Parte I,
capítulo 2). El test es rápido (2 días como máximo), fiable y fácil de realizar. El test ELISA se hace en laboratorio aunque existen en el mercado
«kits» de detección.

2.3. Medios de lucha

Una viña establecida con plantas enfermas o en un suelo contaminado no
puede curarse, los medios de lucha son preventivos: hay que plantar injertos y portainjertos sanos en un suelo sano.

2.3.1. Utilizar material de multiplicación vegetativa exento de virus obtenido por selección sanitaria

La plantación de una viña debe hacerse con plantas ceretificadas que garanti-
cen normalmente la ausencia de virosis. No obstante, pueden observarse reconta-

minaciones en los campos de pies-madres y por tanto en el material y en las plantas comercializadas por lo que es conveniente exigir al viverista un justificante del test ELISA o hacerlo antes de la plantación.

2.3.2. Plantar en suelo sano

Deben ponerse en marcha una serie de medidas complementarias para impedir la contaminación por el suelo.

2.3.2.1. *Desvitalizar las cepas antes del arranque de una viña enferma*

El objetivo es destruir el sistema radicular de las cepas con el fin de que el virus no pueda sobrevivir; después de la recolección se pulveriza el follaje con un herbicida sistémico (glifosato o sulfosato a una dosis de 12 a 18 l/ha según el producto comercial en 300 l de caldo), el arranque se hace en abril-mayo del año siguiente.

2.3.2.2. *Impedir la actividad de los nematodos vectores después del arranque de la viña enferma*

Bien suprimiendo su fuente alimentaria por eliminación de los residuos de raíces y raicillas o bien provocando o esperando su muerte:
- extraer mecánica o manualmente el máximo de raíces en el momento del arranque y de las labores del suelo;
- dejar descansar el suelo durante al menos seis años después del arranque; después de la desvitalización química y arranque, esperar un año como mínimo;
- desinfectar el suelo por medio de nematicidas; se utiliza tanto fumigantes, a base de dicloropropeno (DD92, Dorlone 2000, Telone 2000) a 500 l/ha tratando a principios o al final del verano cuando el suelo está a una temperatura de 14 a 18 °C, como incorporando al suelo granulados de aldicarb (Temik 10G a 200 kg/ha), preferentemente en el otoño anterior a la plantación. La desinfección del suelo tiene inconvenientes: es contaminante, por lo que hay que hacerla sólo en parcelas verdaderamente contaminadas; es menos eficaz en suelo pesados y profundos;
- proteger la parcela a plantar contra los riesgos de escorrentía y erosión procedentes de las partes altas.

2.3.3. Nuevas estrategias de lucha

Están en curso trabajos de investigación para seleccionar plantas menos sensibles a la presencia de virus o de sus vectores. Hay tres vías a seguir: la prevención, el cruzamiento de las variedades cultivadas con especies resistentes y la resistencia inducida por ingeniería genética;
- *la lucha por prevención* consiste en infectar las plantas con cepas de virus hipovirulentos, es decir, muy poco agresivos y que no afecten prácticamente al desarrollo de la vid ni a su producción. Las plantas quedan así protegidas contra una infección por una cepa hipervirulenta presente naturalmente en el viñedo;

– *la búsqueda de resistencia por cruzamiento:* El Inra de Montpellier ha cruzado una especie americana resistente a los nematodos vectores del entrenudo corto con portainjertos clásicos con el fin de transferirles cierta resistencia;

– *la investigación de la resistencia por la transferencia de genes* en variedades cultivadas abre perspectivas interesantes a medio plazo.

3. AMARILLEAMIENTOS DE LA VID DEBIDOS A FITOPLASMAS

La vid manifiesta varios tipos de amarilleamientos cuyas causas son diversas: virus (abigarrado del entrenudo-corto), alteraciones fisiológicas (clorosis, flavescencia), fitoplasmas (flavescencia dorada y madera negra). La flavescencia dorada y la madera negra constituyen *amarilleamientos* que presentan síntomas similares y que pueden cohabitar en el viñedo, pero la primera afecta sobre todo a los viñedos del Midi, con una progresión hacia los viñedos septentrionales, la segunda está presente en la mayor parte de las regiones.

3.1. Flavescencia dorada

La enfermedad apareció en 1950 en Armagnac, después fue observada en Córcega (1980), en Aude (1982) y en los Pirineos Orientales (1991) donde actualmente provoca graves daños. Se manifestó en Bordelais (a partir de 1994) en donde 20.000 ha de la vid han sido objeto de una lucha química obligatoria en 1999 y en Charentes (13.000 ha tratadas en 1999). En Beaujolais han sido localizadas algunas plantas enfermas en campos de viñas-madres en 1997. También atacó en los viñedos del nordeste de Italia. Es una enfermedad epidémica que provoca la destrucción de la cosecha y que puede producir la muerte de las cepas afectadas. Se desencadena cuando, en una región determinada, se encuentran el fitoplasma responsable de la enfermedad y el cicadélido vector, *Scaphoïdeus titanus*.

3.1.1. Síntomas

Las cepas enfermas presentan en algunas variedades un porte llorón. Los síntomas pueden estar localizados en algunos pámpanos de la cepa o afectar a toda la planta. Aparecen al año siguiente de la contaminación:

– primeramente se observa un retraso en el desborre;
– las inflorescencias se desecan y caen convertidas en polvo si el ataque es precoz; si el ataque es más tardío, el raspón se deseca y las bayas se arrugan y no maduran;
– las hojas se vuelven duras, quebradizas, se enrollan hacia abajo y adquieren una coloración amarilla en las variedades blancas y roja en las variedades tintas, la coloración afecta a la vez al limbo y a los nervios;
– los sarmientos permanecen totalmente verdes desde la base hasta el ápice por bloqueo del agostamiento, son blandos y quebradizos a nivel de los nudos; en invierno se ennegrecen y mueren.

La localización de las cepas enfermas debe realizarse entre el envero y las vendimias ya que durante este período es posible observar a la vez los tres síntomas que deben hacer pensar en la flavescencia dorada: ausencia de cosecha, coloración del follaje y falta de agostamiento de los sarmientos. La flavescencia dorada es una enfermedad de «cuarentena» que debe ser declarada desde el momento en que los síntomas son observados (art. 350 del Code rural).

3.1.2. Causas de la flavescencia dorada

La aparición de la flavescencia dorada en una región tiene dos causas sucesivas:
- la presencia del *agente vector,* un cicadélido, *Scaphoideus titanus* Ball. en el viñedo;
- la introducción de material vegetal portador del *agente patógeno,* el *fitoplasma* responsable.

Cuando los dos agentes están en el viñedo, el cicadélido se hace portador del fitoplasma al alimentarse en plantas infectadas. Se convierte en infeccioso treinta días más tarde. La contaminación está asegurada a corta distancia por las larvas y en un sector más amplio por los adultos. La enfermedad progresa en manchas a partir de los focos iniciales. Las hembras ponen huevos a finales de verano en la corteza de la madera de dos años, estos huevos son sanos. Su eclosión tiene lugar en primavera (mayo); después de cinco estados larvarios, los adultos aparecen de julio a septiembre. El ciclo completo sólo es posible en condiciones climáticas estrictas. Como las larvas y los adultos se hacen infecciosos un mes después de haber picado a una planta enferma, es posible organizar la lucha a partir de la primera observación de los primeros cicadélidos en primavera.

La identificación de la presencia del fitoplasma puede hacerse por dos técnicas: el test serológico ELISA y el método del PCR (Polimerasa Cadena Nuclear). Como el fitoplasma no tiene un reparto homogéneo en las plantas infectadas, la toma de muestras debe respetar una metodología definida: para las vides de fruto, tomar tres sarmientos enteros por cepa en agosto-septiembre.

3.1.3. Circunstancias favorables

- sensibilidad de las variedades: las cepas de nielluccio y malvasía contaminadas no se restablecen y mueren; por el contrario las de 22 A Baco, ugni blanc, garnacha, barroque, colombard, presentan síntomas de crisis pero puden restablecerse;
- condiciones climáticas anuales favorables a la pululación de los cicadélidos: verano cálido e invierno frío;
- importación de plantas o maderas portadoras de fitoplasmas o de huevos de cicadélidos.

3.2. Madera negra

Las plantas afectadas por la madera negra tienen síntomas similares a los de la flavescencia dorada: hojas endurecidas y enrolladas hacia abajo, amarilleamiento o enrojecimiento del follaje según el color de la variedad; tampoco se produce el agostamiento de los sarmientos. Los pies contaminados están aislados y lo más frecuentemente en las lindes de las parcelas.

Este amarilleamiento es una enfermedad de fitoplasmas que se transmite por injerto y cuyo agente vector es un insecto fulgoromorfo, *Hyalesthes obsoletus*. Ciertos investigadores emiten la hipótesis de que la madera negra es muy parecida a la enfermedad del «stolbur» de las solanáceas (tomate, pimiento morrón) que también puede encontrarse sobre otras plantas como la hierba mora negra. La transmisión de este amarilleamiento podría ser debido a uno o varios insectos vectores que viven fuera de las parcelas de vid y que van a ellas de vez en cuando para alimentarse. *H. obsoletus* es un insecto polífago que puede llevar a cabo un ciclo sobre la banda, la corregüela, el mastuerzo y se encuentra, a veces, en las proximidades o incluso en el mismo viñedo. Después de la adquisición por los insectos, los fitoplasmas que se multiplican en su cuerpo permanecen en ellos durante toda su vida. El insecto infectado transmite así, en cada picadura, los fitoplasmas almacenados en las glándulas salivales. El hábitat principal del insecto se encuentra en tierras abandonadas o en un suelo cubierto de césped o en un suelo guijarroso y aireado.

3.3. Detección de los amarilleamientos por fitoplasmas

La simple observación de los síntomas no permite diferenciar la madera negra de la flavescencia dorada. El chequeo mediante el test ELISA revela bien cada uno de estos amarilleamientos sobre muestras de nervios de hojas que presentan los síntomas, tomadas en el envero. Por el contrario, este test no es realizable para portainjertos ni para sarmientos.

3.4. Protección contra los amarilleamientos por fitoplasmas

No es posible la lucha contra las enfermedades por fitoplasmas y sólo la protección contra los agentes vectores y la no introducción de vides infectadas es lo que actualmente se utiliza.

3.4.1. Utilización de material de multiplicación y de plantas sanas

– para impedir que nuevas regiones sean contaminadas hay que asegurarse de que las maderas importadas de zonas ya afectadas no estén enfermas o inoculadas por los fitoplasmas, ni sean portadoras de huevos de cicadélidos. El tratamiento de las viñas-madres de injertos, de las viñas-madres de portainjertos y de los viveros es obligatorio contra los cicadélidos vectores de la flavescencia dorada;

– tratamiento con agua caliente de las maderas y plantas de vid agostadas sumergiéndolas durante 45 minutos en un recipiente de agua caliente a 50 °C. Este método permite eliminar los fitoplasmas así como tratar contra las enfermedades bacterianas (necrosis bacteriana, verrugas, enfermedad de Pierce) y liberar las plantas comercializadas de la frecuencia de filoxera y nematodos.

3.4.2. Lucha química contra el agente vector

Para la flavescencia dorada, la lucha está orientada a destruir el insecto vector adoptando estrategias diferentes según el número y magnitud de los focos y el nivel de poblaciones. Los servicios técnicos agrícolas precisan las medidas de lucha obligatoria. Desde el momento en que se detecta en un viñedo la flavescencia dorada hay que presentar una declaración en el Servicio de Protección Vegetal. Una comisión departamental constituida por profesionales de la viticultura y representantes de la administración determinan las zonas contaminadas y definen las medidas colectivas a poner en marcha: tratamiento colectivo obligatorio por vía aérea y arranques profilácticos.

Para la enfermedad de la madera negra no se contempla la lucha insecticida teniendo en cuenta la diversidad de hábitat del insecto vector en y alrededor del viñedo. No obstante pueden tomarse medidas de protección:

– labrar mecánicamente las tierras sin cultivo próximas al viñedo;
– eliminar las plantas huéspedes y labrar el suelo en las parcelas de vid (un suelo apisonado no es favorable a la instalación de las larvas del vector).

3.4.2.1. *Arranque obligatorio de las viñas afectadas*

Se trata de suprimir los refugios de fitoplasmas y del insecto vector mediante el arranque de parcelas que tengan el 30% o más de cepas contaminadas (este umbral puede llegar a ser del 20 o tal vez del 20%) y las de vides silvestres, de viñas no cultivadas y de las que han sido mal arrancadas.

3.4.2.2. *Tratamientos químicos* (planning al final del capítulo 5)

– En zonas poco contaminadas y alejadas de focos grandes, dos tratamientos insecticidas correspondientes a la 2.ª y 3.ª generaciones de las polillas de la vid permiten protegerse de las contaminaciones procedentes de parcelas afectadas y no tratadas. Las parcelas contaminadas el año anterior y las parcelas vecinas se tratan como las zonas fuertemente contaminadas (oleoparation en invierno y tres tratamientos insectividas en período vegetativo);
– en zonas fuertemente contaminadas se adopta la estrategia siguiente:
  • T0: tratamiento de invierno contra los huevos ocultos bajo las cortezas, con etil-paration o con productos a base de aceites blancos asociados a malation o etil-pration: es necesario mojar abundantemente. Los productos Pacol 4,5, Nyvol CE 3 y Oleo-bladan no son fitotóxicos para las yemas desborradas. Esta intervención no es indispensable si la protección de verano es perfecta;
  • T1: primer tratamiento (junio) realizado un mes después de las primeras eclosiones, la fecha la fija el Servicio de Avisos Agrícolas, siendo esencial la buena fijación de este tratamiento;
  • T2: segundo tratamiento realizado 15 días más tarde (según la persistencia de los productos que permita cubrir el fin del período de las eclosiones;
  • T3: tercer tratamiento realizado en julio o primeros de agosto, período durante el cual el cicadélido está presente en estado adulto y se desplaza a grandes distancias asegurando así la diseminación de los focos.

Los 2.º y 3.ᵉʳ tratamientos pueden adelantarse o retrasarse para coincidir con los de las polillas. Elegir preferentemente insecticidas que no favorezcan la pululación de ácaros.

Esta protección insecticida sistemática va contra la lucha razonada y dificulta a los productos Bio. Estos últimos no disponen más que especialidades a base de rotenone, empleadas a una dosis de 7 l/ha. Pero las aplicaciones de estos productos necesitan algunas precauciones y además tienen algunos inconvenientes:

- necesidad de posicionarlos más precozmente que los otros insecticidas con el fin de intervenir antes de que las poblaciones de larvas sean demasiado importantes, pues su acción de choque es de corta duración (6 a 7 días);
- necesidad de renovar los tratamientos cada 8 ó 10 días, pues su persistencia de acción no excede de 7 a 8 días;
- tratar al final del día con cielo cubierto, pues el rotenone es sensible a la luz y a las temperaturas elevadas;
- agravación de los efectos no intencionales del rotenone contra la fauna auxiliar, ya que este producto no es neutro.

El rotenone es el único producto del que disponen los Bio y tiene sus límites por lo que estos productos favorecen la lucha preventiva.

4. ENFERMEDADES DE LA MADERA

Se trata de hongos lignícolas, de evolución lenta, que penetran por las heridas de poda (yesca, eutypa) o por rotura en las raíces (podredumbre, pie negro).

La identificación de estas enfermedades es delicada ya que su manifestación es caprichosa (variabilidad de los síntomas según los daños) y ambigua (el decaimiento es debido a varios hongos y tiene más o menos el mismo aspecto). De todas maneras algunos síntomas son característicos de la presencia de cada uno de esos hongos, tanto a nivel del follaje, como por los daños en el interior del tronco o de las raíces. Los daños son a veces muy importantes provocando pérdidas en el rendimiento, una disminución de la calidad de la cosecha y, sobre todo, porque entraña un debilitamiento de las cepas y su mortalidad.

4.1. Eutipiosis

Esta enfermedad de la madera es muy preocupante desde los años 1975-1980 en la mayoría de los viñedos y, sobre todo, en Charentes sobre ugni blanc, en el valle del Loira sobre chenin y cabernet franc, en el Médoc sobre cabernet sauvignon, en Beaujolais sobre gamay, en Languedoc-Roussillon sobre Cinsaut. No existe casi en Champagne y Alsace.

4.1.1. Síntomas

Los síntomas en la vegetación aparecen varios años después de la contaminación, pero de una manera caprichosa, en función de la pluviometría en las proximidades del desborre. Los primeros síntomas visibles de la enfermedad se manifiestan en primavera, por un debilitamiento de algunos brotes, en principio, sobre un brazo de la cepa quedando las hojas ligeramente deformadas y cloróticas. Los años siguientes se observa, en primavera, un encanijamiento de la vegetación confiriéndole un aspecto arbustivo a fines de primavera (fotos en color fuera de texto II).

Las *hojas,* de un verde amarillento, quedan pequeñas, crispadas, presentando en el limbo zonas bronceadas en las variedades tintas, con borde adelgazado que se necrosan en la fase última antes de la desecación del ramo.

Las *inflorescencias* presentan un porte erguido, en la floración se corren y se desecan.

En la superficie de los *brazos o de las cepas muertas* se pueden observar zonas grisáceas o negruzcas, de aspecto abollado, que corresponden a las peritecas; al corte se observan necrosis sectoriales bien delimitadas, pardas y de consistencia dura.

Este decaimiento se agrava de año en año, provoca la muerte del brazo y posteriormente de la cepa. Esta enfermedad constituye una amenaza grave para la perennidad de las cepas en un viñedo. Esta amenaza concierne a todo el conjunto de viticultores ya que la enfermedad puede propagarse lejos de un foco existente, no muestra signos hasta varios años más tarde y puede reducir considerablemente el potencial de producción y el útil de trabajo de los viticultores. Es difícil para un viticultor ponderar el riesgo de esta enfermedad ya que sus efectos no son fulminantes, son lentos y progresivos.

4.1.2. Biología de la eutipiosis

El hongo responsable de la eutipiosis es *Eutypa lata* que se presenta habitualmente en su forma sexuada produciendo ascosporas. Pero existe también una forma asexuada del hongo *(Libertella blepharis).*

La *conservación* del hongo se realiza en forma de peritecios sobre las maderas debilitadas de los brazos y del tronco: estos peritecios pueden permanecer fértiles durante 4 a 5 años, incluso sobre las maderas muertas.

La *diseminación* de las ascosporas liberadas por los peritecios con motivo de una lluvia, está garantizada por el viento que las transporta hasta grandes distancias (60 km). Las esporas se depositan en las heridas de poda y ahí germinan.

La *infección* se lleva a cabo por el micelio nacido de la germinación. Llena progresivamente los vasos de leño y los tejidos adyacentes desarrollando una necrosis sectorial. El hongo emite una toxina, la *eutypina,* que está implicada en la expresión de los síntomas y en el decaimiento. Pero la planta resiste a la progresión del micelio de una manera variable según la sensibilidad de la variedad.

4.1.3. Circunstancias favorecedoras

4.1.3.1. *Sensibilidad de las variedades*

Las variedades sensibles (ugni blanc, cabernet sauvignon, chenin o cinsaut) son invadidas y se marchitan más rápidamente que las variedades tolerantes (merlot o riesling). Algunas variedades que hospedan el hongo pueden expresar una tolerancia en determinadas condiciones, como la garnacha, o la cariñena, o la syrah.

4.1.3.2. *Receptibilidad de las variedades sensibles en función de la época de la poda*

Se observan muy fuertes contaminaciones en diciembre y después una receptividad decreciente hasta el desborre. En los instantes que siguen a la poda, la vid no ofrece ninguna barrera a la penetración de las esporas, permanece receptible durante 40 días alrededor de diciembre, 20 días en febrero. Pero en las horas siguientes a la poda, la vid desarrolla fenómenos de defensa mediante la formación de tilas y la producción de gomas, en los primeros milímetros de la herida. Estas sustancias obstruyen progresivamente los vasos constituyendo una barrera mecánica que impide la penetración de las esporas del hongo. Por debajo de esta zona la planta produce compuestos fenólicos, fungitóxicos, que impiden la penetración de la eutipiosis. Estos compuestos fenólicos son más abundantes en las variedades tolerantes. La evolución de la receptibilidad es modulada por una microflora saprofita (bacterias, hongos, levaduras) que coloniza las heridas de poda y cuya ausencia favorece la invasión por la eutipiosis.

4.1.3.3. *Estado de las plantas*

Las vides débiles son más sensibles y se marchitan más rápidamente que las plantas vigorosas, aunque éstas manifiesten mejor los síntomas.

Las contaminaciones pueden deberse:
– a diferentes causas, pudiendo ser el origen tanto un debilitamiento de la vid (asfixia radicular, carencia mineral, fitotoxicidad de los herbicidas, efectos de las heladas), como de un aumento de la receptividad de las cepas por proliferación de tejidos cicatriciales (abolladuras y crown gall) después de las heladas de invierno;
– a modificaciones del sistema de conducción que hayan provocado heridas importantes (adaptación a la vendimia mecanizada, poda por descabezado);
– a prácticas de poda:
  • *mutilantes* (recorte abusivo de los brazos con retorno sobre un pulgar nacido de la madera vieja, enrasado de las heridas de poda en los brazos con herramientas potentes de poda asistida);
  • *contaminantes* por la no supresión de los brazos muertos o no estracción de las cepas muertas;
  • *favorables a la receptibilidad* de las heridas de poda por intervenciones precoces de poda (a partir de diciembre, momento en que la receptividad es máxima) o que no respetan los principios de poda (elección de pulgares en la madera vieja);
– a la reconstitución masiva del viñedo de una región, con una proporción más importante de variedades sensibles y además el envejecimiento general de ese viñedo; esto es lo que se produjo después de la crisis filoxérica de finales del siglo xix con la aparición de decaimientos importantes en Charentes en los años 1920, llamada entonces enfermedad de los brazos muertos y que se ha producido de nuevo actualmente.

4.1.3.4. *Factores del medio*

La presencia de maderas muertas en el viñedo y, sobre todo, de gran cantidad de cepas expuestas a la intemperie constituyen un peligro como fuente de inóculo.

Las contaminaciones son tanto más masivas si la región está en monocultivo vitícola con variedades sensibles y las condiciones climáticas son favorables a las contaminaciones (pluviometría y viento).

4.1.4. Protección contra la eutipiosis

La eutipiosis es una enfermedad que no se trata. Los medios de intervención están encaminados esencialmente a reducir las fuentes del inóculo, a evitar las contaminaciones, a regenerar las plantas enfermas al principio de la manifestación de los síntomas y, en lo sucesivo, a limitar la incidencia de las contaminaciones sobre la perennidad de la cepa.

4.1.4.1. *Reducir las fuentes del inóculo*

Suprimiendo y quemando todas las maderas muertas (cepas, brazos), eliminando la cantidad de cepas expuestas a la lluvia, incluidas en ellas las cepas utilizadas como madera de calefacción. La limpieza de las viñas debe hacerse antes de la poda para eliminare el inóculo y después de la poda para eliminar las maderas de dos años y los brazos. Estas medidas deben ser hechas por todos los viticultores para tomar en cuenta el transporte de las esporas a largas distancias. Se deben establecer campañas de comunicación entre varios viñedos y acciones colectivas de limpieza de las viñas, bien por iniciativa comunal o de los sindicatos vitícolas.

4.1.4.2. *Evitar las contaminaciones*

– En principio podando las variedades sensibles lo más tarde posible y en tiempo seco: «taille tôt, taille tard, rien ne vaut la taille de mars», dice el refrán;
– cuidando los despampanados a fin de disminuir las heridas de poda en invierno, especialmente en las viñas jóvenes;
– limitando la importancia de las heridas de poda, eligiendo las maderas de poda prioritariamente sobre varas y pulgares de dos años, haciendo las heridas de poda siempre al mismo lado de los brazos, eligiendo las varas y pulgares en el sentido de la fila...;
– protegiendo todas las heridas de poda con un fungicida, *Escudo,* compuesto por flusilazol y carbendazima, inmediatamente después de las operaciones de poda. Este producto que tiene una penetración rápida y profunda en la madera, proporciona una protección a la vez mecánica y química. Se aplica antes del estado B, con un pincel (2,5 l/ha para 50.000 heridas de poda), con una muñequilla (2 l/ha para 50.000 heridas de poda) o bien con una pequeña pistola unida a una podadora neumática (4,5 l/ha para 50.000 heridas);
– o interviniendo lo más rápidamente posible después de cada operación que haya provocado heridas en las cepas, utilizando una especialidad comercial *Vilfocobre,* asociación de 60% de caldo bordelés y de 25% de folpel, con un 15% de aditivos. El producto que se presenta en forma de polvo mojable, se aplica mediante pulverizador, según un programa que necesita tres tratamientos al menos: al finalizar las operaciones de poda (5 ó 3 kg/ha según el

nivel de ataque de eutipiosis y la sensibilidad de la variedad), al final del despampanado (3 kg/ha), 3 a 4 días después de las vendimias mecanizadas (5 ó 3 kg/ha). Se recomienda completar este programa con dos aplicaciones a 3 kg/ha, una al final del cuajado, el otro en el envero. Estos tratamientos con Vilfocobre permiten proteger las cepas sanas, detener la mortalidad relacionada con la eutipiosis en 2 ó 3 años y hacer desaparecer los síntomas en 3 a 5 años. Como los efectos del producto no son curativos y la enfermedad puede reaparecer, conviene renovar cada año el programa de tres aplicaciones.

4.1.4.3. *Regenerar las cepas mediante descabezado al comienzo de la manifestación de los síntomas*

Como la parte enferma no se puede curar, es necesario cortarla. Actualmente el descabezado (corte del tronco a ras de tierra) es la única manera de regenerar una planta atacada de eutipiosis. Para ello conviene, en primer lugar, a comienzos de la vegetación (mayo-junio), identificar los primeros síntomas de la enfermedad en las cepas y marcarlas. En el momento del despampanado conviene mantener un chupón por cepa marcada, situado lo más bajo posible en el tronco con el fin de tener más posibilidades de que esté por debajo de la parte colonizada por el micelio. En el invierno se corta el tronco por encima del chupón y la cepa será reformada a partir de ese chupón. Las heridas de poda se tratan inmediatamente con *Escudo*, a no ser que la operación se haga en el período de lloros, en cuyo caso la protección de la herida es inútil. Las maderas procedentes del descabezado se queman y se coloca un tutor para guiar el nuevo tronco. Cuando no sea posible el descabezado, por falta de pámpanos en los troncos, es preferible arrancar las cepas enfermas y replantar.

4.1.4.4. *Plantar clones tolerantes o plantas resistentes sobre portainjertos que les proporcionen una sensibilidad menor*

Trabajos de biotecnología (regeneración *in vitro* a partir de tejidos o de células) han dado ya lugar al nacimiento de plantas de ugni blanc tolerantes a la eutipiosis, por el momento en curso de test en el campo. Un programa de investigación, iniciado por la sociedad Martell en Cognac, basado en la ingeniería genética busca obtener plantas resistentes por introducción en las células de vid, genes que induzcan una resistencia a *Eutypa lata*.

4.2. Yesca

La yesca es la enfermedad más antigua de la vid. Es debida a varios hongos que se desarrollan en la madera y que dan síntomas comunes. Se observa una forma de evolución lenta que se manifiesta por un debilitamiento progresivo con síntomas en las hojas y una forma apopléctica de evolución rápida haciendo que la cepa muera en verano en algunas horas.

4.2.1. Síntomas

4.2.1.1. *En su forma lenta*

En verano se observa la aparición de manchas amarillentas, o rojizas, según las variedades que progresan hacia los nervios y que contrastan con el verde del limbo restante en el borde de los nervios. Pueden aparecer necrosis marginales y producir progresivamente la desecación de las hojas de la base quedando las extremidades generalmente verdes. La cepa tarda varios años en morir.

4.2.1.2. *En su forma de apoplejía*

Se observa una desecación brutal y la muerte de algunas cepas aisladas, durante el período de grandes calores de verano, frecuentemente después de una lluvia. Las hojas se ajan, los racimos se marchitan dando lugar a la pérdida de la cosecha y los sarmientos no se agostan. En invierno los sarmientos tienen un tinte gris azulado y están completamente secos. En caso de ataque grave la cepa puede rajarse.

Bajo la corteza de los brazos y de los troncos se puede, entonces, observar una coloración parda que se extiende de arriba hacia abajo. Un corte transversal del tronco permite ver, en el centro, madera amarilla o blanca, careada (yesca), desmenuzable, oliendo a hongos, rodeada por una orla de madera oscurecida que contrasta con la zona de madera sana.

4.2.2. Causas de la enfermedad

Hasta 1970, la yesca se atribuía a dos hongos, *Phellinus ignarius* y *Stereum hirsutum*. Posteriormente, trabajos de investigación han permitido la identificación de otros hongos, aislados en las necrosis pardas y duras *(Phaeoacremonium aleophilum, P. chlammydosporum, Eutypa lata)* y en las necrosis claras y blandas *(Phellinus punctatus)*. Estos trabajos no han permitido afirmar si estos hongos eran responsables de la enfermedad. Lo que sí es seguro es que esos hongos penetran por las heridas de poda y por las heridas hechas en el tronco con las herramientas, colonizan después los tejidos desarrollando su micelio en los brazos y tronco, impidiendo la circulación de la savia y provocando la mortalidad de las cepas.

4.2.3. Condiciones de desarrollo

La humedad en primavera favorece el desarrollo del parásito. Al principio del verano los vasos leñosos afectados no pueden satisfacer las exigencias en agua del follaje; se produce una ruptura de la alimentación hídrica, lo que causa la desecación de las hojas. Las viñas jóvenes no presentan generalmente síntomas ya que el crecimiento del vegetal es más rápido que el del micelio. En las viñas de más de diez o doce años de edad, el micelio invade progresivamente la madera.

4.2.4. Protección contra la yesca

Ante todo hay que evitar hacer grandes heridas de poda y heridas en el tronco. Los troncos enfermos deben ser arrancados y quemados. Deben tomarse las mismas precauciones que para la eutipiosis para limitar el inóculo y evitar las contaminaciones.

Las heridas de poda pueden protegerse por medio de un tratamiento con arsenito sódico, a la dosis de 1.250 gramos por hectólitro de caldo. Las especialidades comerciales dosificadas a 250 g/l (Pyral Rep Fort, Pyralumnol 2000, Pyralesca RS) se emplean a 5 l/hl, las de 200 g/l (Pyral Rep) a 6,25 l/hl y las de 300 g/l (Pyral dable) a 4,2 l/hl. La aplicación se hace al menos 10 días después de la poda y lo más tarde de 2 a 3 semanas, antes del desborre, en tiempo seco por medio de un pulverizador provisto de un cono estrecho o con un pincel. El tratamiento se repite dos inviernos consecutivos. Estos tratamientos son tóxicos, presentan riesgos a la vez para el hombre que hace el tratamiento y para el medio (suelo, aguas de superficie). Para el operario, conviene evitar todo contacto con el producto llevando guantes y mascarilla y lavándose cuidadosamente. Para el medio hay que emplear pantallas recuperadoras. La toxicidad de este producto dura un día.

El Escudo utilizado para proteger las heridas contra la eutipiosis ha sido objeto, en 1996, de un permiso obligatorio de autorización de venta para ser utilizado también como tratamiento para la yesca.

4.3. Podredumbre radicular

La podredumbre es una enfermedad parasitaria debida a hongos que se desarrollan en las raíces.

4.3.1. Síntomas

La enfermedad se presenta en manchas en las parcelas, algunas zonas presentan una vegetación débil, brotes cortos, hojas pequeñas y claras. Las cepas pueden presentar a finales de verano un enrojecimiento o una flavescencia acompañados de un mal agostamiento. El debilitamiento avanza progresivamente y alcanza a las cepas vecinas mientras que las primeras se marchitan y mueren en verano.

Separando la base del tronco y sacando al aire las raíces gruesas, se observa un franqueamiento del injerto y, bajo las cortezas, masas de micelio blanquecinas más o menos continuas con olor fuerte a hongo.

4.3.2. Causas y desarrollo de la podredumbre radicular

Armillariella mellea es el hongo responsable de la podredumbre de la vid y de los árboles frondosos. Esta especificidad parasitaria explica por qué los ataques de podredumbre sobre desbroces de resinosas (atacadas por *A. obscura*) son más débiles que sobre desbroces de árboles frondosos, frutales o forestales. El parásito aparece frecuentemente en plantaciones jóvenes, en suelos húmedos con subsuelo impermeable, sobre todo después de una roturación de talas, de árboles frutales, de vid o de leguminosas. Las plantas procedentes de viveros infectados introducen la enfermedad en el viñedo.

4.3.3. Protección contra la podredumbre radicular

Antes de la plantación, hay que eliminar el máximo de raíces y dejar descansar el suelo haciendo cultivos anuales, especialmente cebada, durante un mínimo de cuatro o cinco años después del arranque de una viña enferma, y de ocho a diez después del arranque de grandes árboles si el diagnóstico de armillaria es positivo. Desgraciadamente los viticultores se apresuran a plantar y se exponen a una contaminación rápida de su viñedo.

La desinfección del suelo se hace con un producto que contiene metamsodio (Esaco) que tiene un doble efecto: es eficaz directamente contra la podredumbre, pero también tiene un efecto indirecto al preservar en el suelo un enemigo natural de la podredumbre, un hongo del género *Trichoderma* que continúa la acción del fungicida. Las modalidades de aplicación de este producto se presentan en la parte 2, capítulo 1.

La desinfección también puede hacerse con un producto a base de tetrathiocarbonato (Enzone) que se transforma en el suelo en sulfuro de carbono.

4.4. Pie negro

Desde hace una treintena de años, el pie negro afecta periódicamente a los viñedos jóvenes, sobre todo a viñedos de Champagne y de Cognac. Las manifestaciones de esta enfermedad tienen una extensión geográfica limitada.

4.4.1. Síntomas

El pie negro afecta únicamente a viñas jóvenes, lo más frecuente de 3 a 8 años, que se marchitan presentando los síntomas siguientes:
- en la parte aérea, reducción del desborre, desecación brutal durante el período vegetativo (apoplejía), debilidad de las cepas y mortalidad;
- en el arranque, las plantas afectadas presentan dos platillos de raíces, uno superficial y rastrero, que todavía está vivo en plantas debilitadas mientras que en la base del portainjerto el segundo nivel está muerto; debajo de la corteza del protainjerto se observa una necrosis parda más o menos importante;
- en las parcelas, el reparto de pies muertos es aleatorio, con una mortalidad a veces por manchas o en líneas.

4.4.2. Causas y factores que la favorecen

La necrosis del talón del portainjerto se debe a la penetración por efracción de un hongo, *Cylindrocarpon destructans,* que es un parásito debilitante que se instala en plantas que hayan sufrido previamente un estrés. No es la única causa del debilitamiento ya que su poder patógeno no le permite instalarse en una planta que tenga toda su capacidad de reacción. La manifestación del pie negro está ligada a varios factores favorecedores:
- la compactación excesiva de suelos, natural o provocada por los trabajos de preparación del suelo antes de la plantación (nivelación, paso de grandes máquinas, desfonde). Estos trabajos realizados en período invernal húmedo, en suelos de tendencia hidromorfa, entrañarían una asfixia radicular con dificultades de instalación y funcionamiento de las raíces;
- el vigor excesivo de las plantas sería un factor agravante al aumentar sus necesidades alimenticias;
- la desinfección del suelo reduce los riesgos del pie negro;

– las aportaciones de estiércol en abonados de fondo parecen favorecer a la enfermedad;
– algunos portainjertos son más sensibles (140 Ruggeri, RSB1).

4.4.3. Protección contra el pie negro

Son principalmente las intervenciones del viticultor las que deben ser mejor pensadas para limitar la aparición del pie negro:
– efectuar las labores de preparación del terreno en suelo secos y evitar su compactación;
– hacer en período seco un subsolado de suelos que tengan tendencia a compactarse;
– evitar las prácticas de plantación que frenen el desarrollo del sistema radicular como, por ejemplo, la plantación con taladradora o ahoyador en suelo compacto húmedo;
– prever un drenaje de las parcelas húmedas;
– desinfectar solamente las parcelas en las que es segura la presencia de entrenudo corto o dejar descansar el suelo varios años.

En las viñas que se descubre el pie negro, se pueden hacer labores profundas con arados de púas en período seco y completar esta preparación haciendo grandes hoyos, preferentemente antes del invierno para conseguir un buen desmenuzado del suelo. Si hay muchas plantas afectadas, es preferible hacer un arranque completo y preparar el suelo en buenas condiciones.

5. ENFERMEDADES BACTERIANAS

Las enfermedades bacterianas de la vid tienen un desarrollo localizado y esporádico pero sus efectos son graves. Actualmente se distinguen tres enfermedades bacterianas:
– la necrosis bacteriana o enfermedad de Oleron provocada por *Xilophylus ampelinus;*
– la agalla de la corona y las verrugas provocadas por agrobacterias;
– la enfermedad de Pierce debida a una bacteria denominada *Xylella fastidiosa,* Wells y otros.

5.1. Necrosis bacteriana de la vid

Esta enfermedad fue descrita en 1895 por Ravaz a partir de observaciones hechas en la isla de Oleron, de donde procede el nombre de enfermedad de Oleron. Esta enfermedad que se desarrolló en varios focos en el Sur de Francia, desapareció hasta 1960. Actualmente se la encuentra en Francia en los Pirineos Orientales, la Aude y en la Charente-Maritime. También existe en España, Grecia y África del Sur.

Esta enfermedad puede entrañar pérdidas importantes de cosecha en las parcelas más atacadas, como ocurrió en Charentes en 1994, en donde los rendimientos bajaron a 35 hl/ha en lugar de 100 a 130 hl/ha habitualmente.

5.1.1. Síntomas

Las *yemas* y los *brotes jóvenes* contaminados poco después del desborre a partir de heridas de poda, tienen un desborre irregular y unos brotes endebles con una coloración rojiza, algunos brotes se desecan y mueren.

Los *brotes jóvenes más grandes* (cinco hojas y más), contaminados a través de los vasos, presentan sectorialmente un enrojecimiento y una ligera hinchazón de los tejidos que se agrietan y después se necrosan. Esta necrosis longitudinal de tinte negro (o marrón) de los brotes en crecimiento es característico de la enfermedad. A finales de junio, la contaminación de los pámpanos progresa de abajo a arriba con la aparición de los primeros síntomas a nivel de los nudos, éstos estallan y se necrosan, y después se forman grietas en los entrenudos.

Las *hojas* presentan dos tipos de síntomas:
– al principio se observa una desecación de los bordes de las hojas;
– un poco más tarde, cuando el follaje entra en crecimiento activo, se observan pequeñas manchas (2 mm) dispersas en el limbo, al principio de aspecto aceitoso en el envés, necrosándose después por el centro. Estos síntomas son la consecuencia de una contaminación externa en el momento del estallido de los brotes.

Los *botones florales* se ennegrecen y se desecan.

Durante el verano, la enfermedad continúa desarrollándose y aparecen en los *sarmientos* necrosis parduzcas (fisuras longitudinales); el agostamiento de las maderas es incompleto. Al comienzo de la vegetación al año siguiente el sarmiento presenta, bajo la corteza, tejidos esponjosos y agrietados.

5.1.2. Causas de la necrosis bacteriana

La necrosis bacteriana es debida a una bacteria, *Xylophilus ampelinus,* que se conserva en la madera viva y también durante cinco o seis meses en las maderas de poda abandonadas en el suelo. Las fuentes de contaminación son muy diversas: los lloros, las heridas de poda frescas y mojadas por las lluvias, las heridas de los brotes debidas a los despuntes, las labores del suelo, la inundación, las necrosis de los pámpanos infectados, los injertos, los instrumentos de poda.

Las bacterias se desarrollan en los espacios intercelulares y desorganizan las células por secreción enzimática. Circulan en la planta a través de los vasos, pudiendo obstruirlos. Los síntomas no siempre aparecen con la misma intensidad y pueden ser inexistentes aunque las cepas estén contaminadas.

5.1.3. Circunstancias favorables

La enfermedad se desarrolla en focos y no se manifiesta más que en ciertas circunstancias relacionadas con el clima, el suelo, la sensibilidad de las variedades y las técnicas de cultivo.

5.1.3.1. *Clima*

Invierno y primaveras lluviosas favorecen la enfermedad mientras que en años secos experimenta una regresión; el viento asegura el transporte de las bacterias.

5.1.3.2. *Suelo*

Suelos pobres, poco fértiles, apelmazados, ácidos, asfixiantes.

5.1.3.3. *Sensibilidad varietal*

Las más sensibles son: garnacha, viura, bobal, ugniblanc, alicante y bouschet. Medianamente sensibles; tempranillo, graciano, tinto de Madrid, cardinal, rosetti, chelva, mourvèdre, moscatel de Alejandría. Poco sensibles: mazuela, monastrell, malvasía, messeguera, Pedro Ximénez. Entre los portainjertos, el Fercal es sensible.

5.1.3.4. *Técnicas de cultivo*

- la poda hecha en el momento de los lloros sobre sarmientos enfermos favorece la transmisión de la enfermedad por los instrumentos de sierra (tijeras, sierras, etc.);
- los sarmientos triturados o enterrados en el suelo son reservas de bacterias durante cinco a seis meses;
- las inundaciones tardías de viñas plantadas sobre pies francos aseguran el transporte de las bacterias procedentes de maderas trituradas y de los lloros y hacen más receptivas a las vides al asfixiar sus raíces al principio de la vegetación;
- la utilización de injertos contaminados es sin lugar a dudas la causa de la creación de nuevos focos;
- el abandono total de los productos cúpricos está en relación con el recrudecimiento de la enfermedad;
- las labores del suelo cortan raíces contaminadas lo que permite la diseminación de las bacterias en época de lluvia;
- la recolección mecanizada.

5.1.4. Medios de lucha y protección

La lucha se basa esencialmente en métodos preventivos para evitar la creación de focos y limitar la extensión de la enfermedad. El primer método consiste en no utilizar nada más que injertos y plantas sanas en el momento de la plantación del viñedo y en la reposición de marras. En las zonas contaminadas, los viticultores deben seguir las siguientes recomendaciones:
- al ser el período de vendimias un período muy favorable a la diseminación de la enfermedad, conviene, en el caso de vendimias mecanizadas, comenzar por las parcelas aparentemente sanas, lavar las máquinas vendimiadoras utilizando una gran cantidad de agua, desinfectarlas con un producto enológico clorado o bien a base de peróxido de hidrógeno, y aclarar cuidadosamente después;
- podar durante el período de reposo y desinfectar los instrumentos de poda con alcohol o lejía;
- eliminar y quemar los brazos enfermos, las cepas muertas y los sarmientos;
- limitar el uso de instrumentos que lesionen la planta; no triturar los sarmientos, evitar los despuntes tardíos después del envero, no utilizar prepodadoras ni rotovator;

Carencias

1. Flavescencia potásica. **2.** Flavescencia potásica. **3.** Pardeado sobre vid joven de cabernet sauvignon. **4.** Síntomas de pardeado. **5.** Carencia de magnesio. **6.** Carencia de manganeso en cabernet sauvignon.

Accidentes fisiológicos

1. «Folletage» en vid conducida en alto. **2.** Sequía. **3.** Enrojecimiento por asfixia. **4.** Decaimiento por asfixia radicular. **5.** Corrimiento y «millerandage». **6.** Desecación del raspón.

Accidentes climáticos

1. Daños por heladas de primavera. **2.** Verrugas. **3.** Heladas de otoño. **4.** Daños por granizo. **5.** Viñas muy bajas en la isla de Ré (protección contra vientos marinos). **6.** Viñas descalzadas después de los grandes fríos de invierno (t ≤ 25 °C en Anatolia Central, Turquía).

Clorosis

1. Clorosis en Charentes. **2.** Síntomas en hojas en primavera. **3.** Amarilleamiento del limbo y nervios verdes. **4.** Escoba de bruja. **5.** Estado cottis. **6.** Reverdecimiento del limbo a nivel de los puntos de impactos después de un tratamiento con sulfato de hierro.

Filoxera y virus

1. Agallas filoxéricas en hoja. **2.** Fundadoras, larvas y huevos de filoxera en una agalla. **3.** Fasciaciones en cariñena. **4.** Progresión de entrenudo-corto en una paracela y síntomas del jaspeado en el borde de la zona de mortalidad. **5.** Síntomas de jaspeado. **6.** Síntomas de corky bark.

Decaimientos

1. Eutipiosis. **2.** Eutipiosis. **3.** Yesca: síntomas en hojas. **4.** Yesca. **5.** Apoplejía. **6.** Yesca en el tronco.

Enfermedades de las hojas y de los racimos

1. Excoriosis en ramo en primavera. **2.** Excoriosis en sarmiento en invierno. **3.** Síntomas de mildiu en la cara superior de las hojas. **4.** Síntomas de mildiu en la cara inferior de las hojas. **5.** Mildiu, mosaico. **6.** Oídio en grano verde.

Plagas y enfermedades

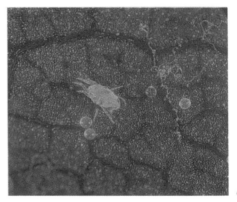

1. Oídio en granos. **2.** Podredumbre gris en hojas. **3.** Podredumbre gris en inflorescencia. **4.** Síntomas que revelan la presencia de arañas amarillas. **5.** Aspecto plomizo en presencia de ácaros. **6.** Arañas amarillas.

Fotos: Alain Reynier

– evitar las inundaciones tardías;
– tratar con cobre, a condición de preservar para conseguir su eficacia:
  • después del paso de la vendimiadora tratar, con un retraso máximo de 4 a 5 horas, con un caldo a base de 400 g de cobre por hectólitro (o con caldo bordelés al 2%);
  • después de la poda: caldo bordelés al 5% (ó 1.000 g de cobre/hl);
  • a partir de la hinchazón de yemas, aplicación de caldo bordelés al 2% (400 g de cobre/hl);
  • en el estado tres hojas: caldo bordelés al 2%;
  • durante el período vegetativo: anti-mildiu cúprico.

5.2. Verrugas y agallas de la corona *(crown-gall)*

Las verrugas y el grown-gall son enfermedades que se manifiestan por excrecencias tumorales, inducidas por bacterias del género *Agrobacterium*.

El *crown-gall* o *agalla del cuello* se manifiesta en viveros y en viñas en producción:

– en viveros algunas plantas, que albergan bacterias, pueden presentar tumores más o menos discretos a nivel del talón, del punto de injerto o de las raíces de portainjertos sensibles como el 41B;
– en viñas adultas estos tumores se encuentran a nivel del cuello o del punto de unión del injerto; después de una herida provocada por los instrumentos, las bacterias contenidas en los vasos de las «plantas sanas portadoras» proliferan y desarrollan tumores.

Las *verrugas* aparecen periódicamente como consecuencia de heladas de invierno o primavera; se manifiestan en el tronco y los brazos por una proliferación anárquica de tejidos (tumores) del cambium y de los parenquimas bajo el efecto de las agrobacterias albergadas y liberadas por el estallido de los tejidos helados.

Estos tumores revelan la presencia de una bacteria, *Agrobacterium vitis* en las cepas contaminadas y que sobreviven en los vasos en estado latente y que sólo expresan sus propiedades tumorales después de haberse producido las heridas. *A. vitis* es un biovar de las poblaciones de agrobacterias, la más frecuente en la vid y diferente del *Agrobacterium tumefaciens* que sobrevive en el suelo.

Los medios de lucha tienden, en principio, a no utilizar más que material sano (injerto y portainjerto) en las operaciones de multiplicación y plantación, habiendo actualmente en estudio algunos métodos de detección. El tratamiento de las maderas de multiplicación a 50 °C durante 30 a 45 minutos permite eliminar las bacterias. En los viñedos ya contaminados, podar antes de los lloros, desinfectar los instrumentos de poda y suprimir y quemar las partes tumorales.

5.3. Enfermedad de Pierce

La enfermedad de Pierce, debida a una bacteria, *Xylella fastidiosa,* se transmite por insectos. Esta enfermedad estaba circunscrita al continente americano (Florida, algunas zonas de California, Venezuela, América Central). Recientemente ha sido señalada en Yugoslavia (1996), después en Italia. Por ahora su presencia no ha sido detectada en Francia, pero el riesgo de introducción no está descartado pues:

- la vid *(V. vinifera, V. labrusca* y *V. riparia)* no es la única planta huésped de la bacteria que también se encuentra en almendro y alfalfa;
- la enfermedad es vehiculada por insectos picadores-chupadores (cicadélidos) que están presentes en el continente americano así como en Europa;
- la transmisión de la enfermedad es posible también por vía vegetativa (estaquillado, injerto) y a través de heridas.

Por eso esta enfermedad podría ser introducida por importaciones de material vegetal. Para evitar este riesgo el material injertado debe ponerse en cuarentena y hacer un test de detección de la enfermedad de Pierce y un tratamiento en agua a 45-50 °C durante 3 horas.

Los síntomas se traducen por una necrosis marginal de las hojas y su caída prematura. Los vasos del xilema de estas plantas son obstruidos más o menos por formaciones de gomas y tilos que perjudican el buen funcionamiento de los vasos que conducen el agua en la planta. Esta enfermedad entraña un retraso en el crecimiento, una pérdida de vigor, un rendimiento bajo, así como la marchitez de las plantas. *Xylella fastidiosa* puede considerarse como un parásito debilitante; la enfermedad aparece a favor de factores de estrés (sequía, entrada en producción de las plantas jóvenes, superproducción en las plantas adultas...).

ENFERMEDADES DEL FOLLAJE Y DE LOS RACIMOS

1. EXCORIOSIS

La excoriosis, enfermedad muy antigua, se encuentra en todas las situaciones y en todas las latitudes. Es debida a *Phomopsis viticola*.

1.1. Síntomas

Los síntomas característicos aparecen sobre los sarmientos, en particular en su base. En primavera aparecen puntuaciones negras o lesiones extendidas de color pardo-marrón, a veces con una estriación acorchada que recuerda al aspecto de una tableta de chocolate; a veces están coronadas por lesiones discontinuas. En verano se forma, a menudo, en la inserción del brote, un abultamiento que se agrieta longitudinalmente, acompañado, a veces, de un estrangulamiento de la madera, haciendo frágil el sarmiento. En otoño la corteza presenta manchas blanquecinas y puntuaciones negras. En invierno los sarmientos de la madera vieja se caen y la cepa queda gravemente mutilada.

Las hojas pueden ser afectadas y presentar manchas pardas en el peciolo, los niervios y el limbo; éste queda pequeño, verde pálido o clorótico.

En los racimos, la enfermedad puede estar presente en el raspón, pudiendo causar una desecación parcial o total.

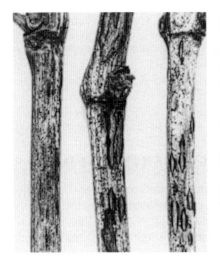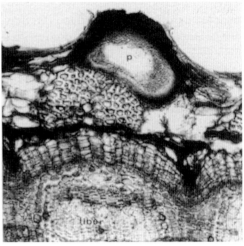

A. Reynier

Figura 1
Síntomas de excoriosis en sarmiento.

1. Puntuaciones negras y grietas en sarmientos blanqueados.
2. Picnidios en la corteza del sarmiento.

1.2. Epidemiología de la excoriosis y daños

La excoriosis pasa el invierno en las yemas de la base de los sarmientos, en estado de micelio y en la corteza de los sarmientos en estado de picnidios. En primavera, con tiempo húmedo, el micelio de las yemas contamina directamente al brore a partir del desborre, los picnidios de los sarmientos germinan y emiten un filamento gelatinoso espiral, llamado cirro. Éste contiene las picnidiosporas agentes de las contaminaciones primaverales. Las picnidiosporas germinan a su vez en el agua de lluvia emitiendo una prolongación que agujerea la cutícula o penetra a través de heridas. Después se desarrolla un micelio en los tejidos de los órganos contaminados. En otoño los picnidios aparecen en la superficie de los órganos.

Las consecuencias de la enfermedad se manifiestan sobre todo al año siguiente; las yemas de la base de los sarmientos afectados no desborran. Los brotes atacados en su inserción resisten mal al viento y a los golpes. Los que tienen un desarrollo defectuoso o que presentan grietas en la base no pueden conservarse en la poda lo que provoca un alargamiento de la cepa. Los rendimientos de una viña enferma disminuyen a causa del aborto de un cierto número de yemas. Finalmente, los injertos contaminados pueden propagar la enfermedad.

1.3. Condiciones de desarrollo

Las esporas germinan exclusivamente en el agua. El desarrollo de la enfermedad está sometido, por tanto, a la frecuencia de las lluvias a comienzos de la vegetación. El vigor y el agrupamiento del follaje que contribuyen a aumentar la humedad a nivel de los órganos, favorecen la enfermedad. Algunas variedades son mun sensibles (qrolleau, muscadelle, cabernet-sauvignon, alfonso lavallée, cardinal) y otras son menos sensibles (pinot-meunier, cariñena, cinsaut, merlot, sylvaner, ugni blanc).

1.4. Lucha contra la excoriosis

La lucha se basa en tomar medidas profilácticas para limitar la extensión de la enfermedad y de los tratamientos químicos.

Las medidas profilácticas consisten:
– en usar injertos sanos procedentes de las viñas bien protegidas;
– en eliminar en la poda los sarmientos que tengan lesiones;
– en eliminar los sarmientos blanqueados y quemarlos.

Los tratamientos químicos tienen como finalidad tanto la destrucción de los picnidios situados en los sarmientos antes del desborre, como la protección de los brotes jóvenes en tratamiento de post-desborre.

1.4.1. Tratamiento de invierno o de pre-desborre

Después de la poda, pero como muy tarde dos o tres semanas antes del desborre, aplicación de arsenito sódico a la dosis de 625 g de arsénico por hectolitro. La pulverización debe ser abundante (400 a 500 l/ha) y bien repartida. Conviene advertir que el arsenito sódico es un producto tóxico, peligroso para el hombre y los animales. Por lo tanto, hay que manipularlo con precaución. Para limitar a la vez la toxicidad y el coste del tratamiento, utilizar paneles recuperadores.

1.4.2. Tratamiento de primavera o de post-desborre

Algunos productos anti-mildiu, especialmente los productos orgánicos de síntesis, son muy eficaces contra la excoriosis siempre y cuando se utilicen inmediatamente después del desborre y antes de las lluvias contaminadoras. Se aconseja efectuar, con tiempo húmedo persistente, un tratamiento en el estado C-D (30% de yemas en estado D ó 06) y otro en el estado D-E (40% de yemas en el estado E ó 09). Entre los fungicidas, el mancorzeb y el azufre mojable tienen una buena eficacia; también pueden utilizarse el propineb y el folpel. Este doble tratamiento puede ser reemplazado por un tratamiento único con fosetil-Al, hecho en el estado D. Se aconseja la utilización de paneles recuperadores de caldo.

Después de tres años de tratamiento, la protección química contra la excoriosis ya no es necesaria hasta que las condiciones climáticas se vuelvan particularmente favorables al hongo. Después de dos primaveras lluviosas, los tratamientos de primavera se reanudarán durante un año.

2. BRENNER O ENROJECIMIENTO PARASITARIO

El brenner es una enfermedad criptogámica debida a un hongo, *Pseudopeziza tracheiphila,* que se encuentra principalmente en Champagne, Alsacia y Borgoña.

En gran parte se ha visto favorecida por el no-cultivo del suelo que asegura la conservación del inóculo contenido en las hojas muertas. Es una enfermedad episódica y, por lo tanto, la lucha es únicamente preventiva.

2.1. Síntomas

En las hojas aparecen manchas lívidas que se parecen a las del mildiu pero sin las eflorescencias blanquecinas en la cara inferior. Estas manchas aumentan rápidamente, su coloración se acentúa mientras que su centro se deseca progresivamente:
- en las variedades blancas las manchas, en principio amarillo limón, están contorneadas por una banda amarillo claro y se vuelven pardas;
- en las variedades tintas las manchas de un rojo intenso tienen el contorno subrayado de un color púrpura a rojo violáceo mientras que el centro pardea.

Las manchas están a menudo delimitadas por los nervios y ocupan un sector más o menos importante del limbo. Las hojas pueden desecarse enteramente y caer prematuramente, produciendo un debilitamiento de las cepas y alteraciones de la floración en casos de caída precoz.

En los racimos, a veces atacados, el brenner provoca el corrimiento y el «millerandage» y, en los casos graves y precoces, las bayas jóvenes se desecan, «aspecto de tabaco», causando una pérdida de cosecha.

2.2. Causas y condiciones de desarrollo

El hongo, *Pseudopeziza tracheiphila,* vive en el interior de los vasos leñosos. En invierno vive como saprofita en estado de micelio, en el interior de las hojas muertas caídas al suelo; en primavera, las fructificaciones (apotecias) liberan ascosporas que aseguran la diseminación.

Las contaminaciones se producen de una manera escalonada. Comienzan a partir del estado tres hojas de la vid, pero pueden continuar hasta julio-agosto. Las ascosporas proyectadas por el viento sobre el follaje germinan con motivo de un período lluvioso prolongado, el hongo penetra a través de la epidermis. Después de un período de incubación de 3 a 4 semanas, las manchas aparecen; su evolución hasta la desecación dura todavía 2 ó 3 semanas.

2.3. Circunstancias favorables

Los factores climáticos juegan un papel esencial en la importancia de los ataques: inviernos y primaveras secas, seguidas de períodos húmedos y cálidos, son muy favorables para el hongo del enrojecimiento parasitario.

2.4. Medios de lucha

La lucha es preventiva. Hay que intervenir cuando los avisos agrícolas lo recomiendan, durante el período de riego (desde el estado tres hojas hasta el cuajado) para impedir la germinación y la penetración del hongo en los órganos. Esta protección preventiva, con ayuda de tratamientos químicos debe, en algunos años, ser continuada durante el verano.

2.4.1. Productos

- *los fungicidas de contacto a base de mancozeb o de metiram zinc* son utilizables durante todo el período de riesgo. Al ser lixiviables por la lluvia, es necesario renovar el tratamiento después de precipitaciones de 20 a 25 mm de agua;
- *los fungicidas a base de bencimidazol* (benomilo) son muy eficaces y no lavables por las lluvias pero provocan la aparición de cepas resistentes al mildiu y están sometidos a una reglamentación severa en materia de residuos. La utilización sólo es posible antes de la floración;
- *ciertos fungicidas a base de IBE* (inhibidor de la biosíntesis de los esteroles) son eficaces contra el brenner (difenoconazol, fenbuconazol, fluzilazol). No son lavables por las lluvias.

2.4.2. Estrategias

Conviene cubrir el follaje de una manera precoz (desde el estado 3 hojas) y continua para seguir la brotación de la vid todas 3 hojas: con un fungicida de contacto o de benomilo en los estados 3 hojas, 5 a 6 hojas, 8 a 10 hojas, después con un IBE en los estados 11 a 12 hojas, floración, cuajado y, si es necesario, con un producto de contacto en el estado racimo cerrado.

3. OÍDIO

El oídio de la vid apareció en Francia en 1845; provocó una caída de la producción francesa que pasó de 45 millones de hectolitros en 1850 a 11 millones en 1854. Esta enfermedad se debe a un hongo *Uncinula necator,* que se desarrolla en todos los órganos herbáceos de la vid.

3.1. Síntomas

Los brotes jóvenes herbáceos presentan en primavera un crecimiento reducido, con entrenudos cortos y un revestimiento de polvo blanquecino que les confiere uno de los aspectos característicos de la enfermedad, visible solamente en las variedades sensibles del viñedo mediterráneo (cariñena en particular); después del agostamiento los sarmientos tienen manchas parduzcas y sus extremidades permanecen blanquecinas.

En las hojas: se observa en principio un ligero rizado en el borde y después la aparición de manchas difusas de polvo blanquecino o grisáceo. Las manchas blanquecinas del oídio son visibles sobre todo en la cara superior del limbo mientras que con el mildiu están localizadas estrictamente en la cara inferior.

En los racimos, la contaminación puede ocurrir antes de la floración y provocar una desecación parcial o total de las inflorescencias. Después del cuajado, los granos contaminados se recubren de un fino polvo blanquecino y posteriormente de necrosis negras. El crecimiento de las partes afectadas se para, mientras que las uvas continúan engordando; revientan y dejan aparecer las pepitas. Estas lesiones son muy favorables a la penetración de la podredumbre gris.

3.2. Biología y daños

El oídio de la vid presenta la particularidad de existir bajo dos formas genéticamente diferentes que no poseen las mismas formas de conservación en invierno ni un ciclo de reproducción idéntico:
- una primera forma, procedente de la reproducción asexuada del hongo se conserva en estado de micelio en el interior de las yemas en las que penetra a partir de los meses de mayo y junio. En la primavera siguiente, las primeras contaminaciones resultan de la progresión del micelio que emerge de las yemas con el crecimiento de los brotes jóvenes, los síntomas *«drapeaux»* aparecen entonces sobre los ramos;
- otra forma procedente del ciclo de reproducción sexuada del hongo, se conserva durante el invierno en estado de *cleistotecas,* localizadas a nivel de las cortezas; las cleistotecas son órganos resistentes que liberan en primavera las ascosporas en períodos lluviosos.

Estas dos formas de *Uncinula necator* tienen un comportamiento diferente:
- la forma «drapeaux» (colores) es privativo de los viñedos meridionales en donde provoca ataques precoces, luego tiene tendencia a experimentar una regresión y a desaparecer a partir de mediados de julio, siendo reemplazada por la segunda forma;

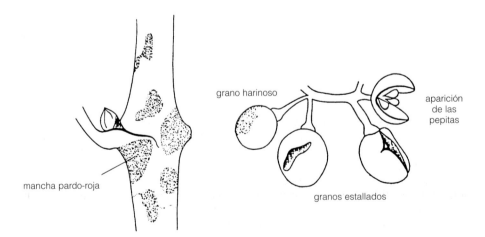

Figura 2
Síntomas del oídio.

– la forma «cleistotecas» es dominante en los viñedos septentrionales, se manifiesta más tardíamente en primavera, a partir de acosporas y reemplaza a la forma anterior durante el verano.

En primavera, en la superficie de los órganos, el micelio preformado (salido de las yemas) y después el micelio neoformado (nacido de la germinación y desarrollo de las ascosporas, en los viñedos en los que estén presentes y viables durante el invierno) colonizan los órganos verdes a los que parasitan emitiendo trompas chupadoras (haustorios). Cuando las condiciones son favorables, el micelio emite conidióforas que liberan conidias que se extienden sobre los órganos sanos situados cerca.

Los ataques sobre las hojas se observan durante toda la temporada mientras que la expresión de la enfermedad en las bayas se observa a partir del cuajado. Los daños se hacen espectaculares más tarde, lo más frecuente después de la cerrazón del racimo. Los racimos pueden ser infectados en un período corto, del estado H(17) a la cerrazón del racimo, con un máximo de receptividad en el estado cuajado-postcuajado. Los daños observados en verano son consecuencia de las contaminaciones producidas durante el período de receptividad máxima a partir de las colonizaciones de micelios presentes en ese momento en el follaje situado a corta distancia. Por eso la presencia de oídio en las hojas en el cuajado representa un alto riesgo para los racimos.

Las yemas se contaminan durante el crecimiento activo de los pámpanos por penetración del micelio. A finales de verano, las cleistotecas se forman después de la fusión de dos hifas de micelio compatibles. Se conservar agarradas a las cortezas gracias a ganchos, largos filamentos que se terminan en cruceta.

El oídio ataca a todos los órganos herbáceos de la vid, los pámpanos jóvenes en primavera, que detienen su crecimiento y cuyas hojas se crispan, las inflorescencias en el momento de la floración, lo que provoca un mal cuajado, las bayas durante su crecimiento. Una parcela de viña que sufra un fuerte ataque de oídio puede perder una gran parte de su cosecha.

3.3. Condiciones favorables al desarrollo del oídio

3.3.1. Clima

El desarrollo del oídio comienza a +5 °C en atmósfera húmeda; la contaminación es intensa entre +20 y +25 °C (incubación en 6-7 días); las elevadas temperaturas (superiores a 35 °C) inhiben la germinación de las conidias. En tiempo cálido y con atmósfera húmeda, el oídio se desarrolla muy rápidamente sobre las hojas y en particular sobre los racimos abrigados por un follaje tupido. Las lluvias de verano, cálidas y cortas son favorables; asimismo, las noches frescas de junio que producen rocíos y nieblas matinales son también favorables. Contrariamente al mildiu, las conidias de oídio no tienen necesidad de agua libre para germinar, la humedad de la atmósfera es suficiente a falta de lluvia.

La insolación, al secar el aire, es perjudicial para el parásito; los períodos nublados son, por el contrario favorables, así como todo lo que provoque un estado higrométrico elevado a nivel de los órganos verdes de la vid: viñedos de los bajos valles fértiles, vegetación tupida, vigor, mala aireación de los racimos.

3.3.2. Sensibilidad de las variedades

Todas las variedades de *V. vinifera* pueden ser atacadas pero algunas son menos sensibles al oídio. Sin embargo, las diferencias de sensibilidad constatadas sólo tienen un valor relativo ya que variedades reconocidas como poco sensibles pueden ser contaminadas si se cultivan mezcladas con variedades muy sensibles.

Muy sensibles	Sensibles	Poco sensibles
cariñena	aramon	Alicante-bouschet
chardonnay	cabernets	clairette
chenin	chasselas	garnacha
muscat de granos pequeños	cinsaut	folle blanche
merlot	gamay	macabeo
muscadelle	melon	semillon
piquepoul	pinots	syrah
sauvignon	riesling	mauzac
silvaner	ugni blanc	

3.3.3. Receptividad de la viña

Las hojas y los pámpanos pueden contaminarse durante toda la fase de crecimiento mientras que la receptividad de los racimos está limitada a un período corto, comprendido entre el estado botones florales separados (H ó 17) y racimo cerrado con un riesgo máximo al principio del cuajado.

3.4. Lucha contra el oídio

3.4.1. Medidas profilácticas

No hay profilaxia eficaz, solamente hay que reducir el vigor de las cepas y eliminar los focos quemando en invierno las maderas de poda de las partes afectadas y evitando las contaminaciones de las hojas al principio de la vegetación ya que las esporulaciones en las hojas constituyen el reservorio del inóculo a partir del cual van a contaminarse los racimos. En la multiplicación vegetativa hay que utilizar injertos sanos.

3.4.2. Lucha química

La lucha química es el único medio de combatir el oídio. Es preventiva esencialmente con el fin de proteger órganos sanos antes de toda contaminación. Se modula en función de la sensibilidad de las variedades y de la situación geográfica. No obstante, en caso de aparición de colonias de micelio, debe emprenderse inmediatamente una lucha curativa para frenar la enfermedad. Los tratamientos precoces constituyen la llave de la protección eficaz contra el oídio.

3.4.2.1. *Fungicidas anti-oídio*

3.4.2.1.1. *Fungicida mineral: el azufre*

Este fungicida ha sido el único fungicida anti-oídio empleado durante más de un siglo. Actúa por contacto y por vapor y tiene un triple efecto sobre el hongo: acción preventiva sobre las conidias antes y durante la germinación, acción frenante sobre los filamentos de micelio y los haustorios, acción erradicante al provocar la desección de conidias y micelio.

Es un producto polivalente que también tiene una buena eficacia contra la excoriosis en tratamiento de post-desborre (dos aplicaciones de azufre mojable en los estados D y E) y efectos secundarios sobre la acariosis, los tetraníquidos polífagos, la erinosis y también contra el black rot y el brenner. Por el contrario, su poder fungitóxico está relacionado con el clima, así como su fitotoxicidad (riesgo de quemaduras); confiere un mal gusto a los aguardientes (parar los tratamientos tres meses antes de la vendimia), puede destruir la fauna auxiliar pero no a principios de la vegetación.

El azufre se presenta bajo dos formas:

– *azufres para espolvoreo:* tienen una *acción de choque* pero su efecto curativo es de corta duración; estos azufres se obtienen por molienda del mineral de azufre (azufre triturado), o por destilación (azufre sublimado o flor de azufre). Los azufres sublimados están constituidos por partículas mucho más finas y actúan a temperatura más baja que los azufres triturados. La utilización del azufre en polvo (30 a 40 kg/ha) es esencialmente específico para los viñedos mediterráneos. El polvo penetra bien en la cepa y el efecto vapor es intenso a falta de viento pero necesita la presencia de una buena luminosidad y de una temperatura elevada. En estas regiones, la estrategia de lucha se basa en tres espolvoreos de azufre en períodos críticos, reforzados por numerosos tratamientos mixtos contra el mildiu y el oídio aportando azufre mojable a la dosis de 10 kg/ha;

– *azufres para pulverización:* tienen una *acción de contacto,* de efecto preventivo; se presentan en forma de polvo mojable o en forma líquida. Su eficacia es buena y su fitotoxicidad está actualmente limitada con el empleo de azufres mojables micronizados. Tienen una buena adherencia y una duración de acción superior a los azufres en espolvoreo. Su eficacia depende de la dosis/ha, de la forma de pulverización (preferible la pulverización neumática) y de la precocidad de la intervención. Se puede asegurar la protección de la viña contra el oídio utilizando azufres para pulverización todo el año pero en las regiones de fuerte presión del oídio (Midi) y en variedades sensibles, pueden aparecer daños los años lluviosos.

3.4.2.1.2. *Fungicida orgánico de contacto: el dinocap*

El dinocap es un fungicida de superficie de efecto preventivo y curativo, particularmente interesante para bloquear un ataque. El dinocap tiene una acción curativa de aproximadamente una semana así como interesantes propiedades anti-esporulantes. No tiene la polivalencia del azufre pero, sin embargo, limita el desarrollo de las poblaciones de ácaros rojos; es medianamente tóxico para la fauna auxiliar y tiene el riesgo de ser fitotóxico a partir de 35 °C.

Tabla 1
Fungicidas anti-oídio.

Materias activas	Dosis por ha	Homologado también para excoriosis	Observaciones
Azufre-espolvoreo	15 a 30 kg	Excoriosis	*Fungicidas de contacto.*
Azufre-pulverización	12,5 kg	Excoriosis	
Dinocap	0,61		
Ciproconazol	0,1 kg		*Fungicidas penetrantes*
Diniconazol	0,2 l		*inhibidores de la biosíntesis de*
Difenoconazol	0,12 l	Black rot, brenner	*los esteroles* (DMI).
Fenarimol	0,45 l		
Fenbuconazol	0,75 l	Black rot, brenner	Son interesantes durante los
Fluxilazol	0,3 l	Black rot, brenner	períodos de gran receptividad
Hexaconazol	0,4 l	Black rot, brenner	de los racimos, del cuajado y en
Inforine	1,5 l		racimo cerrado.
Miclobutanil	0,24 l	Black rot	
Nuarimol	0,15 l		
Penzonazol	7 tabletas	(0,25 l)	Limitar las intervenciones
Pirifenox	0,2 l	Black rot	a 2 ó 3 aplicaciones.
Tebuconazol	0,4 l	Black rot	
Tetraconazol	0,25 l	Black rot (0,4 kg) Brenner (0,4 kg)	
Triadimefon	1,5 l	(75 g.m.a.)	
Triadimenol	0,75 l		
Triforine	1,50 l		
Spiroxamine	0,6 l	Brenner	*Morfolines*
Azoxystrobine	0,6 l	Brenner, excoriosis, mildiu.	*Strobilurines*
Azoxystrobine + Cimoxanilo	1 kg	Ídem.	
Kresoxim-metil	0,2 kg	Brenner, excoriosis	

Tabla 2
Asociación de fungicidas anti-oídio.

Materias activas	Dosis por ha	Homologado también para excoriosis	Observaciones
Fenarimol + azufre	7,5 kg	Excoriosis	*Asociación penetrantes y contacto*
Miclobutanil + azufre	3,5 l	Black rot	
Triadimenol	5 kg	Black rot	Estos productos se usan también por su resistencia.
Ciproconazol + azufre	5 kg		
Ciproconazol + Mancozeb	2 kg	Mildiu, black rot, brenner	Frena la botrytis.
Ciproconazol + Oxadixyl + Cimoxalino + Mancozeb	2,5 kg	Mildiu, black rot, brenner	
Difenoconazol + Dinocap	0,5 l	Black rot, brenner	
Fenbuconazol + Dinocap	0,6 l	Black rot	Frena la botrytis.
Myclobutanil + Dinocap	0,3 l		Frena los ácaros.
Myclobutanil + Mancozeb	4 kg	Mildiu, black rot, brenner, exoriosis	
Penconazol +Dinocap	0,3 l		Frena los ácaros.
Penconazol + Mancozeb	4 kg	Mildiu, black rot	
Pyrifenox + Mancozeb	4 kg	Mildiu	
Tebuconazol + Triadimenol	0,25 l	Brenner	
Triadimefon + Cimoxanilo + Propineb	2,5 kg	Mildiu, black rot Brenner	
Triadimenol + azufre	5 l 5 kg	Black rot	

3.4.2.1.3. *Fungicidas penetrantes a base de IBE*

Los inhibidores de la biosíntesis de los esteroles (IBE) son materias activas que penetran en la planta y que tienen el poder de perturbar la constitución de la pared externa de los filamentos del micelio del hongo. Estos productos tienen un poder penetrante que los protege del lavado por las lluvias y una persistencia de acción de 14 días, de duración idéntica a la de los productos sistémicos anti-mildiu a los que son a menudo asociados en los caldos de tratamientos mixtos. Algunos de ellos tienen una buena eficacia sobre el black rot.

Entre los IBE se distinguen los fungicidas DMI (inhibidores de la dimetilación de los esteroles) que comprenden los IBE «clásicos» que pertenecen a las pyridinas y los triazoles y las *morfolinas* que hasta ahora sólo están representadas por la *spiroxamina*. Así como los *DMI* tienen una acción polivalente (anti-oídio y black rot) y están afectados por los fenómenos de cepas resistentes al oídio, la spiroxamina tiene una acción específica y no está afectada, por el momento, por la resistencia. Presenta a su vez un efecto preventivo y curativo y es eficaz particularmente en pre y post-floración.

La sistemia de los IBE es débil, lo que no permite proteger los racimos o las partes de los racimos que no estén mojadas directamente por el caldo. Por tanto, es necesario hacer una pulverización perfecta, en particular, sobre los racimos. Debido al desarrollo de cepas resistentes a estos productos, el uso de los DMI deben limitarse a dos o tres aplicaciones que serán reservadas para la protección de los racimos durante el período cn que sean más receptivos para el oídio.

El azufre y los DMI pueden ser asociados, lo que permite beneficiarse de los efectos secundarios del azufre sobre la excoriosis y de la eficacia de algunos IBE sobre el black rot y el brenner.

3.4.2.1.4. *Fungicidas penetrantes a base de estrobilurinas*

Son fungicidas polivalentes, homologados también para el black rot, brenner, excoriosis y mildiu. Son interesantes por su buena persistencia sobre los órganos tratados, por su resistencia al lavado y su eficacia. Se podrá utilizarlos en alternancia con otros productos durante la fase de receptividad máxima de los racimos y/o en caso de riesgos múltiples.

La *azoxyxtrobina* (Quadris) tiene una penetración translaminar (transferencia interna de una cara a otra), tiene un efecto secundario sobre la podredumbre gris, su persistencia de acción es de 10 a 12 días. Está formulada sola (Quadris) o en asociación con el cymoxanilo (Quadris duo) en las especialidades comerciales.

El *kresoxim-methyl* (Stroby DF) posee una gran resistencia al lavado, es preventivo y curativo, su persistencia de acción es de 14 días a 0,2 kg/ha y de 7 días a 0,1 kg/ha, no está homologado contra el mildiu pero refuerza el efecto fungicida de los anti-mildius.

3.4.2.1.5. *Fungicidas a base de quinoxifen*

Estos fungicidas tienen una acción específica anti-oídio, únicamente preventiva (inhibición de la germinación de las esporas), una muy buena resistencia al lavado y una larga persistencia de acción (14 días).

3.4.2.2. *Estrategia de lucha*

La protección de la vid contra el oídio debe razonarse teniendo en cuenta los principios siguientes:
- vigilar el viñedo regularmente;
- alternar los productos y aprovechar los efectos del azufre por espolvoreo (sobre todo en post-desborre y en floración sobre las variedades sensibles en regiones meridionales), del azufre por pulverización al principio de la vegetación (sobre todo en las regiones atlánticas o continentales), y los de IBE durante el período de receptividad máxima de los racimos;
- utilizar las dosis/ha homologadas, en particular para los nuevos fungicidas de síntesis;
- efectuar test de resistencia si se constata una baja eficacia de los productos;
- el principio y el fin de la protección vienen dictados por los avisos agrícolas; asegurar una protección continua y perfecta en período crítico y, sobre todo, en período de prefloración-cuajado;
- poner en marcha programas de tratamientos en los que los IBE no sean los únicos anti-oídio, con el fin de limitar los riesgos de resistencia. Deben ser utilizados en alternancia o en asociación con el azufre. Este último puede ser utilizado sólo durante todo el programa de tratamiento conociendo sus límites de eficacia (lavado, permanencia de 10-12 días);
- después del verano, luchar contra el mildiu con fungicidas que tengan una acción frenante sobre el oídio: folpel, fosetyl-Al, dimetomorf;
- en vivero y en viñas jóvenes, la protección debe continuarse hasta finales del verano.

Para la elaboración de estrategias de los tratamientos el viticultor debe prestar atención a dos períodos: por una parte, al comienzo de la actividad vegetativa y, por otra parte, desde la floración hasta el estado racimo cerrado.
- el primer tratamiento se aplica desde el estado 3 a 5 hojas, para las variedades sensibles o en viñas contaminadas el año anterior, al estado 7-8 hojas para las variedades menos sensibles y en zonas menos vulnerables. Utilizar preferentemente azufre, para aprovechar sus efectos secundarios sobre excoriosis y ácaros y emplearlo a plena dosis, es decir, 12 kg/ha en forma mojable o 40 kg/ha en polvo triturado o 15 kg en polvo sublimado; renovar el tratamiento con azufre o con dinocap con una cadencia de 10 días, pero únicamente en caso de riesgos elevados; por el contrario, en variedades poco sensibles de viñedos meridionales no es indispensable renovar los tratamientos antes de la floración. En las variedades poco sensibles de viñedos septentrionales se puede esperar al estado 7-8 hojas para tratar con la condición de que no haya habido ataques el año anterior; utilizar antes de la floración una alternancia de fungicidas de contacto (azufre mojable, dinocap) y de productos penetrantes (espiroxamina, estrobilurina);
- después, en todos los viñedos se interviene para asegurar la protección de los racimos mediante aplicaciones desde la prefloración hasta racimo cerrado con azufre o con dinocap o con los DMI (máximo tres); en casos de presión elevada de la enfermedad, reducir el intervalo entre dos tratamientos a 10 días para el azufre en pulverización y a 12 días para los DMI;
- en casos de ataque declarado, utilizar el dinocap, no utilizar nunca los IBE;

– parar los tratamientos a la cerrazón del racimo para las variedades poco sensibles pero solamente al comienzo del envero para las variedades sensibles o en parcelas que hayan sufrido un ataque.

4. BLACK ROT

El black rot es una enfermedad parasitaria originaria de América del Norte y cuya aparición en Francia fue comprobada en 1885. A principios de siglo sus daños fueron importantes, sobre todo en la región del Suroeste. Después, la enfermedad desapareció en parte gracias a los tratamientos anti-mildiu a base de cobre. De nuevo se vuelve a manifestar de manera episódica con una gran virulencia y una rápida propagación en zonas próximas a viñas abandonadas.

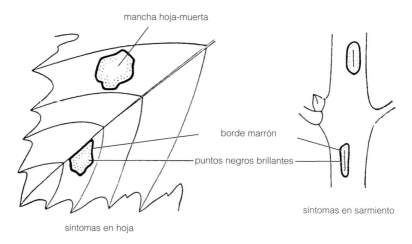

Figura 3
Síntomas de black rot.

4.1. Síntomas

El black rot ataca únicamente a los órganos herbáceos. Se desarrolla sobre las hojas, peciolos, zarcillos, pámpanos y racimos.

En las hojas, todavía jóvenes, se observa sucesivamente:
– una ligera hinchazón que se vuelve grisácea;
– manchas regulares de coloración hoja muerta (rojo ladrillo), bordeadas por una línea parda;
– pequeños puntos brillantes negros (picnidios) dispuestos en forma de corona en la periferia de las manchas sobre las dos caras de las hojas.

Los pámpanos jóvenes raramente son atacados; sin embargo, llevan a veces manchas pardas, alargadas, recubiertas de los mismos puntos negros brillantes.

Los peciolos y zarcillos presentan a menudo manchas semejantes, pero más pequeñas.

Los racimos son atacados más tardíamente que las hojas y, en general, después de la floración, se observa sucesivamente:

– una mancha redondeada, lívida, que progresa e invade toda la baya en dos o tres días;
– el hundimiento de la parte afectada que después se oscurece;
– y finalmente la desecación del fruto que se momifica y se vuelve azulado, mientras que la superficie se recubre de pústulas cuya naturaleza varía en función de la fecha de infección y del período de observación: al principio se trata de picnidios y, a finales del verano, conceptáculos granulosos, esbozos de las peritecas.

Los granos de uva afectados por el black rot, para un profano, se parecen a los granos afectados por el mildiu. Sin embargo, dos caracteres permiten distinguirlos: las manchas de black rot aparecen sobre el lado del grano, son redondas y se recubren de picnidios, mientras que las del mildiu comienzan en el punto de unión del pedicelo y van irradiando hacia la otra extremidad y no llevan picnidios.

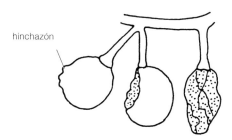

hinchazón

Figura 4
Black rot: síntomas en las uvas.

4.2. Epidemiología del black rot

El black rot es debido al desarrollo de un hongo microscópico, *Guignardia bidwellii,* que vive en el interior de los tejidos. El parásito pasa el invierno en estado de órganos resistentes, las peritecas, sobre los raspones y las bayas momificadas caídas al suelo por las máquinas de vendimiar así como sobre los sarmientos.

Estas peritecas evolucionan en invierno diferenciando ascas que contienen cada una ocho ascosporas. Estas esporas son el origen de las invasiones primarias. Proyectadas sobre las hojas todavía jóvenes por la lluvia, aparecen las manchas después de un período de incubación de ocho a veinte días, después se cubren de puntos negros llamados picnidios. En el interior de estos picnidios se forman, en gran número, nuevas esporas (picniosporas), que serán responsables de las invasiones secundarias sobre las hojas y racimos. A la salida de los picnidios, estas esporas son envueltas por una materia mucilaginosa que impide su diseminación por el viento; el agua de lluvia, al disolver esa sustancia, las arrastra.

En resumen, las ascosporas son gérmenes de diseminación, capaces de crear más lejos nuevos focos. Las esporas ordinarias, las picniosporas, mucho más numerosas, son gérmenes de multiplicación in situ. Es por lo que las invasiones de black rot están más o menos localizadas y se producen por ataques bruscos y rápidos.

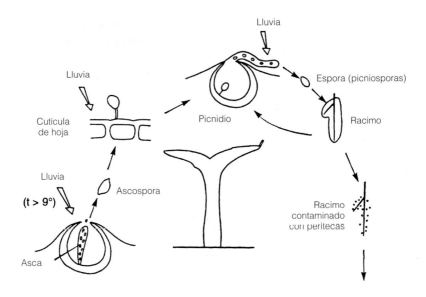

Figura 5
Ciclo biológico del black rot.

4.3. Condiciones de desarrollo

El agua líquida es indispensable para el hongo para la maduración de las peritecas en invierno, para la proyección de las ascosporas en primavera y la liberación de las picniosporas. Asimismo, el agua o una elevada higrometría (>90%) es necesaria para la infección de los tejidos vegetales por estas esporas (germinación y penetración). El hongo evoluciona cuando la temperatura llega a los 9 °C; por ello las contaminaciones aparecen muy pronto después de una lluvia abundante. La evolución es rápida a 15 °C. El black rot necesita más tiempo de humectación que el mildiu para la germinación de las esporas y su diseminación, lo que explica que esta enfermedad quede localizada en regiones y en estaciones lluviosas y cálidas. Las hojas no son receptivas de jóvenes nada más que durante un lapso de tiempo bastante corto, los ataques son generalmente poco graves, pero las manchas sobre hojas, peciolos o sarmientos constituyen un reservorio de esporas para contaminaciones posteriores de los racimos; la receptividad de los racimos es desde el cuajado hasta el envero.

4.4. Lucha contra el black rot

Se ha producido un recrudecimiento de esta enfermedad. Ello es debido a una serie de causas relacionadas con el cambio de las técnicas de cultivo (vendimias mecanizadas, no-cultivo, triturado de los sarmientos), al abandono de viñas y a la elección de productos anti-mildiu no eficaces contra el black rot o utilizados a intervalos de tiempos demasiado grandes.

4.4.1. Medidas profilácticas

- supresión de viñas abandonadas;
- eliminación del inóculo: en invierno quemar racimos, zarcillos y sarmientos en lugar de triturarlos; en primavera, despampanar cuidadosamente y hacer desaparecer los focos iniciales en las hojas.

4.4.2. Lucha química

La lucha química debe ser preventiva, precoz y debe permitir la protección de los sarmientos durante su período de máxima receptividad que va desde el cuajado al envero.

4.4.2.1. *Fungicidas anti-black rot*

4.4.2.1.1. Fungicidas sólo de acción preventiva

Entre los productos anti-mildiu de contacto, únicamente los que son a base de ditiocarbamatos (mancozeb, maneb, propineb) tienen una buena eficacia contra el black rot. Son lixiviados por las lluvias, no protegen los órganos formados después del tratamiento y no tienen acción si se aplican después de la germinación de las esporas. Su persistencia de acción es de 8 a 10 días máximo.

4.4.2.1.2. Fungicidas de acción preventiva y curativa

Algunos DMI tienen una acción curativa total contra el black rot cuando el tratamiento se efectúa en los tres días siguientes a una lluvia contaminadora; Bayleton, Anvil, Olymp y Systhane. Los otros DMI (Rubigan, Rubiflo, Baytan, etc.), no autorizados a la venta para una lucha específica contra el black rot, tienen también un buen efecto curativo pero un efecto preventivo corto. Su persistencia de acción es de 14 días. La resistencia del black rot a los IBS obliga a limitar el número de aplicaciones a 2 ó 3 por campaña de tratamiento. En las especialidades comerciales, las materias activas van solas o asociadas a un ditiocarbamato (Diametan, Flurado, Baktana).

4.4.2.2. *Estrategia de lucha*

Si la lucha contra el black rot puede ser emparejada con la del mildiu o del oídio durante la fase activa de vegetación conviene tomar algunas precauciones.

4.4.2.2.1. *Entre el estado D (salida de las hojas ó 06) y el H (botones separados)*

En situaciones de riesgo (viñas que hayan presentado síntomas en los racimos el año anterior o viñas próximas a viñas abandonadas enfermas), esperar, para comenzar el tratamiento, a las recomendaciones de las estaciones de avisos agrícolas. En efecto, es necesario estar seguro de la madurez de las peritecas para intervenir y utilizar entonces especialidades de acción preventiva; en otras situaciones, ningún tratamiento.

4.4.2.2.2. *Desde el cuajado hasta el racimo cerrado*

- en las situaciones de riesgo, asegurar una protección conjunta con la protección contra el mildiu (diticocarbamatos) o contra el oídio (algunos IBE) a condición de ajustar las intervenciones sobre la persistencia de los productos activos sobre el black rot;
- en caso de ataque declarado después de la floración tratar con los IBE, pero no utilizarlos antes de la floración;
- asegurar una protección cuidadosa de los racimos en el momento de su mayor receptividad (del cuajado al envero);
- evitar la aparición de la resistencia alternando ditiocarbamatos e IBE.

5. MILDIU

El mildiu de la vid es una enfermedad originaria de América que fue observada en Francia por Planchon en 1878. Está producida por un hongo, *Plasmopara viticola,* que se desarrolla sobre todos los órganos verdes: pámpanos, hojas, racimos, zarcillos. Al principio fue la causa de pérdidas catastróficas de cosechas; por ejemplo, en Francia, en 1915, la cosecha se redujo a 18 millones de hectolitros (en lugar de 55 a 65 millones, que era la producción media anual).

Actualmente, el viticultor está preparado para evitar pérdidas semejantes, pero no obstante es indispensable una lucha permanente, ya que algunos años, como 1977 y 1983 en Francia y 1988 en España, son favorables para el mildiu.

5.1. Síntomas

En las hojas: aparición de manchas traslúcidas, llamadas «manchas de aceite», de forma generalmente circular o alargada cuando aparecen en los nervios; en el envés de las hojas (fig. 8) cuando la atmósfera es suficientemente húmeda, aparece en la zona de las «manchas de aceite» un polvo blanco que se desprende fácilmente al frotarlo: este polvo está formado por las fructificaciones del hongo (conidióforos). Al cabo de un tiempo, las manchas se oscurecen y se secan. En las hojas adultas, las manchas son pequeñas y angulosas, estando limitado su contorno por los nervios. Su forma y color (verde-amarillo, pardo) recuerdan un mosaico o puntos de tapicería de donde viene el término de «mildiu mosaico» empleado corrientemente.

Tabla 3
Fungicidas anti-black rot de acción preventiva.

Materias activas	Dosis en kg o l/h	Observaciones
Captan	2 kg	
	3,5 kg	
	2,25 kg	Fungicidas que actúan
Cobre + folpel	4,3 kg	principalmente por la materia activa
Maneb	6,5 kg	de contacto que contienen.
	3,5 kg	
Maneb + zineb	0,4 kg	
Mancozeb	3,5 kg	Persistencia de 8 a 10 días.
	4 kg	Renovar la protección después de
	3,5 kg	una lluvia de más de 25 mm.
	6 l	
	6 l	
Metiram zinc	3,5 kg	
Propineb	4 kg	
Cimoxanilo + metiram zinc	2,5 kg	
Cimoxanilo + mancozeb	3 kg	
	2 kg	
	3 kg	
Fosetil Al + mancozeb	4 kg	
Benalaxil + mancozeb	2,5 kg	

Tabla 4
Fungicidas anti-black rot de acción preventiva y curativa.

Materias activas	Dosis en kg o l/h
Hexaconazol	0,4 l - 0,67 l
Miclobutanil	0,24 l
Tebuconazol	0,3 l
Difénoconazol	0,12 l
Hexaconazol + azufre	4 l
Fenbuconazol + dinocap	0,6 l
Fenbuconazol	0,75 l
Fusilazol	0,3 l
Miclobutanil + azufre	3,5 l
Miclorutanil + mancozeb	4 kg
Penconazol + mancozeb	4 kg
Tradimefon	1,5 kg
Triadimenol	1,5 l
Triadimenol + azufre	5 kg
Pyrifenox + Mancozeb	4 kg
Cimoxanilo + propineb + triadimefon	2,5 kg
Cimoxanil + Ciproconazol + Mancozeb + Oxadixil	2,5 kg
Ciproconazol + Mancozeb	2 kg

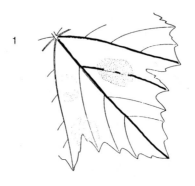

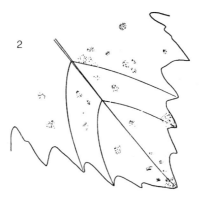

A. Reynier

Figura 6
Síntomas del mildiu.
1. Conidióforos en la cara interior de las hojas.
2. Mildiu mosaico.

A. Reynier

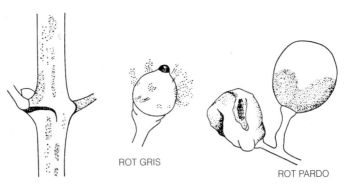

ROT GRIS

ROT PARDO

Figura 7
Mildiu sobre sarmiento.
Mildiu en granos de uva.

En los pámpanos: la contaminación produce unas manchas de color amarillo pálido que se oscurecen después; el pámpano se curva en forma de cayado y después se endereza; de estas manchas salen conidióforos; los daños producidos sobre los pámpanos son más raros pero más graves que los de las hojas.

En los racimos: el ataque sobre el pedúnculo provoca una curvatura en gancho del racimo, pero donde más frecuentemente se manifiesta la enfermedad es sobre las bayas:

– bien en los frutos recién formados; las uvas afectadas se recubren de un polvo blanco: es el *Rot gris.*
– o bien sobre los frutos verdes ya desarrollados; aparecen en ellos manchas blanquecinas que después se oscurecen y se deprimen: es el *Rot pardo* (mildiu larvado).

5.2. Biología del mildiu

Es un hongo microscópico que pasa el invierno en el suelo, en el interior de las hojas muertas, bajo forma de *huevos de invierno* muy resistentes (estadio 1).

En cuanto la temperatura sobrepasa los 11 °C y después de una lluvia, los huevos emiten un filamento al final del cual se forma una *macroconidia;* este último revienta en presencia de agua y libera pequeños gérmenes llamados *zoosporas* (estadios 2 a 4).

Estas *zoosporas* son proyectadas hacia los órganos herbáceos por las salpicaduras que se producen con las lluvias. En presencia de agua y a una temperatura

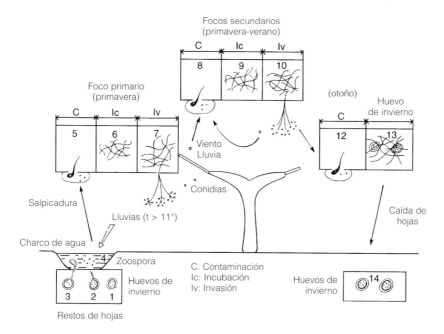

Figura 8
Ciclo biológico del mildiu.

superior a 11 °C, cada zoospora emite un filamento o *micelio* que penetra por los estomas de las hojas: es la *contaminación* (estadio 5) que determina un *foco primario*.

Después, el micelio se desarrolla en el interior de la hoja: es la *incubación* (estadio 6), que dura como mínimo diez días para las contaminaciones a partir de los huevos de invierno, o siete días para los que proceden de los gérmenes de verano (conidias). Después de este período aparecen las *manchas de aceite* en la cara superior y el polvo blanco en la cara inferior de las hojas (estadio 7): es la *invasión*.

El polvo blanco está formado por filamentos emitidos por el micelio y llamados *conidióforos;* éstos llevan los gérmenes de verano o *conidias*.

Estas conidias se desprenden y, transportadas por el viento o la lluvia, contaminan a otros órganos herbáceos. En presencia de agua, revientan y liberan zoosporas (estadio 8).

Las zoosporas germinan y penetran en los tejidos: es la *contaminación* (estadio 8); el micelio se desarrolla en los tejidos y dura siete días por lo menos: incubación (estadio 9); los conidióforos salen por los extremos llevando conidias: invasión (estadio 10).

Durante el verano se producen contaminaciones sucesivas que determinan otros focos secundarios (11).

En otoño ya no se produce emisión de polvo blanco; el huevo de invierno se forma en el interior de la hoja después de la fecundación del oogonio por el anterido, órgano reproductor diferenciado en el seno del micelio. El huevo es muy resistente a la intemperie y permanece en los residuos de las hojas después de su caída (estadios 12 y 13).

5.3. Condiciones favorables y daños

La humedad y el calor son indispensables para el desarrollo del mildiu. La receptividad de la vid también juega un papel importante. Los órganos herbáceos, jóvenes, en vías de crecimiento y ricos en estomas son los más sensibles.

Además, la biología del parásito tiene unas exigencias determinantes:

- *la esporulación* (o invasión): la aparición de los conidióforos se produce con atmósfera húmeda; los conidios se desprenden por la acción del viento; germinan en el agua en 30 minutos a 23 °C, pero nunca por encima de los 29 °C;
- *la diseminación:* tiene lugar debido a las salpicaduras de las lluvias de primavera para los focos primarios y el viento o la lluvia para los focos secundarios;
- *la contaminación:* se produce siempre en el agua con una velocidad que es función de la temperatura: imposible por debajo de los 11 °C, dura dos horas a 20 °C;
- *la incubación:* dura de 4 a 12 días según las temperaturas (12 a 15 días a 12-13 °C, pero solamente 2 a 4 días a 22-26 °C).

Durante todo el período otoñal, las lluvias favorecen la maduración de los huevos de invierno y condicionan la virulencia y la precocidad de los ataques en primavera. Cuando los huevos están maduros, son las lluvias y la temperatura (superior a 11 °C) las que condicionan el momento de aparición de las primeras contaminaciones. La vegetación baja (pámpanos del tronco o plantas de vid procedentes de semillas en viñas en no cultivo) constituye un trampolín ideal para recibir estas primeras contaminaciones por medio de las salpicaduras en momentos de lluvias. Todas las prácticas culturales que aumenten el vigor favorecen el desarrollo de la enfermedad: portainjerto, abonado, riego. Las variedades de *V. vinifera* son sensibles mientras que las especies americanas en su mayoría son resistentes. Las hojas son receptivas a lo largo del año pero, sobre todo, cuando están en crecimiento. La receptividad de los racimos es máxima en estado de botones separados (estado H de Bagliolini ó 17 de Eichborn y Lorenz) en la cerrazón del racimo (estado L ó 33) y a partir del envero ya no son atacadas por el mildiu.

La enfermedad reduce la superficie foliar activa y provoca la desecación de los órganos atacados. Provoca un retraso de la madurez, una disminución de la graduación alcohólica y un mal agostamiento de la madera. Una sola contaminación en el racimo basta para destruir los granos afectados. En caso de ataques repetidos, la cosecha queda destruida parcial o totalmente y la perennidad de la planta puede verse comprometida.

5.4. Protección razonada contra el mildiu

5.4.1. Puesta en marcha de medidas profilácticas

La utilización de variedades resistentes sería una solución pero todas las variedades de *V. vinifera* son sensibles. Las investigaciones en curso buscan la creación de variedades menos sensibles combinando los factores de resistencia y los de calidad. Ya han sido homologadas dos variedades para uva de mesa pero, por el momento, no existe ninguna para la producción de uva de vinificación.

Las medidas profilácticas tienen un doble objetivo:

– reducir al máximo las condiciones favorables para la formación de focos primarios en primavera mediante la supresión de encharcamientos, el despampanado precoz para eliminar la vegetación baja cerca del suelo, destrucción de plantas jóvenes nacidas de pepitas en viñas en no cultivo o caídas por las vendimiadoras, el abandono de aportaciones de orujo sin fermentar;

– destruir los focos primarios por la recogida de hojas enfermas, procedimiento experimentado por el ITV en el Midi y despuntar después de la floración las hojas jóvenes receptivas.

5.4.2. Razonar la lucha química

La lucha química es indispensable y resulta esencialmente preventiva depositando el fungicida sobre los órganos sanos antes de cualquier contaminación, aunque algunos productos tienen acción curativa. El número y la época de los tratamientos están determinados por las características de los productos y la estimación del riesgo de contaminación.

5.4.2.1. *Conocer los fungicidas anti-mildiu*

5.4.2.1.1. *Fungicidas de contacto (preventivos)*

Estos *fungicidas de superficie* o contacto impiden al parásito penetrar en el interior de los órganos de la vid inhibiendo el proceso de respiración del hongo al principio de su desarrollo, desde la germinación de las zoosporas. Estos fungicidas se llaman *anti-energía,* porque bloquean la fuente de energía del hongo, la respiración, son *multi-sitios,* pues inhiben a varias enzimas respiratorias, son exclusivamente preventivos, pues deben encontrarse sobre el vegetal antes de la contaminación. Al no penetrar en las células de los órganos tratados, son lixiviables por una o varias lluvias que totalicen 20-25 mm, los órganos formados después del tratamiento no son protegidos. Sin embargo, son muy utilizados ya que son eficaces contra el mildiu y otros parásitos. En las especialidades comerciales, se emplean solos o asociados entre ellos o con otros fungicidas a los que completan la acción.

a) El cobre

Permite la protección de las viñas contra el mildiu desde hace más de un siglo y siempre ha sido usado por los viticultores. Se utiliza lo más a menudo después de la parada de crecimiento de la vid para aprovechar su persistencia en el follaje y su excepcional persistencia de acción (20 días). Sólo una lluvia abundante puede lavar el cobre aportado por un caldo bordelés y hacerle perder todo o parte de su eficacia. El cobre es un fungicida polivalente, además de su acción contra el mildiu, permite proteger las viñas contra los ataques de numerosas enfermedades:

Tabla 5
Fungicidas anti-mildiu a base de cobre

Materias activas	Dosis de utilización por ha (mildiu)	Observaciones
Cobre	6 a 10 kg	Fungicidas de contacto de acción preventiva. Persistencias de acción limitada a 8-10 días y lavado por lluvias de más de 25 mm.
Caldo bordelés	12 a 15 kg	
Cobre-folpet	5 kg	
Cobre-zineb	5 kg	
Cobre maneb	4 a 6 kg	
Cobre-mancozeb	4 a 5 kg	
Cobre-propineb	4 kg	
Cobre-zineb-maneb	4 kg	

– gracias a su acción antifúngica y bactericida, el cobre es imprescindible en la lucha contra la necrosis bacteriana y las verrugas, es eficaz para limitar los ataques de podredumbre ácida sin perturbar a la fauna auxiliar ni provocar la aparición de cepas resistentes en las poblaciones de drosofilas, vectores de esta enfermedad;

– el cobre permite contener las epidemias de eutipiosis, con la condición de aplicar un programa de 3 ó 5 tratamientos;

– los tratamientos estivales con cobre tienen efectos secundarios contra la podredumbre gris, las bayas tratadas con cobre tienen una estructura del hollejo modificada y tasas más elevadas de sustancias que intervienen en las reacciones de defensa de la planta, por lo que son menos atacadas;

– el cobre tiene una acción sobre el oídio al impedir la formación de cleistotecas en otoño, incluso con un solo tratamiento después de las vendimias.

Sin embargo, el cobre no sólo tiene ventajas, presenta algunos defectos:

– efectos desfavorables para la vid:

• el caldo bordelés, preparado en el momento del empleo (preparación extemporánea) por mezcla de sulfato de cobre y lechada de cal, recubrían antiguamente el follaje con una capa más o menos espesa que podría perturbar el metabolismo de la planta. Este efecto se manifestaba por una reducción sensible del vigor y, a menudo, por una caída precoz de las hojas cuando los tratamientos habían sido numerosos; actualmente estas manifestaciones no son prácticamente perceptibles con los caldos micronizados y con un uso moderado de los tratamientos a base de cobre;

• retraso en la madurez de las uvas: en algunas variedades (sauvignon, garnacha) el cobre provocaría retrasos de maduración pero estos retrasos son irregulares, no siempre constatados, variables según las variedades, los años, las parcelas;

• fitotoxicidad: se han observado, a veces, quemaduras en variedades sensibles (semillon, ugni blanc), entre el desborre y la floración, en tiempo frío (<15 °C) y húmedo;

– *toxicidad para los suelos:* el cobre no se degrada en el suelo, queda acumulado y puede hacerse tóxico para las plantas, para la vida microbiana y para la fauna (lombrices de tierra); cuando el cobre se encuentra en estado libre en la solución del suelo con una proporción elevada, el arraigo de las plantas después de la plantación es difícil, las viñas adultas presentan debilitamiento y síntomas característicos, las aguas de escorrentía cargadas de cobre participan en la contaminación del cobre;

– *incidencia enológica;* se ha comprobado que un solo tratamiento con cobre después de la cerrazón del racimo modificaba la expresión de los aromas varietales de ciertas variedades, eso se ha demostrado en el caso de la Sauvignon en Burdeos, pero no ha sido verificado para la misma variedad en Sancerre o para otras variedades como las Muscat cultivadas para la producción de los VDN.

A pesar de estos defectos, el cobre es indispensable para la protección del viñedo, sobre todo a finales de temporada y en regiones donde atacan la necrosis bacteriana o la podredumbre ácida. Para evitar los riesgos de pérdida de aromas, es suficiente con no tratar los racimos y no tocar más que la mitad superior del follaje en los últimos tratamientos anti-mildiu.

El efecto fungotóxico del cobre sólo se observa cuando el cobre está en estado iones Cu^{++} en solución en el agua. Cuando el caldo que contiene cobre es pulverizado sobre el vegetal, una fracción debe estar en estado Cu^{++} para actuar inmediatamente pero otra fracción mucho más importante, debe encontrarse en estado insoluble con el fin de ser liberado progresivamente al estado soluble y así asegurar la persistencia de acción. Si no fuera así, todo el cobre sería activo inmediatamente y su concentración en la superficie de los órganos en el momento de la pulverización o de su disolución después de una lluvia o de un rocío podría provocar quemaduras por fitotoxicidad y sería lavado rápidamente por las primeras lluvias. El cobre utilizado en pulverización, se presenta bajo diferentes formas de las que las principales son el caldo bordelés, los oxicloruros de cobre y los hidróxidos de cobre:

– *los caldos bordeleses:* durante mucho tiempo estos caldos se preparaban en el momento de su empleo (caldos extemporáneos) en mezcla, para 100 litros de caldo, 2/10 de una solución que contenía 1,3 kg de cal (lechada de cal) y 8/10 de una solución con 2 kg de sulfato de cobre (en cristales o en polvo «nieve»). Estos a 2% de sulfato de cobre se utilizaban en plena vegetación a razón de 1.000 l de caldo/ha, lo que aportaba 20 kg/ha de sulfato de cobre en cada tratamiento. Actualmente existen numerosas especialidades de caldo bordelés micronizados, listos para su uso, que pasan mucho más fácilmente en los pulverizadores y que pueden ser usados a bajo volumen de caldo por hectárea con los pulverizadores neumáticos. Algunas preparaciones industriales, dosificadas al 20% de metal cobre, al ser más activas que los caldos bordelés clásicos, son recomendadas a 15 kg/ha (300 g de metal cobre/hl, es decir, 3 kg/ha) y no a la dosis homologada de 25 kg/ha (500 g de metal cobre/hl, es decir, 5 kg/ha). Estos caldos tienen la capacidad de liberar progresivamente el cobre y, por lo tanto, tienen una larga persistencia de acción y no son fitotóxicos;

– *el hidróxido de cobre:* se obtiene por reacción de sulfato de cobre con sodio, dando hidróxido y sulfato de sodio; el hidróxido libera mucho más masiva y rápidamente los iones cúpricos que los caldos bordeleses, lo que proporciona una buena acción de choque, pero una persistencia de acción mucho más corta y un riesgo más alto de fitotoxicidad (sobre el follaje en tiempo fresco y húmedo en primavera) para las variedades sensibles, como la ugni blanc en charentes y la semillon en Burdeos; por el contrario, este efecto de choque provoca una cicatrización más rápida de las heridas. Las especialidades comerciales están formuladas al 40 ó 50% y se emplean a 5-6 kg/ha; los hidróxidos clásicos en polvo parecen menos eficaces que los caldos bordeleses y, por el contrario, las formulaciones en forma de suspensión concentrada (Champ Flo) y de granulados dispersibles (Kocide DF) son más eficaces que los caldos bordeleses;

– *el oxicloruro de cobre:* esta materia activa es menos eficaz sola, tiene un riesgo más alto de fitotoxicidad y una débil persistencia de acción; en las especialidades comerciales, está asociado a otras materias activas que completan su efecto antifúngico.

b) Los ditiocarbamatos (maneb, mancozeb, propineb, metiram-zinc...)

Es el *mancozeb* el representante más difundido. Es un fungicida polivalente, activo contra el mildiu, el black rot, la excoriosis y el brenner; no desarrolla fenómenos de resistencias de los hongos y por el contrario, frena las poblaciones de ácaros fitófagos y de la erinosis y también las de los tiflodromos. Teniendo en cuenta estas propiedades y defectos, utilizado solo es interesante en tratamientos de principios de temporada (lo más tarde en la floración) a 2.800 g.m.a./ha.

c) Las phtalimidas (folpet)

Esta familia de fungicidas está representada esencialmente por el *folpet* cuya principal característica es la polivalencia; en efecto, actúa sobre el mildiu, la excoriosis y el enrojecimiento parasitario y posee una acción secundaria sobre el oídio, el black rot y la podredumbre gris. Como el folpet puede perturbar las fermentaciones después de aplicaciones tardías debe respetarse un plazo de 30 a 40 días antes de la vendimia. Está homologado a la dosis de 1.500 g.m.a./ha.

d) Puesta en marcha de los fungicidas de contacto

El razonamiento de la lucha contra el mildiu con los productos de cobertura de acción preventiva debe tener en cuenta la apreciación del riesgo mildiu, la pluviometría, la receptividad de los órganos y el crecimiento de la vid. Los tratamientos se hacen de una manera más seguida en fase de crecimiento activo y en período de lluvias tormentosas; se repiten sistemáticamente después de lluvias de más de 20-25 mm. El período de riesgo aumentado y de gran receptividad de los racimos, es preferible utilizarlos con fungicidas penetrantes o sistémicos. En las estrategias de tratamientos se tendrá en cuenta su polivalencia, sus efectos secundarios y su persistencia de acción a fin de utilizarlos en los períodos más adaptados, por ejemplo, el mancozeb a principios de temporada, el folpet durante el período de gran receptividad de los racimos, el cobre a finales de temporada. Estos productos se emplean solos o en asociación con penetrantes o sistémicos que completan su acción.

5.4.2.1.2. *Fungicidas penetrantes (preventivos y curativos)*

Estos fungicidas tienen la capacidad de penetrar en el vegetal sobre el que son depositados. Son para utilizar preventivamente incluso aunque algunas materias activas de esta categoría pueden tener un efecto curativo, limitado a 3-4 días después de la penetración del hongo. El producto aplicado en la vid está protegido del lavado al cabo de una hora, protege a los órganos tratados pero no a los que se formen después del tratamiento.

a) El cimoxanilo y el dimetomorf

Actúan inhibiendo el crecimiento de los tubos germinativos (efecto preventivo) y el del micelio (efecto curativo). En las especialidades comerciales están siempre asociados a fungicidas multi-sitios debido a su falta de persistencia (cimoxanilo) y a riesgos de resistencia (observado con el *dimetomorf,* sospechado para el cimoxalino). La persistencia de acción de los productos comerciales es de 7 a 10 días para las que contienen cimoxalino y de 10-12 días para las que la base es el dimetomorf.

b) El famoxadone y el azoxistrobin

Actúan inhibiendo la cadena respiratoria mitocondrial de los hongos, son fungicidas anti-energía.

El *famoxadone* es un fungicida de superficie y penetrante en la cutícula epidérmica, es específico del mildiu pero posee efectos secundarios sobre el black rot, oídio y brenner, su persistencia de acción es de 10 a 12 días. Está asociado al cimoxalino en la formulación comercial (Equation Pro).

El *azoxistrobin* (Quadris) es un fungicida translaminar (transferencia interna de una cara a la otra), polivalente (mildiu, excoriosis, black rot, oídio y brenner) con efecto secundario sobre la podredumbre gris, su persistencia de acción es de 10-12 días. Formulado solo (Quadris) o asociado con cimoxanilo (Quadris duo), no provoca todavía la aparición de cepas resistentes de mildiu; sin embargo, es prudente limitar a 2-3 el número de tratamientos con este tipo de productos.

5.4.2.1.3. *Fungicidas sistémicos (preventivos y curativos)*

Son fungicidas orgánicos de síntesis que penetran en los tejidos y son vehiculados por la savia, lo que permite proteger los órganos jóvenes formados después de un tratamiento al ponerse el producto al abrigo del lavado después de una lluvia. Esta propiedad tiene como consecuencia el aumentar la duración de la acción indirecta de un tratamiento y, por tanto, reducir la cadencia de los tratamientos. Pueden soportar frecuencias de aplicación de 14 días si el riesgo es débil o mediano, de 10-12 días si es elevado, pero solamente de 10 días para un riesgo excepcionalmente elevado de mildiu. Tienen una acción de cobertura y un efecto paralizante (correspondiente aproximadamente al 25% del tiempo de incubación, es decir, 1 a 3 días). Los fungicidas sistémicos nunca se utilizan solos sino en asociación con fungicidas de contacto. Las materias activas son el *fosetil de aluminio* y diversas moléculas de la familia de las *fenilamidas* (o anilidas).

a) Especialidades a base de fosetil de aluminio

El fosetil-Al tiene una buena eficacia sobre el mildiu y contra la excoriosis, por tanto, puede ser utilizado en tratamiento de post-desborre. No se ha observado ningún fenómeno de resistencia, lo que permite utilizarlo durante toda la campaña de protección con una cadencia de 10 a 14 días, según el riesgo de mildiu. Sin embargo, se encuentran trazas de este producto en las uvas en el momento de la vendimia pero a dosis inferiores al límite máximo de residuos (LMR). Para los tratamientos posteriores a racimo cerrado, es prudente sustituirlo con otras materias activas. En las especialidades comerciales está asociado a un fungicida de contacto (folpet o mancozeb); una especialidad contiene cimoxalino, lo que le confiere además un efecto curativo. El fosetil-Al se mezcla bien con los productos fungicidas orgánicos de tipo IBE cuando se presenta en forma de polvo mojable (ej. Bayleton). Por el contrario, en forma de emulsión (ej. Baytan), la mezcla puede ser fitotóxica.

b) Especialidades a base de anilidas o fenilamidas
 (benalaxil, metalaxil, oxadixil, ofurace)

Tienen una acción de cobertura, penetrante y sistémica, aseguran una protección preventiva y curativa (limitada a 3 días). Su modo de acción contra el hongo y su utilización repetida han hecho aparecer cepas resistentes del mildiu. Por ello el empleo de estos fungicidas debe limitarse a tres aplicaciones como máximo, a posicionar durante el período de gran receptividad de los racimos y de crecimiento activo del follaje. Las aplicaciones de recuperación sobre el mildiu declarado, así

como cualquier aplicación en viveros deben proscribirse. Las anilidas están actualmente asociadas a fungicidas de contacto a veces completado con cimoxanilo. El
plazo de acción de un tratamiento es de 10 a 14 días según la intensidad del riesgo.
Para asegurar una protección continua en período de riesgo, la reanudación de las
intervenciones con un fungicida de cobertura debe hacerse respetando un plazo de
10 días máximo después del último sistémico.

5.4.2.2. *¿Cómo estimar el nivel de riesgo?*

El viticultor no suele tener los medios para hacer esta estimación y normalmente se ve obligado a adoptar una estrategia de lucha que es una especie de
seguro de riesgos.

En efecto, esta previsión implica un análisis de datos meteorológicos y el
seguimiento de la evolución del hongo y de la viña. El viticultor realiza con mucha
frecuencia tratamientos inútiles ante el temor de un riesgo de contaminación. Para
decidir un tratamiento en el momento oportuno y evitar el tratamiento cuando ya
es inútil, conviene pedir información a las estaciones de avisos agrícolas y a con-
sejeros técnicos.

5.4.2.2.1. *Previsión del comienzo del riesgo*

El riesgo del mildiu comienza en primavera con la germinación de los huevos
de invierno. Ésta sólo se puede hacer si los huevos han alcanzado el estado de
madurez. Esto se produce a finales de invierno, en una fecha variable cada año que
es fundamental conocer ya que a partir de ese momento pueden tener lugar las primeras contaminaciones.

La determinación de esa fecha se efectúa de dos maneras:
– *método biológico,* basado en el seguimiento de la maduración de los huevos
  de invierno (oosporas) y por la medida en laboratorio de su duración de germinación; el estado de madurez de los huevos se alcanza cuando esta duración es inferior a 24 horas (a 22 °C y en atmósfera húmeda);
– *modelo POM* (previsión del óptimo de maduración), basado en una ley
  matemática simulando el comportamiento del hongo y utilizando la altura
  de las lluvias de octubre a enero; con este modelo es posible, a partir de finales de enero, prever la fecha de madurez de los huevos.

A partir de esta fecha, los huevos están listos para germinar y emitir una
macroconidia que liberará zoosporas, responsables de las primeras contaminaciones; teniendo en cuenta los datos meteorológicos (lluvia y temperatura superior a
11 °C), se puede prever la fecha de aparición probable de las primeras manchas y
decidir la oportunidad de una intervención. A continuación, el riesgo depende de
las condiciones climáticas, de la abundancia y de la agresividad del inóculo y,
finalmente, del estado de receptividad de la viña.

5.4.2.2.2. *Previsión de la gravedad del riesgo*

En período de riesgo, el conocimiento de su gravedad es un elemento importante de decisión. La determinación se realiza según varios métodos:
– *método biológico:* evalúa el porcentaje de germinación de los huevos de
  invierno a fin de determinar la virulencia de la enfermedad en el año
  siguiente;

Tabla 6
Fungicidas orgánicos de síntesis anti-mildiu

Materias activas	Dosis de utilización en kg ó l/ha (mildiu)	Otras acciones		Observaciones
		Black rot	Excoriosis	
Mancozeb (2.800 g.m.a./ha)	3,5 a 4 kg 6 l	+ y brenner	+	Fungicidas de contacto de acción preventiva
Maneb (2.800 g.m.a./ha)	3,5 kg 6,5 l 3,5 kg	+ y brenner	+	Renovar la protección cada 8-10 días o después de lluvias de 25 mm
Metiram-zinc	3,5 kg	+ y brenner	+	
Propineb	4 kg	+	+	
Ditianon	1,4 l			*Ditiocarbamatos:*
Folpet	3 l ó 3 kg (1.500 g.m.a.)	brenner	+	Maneb Mancozeb Propineb Zineb Metiram-zinz
Diclofluanida	2,5 kg			
Ciproconazol + mancozeb	2 kg			
Metiltiofanato + folpet	5 kg		+	*Talidimas:*
Folpet + tiram carbendazima	3 kg	brenner		Folpet Captan
Mancozeb + miclobutanil	4 kg	+ y brenner	+	
Pirifenox + mancozeb	4 kg	+	+	

Tabla 7
Fungicidas penetrantes anti-mildiu.

Materias activas	Dosis de utilización en kg ó l/ha (mildiu)	Otras acciones		Observaciones
		Black rot	Excoriosis	
Cimoxanilo + folpet	1,5 kg 3 l 2,5 l	S	+	Fungicidas a base de cimoxanilo
Cimoxanilo + clortalonil + folpet	2 l		+	Con un efecto paralizante en los 2-3 días, después de la lluvia contaminadora
Cimoxanilo + mancozeb	2 kg 2,5 kg 3 kg	+	+	
Cimoxanilo + mancozeb + folpet	2 kg 3 kg		+	Persistencia limitada a 10-12 días
Cimoxanilo + propineb	2,5 kg			
Cimoxanilo metiram zinc	2,5 kg	+	+	Ningún riesgo de resistencia
Cimoxanilo + folpet + mancozeb + cobre	2,5 kg		+	
Cimoxanilo + mancozeb + folpet	2,5 kg 4 kg		+	
Cimoxanilo + zineb + cobre	5 kg	S	+	Ningún riesgo de lavado
Cimoxanilo + metiram zinc + cobre	2,5 kg	+	+	
Cimoxanilo + folpet + cobre	3 kg 2,5 kg	S S	+ +	
Cimoxanilo + mancozeb + cobre	7,5 kg 3 kg 7,5 kg	S	S	
Cimoxanilo + folpet + zineb	5 kg	S		
Cimoxanilo + famoxadone	0,4 kg			

Cimoxanilo + folpet + cobre + zineb	5 kg	S	+	
Cimoxanilo + propineb + triadimefon	2,5 kg	+		
Cimoxanilo + cobre	7,5 kg			
Dimetomorf y folpet	1,5 l + 2 L 2 kg			Fungicidas a base de dimetomorf
Dimetomorf + mancozeb	2,5 kg 2,5 kg			
Azoxistrobina	1 l	+ oídio	+	Fungicidas a base de estrobilurinas
Azosistrobina + cimoxanilo	1 kg	+ oídio	+	

Tabla 8
Fungicidas sistémicos a base de fosetil-Al (anti-mildiu)

Materias activas	Dosis de utilización en kg ó l/ha (mildiu)	Otras acciones		Observaciones
		Black rot	Excoriosis	
Fosetil-Al + mancozeb	4 kg	+	+	
Fosetil-Al + folpet	4 kg		+	Fungicidas sistémicos con efecto preventivo y curativo.
Fosetil-Al + cobre	5 kg			
Fosetil-Al + folpet + cobre	5 kg		S	Permanencia de 10-14 días
Fosetil-Al + folpet + cimoxanilo	3 kg		S	Ningún riesgo de resistencia
Fosetil-Al + mancozab + benalaxil	4 kg	+	+	
Fosetil-Al + cimoxanilo + folpet	3 kg			
Fosetil-Al + cimoxanilo + mancozeb	4 kg			
Fosetil-Al + metiramzinc	4 kg	+ brenner	+	

Tabla 9
Fungicidas sistémicos a base de anilidas (anti-mildiu)

Materias activas	Dosis de utilización en kg ó l/ha (mildiu)	Otras acciones		Observaciones
		Black rot	Excoriosis	
Benalaxil + mancozeb	2,5 kg		+	
Benalaxil + folpet	2,4 kg	S	+	
Benalaxil + mancozeb	4 l			Fungicidas sistémicos
Ofurace + folpet	2,5 l			Tienen un efecto preventivo y curativo
Oxadixil + mancozeb + cimoxanilo	2,5 kg			Permanencia de 10-14 días
Oxadixil + folpet + cimoxanilo	2,5 l	S		Riesgo de aparición de cepas resistentes
Metalaxil + folpet	2,5 kg			Utilizar con un límite de 3 aplicaciones por temporada
Oxadixil + cimoxanilo + ciproconazol + mancozeb	2,5 kg	+	+	

– *modelo EPI* (estado potencial de infección): es un método de tendencia que permite, durante la fase invernal, prever la agresividad del mildiu en primavera; esta determinación puede hacerse desde finales de enero ya que la agresividad está en relación directa con la precocidad de maduración de los huevos de invierno y, por tanto, con la abundancia de lluvias de octubre a enero. Este modelo EPI cuantifica también, durante toda la fase vegetativa, el potencial de riesgo según una escala arbitraria:
   • valores de EPI inferiores a 0 indican que los daños resultantes de condiciones favorables a la contaminación serán débiles;
   • si la EPI es superior a 0 y sobre todo >10, hay que tomar rápidamente medidas de protección.
– *modelo Milvit:* funciona muy diferentemente, no tiene en cuenta el riesgo inicial; permite simular una epidemia en el momento de infecciones secundarias; es un modelo cuantitativo que evalúa el número de conidias y que acumula los resultados en el tiempo;

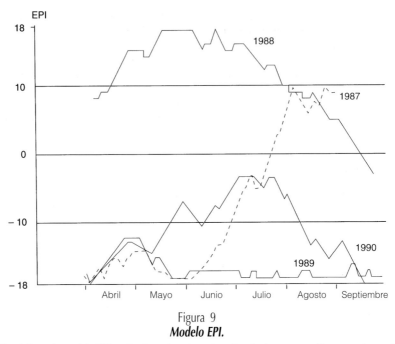

Figura 9
Modelo EPI.

Evolución de los valores de la EPI en Burdeos durante cuatro años de riesgos muy diferentes: riesgo débil en primavera haciéndose grave a partir de julio en 1987, riesgo excepcionalmente elevado desde finales de invierno y durante toda la temporada en 1988, riesgo despreciable en 1989, riesgo débil en primavera, pero aumentando en verano a nivel medio en 1990.

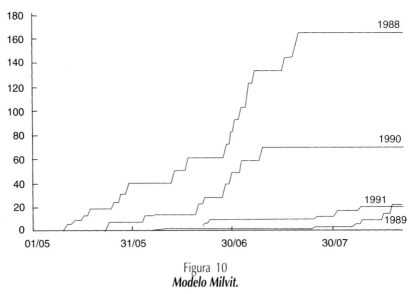

Figura 10
Modelo Milvit.

Evolución de la intensidad de los ataques calculado con el modelo Milvit en Bourgogne durante cuatro años: ataque precoz e intenso durante toda la temporada en 1988, muy débil desarrollo de la enfermedad en 1998 y 1991, fuerte presión del mildiu de junio a mediados de julio en 1990.

– *modelo Dyonis:* tiene en cuenta los ciclos secundarios, como el Milvit, el riesgo potencial como el EPI y, también, el nivel de protección asegurado por los tratamientos anteriores.

Los modelos sólo son válidos en la región donde han sido validados; por otra parte, deben estar ajustados a las condiciones climáticas locales y a la sensibilidad de las variedades de la región. De ahí el peligro de los aparatos comercializados con una estación meteorológica y un logicial sin seguimiento de la fiabilidad permanente de los captadores de datos climáticos y sin un logicial específico validado en la región.

5.4.2.3. *¿Qué estrategia de lucha establecer?*

El viticultor debe decidir la fecha de los tratamientos y los productos a utilizar. En esta toma de decisión los servicios oficiales agrícolas proporcionan una opinión; esta opinión debe ser adaptada en función de la evolución local del mildiu (aparición de manchas, pluviometría, sensibilidad de las variedades, dificultades de material y de personal para realizar los tratamientos).

Las reglas siguientes pueden ayudar a la toma de decisión y a la definición de una estrategia de lucha:
– la lucha contra el mildiu debe ser imperativamente preventiva ya que si no es posible parar un ataque, los daños, especialmente sobre inflorescencias y racimos, son irremediables y pueden ser graves. Los fungicidas deben aplicarse antes de la lluvia contaminadora, el efecto curativo de algunos fungicidas (cimoxanilo, dimetomorf, anilidas) queda limitado, sobre todo, en caso de fuerte presión de la enfermedad;
– la alternancia de los productos permite evitar la aparición de los fenómenos de resistencia y aprovechar el modo de acción de cada uno de ellos en función de las épocas y de los riesgos;
– la polivalencia de los productos permite aprovecharse de sus efectos secundarios en los períodos de riesgo provocados por otras enfermedades:
  • mancozeb sobre el black rot,
  • folpet sobre la podredumbre gris, etc.;
– la asociación de productos permite aprovecharse del efecto de sinergia y prevenir los ataques por diferentes vías que tengan eventualmente un efecto curativo.

5.4.2.3.1. *Decidir la fecha del primer tratamiento*

Es importante no comenzar los tratamientos demasiado pronto y, por lo tanto, esperar a las contaminaciones primarias; pero éstas son muy fluctuantes según los años. El modelo de previsión EPI y la observación de los focos primarios si el riesgo es medio son, por tanto, instrumentos necesarios para la toma de decisión:
– en *regiones septentrionales* y en *la costa atlántica,* la decisión de tratar se toma antes de la contaminación si el riesgo es elevado (EPI superior a 10), después de la contaminación pero antes de los focos primarios si el riesgo es medio y después de la aparición de los primeros focos primarios si el riesgo es débil;
– en *regiones meridionales* es posible esperar la aparición de los focos primarios para comenzar la protección, salvo si la EPI es superior a 10.

5.4.2.3.2. *Decidir la renovación de los tratamientos anti-mildiu*

Con frecuencia se habla de cadencias de tratamientos en función del modo y persistencia de acción de los fungicidas, pero no es indispensable tratar sistemáticamente si los riesgos son débiles. Las decisiones de intervenir para protegerse contra este parásito pueden ser razonadas observando el viñedo a fin de detectar la presencia y la localización de manchas, siguiendo regularmente las informaciones meteorológicas y estando informados del riesgo potencial de ataque del mildiu gracias especialmente a las estaciones de avisos agrícolas y a los modelos de previsión (EPI, Milvit o Dyonis):

- *si la presión de la enfermedad es débil,* en la región y en ausencia de focos en las parcelas o en los vecinos próximos, es posible no renovar el tratamiento al final de la persistencia de acción del fungicida utilizado para el tratamiento precedente. Pero eso supone mucha vigilancia y una gran experiencia de las observaciones, de las informaciones y del conocimiento de los modos de acción de los productos. Eso es más fácilmente realizable en los viñedos meridionales; en los septentrionales, eso es posible en los años de escasa pluviometría;
- de todos modos, *si la presión de la enfermedad es media,* en la región (con poco o nada de manchas en la parcela), es necesario tratar, en particular, durante la fase de gran receptividad de los racimos. Se tendrá en cuenta para la renovación del tratamiento la persistencia de acción máxima de los productos empleados en el tratamiento precedente;
- *si la presión de la enfermedad es fuerte,* en la región, incluso en ausencia de manchas, es urgente tratar desde el fin de la duración mínima de persistencia de acción del producto utilizado en el tratamiento precedente;
- finalmente *si la presión es muy fuerte* y la enfermedad está declarada, es necesario, sin demora, intervenir curativamente con productos a base de cimoxanilo.

5.4.2.3.3. *Decidir intervenir en caso de ataque declarado*

Es indispensable el seguimiento permanente del viñedo para detectar la presencia de la enfermedad, darse cuenta de la calidad de la protección y constatar eventualmente una protección insuficiente. Cuando la enfermedad está declarada, si el tiempo es bueno y seco, el riesgo de contaminación es débil; por el contrario, si las condiciones meteorológicas son favorables para el hongo, el riesgo es grande. Para frenar la extensión de la enfermedad cuando las manchas son abundantes y su reparto muy regular (varias manchas por cepa), es necesario recurrir a especialidades curativas a base de cimoxanilo (no emplear productos a base de anilidas, ni de dimetomorf) con una renovación 5-6 días más tarde. Los tratamientos se realizan por las dos caras con aparatos bien regulados y verificando la calidad de la pulverización.

5.4.2.3.4. *Decidir parar la protección al final de la campaña*

En la mayoría de los casos la protección no es necesaria a partir del comienzo del envero, puesto que ya los racimos no son receptivos. Las hojas de los anticipados pueden ser contaminadas todavía, especialmente a finales de agosto-principios de septiembre, después de tormentas que rebrotan la vegetación. Generalmente un simple despunte basta para detener la extensión de la enfermedad. En las viñas que presenten ataques a comienzos del envero se podrá efectuar un tratamiento con un producto cúprico. La protección de las viñas jóvenes se continúa más tarde durante la temporada.

6. PODREDUMBRE GRIS

La podredumbre gris es una enfermedad criptogámica que preocupa mucho a los agricultores, ya que el hongo *Botrytis cinerea* ataca a un gran número de plantas.

En la vid, *Botrytis cinerea* se manifiesta en los órganos herbáceos (hojas, brotes, inflorescencias), en las estacas-injerto en cámara caliente de estratificación y sobre los racimos en donde provoca:
- *la podredumbre peduncular,* que se manifiesta en el pedúnculo y en el raspón de los racimos, produciendo su marchitez y muchas veces, su caída antes de la cosecha; parece que esta forma se manifiesta sobre todo en los viñedos alemanes y en el nordeste de Francia;
- *la podredumbre gris* propiamente dicha, que es la forma más grave y que afecta a los granos del racimo, en tiempo húmedo, entre el cuajado y la madurez;

Figura 11
Ataque de podredumbre gris sobre racimo.

– *la podredumbre noble,* que se manifiesta en período de sobremaduración bajo ciertas condiciones climáticas y que se busca para la elaboración de vinos generosos, tipo coteaux de layon, sauternes y jurançon.

6.1. Síntomas

El hongo puede atacar a casi todos los órganos y manifestarse a partir de la primavera, pero los ataques más graves son los que se producen sobre los racimos a partir del envero.

En las hojas se observa, en primaveras húmedas y frescas, manchas parduscas en el interior o en el borde del limbo, lo que da un aspecto de «hoja quemada» a la parte superior; algunas veces se ve un afieltrado gris. Estos ataques en las hojas pueden producir su caída, pero, en general, tiene consecuencias limitadas.

En los pámpanos los síntomas son más raros. Los años lluviosos son atacados a partir de los otros órganos enfermos y presentan, entonces, un afieltrado de micelio y una alteración parda de los tejidos; los sarmientos mal agostados pueden presentar en otoño cavidades negras de 1 a 5 mm de diámetro que corresponden a los esclerocios.

En las inflorescencias y racimos, el hongo puede:
– producir la desecación de botones florales antes de la floración y la caída precoz de una parte o de la totalidad de la inflorescencia;
– atacar al pedúnculo cuando todavía está verde, haciendo aparecer necrosis bajo masas de micelios; una podredumbre húmeda puede desarrollarse con exudación de un líquido de las partes afectadas: es la podredumbre peduncular, que es grave, sobre todo, hacia la parada de crecimiento en el momento en que los granos son ya gruesos, produciendo la caída prematura de los racimos;
– atacar a los granos del racimo después del cuajado; las contaminaciones precoces pueden producirse a partir de residuos florales, los granos toman una coloración grisácea, después se oscurecen y se pudren, cubriéndose de eflorescencias grises: es la podredumbre gris; a partir del envero la infección progresa a partir de un grano enfermo hacia los granos próximos.

Como consecuencia de este ataque los granos son invadidos por otros hongos como los *Penicillium* (podredumbre verde), o los *Aspergillus* (podredumbres negras).

Los vinos procedentes de cosechas con podredumbres presentan caracteres particulares:
– *En las variedades tintas:* degradación de la materia colorante, y sustancias aromáticas, formación de mucilagos que perjudican la clarificación, pérdida considerable de jugo;
– *En las variedades blancas:* pérdida de cosecha, pérdida de aromas y de fruto con una coloración modificada por la oxidación, aumento del extracto seco, de dextrinas y de glicerol.

Finalmente las uvas de algunas variedades blancas (semillón, muscadelle, sauvignon, chenin, riesting, furmint) sometidas a los ataques de *Botrytis cinerea* bajo condiciones climáticas particulares pueden presentar una podredumbre noble.

6.2. Desarrollo epidemiológico de la podredumbre gris

La podredumbre gris de la vid es producida por el bongo *Botrytis cinerea* Pers., que es la forma imperfecta de *Botryotinia fucieliana* (de By. Whetz).

La conservación: el hongo permanece en invierno bajo forma de esclerocios en los sarmientos y de micelio bajo las cortezas.

La diseminación: cuando las condiciones climáticas son favorables, los esclerocios y los micelios se recubren de conidióforos que liberan conidias. La diseminación de las conidias está asegurada por el viento y la lluvia.

La contaminación: las conidias contaminan nuevos órganos, que germinan en presencia de agua (remojo de 15 horas) y de un substrato nutritivo constituido, frecuentemente, por órganos que han perdido su vitalidad (residuos de órganos florales, hojas muertas). A partir de estos primeros focos la contaminación se propaga a los demás órganos y en particular a las bayas por medio de los conidios o por medio del micelio por contacto de los focos instalados en las bayas:

- sobre baya no receptiva (de la floración al envero), la infección permanece latente, el hongo se encuentra de forma saprofita sobre los restos florales, o penetra en las bayas sin evolucionar hasta el envero;
- sobre baya receptiva, a partir del envero, la contaminación se produce, bien por las conidias o por el micelio ya presente, siendo esto último ser el caso más frecuente.

La contaminación de la baya puede hacerse directamente por penetración de los filamentos germinativos procedentes de conidias o de micelios:

- por las heridas que rodean los estomas;
- por fractura atravesando la cutícula después la pared epidérmica y produciendo enzimas (quitinasas, pectinasas, galacturonasas); el micelio produce lacasa para destruir los compuestos fenólicos y facilitar la penetración.

La infección es el resultado de la penetración del micelio en los tejidos; la degradación de los tejidos se realiza mediante un complejo enzimático.

6.3. Circunstancias favorables

La enfermedad se desarrolla más fácilmente en algunas circunstancias relacionadas unas con las condiciones climáticas, con la sensibilidad de la planta misma y con los factores de cultivo:

6.3.1. Condiciones climáticas

El hongo se desarrolla bien entre 15 y 20º C. El agua de lluvia o una humedad superior al 85% crea condiciones muy favorables para el desarrollo de la podredumbre gris. El régimen de lluvias tiene un efecto variable: si la pluviometría es regular a lo largo de la estación, el porcentaje de podredumbre es más bajo, por el contrario, si después de una primavera y un verano secos se produce un periodo lluvioso a partir del envero, los daños por podredumbre son importantes y difíciles de controlar. La sequía acelera la pérdida de defensas naturales de la planta.

6.3.2. Sensibilidad y receptividad de la vid

– *la sensibilidad de las variedades* está relacionada con la estructura de la piel del grano de la uva y con la compacidad del racimo: cabernet franc, muscadelle, jurançon blanco, melon, pinot noir, hoja blanca, son muy sensibles; por el contrario, Merlot, Ugni blanc, Mourvèdre, son menos sensibles. Dentro de una misma variedad-población se observa una diferencia de sensibilidad entre los clones.

– *la receptividad de la vid* está ligada a la sensibilidad de la variedad, la receptividad de las variedades muy sensibles se produce antes del inicio del envero, la de las variedades sensibles 10 a 15 días después del inicio del envero y las variedades poco sensibles 10 a 15 días antes de la vendimia.

Durante la fase de latencia, la planta resiste por la presencia de sustancias previamente sintetizadas que inhiben la actividad de la enzima principal (galacturonasa), que produce *Botrytis cinerea*. En presencia del hongo, las plantas producen sustancias fungitóxicas, como las fitoalexinas estilbénicas. Entre las variedades sensibles, y a partir del envero, las paredes epidérmicas de las bayas son más finas y la concentración de las sustancias inhibidoras disminuye más rápidamente y precozmente que en las variedades menos sensibles. Las plantas más resistentes producen más fitoalexinas estilbénicas, tóxicas para la *Botrytis,* desarrollando así una barrera química que complementa la barrera mecánica debida al espesor del hollejo.

6.3.3. Intervenciones del viticultor

– *la forma de conducción* actúa favoreciendo la podredumbre gris cuando las vides son vigorosas (crecimiento activo y amontonamiento del follaje) es decir, vides que se han plantado en suelo profundo y húmedo, injertadas sobre portainjertos vigorosos, abundantemente abonadas, etcétera; por el contrario, algunas operaciones culturales pueden limitar la podredumbre: el deshojado, los despuntes, la elevación de altura del tronco;

– *los tratamientos fungicidas:* algunos fungicidas anti-mildiu, especialmente los derivados del ácido ditiocarbámico (mancozeb, maneb y, sin lugar a dudas, el zineb) parecer favorecer la podredumbre gris, mientras que los productos a base de cobre o de talamidas (folpet) actúan contra *Botrytis;* el mal control de otras enfermedades (oídio) y de polillas del racimo favorecen la podredumbre gris.

6.4. Lucha contra la podredumbre gris

La podredumbre gris es una de las enfermedades para la cual faltan medios de protección suficientemente eficaces. Ni los medios profilácticos, ni la lucha química permiten asegurar una protección suficiente en presencia de ataques fuertes.

6.4.1. Medidas preventivas

En primer lugar hay que considerar las técnicas culturales destinadas a reducir las causas de desarrollo de la enfermedad:

- elegir en primer lugar variedades con racimo poco compacto. La selección varietal en este campo está en curso de realización, pero es evidentemente un trabajo de larga duración;
- elegir un porta-injertos que no induzca un vigor excesivo, esta elección depende de la variedad y de las condiciones del ambiente (naturaleza del suelo, régimen hídrico, fertilidad del suelo, sistema de conducción);
- falta a continuación buscar la forma de reducir el vigor por métodos culturales: abonado equilibrado, poda y operaciones en verde permitiendo la exposición de los sarmientos y la aireación de los racimos, cubierta vegetal de las viñas muy vigorosas pero teniendo cuidado con la competencia de la vegetación que puede llegar a ser excesiva;
- es, por otra parte, indispensable efectuar tratamientos preventivos contra las polillas del racimo, responsables de las heridas en las bayas. Una vez tomadas estas precauciones elementales, hay que pensar en los tratamientos químicos dirigidos directamente contra la *Botrytis cinerea*.

6.4.2. Lucha química

La lucha química es difícil de realizar porque el parásito es polífago, está permanentemente presente y es capaz de realizar una evolución explosiva. Esta lucha es preventiva y la creación de un sistema de ayuda para la toma de decisiones permite precisar mejor las fechas de tratamiento.

6.4.2.1. *Fungicidas anti-botritis*

- *fungicidas polivalentes con acción anti-botritis:* ciertos fungicidas anti mildiu, a base de folpet, captan, tiran, diclofluanida, tienen una acción parcial sobre la *Botrytis*. Su empleo desde la floración hasta el cierre del racimo (o antes del envero para algunas variedades) permite limitar los ataques;
- *fungicidas con acción preventiva sistémica*: pertenecen a la familia química de los bencimidazoles (benomilo, carbendazima, metil tiofanato) y desde su aparición se han puesto de manifiesto fenómenos de resistencia;
- *fungicidas específicos con acción preventiva y curativa de la familia de las imidas cíclicas* o dicarboximidas (iprodiona, procimidona, vinclozolina) tienen una buena eficacia, pero han aparecido razas de *Botrytis* resistentes;
- *fungicidas específicos de acción preventiva,* unos asocian un *carbamato (dietofencarb)* y un *benzimidazol (carbendazima)* se comercializan bajo los nombres de Sumico o de Jonk, otros, a base de *pirimetanil* (Scala) o de *fludioxonil* (Geoxe) o de *fludioxonil* y de *ciprodinil* (Switch) o de *fluozinam* (Sekoya) constituyen posibilidades interesantes en la elección de productos específicos.

6.4.2.2. *Estrategias de lucha*

En razón de su eficacia las imidas cíclicas y los fungicidas específicos con acción preventiva, constituyen la base actual de la estrategia de lucha pero a causa de la resistencia es preciso limitar su empleo a una o dos aplicaciones como máximo y alternar sustancias químicas diferentes.

Tabla 10
Fungicidas anti-botritis

Materias activas	Dosis	Observaciones
Imidas cíclicas (solas o en asociación)		
Iprodiona	1,5 kg 3 l	Fungicidas sistémicos.
Vinclozolina	1,5 kg	Riesgo de resistencia.
Procimidona	1,5 l	
Vinclozolina + azufre	30 kg	En viñedos con problemas de resistencia realizar una sola aplicación.
Vinclozolina + tiram	5 kg	(Zona norte). No realizar más de dos tratamientos.
Iprodiona + tiram	6 kg	
Clozolinato	2 kg	
Clozolinato + tiram	5 kg	
Anilino-piridinas		
Pirimetani	2,5 l	Un tratamiento al año (A, B o C).
Fludioxonil	1 kg	Un tratamiento al año en el estado final de
Fludioxonil + ciprodinil	1,2 kg	floración o cierre del racimo.
Bencimidazoles (solos o en asociación)		
Benomilo	1 kg	Fungicidas con acción preventiva sistémica.
Carbendazima	1 kg	Riesgo de resistencia.
Metil tiofanato	3 l	Su utilización debe tener las mismas precauciones
Carbendazima + ditiofencarb	2 l	de empleo que las imidas cíclicas.
Metil tiofanato + folpet	5 kg	
Carbendazima + folpet + tiram	3 kg	
Otras formulaciones		
Folpet		2 kg ó 3 l
Tiram		4 kg
Fluazinam		1,5 l

Por ello es muy importante determinar los mejores períodos de intervención. Los tratamientos más necesarios se deben hacer en los siguientes estados:
- al final de la floración, este tratamiento parece determinante para el éxito en las regiones oceánicas; en el Midi no tiene la misma importancia,
- hacia el envero, con una variación según la sensibilidad de las variedades, intervenir al principio del envero en las variedades muy sensibles, 10 días después del inicio del envero en el caso de variedades sensibles y 20 días después sobre variedades poco sensibles y como muy tarde, tres semanas antes de la vendimia. Dos métodos se utilizan para esta determinación:

6.4.2.2.1. *El método denominado Estándar*

Se apoya en aplicaciones preventivas en cuatro periodos críticos:
A. inicio del cuajado,
B. cierre del racimo,
C. inicio de envero,
D. tres semanas antes de la vendimia.
Este método que aconseja realizar cuatro tratamientos «a ciegas» ha dado resultados satisfactorios hasta la aparición de resistencia de la botritis a los benzimidazoles y las imidas cíclicas. La aplicación de los cuatro tratamientos representa un coste elevado.

6.4.2.2.2. *La lucha razonada*

Se basa en la evaluación de los riesgos reales debidos a la podredumbre gris. Para ello se han desarrollado modelos como instrumentos de ayuda para la toma de decisiones:
- bien evaluando la intensidad de los ataques siguiendo el comportamiento epidemiológico del parásito a partir de los elementos del sistema parásito-viña-ambiente. Es el modelo EPI;
- bien evaluando la variación de la receptividad del racimo frente a *Botrytis cinerea*. Son modelos realizados con la ayuda de datos climáticos y partiendo del principio que el hongo posee una energía constante y que está presente permanentemente y en cantidad suficiente para provocar la contaminación. Para explicar lo mejor posible la epidemia, estos modelos aprecian las variaciones de receptividad del racimo, que dependen de dos variables: la reserva de los organismos de defensa (ROD) que representa la capacidad de la vid para defenderse y la degradación del substrato (CTAFVI) que da cuenta de las modificaciones físicas y bioquímicas de las uvas durante la fase de maduración.

Son las estaciones de avisos agrícolas los que manejan estos modelos y los que aconsejan la necesidad de un tratamiento. Las estrategias de tratamiento tienen en cuenta la sensibilidad y la receptividad de las variedades. Se consideran dos grupos de variedades:
- el grupo del sauvignon, pinot noir, meunier, y ugni blanc, en los que la podredumbre gris puede evolucionar muy rápidamente;
- el grupo del merlot y del chardonnay.
Para realizar un tratamiento, el agricultor tendrá en cuenta los elementos complementarios siguientes:

– no tratar específicamente contra la podredumbre gris las parcelas poco o nada sensibles a fin de no favorecer las resistencias y guardar la eficacia de los productos para casos de necesidad;

– en las parcelas más sensibles o más expuestas, realizar:

 • bien dos tratamientos, uno al final de la floración, o entre final de floración y cierre del racimo (para impedir las contaminaciones latentes), en función de las variedades, las regiones y los riesgos del año y un segundo tratamiento en el envero, realizando la aplicación más o menos pronto, en función de la variedad;

 • bien tres tratamientos en los estados A, B y C del método estándar.

Para estas estrategias de tratamiento, Sumico, Jonk, Scala o Geoxe se emplean al final de la floración, a continuación, los productos que se empleen, deben pertenecer a otras familias químicas. En todos los casos, los tratamientos se realizan localizándolos al nivel de los racimos.

7. PODREDUMBRE ÁCIDA

La podredumbre ácida es una enfermedad antigua. En 1899, fue citada en los viñedos de Sauternes por Capus. Es una enfermedad presente en numerosos países (Estados Unidos, Chile, Italia, España) y regiones de Francia (Midi, Sauternais, Graves en Bordelais, Alsacia), relativamente frecuente (1982, 1987, 1990, 1992, 1997, 1999) y generalmente localizada en ciertas partes de las parcelas del viñedo. Es la manifestación de la unión de diferentes organismos vivos (la vid, las levaduras, las bacterias, las drosofilas, los nematodos, las avispas... y el hombre) de los agroecosistemas vitícolas.

7.1. Manifestación de la podredumbre ácida

A lo largo del verano, lo más a menudo sobre las cepas de los bordes o en las extremidades de la parcela, los racimos toman una coloración roja ladrillo entre las variedades blancas y marrón violáceo entre las variedades tintas. Al principio, los granos aparecen llenos con la piel lisa, pero su pulpa se ablanda progresivamente, dejando caer jugo al suelo. Esta evolución de las bayas, se acompaña:

– presencia de adultos de drosofila (mosca del vinagre) que vuelan de forma abundante;

– presencia de larvas de drosofila;

– olor acético picante.

Las bayas atacadas se vacían progresivamente de su contenido. Al final del ataque, cuando las condiciones climáticas se hacen más secas, no queda sobre el pedicelo nada más que la piel inflada, dura y momificada. Los daños se producen en verano sobre todo entre el envero y la recolección, en el transcurso de un periodo lluvioso. Para observar los primeros síntomas, es necesario coger los racimos del interior de la cepa, las bayas en contacto con la mano tienen entonces tendencia a reventar.

7.2. Daños

Los daños originados por esta enfermedad son de dos tipos:

– *daños directos sobre los racimos:* pérdida de producción, más o menos importante, estado sanitario defectuoso, aspecto de los racimos poco atrayente y con olor a vinagre;

– *daños indirectos sobre los mostos y los vinos*: la acidez volátil de los mostos es elevada (2 a 4 veces superior a la de una vendimia sana), la fermentación se produce con poblaciones de levaduras diferentes a las de los mostos sanos. Los vinos provenientes de vendimias con podredumbre ácida, después de la fermentación maloláctica, presentan una acidez volátil elevada (2 a 3 veces superior), son inadecuados para el consumo, su destino es el vinagre. En los Pirineos orientales la podredumbre ácida de los racimos de muscat, origina una disminución del potencial aromático. Mediante técnicas enológicas apropiadas (sulfitado 8-10 g/hl, adición de levaduras antes de la fermentación alcohólica, siembra bacteriana al final de la fermentación alcohólica para iniciar la fermentación maloláctica) pero también por la selección de la vendimia, es posible sacar partido de esta materia prima.

7.3. Epidemiología de la podredumbre ácida

Varios parásitos intervienen en esta epidemia, unidos por vínculos de mutualismo en el parasitismo de las bayas de las uvas. Entre estos parásitos, se encuentran por una parte levaduras y bacterias acéticas que aseguran la transformación bioquímica del medio celular de la pulpa y por otra parte, las drosofilas, que utilizan este medio para poner huevos y permitir el desarrollo de sus larvas y los nematodos.

7.3.1. Los microorganismos responsables

Levaduras y bacterias normalmente se encuentran sobre los racimos en el momento de la vendimia. Pasan el invierno en el suelo y aparecen sobre los racimos a partir del envero, transportados por el polvo y sobre todo por los insectos. Estos microorganismos son retenidos por la pruina (materia cérea en forma de escamas) de la superficie de la película de las uvas. Son transportadas en las patas o depositadas con las deyecciones de los insectos, principalmente por las drosofilas. Las principales levaduras encontradas sobre los racimos sanos son *Saccharomyces ellipsoideus* y *Kloeckera apiculata*, forma imperfecta de *Hanseniaspora uvarum*. Bacterias lácticas y acéticas completan esta flora.

Sobre los racimos con podredumbre ácida, se encuentra *Kloeckera apiculata*, pero también otras levaduras, que habitualmente están poco presentes y que tienen la capacidad de producir acetato de etilo y acetaldehido: *Metschnikowia pulcherrima, Candida diversa, Candida stellata*. Al lado de las levaduras, se encuentran también bacterias acéticas y lácticas. Estos microorganismos se multiplican activamente desde que entran en contacto con el medio azucarado del racimo. Transforman el medio, desencadenando una serie de fermentaciones y alteraciones del mismo, que conducen a la producción del ácido acético.

7.3.2. Las drosofilas, vectores de los agentes de la enfermedad

Las drosofilas son las moscas que se encuentran abundantemente en los lugares donde se han depositado los orujos, los componentes de las lías y sobre los frutos golpeados. Son atraídas por los jugos en fermentación (frutos, uvas) donde se alimentan y ponen. Se desplazan de un fruto a otro, transportando a las uvas sanas las levaduras y microorganismos pegados a sus patas o ingeridos y después expulsados.

Cuando los granos del racimo presentan heridas o dejan escapar el jugo por heridas, las drosofilas son atraídas abundantemente, poniendo y multiplicándose activamente, su densidad de población es explosiva (una hembra puede poner de 500 a 900 huevos en el transcurso de su corta vida). Las larvas nacidas después de uno a tres días de incubación, se desarrollan en la pulpa pasando por tres estadios larvarios. Así, cuando las temperaturas son favorables y en presencia de un buen medio nutritivo, cada 10 a 12 días se produce una nueva generación y la población de la drosofila se incrementa de una manera exponencial. En estas condiciones, los desplazamientos incesantes y numerosos de las moscas cargadas con los microorganismos acéticos aumentan los riesgos de contaminación, la epidemia llega a ser explosiva.

Las drosofilas encontradas sobre los viñedos atacados por podredumbre ácida pertenecen principalmente a dos especies: *Drosophila melanogaster y D. simulans*. Las drosofilas se desarrollan sobre todo sobre los frutos, pasando el verano primero en los frutales desplazándose a continuación hacia los viñedos. Se denominan moscas de las frutas (*fruit fly* para los anglosajones) pero también mosca del vinagre.

Las moscas no son solo vectores de levaduras y bacterias, sino también de nematodos que dejan con sus deposiciones sobre las uvas de los racimos. En efecto, diferentes nematodos, gusanos no visibles a simple vista, están presentes sobre los hollejos y en los granos atacados por la podredumbre acida. *Turbatrix aceti* se ha identificado sobre uvas de numerosas variedades de viñedos mediterráneos con ocasión de un fuerte ataque de podredumbre ácida durante el verano de 1997. En Italia es *Panagrellus zymosiphilus*, nematodo idéntico al del vinagre, la especie que ha sido identificada a partir de racimos afectados por podredumbre ácida recogidos en 1986 en un viñedo de la región de Verona.

7.3.3. La epidemia es explosiva en tiempo cálido y húmedo

La epidemia comienza por una fase de instalación, en el curso de la cual las levaduras y bacterias presentes sobre el hollejo o puestas por algunas drosofilas comienzan una fermentación alcohólica que evoluciona en picadura acética. Si las condiciones climáticas cálidas y húmedas persisten, la epidemia se convierte en explosiva, ya que las drosofilas, atraidas por los granos estropeados, se multiplican activamente, transportando los microorganismos y propagando la enfermedad. La epidemia se para en el momento en que la lluvia y la humedad desaparecen.

7.4. Circunstancias favorables a la podredumbre ácida

La podredumbre ácida se desarrolla a menudo en los mismos viñedos en el curso de periodos cálidos y húmedos sobre uvas que presentan heridas:

- *las lesiones*: son las lesiones del hollejo de la uva las que crean en principio un medio nutritivo favorable para el desarrollo y actividad de los microorganismos: estas lesiones son de origen mecánico (microfisuras favorecidas por la delgadez del hollejo tirante por un engrosamiento exagerado de los granos del racimo, muy alimentados por el agua, heridas provocadas por el granizo,...) o patológico (oídio, polillas del racimo, picaduras de avispa,...);
- *la sensibilidad de la variedad*: las variedades de grano apretado son sensibles (carignan, garnacha, muscat,...) o de hollejo fino (cinsaul), pero no son las únicas (chardonnay, pinot,...);
- *los viñedos vigorosos* son más receptivos, ya que tienen racimos más compactos, en los cuales los granos explotan más fácilmente, tienen una vegetación abundante y espesa;
- *las condiciones climáticas:* la enfermedad aparece en el transcurso de periodos lluviosos y cálidos y cuando los racimos se encuentran con una higrometría elevada en el transcurso del verano; un ambiente húmedo, en los bordes con árboles, en los valles, es favorable a las moscas y a la enfermedad;
- *el aclareo de los racimos*, dejando en el suelo granos del racimo, favorece la aparición de la enfermedad.

7.5. Protección contra la podredumbre ácida

7.5.1. Prioridad a las medidas profilácticas

Se trata en primer lugar de evitar las condiciones microclimáticas favorables a la podredumbre ácida y a la proliferación de las moscas como al vigor, causa de la acumulación de la vegetación y de la compacidad del racimo. Para esto, es necesario incidir sobre los factores clásicos de reducción del vigor, como el permitir el crecimiento de la cubierta vegetal y lo que favorece la aireación de los racimos, como empalizado cuidadoso de la vegetación y el deshojado de la zona de los racimos.

Se trata de evitar todas las causas de heridas de los hollejos para una protección fitosanitaria rigurosa contra las enfermedades criptogámicas (oídio y mildiu) y las plagas (polillas del racimo).

7.5.2. Tratamientos con cobre y tratamientos insecticidas

La lucha preventiva tiende a limitar la actividad de las levaduras y bacterias y luchar contra los vectores del desarrollo explosivo de la enfermedad.
- *los tratamientos con cobre*, endureciendo los hollejos de la baya y facilitando su cicatrización, dan buenos resultados, con 50-60% de eficacia: hacer de 2 a 3 aplicaciones de caldo bordelés con 10-12 días de intervalo alrededor del envero, a dosis decrecientes (15 kg/ha, 10 kg/ha, luego 7-8 kg/ha) mojando los racimos;
- *los tratamientos insecticidas*: no parecen muy eficaces solos, se debe intervenir preventivamente desde la aparición de los primeros adultos de drosofila y deben repetirse al cabo de 8 días; las drosofilas han desarrollado rápidamente resistencia a los insecticidas, por lo que es necesario alternar las familias de los productos empleados.

8. PUESTA A PUNTO DE LA PROTECCIÓN RAZONADA EN UN VIÑEDO

El desarrollo de la campaña fitosanitaria se debe preparar y pensar antes del inicio de los riesgos de contaminación. Lo primero que hay que hacer, para cada plantación, es el balance fitosanitario de la campaña anterior, con el fin de determinar la naturaleza y el nivel de riegos potenciales de contaminación y localizar los posibles focos potenciales de las enfermedades.

8.1. Etapas de la puesta en marcha de la protección razonada

8.1.1. Primera etapa: elaborar una estrategia alrededor de un programa provisional de tratamientos

Conociendo los riesgos potenciales, es necesario elaborar una estrategia, es decir poner a punto un programa provisional de tratamientos para las enfermedades que presentan un riesgo potencial para la explotación. Elaborando este programa se piensa en la coordinación de los diferentes medios que se utilizarán para proteger el viñedo y en los medios profilácticos que se podrían utilizar. Se tiene en cuenta, en la elección de los medios directos de tratamiento los modos de acción de los fungicidas, su polivalencia y sus efectos secundarios, sus residuos en los racimos y en el medio ambiente (capas freáticas, aguas de escorrentía y en el suelo) y los fenómenos de resistencia de los hongos frente a ciertas materias activas. No hay una estrategia única e ideal, pero conviene elaborar una estrategia, que teniendo en cuenta las dificultades de la explotación, coordine de una manera racional las diferentes intervenciones en caso de alerta.

8.1.2. Segunda etapa: decidir la oportunidad de las intervenciones y los medios a utilizar

Cuando los riesgos reales aparecen, el programa previsto de tratamientos sirve de guía para la campaña fitosanitaria pero es necesario adaptarlo en función de las situaciones. El viticultor debe decidir los tratamientos teniendo en cuenta la naturaleza del riesgo (aparición de tal o cual enfermedad), la gravedad del riesgo (evaluación del riesgo real de la enfermedad de provocar daños que afecten a la fisiología de la viña, su longevidad o su producción), la sensibilidad de la variedad, la receptividad del viñedo (es decir el momento en el cual tal órgano de la vid ofrece las mejores condiciones para el desarrollo del hongo). Para tomar decisiones, el viticultor debe efectuar un seguimiento regular del viñedo, conocer las previsiones meteorológicas y las informaciones suministradas por los servicios de sanidad vegetal y los consejos de los técnicos. El decide si debe intervenir y en caso afirmativo, determinar sobre qué parcelas y en qué momento, teniendo en cuenta las disponibilidades de equipamiento y mano de obra.

8.1.3. Tercera etapa: optimizar la aplicación de los plaguicidas

La decisión de tratar está tomada, es necesario realizar el tratamiento con las mejores posibilidades de éxito: verificación de la elección del producto, determinación de las cantidades de producto a utilizar, calibración del equipo de tratamiento (ver parte 3, capítulo 1).

8.1.4. Cuarta parte: controlar la eficacia del tratamiento

Este control pasa por una verificación del gasto de la boquilla en el transcurso de la aplicación con la utilización de papeles hidrosensibles. Se observa el viñedo regularmente para detectar la presencia de síntomas de enfermedades y controlar la eficacia de los productos curativos y frenantes.

8.2. Elaboración de un programa provisional de tratamientos contra las enfermedades criptogámicas

Después de haber realizado el balance de la campaña vitícola precedente, el viticultor determina las enfermedades que son de temer para el año siguiente. Existen enfermedades para las cuales los hongos presentes permanentemente en el conjunto de los viñedos de la región (mildiu, oídio, podredumbre gris) son un peligro potencial. El programa provisional de tratamientos (PPT) se basa en la lucha contra estas enfermedades con variantes, según las regiones y la sensibilidad de las variedades.

Por el contrario, otras enfermedades, más regionales y ocasionales tales como el black-rot, la excoriosis y sobre todo el enrojecimiento parasitario, se tienen en cuenta más particularmente en algunas regiones para la elaboración del PPT cuando aparecen en primer lugar. La aparición de síntomas y daños sobre la vegetación y sobre los racimos indica que hay una fuerte tendencia a la enfermedad y que el viticultor ha tenido dificultades para controlarla, esto indica también que las formas de conservación invernal del hongo están presentes en la parcela. Es necesario estar preparado para controlar la enfermedad en la primavera siguiente. En la elaboración del PPT presentado aquí no se ha tenido en cuenta más que la excoriosis, black-rot, oídio, mildiu y podredumbre gris.

8.2.1. Periodos críticos

En los períodos críticos, o periodos de receptividad de los órganos, el viticultor debe ser particularmente ciudadoso cuando la presión de la enfermedad es alta.

8.2.1.1. *Excoriosis*

La contaminación de los brotes jóvenes se produce desde la salida de las hojas (estado D) y puede haber contaminación miceliana a lo largo de toda la estación; los tratamientos deben asegurar una protección sobre todo al inicio de la vegetación, más tarde los efectos secundarios de los tratamientos anti mildiu tiene un efecto suficiente.

8.2.1.2. *Oídio*

La contaminación miceliana de los brotes jóvenes en las regiones mediterráneas y sobre variedades sensibles, se produce desde el desborre, pero la contaminación por las esporas no se produce más que a partir del estado botón floral separado (H ó 17) en las regiones septentrionales; el periodo de receptividad máxima de los racimos se da desde el estado H hasta el cierre del racimo.

8.2.1.3. *Black rot*

Las primeras contaminaciones se producen a partir de ascosporas producidas por las peritecas que han pasado el invierno sobre los raspones y las uvas momificadas. Las contaminaciones siguientes se producen por las picnidiosporas; las hojas no son receptivas más que un corto lapso de tiempo cuando jóvenes, los racimos son receptivos desde el cuajado al envero.

8.2.1.4. *Mildiu*

La primera contaminación es más tardía que la del black rot, se produce por la germinación de los huevos de invierno en agua (después de una lluvia) a una temperatura superior a 11 °C, la presencia de hojas jóvenes a lo largo de la estación favorece las contaminaciones, los racimos presentan una receptividad máxima desde el estado botones florales separados (H) a cierre del racimo, pero no hay que olvidar que a partir de la primera contaminación varias contaminaciones secundarias se van a suceder cada vez que se produzca un periodo lluvioso (a veces basta la presencia de rocío).

8.2.1.5. *Botritis*

Antes de la floración, la inflorescencia es receptiva, en el curso de la floración, la receptividad puede aumentar si los restos de las flores se mantienen en el racimo a causa de un periodo lluvioso favorable al corrimiento y escalonamiento de la floración y la infección no se manifiesta inmediatamente, el hongo permanece en estado latente en el exterior o interior de los granos del racimo del cuajado al envero, la contaminación no se aprecia, a partir del envero, los racimos entran en un periodo de receptividad máxima con matices, según la variedad, hasta antes del inicio del envero, para las variedades muy sensibles; 10 a 15 días después del inicio del envero para las variedades sensibles y 10 a 15 días antes de la vendimia para las variedades poco sensibles.

8.2.2. Adaptar las estrategias a las enfermedades

Así, el riesgo de contaminación del viñedo por las diferentes enfermedades y sobre todo, el riesgo de daños se inicia a partir del desborre. La realización del primer tratamiento contra cada una de las enfermedades es primordial, enseguida los tratamientos se suceden tomando como base la protección contra oídio y mildiu. ¿Cuáles pueden ser los elementos del razonamiento para la elaboración del programa provisional de tratamientos o cuales son las bases de la estrategia directa?

8.2.2.1. *Excoriosis*

- *para las variedades sensibles*, es necesario intervenir en tratamiento preventivo en post-desborre, dos aplicaciones con intervalos de 8 días, con fungicidas de contacto (mancozeb o azufre mojable) en el estado C - D (30% de botones en el estado D) y D - E (40% en estado E), o una vez con un producto que tenga fosetil-al (Mikal), cuando se aprecian numerosas grietas sobre la madera se puede hacer un tratamiento en invierno con arsenito sódico (625 g/hl de solución);

– *para las variedades poco sensibles,* no es útil tratar si la madera se mantiene sana desde hace años.

8.2.2.2. *Oídio*

– *en las regiones mediterráneas*, el oídio sobre variedades sensibles (presencia de «drapeau») se debe tratar antes de que el micelio presente en las yemas contamine los brotes jóvenes. Un primer tratamiento con azufre en polvo o azufre mojable a la dosis recomendada (12,5 kg/ha para el azufre mojable) es la previsión para una aplicación en el estado 3 a 5 hojas separadas;

– *en las regiones septentrionales*, el primer tratamiento se puede programar en el estado H (botones florales separados) utilizando azufre mojable o dinocap (Karatane), sin embargo, en las parcelas consideradas como sensibles en razón de la frecuencia de aparición de la enfermedad y en las que han sufrido fuertes ataques el año anterior, este tratamiento se realizará en el estado 3-5 hojas separadas.

Más tarde, los tratamientos se deben realizar para proteger los racimos durante el periodo de mayor receptividad. El empleo de IBE es interesante (persistencia de 14 días, penetración del producto) para dos tratamientos (máximo 3), pero podría ser reemplazado por la espiroxamina o las estrobilurinas sobre todo en el caso de resistencia del oídio a los DMI.

8.2.2.3. *Black rot*

No es necesario generalmente realizar un tratamiento específico contra esta enfermedad, ya que la mayoría de los IBE utilizados contra oídio y los fungicidas anti-mildiu de contacto a base de mancozeb, metiram o maneb, solos o asociados a un producto penetrante (cimoxanilo) o a un sistémico (fosetil-Al) se recomiendan para combatir el black rot. Así, en las parcelas con riesgo y fundamentalmente en las que el año anterior hayan presentado ataque, hay que prever el tratamiento con los productos anti mildiu/black rot desde que las estaciones de avisos indican que las condiciones son favorables para una primera contaminación. No tratar con productos IBE antes de la floración.

8.2.2.4. *Mildiu*

Varias estrategias se pueden considerar según la naturaleza y propiedades de los fungicidas escogidos y en función de la agresividad del hongo. Se pueden utilizar fungicidas de contacto y fungicidas penetrantes (cimoxanilo y dimetomerf) a lo largo del periodo de riesgo. Estos productos tienen una buena acción preventiva pero una persistencia limitada; los fungicidas de contacto son lesiviables, los penetrantes están protegidos y tienen una acción curativa.

Los productos a base de fosetil-Al, se pueden utilizar durante toda la estación sin riesgo de creación de razas resistentes, son sistémicos y su persistencia de acción es de 10 a 14 días según la intensidad del riesgo del mildiu. Por el contrario, los productos a base de anilidas de acción preventiva y curativa, no pueden utilizarse más que en 2 ó 3 tratamientos, por los problemas de resistencia; se deben utilizar entre la floración y el cierre del racimo.

Para realizar una protección simultánea contra varias enfermedades criptogámicas (mildiu, black rot, enrojecimiento parasitario, podredumbre gris), es sensato alternar varias materias activas para aprovechar los efectos secundarios de los fungicidas anti mildiu, sobre los otros hongos. Al principio de la estación, los fungicidas de contacto a base de mancozeb son interesantes por su eficacia y su efectos secundarios sobre la excoriosis y black rot. A partir de la floración, es interesante utilizar productos sistémicos que aseguran una mejor protección (persistencia, ausencia de lavado, sistemia) durante la fase activa de vegetación; las formulaciones comerciales conteniendo folpet tienen entonces un efecto secundario sobre la podredumbre gris. Después del cierre del racimo, el empleo de fungicidas de contacto o penetrantes es bastante frecuente.

8.2.2.5. *Podredumbre gris*

Los tratamientos se deben realizar antes de la fase explosiva de la enfermedad:

a) Si el riesgo de ataque aparece sobre las hojas antes de la floración, efectuar un tratamiento anti mildiu con productos que tengan un efecto secundario sobre botritis.

b) De la floración al envero, los tratamientos pueden ser específicos con una aplicación localizada sobre los racimos:

– *sobre variedades muy sensibles*, un año de riesgo, prever 3 tratamientos, el primero al final de la floración con Sumico, Jonk, Scala, Geoxe, Switch o Sekoya, el segundo antes del cierre del racimo con Silbos, Dirac, Scala o Geoxe, con la condición de no utilizar más que una sola vez estos dos últimos productos (riesgo de resistencia y precio elevado), el último en el envero localizándolo en función de la sensibilidad propia de la variedad con Ronilan, Sumisclex, Kidan o Rovral;

– *sobre variedades sensibles*, programar dos tratamientos, uno al final de la floración con los mismos productos que antes, el segundo, entre el cierre del racimo (B) y el estado B + 15 días, con uno de los productos siguientes: Ronilan, Rovral, Kidan, Sumisclex, Scala o Geoxe;

– *sobre variedades poco sensibles*, tener en cuenta solamente los efectos secundarios de los fungicidas anti mildiu.

8.3. Asegurar una pulverización de calidad

La eficacia de los tratamientos depende de la elección de las estrategias, de la elección de los productos y también del reparto de estos sobre los órganos a proteger. Muchos de los fracasos «constatados» los años de fuerte ataque de la enfermedad, son debidos a una mala aplicación. Para asegurar una buena pulverización y tratar eficazmente es aconsejable respetar las tres reglas siguientes: elegir un material adecuado, bien regulado y mantenido regularmente (parte 3, capítulo 1, párrafo 2.6).

8.3.1. Elegir un pulverizador adecuado

Las formulaciones comerciales, mezcladas con agua para formar una disolución, son «proyectadas» en gotitas sobre las viñas con la ayuda del pulverizador con el fin de asegurar una cobertura con un máximo de impactos. Es importante adaptar los tipos de pulverizadores (aparatos de chorro proyectado y aparatos de flujo de aire) a los modos de tratamiento (de invierno, de cobertura o localizándolos sobre los racimos).

– *los pulverizadores hidráulicos (de chorro proyectado):* la solución es transformada en gotitas por el paso bajo presión a través de un pequeño orificio, una boquilla; su poder de penetración es limitado, las gotitas no alcanzan directamente el envés de las hojas ni los racimos ocultos en la vegetación densa;

– *los pulverizadores hidroneumáticos (de chorro transportado):* la formación de las gotitas está asegurada por la presión de una bomba, como precedentemente, pero su transporte se mejora por un flujo de aire producido por una turbina. Se distinguen dos tipos de aparatos:

  • los que están equipados de boquillas y de una turbina montada sobre el chasis donde se encuentra la cuba, las boquillas suelen estar colocadas en forma circular alrededor de la turbina, las gotitas se forman bastante lejos de la vegetación, su transporte está limitado por una posible deriva;

  • los más modernos, que están equipados por varios conjuntos, turbina y boquillas, dispuestas en la cercanía de cada linea de viña a proteger, el turbocoll, por ejemplo (figura 13).

– *los aparatos de pulverización neumática:* las gotitas están formadas por el estallido de una vena líquida llegando sin presión a una tobera donde circula un flujo de aire a gran velocidad que asegura la pulverización y el transporte del caldo hasta la vegetación. Este tipo de aparato asegura una buena penetración, con la condición de conducir el flujo bastante cerca de los órganos a proteger con mangueras adaptadas al tipo de viñedo y de parásito a combatir;

– *los cañones de turbina oscilante,* basados en el principio de chorro proyectado o chorro transportado, tienen una capacidad de penetración muy limitada.

8.3.2. Condiciones de la pulverización

El cuadro 11 recoge las características de los aparatos de pulverización y las condiciones óptimas de su utilización. Todos los tipos de pulverización sirven para luchar eficazmente contra el midiu pero el modo de «repartición» varía en función de los productos y de la gravedad del riesgo:

– *con los productos de superficie,* se produce por la lluvia una redistribución de los residuos de los productos por salpicadura, que alcanzan los racimos y el envés de las hojas; la pulverización neumática, por el pequeño tamaño de la gota y el flujo de aire, asegura la mejor localización del producto;

– *con los productos penetrantes,* este fenómeno de redistribución del producto no existe, es indispensable cubrir perfectamente todos los órganos.

– *con los productos sistémicos,* la redistribución de las materias activas está asegurada por la sistemia, pero es necesario ser prudente y no descuidar la calidad de la cobertura.

En todos los casos, es preferible pulverizar el caldo desde la mitad de la calle que por encima de la fila. Igualmente, no es necesario llevar a cabo el método de fila pasada, consistente en no cubrir más que una sola fila en cada pasada, invirtiendo los lados de una aplicación a otra.

Pulverizador hidráulico de chorro proyectado.

Pulverizador hidráulico de chorro proyectado.

Pulverizador hidráulico de chorro transportado.

Pulverizador neumático para tratamiento de cobertura.

Aparato de pulverización neumática equipado con conductos individuales para el tratamiento localizado en ambas caras.

Aparato funcionando en turbo-convección-laminar: Turbocoll.

Figura 12
Diferentes tipos de pulverizadores.

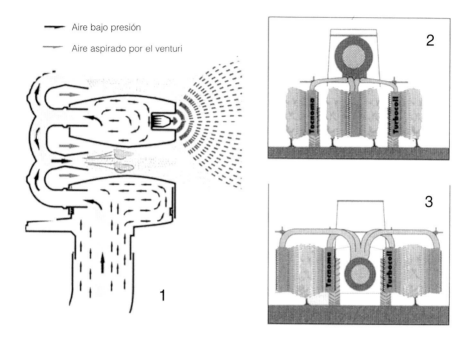

Aire bajo presión

Aire aspirado por el venturi

Figura 13
Turbo convector: laminar del Turbocoll (Tecnoma).

1. Principio: un ventilador centrífugo difunde el aire bajo presión que se dirige hacia venturi aire/aire. Estos venturi producen así un flujo de aire laminar que reparte sobre la vegetación el caldo del tratamiento (Tecnoma).
2. Turbocoll en viña estrecha tratando una cara.
3. Turbocoll en viña ancha tratando simultáneamente ambas caras.

Tabla 11
Características de los diferentes tipos de pulverizadores

Tipo de pulverizador	Chorro proyectado	Chorro transportado	Neumático	Cañón oscilante	Expolvo-readoras
Diámetro de las gotas en micras	150 a 500	150 a 400	50 a 150	50 a 150	Polvos
Volumen en l/ha	300 a 1.000	200 a 300	80 a 100	50 a 100	20 a 40 kg
Velocidad del tratamiento en km/h	4 a 6	4 a 6	4 a 6	2 a 3	4 a 6
Anchura de los tratamientos de cobertura	cara por cara	2 a 6 filas según la anchura de las filas		30 m máximo	4 filas
Tratamiento localizado	cara por cara	2 semifilas	10 semifilas máximo	no adaptado	2 semifilas
Tratamiento de invierno	sí	no	no	no	no
Potencia absorbida	3 a 65 CV	10 a 35 CV	30 a 40 CV	30 a 40 CV	10 a 40 CV

Tabla 12
Programa provisional de tratamientos contra las enfermedades en protección razonada.

Estados fenológicos	A Yema invierno 02	B Yema de algodón 03	C Punta verde 05	D Salida de hojas 06	E Hojas extendidas 09	F Racimos visibles 12	G Racimos separados 15	H Botones florales 17	I Floración 23	J Cuajado 27	Antes de cierre de racimos	Cierre de racimos 33	Inicio de envero 35	Envero 36	3 semanas antes de vendimia
EXCORIOSIS	Tratamiento de invierno con arsenito sódico (facultativo)			Si hay síntomas, o sobre variedades sensibles y si el tiempo es lluvioso en los estados D y E, tratar: – dos tratamientos con mancozeb, folpet o azufre mojable, iniciándose cuando el 30% de las yemas están en el estado D, el segundo cuando el 40% estén en el estado E. – una aplicación con fosetil-Al en el estado D.											
OÍDIO						azufre o dinocap		azufre	azufre ◄ IBE	azufre ◄ azufre o dinocap (si se busca efecto curativo)	Receptividad máxima de los racimos		IBE: – Máximo 3 tratamientos – Nunca curativo		
BLACK ROT					Sobre viñedos con riesgo, tratar con una formulación de acción preventiva a base de mancozeb, maneb o de metiram.				IBE con 14 días de intervalo (3 tratamientos con IBE si hay riesgo)		Receptividad máxima de los racimos		No utilizar 3 IBE más que sobre parcelas con riesgo de Black rot, aprovechar los efectos secundarios de los productos anti-mildiu.		
MILDIU	Prever el inicio del riesgo sobre hojas o sobre racimos por los modelos, observaciones de manchas en el viñedo y previsiones meteorológicas decidir el primer tratamiento.						fungicida penetrante o fosetil-Al + contacto		fungicida sistémico + contacto (folpet)		Receptividad máxima de los racimos		fungicida penetrante + contacto		
BOTRYTIS	Si hay Botrytis sobre las hojas, utilizar productos anti-mildiu con efectos secundarios para Botrytis. A partir de la floración, tratar pulverizando los racimos.							Receptividad de los racimos	Sumico o Jonk Scala o Geoxe				Ronilan o Rovral KIDAN O Sumisclex	Receptividad de los racimos	

A. Reynier

Tabla 13
Tratamientos de invierno

Enfermedades	Materias activas	Dosis/ha	Observaciones
Yesca (E) Excoriosis (e)	Arsenito sódico + sustancias repelentes para la fauna salvaje	E = 4,2 l/hl E = 5 l/hl e = 2,5 l/hl E = 6,2 l/hl e = 3,1 l/hl	Tratar mojando abundantemente (500 l/ha de caldo o de 150 a 200 l/ha con bandejas recuperadoras) durante el reposo vegetativo, 15 días después de la poda y lo más tarde 3 semanas antes del desborre.
Eutipiosis	Flusilazol + carbendazima	Dosis para: 50.000 heridas 2,5 l 2 l 4,5 l	Tratar inmediatamente después de la poda con brocha a mano con pistola.
Acariosis	Aceites amarillos	3 l/hl 3 l/hl 2 l/hl	Tratar en invierno hasta yemas hinchadas mojando.
	Azufre mojable	2 kg ó 2 l/hl	Tratar en el estado yema de algodón (B) punta verde (C) mojando la madera
	Oleoparation	0,5 a 1 l/hl 1,5 l/hl 0,5 l/hl	
Vector de la flavescencia dorada	Oleoparation	1 l/hl 1,5 l/hl 0,5 l/hl	Tratar mojando abundantemente con barra o con bandejas recuperadoras mojando la madera, los brazos y el tronco
Necrosis bacteriana	Cobre 20% 20% 50% 40%	Tratar la madera: • 4 a 5 horas después de la vendimia mecánica con un caldo conteniendo 400 g de cobre/hl • después de la poda a 1.000 g de Cu/hl • en los lloros con 400 g de Cu/hl utilizando bandejas recuperadoras.	

Tabla 14
Programa provisional de tratamientos acaricidas e insecticidas en protección razonada

Estados fenológicos	A	B	C	D	E	F	G	H	I	J	Antes de cierre de racimos	Cierre de racimos	Inicio de envero	Envero	3 semanas antes de vendimia
	Yema invierno	Yema de algodón	Punta verde	Salida de hojas	Hojas extendidas	Racimos visibles	Racimos separados	Botones florales	Floración	Cuajado					
	02	03	05	06	09	12	15	17	23	27		33	35	36	
ARAÑA ROJA Y AMARILLA	Observar y tratar si se sobrepasan los umbrales de daños.				Si el umbral es >70% tratar con un acaricida de primavera			Controlar las poblaciones de *Typhlodromus*		Si el umbral es >30% tratar con un acaricida de verano					
ACARIOSIS		Oleoparatión o azufre			Acaricida de primavera			No tratar hasta que los síntomas o daños hayan sido constatados				Acaricida de verano			
POLILLAS DEL RACIMO	– Seguimiento del vuelo con trampas – Observar los glomérulos – Tratar respetando la fauna auxiliar					Umbral de los glomérulos Insecticida preventivo y curativo		Umbral de los glomérulos			Insecticida preventivo				
MOSQUITO VERDE	– Controlar las poblaciones – Tratar únicamente si los umbrales se sobrepasan								Umbral 1090 larvas/100 hojas			50 larvas/100 hojas			
CICADELIDO DE LA FLAVESCENCIA DORADA	T0				Tratamientos obligatorios en las zonas contaminadas		un mes después de las primeras eclosiones		T1	T2 15 días más tarde		T3			

A. Reynier

CAPÍTULO **5**

PLAGAS QUE AFECTAN A LA VEGETACIÓN O LOS RACIMOS

1. **Ácaros de la vid**
2. **Orugas o polillas del racimo**
3. **Plagas secundarias**

1. ÁCAROS DE LA VID

Los ácaros de la vid se dividen en ácaros fitófagos que se alimentan de las hojas, llegando a producir daños a partir de un cierto umbral de población y los ácaros depredadores que, por contra, se alimentan de los primeros siendo importantes para controlar a estos.

1.1. Ácaros fitófagos

Los ácaros son parásitos que atacan regularmente los viñedos con una intensidad variable según las explotaciones e incluso según las parcelas. Su desarrollo es la consecuencia de técnicas utilizadas por los viticultores (fertilización y productos utilizados como fungicidas, acaricidas, insecticidas y herbicidas) ya que tienen incidencia sobre el contenido celular del follaje, la evolución de las poblaciones, los fenómenos de resistencia y la destrucción de sus enemigos naturales que limitan su desarrollo, como es el caso de los fitoseidos.

Los ácaros fitófagos pertenecen a varias especies:
– los *tetraníquidos:* la araña roja *(Panonychus ulmi),* la araña amarilla de la viña *(Eotetranychus carpini),* la araña amarilla común *(Tetranychus urticae),* la araña amarilla californiana *(T. mcdanieli);*
– los *eriófidos:* acariosis *(Calepitrimerus vitis),* la erinosis *(Colomerus vitis).*

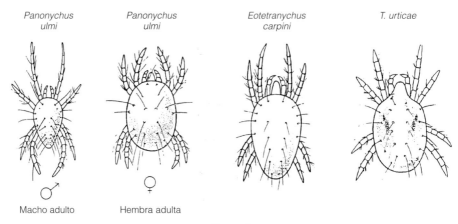

Figura 1
Ácaros fitófagos.

1.1.1. Araña roja *(Panonychus ulmi)*

Pasa el invierno en forma de huevos, de color rojo vivo, depositados alrededor de las yemas y de las cicatrices foliares en la base de los pulgares e incluso bajo la corteza. El avivamiento empieza en el desborre (estado E) y la duración del desarrollo de las larvas en adultos depende de la temperatura (de 20 días en la primavera a 5 días en verano). Normalmente se suceden de 4 a 8 generaciones, pero es función de la temperatura.

En la primavera, los ataques se manifiestan desde el desborre (en abril-mayo). Las larvas, pequeñas y de color rojo-anaranjado vivo, y los adultos de color rojo oscuro con pelos dorsales, pican el limbo de las hojas en el envés para alimentarse. El desarrollo vegetativo se ve frenado, los entrenudos quedan más cortos, las hojas se arrugan y los racimos pueden tener problemas de cuajado.

En verano los daños vuelven a ser visibles. El follaje toma un aspecto gris-plomizo debido a las numerosas picaduras que vacían las células del limbo. La reduc-

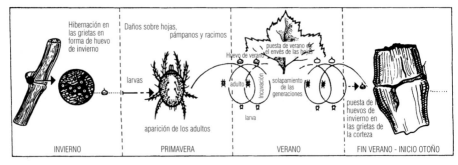

Figura 2
Ciclo biológico de Panonychus ulmi (según Sandoz).

ción de la superficie foliar activa y la caída prematura de las hojas provoca una mala maduración y un deficiente agostamiento.

1.1.2. Arañas amarillas *(E. carpini y T. mcdanieli)*

La araña amarilla de la viña *(Eotetranychus carpini)* se encuentra esencialmente en las regiones meridionales y también en los viñedos del oeste y en Borgoña. La araña amarilla californiana *(Tetranychus mcdanieli)* es una nueva especie citada en la Champaña, en la zona de Verzy-Verzenay.

En la primavera, las hembras que han pasado el invierno protegidas por la corteza próxima a los pulgares inician su actividad y atacan a las hojas jóvenes. Las puestas se hacen en el envés en puntos próximos a los nervios. Estas puestas son escalonadas de manera que cohabitan los distintos estados de huevo, larva y adulto. Los daños de las dos especies se parecen: decoloración amarillenta, grisácea, y necrosis difusa sobre los órganos herbáceos. Las hojas jóvenes se abarquillan en forma de cuchara en los bordes levantados y se desecan ligeramente. Lo normal es que se sucedan de 5 a 9 generaciones.

En verano, el follaje toma una coloración amarillenta bronceada en las variedades blancas y rojiza en las tintas; en éstas se desarrolla el enrojecimiento en mosaico a lo largo de los nervios y en placas más o menos extensas que pueden ocupar todo el limbo. La maduración y el agostamiento se ven muy perjudicados.

1.1.3. Araña amarilla común *(Tetranychus urticae)*

Especie muy polífaga que se desarrolla sobre los árboles frutales, cultivos diversos y la flora adventicia. Se encuentra fundamentalmente sobre la viña en las regiones de Champaña y Borgoña.

Después de la hibernación en la cepa o en el suelo, las hembras se multiplican generalmente sobre las malas hierbas. Por ello, los ataques son más tardíos y la viña no es colonizada más que a partir de junio pero el riesgo persiste durante todo el verano con 8 a 10 generaciones y cohabitación de huevos, larvas y adultos.

1.1.4. Acariosis *(Calepitrimerus vitis)*

La hibernación se efectúa bajo la corteza, en las grietas en la base de los sarmientos y bajo las escamas de las yemas. Los ataques se producen desde el desborre, picando las hojas jóvenes y los pámpanos, lo que origina una parada más o menos completa del desarrollo de las yemas y pámpanos, quedando los entrenudos cortos y las hojas pequeñas y abarquilladas, tomando la planta un aspecto arbustivo característico. La acariosis es particularmente grave en las viñas jóvenes en las que compromete su desarrollo pero también puede provocar en viñas adultas un debilitamiento progresivo de las cepas. Se suceden tres o cuatro generaciones al año.

En el verano se manifiesta por pequeñas manchas claras traslúcidas sobre el envés de la hoja y, si el ataque es grave, el follaje forma un color bronceado. Los ácaros de la acariosis son microscópicos lo que dificulta el diagnóstico.

1.1.5. Erinosis *(Colomerus vitis)*

La hibernación de la erinosis se produce de la misma forma que en la acariosis. Los daños generalmente son muy limitados y no ocasionan disminución de la cosecha. No obstante cuando los ataques son muy importantes limitan el desarrollo de los pámpanos y provocan una disminución del vigor y corrimiento de los racimos. En la primavera, las hojas jóvenes presentan unos hinchamientos en el haz y coincidentes con depresiones en el envés tapizadas con abundante pilosidad blanca o rosada que con el tiempo acaba tomando un color parduzco. En el transcurso de la primavera y el verano se suceden varias generaciones (hasta 7). Las formas móviles se dirigen hacia las yemas terminales y atacan las nuevas hojas formadas.

1.2. Ácaros depredadores

El aumento de las poblaciones de ácaros fitofagos en los viñedos se explica por múltiples causas, siendo la desaparición de sus enemigos naturales la más importante y más concretamente la de los ácaros depredadores.

Presentes normalmente en los viñedos que no sufren demasiados tratamientos fitosanitarios, se observa frecuentemente una relación entre su presencia a un nivel significativo y el mantenimiento de la población de ácaros fitofagos por debajo del umbral de daños.

Entre los depredadores la familia Phytoseidae es particularmente importante. La especie dominante en la mayoría de las regiones vitícolas septentrionales es *Typhlodromus pyri*. En las regiones meridionales la especie principal es *Kampinodromus aberrans*, estando igualmente presente de forma importante *T. pyri*.

Ciertas especies son más importantes que otras en el papel de regular las especies fitófagas. Su eficacia depende de la constancia de su presencia en el viñedo. Se distingue:

  – *Los depredadores de protección,* que se alimentan de ácaros fitofagos y también de otras fuentes nutritivas; se mantienen permanentemente en el viñedo a un nivel superior al de sus presas. Es el caso de *T. pyri* que se alimenta preferentemente de huevos y formas juveniles de araña roja (*P. ulmi*) y de larvas de eriofidos (*Calepitrimerus vitis y Colomerus vitis*), siendo un adulto capaz de consumir 10 *P. ulmi* por día. Este ácaro se localiza en la cara inferior de las hojas a lo largo de las nerviaduras y alrededor del seno peciolar. Su cuerpo presenta forma de pera, translúcido, con un tamaño de 0,4 mm. Se localiza en las hojas donde se mimetiza y acecha a sus presas.
  – *Los depredadores de limpieza* que aparecen cuando las poblaciones de ácaros fitófagos son abundantes. Son menos interesantes que los anteriores ya que no se mantienen cuando las poblaciones de los fitófagos disminuyen. La especie más frecuente es *Neoseiulus californicus*.

1.3. Lucha contra los ácaros

Hasta hace poco, la importancia de los daños justificaba a menudo un tratamiento químico específico. Modernamente, con la utilización de la lucha razonada se ha producido una reducción de las poblaciones de ácaros. La lucha contra los ácaros se basa en una estrategia global de elegir técnicas de la explotación que mantengan el equilibrio natural de la fauna y a no intervenir salvo que las poblaciones de la plaga alcancen el umbral de daños.

1.3.1. Proteger la fauna auxiliar

A menudo, los problemas ocasionados por los ácaros fitófagos se deben al empleo de plaguicidas que destruyen a sus enemigos naturales. Se recomienda:
- limitar los tratamientos insecticidas y acaricidas al mínimo imprescindible evitando la utilización de los que favorecen los ácaros fitófagos (azinfos, carbaril, paratión) o los que tienen efectos secundarios nocivos sobre los ácaros depredadores (fosforados, carbamatos y los piretroides); hay que destacar que los insecticidas eficaces contra el insecto vector de la flavescencia dorada son muy tóxicos para la fauna auxiliar;
- en la lucha anticriptogámica, evitar el empleo de fungicidas tóxicos para los fitoseidos (mancozeb, dinocap, etc.) eligiendo formulaciones en las que estas materias activas se encuentren a menores dosis;
- de manera general, en la elección de los plaguicidas, escoger los productos neutros o débilmente tóxicos (NTF) y elegir los productos medianamente tóxicos (MT) o tóxicos (T) para los casos en que no sea posible otra alternativa;
- limitar el número de tratamientos fitosanitarios interviniendo para hacer frente a problemas importantes (lucha razonada);
- razonar la lucha contra los ácaros a partir de controles de población y no actuar más que si se sobrepasa el umbral de intervención. Utilizar entonces productos selectivos tratando por ambas caras. Finalmente, es preciso alternar los productos.

1.3.2. Favorecer la recolonización por los ácaros depredadores

Es necesario conocer la composición en especies de ácaros depredadores del viñedo, ya que se han observado importantes diferencias de población según las parcelas. El muestreo de 30 hojas sirve para tener una idea de la población al inicio de la estación; se realiza en el estado 3 a 5 hojas y las muestras son enviadas para su identificación a un laboratorio (Servicio de protección de los Vegetales, ITV o cámaras agrarias):
- las parcelas tienen un buen equilibrio biológico, cuando el umbral de 1 forma móvil de *T. pyri* por hoja se alcanza o sobrepasa; la protección natural de la parcela por los ácaros depredadores basta generalmente para proteger el cultivo de los ácaros fitófagos, aplicando las reglas que preservan a los auxiliares;
- en las parcelas que no alcanzan este umbral se puede proceder:
  • recolonización natural mediante una estricta selección de los plaguicidas neutros a débilmente tóxicos (NTF) para *T. pyri*, la recolonización puede ser rápida (1 año) o lenta (3-4 años);
  • una recolonización por introducción de ácaros depredadores colocando al pie de las cepas sarmientos conteniendo depredadores o trozos de tela portando hembras. Una vez realizada la introducción, es necesario vigilar que la relación depredador presa no sea desfavorable a los primeros, por

Tabla 1
Efectos secundarios de algunos plaguicidas

Clasificación	Fungicidas		Insecticidas-Acaricidas
Neutros a débilmente tóxicos (NFT)	Acryptane 500 Acylon soludose Anteor C avantage Anteor flo Anvil Aviso cup DF Baytan 5 Copral Corail Delan 75 SC Dorado Euparene Flibust GD Forum Forum FP Geoxe Quadris Karathane LC + Thiovit microbilles	Indar Mikal Olymp 10 EW Polyram DF Proban Ronilan DF Rovral Rubigan 4 Scala Sirdate S Sumico L Sumisclex Tairel F Valiant GD Vamin LM Vignor 2	Cascade Collapse Confirm Delfin Ekalux Gemm Insegar MVP Thiovit microbilles Veraline 3 fluide
Medianamente tóxicos (MT)	Atemi M pépite Aviso DF Heliosoufre S Karathane LC	Microthiol SP Sygan LS Thiovit microbilles Silbos DF	Methyl bladan 40 Neoron Nexter Sumicidin 10
Medianamente tóxicos a tóxicos (MT-T)	Remiltine F pépite Graneor		Decis Kelthane 50 Oreste Talstar Ultracide 20
Tóxicos (T)	Dithane M 45 Remiltine pépite Sandozebe pépite		Baythroid Maxicap Danitol Oleobladan Draca Omite 57 EL Dursban 2 Penncap M. Lannate 201 Pennstyl 600 Larvin Rufast Tracker 08 EC

Tabla 2
Características morfológicas de los ácaros fitófagos
(según Kreiter y Fauvel, modificado)

Características	*Panonychus ulmi*	*Tetranychus urticae*	*Tetranychus mcdanieli*	*Phytoseiidae (Typhlodromus)*
Forma y aspecto	Globulosos y sin brillo			En forma de pera, brillantes
Color	rojo oscuro	amarillo pálido a verdoso 2 manchas grandes negras laterales	amarillo pálido, pequeñas granulaciones negras periféricas	translúcido variando del blanco lechosos al amarillo o al rojo según el régimen alimenticio
Ojos	manchas oculares rojas	manchas oculares rojas	manchas oculares rojas	ciegos (sedas tactiles en las patas anteriores
Movimiento	más lento	más lento	más lento	muy rápido
Huevos	cebollas aplanadas, rojo vivo claro, estriados	esféricos translúcidos	incoloros lisos	ovales, en forma de balón de rugby translúcidos lisos
Larvas	hexápodas rojo-anaranjadas	hexápodas	más claras adultos	hexápodas incoloras, translúcidas
Ninfas	octópodas aparición de tubérculos dorsales móviles o inmóviles	octópodas aparición de manchas laterales móviles o inmóviles	octópodas manchas más claras y plus dispersas móviles o inmóviles	octópodas blancuzcas muy raramente inmóviles
Hembras	dorso muy abombado provisto de 2 filas de tubérculos blancos llevando sedas		más alargadas y menos osculras que *T. urticae*	patas anteriores largas muy móviles
Machos	romboidal más pequeños que las hembras sin tubérculos dorsales	más pequeños más móviles esperan cerca de la hembra	más anaranjados	más pequeños y más romboidales que las hembras
Forma de invernación	huevo rojo ladrillo agrupados en la base de las yemas	hembras anaranjadas sin manchas en la base de la cepa en las hojas muertas o en la vegetación adventicia	hembras anaranjadas bajo las cortezas en la parte alta de la cepa	hembras fecundadas, bajo diversos abrigos (anfractuoidades de la corteza de la cepa, restos vegetales...)

encima de 5 ácaros depredadores por hoja, se corre el riesgo de que los ácaros de limpieza sean dominantes e impidan la instalación de los depredadores de protección. Se controla los niveles de población de fitófagos y depredadores y si es necesario una aplicación de un acaricida, se interviene con un producto NTF para los depredadores.

1.3.3. Lucha contra las arañas rojas y amarilla

1.3.3.1. *Controles de población y criterios de intervención*

– en la primavera, del estado E al estado 5-6 hojas, coger 25 hojas por parcela y decidir un tratamiento si el 70% de las hojas contienen al menos una forma móvil. Si las condiciones climáticas son favorables para un crecimiento activo, este umbral puede ser sobrepasado;
– a partir del cuajado, observar 25 hojas al nivel de los racimos y realizar un tratamiento si el 30% de las hojas tiene al menos una forma móvil.

1.3.3.2. *Elección de los productos*

– en primavera, el objetivo es destruir rápidamente las formas móviles. Utilizar un producto con buena acción de choque sobre formas juveniles y adultos (Acafor, Danitol, Neoron, Peropal, Rufast o Talstar);
en verano, a partir del cuajado, el objetivo es impedir el desarrollo de las poblaciones en un periodo en que las generaciones se solapan:
  • utilizar un producto ovicida, en intervención precoz, conteniendo un regulador del crecimiento; esto permite hacer un solo tratamiento (persistencia de más de 45 días) considerando el plazo de seguridad (21 a 42 días según los productos): Apollo, Cesar, Gemm, Orion, Sigona, Topjet, Torant, Torero, Viktor;
  • utilizar un acaricida con actividad sobre huevos, formas juveniles y adultos, con buena persistencia (21 a 30 días): Acaryl 240, Draca, Louxr, Masai, Pleiade;
  • intervenir con un tratamiento de recuperación, con productos que tengan efecto de choque: Omite, Pennstyl, Peropal, Poseidon, Rufast.

1.3.3.3. *Calidad de la pulverización*

Se obtiene una buena eficacia con un tratamiento específico en pulverización, dirigiendo los chorros de abajo hacia arriba y con un volumen por hectárea suficiente. Buenos resultados se han obtenido en Champagne en viñas «estrechas» (CIVC) con:
– rampas «pendillards» a 500 l/ha;
– rampas neumáticas a 150 o 300 l/ha;
– el «turbo six» a 400 l/ha.

1.3.4. Lucha contra la acariosis

A veces pasan desapercibidos los adultos a causa de su tamaño microscópico y de la cohabitación simultánea de varias especies de ácaros. Los daños son característicos en el transcurso de primaveras frescas o de veranos cálidos.

Tabla 3
Productos aconsejados contra araña amarilla y araña roja

Materias activas	Dosis PC/ha	Eficacia sobre ácaros				Eficacia sobre insectos			Plazo de seguridad
		P. ulmi	E. caprini	T. urticae	Ácaros	Mosquitos verdes	Cicadélido FD	Polillas	
Acaricidas de primavera									
Acrinatrín	0,3 l	+	+	+			+0,1 l		21 d
	0,6 l	+					+0,2 l		
Azocicloestan	1,3 kg	+	+	+					30 d
Bifentrín	0,25 l	+	+	+	+	+	+	+	7 d
	0,30 l								
Bromopropilato	2 l	+	+		+				28 d
Dicofol + etion	2 l	+	+						15 d
Fenpropatín	0,75 l	+	+		+	+ 0,5 l	+ 0,5 l		21 d
Acaricidas de verano con persistencia de 42 días									
Bifentrín + clorentezín	0,5 l	+	+	+	+	+	+	+	42 d
Clorentezín + fenpropatrín	0,5 l	+	+	+	+	+	+	+	42 d
Clofentezín + taufluvalinato	0,5 l +0,3 l	+	+	+	+	+	+	+	42 d
Clofentezín + propargita	0,5 l +1 l	+	+	+	+				42 d
Clofentezín + adulticida	0,4 l	+	+	+	+	+	+		42 d
Hexitiazox + propargita	1,5 l	+	+	+	+				30 d
Fenbutestan + lufenoxuron	0,636 l +0,375	+	+	+	+	+		+	28 d
Fenpropatrín + flufenoxuron	1 l	+	+	+		+	+	+	28 d
Hexythiazox	0,25 kg	+	+	+					21 d
Acaricidas de verano con persistencia de 30 días									
Cihexaestan + tetradifon	0,6 l	+	+	+	+				30 d
Bromopropilato + bifentrín	1,5 l 2 l	+	+	+	+ 2 l				28 d
Propargita + tetradifon	2 l	+ 2 l	+ 1,5 l	+ 2,4 l	+				21 d
Tebufenpirad	0,375 kg	+	+						21 d
Acaricidas de verano con persistencia de 21 días									
Acrinatrín	0,6 l	+	+	+					21 d
Azocicloestan	1,2 kg	+	+	+					30 d
Cihexaestan	1,20 kg	+							30 d
Esfenvalerato	0,8 l		+					+	15 d

Acaricidas de verano con persistencia de 21 días (continuación)

Fenpropatrín + fenbutestan	0,5 l 1 l	+	+	+	+					
Lambda cihalotrín	0,8 l	+ 0,8 l	+ 0,4 l	+ 0,4 l		+ 0,25 l	+ 0,25 l	+ 0,35 l		3 d
Propargita	1,5 l 3 kg 3 kg		+	+	+					21 d 21 d 30 d
Piridaben	0,5 kg 0,5 l	+ +	+ +	+						60 d

En primavera, el objetivo es evitar el desarrollo de las poblaciones que han invernado. Los criterios de decisión son los siguientes:

– si los síntomas han sido constatados en la campaña precedente, intervenir entre el estado B y C, lavando las cepas a base de fuerte presión con una especialidad a base de un oleofosforado o de azufre mojable a 2kg/hl (Microthiol especial). No sobrepasar el estado C con los oleofosforados;

– en caso de que los daños se observen al inicio de la vegetación, intervenir con bromopropilato (Neoron a 2l/ha) o dicofol mojando bien y en un día soleado.

En verano, el objetivo es destruir las formas móviles que provocan los daños y las hembras que podrían invernar. Intervenir desde que se aprecian con frecuencia los primeros síntomas (estampados, placas amarillas, decoloraciones). Utilizar productos reguladores del crecimiento (Apolo, Gemm, Orion, Topjet, Torero, Viktor) o bromopropilato más bifentrín (Pleiade, Louxor a 2l/ha) mojando abundantemente. Entre los acaricidas que presentan acción larvicida y adulticida están: Omite 51 y Pennstyl flow.

2. ORUGAS Y POLILLAS DEL RACIMO

Eupoecilia y *Lobesia* son dos mariposas que tienen formas de vida análogas. Sus orugas, llamadas comúnmente *polillas del racimo,* se alimentan directamente en los racimos. La *Eupoecilia* vive en todas las regiones; *Lobesia* se encuentra sobre todo en la mitad sur de Francia, especialmente en el midi y suroeste. Hay otras especies que también ocasionan daños: *Eulia* (2 a 3 generaciones) y la piral de la vid (*Sparganothis pilleriana)* cuya oruga se alimenta de las hojas (1 generación).

2.1. Síntomas

Las polillas del racimo atacan a las inflorescencias y a los racimos:

– la primera generación aparece antes de la floración y forma «velos» o «glomérulos», constituidos por hilos sedosos y flores secas en las que están las orugas; los daños se hacen intolerables cuando hay más de 10 a 25 racimos atacados de 100 observados;

Tabla 4
Productos aconsejados para la acariosis

Materias activas	Dosis	Observaciones

Al final del invierno, cerca del desborre

Materias activas	Dosis	Observaciones
Aceites amarillos	2 a 3 l/hl	Mojar abundantemente las cepas e intervenir lo más cerca posible del desborre.

En el desborre (estados B y C)

Materias activas	Dosis	Observaciones
Azufre mojable oleoparation	2 kg o 2,5 l/hl 0,5 a 1 l/hl 1,5 l/hl 0,5 l/hl	Eficaz también sobre erinosis.

En primavera

Materias activas	Dosis	Observaciones
Dicofol Bromopropilato Fenpropatrín	500 g m.a./ha 0,3 después 2 l/ha 0,75 l/ha	(0,3 l de B a F después 2 l/ha).

En verano

Materias activas	Dosis	Observaciones
Dicofol	500 g m.a./ha	
Propargita	1,5 l/ha	
	3 kg/ha	
Clofentezín	0,4 l/ha	
Bromopropilato	2 l/ha	
Cihexaestan + metomilo	2 kg	
Clofentezín + fenpropatrín	0,5 l/ha	
Clorentezín + bifentrín	0,5 l/ha	
Clofentezín + propargita	0,5 + 1 l/ha	
Clofentezín + tau fluvalinato	0,3 + 0,5 l/ha	
Cihexaestan + tetradifon	0,6 l/ha	
Fenbutestan + flufenoxuron	0,6 + 0,37 l/ha	
Propargita + tetradifon	3 l/ha	

– las orugas de segunda y tercera generación penetran en las bayas para consumir su contenido; los daños se hacen inmediatamente intolerables a causa de la pérdida de cosecha y sobre todo por el desarrollo de la podredumbre gris a partir de estas bayas lesionadas.

2.2. Causas y daños

La *Eupoecilia* es una mariposa de 6 a 8 milímetros de longitud, con las alas gris amarillo con una banda ancha oscura. La oruga llega a tener 1 centímetro de longitud, es rosa, con la cabeza parda; sus movimientos son lentos.

La *Lobesia* es una mariposa de 6 a 7 milímetros de longitud, con las alas grises, moteadas de manchas rosas y pardas. La oruga alcanza una longitud de 9 milímetros; es verde y de cabeza amarilla; sus movimientos son rápidos y ágiles.

Lobesia y Eupoecilia pasan el invierno en estado de crisálidas bajo la corteza de las cepas o en las hendiduras de la madera. Los capullos son de seda blanca, pero el de la *Eupoecilia* tiene residuos vegetales.

A principios de primavera, las crisálidas se transforman en mariposas que vuelan a partir de la puesta del sol. Durante estos vuelos, crepusculares en la *Lobesia* y nocturnos en la *Eupoecilia*, machos y hembras se aparean. Las hembras ponen los huevos sobre los botones florales

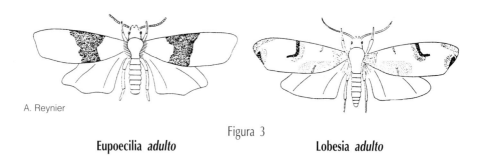

A. Reynier

Figura 3

Eupoecilia *adulto*　　　　　　　　Lobesia *adulto*

El tiempo que tardan los huevos en eclosionar depende de la temperatura (6 a 15 días). Las jóvenes orugas unen las inflorescencias con hilos de seda, atacando a las flores a lo largo de sus cinco estadios larvarios, abandonando las inflorescencias para pupar bajo la corteza, sobre los bordes de las hojas o en el suelo.

El vuelo de la segunda generación aparece a finales de junio, escalonándose durante 3-5 semanas. Las hembras son atraídas por las bayas verdes donde realizan la puesta de los huevos; en el momento de la eclosión, una semana después, las orugas neonatas después de un estado errante, en el curso del cual roen la superficie de las bayas, penetran en el interior de los granos del racimo y los van destruyendo; en las regiones septentrionales las orugas de último estadio L5, van a pupar y dar origen a pupas diapausantes que pasarán el invierno, en el caso de la *Lobesia,* en las regiones meridionales y a veces también en Aquitania, el estado pupal dura de 5 a 7 días y da origen a una tercera generación; en la región meridional, se puede producir a veces una cuarta generación.

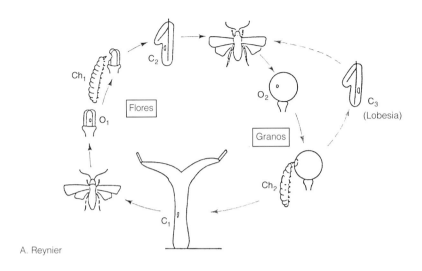

A. Reynier

Figura 4
Ciclo biológico de las polillas del racimo.

C: crisálida; O: huevo; Ch: oruga.

2.3. Daños

Las polillas del racimo ocasionan un daño doble, en efecto, los daños originados por las orugas pueden ser directos e indirectos.

2.3.1. Daños directos

La primera generación destruye un cierto número de flores, que en general no afectan al rendimiento del cultivo.

En segunda y tercera generación, las orugas atacan directamente a las bayas del racimo y provocan una pérdida más importante de la cosecha, estando la importancia de los daños directamente relacionada con el número de orugas presentes sobre el racimo; pero son los daños indirectos los más importantes. Se ha observado que los racimos más compactos favorecen la instalación de las orugas.

2.3.2. Daños indirectos

En la segunda generación, las orugas al atacar las bayas favorecen la presencia de *Botrytis cinerea*, hongo causante de la podredumbre gris, de dos maneras: sirviendo de vector del hongo, fijado en los pelos o en tránsito en el tubo digestivo o abriendo una puerta de entrada al hongo por las perforaciones de las bayas. Este permanece en estado latente hasta el envero, estado a partir del cual la podredumbre gris puede explotar si las condiciones climáticas son favorables y los medios de defensa no son entonces más eficaces.

La presencia de orugas de tercera o cuarta generación sobre las bayas del racimo, más acuosos y más ricas en azúcares en el transcurso de la maduración, agrava los riesgos de contaminación y la importancia de los daños.

2.4. Lucha contra las polillas del racimo

La lucha contra las polillas del racimo debe ser razonada con el fin de determinar:
- la *oportunidad* del tratamiento, sabiendo que si los riesgos de daños son pequeños es preferible no tratar;
- la *época* de intervención, sabiendo que es preciso matar el máximo de orugas antes de que se produzcan daños graves;
- la *elección del producto* de tratamiento, en función del estado de desarrollo de las orugas, de los efectos secundarios sobre otras plagas, de los efectos no intencionados.

2.4.1. Métodos de observación

Los avisos de tratamiento, emitidos por las Estaciones de Avisos Agrícolas, se basan esencialmente en las observaciones biológicas recogidas por diversos métodos que el propio viticultor puede utilizar:
- las *trampas* son un método de vigilancia de los vuelos de las polillas del racimo en la época del apareamiento con el fin de deducir el período de principio y fin de las eclosiones de los adultos, las trampas se colocan a la altura de los racimos desde el inicio de la vegetación de la vid y su poder atrayente es de tipo alimenticio, atrayendo machos y hembras, o de tipo sexual, con la utilización de cápsulas de feromonas sexuales, atrayendo únicamente a los machos. El empleo del trampeo sexual, que es el más utilizado actualmente, debe ser bastante precoz, para realizar las capturas desde el inicio de los vuelos de las mariposas; utilizar cápsulas de 1 microgramo de feromona, renovadas cada tres semanas para tener una mejor apreciación de la densidad de población de la primera generación;
- El *control visual* que es un método de vigilancia de los huevos y de las orugas en los racimos, lo que permite medir el riesgo a nivel de un viñedo; los huevos se observan sobre las brácteas de las flores en primera generación y sobre los granos de uva para las generaciones siguientes; las orugas se pueden detectar en primera generación por los glomérulos que forman en las flores y más tarde por los orificios que hacen para penetrar en las bayas.

2.4.2. Toma de decisiónes

Las observaciones biológicas realizadas en diferentes zonas de viñedo de la región y los datos meteorológicos permiten a la Estación de Avisos Agrícolas determinar el período crítico de intervención a nivel de una zona.

Sin embargo, pertenece al viticultor conocer en su explotación las parcelas más expuestas y decidir por sí mismo la oportunidad del tratamiento:

– en *primera generación:* al ser los daños generalmente poco graves, salvo en variedades con tendencia al corrimiento y las variedades con racimos apretados sensibles a la podredumbre gris, la decisión de tratar se toma si el número de racimos atacados (presencia de glomérulos) sobrepasa del 10 al 25 por 100 racimos observados en las regiones septentrionales, o si el número de glomérulos sobrepasa de 100 a 200 para 100 racimos observados, en las regiones meridionales; el número de adultos capturados en las trampas cebadas con feromona sexual constituye un elemento complementario útil en la toma de decisiones: si hay menos de 10 adultos durante los 10 primeros días de vuelo, no hay que tratar, pero si se sobrepasa este umbral, hay que tener en cuenta el número de orugas en los glomérulos;

– en *segunda* y *tercera generación:* debe tomarse pronto la decisión de tratar antes de la penetración de las orugas en los granos; si no ha habido capturas de mariposas en las trampas no es necesario tratar; por el contrario, en las parcelas regularmente atacadas por las polillas del racimo, las capturas de mariposas en las trampas indican la existencia de un riesgo y se hace necesaria la intervención desde el momento en que de 1 a 10 racimos (según el riesgo de podredumbre gris) por 100 racimos observados presenten huevos o principios de ataque.

2.4.3. Elección de los productos y estrategia de lucha

Los *productos* empleados se distinguen por sus propiedades (tabla 5) y su naturaleza:

– *acción ovicida:* la destrucción de los huevos por los insecticidas es por lo general parcial; el metomilo figura en cabeza con el 99 por 100 de huevos destruidos, después le siguen el tiodicarb (88 por 100) y el deltametrin (60%);

– *acción de choque:* indica el límite de eficacia de los insecticidas determinado por la edad por encima de la cual las orugas no son destruidas; es importante para el metomilo, el metil paration y el paration, lo cual permitirá realizar un tratamiento curativo;

– *persistencia:* indica la duración de eficacia del producto sobre las orugas aparecidas después del tratamiento; la mayor parte de los productos tienen una persistencia de 12 a 14 días, excepto para el paration, que es de 4 días;

– *efectos secundarios:* estos insecticidas matan no solamente las polillas del racimo, sino también otras especies animales; pueden tener, por ejemplo, una eficacia sobre los ácaros, como el metomilo, o favorecer por el contrario su aumento, como el paration, carbaril, metil azinfos;

– toxicidad: indica el nivel de los efectos no intencionados de los insecticidas sobre la fauna útil.

La *estrategia de lucha* depende de las observaciones biológicas, del umbral de intervención y de las propiedades de los productos:

– *tratamiento de primera generación,* en las zonas muy atacadas por las polillas, elegir los tratamientos preventivos sin esperar a la aparición de glomérulos utilizando insecticidas activos sobre larvas jóvenes; en parcelas generalmente con poco ataque, es posible tratar de forma curativa con insecticidas con buena acción de choque una vez que se alcanza el umbral de intervención;

– *tratamientos en segunda y tercera generación:*
  • se puede intervenir de forma preventiva desde el inicio del vuelo con insecticidas preventivos estrictos, bien antes de la puesta de los huevos con insecticidas reguladores del crecimiento (Cascade o Insegar), bien antes de las primeras eclosiones, en el estado de cabeza negra de los huevos, con *Bacillus thuringiensis* (Biobit, Collapse, Delfin, Dipel,...); la adición de azúcar mejora la eficacia. Repetir el tratamiento en caso de lluvia de más de 25 mm y realizar un segundo tratamiento 8 a 12 días después, una vez que ha finalizado la persistencia del producto;
  • se puede intervenir de forma preventiva con insecticidas neurotóxicos, existiendo una amplia gama de productos comerciales, de los que se elegirá el menos tóxico para los ácaros depredadores;
  • se puede efectuar un tratamiento de recuperación con insecticidas de acción preventiva y curativa en las parcelas poco atacadas, eligiéndose aquellos productos que presenten un buen efecto de choque y poca toxicidad para los ácaros depredadores.

Para que el tratamiento sea eficaz, se debe localizar a la altura de los racimos con aparatos equipados para esto y bien regulados.

2.5. Utilización de la confusión sexual

Este método de lucha no utiliza productos químicos ni productos biológicos. Es una *lucha biotécnica,* que consiste en perturbar el acoplamiento de las mariposas liberando una cantidad elevada de feromonas, lo que desorienta a los machos que no encuentran a las hembras. Este método está registrado para las polillas del racimo en Francia desde 1995.

Los difusores se distribuyen sobre los alambres a 60 cm del suelo, de una manera homogénea en el viñedo (500 difusores por hectárea a 500 microgramos de feromona) también en un perímetro de 50 metros alrededor de la parcela para crear una zona de seguridad. Este método debe utilizarse en superficies grandes (al menos 5 hectáreas para *Eupoecilia* y 15 a 20 hectáreas para *Lobesia*).

Una vez colocados los difusores, es necesario vigilar el vuelo de las mariposas mediante trampeo sexual. La eficacia relativa de la confusión sexual es al menos igual a la de un insecticida clásico cuando las densidades de población no son muy importantes. El umbral de eficacia es de 5 a 10% de racimos atacados.

En caso de poblaciones superiores a este umbral, es necesario disminuir la densidad de población tratando, el primer año, con un insecticida sobre la primera generación y, si es necesario, sobre la segunda. A largo plazo, el efecto acumulativo conduce al abandono de los tratamientos de recuperación.

Tabla 5
Insecticidas aconsejados para polillas del racimo

Materias activas	Dosis por ha	Acción de choque (días)	Perma-nencia (días)	Acción ovicida (%)	Plazo de seguridad (días)	Toxicidad
Insecticidas muy preventivos (antes de la puesta de los huevos)						
Flufenouron	0,4 l	0	>21		28	NFT
Fenoxycarb	0,5 kg	0	14		2	NFT
Fenbutestan + flufenoxuron	0,6 + 0,37 l	0	21		27	NFT
Fenpropatrín + flufenoxuron	1 l	0	21		28	NFT
Insecticidas preventivos antes de la eclosión de los huevos						
Bacillus thuringiensis	0,75 kg	1	12		2	NFT
	1,5 l	1	8		2	
	1 l	1	12		2	
	3 l	1	14		2	
Insecticidas preventivos antes de la eclosión de los huevos y larvas jóvenes						
Bifentrín	0,25 l	7	14	90	2	MT-T
Clorpirifos	1,25 l	7	2		21	T-NFT
	1,25 l	7	12		21	T
Cipermetrín	0,3 l	3	12		7	
	0,3 l	3	12	46	7	
Deltametrín	0,7 l	7	12	58	2	T-MT
	4,5 l	7	12	58	2	MT-T
	4,5 l	7	15	58	2	MT-T
Esfenvalerato	0,8 l	3	15	25	15	
Fenvalerato	0,75 l	3	14	17	2	MT
Quinalfos	1 l	7	14	88	21	NFT
Lambda Cihalotrín	0,35 l	7	14	88	2	
Piridafention	1,8 l	7	14	96	2	MT-T
Metil paration microencap	1,25 l	25	12	28	15	T
Malation	1,5 l	7	12	9	7	
Tebufenocida	0,6 l	0	14		21	NFT
Esfenvalerato + fenitrotion	1 l	7	15		7	
Metil clorpirifos + cipermetrín	1 l	7	14	90	21	
Clorpirifos + dimetoato	1 l	3	12	86	30	
Clorpirifos + cipermetrín	1 l				21	
Betaciflutrín + fenitrotion	1 l	7	14		15	
Cipermetrim + fenitrotion	1 l	3 a 7	14		15	
Cipermetrín + diazinon	1,2 l	7	12	91	2	
Clorpirifos + dimetroato	1 l	3	12	86	30	
Fenvalerato + fenitrotion	1 l	7	14	59	15	
Bifentrín + Clofentezín	0,5 l				42	

Insecticidas curativos sobre larvas

Ciflutrín	0,7 l	15	14			T
Betaciflutrín	0,7 l	15	14			
Tiodicarb	1 l	25	14	98	14	T
Cipermetrín + metil paration	0,75 l	15	14	96	15	T
Metidation	1,55 l	15	12	55	15	MT-T
Tralometrina	0,22 l	15	14	92	2	T
Metidation	1,55 l	15	12	55	15	MT-T
Metil paration	300 g m.a.	25	4 a 8	28	15	MT-T

NFT: Neutro a débilmente tóxico.
MT-T: Medianamente tóxico a tóxico.

MT: Medianamente tóxico.
T: Tóxico.

3. PLAGAS SECUNDARIAS

3.1. Mosquito verde

3.1.1. Síntomas y daños

El mosquito verde *(Empoasca flavescens)* es un cicadélido, insecto chupador que se alimenta de la savia de los nervios de las hojas a partir de finales de junio. Los síntomas se manifiestan en el contorno de las hojas que amarillean en las variedades blancas o enrojecen en las variedades tintas. Esta coloración marginal está delimitada de una manera geométrica por los pequeños nervios dando un aspecto de mosaico. Esta coloración progresa y los bordes de las hojas pardean y se desecan. La reducción de la superficie foliar por desecación y caída de hojas a veces es importante si no se controla la plaga; se ven más afectadas las hojas adultas lo que origina problemas en la maduración y en el agostamiento. La parte alta de las hojas es siempre la menos afectada.

3.1.2. Causas y desarrollo

El cicadélido inverna en estado adulto sobre diversas plantas huéspedes y emigra a la viña en primavera donde se desarrollan tres generaciones. Después de las puestas de mayo, las ninfas de la primera generación, que aparecen en mayo-principios de junio, sufren cinco mudas antes del estado adulto. Las formas juveniles y los adultos se localizan en el envés de las hojas. Las ninfas muy móviles, se desplazan lateralmente al igual que los cangrejos, después de las mudas, las exuvias de color blancuzco son visibles en el envés de la hoja. Los adultos se desplazan volando entre el follaje.

3.1.3. Medios de lucha

No es preciso intervenir más que si las poblaciones de cicadélidos sobrepasan ciertos umbrales para resultar peligrosas. La presencia de los cicadélidos se pone

Figura 5
Síntomas ocasionados por el ataque del mosquito verde.

de manifiesto por los adultos que saltan en cuanto se mueve el follaje y por observación de las puestas, de las ninfas y de los adultos en el envés de las hojas de la zona inferior de los pámpanos. Generalmente los tratamientos con insecticidas contra las polillas son suficientes para limitar los daños. Sin embargo, a veces son necesarios tratamientos específicos y la intervención se decidirá a partir de los siguientes umbrales:

– en junio y julio: 100 ninfas por 100 hojas;
– en agosto: 50 ninfas por 100 hojas.

La mayor parte de los insecticidas son eficaces, y es preciso escogerlos en función de su acción contra las polillas y de su toxicidad sobre la fauna auxiliar.

3.2. Cicadélido pruinoso

Esta nueva especie, después de haber colonizado el viñedo italiano a partir de 1979, ha sido localizado en las Bocas del Ródano en 1986. Originario de América (de Canadá a Brasil), va colonizando actualmente todo el viñedo meridional.

3.2.1. Síntomas y daños

Los adultos forman un rosario característico sobre los órganos atacados, a los que pican y succionan y sobre los que depositan abundante melaza. Esta melaza es el daño más importante, favoreciendo el desarrollo de hongos, la fumagina, de

Tabla 6
Insecticidas autorizados para mosquitos verdes y el vector de la «flavescencia dorada»

Materias activas	Dosis/ha	Polillas del racimo	Ácaros
Acrinatrín	0,1/0,2 l		+
Betaciflutrín	0,7 l	+	
Bifentrín	0,3 l	+	+
Ciflutrín	0,7 l 0,7 l	+ +	
Cipermetrín	0,3 l 0,6 l	+ +	
Fenpropatrín	0,5 l		+
Lambda cibalotrín	0,25 l 0,25 kg	+ +	+ +
Metomilo	2 l 1,6 kg	+ +	
Piridafention	1,8 l 1,8 l	+ +	
Quinalfos	1 l	+	
Tralometrina	0,16 l	+	
Fenitrotion + Betaciflutrín	0,6 l	+	
Bifentrín + clofentezín	0,5 l 0,5 l	+ +	+ +
Bifentrín + dicofol	1 l	+	+
Clorofenizon + metil paration	2 l	+	+
Clorpirifos + cipermetrín	1 l	+	
Clorpirifos + dimetoato	1 l 1 l	+ +	
Metil clorpirifos + cipermetrín	1 l 1 l	+ +	
Metil clorpirifos + deltametrina	0,5 l	+	
Clofentezín + fenpropatrín	0,5 l		+
Cipermetrín + diazinon	1,2 l 1,2 l		
Cipermetrín + etion	1,25 l	+	+
Cipermetrín + fenitrotion	1 l	+	
Fenitrotion + esfenvalerato	1 l	+	
Cipermetrín + fenitrotion + malation	1 l		
Fenpropatrín + flufenoxuron	1 l	+	+

color negro, que atraen a otros insectos, en particular a las drosofilas, lo que favorece la podredumbre ácida. Esta cadena alimentaria es perjudicial para la sanidad del viñedo, tanto por la extracción de savia realizada por el insecto como por la producción de melaza y la consiguiente aparición de la negrilla.

Esto afecta tanto a la presentación de la uva de mesa como a la calidad en la recolección de las variedades atacadas.

3.2.2. Biología

Metcalfa pruinosa es un insecto Homóptero perteneciente a la familia Flatidae, cercana a los cicadélidos. Los adultos (7 a 9 mm), muy móviles, están recubiertos de una secreción blanca que oculta su color gris azulado. Las ninfas (2 a 6 mm) son blancas, aplanadas, móviles, localizadas en el envés de las hojas.

El insecto presenta una sola generación al año. Los adultos se acoplan y realizan la puesta. La eclosión es muy escalonada, estando presentes las ninfas de abril a octubre. A lo largo de su desarrollo pasan por 5 estadios ninfales, observándose los adultos de junio a octubre.

Metcalfa pruinosa es un insecto muy polífago y muy móvil. Los adultos se desplazan de la vid a las plantas circundantes.

3.2.3. Medios de lucha

Actualmente la lucha no está aún puesta a punto, ya que hay que estudiar la biología de la plaga y no hay ningún producto registrado.

La vigilancia de las parcelas es necesaria para detectar la presencia de *Metcalfa pruinosa* en los estadios ninfales L1 y L2 en el envés de las primeras hojas de la viña. Insecticidas organofosforados o piretroides serían eficaces sobre las ninfas jóvenes. Sin embargo, nuevas recolonizaciones se pueden producir por la eclosión escalonada de los huevos y la llegada de adultos de las plantas cercanas.

Actualmente se tienen más esperanzas en la utilización de la lucha biológica, empleando parasitoides ninfales de este insecto que no existen en estado natural en Europa, pero que existen en el país originario de la plaga. Trabajos de aclimatación de uno de estos parasitoides, *Neodryinus typhlocybae,* están en curso en Italia y Francia.

3.3. Cortadores de yemas

Desde el desborre entre el estado de yema hinchada (estado B ó 03) y la aparición de la primera hoja extendida, (estado E ó 09), las hojas de la vid pueden ser atacadas por diversos enemigos, que, lo más a menudo, no atacan a la vid más que cuando no encuentran otras plantas huéspedes. Entre estos enemigos se encuentran adultos de coleópteros y orugas de lepidópteros:

- entre los coleópteros adultos, los más corrientes son los gorgojos (*Peritelus* y *Otiorhynchus)* que comen las yemas durante la noche, seccionándolas lateralmente: durante el día, se ocultan en la superficie del suelo o bajo los terrones a los pies de las cepas;
- entre las orugas, los daños más frecuentes se deben a los «gusanos grises», orugas pertenecientes a varias especies de *noctuidos*, que devoran yemas

como huevos pasados por agua y las orugas de *Boarmia*, que vacían las yemas lateralmente.

Estos daños son ocasionales y de importancia variable; solo una vigilancia regular de las viñas, realizada al caer la tarde o por la mañana pronto y fundamentalmente de los brotes, permite descubrir su presencia y estimar la importancia de los daños. El tratamiento se hace necesario cuando del 10 al 15% de las cepas de una parcela presentan una o varias yemas comidas. Los tratamientos se realizan con insecticidas piretroides (0,15 a 0,4 l/ha según las formulaciones) o con metil paratión (1,5 l/ha).

Contra los gusanos grises, se puede:
  – utilizar una formulación cebo ya preparada: Dursban 5G (20 kg/ha), Dursban cebo (50kg/ha) Volaton (75 kg/ha);
  – preparar un cebo: en 100 kg de salvado mezclar Cymbush (0,375l/ha), Sherpa.

3.4. Conejos

Los conejos y las liebres aprecian en primavera los brotes tiernos de la viña, sufriendo a veces las plantas daños suficientemente importantes para obligar al viticultor a tomar medidas de protección. Atacan no solo a las yemas sino también a las ramas jóvenes, alimentándose de la extremidad, el resto que queda sobre la cepa presenta un corte curvado bastante característico; los sarmientos del año y la madera pueden ser descortezadas y mordisqueadas, aunque esto es raro. Los daños se producen durante la noche o por la mañana temprano, se presentan en líneas o círculos.

Cuando la viña está próxima a un bosque o un monte bajo y cercana a las madrigueras, las medidas de protección consisten, bien en bloquear el acceso a la parcela, por medio de alambradas dispuestas alrededor (alambrada de triple torsión con malla de 36 mm, de 110 cm de alto y enterrada de 20 a 30 cm en el suelo) o mallas individuales en forma de camisa de alambre metálico o de camisa de plástico. La protección individual de cada planta constituye una solución eficaz y menos cara que la alambrada alrededor. Los repelentes aplicados en cordeles impregnados, colocados a 20 cm de altura, tienen efecto durante un tiempo bastante corto, de 8 a 10.

Figura 6
Daños (2) y protección contra los conejos.

1. Protección individual.
3. Alambrada de protección.

Bibliografía

Parte 1. Las vides cultivadas

ALLÉGUÉDE, R. 1957. Problèmes posés au vignoble après les gelées hivernales. *Imprimerie Libournaise.*

BAGGIOLINI, M. 1952. Les stades repères dans le développement annuel de la vigne. *Rev. romande Arbor. Vitic.,* 8, 4-6.

BERNARD, A. 1976. À propos de la croissance des baies chez *V. Vinifera. France Vitic.,* 2, 55-59 y 4, 111-118.

BESSIS, R. 1965. Recherches sur la fertilité et les corrélations de croissance entre bourgeons chez la vigne. *Thèse Dr. Sc. Nat.,* Dijon.

BIAU, S. 1996. Étude des colorants des vins blancs de Bordeaux. Thèse doctorat, Bordeaux II, n.° 401.

BIREBENT, P. 1993. Pour réussir les surgreffages, conseils pratiques, *P.A.V.,* 110, n.° 5.

BIREBENT, P. 1991. Conduite des vignes surgreffées T-bud et Chpibud. *Progrès Agric. et Vitic.,* 108, n.° 22, p. 487-492.

BOIDRON, R. y AURAN, G. 1994. Production sous serre du matériel greffable, technique dite de «multiplication rapide». *Progrès Agricole et Viticole,* 1994, n.° 22, Spécial SITEVIVITECH.

BONFORT, D. 1988. Les clones sur la sellette, *Le Nouvel Agric.,* octobre 1988.

BOIDRON, R. y MAYOUX, L. 1992. La sélection clonale: des techniques et une filière, *Rev. des Œnologues,* n.° 66.

BOIDRON, R. 1992. L'ENTAV et la sélection clonale, *Rev. des Œnologues,* n.° 66.

BOUBALS, D. 1994. La pépinière viticole française, *Progrès Agri. et Vitic.,* 111, n.° 23.

BOUBALS, D. y DALLAS. J-P. 1981. Les systèmes modernes de surgreffage de la vigne. *Progrès Agric. et Vitic.,* n.° 7, p. 176-190.

BOUBALS, D. 1987. La culture *in vitro* et la production de plants greffés-soudés, *Progrès Agric. et Vitic.,* 104, n.° 13-14, p. 311-314.

BOUQUET. A. 1982. Origine et évolution de l'encépagement français à travers les siècles, *P.A.V.,* 99, n.° 5, 110-121.

BOURZEIX, M.; HEREDIA, N. y KOVAC. 1983. Richesse de différents cépages en composés phénoliques totaux et en anthocyanes. *Prog. Agric. Vitic.,* 17, 421-428.

BRANAS, J.; BERNON, G. y LEVADOUX, L. 1946. Éléments de Viticulture générale. Montpellier.

BRANAS, J. y TRUEL, P. 1965-1966. Variétés de Raisins de Tables: nomenclature, description, sélection, amélioration, *Éditions nouvelles du Pr. Agric. Vitic.,* Montpellier.

BRANAS, J. 1974. Viticulture générale. 990 p.

BUGNON, F. y BESSIS, R. 1968. Biologie de Vigne. Masson et Cie.

CARBONNEAU, A. y DELAS, J. 1992. Pourquoi faut-il élargir la gamme des porte-greffes, *INRA-VITI-92.*

CASTAGNINO, C. 1996. Étude des polyphénols glycolysés des vins rouges de Bordeaux. Thèse doctorat d'Université, Bordeaux II, n.° 6.

CASTÉRAN, P.; REYNIER A. y RIVET, P. 1981. Évaluation du nombre de fleurs des bourgeons de quelques cépages de *V. Vinifera. Prog. Agric. Vitic.*, 14-15, 595-599.

CHAMPAGNOL, F. 1984. Éléments de physiologie de la vigne et de viticulture générale. 351 p.

CHAMPAGNOL, F. 1986. L'acidité des moûts et des vins 1re partie: facteurs physico-chimiques et agronomiques de variation. *Rev. fr. Œnol.*, 104, 26-30 y 51-57.

CHAMPAGNOL, F. 1986. L'acidité des moûts et des vins 2e partie: facteurs physiologiques et agronomiques de variation. *Progr. agric. vitic.*, 103, 361-374.

COUPEZ, C. 1991. Conditions d'établissement des complantages, *rapport ENITA stage élève*.

CUISSET, C.; THIS, P. y BOURSIQUOT. J.-M. 1996. Méthodes modernes de reconnaissance des cépages, *INRA-VITI-96*.

DARNÉ, G. 1981. Influence de la déshydratation et de la réhydratation des sarments sur la reprise au bouturage. *Actualités œnol. et vitic.*, p. 136-146, Dunod, Paris.

DARRIET, Ph. 1993. Recherches sur l'arôme et les précurseurs d'arôme du sauvignon. Thèse doctorat de Bordeaux II.

DESPRATS, A. 1989. L'eutypiose de la vigne en Charentes, *Mémoire fin études ENITA*, Bordeaux.

DOAZAN, J.-P. 1995. Sélection des portegreffes d'après leurs potentialités *in vitro*, Actes du Colloque de la Journée-technique du CIVB.

DOVAZ, M. *et al.*, 1990. Encyclopédie des vins de Corse, éd. de Fallois, Paris.

DUCOM, L. 1994. Le succès de la communication eutypiose en Charentes. Rev. Le Paysan, n.° 911, p. 30-33.

FALLOT, J. 1970. Callogénèse, soudure, culture de tissus. *Bull. OIV, 475*, p. 908-925.

FFSPPV, 1974. Colloque international de la mutiplication de la vigne.

Fédération Française des Syndicats de Producteurs de Plants de vigne, 1982. IIe *Colloque international sur la multiplication de la vigne* (104 pages).

FOEX, G. 1891. Cours complet de Viticulture, *Camille Coulet, lib.-éditeur,* Montpellier.

GALET, P. 1985. Précis d'Ampélographie pratique, 5.^{a} édition.

GALET, P, 1988-1990. Cépages et vignobles de France.

GALET. P, 1988. Les Vignes américaines. Montpellier, 554 p.

GALET, P. 1990. L'Ampélographie française. Montpellier, 400 p.

GALET, P. 1991. Précis d'Ampélographie pratique. Montpellier, 256 p.

GUILLOT, R. 1970. Technique de production des plants en pots ou en catonnages. *Bull. Tech. d'Information du Min. Agric.*, n.° 250, p. 335-352.

GUILLOT-LEGAY. 1976. Le bouturage en vert du genre *Vitis*, Mémoire fin d'études, ENITA Bordeaux.

HUGUET, J.Y. 1992. Économie de la filière bois et plants de vigne. *Rev. Œnol*, n.° 66.

HUDSON, T.; HARTMANN y KESTER, D.E. 1975. Plant propagation: principals and practises. *Prentice-Hall International*, London.

HUGLIN, P. 1986. Biologie et Écologie de la vigne. Payot, Lausanne. 366 p.

JULLIARD, B. 1973. Étude physiologique de la rhizogénèse et des conditions de réussite du greffage de la vigne. *Thèse Doct. Sc. Nat.,* Paris VI.

KATERJI, N.; CARBONNEAU, A. y DELAS, J., 1987. Étude du fonctionnement hydrique et photosynthétique de deux systèmes de conduite de la vigne au cours d'un cycle de déssèchement édaphique à la véraison pour du cabernet sauvignon planté en sol de graves sèches. *O.I.V., Physiologie de la vigne.* 386-391.

KLIEVER, W. M., 1968. Effect of temperature on the composition of grapes grown under field and controlled conditions. *Proc. Amer. Soc. Hort. Sc.,* 797-806.

LABRETESCHE, A., 1995. Historique des travaux de sélection clonale dans le bordelais, *Journée technique du CIVB, actes du colloque.*

LAROUSSE. 1987. Vins et Vignobles de France.

LECLAIR Ph., 1992. Conserver la diversité clonale, INRA-*VITI 92.*

LEGAY, M. 1995. Situation de la production des matériels de multiplication de la vigne, *Le Pépiniériste,* n.° 104.

LEVADOUX, L.; BENABDERRABOU, A. y DOUAOURI, B. 1971. Ampélographie algérienne: cépages de cuve et de table cultivés en Algérie, *SNED,* Alger.

MOTTARD, G.; NESPOULOUS, J. y MARCOUT, P. 1963. Les portegreffes de la vigne, caractères distinctifs, aptitudes culturales. *Bull. Tech. d'Information,* n.° 182, 407-440.

MOUNIER, C. Pour changer la vigne, changer de cépage (par le surgreffage). *Rev. Le Paysan Français,* n.° 871, p. 42-44.

ODART, 1887. Traité des cépages, 5° édition, *Lib. Agricole,* Paris.

ONIVINS. 1994. Situation de la production des matériels de multiplication de la vigne. *Le Pépiniériste,* n.° 101.

ONIVINS. 1996. Situation de la production des matériels de multiplication de la vigne. *Le Pépiniériste,* n.° 110.

PLANAS, R.; MARTIN, B.; MAYOUX, L.; BARTRA, E.; DURAND, R. y GAUTHIER, P. 1994. Cépages blancs des AOC méridionales, de l'implantation à la dégustation. *P.A.V.,* 111, n.° 10, 223-238.

PONGRACZ, D.P. 1983. Roostocks for Grape-vines. *David Philip Publisher,* Cape Town.

POUGET, R. 1963. Recherches physiologiques sur le repos végétatif de la vigne: la dormance des bougeons et le mécanisme de sa disparition. *Dr. Sc..* Bordeaux.

POUGET, R. 1988. Le débourrement des bourgeons de la vigne: méthode de prévision et principes d'établissement d'une échelle de précocité de débourrement. *Conn. Vigne Vin,* 22(2) 105-123.

RIVES, M. 1961. Bases génétiques de la sélection clonale. *Ann. Amélior Plantes,* 11 (3), 337-348.

ROUQUIÉ, P. 1988. Évolution de la pépinière viticole au cours des 20 dernières années, *Le Pépiniériste,* n.° 58.

SEGUIN, G. 1975. Alimentation en eau de la vigne et composition chimique des moûts dans les grands crus du Médoc, phénomènes de régulation. *Conn. Vigne Vin.,* 23-24.

SEGUIN, G. 1981. Alimentation en eau de la vigne dans les grands crus classés du Médoc. *Prog. Agric. Vitic.,* 9, 460-467.

SIMON, J.-L. 1993. Mesures d'hygiène lors du greffage de la vigne, *Revue suise vitic. Arbo. Horti.,* vol. 25 (1), 53-54.

TRUEL, P. y VERGNES, A. 1978. Obtention de variétés de cuve et de table adaptées aux conditions du vignoble méridional. INRA, *Colloque Génétique et Amél. de la vigne.*

VALAT, C. 1990. La sélection de la vigne en France, *Pr. Agric. Vitic.* n.° 11. 258-261.

VAN LEEUWEN, C. y SEGUIN, G. 1994. Incidences de l'alimentation en eau de la vigne appréciée par l'état hydrique du feuillage, sur le développement de l'appareil végétatif et la maturation du raisin de V. Vinifera var. cabernet franc. à Saint Émilion. *J. Int. Sc. Vigne Vin*, 28. 2, 81-110.

VIALA, P. y VERMOREL, P. 1901-1909. Ampélographie.

WAGNER *et al.*, 1986. Présentation des nouvelles variétés de raisin de cuve sélectionnés par l'INRA à Montpellier, *P.A.V.*, 103, n.° 5.

WALTER, B. y BERNARD, R. 1991. Le point sur la sélection sanitaire de la vigne en France, *P.A.V.*, 108, n.° 15-16, 331-333.

WALTER, B. 1992. Les maladies de la vigne transmissibles par les bois et plants, *Rev. des Œnologues*, n.° 66.

WALTER, B., 1992. La multiplication en vert de la vigne, *Rev. Œnologues*, n.° 66.

WALTER, B. 1994. Les vignes transgéniques, *INRA-VITI-94*.

Parte 2 - Plantación

BISSON, J. Influence du porte-greffe sur la production et la qualité des raisins de Sauvignon et Pinot noir dans le centre de la France. *Progr. Agric. Vitic.* 106, n.° 21, 463-466.

BOUBALS, D. 1994. Problèmes de jeunes vignes. *Progr. Agric. Vitic.*, 111, n.° 15-16, 344-346.

BRANAS, J.; BERNON, G. y LEVA-DOUX, L. 1939. Les porte-greffes en viticulture, *Annales des Epyphyties*, 1939, 5/461.

CHARMONT, S. 1989. Raisin de table: aspects économiques des nouveaux systèmes de conduite. *L'Arboriculture fruitière*, n.° 143, 51-54.

Conseil d'administration F.F.S.P.P.V. du 28 novembre 1996. Informations sur les transferts, droits nouveaux de plantations et plantations anticipées. *Le Pépiniériste*, n.° 111, 7-8.

DESCOTES. A. y MONCOMBLE, D. 1990. Plantations gare aux échecs. *Le Vigneron champenois*, n.° 4, 39-45.

DESCOTES, A. 1991. Court noué, les difficultés de la lutte chimique. *Le Vigneron champenois*, n.° 7/8, 45-53.

DULAC, M. 1992. Les baux de vignoble et les droits de replantation. *Revue de droit rural*, n.° 207, 452-459.

BOULAY. H. 1982. Absorption différenciée des cépages et des portegreffes en Languedoc, *Pr. Agic. Vitic.*, n.° 19, p. 431-434.

DURQUETY, P.-M. 1986. Les problèmes de l'incompatibilité au greffage. *Le Pépiniériste*, n.° 51, p. 12-14.

D'KHILI, B.; BOUBALS, D., y GRE-NAN, S. 1994. Étude de l'incompatibilité au greffage chez la vigne, *Progrès Agric. Vitic.*, 111, n.° 15-16, p. 351-359.

G.D.D.V.-C.R.D.A.L.S. 1996. Coût de plantation d'un hectare de vigne.

Ministère de l'Agriculture, 1996. Circulaire DPE/SP.M/C96 n.° 4027 du 16 décembre 1996 relative à la mise en place d'un régime de plantations anticipées.

PITAUD, C. 1994. Plantation: pour que bailleurs et preneurs s'entendent. *VITI*, février 1994, 64-65.

POUGET, R. 1987. Le porte-greffe: un facteur efficace pour maîtriser la vigueur de la vigne et la qualité du vin. *Bull. OIV*, n.° 681-682, 919-928.

POUGET, R. y DELAS, J. 1989. Le choix des porte-greffes de la vigne pour une production de qualité. Conn. Vigne et Vin. numéro hors série. Revue d'informations des technologies vitivinicoles.

RAMONEDA, J-P. 1985. Qualité des plants: facteur important de réussite. *VITI*, n.° 85, 7-8.

VROMANDT, G. 1994. Plantation: il est difficile de faire vite et bien. *VITI*, février, 46-48.

Parte 3. Conducción del viñedo

ANPP Columa. 1995. Entretien des sols. *Phytoma dossier spécial*, n.° 478.

AURIER, Y. 1992. Connaissance du sol et de la fertilisation en région méditerranéenne. Publication de la Chambre d'Agriculture du Gard.

BOULAY, H. 1985. Efficacité des fumures de fond. *Revue horticole*, n.° 260.

CALAME, F. 1993. Techniques culturales et microclimat de la vigne. *Rev. suisse Vit. Arbo. Hortic.*, vol. 25 (5), 281-287.

CAPISANO, C., 1995. Que faire des mauvaises herbes. *VITI*, 202, 31-35.

CAPISANO, C. 1996. Des alternatives au tout prélevée. *VITI*, 212/213, 60-65.

Commission Romande des fumures, 1993. La fumure de la vigne. *Revue Suisse Vitic. Arbor. Hortic.*, vol. 25 (I), 57-64.

CORDEAU, J. 1993. Avant plantation: la fumure s'appuie sur l'analyse de sol. *VITI*, n.° 174, 29-30.

CORDEAU, J. 1993. Sur vigne en place, limiter les apports. *VITI*, n.° 174, 31-34.

Cultivar, 1983. Spécial Fertilisation, n.° 162.

DESCOTES, A. 1994. Désherbage chimique. *Le Vigneron champenois*, n.° 2, 37-50.

GLÉMAS, P. 1980. Le broyage des sarments. *VITI*, octobre 1980, 14-15.

GUIGOU. B. *et al*. 1985. Pour valoriser les analyses de sol, *Purpan*, n.° 134, janvier-mars.

DELAS, J. 1987. La fumure de la vigne. *Revue Le Paysan français*, n.° 833-834, 35-39.

DELAS, J. 1989. La fertilisation des vignobles de qualité. *Coon. Vigne et Vin*,

Aspects actuels de la Viticulture, numéro hors série. Revue d'information des technologies vitivinicoles.

DELAS, J. 1992. La fertilisation de la vigne. *CIVB* - Infos n.° 206, 8.

DELAS, J. 1994. Effets des biostimulants sur la physiologie de la vigne. *Prog. Agi. Viti*. 111, n.° 18, 407-410.

DELAS, J.; MOLOT, C. y SOYER, J.-P. 1994. Fertilisation de la vigne et qualité de la production. *La Journée vinicole*, 4 février 1994, 3.

Dossier spécial désherbage, 1980. *Perspectives Agricoles*, n.° 42.

HALMA, A. y VIDAL. 1997. Le coût des fournitures en Viticulture et Œnologie. ITV-France-Chambre d'Agriculture.

HUGUET, C. 1970. Les oligo éléments en arboriculture et en viticulture. *Ann. agron.*, 1970, 21 (5), 671-692.

HUGLIN, P. 1986. Biologie et Écologie de la vigne, 317-331. Payot, Lausanne.

LACOUTURE, J. y CANTAGREL, R. 1987. Étude des caractéristiques physico-chimiques des sols viticoles charentais et de leur potentiel agronomique. *Revue Le Paysan français*, n.° 833-834, 26-34.

LECHEVALLIER, C. 1996. Le rôle de la matière organique dans les sois viticoles. *Revue Le Paysan*, n.° 936, 22-26.

MORLAT, R.; JACQUET. A. y ASSELIN, C. 1993. Principaux effets de l'enherbement dans un essai de longue durée en Anjou. *Progrès Agri. Viti.*, 110, n.° 9, 406-410.

PERRAUD, A. y RAVOUX, M. 1988. Amendements organiques. *Le Vigneron champenois*, n.° 3, 162-179.

PERRAUD, A.; MONBRUN, M.-D. y FAIHY, V. 1990. Le point sur les amendements organiquès. *Le Vigneron champenois*, n.° 3, 27-51.

PERRAUD, A. 1, 1994. Le raisonnement de la fertilisation azotée. *Le Vigneron champenois*, n.° 4, avril 1994, 53-57.

PIDOUX, J.-P. 1989. Composts urbains et d'écorces au secours des coteaux. *VITI*, n.° 129, 27-28.

PRADIER, L.-P. 1993. Maîtrise de la flore naturelle «désherbage chimique d'été». UGVB.

REYNIER, A. 1982. Étude de la fertilité des sols viticoles de la région de Saint-Émilion.

ROZIER, J.-P. 1993. Le désherbage chimique de la vigne: techniques actuelles et perspectives d'avenir. *Progrès Agri. Viti.*, 110, n.° 13-14, 305-309.

ROZIER, J.-P. y DAVID, H. 1994. Enherbement naturel maîtrisé: une nouvelle technique de désherbage. *VITI*, 191, 20-27.

SCPA. 1977. Au Service de l'Agriculture Spécial: Colloque sur le Potassium dans ses rapports avec la vigne et le vin.

SCPA. 1986. La fertilisation raisonnée de la vigne. Plaquette.

Parte 4. Protección racional del viñedo

AGULHON, R. y SCHMID, A. 1988. La lutte intégrée: présentation des travaux les plus récents réalisés dans le cadre de l'OILB. *Prog. Agric. Vitic.* 105, 7, 169-175.

ARPIN, N. 1990. Étude des formes hivernales de conservation de *Guignardia bidwellii*, agent responsable du Black rot de la vigne. Mémoire DEA Œnologie-Ampélologie, Univ. Bordeaux II.

BAL, F. 1996. La flavescence dorée: portrait d'une maladie. *VITI*, 210, 34-35.

BAL, F. 1996. Botrytis: Jouez l'alternance des matières actives. *VITI*, mars 96, 37-40.

BAVARESCO, L.; FREGONI, H. y FRASCHINI, P. 1991. Investigations on iron uptake and reduction by excised, roots of differents grapevine rootstocks and a *V. vinifera* cultivar. *Plant and Soil*, 130, 109-113.

BERTONI, G. 1995. Quelques aspects de la chlorose de la vigne. *Progrès Agric. Vitic.*, 112, n.° 4, 80-85.

BESSON, X. y BOUREAU, M. 1994. Opération eutypiose dans les vignobles d'Anjou et de Saumur. *Phytoma, la défense des cultures*, 466, 25-28.

BOUBALS, D. y MUR, G. 1990. Influence du mode de taille de la vigne sur l'attaque du tronc des souches par le champignon. *Eutypa lata. Prog. Agric. Vitic.*, 107, 22, 499-501.

BOUBALS, D. 1993. Situation actuelle des maladies à mycoplasmes de la vigne dans le vignoble français. *Prog. Agric. Vitic.*, 110, 24, 540-543.

BOUBALS, D. 1995. Protection antimidiou: les clefs de la réussite. Euroviti 94. *Prog. Agric. Vitic.*, 112, 7, 149-152.

BOUDON-PADIEU, E. 1996. Jaunisses à phytoplasmes de la vigne. *C. R. Acad. Agric.* 82, n.° 1, 5-20.

BOUREAU, M. *et al.* 1993. Dionys, une aide à la décision: gérer le renouvellement des traitements contre le mildiou. *Phytoma, la Défense des cult.*, 455, 27-31.

BOVEY, R. 1992. Le rôle des porte-greffes dans la dissémination des maladies à virus et affections similaires de la vigne. *Rev. Suisse Vitic. Arboc.*, 24(6), 321-324.

BRECHBULHER, C. 1993. Dessèchement de la rafle: une maladie physiologique. *Viti, juillet-août*, 17-19.

BROQUEDIS, M.; LESPY-LABAYLETE Ph.; BOUARD, J. 1995. Rôle des polyamines dans la coulure et le millerandage. *Actes du Colloque Journée Technique du CIVB*, 23-26.

BUGARET, Y. 1990. Comment raisonner une stratégie de traitement en fonction du mode d'action des fongicides. *VITI*, 141, 27-30.

BUGARET, Y. 1994. Cycle biologique et épidémiologique du Mildiou de la vigne. Actes stage ANPP.

BULIT, J. y DUBOS, B. 1982. Épidémiologie de la pourriture grise. *Bull. OEPP,* 12 (2), 37-48.

CALLOT, G. *et al.* 1982. Mieux comprendre les interactions solracine, INRA, Paris, 325 p.

CARBONNEAU, A. y OLLAT, N. 1993. Étude de la coulure et maîtrise de la production. *Progrès Agric. Vitic.,* 110, n.° 15-16, 331-340.

CARRE, M.-A. 1993. Faire barrage à la maladie de Pierce. *Viti, sept.,* 15-17.

CLERJEAU, M. 1990. Lutte antimildiou: à l'aube des changements. *VITI,* 151, 32-36.

CLERJEAU, M.; JAILLOUX, F. y WILLOCQUET, L.,1995. L'oïdium, quoide neuf? *VITI,* 199, 24-36.

CRESPY, A. 1999 - Le Vilfocuivre stoppe l'eutypiose. *La Vigne,* mai, p. 86.

DECOIN, M. 1995. Eutypiose et nécrose bactérienne: casse-tête sur les bois. *Phytoma, la défense des cult,* 477, 15-16.

DECOIN, M. 1995. Flavescence dorée: la guerre des Corbières. *Phytoma,* 477, 26-28.

DELAUNAY, S. 1993. Oidium: deux formes de contamination. *La Vigne,* février 93, 28-29.

DELYE, C.; STIEVENARD, C.; DOUENCE, L. y CORIO-COSTET, M.-F. 1998 - Oïdium de la vigne: un problème double. *Phytoma,* n.° 510, 38-42.

DESACHE, F. *et al.* 1990. Étude du recépage dans la lutte contre l'Eutypiose en Charentes. *PAV,* 107, 21, 467-470.

DESCOTES, A. *et al.* 1991. Pied noir: des certitudes, un élément nouveau, mais encore quelques interrogations. *Le Vigneron champ.,* 6, 31-45.

DESCOTES, A. y JACQUET, C. 1994. Rougeot parasitaire: le calme après la tempête. *Le Vigneron Champ.,* 4, 39-43.

DESCOTES, A. y JACQUET, C. 1994. Rougeot parasitaire: se méfier de l'eau qui dort. *Viti, fév.,* 42-45.

DOAZAN, J.-P. 1995. Sélection sanitaire de la vigne. Neuf virus sont dépistés. *La Vigne,* février, 41.

DUBOS, B. *et al.* 1983. Maladies du bois: symptômes et méthodes de luttes. *Phytoma,* 344, 16-19.

DUBOS, B. 1987. Mise au point sur les maladies de déprissement. *Prog. Agric. Vitic.,* 104, 6, 135-140.

DUBOS, B. 1993. Groupe de travail Lutte intégrée en viticulture. Compte rendu de la réunion de Bordeaux du 2-5 mars. *Bull. OILB SROP.*

DUBOS, B. 1996 - L'eutypiose de la vigne. *C. R. Acad; Agric.,* 82, n.° &, 21-3 0.

DUCOM, L. 1994. Du nouveau sur le pied noir. *Rev. Le Paysan Fr.,* 912, 11-15.

DUCOM, L. 1994. Attention: danger avec la nécrose bactérienne. *Rev. Le Paysan,* 922, 37-42.

DUCOM, L. 1994. Les mécanismes de la chlorose. Traiter la chlorose, c'est anticiper. *Rev. Le Paysan Français,* 913, 17-25.

DUCOM, L. 1995. Comprendre le Botrytis pour mieux le combattre. *Rev. Le Paysan,* 928, 27-37.

DUMARTIN, P. 1985. L'Eutypiose: une cause de vieillissement prématuré pour le vignoble. *Rev. Le Paysan,* 813, 26-28.

DUMOT, V.; COURLIT, Y.; ROULLAND, C. y LARIGNON, P. 1999. La maladie du pied noir. *Phytoma,* n.° 516, 30-33.

FAIVRE-AMIOT, A. 1982. La galle du collet ou tumeur à Agrobactérium. *Phytoma,* 841, 33-36.

FAIVRE-AMIOT, A. 1984. Les tumeurs à Agrobactérium. *Phytoma,* 362, 27-31.

FOUGÈRE-RIFOT, M. y BOUARD, J. 1992. Évolution de l'ovaire en rapport avec la coulure chez deux variétés de V. vinifera, le Merlot et le Chardonnay. *INRA-VITI,* 92, 22-26.

FOUGÈRE-RIFOT, M.; PARK, H.-S. y BOUARD, J. 1994. Les baies millerandées du Merlot noir. *INRA-VITI,* 94, 30-34.

GALET, P. 1977. Les maladies et les parasites de la vigne. 1876 p.

GENY, L.; BROQUEDIS, M. y BOUARD, J. 1997. Importance des popyamines liées dans les fleurs et les baies après la nouaison. *INRA-VITI,* 97, 14-20.

GROUSSON, C. 1992. Synthèse sur la maladie de Pierce. *Prog. Agric. Vitic.,* 109, 11, 257-262.

HUDE, R. 1981. La nécrose bactérienne de la vigne. *Phytoma,* 332, 13-14.

ITV, 1993. Protection raisonnée du vignoble. Dossier.

JACQUET, C.; KREITER, S. y VALENTIN, G. 1994. Étude de la présence de typhlodromes au vignobles, quelques résultats champenois. *Phytoma, la déf. cult.,* 466, 33-38.

JUSTE, C. y MENCH, M. 1992. Le pouvoir chlorosant des sols. *C. R. Acad. Agric. Fr.,* 78, 57-69.

JUSTE, C. y POUGET, R. 1972. Appréciation du pouvoir chlorosant des sols par un nouvel indice faisant intervenir le calcaire actif et le fer extractible. Application au choix du portegreffe de la vigne. *C. R. Acad. Agric. Fr.,* 58, 352- 357.

JUSTE, C. y POUGET, R. 1980. Rôle de certaines caractéristiques du sol sur la sensibilité de la plante à la chlorose. *Science du sol. Bull. A.F.E.S.,* 1, 37-44.

KREITER, S. *et al.* 1991. Les typhlodromes: qui sont-ils, que font ils? *Phytoma, La def. cult.,* 428, 46-53.

LAURENT, J.-C. 1998 - La pourriture acide. *Prog. Agric. Vitic.,* 115, 1, 7-9.

LORRAIN, R. y ROMERO, J.-C. 1999 - Au sujet de la pourriture acide, sur l'incidence d'un nématode bactériophage *Turbatrix aceti. Prog. Agric. Vitic.,* 116, 1, 6-7.

LE GALL, D. 1994. Les traitements d'hiver: protéger les plaies de taille. *VITI,* 192, 22-25.

MILIAIRE, H.-G. 1991. Vers l'équilibre, de la lutte raisonnée à la production intégrée. *L'Arboriculture fruitière,* 436, 24-33.

MOLOT, B. 1992. La modélisation de *Botrytis cinerea* par système EPI, possibilités et limites. Euroviti 92, 61-63.

MOLOT, B. 1995. Influence de la lutte raisonnée sur la qualité et la maîtrise des coûts en viticulture. *Prog. Agric. Vitic.,* 112,15-16, 329-339.

MONCOMBLE, D. y DESCOTES, A. 1993. Dossier Botrytis. *Le Vigneron champenois,* 5, 25-64.

ONIVINS, INRA, ENTAV. 1996. Viroses de la vigne et tests sanitaires. *Le Pépiniériste,* 106, 6-8.

PERRAUD, A. *et al.* 1996. Lutte contre la chlorose. Essais menés en 1995. *Le Vigneron Champenois,* n.° 5, 35-44.

PEZET, R. y PONT, V. 1992. Complexe d'inhibition de *Botrytis cinerea* dans la baie verte, mécanismes biochimiques. Euroviti 92, 97-101.

PEZET, R. 1993. La pourriture grise des raisins: le complexe plante-parasite. *Le Vigneron champenois,* 5, 65-83.

REYNIER, A. 1980. La lutte raisonnée au vignoble el la formation des hommes. *Prog. Agric. Vitic.,* 17, 340-342.

RIDE, M. 1996 - La nécrose bactérienne de la vigne. *C. R. Acad. Agric,* 82, n.° 1, 31-50.

SEGUIN, B. 1969. Le développement de *Botrytis cinerea* sur *V. vinifera* en fonction de la profondeur d'enracinement et du régime de l'eau dans le sol. *Cr. Acad. Sci.*, Paris 62, 770-772.

SFORZA, R. y BOUDON-PADIEU, E. 1998 - Le principal vecteur de la maladie du bois noir. *Phytoma*, dossier Vigne, n.º 510, 33-37.

STEVA. H. 1994. Oïdium: freiner la résistance. *VITI*, février, 31-35.

STOCKEL, J. 1995. Stratégies de lutte contre l'eudémis.

STRIZYK, S. 1981. Mise au point d'un modèle de développement de la pourriture grise. *Prog. Agric Vitic.*, 8, 213-215.

SUTRE, B. 1994. Comment lutter contre la pourriture grise. *UGCV*, déc. 94, 18-21.

TORRES, P, 1996. Étude des dépérissements de souches dans le vignoble du Roussillon. *Prog. Agric. Vitic.*, 113, 3, 55-58.

VERGNES, A. 1980. tardive de la vigne. 12, 255-257.

WALTER, B. 1994. Le co vigne: avantages et limites tion par ELISA. *Prog. Agric.* 13-14, 320-322.

WALTER, B. 1995. Harmonisation l'Union européenne des protocole. dépistage des maladies à virus de vigne: les virologues sont à l'ouvrage *Prog. Agric. Vitic.*, 112, 21, 460-461.

WALTER, B. 1996. Antiviroses. La sélection sanitaire... faute de mieux. *VITI*, 205, 49-51.

WALTER, B. y DEMANGEAT, G. 1995. Les virus du court noué de la vigne: les voies de la contamination. *Prog. Agric. Vitic.*, 112, 13-14, 295-303.